JOHN REBAN: Christus wurde lebendig begraben

Unglaublich aber wahr:

Jesus Christus zehn Minuten nach Beendigung seiner Hinrichtung

JOHN REBAN'S Facts
Weltentdeckung

Erste Beweise für die Auferstehung

Christus wurde lebendig begraben

Mit neuen Entdeckungen

Jesus - Nicht am Kreuz gestorben

medizinisch einwandfrei bewiesen durch sein eigenes Grablinnen

INTERFOUND Publisher, Zürich-London

Zwei Fact Bücher
in einem Band
mit insgesamt 97 Bildern

Dieses Buch ist eine USA-Ausgabe (Erzeugnis) in deutscher Sprache.
Origin ISBN 0-682-48139-4
Printed in Germany

JOHN REBAN'S
Erstes Fact Buch

Durchbruch einer Weltentdeckung

Überraschende Ereignisse, Tatsachen und Weltnachrichten

Aus dem Englischen und Amerikanischen
übersetzt von
Gulian Hoffmann und Ruth Woern
Sofern es nicht deutsche Urtexte sind.

Inhaltsverzeichnis

Für das Erste Fact Buch

Bitte beachten:

Inhaltsverzeichnis des „Zweiten Fact Buches" ganz am Schluß des Buches, mit eigener Seiten-Numerierung. Beginn des „Zweiten Fact Buches" nach der Seite 166 des Ersten Fact Buches.

Erstes Fact Buch

Unglaublich aber wahr: 2
Jesus Christus zehn Minuten nach Beendigung seiner Hinrichtung 2

Einführung 9

Vorwort des Autors 10

1. **Jesus Christus hat seine Hinrichtung überlebt** 11
   Echt 13
   Beweismaterial für die Herztätigkeit 14
   Des Römers Lanze traf nicht ins Herz 15
   Er gab den Geist auf! 16
   Juden rehabilitiert 17

2. **Der Apostel Johannes beweist in Wirklichkeit das Leben nach dem Kreuz nicht den Tod** 18

3. **Forschungsergebnis gesichert** 21

4. **Absichtliche Täuschung der Presse durch den Vatikan** 21
   Christus lebendig begraben? 21
   Brief 22
   Tatsachen 23

5. **Herausforderung des Vatikans – Weltnachrichten** 24
   Formeller, wissenschaftlich fundierter Protest im Vatikan 24
   Herausforderung an den Vatikan in Bezug auf das Grablinnen Jesu 24
   Christus starb nicht am Kreuz, Schweizer Behauptung 25
   Der Text des Protests 27
   Erläuterungen der Vorgänge, die zum Austreten des Blutes führten: 28
   Der Informant 36

6. **Gerüchte über geplante Zerstörung des Grablinnens Jesu – Weltnachrichten** 36
   Das heilige Grablinnen Christi könnte zerstört werden 36
   Wieder Streit um das Grablinnen Jesu 37
   Wissenschaftler untersuchten das Grablinnen Jesu 39

7. **Zwei wichtige Phänome'n** 40
   London-Kommunique in vier Sprachen an die Weltpresse 40
   Erstes Phänomen: Jesus Christus ist nicht am Kreuz gestorben! 40
   Zweites Phänomen: Die Entdeckung und Verbreitung von strengen Kirchengeheimnissen 41
   Sie gehen ans Werk wie Diebe in der Nacht 41
   Plötzlich geschahen erstaunliche Dinge 43
   Text des offiziellen Kommuniques der Kurie in Turin 43
   Jetzt hatte die Weltpresse die Täuschung durch den Vatikan erkannt 44

8. **Vatikan unter Beschuß . . . – Weltnachrichten** 45
   Die Lehre vom Kreuz-Tod Christi herausgefordert 45
   Christus – „starb nicht am Kreuz" – Londoner Kommunique 46
   Vatikan wird geheimer Untersuchung des Grablinnens Jesu beschuldigt . . . 47

Vatikan unter Beschuß: Starb Christus am Kreuz? . . . 48
Konflikt über das Kreuz . . . 49

9. Vatikan Mauer des Schweigens durchbrochen – Weltnachrichten . . . 50
Grablinnen Erzählung . . . 50
Atmung abgebrochen – Behauptungen Christus am Leben im Grablinnen . 51
Telex-Kommunique der International Foundation for the Holy Shroud . . . 52
Vatikan zur Freigabe der geheimen Farbfotos aufgerufen . . . 53

10. Letzter Weg der Verteidigung: Eine Fälschung! – Weltnachrichten . . . 54
Fotografien des Grablinnens Jesu gefälscht, behauptete Gruppe . . . 54
Vatikan des Bluffs über Grablinnen beschuldigt . . . 54
Christus lebte, als er ins Grab gelegt wurde . . . 55
Vatikan des Bluffs über Grablinnen beschuldigt . . . 56

Tatsachen: . . . 58
Die bewußte Fälschung des Monsignore Giulio Ricci zugunsten des Vatikans . . . 58
Ein Dementi mit gefälschten Bildern . . . 58
Warum wurde diese Fälschung begangen? . . . 58

11. Erneute Fälschung, um aus der Zwickmühle zu kommen – Weltnachrichten . . . 60
Erneuter wissenschaftlicher Protest im Vatikan . . . 60

12. Kurie am schwimmen: . . . 60
Beweis: Vatikan öffnet schon anderer Leute Briefe . . . 60
Ein Fuß-Stapfen Jesu . . . 63

13. Skelettfund untermauert Glaubwürdigkeit des Grablinnen Christi . . . 66

14. Papst ruft zu neuen Untersuchungen des Grablinnens auf . . . 68

15. Versuchter Diebstahl des Grablinnens Jesu – Weltnachricht . . . 69

16. Italiener bekommen das berühmte heilige Grablinnen im Fernsehen zu Gesicht – Weltnachricht . . . 70

17. Wendepunkt im Vatikan? . . . 72
Der Informant, der die geheime Untersuchung des Grablinnens an das Licht brachte, hat sich wieder gemeldet . . . 72
Botschaft Jesu von 1947 im Vatikan . . . 72
Osservatore Romano . . . 74
Original Presseberichte aus Italien . . . 81

18. Neuester Stand der Evangelischen Theologie . . . 84
Nach dem Theologen Bultmann: Ein Leichnam kann nicht auferstehen . . . 84
Nach dem Neuen Testament: Jesus Christus ist auferstanden und hat wieder unter seinen Jüngern gelebt, hat mit ihnen gegessen und getrunken . 84
Nach dem Theologen Tecklenburg: Daher hat im Grab kein Leichnam gelegen! . . . 84
Ist Jesus auferstanden? . . . 84

19. Was die Weltpresse schreibt: . . . 90
Hat Christus noch gelebt, als man ihn vom Kreuz nahm? . . . 90
Christus ist nicht am Kreuz gestorben . . . 94
Das Geheimnis des Grablinnens . . . 101
Christus wurde lebendig begraben . . . 106
Interessante Aspekte . . . 104
Millionenschau mit einem Leichentuch . . . 108

20. Eine aufsehenerregende Kontroverse in Großbritanniens führender katholischer Zeitung . . . 111
Das heilige Grablinnen . . . 111
In Widersprüche eingehüllt. . . . 111
Zersprungene Töpfe und das heilige Grablinnen. . . . 113
Reban über das heilige Grablinnen . . . 114
Angriff auf Forscher am heiligen Grablinnen. . . . 115
Debatte über das heilige Grablinnen geht weiter. . . . 117
Perfekte Arbeit bei der Kreuzigung . . . 117
Echtheit des heiligen Grablinnens angezweifelt? . . . 119
Echtheit des hl. Grablinnens wird angefochten . . . 120
Das Grablinnen und der Tod Christi . . . 122
Zusammenfassung der Kontroverse über das Turiner Grablinnen. . . . 124
Eine Botschaft an unsere Zeit . . . 126
Beweise für die Auferstehung. . . . 127
Ein Brief . . . 131

21. Endgültig: ein echtes Grablinnen! — Presseberichte — Kommentare . . . 132
, Turiner Grabtuch stammt aus der Zeit Christi '. . . . 132
Turiner Grabtuch stammt aus der Zeit von Christus . . . 133
Christus nicht am Kreuz gestorben — Das ist die wissenschaftliche Schlußfolgerung, die man aus der gründlichen Untersuchung des in Turin verehrten Grablinnens ziehen muß. . . . 134
Ein Leichnam blutet nicht. . . . 134
Ein Irrtum der Evangelisten. . . . 135
Eine Woche später . . . 135
Experten schlagen weitere Untersuchungen des Grablinnens von Turin vor . 136
Die karminroten Blutflecken im Grablinnen Jesu in Turin . . . 137
In Kürze, Neue Untersuchungen datieren das Grablinnen. . . . 139
Grablinnen Christi — Dramatische neue Beweise . . . 139

22. Auf frischer Tat! . . . 141
Errettung. . . . 141
Zweiter Jesus . . . 141
Nachrichten-Unterdrückung. . . . 143
Das „Turiner Schweißtuch" ist echt . . . 144
Schadens-Reduzierung . . . 145

23. Nachwort zum Ersten Fact Buch — Überleitung zum Zweiten Fact Buch . . 146
Facten und Tatsachen . . . 147
Deutschland Konvent für das Linnen. . . . 148
Internationale Stiftung für das Grablinnen Jesu . . . 148
Professor „Hirt" . . . 149
Der erste Entdecker . . . 149
Ein blinder SPIEGEL? . . . 150
Turiner Linnen — Keine Leiche — SPIEGEL-Manuskript von 1956 . . . 151

Zwischenakt für Interessenten . . . 156
Waren Sie anwesend, als unser Herr fotografiert wurde? . . . 156
Presse Rundschreiben. . . . 157
Experten bezweifeln den Tod Christi am Kreuz . . . 158
Ein ganzes Leben dem Studium des heiligen Grablinnens. . . . 160
UPI-Nachrichten . . . 161
Zumindest eigenartig!. . . . 162
Die Kreuzigung: eine aufregende Theorie . . . 162

ANHANG: Neuer Fund, Auferstanden in Fleisch und Knochen . . . 165
Hinweis des Autors . . . 166

Einführung

Wollen Sie die wirkliche Auferstehung von Jesus Christus, die Bibel und dieses Buch verstehen, müssen Sie folgendes wissen:

Die Feststellung des Todes und des medizinischen Todes hat im Laufe der Geschichte Wandlungen erfahren. In der römischen und jüdischen Welt zur Zeit Jesu wurde ein Mensch als tot betrachtet, wenn die Atemtätigkeit aufgehört hatte. Die wissenschaftlichen Fakten des Blutkreislaufs und der Herztätigkeit waren unbekannt. Bei einer Hinrichtung bedeutete ein Lanzenstich in einen Teil der Lunge das Ende der Atmung. Die auf diese Weise in den Brustkorb eindringende Luft beendet die Atmung, medizinisch Pneumothorax genannt.

Pilatus' Frage über den Tod Jesu war, nachdem er vom frühzeitigen Eintritt des Todes überrascht war, eine Frage über den Tod, wie er zu dieser Zeit verstanden wurde nämlich dem Aufhören der Atmung. Der Bericht des Hauptmanns, des Johannes und der anderen Apostel einschließlich des Paulus war einwandfrei: sie alle sprachen und schrieben über das Ende der Atemtätigkeit, dem Todesbegriff der damaligen Zeit. Niemand kannte eine andere Todesart.

Erst nach vielen hundert Jahren wurden Tod und medizinischer Tod im Hinblick auf das Ende der Herztätigkeit festgelegt. Heute, in einer Zeit der Herzverpflanzungen unterliegt der Begriff des medizinischen Todes wiederum einer Wandlung: das Gehirn muß tot sein. Die Herztätigkeit ist kein unbedingtes Kriterium mehr. Das bedeutet, daß ein Mensch tot sein kann, obwohl das Herz noch arbeitet. Wir befinden uns in der Entwicklungsphase des „Todesbegriffs".

Aber die Apostel und die frühe Kirche waren davon überzeugt, daß Christus im Grab unverweslich war. Nach fast 2000 Jahren wissen wir, daß ein Körper Blutzirkulation braucht, um unverweslich zu sein. Und genau das ist die wichtige wissenschaftliche Tatsache, die durch das Grablinnen bewiesen wird: Jesus Christus ist nicht verwest im Grab, der wissenschaftliche Beweis, in der Tat, für die Auferstehung von Jesus Christus mit dem Leibe, wie Jesus in Lukas 24 : 39 sagt: „Betrachtet meine Hände und Füße, daß ich es bin; betastet mich und sehet, denn ein Geist hat weder Fleisch noch Knochen, wie ihr sehet, daß ich habe!"

Vorwort des Autors

Das im Ersten Fact Buch veröffentlichte Material wird als wissenschaftlicher Beweiß gemäß den Prinzipien wissenschaftlicher Veröffentlichungen benutzt. Die wissenschaftlichen Beweise sind:

a) daß für die ganze Welt wichtige Nachrichten und Entdeckungen über Jesus Christus durch religiöse Institutionen vorsätzlich unterdrückt wurden und werden,

b) daß für die ganze Welt wichtige Nachrichten und Entdeckungen über Jesus Christus durch Presseorgane vorsätzlich unterdrückt wurden und werden.

Die hier im Ersten Fact Buch abgedruckten Berichte, Nachrichten und Diskussionen werden alle benutzt in Verbindung mit der Tätigkeit und Arbeit der Internationalen Stiftung für das Grablinnen Jesu und den Entdeckungen an diesem Grablinnen, sofern eine direkte Nennung der Entdeckungen, der Stiftung oder des Autors vorliegt. Die Berichte werden hier veröffentlicht als wissenschaftlicher Beweis dafür, daß Zeitungen — deren Aufgabe es ist die Menschen zu informieren — diese wichtigen Nachrichten über Jesus Christus vorsätzlich unterdrückt haben und noch unterdrücken. Selbstverständlich haben die im Ersten Fact Buch namentlich zitierten Zeitungen diese Nachrichten n i c h t unterdrückt, diese gehören der seriösen Presse an und die liefern den Beweiß für die Nachrichten-Unterdrückung. Und selbstverständlich konnten nicht alle Presseorgane hier einzeln aufgeführt werden, welche nicht unterdrücken, also seriös sind. Es waren weltweit über 2000 Zeitungen die diese Nachrichten gedruckt haben. Der Leser dieses Fact Buches wird jedoch ein sehr genaues Kriterium bekommen dafür, was seine persönliche Zeitung ist, und wie es in seinem Land damit aussieht.

Die Beweise für die teilweise umfangreichen Nachrichten-Unterdrückungen hätten nicht erbracht werden können ohne den vollständigen Abdruck von Zeitungsberichten und anderen Dokumenten, wobei nur eine relativ kleine Auswahl von Berichten der Weltpresse nachgedruckt werden konnte. Das Buch ist deshalb ein wissenschaftliches Werk, das in Übereinstimmung mit den internationalen Normen und Gesetzen der Urheberrechte und deren Ausnahmebestimmungen veröffentlicht wird.

Weltnachrichten und Berichte die von weltweiten Agenturen wie ,,The Associated Press'' (AP), ,,United Press International'' (UPI) und ,,Reuter'' veröffentlicht werden, sind Weltnachrichten die von allen Zeitungen dieser Erde veröffentlicht werden können, wenn die Zeitungen selbst diese Nachrichten nicht unterdrücken, das heißt vor dem Leser geheim halten.

Der folgende Originalbericht „Jesus Christus hat seine Hinrichtung überlebt" wurde von dem damaligen UPI-Redakteur in London, Herrn Harald Hotze geschrieben. Herr Hotze ist heute Leiter des „Spiegel"-Büros in Brüssel. Sein Bericht ist an alle Zeitungen verbreitet und zusätzlich über 12 000 deutschen Journalisten persönlich bekannt (Der Journalist, Offizielles Organ des Deutschen Journalisten Verbandes Nr. 4/1973):

1. Jesus Christus hat seine Hinrichtung überlebt

Jesus Christus starb nicht am Kreuz, sondern ist wieder in Fleisch und Bein, mit irdischem Blut, auferstanden und bestätigte damit die Prophezeiungen des Alten Testamentes. Dies sind die Schlußfolgerungen einer Internationalen Stiftung nach jahrelangen, sorgsamen Untersuchungen am sogenannten „Grabtuch von Turin", von dem behauptet wird, es sei das Tuch gewesen, in welches die Jünger Christi nach der Kreuzabnahme den Körper des Gekreuzigten eingehüllt haben.

In einem Untersuchungsbericht über das Grablinnen von Turin, der mehr Ähnlichkeit mit einem Criminal Investigations Report über Religionsfragen hat, häuft die „Internationale Kulturelle Stiftung für das Grablinnen Jesu" Zürich 1 (Schweiz), ihre geschichtlichen medizinischen Beweise, daß Christus als er vom Kreuze genommen wurde, im klinischen Sinne nicht gestorben war. Daher kann man nicht länger die Juden der Tötung von Gottes Sohn beschuldigen, da die Hinrichtung in Wirklichkeit überhaupt nicht zu Ende geführt wurde. Der Bericht behauptet und beweist, daß das Herz Christi noch schlug, als seine Jünger den gemarterten und gekreuzigten Leib in das Grablinnen legten.

Die Geschichte des Grabtuches gleicht der abenteuerlichen Geschichte und der ebenso abenteuerlichen Entwicklung der christlichen Religion, die erst im Verborgenen weiterlebte und sich dann zu einer Staatsreligion entwickelte.

Das Grabtuch, der Überlieferung nach mit dem Blut Christi getränkt, war eine Reliquie der frühen Christenheit. Nach dem Fall des Römischen Reiches kam das Grabtuch nach Byzanz, der Hauptstadt des Oströmischen Reiches, wo es mehr als sieben Jahrhunderte von den gläubigen Christen verehrt wurde. Im Jahre 1204 brachte der französische Kreuzritter Otto de la Roche das Grabtuch nach Frankreich. Zweimal – 1349 in Besançon und 1532 in Chambéry – verbrannte es beinahe, bis es schließlich 1572 nach Turin (Italien) kam und bis zum heutigen Tage etwa alle 33 Jahre ausgestellt wird.

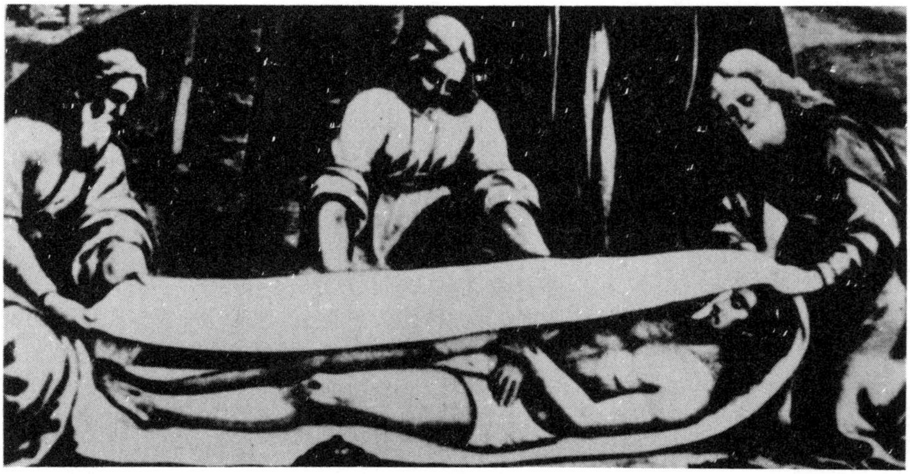

Wie auf dem Bild oben ungefähr, wurde Jesus Christus in das Grablinnen gehüllt. Heute ist es in Turin aufbewahrt. Der Rücken lag auf der einen Hälfte und die andere Hälfte wurde über den Kopf und über den Körper gelegt. Ein Unterschied ist zu beachten, der Körper hatte in Wirklichkeit keinen Lendenschutz, sondern war nackt, wie das Original-Grablinnen zeigt.

Die Nacktheit beweist, daß das Urchristentum dieses Grablinnen gekannt hat, denn viele haben in den ersten Jahrhunderten von dem Jesus Christus geschrieben, der nackt gekreuzigt wurde, wie im Zusammenhang mit dem Grablinnen berichtet wird. Ein Indiz, von vielen, für die Echtheit.

Entscheidend sind jedoch die mindestens 28 aktiven Blutungen, die aus den Wunden in das Grablinnen geflossen sind oder von diesem aufgesaugt wurden. Blutungen von der Seitenwunde, den Nagelwunden, wieder aufgerissenen Geißelwunden, offene Wunden von der Dornenkrone, nachdem die Dornen gezogen waren. Leichen können jedoch — nach wissenschaftlichen Gesetzen — aus solch offenen Wunden nicht mehr „in dieser Form bluten wie Jesus Christus blutete, als er im Grablinnen lag". Deshalb war er keine Leiche und wurde in Wirklichkeit mit schlagendem Herzen, das ist lebendig begraben.

Bild unten: zeigt kirchliche Würdenträger bei einer öffentlichen Demonstration mit ***dem Grablinnen*** *Christi, vor dem Dom in Turin.*

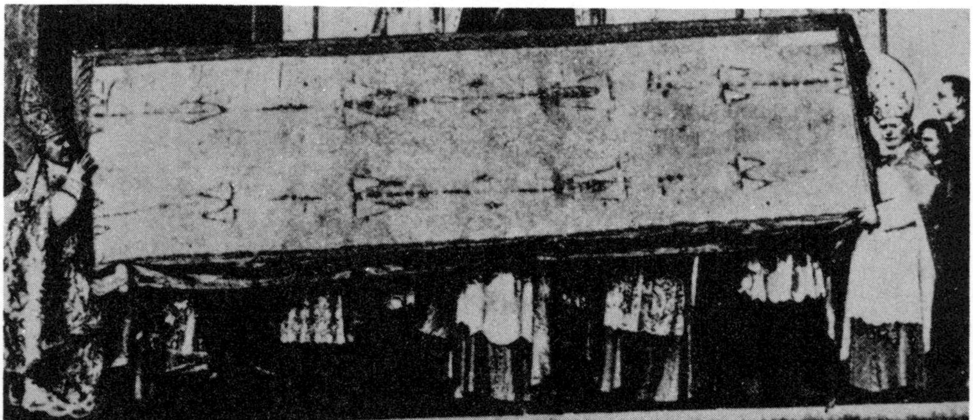

Echt

Die Echtheit des Tuches ist nahezu unbestritten. Wissenschaftler bestätigen, daß das Gewebe dem Gewebe gleich sei, das zur Zeit Christi verwendet wurde. Doch erst als der italienische Photograph Giuseppe Enrie von der Katholischen Kirche den Auftrag erhielt, das Grabtuch zu photographieren, sollte es sich zeigen, wie äußerst wichtig dieses Tuch für die Untersuchung der dramatischen Ereignisse nach der Kreuzigung ist. Zum großen Erstaunen Enries zeigte der entwickelte Film unverkennbar das Negativ der Züge eines männlichen Antlitzes und eines menschlichen Körpers!

Nach umfangreichen Überprüfungen und Vergrößerungen der Aufnahmen pflichtete die Wissenschaft bei, daß die Spuren von Antlitz und Körper, sowie Blutflecken, die man in den vergangenen neunzehnhundert Jahren sehen konnte, vom gemarterten Körper Christi herrühren. Wissenschaftler erklärten, daß die Konservierung der „Photographie" des Körpers Christi deswegen möglich war, weil die damals angewandte Imprägnierung mit Aloesäften ähnlich wie die Chemikalien unserer modernen Filme gewirkt hat.

Die Echtheit der Aufnahmen Enries ist durch fünf Lichtbildexperten und den italienischen Notar Giulio Turbilio bestätigt worden. In einem Buch über die Grabtuch-Aufnahmen betonte Enrie, daß vom technischen Standpunkt aus gesehen, keinerlei Spuren einer Fälschung zu entdecken seien. Er sagte, daß die Abdrücke auf dem Grabtuch – mit Ausnahme der Blutspuren – ein echtes und vollständiges Negativ eines Menschen darstellen. Vergrößerungen der Aufnahmen zeigten, nach der Meinung Enries, daß diese Spuren nicht von Menschenhand gemacht sein konnten, weil nicht ein einziger Verstoß gegen die Gesetze der Negativ-Bildung entdeckt werden konnte, – „eine Leistung, die kein Künstler auf der Welt je zu vollbringen vermochte".

Mehr noch, sagte Enrie: Es sind keine Spuren von Pinsel – oder von Farbstrichen zu sehen; „die Abdrücke sind wirkliche Wiedergaben der Proportionen eines menschlichen Körpers". Papst Pius XI., selbst Fachmann in solchen Echtheitsfragen, hob hervor, indem er wörtlich sagte: „Non e opera umana!" – „Es ist kein Werk von Menschenhand!"

Das auf den Photographien Enries wiedergegebene Grabtuch hat eine Originallänge von 4,36 Meter und eine Breite von 1,10 Meter. Es ist grob gewebtes Tuch und ist den Geweben ähnlich, die in den Ruinen Pompejis, von der Asche des Vesuvs bedeckt und bewahrt, aufgefunden wurden.

Auf den ersten Blick scheint das Grabtuch mit einem wunderlichen und sonderbaren Muster bedeckt zu sein, wie ein Stück Papier, wovon man die Enden abschnitt, als es rissig wurde. Das Muster rührt von den zahlreichen Beschädigungen her, die das Tuch während einer jahrhundertelangen Geschichte durch die verschiedenen Brände erlitt.
Aber inmitten dieser Brandflecken kann man die Abdrücke des Antlitzes Christi sehen. Tatsächlich zeigen die Aufnahmen des Grabtuches das Gesicht, den Körper, die Beine und die Füße eines Menschen, von beiden Seiten.
Der auf dem Grabtuch „abgedruckte" Körper ist nackt. Diese Tatsache, so sagt das Buch, ist ein weiterer Beweis der Echtheit. Denn wir wissen, daß nach dem römischen Gesetz Verbrecher nackt bestraft, gefoltert und hingerichtet wurden.

Zu der Zeit der Kreuzigung Christi imprägnierten die Juden solche Grab- oder Leichentücher mit Aloesäften, um sie vor Fäulnis zu schützen. Diese damals vorhandene „Imprägnierung" und der Schweiß des Körpers haben es bewirkt, daß diese allererste Aufnahme zustande kam.

Beweismaterial für die Herztätigkeit

Gleichzeitig durchtränkte das aus den Wunden Christi strömende Blut das Tuch. Gerade dieses Blut machte das Tuch für die frühen Christen so unendlich wertvoll! Und hier, bei diesen Blutflecken auf dem Tuch, setzen die „Erhebungen" an, welche in dem Nachweis gipfelten, daß Christus nicht am Kreuze gestorben ist.

Der Bericht weist darauf hin, daß Christus wie alle Juden zu seiner Zeit, sein Haar lang und lockig trug. Zwischen der Gefangennahme und der Kreuzigung erhielt das Haupt Christi manchen Schlag; die Dornenkrone hatte die Kopfhaut mit kleinen, tiefen Wunden bedeckt. Diese Wunden haben während der Kreuzigung eine Kruste gebildet, wodurch kein Blut mehr aus diesen Wunden fließen konnte. Aus der Tatsache, daß sich auf dem Grabtuch Blutflecken befinden — genau dort, wo das Haupt zu sehen ist — schließt das Buch folgerichtig, daß das Blut aus frischen Wunden geflossen sein muß, aus Wunden, die sich neu öffneten, als die Jünger Christus die Dornenkrone abnahmen.

Wenn sich die Wunden eines Leichnams öffnen, fließt — dies ist eine medizinische Tatsache — jedoch kein Blut mehr, weil ein Leichnam keinen Blutdruck mehr hat. Ohne Blutdruck aber gibt es keine Blutzirkulation, und ohne Blutzirkulation kann kein nennenswertes Blut aus Wunden ausfließen.

Daher, so argumentiert die Beweisführung korrekt, muß das Herz Christi noch geschlagen haben, als der Leib in das Grabtuch gelegt wurde, sonst hätten nicht die zahlreichen frischen Blutflüsse aus verschiedenen Wunden des Kopfes, der Arme, der Nagelwunde, der Beine und anderen Wunden, in das Grabtuch fließen können.

Die Schlußfolgerung dieser Beweisführung ist: Jesus Christus starb nicht am Kreuz; sein Herz schlug noch!

Linkes Bild ist der Kopfabdruck wie er etwa am Grablinnen mit dem Auge zu sehen ist. Rechtes Bild ist der gleiche Kopfabdruck, jetzt im Negativ der Fotoaufnahme. Unzählige Millionen Menschen fotografieren heute selbst und wissen was ein Negativ ist. Alle können erkennen, daß zu keinem Zeitpunkt in der Geschichte dieses Grablinnen irgendwie gefälscht werden konnte: weil Gesichtszüge die nur im Negativ vorhanden und im Positiv überhaupt nicht zu sehen sind, niemals vor dem Jahre 1835 gefälscht werden konnten, weil es vorher keine Fotografie gab. Das Grablinnen ist seit dem 14. Jahrhundert unter ununterbrochener amtlicher Kontrolle, somit war Fälschung unmöglich.

Des Römers Lanze traf nicht ins Herz!

Jedoch gibt sich der Bericht mit dieser Beweisführung nicht zufrieden. Wie sieht es mit dem Lanzenstich aus, den der eine Kriegsknecht beibrachte? „Und alsbald ging Blut und Wasser heraus." Ist das kein Beweis, daß Christus tot war?

Der Bericht führt Ärzte und Wissenschaftler an, und die sagen, daß es mindestens 6 Stunden dauert, bis das Blut eines Menschen in Blut und Wasser zersetzt. Der Bibel nach wurde die Lanze ungefähr 30 Minuten nachdem Christus sein Haupt neigte, in dessen Seite gestoßen. Eine Zersetzung des Blutes an dieser Stelle hätte zu diesem Zeitpunkt nicht eingetreten sein können.

Wissenschaftler führen an, daß das in der Bibel erwähnte Wasser eine

Art Flüssigkeitsansammlung (Oedem) der Lunge gewesen sein muß. Tatsächlich zeigen die Abdrücke auf dem Grabtuch, daß die Lanze die Lunge und nicht das Herz durchbohrte.

Um dies zu beweisen, zeigt der Bericht eine Reihe von Lanzenklingen, wie sie die römischen Soldaten zur Zeit Christi trugen und vergleicht die Spitzenlänge mit der Tiefe der Wunde, wie sie auf dem Grabtuch zu sehen ist. Die Nachmessungen bestätigen die aufgestellte Behauptung: Die Tiefe der Wunde entspricht genau der Länge der Lanzenspitze. Die Lanzenspitze trat aus dem gestreckten Körper, am Herz vorbei, links oben heraus, wie die gemachten Röntgenaufnahmen zeigen.

Er gab den Geist auf!

In diesem Zusammenhang beruft sich der Bericht auf die ersten Bibelübersetzungen und weist darauf hin, daß keiner der vier Evangelisten bei der Erzählung der Passionsgeschichte je von „sterben" geschrieben hat. Immer haben die Evangelisten den Augenblick, als Christus das Haupt neigte, umschrieben und sagten: „Er gab den Geist auf." Erst spätere Übersetzungen nannten an diesen Stellen „sterben" oder „verschied".

Bei der Erklärung, wie das Herz Christi noch tätig sein konnte, bezieht sich der Bericht auf Untersuchungen des tschechischen Arztes Dr. R. W. Hynek, über die Kreuzigung. Hynek sagte, daß die Kreuzigung kein direktes Töten des Missetäters war: Im Grunde genommen wurde der Gekreuzigte zu Tode gefoltert und starb unter den entsetzlichsten Qualen. Nach dieser Methode wurde ein Mensch in solcher Stellung befestigt, daß er sich nicht rühren, bzw. diese Stellung nicht ändern konnte. Nach kurzer Zeit waren die Muskeln und Nerven daher völlig erschöpft. Die erschöpften Muskeln der beiden Arme hatten das ganze Gewicht des Körpers zu tragen und waren bald am Ende ihrer Widerstandsfähigkeit. Schmerzhafte Krämpfe setzten ein, welche die sogenannte Tetanisation (Starrkrampf) verursachten. Daher auch diese brettartige Starre am Körper, die mit Totenstarre verwechselt werden konnte.

Laut Hynek hemmten die Krämpfe die Blutzirkulation, wodurch Sauerstoffmangel entstand. Darüber hinaus verhinderte die gestreckte Haltung des Brustkorbes jedes normale Atmen, mit dem Ergebnis, daß Erstickung eintrat.

Wissenschaftlich ist jedoch erwiesen, daß Menschen nach Erstickung wieder erweckt werden können, wenn das Herz noch schlägt. Und der Bericht weist darauf hin, daß Jesus, bevor er „den Geist aufgab", noch sprach. Er verlangte zu trinken, weil er durstig war. Wäre er schon am

Ersticken gewesen, so hätte er nur noch nach Luft gerungen. Daher, so sagt der Bericht, liegt hier etwas Ungewöhnliches vor.

Es muß etwas geschehen sein, das plötzlich die Atmung abschnürte. Ganz gewiß nicht die, durch die Krämpfe, immer heftiger werdenden Schmerzen. Der Bericht sagt: Es war der Essig, der die Sauerstoffzufuhr abschnitt. Wenn wir in der Bibel nachschlagen, so sehen wir bei allen Berichterstattern übereinstimmend, daß Jesus den Geist aufgab, unmittelbar nachdem ihm Essig gereicht wurde. Jesus erstickte am Essig und konnte daher dann weiterleben, nachdem er aus einer widernatürlichen Stellung am Kreuz befreit worden war.

Juden rehabilitiert

Die haarscharfe Schlußfolgerung: Christus ist — im klinischen Sinne gesprochen — nicht am Kreuz gestorben. Die Juden sind daher nicht an seinem Tod schuldig, denn die Hinrichtung wurde nicht bis zum Ende vollstreckt. Christus ist in Fleisch und Bein, mit irdischem Blut, auferstanden.

Linkes Bild: Der Dom von Turin, im Hintergrund die Turmspitze einer eigenen Kapelle für das Grablinnen erbaut. In der Kapelle ist ein Altar in dem oben hinter Eisenstäben das Grablinnen aufbewahrt wird (Bild rechts). Seit mehreren Jahrhunderten ist das Grablinnen dort unter amtlicher Kontrolle. Niemand kommt an das Grablinnen heran ohne gleichzeitige Genehmigung vom Papst persönlich, sowie dem Bischof von Turin und einem Mitglied der italienischen Königsfamilie (z. Zt im Exil). Die Königsfamilie ist juristisch Eigentümer, weil sie das Grablinnen einmal — vor Jahrhunderten — geschenkt erhalten hatte, als man solche Dinge noch verschenkte.

An dem Altar werden jede Woche Heilige Messen gelesen. Für die Kirche muss es ein seltsames Gefühl sein an einem Altar Messen lesen zu lassen, in dem das Beweisstück dafür aufbewahrt ist, daß Jesus Christus nicht am Kreuz gestorben ist und mit schlagendem Herzen begraben wurde.

2. Der Apostel Johannes beweist in Wirklichkeit das Leben nach dem Kreuz nicht den Tod

Von Dr. (D. A.-Doctor of Anaesthetics) W. B. Primrose, Glasgow
(Ehemaliger Chef der Narkoseabteilung des Glasgow Royal Infirmary; Aufsichtführender Anaesthetist in der Narkoseabteilung des Princess Louise Scottish Hospital, Bishopton. – F. F. A. R. C. S. – das London Diplom für anaesthetic.)

Ich, Dr. W. B. Primrose sage, St. Johannes 19,34, nach wissenschaftlichen Grundlagen, dieser Bibelbericht ist die erste Feststellung des Überlebens von Jesus Christus nach seinem Leiden am Kreuz: „Und einer der Soldaten stieß mit der Lanze in seine Seite, und sogleich kam Blut und Wasser heraus."

Diese Seitenwunde wird von Johannes blutend dargestellt „kam Blut und Wasser heraus". In dieser Weise gesehen, widerspricht ein solcher Zustand jeder normalen Erfahrung, besonders der medizinischen, denn der Zustand des Todes erlaubt keine Blutungen einer solchen Wunde, da es keine unterstützende Zirkulation des Kreislaufes gibt.

Der heilige Johannes in seinem Glauben, daß Christus der Messias ist und nach alten Prophezeiungen gekreuzigt wurde, war sehr besorgt, einen sicheren Beweis des Todes zu haben, gerade im Hinblick auf die prophezeite Auferstehung. Dieser ungewöhnliche Austritt von Blut und Wasser war für ihn ein hinreichendes Zeugnis des Todes, und diese Meinung gilt noch heute.

Die bescheidensten klinischen Erfahrungen zeigen, daß Absonderungen von Serum in oder aus einer Körperhöhle nichts mit dem Tod zu tun hat, denn zahlreiche Menschen, die über einen längeren Zeitraum mit Flüssigkeitsansammlungen leben, benötigen wiederholtes Punktieren. Es ist weiterhin allgemein bekannt, daß die anerkannten Erscheinungen des Todes einen Medizinaljuristen, der auf einem Beweis des völlig zum Stillstand gekommenen Kreislaufes bestehen würde, die Fakten dieses Lanzenstiches nicht befriedigen würden. In diesem speziellen Falle sind wir mit der Tatsache konfrontiert, die von Johannes genau beobachtet, obwohl von ihm oder von irgend jemand anderem damals nicht verstanden, daß nach dem Lanzenstoß immer noch Blut-Zirkulation vorhanden war, da aktives Bluten mit dem Herzschlag aufhört, was allein ist: der Tod.
(gesperrt von Dr. W. B. Primrose)

Der Lanzenstoß hat Licht in das Nebeneinanderexistieren zweier Lebens-Umstände gebracht. Der erste ist die Gegenwart einer großen Menge von Serum in der Körperhöhle als Ergebnis der Geißelung, welches auch direkt zum Zusammenbruch führte. Der zweite Umstand, nämlich der Austritt von Blut aus der Wunde, deutet weiter auf Leben hin. Eine Tatsache, die Johannes unmöglich verstehen konnte, obwohl er sie zu der Zeit genau beobachtet hat. Mehr als neunzehn Jahrhunderte mußten vergehen, bevor man ihre eigentliche Bedeutung mittels der modernen Wissenschaften beurteilen konnte.

Wenn man so die grundlegende Haltung dieses Bibelberichtes als Tatsache ansieht, ist man der Meinung, daß Johannes nur Gerechtigkeit widerfährt, wenn vom medizinischen Standpunkt aus behauptet wird, er gebe genau wieder, was er als Folge der Lanzenwunde sah. Medizinisch gesehen, gibt Johannes Tatsachen wieder, die jetzt vollkommen verständlich sind und genau erklärt werden können. Beim Beschreiten des von ihm aufgezeigten Weges, wird eine realistischere und objektivere Kenntnis der Kreuzigung und Auferstehung möglich.

Kreuzigung war nicht dazu da direkt zu töten, dazu gab es zahlreiche andere Möglichkeiten. Sie war zunächst und hauptsächlich eine Tortur und nicht die Form einer direkten Hinrichtung, so daß der Verurteilte gezwungen war für zwei oder mehr Tage zu hängen bis er starb in einer indirekten Form. Nachdem damals die drei Kreuzigungen vollzogen waren — Jesus mit zwei anderen —, war der nächste Schritt der Juden, Pilatus darum zu bitten, die Kreuzigung vor Sonnenuntergang zu beendigen, da dies der Tag zur Vorbereitung des Sabbaths war. Die Soldaten, denen angewiesen war, jetzt zum direkten töten die Gebeine der Opfer zu brechen, taten dies nur bei den zwei Verbrechern. Jesu Gebeine wurden nicht zerschlagen, sondern einer der Soldaten brachte ihm einen Lanzenstoß bei. Es gab keinerlei sichtbare Reaktion des Körpers auf diese Wunde, was jeder Anwesende für ein sicheres Zeichen des eingetretenen Todes hielt. Es gab jedoch diesen Austritt von Blut und Wasser aus der Wunde, welches eines der großen Rätsel der Kreuzigung blieb, damals und für lange unverstanden.

Im Falle Jesu Christi war die Lebensfunktion auf einen so niedrigen Stand reduziert, daß auch aktive Atmung nicht mehr wahrzunehmen war. Dies ist ein Zeichen für einen auf andere Art weitergeführten Stoffwechsel nach dem Zusammenbruch. Lungenatmung hatte eigentlich nicht aufgehört, wie es so offensichtlich durch das Ausbleiben der Atembewegungen des Brustkorbes schien, weil eine genügende Atmung durch das Schlagen des Herzens gegen die Lunge, die das Herz zu einem großen Teil umgibt, erreicht wurde. Hier haben wir die praktische Erfahrung bei der Beobachtung von aussetzender Atmung in der allgemei-

nen Narkose. Der Blasebalg des herkömmlichen Gerätes wird unter solchen Umständen den Herzschlag in leichten Atmungsbewegungen zeigen, während die Brust und das Zwerchfell sich in vollkommener Ruhe befinden.
Diese schwache Atmung im Falle Jesu Christi ist mit der Verdickung des zirkulierenden Blutes verbunden. Da es nirgends eine schwere Blutung gegeben hat, ist die Kapazität des Blutes, Sauerstoff zu transportieren, erhalten geblieben und, da so wenig Sauerstoff zur Erhaltung des sehr geringen Stoffwechsels benötigt wurde, war eine aktivere Atmung physiologisch nicht erforderlich. Wegen diesem stark reduzierten physiologischen Zustand zeigte kein Zeichen der Atmung denen, die Christus gekreuzigt hatten, diese Tatsache, daß in unserem Herrn noch Leben war, selbst ungefähr noch zwei Stunden nach dem Collaps, so sagt das ‚Blut und Wasser'.
Dieses sind die herausragenden Tatsachen, die eine genaue Untersuchung der Kreuzigung zeigen, und die vom Standpunkt der menschlichen Anatomie und Physiologie erläutert sind, zusammen mit den Beweisen des Grablinnens Jesu, das die so wichtige Lanzenwunde zeigt, die Lanzenwunde die sich in dem Teil des Körpers befindet, der die Bedingungen für den Austritt von ‚Blut und Wasser' erfüllen konnte.

Die wissenschaftlich genaue Aussage von ‚Blut und Wasser' sollte nun klar sein. Trotz aller gegenteiligen Erscheinungen, lebte Christus noch zur Zeit des Lanzenstoßes. Johannes hat, durch seine scharfe Beobachtung, einen genauen Hinweis auf diese Tatsache gegeben. Dies hat er im Glauben getan, daß er einen Zustand des Todes bestätigte, aber es war die erste Feststellung des Überlebens von Jesus Christus nach seinem Leiden am Kreuz.

Dieses war eine kurze Darstellung meiner Forschung für die Presse. Der volle Wortlaut kann gelesen werden bei der Royal Society of Edinburgh.

Dr. W. B. Primrose
42, Polwarth Street, Glasgow W. 2
GREAT BRITAIN

3. Forschungsergebnis gesichert

Die Forschungsergebnisse, daß der Blutfluß aus der Speerwunde das Überleben von Jesus Christus beweist, haben zahlreiche Forscher – vor und nach Dr. Primrose – bestätigt.

So sagte im Jahre 1965 der Brite Dr. J. G. Bourne, Chefarzt für Narkose und Wiederbelebung am Londoner St. Thomas-Krankenhaus wörtlich: „Jesus hat in todesähnlichem Zustand überlebt und ist in der Grabkammer wieder zum Leben erwacht und auferstanden!" Außer zahlreichen Presseveröffentlichungen darüber, auch in Deutschlands „Stern", hat Dr. J. G. Bourne dem Autor persönlich, bei einem Treffen in Londons Savoy Hotel, das bestätigt unter ausdrücklichen Hinweisen auf die Blutungen der Speerwunde und anderer Blutungen nach der Kreuzabnahme.

Es kann überhaupt keinerlei wissenschaftlicher Zweifel mehr darüber bestehen, daß der Apostel Johannes, als Augenzeuge, in der Bibel in Wirklichkeit die medizinische Tatsache des Überlebens Jesu berichtet, ganz gleich was er bei Abfassung seines Berichtes selbst geglaubt haben sollte. Er war Augenzeuge eines medizinischen Beweises, daß Jesus Christus die Hinrichtung körperlich überlebt hat, die Herztätigkeit blieb bestehen.

4. Absichtliche Täuschung der Presse durch den Vatikan

Weltnachricht: (Weltnachrichten werden von den großen Agenturen wie AP, UPI oder Reuters über die ganze Erde verbreitet und können von allen Zeitungen gedruckt werden.)

Christus lebendig begraben?
Originaltitel der Meldung:
CHRIST BURIED ALIVE?

The Associated Press (AP), 20. Juni 1969

Vatikan Stadt, 20. Juni (AP) – Ein Sprecher des Vatikans hat heute eine Schweizer Broschüre als jeglicher Grundlage entbehrend bezeichnet, die behauptet, daß Jesus Christus noch gelebt habe, als man ihn vom Kreuz nahm.

Diese Broschüre, die in der Schweiz und in England durch die Internationale Stiftung für das Grablinnen Jesu verbreitet wurde, besagt, daß Blutflecken auf dem Grablinnen Jesu welches sich in Turin befindet, und von dem viele glauben, daß es den Leib Christi im Grab eingehüllt habe, beweisen, daß Christus lebend begraben worden ist.

„Die Entdeckung der Herztätigkeit in der Brust Jesu Christi, während er vom Kreuz genommen wurde und danach, würde die Theologie zwingen, das Christentum mit anderen Augen zu betrachten." Die Broschüre stellte fest, daß Leichname nicht bluten, und wenn das Grablinnen echt ist, würde dies bedeuten, daß Christus im Grab gelebt hat. Es wäre ein Widerspruch gegenüber schriftlichen Aufzeichnungen über den Tod und das Begräbnis. Dies, so führt die Broschüre aus, würde die Juden der Zeit Christi von der Schuld der Kreuzigung befreien, „da die Hinrichtung nicht zu Ende geführt worden ist."

Brief:

The Associated Press
Piazza Grazioli 5
Rom

9. Juli 1969

The International Foundation for the Holy Shroud
Dans la Case 853
CH 8021 Zürich 1, Switzerland

Sehr geehrte Herren,

Wir bestätigen Ihr Schreiben vom 4. Juli und den Ausschnitt eines AP-Berichts, der die Äußerungen eines Vatikan-Sprechers über Ihre Broschüre wiedergibt.

Die betreffende Zeitung hat nicht den ganzen Bericht verwendet, wie er uns vorliegt. Berichte, in denen der Vatikan-Sprecher zitiert wird, sagen aus:

„Der Rev. Annibale Bugnini, Untersekretär der Vatikan-Congregation of Rites bezeichnet die von der Grablinnen-Stiftung — mit Hauptsitz Zürich — in Umlauf gebrachten Berichte als ‚jeglicher Grundlage entbehrend'.

Vater Bugnini erklärte, daß trotz der Behauptung der Broschüre der Vatikan nicht beabsichtige, die Frage des Grablinnens zu diesem Zeitpunkt aufzugreifen."

„Vater Bugnini machte diese Äußerung gegenüber Reportern des Vatikans."

Hochachtungsvoll
Allan Jacks

Tatsachen:

Am 20. Juni 1969 informierte der Vatikan durch seinen Sprecher die Weltpresse offiziell, daß die Broschüre der Internationalen Stiftung in der Schweiz jeglicher Grundlage entbehre. Diese kleine Broschüre hatte in der Hauptsache und im Titel bekannt gemacht, daß die Kirche mit dem Grablinnen Jesu in Turin geheime Aktionen durchführe, die deshalb, wegen der Geheimhaltung, undurchsichtig seien. Dazu hatte der Untersekretär im Vatikan, Monsignore Annibale Bugnini an diesem 20. Juni 1969 wörtlich erklärt (laut AP): „. . . daß trotz der Behauptung der Broschüre der Vatikan nicht beabsichtigte die Frage des Grablinnens zu diesem Zeitpunkt aufzugreifen". Die Weltpresse (nicht nur AP) wurde im Vatikan, im Pressesaal, hiervon in Kenntnis gesetzt.

Hier liegt, exakt, die vorsätzliche Täuschung der Presse und Öffentlichkeit, nachdem genau vierTage vorher, nämlich am 16. Juni 1969 die versiegelte Truhe mit dem Grablinnen Jesu erstmals seit 36 Jahren wieder geöffnet worden und das Grablinnen drei Tage lang von zehn Experten geheim untersucht worden war. Die Frage des Grablinnens Jesu war längst aufgegriffen worden und zwar vom Vatikan, ja vom Papst selbst, denn die Truhe hätte ohne Zustimmung Papst Paul VI. überhaupt nicht geöffnet werden können, weil er juristisch einer der drei Treuhänder ist. Monatelang vorher – vor dem 20. Juni 1969 – und monatelang nachher wurde die geheime Prüfung der Frage Grablinnen Jesu, aufgegriffen und durchgeführt.

Diese nachgewiesene Täuschung der Presse durch den Vatikan brachte letzten Endes den Durchbruch der Weltentdeckung, daß Christus lebendig begraben wurde. Die Schweizer Grablinnen Stiftung mußte auf die unwahre Aussage des Vatikan Untersekretärs Annibale Bugnini vom 20. Juni 1969 nachstoßen, denn die Informationen, welche zu der Broschüre geführt hatten, waren von sehr hoher geistlicher Seite. Mehr Einzelheiten unter 7. Zwei wichtige Phänomene.

5. *Herausforderung des Vatikans*

Formeller, wissenschaftlich fundierter Protest im Vatikan.

Weltnachricht:

Herausforderung an den Vatikan in Bezug auf das Grablinnen Jesu. Originaltitel der Meldung: VATICAN CHALLENGED ON CHRIST'S SHROUD

The Associated Press (AP) 28. Juli 1969

Vatikan Stadt (AP) — Ein deutscher Autor, der behauptet, Jesus Christus sei nicht am Kreuz gestorben, hat den Vatikan herausgefordert, das Grablinnen, das den Leib Christi eingehüllt haben soll nachzuprüfen, Kurt Berna, der Autor von vier Büchern über das Grablinnen, sagt, Blutflecken auf dem Tuch beweisen, daß Christus gelebt hat, als man ihn vom Kreuz nahm.

Er sprach beim Vatikan vor und gab dem Rt. Rv. Monsignore Charles Moeller, Untersekretär der Kongregation für den Glauben, eine Broschüre von 20 Seiten, die Fotografien und, wie er es nannte, Dokumentationsmaterial enthielt.

Der Vatikan gab keinen unmittelbaren Kommentar über Bernas Broschüre, die er als „formellen und wissenschaftlich fundierten Protest" verstanden wissen will.

Am 20. Juni sagte Rev. Annibale Bugnini, Untersekretär für gottesdienstliche Fragen im Vatikan, Bernas Argumente entbehrten jeglicher Grundlage. Er gab zu verstehen, daß der Vatikan nicht beabsichtige, die Frage des Grablinnens, das in der Kathedrale von Turin liegt, jetzt aufzunehmen.

Bernas Behauptung widerspricht den Aufzeichnungen der Evangelisten, die besagen, daß Christus tot war, als man ihn vom Kreuz nahm.

Er sagte, seine Entdeckungen würden die Juden zurzeit Christi von der Schuld der Kreuzigung befreien, da „die Hinrichtung nicht vollendet wurde".

Berna, römischer Katholik, der unter dem Autoren-Namen John Reban schreibt, ist Präsident einer Stiftung in Zürich, die sich dem Studium des Grablinnens gewidmet hat.

Weltnachricht:

Christus starb nicht am Kreuz, Schweizer Behauptung. Originaltitel der Meldung:

CHRIST DID NOT DIE ON THE CROSS, SWISS CONTENDS

United Press International (UPI) 28. Juli 1969

Vatikan (UPI)

Der Präsident der Stiftung für das Grablinnen Jesu in der Schweiz überreichte dem Vatikan Dokumente, welche, wie er sagt, beweisen, daß Christus noch am Leben war, als er vom Kreuz genommen wurde.

Kurt Berna sagt in diesen Unterlagen, die durch Photographien des Grablinnens in dem Christus begraben sein sollte, dokumentiert sind, daß die Flecken auf diesem Grablinnen durch frisches Blut hervorgerufen wurden.

„Es gibt den Beweis von Herztätigkeit, die andauerte während der Körper Christi vom Kreuz genommen und weggetragen wurde," sagt Berna in Dokumenten, die Monsignore Charles Moeller, von der vatikanischen Kongregation für die Glaubenslehre, ausgehändigt wurden.

Dies widerspricht dem Glauben der römisch katholischen Kirche. Das würde bedeuten, daß Christus von seinen Wunden auferstand nicht vom Tode selbst.

Es gab keinen Kommentar des Vatikans, aber aus dortigen Quellen hörte man, daß eine wissenschaftliche Kommission gebildet worden ist, um das Grablinnen zu untersuchen, das allgemein für die wichtigste Reliquie von Christus gehalten wird.

Dieses Grablinnen wurde während einer Kreuzfahrt aus dem Heiligen Land zurückgebracht und ging in den Besitz des Herzogs von Savoyen über. Er bewahrte es in Chambery auf, bis er seinen Hauptsitz nach Turin in Italien verlegte.

Das Grablinnen wird nun in einem geschlossenen Behälter über dem Hauptaltar der Turiner Kathedrale aufbewahrt.

Das Tuch zeigt deutlich die Umrisse eines menschlichen Körpers und Spuren von Blut.

Bild, im Vatikan: die offizielle Übergabe eines formellen Protestes gegen falsche Aussagen eines Vatikansprechers. Zugleich wurden offizielle Forschungsergebnisse der Internationalen Stiftung für das Grablinnen Jesu überreicht, welche beweisen, daß Jesus Christus, laut seinem eigenen Grablinnen, nicht am Kreuz gestorben ist und lebendig begraben wurde.

Links im Bild, Monsignore Charles Moeller, Vatikan-Untersekretär der Kongregation für den Glauben, zweithöchster Beamter dieser für den Glauben maßgebenden Vatikanstelle.

Tatsache: alle Weltnachrichten-Agenturen (nicht nur die beiden hier nachgedruckten AP und UPI) haben über diese Kultur-Ereignisse berichtet. Die Amerikanischen: The Associated Press (AP), United Press International (UPI). Die Englische: Reuters — pa, die Französische: Agence France Press (AFP), die offizielle Italienische: ANSA, die Schweizerische Depeschen Agentur und viele viele andere, weltweit, die teilweise von diesen Weltnachrichten-Agenturen übernommen hatten. In allen fünf Erdteilen wurden diese Nachrichten verbreitet und gedruckt. Nicht gedruckt in Deutschland.

Seltsam: als einzige bedeutende Nachrichten-Agenturen haben nicht berichtet, die „dpa", also die Deutsche Presse Agentur, Hamburg, und die der kommunistischen Staaten ebenfalls nicht. Weil „dpa" nicht berichtete, konnten natürlich die deutschen Zeitungen nichts drucken, im Gegensatz zu über 2000 Zeitungen der Weltpresse. Wenn ganze Völker gewisse Nachrichten nicht zur Kenntnis erhalten, so deshalb, weil die Zeitungen eines Landes nunmal in der Hauptsache auf ihre nationale Nachrichten-Agentur angewiesen sind. Sie ist der Lebensfaden der Zeitungen.

Interessant: Natürlich kann niemand sagen, alle diese vielen Nachrichten-Agenturen der westlichen Welt und in Asien, Afrika, Australien wären frei und die „dpa" wäre nicht frei. Rätselhaft? Absolut nicht! Schon im Jahre 1956 hat eine leitende Person des Kultur-Resorts der deutschen Presse Agentur (dpa), Hamburg, den Grundstein für solch eindeutige Nachrichten-Unterdrückung gelegt. Diese Person hat im Jahre

1956 persönlich und wörtlich in ihrem Dienstzimmer zum Autor gesagt: „Wir berichten über dieses Thema nicht!" In der Tat, ein feiner Grundstein für Nachrichten-Unterdrückung. Der volle Name dessen, der die „dpa" anscheinend so fest im Griff hat, soll hier nicht in der Weltliteratur verewigt werden, denn auch ohne dies ist eine Identifizierung leicht möglich.

Bis zum Frühjahr 1970 — also fast 14 Jahre lang — hat diese leitende Person ihre Ansage: "Wir berichten über dieses Thema nicht!" total durchgehalten und durchgesetzt. Ab Mitte 1971 war er anläßlich eines Prozesses doch gezwungen worden zu berichten. Aber es hat sich nur kurz geändert. Die Weltnachrichten, ausgelöst durch das vorstehend genannte Vatikanereignis waren noch vor 1970. 95 % der vielen vielen Weltnachrichten auf den kommenden ca. 80 Buchseiten hat „dpa" den deutschen Zeitungen und damit dem ganzen Volk vorenthalten.

Tatsächlich wurden diese vielen Nachrichten geradezu rundherum um Deutschland gedruckt: in den skandinavischen Ländern, Holland, Belgien, England, Irland, Frankreich, der Schweiz, Italien, Österreich und Spanien. Praktisch nichts davon (5 % ist Nichts) in Deutschland.

Wissenschaftlicher Protest im Vatikan:

(An diesem 28. Juli 1969 war noch unbekannt, daß der Vatikan mit seinem Dementi vom 20. Juni 1969 ,,entbehre jeder Grundlage", Vatikaninterne Vorgänge gemeint bzw. bestritten hatte. Aber gerade dort war die — später — aufgedeckte geheime Untersuchung des Grablinnens Jesu im Gange gewesen. Weil das Dementi so schön zweideutig war, wurden die gesamten Entdeckungen in den Protest eingebracht.)

Der Text des Protests:

Formeller, wissenschaftlich fundierter Protest gegen die offizielle Erklärung des Vatikans. Ein wissenschaftlich fundierter Protest mit 28 (achtundzwanzig) Beweisstücken, die darlegen, daß das Herz Christi noch schlug, als man ihn vom Kreuz nahm.

Der formelle Protest wird in italienischer Sprache am 28. Juli 1969 persönlich im Vatikan übergeben. Unmittelbar danach wird er der Presse in Form einer Fotokopie zur Verfügung gestellt.

I. Die Tatsache, der Entdeckung, daß das Herz Christi noch schlug, als man ihn vom Kreuz nahm, entbehrt durchaus nicht der Grundlage, wie eine offizielle Erklärung des Vatikans, die gedruckt und über die ganze Welt verbreitet wurde, die Menschen glauben machen möchte.

Die für diese offizielle Erklärung Verantwortlichen im Vatikan ließen die 28 Beweisstücke, welche die Herztätigkeit bestätigen, völlig außer acht. Aus diesem Grund sind die 28 Beweisstücke, die sich mit Faktor Blut beschäftigen, noch einmal zusammengestellt und offiziell dem Vatikan übergeben.

Zuerst jedoch müssen wir die Tatsache klären, daß diese Blutflecken deutlich machen, daß Christi Herz noch schlug, als sein Leib vom Kreuz genommen wurde, und daß sein Herz noch schlug, als er in dem Grablinnen lag, welches jetzt in Turin aufbewahrt wird. Mehr wird aus wissenschaftlicher Sicht dazu nicht festgestellt; und es ist nicht die Aufgabe dieses offiziellen Protests, irgendwelche theologischen Schlußfolgerungen aus dieser wissenschaftlich beweisbaren Tatsache zu ziehen.

Heutzutage gibt es viele Experten auf dieser Welt, die ausdrücklich betonen, daß nicht nur die Herztätigkeit für die Existenz des Lebens ausschlaggebend ist. Diese Experten geben die wissenschaftliche Erklärung, daß es möglich ist, trotz Herztätigkeit „tot" zu sein, nämlich dann, wenn das Gehirn seine Funktion eingestellt hat.

Dieser Protest sagt deshalb nicht, daß Jesus nicht „tot" war, sondern, daß sein Herz noch schlug, als er im Grablinnen lag. Die möglichen wissenschaftlichen und theologischen Schlußfolgerungen daraus liegen in der Zukunft, aber die Entdeckung der Herztätigkeit im Leib Christi liegt in der Gegenwart. Diese Herztätigkeit ist in unwiderlegbarer Form bewiesen worden:

II. Den Beweiß geben erstens die 12 Blutflecken vom Haupt Christi, nachdem ihm die Dornenkrone abgenommen wurde. Drei dieser Flekken befinden sich vorne und neun hinten am Haupt. Aber ein Leichnam blutet nicht!

Darüber hinaus beweist das Serum an den Rändern der Blutflecken, daß es das lebende Blut eines Leibes war, „denn um die dunklen Blutflekken herum sieht man eine Art Rand, der vom Blutserum herrührt, wie es nur in lebendem Blut vorkommt."

Erläuterungen der Vorgänge, die zum Austreten des Blutes führten:

Beim Entfernen der Dornenkrone wurden die Dornen herausgezogen, und die Wunden am Kopf öffneten sich wieder. Frisches Blut ergoß sich nun aus diesen Wunden und wurde vom Grablinnen aufgesaugt. Ein solches Blutfließen ist bei Leichnamen wissenschaftlich gesehen, unmöglich. Alle 12 Blutflecken sind der Beweis der sogenannten Herztätigkeit. Siehe Abbildung A, B und C und den Text zu den Abbildungen.

Es ist wissenschaftlich erwiesen, daß jeder Tropfen Blut vor dem „Neigen des Hauptes" längst ausgetrocknet war und in den folgenden ca. 30—45 Minuten vor der Kreuzabnahme ebenfalls, weil Blut auf der Haut, an frischer Luft, gerinnt und innerhalb von 10—20 Minunten zu harten Blutkrusten eintrocknet. Diese Gerinnung kann selbst durch Körperschweiß nicht verhindert werden. Das Grablinnen könnte trockenes, geronnenes Blut nicht absorbieren.

Und getrocknetes Blut, das durch irgend einen Umstand wieder flüssig geworden wäre, gibt keine Blutserumränder mehr, wie diese mehrfach im Grablinnen bei zahlreichen Blutflecken zu sehen sind. Das Fibrin, Ursache der Serumränder (indem es beim eintrocknenden Blut das Serum aus dem Blut herauspreßt) ist danach chemisch unwirksam, weshalb wieder aufgeweichtes Blut keine Serumränder mehr gibt.

III. Außer diesen 12 Blutflecken vorn und hinten am Haupt beweisen mindestens 16 weitere Blutflecken aus 14 Wunden an der Hand, der Unterarme und den Füßen die Herztätigkeit zur Zeit der Kreuzabnahme und nachdem der Körper im Grablinnen lag. Drei Blutflecken befinden sich auf dem Handrücken, sechs auf dem linken Unterarm und mindestens 4 auf dem rechten Unterarm. Zwei riesige Blutlachen sind an beiden Füßen zu sehen.

Für viele Blutflecken kann man folgende wissenschaftliche Gesetze anwenden:

Einige Geißelwunden an den Unterarmen waren am Kreuzbalken angeklebt. Dies, weil die Unterarme zwangsläufig durch die Annagelung der Hände dort angedrückt waren. Bei der Kreuzabnahme nun wurden die Unterarme vom Kreuzbalken abgelöst. Dabei sind die angeklebten Blutkrusten von den Wunden abgerissen und die Wunden waren wieder offen. Jetzt begann das, was bei einem Leichnam nicht möglich ist: die Wunden begannen wieder zu bluten.

Medizin-wissenschaftlich geschah hier dasselbe wie bei alltäglichen Unfällen, wenn man einen Verband von Wunden abreißt und diese wieder zu bluten beginnen.

Lebt ein Mensch, beginnen solche Wunden sofort wieder zu bluten, weil das Herz schlägt. Stirbt ein Mensch auf dem Transport ins Krankenhaus und der Notverband, der noch angelegt war, wird dann von dem Leichnam abgenommen, so bluten solche neu geöffneten Wunden nicht. Sie können nicht bluten, weil ein Leichnam keine Blutzirkulation mehr hat: das Herz steht still. Nur bei Herztätigkeit beginnen solche Wunden wieder zu bluten. Und das ist genau das, was mit dem Körper geschah, der im Grablinnen lag, das jetzt in Turin aufbewahrt ist. Deshalb war dieser Körper kein Leichnam.

Die Rekonstruktion der Kreuzabnahme ist außerordentlich einfach, etwa wie es ein Rembrandt-Gemälde zeigt. Man sieht hier, daß der rechte Arm herunterhing und das Blut aus den offenen Wunden am Arm herunter lief.

Der linke Arm dagegen wurde schräg gehalten, und aus dieser Haltung heraus floß das Blut aus den offenen Wunden zwangsläufig quer über den linken Arm.

Dies ist ganz klar auf dem Grablinnen zu erkennen, und es ist auch wissenschaftlich einwandfrei zu verstehen. Siehe Abbildung D und E und die detaillierten Erklärungen zu diesen Abbildungen.

IV. Ist dieses Grablinnen echt, dann ist Christus mit absoluter Sicherheit vom Kreuz genommen worden, als sein Herz noch schlug, und sein Herz schlug auch noch, als er im Grablinnen lag!

Selbstverständlich ist eine offizielle Untersuchung des Grablinnens unerläßlich, und hierfür gibt es außerordentlich viele moderne Möglichkeiten. Es ist kaum wahrscheinlich, daß Gott dieses Beweisstück fast 2000 Jahre lang bis zum heutigen Tage bewahrt hätte, wenn es nicht der Wahrheitsfindung dienlich sein soll. Die Geschichte des Grablinnens beweist, daß Gott es viele Male hätte zerstören können, wenn er es als Gefahr für das Christentum angesehen hätte, wie es einige kirchliche Kreise zu tun scheinen.

Die Echtheit ist akzeptiert worden. Papst Pius XI sagte nach einer längeren Untersuchung am 5. 9. 1936 wörtlich: „Non e opera umana" („es ist nicht das Werk eines Menschen" Osservatore Romano 7–8. 9. 1936).

Vor nicht allzu langer Zeit erklärte der bekannte Historiker Pater Edward Wünschel, Rom (unabhängig von den Entdeckungen über die Herztätigkeit) im deutschen Fernsehen, daß das Grablinnen, welches jetzt in Turin aufbewahrt wird, identisch ist mit dem, welches im ersten Jahrtausend in Konstantinopel aufbewahrt wurde. Pater Edward Wünschel, ein anerkannter Experte auf diesem Gebiet, erklärte ebenfalls im Fernsehen:

„die Untersuchungsergebnisse können wie folgt kurz zusammengefaßt werden: Das Grablinnen ist identisch mit dem von Konstantinopel. Außerdem kann man die Geschichte des Grablinnens, das heute in Turin aufbewahrt wird zurückverfolgen bis ins 5. Jahrhundert. Das wird heute als Tatsache angesehen und zwar in rein historischer Hinsicht. Das meiste Material muß noch veröffentlicht werden!"

Soweit Pater Edward Wünschels Erklärungen, die er öffentlich im Fernsehen abgab. Im selben Programm beantwortete Pater Vaccarie, S. J. Nestor der Bibelwissenschaft und Exegese, Professor am Päpstlichen Bibel-Institut in Rom die Frage, ob die Niederschriften der Evangelisten die Existenz des Grablinnens von Turin erlauben, mit einem klaren „ja".

Die wissenschaftlichen Befunde und medizinischen Beweise der Abbildungen A, B, C, D nehmen seit dem Jahre 1959 offiziell in Anspruch wissenschaftlich unwiderlegbar zu sein. Niemand ist es seither gelungen diese Beweise in ihrer Gesamtaussage auch nur im geringsten zu widerlegen. Es ist unwiderlegbar bewiesen, daß Jesus Christus gemäß seinem eigenen Grablinnen nicht am Kreuz gestorben ist bzw. lebendig begraben wurde.

Porgo Distinti Ossequi
Il Presidente della Fondazione
Sacra Sindone di Cristo
in Svizzera
Kurt Berna, Autor

BILDER IM VATIKAN
Bild B

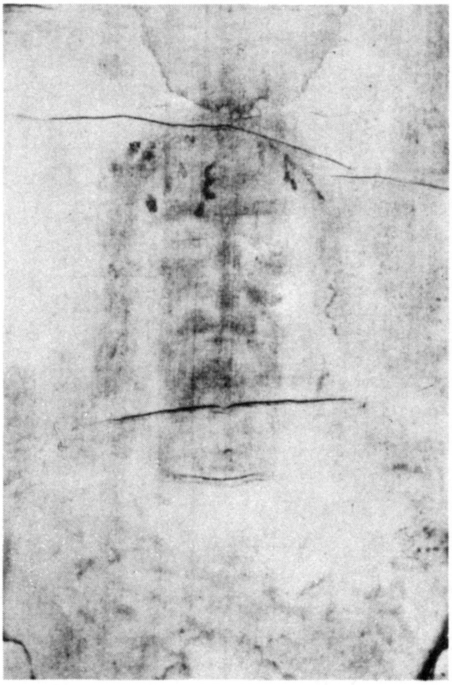

Bild B, Bildtext:

Gesichtsabdruck am Grablinnen, dazu die Blutungen aus Wunden der Dornenkrone nachdem die Dornen aus den Wunden gezogen waren. Mindestens drei dieser kleinen aber tiefen Wunden begannen wieder zu bluten und das Blut drückte sich hier im Grablinnen ab.

Würden bei einer Leiche solche Dornen gezogen, so würden diese Wunden nicht mehr bluten, weil der Blutdruck fehlt, der das Blut zu offenen Wunden hinausdrückt.

Diese Tatsachen gelten für alle anderen insgesamt mindestens 28 Wunden die wieder oder noch bluteten sowohl nach der Kreuzabnahme und im Grablinnen. Deshalb mit absoluter wissenschaftlicher Sicherheit: KEINE LEICHE LAG IM GRABLINNEN.

BILD A

Links: *Grablinnen mit kenntlich gemachten 28 Blutungen aus den offenen Wunden am Körper Jesu Christi.*

Rechts: *Grablinnen als Kontrollbild, zum besseren Erkennen photographisch etwas verstärkt wiedergegeben.*

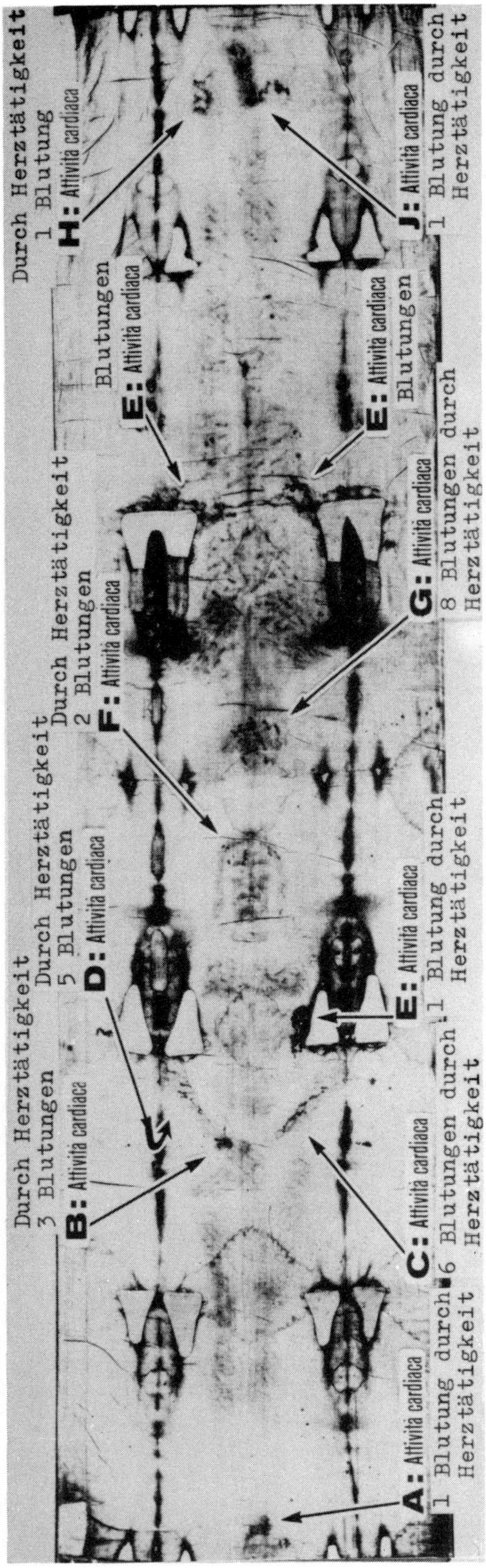

Bild A, Bildtext: *Das Grablinnen Jesu, 4,36 m lang, 1,10 m breit, seit Jahrhunderten in Turin. Aus mindestens 28 Wunden floß vom Leib Christi das Blut in das Grablinnen oder wurde von ihm aufgesaugt. Wegen diesem Blut Christi wurde das Grablinnen von der ersten Stunde an als Andenken durch die Jahrhunderte weitergegeben und aufbewahrt. Zuerst heimlich (als alle Andenken an Jesus vernichtet werden mußten), später als Reliquie. Die moderne Wissenschaft des 20. Jahrhunderts konnte jetzt aus diesem Beweisstück der ersten Stunde n a c h Golgatha die Tatsachen von Golgatha entnehmen. Die Tatsachen lauten: Herztätigkeit im Körper Christi während der Kreuzabnahme und Herztätigkeit im Körper Christi als er im Grablinnen lag. Jesus Christus wurde lebendig begraben, sein eigenes Grablinnen sagte es allen Christen zum Zeugnis. Ein wahrhaftiges, unbeeinflußtes Zeugnis.*

BILD C

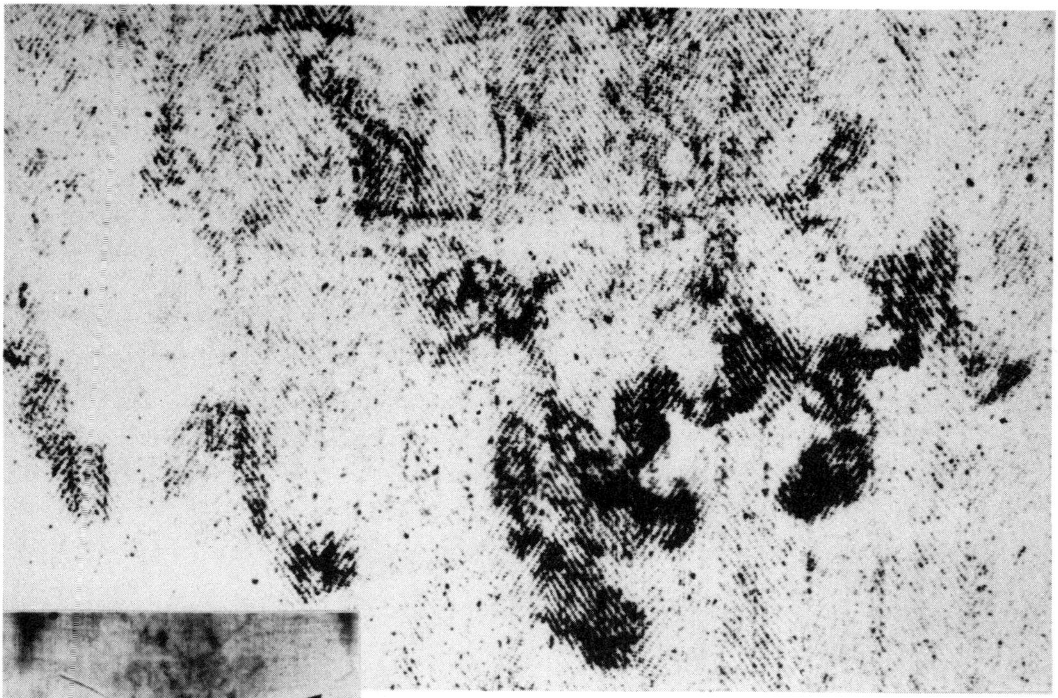

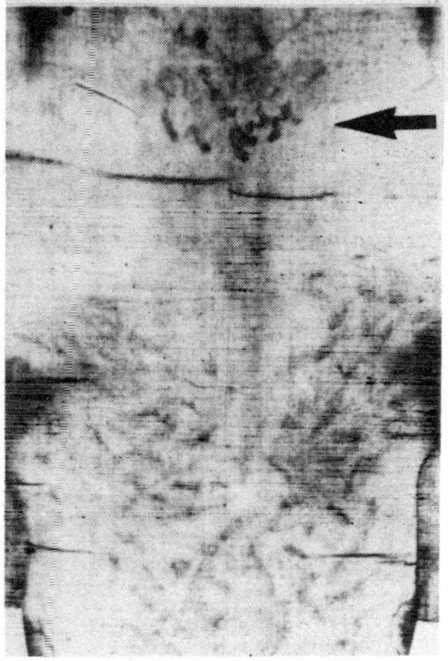

Bild C, Bildtext: *Mindestens acht Blutbahnen. Blut das aus geöffneten Wunden am Hinterhaupt in das Grablinnen geflossen ist, nachdem die Dornen gezogen waren.*

Die, nach dem Ziehen der Dornen wieder offenen, kleinen Wunden füllten sich mit Blut, dann tropfte und tropfte und tropfte das Blut durch die (langen) Haare. Von dort rollte es etwas über das Grablinnen, wie wir heute geradezu mitsehen können, und am Endpunkt der „Rollbahn" wurde es vom Grablinnen aufgesaugt.

Wäre Christus zu diesem Zeitpunkt eine Leiche gewesen, wie das bisher angenommen wird, so hätten sich die kleinen Wunden nicht mehr mit Blut gefüllt. Kein Blut wäre in das Haar getropft und nichts wäre über das Grablinnen gerollt. Nichts wäre aufgesaugt worden, es wären keine Blutbahnen im Grablinnen sichtbar.

Wissenschaftliche Konsequenz: *Weil Leichen so nicht bluten können, war es kein Leichnam, sondern ein Körper mit Herztätigkeit und Blutdruck. Eine unwiderlegbare Sache: Der Gekreuzigte wurde lebendig begraben.*

Bild D: *ist seitenrichtig – wie der Körper war – wiedergegeben. Am Grablinnen ist, wie bei allen Abdrücken, ein Spiegelbild, also seitenverkehrt.*

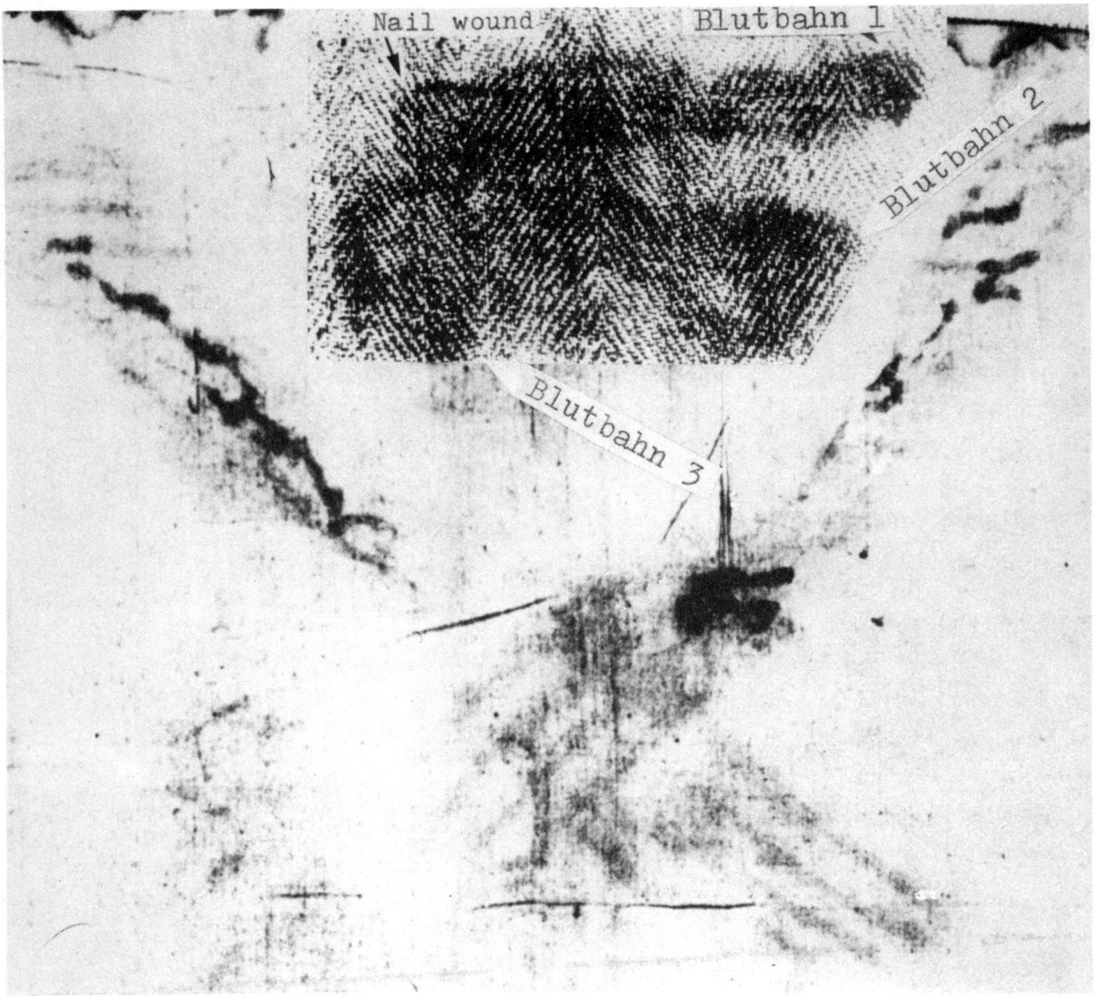

Bild D, *zeigt mindestens 14 Blutungen an beiden Armen und der Handwurzel. Drei der Blutbahnen sind aus der Nagelwunde geflossen. Die anderen Blutungen an beiden Unterarmen stammen aus wieder geöffneten Geißelwunden.*

Erklärung: *Einige Geißelwunden waren an den Kreuzbalken angeklebt. Dies, weil die Unterarme zwangsläufig durch die Annagelung der Hände dort angedrückt waren. Bei der Kreuzabnahme wurden die Arme von den Kreuzbalken abgelößt. Dabei sind die angeklebten Blutkrusten von einigen Geißelwunden abgerissen und einige dieser Wunden waren wieder offen, die Wunden bluteten wieder.*

Medizin-wissenschaftlich geschah hier dasselbe wie bei alltäglichen Unfällen, wenn man einen Verband von Wunden abreißt und der Verband an den Wunden angeklebt war.

Rechts, Bild E

Mit diesen Blutungen begann das was bei einem Leichnam nicht möglich ist. Lebt ein Mensch, beginnen solche Wunden sofort wieder zu bluten, weil das Herz schlägt.

Stirbt, zum Beispiel, ein Mensch auf dem Transport ins Krankenhaus und der Notverband, der noch am Unfallort angelegt war, wird von dem Leichnam abgenommen, so bluten solche neu geöffneten Wunden nicht. Sie können nicht bluten, weil ein Leichnam keinen Blutdruck mehr hat: das Herz steht still!

Ist das Herz tätig, so wird das Blut zu solch offenen Wunden herausgedrückt. Deshalb war dieser Körper, der in diesem Grablinnen lag, keine Leiche.

Die Rekonstruktion der Kreuzabnahme (etwa wie Bild E) ist relativ einfach, etwa wie das Rembrandt-Bild zeigt war es. Man sieht hier, daß der rechte Arm herunter hing und das Blut aus den offenen Geißelwunden floß am Arm herunter. Theoretisch ist es möglich, daß dieser rechte Arm auch ganz senkrecht nach oben gehalten wurde.

Der linke Arm dagegen wurde schräg gehalten, und wegen dieser Haltung floß das Blut zwangsläufig quer über den linken Arm. Die Blutbahn „1" aus der wieder offenen Nagelwunde hat die gleiche Fließrichtung.

Selbstverständlich hätten bei einer Leiche auch alle Nagelwunden (auch an den Füßen) nicht mehr „so" bluten können.

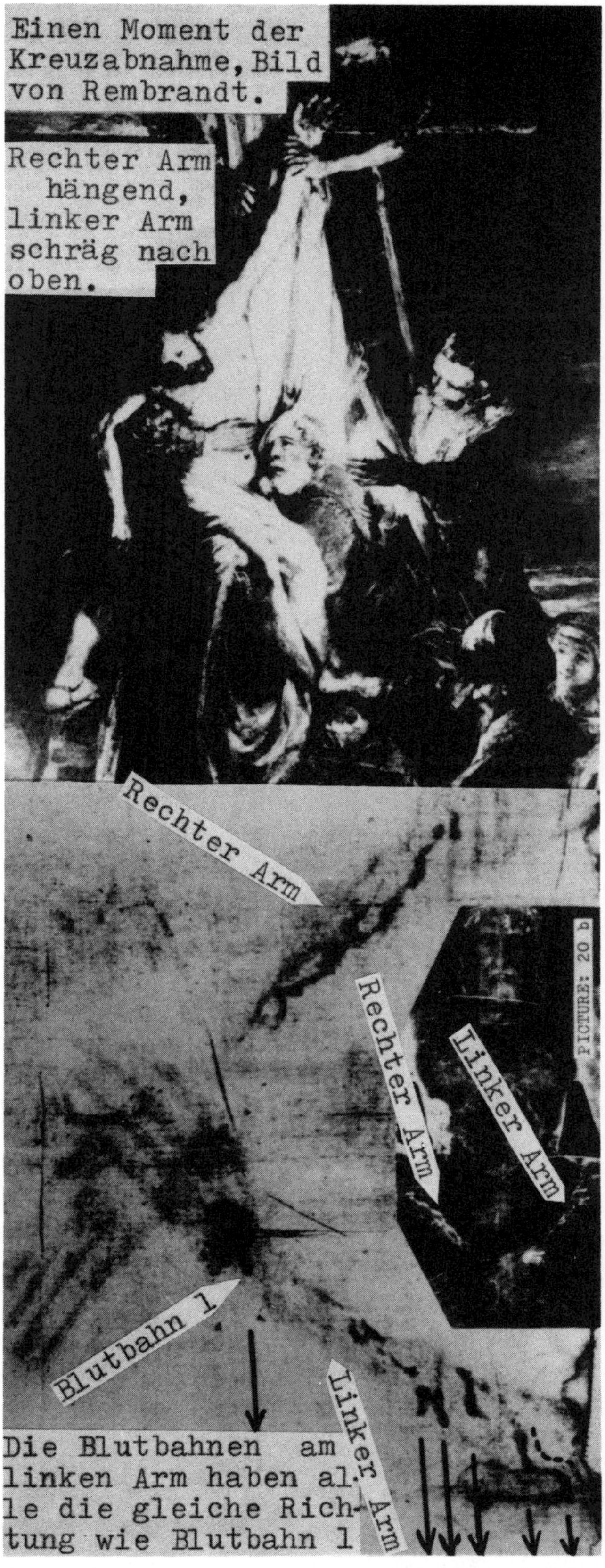

Der Informant:

Im Dezember 1969 wurde die Stiftung nochmals von dem Informanten in hoher Position angeschrieben, daß sich der Papst erneut eingeschaltet habe. (Warum, wurde der Stiftung nicht bekannt) Und daß ein Mitglied der Kurie in Rom wörtlich gesagt habe:

„Die heilige Kirche kann sich nicht entzweien lassen und lehren, Jesus Christus sei am Kreuz gestorben, um uns von unseren Sünden zu befreien und zur gleichen Zeit ein Grablinnen verehren, in dem niemals ein Leichnam lag. Eine grundlegende, radikale Lösung muß hier gefunden werden."

Hier ist der Originaltext in italienischer Sprache, wie ihn der Informant geliefert hatte:

> La Santa Chiesa non puo essere cosi incoerente da insegnare che nostro Signore Gesu Cristo ha subito la morte sulla croce per la redenzione degli uomini e adorare nel medesimo tempo una sindone, nella quale nonè mai stato avvolto un cadavere. Una soluzione radicale deve essere trovata questo caso.

Diese Handlungen des Informanten brachten geradezu sensationelle Ergebnisse und führten zur Aufdeckung der Täuschung des Vatikans am 20. 6. 1969, und zwangen die Kurie zur Aufdeckung eines Kirchengeheimnisses:

6. Gerüchte über geplante Zerstörung des Grablinnens Jesu

Weltnachricht:

Das heilige Grablinnen Christi könnte zerstört werden. Originaltitel der Meldung:
CHRIST'S HOLY SHROUD MAY BE DESTROYED
Reuters, 3. Januar 1970

Zürich — Das Grablinnen, in das Jesus Christus nach seiner Kreuzigung gelegt worden sein soll, ist nach Aussage der Internationalen Stiftung für das Grablinnen Jesu in Gefahr.

Die Gesellschaft erklärte, daß sie Informationen aus zuverlässiger Quelle besitzt, wonach die Gruppe im Vatikan, die die Zerstörung der Reliquie durchsetzen will, immer mehr im Begriff ist, die Oberhand zu gewinnen.

Diese Information ist dem Londoner Büro zugegangen, aber es war noch nicht geklärt, ob die beabsichtigte Zerstörung tatsächlich stattfinden soll.

Die Stiftung, die ihren Hauptsitz in Zürich hat, wurde vor 6 Jahren gegründet, um das Grablinnen, das in Turin aufbewahrt wird, öffentlich zu fördern. Sie hat bis jetzt 70 000,– Pfund (damals ca. 550 000,– DM) für dieses Vorhaben ausgegeben.

Der westdeutsche Präsident dieser Stiftung, Herr Kurt Berna, erklärte, daß das Kommuniqué herausgegeben wurde wegen der sich verdichtenden Spekulationen im letzten Monat über die Zerstörung des Grablinnens.

Er sagte, Gerüchte zirkulierten in den ersten drei Monaten letzten Jahres seien aber vom Vatikan dementiert worden.

Herr Kurt Berna behauptet, wenn die Echtheit des Grablinnens bewiesen sei, würde dies bedeuten, daß Jesus Christus nicht am Kreuz gestorben ist.

Blut auf dem Gewebe lasse darauf schließen, daß das Herz Jesu noch schlug, als man ihn in das Grablinnen legte.

In Rom bezeichneten Kreise des Vatikan die Behauptung, das Grablinnen sei in Gefahr, als „unbegründet und leichtfertig."

Weltnachricht:

Wieder Streit um das Grablinnen Jesu
Originaltitel der Meldung:

HOLY SHROUD AGAIN IN CONTROVERSY

United Press International (UPI) 4. Januar 1970

Rom – Einen neuerlichen kontroversen Wirbel gibt es über das Leichentuch, welches nach katholischem Glauben den Leib Christi nach seiner Kreuzigung eingehüllt haben soll.

Eine Gesellschaft mit Hauptsitz in Zürich hat den Vatikan beschuldigt, er beabsichtige die Zerstörung des Grablinnens, welches für viele die wichtigste Reliquie Christi bedeutet.

Gewisse Kreise im Vatikan haben diese Behauptung als unwahr bezeichnet und betont, das Grablinnen sei gar nicht Eigentum des Vatikans.

Die Züricher Gesellschaft, die Internationale Stiftung für das Grablinnen Jesu, behauptet, daß Christus gelebt habe, als man ihn in das Grablinnen legte. Eine wissenschaftliche Untersuchung hierüber ist im Gange.

Ein Mitglied der römischen Kurie – die zentrale Kirchenleitung – hat, römischen Zeitungen zufolge, die Anschuldigungen, sie beabsichtige die Zerstörung des Grablinnens als „lächerlich" und „in das Reich der Fantasie gehörend" bezeichnet.

In Zürich erklärte der Präsident der Stiftung, Kurt Berna, daß im vergangenen Monat Berichte in Rom im Umlauf waren, nach welchen das Grablinnen zerstört werden soll. Es sei nur eine Frage, ob es im Geheimen oder öffentlich geschehe.

Berna kam vor 6 Monaten nach Rom, um dem Vatikan Dokumentationsmaterial zu übergeben, welches seiner Aussage nach die Theorie erhärtet, daß Christus gelebt habe als man ihn vom Kreuz nahm und in das Grablinnen legte.

Die Theorie widerspricht der Kirchenlehre, die behauptet, daß Christus am Kreuz gestorben, begraben und drei Tage später von den Toten auferstanden sei.

Die Züricher Stiftung nannte keinen Grund, warum sie glaube, der Vatikan sei an der Vernichtung des Grablinnens interessiert.

Als Berna im Juli Unterlagen und Fotografien überreichte, um diese Theorie der Stiftung zu untermauern, sagte er zu Mons. Charles Moeller von der Vatikanischen Kongregation für Glaubensfragen, daß der Beweis vorliege, Christi Herz habe geschlagen, als er in das Grablinnen gelegt wurde.

Der Vatikan gab seinerzeit keinen Kommentar und hat dies seitdem auch nicht getan.

Aber eine wissenschaftliche Kommission hat das Grablinnen, das in einer silbernen Truhe über dem Hauptaltar der Turiner Kathedrale aufbewahrt wird, eingehend untersucht.

Bereits früher haben inoffizielle Stellen erklärt, daß die Kommission alle widersprüchlichen Gesichtspunkte prüfen würde, einschließlich der Überzeugung der Stiftung, daß Blutflecken auf dem Grablinnen die Aussage der Stiftung bestätigen.

Das Grablinnen ist seit dem 16. Jahrhundert in Italien. Während der Kreuzzüge kam es aus dem heiligen Land für kurze Zeit nach Paris und wurde Eigentum des Herzogs von Savoyen. Es ist heute das Eigentum des früheren Königs Umberto von Italien, dem direkten Erben des Herzogs von Savoyen.

Durch Jahre hindurch haben Physiker, Pathologen und Medizin-Experten wiederholt betont, daß das Grablinnen klare Umrisse eines menschlichen Körpers und Blutspuren zeige.

In den vergangenen Jahren entstand eine andere Kontroverse über das Grablinnen, die sich auf die Größe des darin eingehüllten Mannes bezog. Die Experten waren sich nicht einig über die Größe Christi, Schätzungen variieren zwischen 1,62 und 1,82 Meter.

Weltnachricht:

Wissenschaftler untersuchten das Grablinnen Jesu
Originaltitel der Meldung:
SCIENTISTS EXAMINED HOLY SHROUD

Reuters, 6. Januar 1970

Rom — das heilige Grabtuch, ein Stück Linnen, welches als das echte Leichentuch unseres Herrn verehrt wird, wurde im vergangenen Sommer zum erstenmal seit 36 Jahren von Wissenschaftlern untersucht, wie in Turin gestern bekannt wurde.

Die italienische Nachrichtenagentur ANSA berichtete, daß die Untersuchungen des Grablinnens im Geheimen von einem Komitee bestehend aus mehreren Wissenschaftlern durchgeführt wurde, die berichteten, das Gewebe sei in tadellosem Zustand vorgefunden worden.

ANSA meldete, daß die Untersuchung des Grablinnens in einem dafür speziell ausgerüsteten Raum neben der Guarini-Kapelle stattfand, wo auch das Grablinnen aufbewahrt wird.

Die Agentur teilt mit, daß die Untersuchungen auf Veranlassung des Turiner Erzbischofs, Michele Kardinal Pellegrino ausgeführt wurden, nachdem er die Erlaubnis vom Papst erhalten hatte.

Die Wissenschaftler, so wurde berichtet, haben nach der Prüfung des Grablinnens einen Arbeitsplan für weitere Untersuchungen aufgestellt.

Das Grablinnen wurde zuletzt im Jahre 1933 aus Anlaß des 1900 Jahrestages des Todes Christi öffentlich gezeigt.

Das Grablinnen ist Eigentum des italienischen Königshauses von Savoyen. Nach Aussage des Sekretärs von Kardinal Pellegrino kann die versiegelte Truhe mit dem Grablinnen nur mit Genehmigung des Vatikans (des Papstes, der Verf.) und des früheren Königs Umberto von Savoyen, der im Exil in Portugal lebt, geöffnet werden.

Die in Reuters genannte ANSA-Meldung (ANSA ist die offizielle italienische Nachrichten Agentur), daß im Sommer 1969 „die Untersuchung des Grablinnen im Geheimen von einem Komitee, bestehend aus mehreren (10) Wissenschaftlern durchgeführt wurde", deckte die Vatikan-Täuschung vom Juni 1969 auf.

Damals im Januar 1970 hatte die Weltpresse noch nicht erkannt, daß sie im Juni 1969 vom Vatikan auf's Kreuz gelegt worden war, getäuscht, weil eben doch, entgegen dem Dementi des Vatikan Sprechers, „die Frage des Grablinnens zu diesem Zeitpunkt" aufgegriffen war und zwar mit nichts geringerem als einer (monatelang vorbereiteten) geheimen Untersuchung durch nicht weniger als zehn Experten!

Um der Weltpresse diese vorsätzliche Täuschung durch den Vatikan bewußt zu machen wurde am 10. März 1970 ein London-Kommunique an ca. 4000 Zeitungen und Zeitschriften in Europa, Amerika, Asien, Australien und Afrika mit folgendem Inhalt und in vier Sprachen verbreitet:

7. Zwei wichtige Phänome'n

London-Kommunique in vier Sprachen an die Weltpresse

Erstes Phänomen:

Jesus Christus ist nicht am Kreuz gestorben!

a) die Entdeckung und Verbreitung des historischen Geheimnisses, dass — wie das Grablinnen in Turin beweist — Jesus Christus nicht am Kreuz starb und lebend in das Grablinnen gelegt wurde.

b) Hohe kirchliche Kreise im Vatikan und in Turin haben dieses historische Geheimnis seit 1959 gekannt, und seit 1959 existiert eine offizielle Behauptung, daß diese Entdeckungen wissenschaftlich unwiderlegbar sind. Tausende von Experten haben die Richtigkeit dieser Entdeckungen erkannt und zwar aus dem einfachen Grund, weil ein Leichnam nicht bluten kann, wie es dieser gekreuzigte Mensch nach seiner Kreuzigung getan hat. Aus diesem Grund war er kein Leichnam! An dieser wissenschaftlichen Tatsache geht kein Weg vorbei.

c) Wenn also die Echtheit des Grablinnens von Turin bewiesen ist, muß eine historische Auslegung, wie sie bis heute gegolten hat, geändert werden, ob es uns paßt oder nicht. Die korrekte historische Aussage muß heißen: Jesus Christus ist nicht am Kreuz gestorben.

Und als er aufhörte zu atmen, legte man ihn in das Grablinnen mit schlagendem Herzen. Dieses ist der wissenschaftliche Beweis, den sein eigenes Grablinnen liefert. Das gesamte Beweismaterial hierfür liegt seit Jahren im Vatikan. Zuletzt wurden am 28. Juli 1969 dem Untersekretär Mons. Charles Moeller von der Glaubenskongregation des Vatikans sachdienliche Unterlagen überreicht.

Die Weltpresse, die von den Presseagenturen ANSA, AP, A.F.P., Reuter, UPI und anderen informiert wurde, hat hierüber detailierte Berichte herausgegeben und dieses historische Ereignis der Öffentlichkeit zugänglich gemacht.

Zweites Phänomen:

Die Entdeckung und Verbreitung von strengen Kirchengeheimnissen.

a) 1968 verfügte Papst Paul eine geheime Untersuchung des Grablinnen Christi in Turin. Kein Außenstehender, vor allem kein Vertreter der Presse, wurde hiervon unterrichtet. Am 25. März 1969 gab Kardinal Michele Pellegrino von Turin entsprechende Anweisungen und beauftragte eine geheime, anonyme Kommission. Die geheime Untersuchung fand statt vom 16.–18. Juni 1969. Bis zum 6. Januar 1970 war dies ein Kirchengeheimnis.

Hier sind die Ereignisse, die zur Entdeckung des Kirchengeheimnisses führten:

b) Anfang Mai 1969, etwa 6 Wochen vor der geheimen Untersuchung, wurde die Internationale Stiftung in der Schweiz von einem Informanten in hoher Position, der Zugang zum Vatikan hat aber nicht dort angestellt ist, davon unterrichtet, daß etwas Wichtiges im Gange sei im Hinblick auf das Grablinnen Christi („sie gehen ans Werk wie Diebe in der Nacht''.)

c) Es ist sicher, daß ohne diesen Informanten alles ein Kirchengeheimnis geblieben wäre, denn die Tatsache bleibt bestehen:

1) Weder der Vatikan in Rom noch die Kurie in Turin informierten freiwillig die Presse und damit die Bevölkerung.

2) Das historische Geheimnis, das entdeckt wurde, demzufolge Jesus nicht am Kreuze starb, wie das Grablinnen beweist, wäre der Menschheit für eine lange Zeit vorenthalten worden.

Sie gehen ans Werk wie Diebe in der Nacht

3) Hier kurz andere Ereignisse: Am 16. Juni 1969 wurden Broschüren – mit dem Datum 17. Juni 1969 – verteilt, unter anderem auch in Rom und Turin, in italienischer Übersetzung. Dieser Zeitpunkt wurde

gewählt, nachdem der Informant uns berichtet hatte: „Jetzt gehen sie ans Werk wie Diebe in der Nacht!"

4) Wie genau dieser Informant über die Vorgänge Bescheid wußte, beweist das offizielle Kommuniqué, welches die Kurie von Turin gezwungenermaßen am 6. Januar 1970 herausgeben mußte, in dem es heißt, daß die Truhe geöffnet wurde und eine Untersuchung (auch mit Farbfotografien) des Grablinnens vom 16.–18. Juni 1969 stattgefunden hatte.

5) Noch am 20. Juni 1969 informierte der Vatikan die Weltpresse offiziell, daß diese Broschüre der Internationalen Stiftung in der Schweiz jeglicher Grundlage entbehre. Zur gleichen Zeit erklärte der Untersekretär im Vatikan, Mons. Annibale Bugnini am 20. Juni 1969 wörtlich: „Der Vatikan hat nicht die Absicht, sich mit der Frage des Grablinnens zu diesem Zeitpunkt zu befassen!" Die Presse wurde hiervon im Vatikan unterrichtet (Quelle: AP, Rom, vom 20. 6. 1969 und 28. 7. 1969.) Dieses war eine bewußte Täuschung der Presse gegenüber, nachdem genau 4 Tage zuvor, nämlich am 16. Juni 1969, die Truhe mit dem Grablinnen seit 36 Jahren zum erstenmal geöffnet und drei Tage lang eingehend untersucht worden war. Die Frage des Grablinnens war also längst vom Vatikan aufgegriffen worden, denn die Truhe hätte ohne die Genehmigung Papst Paul VI. gar nicht geöffnet werden können.

6) Zu diesem Zeitpunkt war die Presse auf Informationen der Stiftung angewiesen, während die Stiftung ihrerseits auf Informanten angewiesen war.

7) Am 28. Juli 1969 folgte der Bugnini-Erklärung ein formeller Protest, den die Stiftung persönlich gegenüber dem Vatikan anmeldete. Er hatte folgenden Inhalt: „Formeller, wissenschaftlich begründeter Protest gegen die offizielle vom Vatikan gemachte Aussage. Ein wissenschaftlich fundierter Protest mit insgesamt 28 (achtundzwanzig) Beweisstücken, die aufzeigen, daß das Herz Jesu noch schlug, als man ihn vom Kreuz nahm." Nachdem die Weltpresse darüber einen detaillierten Bericht gegeben hatte, herrschte wieder Stillschweigen.

8) Im Dezember 1969 wurde die Stiftung wiederum von dem Informanten in maßgebender Position davon unterrichtet, daß der Papst sich eingeschaltet (warum, ist der Stiftung nicht bekannt) und ein Mitglied der Kurie in Rom wörtlich gesagt habe:

> „Die heilige Kirche kann sich nicht entzweien und lehren, daß unser Herr Jesus Christus am Kreuze starb, um uns von unseren Sünden zu befreien, und zur gleichen Zeit ein Grablinnen verehren, in dem niemals ein Leichnam lag. Eine durchgreifende, radikale Lösung muß hier gefunden werden!"

9) Aufgrund dieser Information begann die Stiftung zu handeln. Sie wartete bis das Weihnachtsfest und das Neue Jahr vorüber waren. Gleich am 2. Januar 1970 wurde der Korrespondent der englichen Presse-Agentur „Reuter" in Zürich informiert, und er vermittelte ein telefonisches Interview mit der Schweizer Zentrale des „Reuter"-Büros in Genf am 3. Januar 1970. In diesem Interview wurde als wesentlicher Punkt betont, daß der Kreis, der die Oberhand im Vatikan zu gewinnen scheint, derjenige war, der an der Vernichtung des Grablinnens aus Glaubensgründen interessiert sein mußte. Wie sonst sollte man den Ausdruck „radikale Lösung" verstehen?

10) Die englische Presse-Agentur Reuter übermittelte der Weltpresse diesen Bericht, zusammen mit weiteren Einzelheiten; unter anderem, daß dieses Grablinnen beweisen würde, Jesus Christus sei nicht am Kreuz gestorben. Der Bericht wurde von zahlreichen anderen Agenturen aufgenommen und in fast der ganzen Welt gedruckt, ausgenommen die kommunistisch regierten Länder.

Plötzlich geschahen erstaunliche Dinge.

e) Am 5. Januar 1970 erklärte der Vatikan durch Monsignore Giulio Ricci, Mitglied der Bischofs-Kongregation, daß dieses Grablinnen die „heiligste Reliquie der Passion Christi" sei und bleiben würde. Derartige Äußerungen hatte man vom Vatikan seit Jahren nicht gehört. Noch im Jahre 1965 erklärte ein Sprecher des Vatikans, daß diese Reliquie aus dem 14. Jahrhundert stamme, wie dieselbe englische Presse-Agentur Reuter 1965 berichtet hatte. Die geheime Untersuchung vom 16.–18. Juni 1969 zeigte, daß der Vatikan die Echtheit des Grablinnens anerkannte.

f) Am nächsten Tag, dem 6. Januar 1970 gaben die Presse-Agenturen ANSA, AP, UPI, A.F.P., Reuter und die Schweizer Nachrichten-Agentur weitere Berichte aus Rom und Turin bekannt, einschließlich eines offiziellen Kommuniqués der Kurie in Turin, daß eine Untersuchung des Grablinnens Jesu vom 16.–18. Juni 1969 stattgefunden habe. Das Geheimnis war aufgedeckt worden!

Text des offiziellen Kommuniqués der Kurie in Turin:

„Am 25. März 1969" – so verlautet das Kommuniqué, welches von der Kurie in Turin herausgegeben wurde – „hat der Kardinal Michele Pellegrino, Erzbischof von Turin mit der erforderlichen Zustimmung eine Kommission benannt, deren Aufgabe es war, den Zustand des Grablinnens Christi zu untersuchen. Diese Untersuchung dauerte vom 16.–18. Juni 1969, und der Kardinal selbst wohnte dieser Untersuchung durch einen privaten Besuch bei. Im Laufe dieser Forschungsarbeiten, die unter Verwendung der modernsten technischen Hilfsmittel stattfanden, wurde photographisches Beweismaterial fertiggestellt. Die Mitglieder der Kommission, Experten der verschiedensten Gebiete, äußerten sich über den Zustand des Grablinnens sehr positiv. Man bat sie um entsprechende Vorschläge und Maßnahmen zur besseren Erhaltung der heiligen Reliquie für mögliche spätere Untersuchungen." (ANSA-Rom 5. 1. 1970)

g) Viel mehr gibt es nicht zu sagen. Das durch die Internationale Stiftung in der Schweiz erzwungene Kommuniqué der Kurie in Turin spricht für sich selbst.

Die Weltpresse hat erkannt, daß sie im Juni 1969 getäuscht wurde, und alles ein Kirchengeheimnis bleiben sollte. Allein die Aktivität der Internationalen Stiftung in der Schweiz ermöglichte es — natürlich mit Hilfe des Informanten — daß dieses Geheimnis aufgedeckt wurde.

Zusammen mit dieser angesehenen Persönlichkeit bleibt nur noch zu fragen: Warum geht die Kirche solchermaßen ans Werk — wie Diebe in der Nacht es tun würden?

In Markus 4.22 wird der Kirche vor Augen gehalten, was passiert wenn man sich so verhält. Jesus Christus hatte es die Kirche gelehrt. — Hochachtungsvoll: Die Internationale Stiftung für das heilige Grablinnen Jesu in der Schweiz, der Präsident; Kurt Berna.

London den 10. März 1970

Jetzt hatte die Weltpresse die Täuschung durch den Vatikan erkannt! Und sie legte los:

8. Vatikan unter Beschuß......

Weltnachricht:

Die Lehre vom Kreuz-Tod Christi herausgefordert
Originaltitel der Meldung:
CHRIST'S DEATH ON CROSS TENET CHALLENGED

Reuters, 11. März 1970

London — Eine internationale Gesellschaft hat den Vatikan am Mittwoch beschuldigt, „wie Diebe in der Nacht" vorzugehen, indem er der Presse eine geheime Untersuchung der Theorie, daß Christus nicht am Kreuz gestorben sei, vorenthalten habe.

Die Internationale Stiftung für das Grablinnen Jesu, mit Hauptsitz in Zürich, die diese These beweisen will, machte diese Anschuldigung in einem Kommuniqué, das in Zürich veröffentlicht wurde. Die Stiftung ist davon überzeugt, daß Blutflecken auf dem Grablinnen, in welchem der Leib Christi gelegen haben soll, beweisen, daß Jesus zwar aufgehört hatte zu atmen, als man ihn vom Kreuz nahm, daß sein Herz aber schlug.

Im Januar behauptete die Stiftung, daß es in Vatikan-Kreisen Bestrebungen gebe, die darauf abzielten, das Grablinnen zu vernichten und zwar aus Furcht, daß Enthüllungen der Umstände über den Tod Jesu die Grundlehre des christlichen Glaubens erschüttern könnten.

In dem Kommunique heißt es, Monsignore Annibale Bugnini, Sekretär im Vatikan, habe am 20. Juni letzten Jahres erklärt, der Vatikan beabsichtige nicht, sich mit der Frage des Grablinnens, das in Turin aufbewahrt wird, zu beschäftigen.
Aber am 6. Januar des Jahres gab die Kurie in Turin bekannt, daß die Truhe mit dem Grablinnen geöffnet wurde und man das Grablinnen vom 16.—18. Juni einer Untersuchung unterzogen habe.

Das Kommuniqué sprach von einer bewußten Täuschung und fragt: „warum ging die Kirche solchermaßen ans Werk — wie Diebe in der Nacht" es tun würden?

Das Schloß von Chambéry

Die Geschichte des Grablinnens datiert nachweislich zurück bis zum 14. Jahrhundert, als es im Schloß von Chambéry, dem Sitz des Herzogs von Savoyen, aufbewahrt wurde.

Heute liegt es in einer silbernen Truhe hinter dickem Glas und zwei Eisenstäben auf einem Altar in der Kapelle der Turiner Kathedrale.

Kurt Berna, ein westdeutscher katholischer Schriftsteller und Präsident der Stiftung, äußert sich zurückhaltend über die Bedeutsamkeit seiner Behauptung, daß Jesus noch gelebt habe, als man ihn vom Kreuz nahm. Aber im Januar erklärte er Reuter gegenüber, er schließe die Möglichkeit nicht aus, daß es eine Auferstehung gegeben habe, indem Jesus noch gelebt habe, als er das Grab verließ.

Diese These der Stiftung würde die Juden auch von dem Stigma der Schuld befreien, sie seien durch die Kreuzigung verantwortlich für den Tod Christi, fügte er hinzu.

Weltnachricht:

Christus – „starb nicht am Kreuz"
Originaltitel der Meldung:
CHRIST – „DID NOT DIE ON THE CROSS"

United Press International, 11. März 1970

Londoner Kommuniqué

In einem gestern in London herausgegebenen Kommuniqué behauptet die Stiftung, sie sei über Einzelheiten der Untersuchung des Grablinnens durch einen „Informanten in hoher Position, der Zugang zum Vatikan habe, aber nicht dort angestellt sei, unterrichtet worden".

Das Kommuniqué sagt weiter, daß Tausende von Experten die Zuverlässigkeit dieser Entdeckung erkannt haben „denn ein Leichnam kann nicht bluten, wie es dieser gekreuzigte Mensch nach der Kreuzabnahme getan hat; und somit kann es kein Leichnam gewesen sein. An dieser wissenschaftlichen Tatsache geht kein Weg vorbei.

Wenn also die Echtheit des Grablinnens in Turin bewiesen ist, muß eine historische Darlegung, wie sie bis heute gegolten hat, geändert werden, ob es uns nun gefällt oder nicht. Die korrekte Deutung muß heißen: Jesus Christus starb nicht am Kreuz."

Aufgrund dieser Behauptung der Stiftung soll Papst Paul im vergangenen Juni eine Untersuchung des Grablinnens angeordnet haben. Kardinal Michele Pellegrino, Erzbischof von Turin, gab später bekannt, daß die Untersuchung unter Verwendung modernster technischer Hilfsmittel vorgenommen worden sei. Ergebnisse hierüber wurden jedoch nicht bekanntgegeben.

Einige Monate später teilte die Stiftung mit, sie sei davon unterrichtet worden, daß der Vatikan beabsichtigte, das Grablinnen zu vernichten. Vatikanquellen bezeichneten diese Behauptung als „lächerlich" und „dem Reich der Fantasie" angehörend. Der Vatikan sei nicht einmal der Eigentümer des Grablinnens.

Vatikan wird geheimer Untersuchung des Grablinnens Jesu beschuldigt. Originaltitel der Meldung:
VATICAN ACCUSED OF SECRET PROBE ON HOLY SHROUD

The Press Association, London, 10. März 1970

(Nachrichten der Press Association werden mit Telex an alle Zeitungen in Großbritannien und Irland durchgegeben und von fast allen Zeitungen wie z. B. The Guardian, London, aber auch kleinerer, wie The Evening Gazette, Middlesborough, Yorkshire, gedruckt.)

Text herausgegeben von der Press Association:

London — Der Vatikan wurde heute beschuldigt, eine geheime Untersuchung der Theorie, Christus sei nicht am Kreuz gestorben, unterschlagen zu haben.

Dieses geschah aufgrund einer Untersuchung des sogenannten „Grablinnen von Turin", von dem behauptet wird, Christus sei von den Jüngern nach der Kreuzabnahme darin eingehüllt worden.

Das Kommuniqué führt weiter aus: „Den Stellen der Hohen Kirche im Vatikan und in Turin ist dieses historische Geheimnis seit 1959 bekannt gewesen, und seit 1959 existiert auch die offizielle Erklärung, daß diese Entdeckungen wissenschaftlich unwiderlegbar sind."

Es führt weiter aus: „Im Jahre 1968 veranlaßte Papst Paul VI eine geheime Untersuchung des Grablinnens.

Kein Außenstehender, vor allem kein Vertreter der Presse wurde hiervon in Kenntnis gesetzt. Am 25. März 1969 beauftragte Kardinal Michele Pellegrino von Turin eine geheime, anonyme Kommission."

Die Stiftung behauptet, ihr seien Einzelheiten hierüber von einem „Informanten in hoher Position, der Zugang zum Vatikan habe, aber nicht dort angestellt sei", mitgeteilt worden.

Das Kommunique stellt fest, daß Tausende von Experten die Zuverlässigkeit der Entdeckungen im Vatikan erkannt haben, „denn ein Leichnam kann nicht bluten, wie es dieser Gekreuzigte nach der Kreuzabnahme getan hat. Somit kann es kein Leichnam gewesen sein. An dieser Tatsache geht kein Weg vorbei.

Wenn also die Echtheit des Grablinnens von Turin bewiesen ist, muß eine historische Behauptung, wie sie bis heute gegolten hat, geändert werden, ob es uns gefällt oder nicht. Die wahrheitsgemäße Behauptung muß lauten: Jesus Christus ist nicht am Kreuz gestorben."

Vatikan unter Beschuß: Starb Christus am Kreuz?
Originaltitel des Zeitungsberichtes:
VATICAN UNDER FIRE: DID CHRIST DIE ON THE CROSS?

„The Evening Gazette", Middlesborough, Yorkshire 12. März 1970

Christus starb nicht am Kreuz — oder der geheiligste Besitz der katholischen Kirche ist eine Fälschung.

Das ist die Schlußfolgerung eines Kommuniqués der Internationalen Stiftung für das Grablinnen Jesu, das heute in London herausgegeben wurde.

Die Stiftung mit Hauptsitz in Zürich, behauptet, daß der Vatikan diese Information seit 1959 unterschlagen hat.

Das Kommunique wurde veröffentlicht, nachdem Untersuchungen des sogenannten „Grablinnen von Turin" stattgefunden hatten, von dem man behauptet, das Christus nach der Kreuzabnahme von den Jüngern darin eingehüllt worden sei.

Blutflecken

Die Ergebnisse basieren auf Blutflecken, die auf dem Grablinnen vorhanden sind. Und wenn das Grablinnen authentisch ist, kann Jesus nicht am Kreuz gestorben sein.

Hohe kirchliche Stellen im Vatikan und in Turin haben dieses historische Geheimnis seit 1959 gekannt, und seit 1959 existiert der öffentliche Anspruch, daß diese Entdeckungen wissenschaftlich unwiderlegbar sind, führt das Kommunique aus.

Es fährt fort: „ Im Jahre 1968 veranlaßte Papst Paul eine geheime Untersuchung des Grablinnens.

Kein Außenstehender, vor allem kein Vertreter der Presse wurde hiervon unterrichtet. Am 25. März 1969 gab der Kardinal Michele Pellegrino entsprechende Anweisungen und ernannte eine geheime, anonyme Kommission."

Die Tatsache

Das Kommuniqué stellt fest, daß Tausende von Experten die Zuverlässigkeit dieser Entdeckungen im Vatikan erkannt haben, „weil eine Leiche nicht bluten kann, wie es dieser Gekreuzigte nach der Kreuzabnahme getan hat. Und somit kann er kein Leichnam gewesen sein.

An dieser Tatsache geht kein Weg vorbei.

Wenn also die Echtheit des Grablinnens von Turin bewiesen ist, muß eine historische Behauptung, wie sie bis heute gegolten hat, geändert werden, ob es uns nun gefällt oder nicht. Die wahrheitsgemäße Behauptung muß lauten: Jesus Christus starb nicht am Kreuz."

Konflikt über das Kreuz
Originaltitel des Berichtes:
CONFLICT ON THE CROSS

„The Guardian", London, 12. März 1970

Eine Gesellschaft mit Sitz in Zürich hat den Vatikan heute aufgefordert, die Ergebnisse einer dreitätigen wissenschaftlichen Untersuchung offenzulegen, die im letzten Sommer an dem Linnen, von dem römische Katholiken behaupten, es habe den Leib Christi nach der Keuzabnahme eingehüllt, vorgenommen wurden.

Die Internationale Stiftung für das Grablinnen Jesu behauptete, daß diese Ergebnisse ihre These, Jesus sei nicht am Kreuz gestorben, untermauern würden. Diese These der Stiftung trifft den christlichen Glauben mitten ins Herz, der lehrt, daß Jesus am Kreuz starb, begraben wurde und drei Tage später von den Toten wieder auferstand.

Das Grablinnen, welches für die meisten Katholiken die wichtigste Reliquie Christi ist, wird in einer silbernen Truhe über dem Hauptaltar der Turiner Kathedrale aufbewahrt. Es ist das Eigentum der im Exil lebenden italienischen königlichen Familie.

Die Stiftung ist der Meinung, es seien Blutspuren auf dem Grablinnen, die beweisen, daß das Herz Christi noch schlug, als man ihn vom Kreuz nahm. „Der Beweis hierfür liegt seit Jahren im Vatikan", sagt die Stiftung.

Der Papst ordnete im Juni eine Untersuchung des Grablinnens an, aber über die Ergebnisse wurde nichts verlautbart.

9. Vatikan Mauer des Schweigens durchbrochen

Grablinnen Erzählung
Originaltitel des Berichtes:
SHROUD'S TALE

Auszug aus „ Toronto Globe", Kanada, 19. März 1970

— nach Reuters Weltmeldung vom 18. 3. 1970 —

Vatikan Stadt — (Reuter) — Jesus Christus war mit Sicherheit tot, als man ihn nach der Kreuzigung in das Grablinnen legte, schrieb gestern die vatikanische Wochenzeitung Osservatore della Domenica.

Die Wochenzeitung gab bekannt, daß Untersuchungen in der „Katholischen Universität des heiligen Herzens" Behauptungen widerlegten, wie sie von Kurt Berna, einem westdeutschen katholischen Schriftsteller und Präsident der Internationalen Stiftung für das Grablinnen Jesu in Zürich gemacht wurden.

Berna ist davon überzeugt, daß die Blutflecken auf dem Grablinnen, welches in einer silbernen Truhe in Turin aufbewahrt wird, beweisen, daß Jesus zwar aufgehört hatte zu atmen, als man ihn vom Kreuz nahm, daß sein Herz aber noch schlug.

Die Stiftung gab im Januar bekannt, daß gewisse Vatikan-Kreise daran interessiert seien, das Grablinnen zu vernichten und zwar aus Furcht vor den Enthüllungen über den Tod Christi, die eine Gefahr für die Grundlehre des katholischen Glaubens bedeuten würden.

Sie beschuldigt den Vatikan, er habe sich bei der Verbergung der geheimen Untersuchung „ wie Diebe in der Nacht" verhalten.

Die Wochenzeitung des Vatikan teilt mit, daß Bernas Behauptung, die Lanze des Centurios habe nicht das Herz Christi sondern die Lunge durchbohrt, widerlegt würde und zwar durch Röntgenuntersuchungen, bei denen eine dünne Stahlklinge die Vorgänge nachvollzogen habe.

Das Blatt fährt fort, daß der Tod Christi ohnehin nicht auf den Lanzenstich, den einer der Centurionen als Gnadenstoß ausführte, zurückzuführen sei, da Jesus bereits seit 2 Stunden tot gewesen sei.

Es nennt Zeugen der Kreuzigung, einschließlich des heiligen Johannes, die alle aussagten, daß Jesus tot war, als man ihn vom Kreuz nahm.

Das vatikanische Wochenblatt führt weiter aus, daß man bei den Untersuchungen ausgegangen ist von den Blutflecken auf dem Grablinnen und einem Mann mittlerer Größe. Die Röntgenaufnahmen zeigten, daß die Lanzenspitze das Herz direkt durchbohrt habe.

Die Behauptung, Blutflecken auf dem Grablinnen könnten nur von frischem Blut stammen — was nach dem Eintritt des Todes unmöglich ist — wird von der Wochenzeitung Osservatore della Domenica durch die Aussage widerlegt, Ärzte hätten festgestellt, die Blutflecken könnten auch von geronnenem Blut verursacht worden sein.

Atmung abgebrochen — Behauptungen Christus am Leben im Grablinnen
Originaltitel des Zeitungsberichtes:
BREATHING STOPPED – ASSERTS CHRIST ALIVE IN SHROUD

Auszug aus „Toronto Globe" 24. März 1970

— nach Reuters-Weltmeldung vom 23. März 1970 —

Rom (Reuter) — Kurt Berna, Präsident der Internationalen Stiftung für das Grablinnen Jesu, hat gestern seine Behauptungen wiederholt, das Herz Jesu habe geschlagen, als man ihn nach der Kreuzabnahme in das Grablinnen legte.

Berna widersprach „absolut — nicht zu 95 % sondern zu 100 %" einem kürzlich herausgegebenen Artikel der vatikanischen Wochenzeitung Osservatore della Domenica, der kategorisch berichtete, Christus sei tot gewesen.

In einem telefonischen Anruf in Reuters Büro in Rom von Stuttgart, Westdeutschland, wo Berna, ein katholischer Schriftsteller, wohnt, hat er seine Behauptung wiederholt: das Herz Jesu habe noch geschlagen, als man ihn vom Kreuz genommen habe, aber er habe aufgehört zu atmen.

„Die Atmung setzte im Grab wieder ein, und Jesus erstand in Fleisch und Blut," so Berna.

Die Wochenzeitung berichtete in der vergangenen Woche, daß Untersuchungen, die in der katholischen Universität des hl. Herzens stattfanden, diese Behauptung, daß Jesus noch gelebt habe, als man ihn vom Kreuz nahm, widerlegt hätten.

Auf die Frage, wie er sich als Katholik verhalte, wenn der Vatikan von ihm verlangen würde, seine Behauptungen nicht zu wiederholen, antwortete Berna: „Die können das nicht tun, das Grablinnen Jesu ist frei gegeben für wissenschaftliche Diskussionen". Er fügte hinzu, die Stiftung könne alle Behauptungen über das Grablinnen beweisen.

Telex-Kommunique der International Foundation for the Holy Shroud, Zürich 1/Schweiz zu Reuters-Rom am 26. März 1970

Auszug:

Wissenschaftlich ist es hier unwichtig — und genau dies ist es, was Monsignore Ricci bis heute nicht begriffen hat — wie diese Abdrücke auf das Grablinnen gekommen sind. Dadurch ist der Vatikan durch Mons. Ricci in eine fatale Lage gebracht worden. Kompetentere Wissenschaftler nach vorn bitte! Wissenschaftler, die begriffen haben, daß die Blutung nur auf diese Art an den Unterarmen stattfinden konnte: denn gerade diese Art der Blutung an den Unterarmen beweist die Herztätigkeit während der Kreuzabnahme, nicht die Art und Weise, wie die Abdrücke später auf das Grablinnen kamen. Mons. Ricci hat sich in einer falschen technischen Denkweise verfangen, und aus diesem Grund ist er auch bis zum heutigen Tage nicht imstande, die neuen Entdeckungen im Zusammenhang mit dem Grablinnen zu begreifen!

Das sind keine Blutungen auf dem Grablinnen, die nach dem Tode erfolgt sind, denn die Aufteilung der Flecken und die Blutserum-Ränder des Blutes, das als Menschenblut identifiziert wurde, beweisen ein aktives Bluten, das durch die Herztätigkeit hervorgerufen wurde. Serumränder entstehen nur durch das Fibrin im Blut. Leichenblut enthält dieses aktive Fibrin nicht.

Alle wirklich wichtigen Blutflecken auf dem Grablinnen stammen ohne Zweifel direkt von offenen Wunden. Es existiert kein wissenschaftlicher Beweis, daß trockenes, geronnenes Blut wieder flüssig wurde, wie Paul Vignon im Jahre 1905 glaubte, und was seither erzählt wird.

Blutflecken solcher Art haben keine Serum-Ränder, denn im trockenen Blut ist kein aktives Fibrin enthalten; es ist chemisch zersetzt.

Tatsache 1: Keine Serum-Ränder ohne das Vorhandensein von Fibrin.

Tatsache 2: Serum-Ränder um die Blutflecken beweisen mit absoluter Sicherheit, daß die Flecken von frischem Blut stammen, das aus offenen Wunden floß.

Tatsache 3: Wenn ein Herz stillsteht, gibt es keine blutenden Wunden, da kein Blutdruck vorhanden ist.

Die wissenschaftliche Schlußfolgerung: das Herz schlug, und es war Blutzirkulation im Körper.

Alle übrigen Untersuchungen des Mons. Ricci sind aus wissenschaftlicher Sicht wertlos, solange er sich mit anderen Wissenschaftlern nicht darüber einigen kann, ob der Gekreuzigte, der im Turiner Grablinnen lag, 1,62 m oder bis 1,85 m groß war, wie zahlreiche andere Wissenschaftler behaupten. Dieser Größenunterschied ist natürlich von außerordentlicher Bedeutung im Hinblick auf die technischen Rekonstruktionen.

Es ist jedoch ohne Belang für die Ergebnisse der Internationalen Stiftung für das Grablinnen Jesu in der Schweiz, denn ein Körper der auf diese Art während und nach der Kreuzabnahme blutete wie der Gekreuzigte, der im Turiner Grablinnen lag, hatte auf keinen Fall eine Herzwunde und war kein Leichnam, ob er nun 1,62 m oder 1,85 m groß war. Wie bekannt, ließ Ricci selbst verlauten – und er schrieb dies auch im Osservatore della Domenica – daß seine Ergebnisse und Rekonstruktionen einen Jesus kleinerer Statur mit einer Größe von 1,62 zum Gegenstand hatten.

Vatikan zur Freigabe der geheimen Farbfotos des Grablinnens Jesu aufgerufen. Originaltitel der Meldung:

VATICAN ASKED TO PUBLISH SECRET COLOR PHOTOGRAPHS OF SHROUD

Auszug von „The Timaru Herald", Neuseeland, vom 27. März 1970

– nach Reuters Weltmeldung vom 26. 3. 1970 –

Zürich, 26. März (NZPA-Reuter) – Eine internationale Gesellschaft, die beweisen will, daß Jesus nicht am Kreuz gestorben ist, hat heute an Papst Paul appelliert, die Farbfotografien vom Grablinnen, in welches der Leib Christi gelegt worden war, frei zu geben.

Die Internationale Stiftung für das Grablinnen Jesu mit Sitz in Zürich, behauptet, daß Blutflecken auf dem Grablinnen, das in der Turiner Kathedrale aufbewahrt wird,beweisen, daß das Herz Jesu noch schlug, als man ihn vom Kreuz nahm.

In einem von der Stiftung veröffentlichten Kommuniqué heißt es, der Vatikan habe im vergangenen Jahr Farbfotografien von dem Grablinnen gemacht, die beweisen, daß der im Grablinnen eingehüllte Körper aus zahlreichen offenen Wunden geblutet habe. Die Blutungen der Unterarme allein beweisen eine Herztätigkeit während der Kreuzabnahme, heißt es weiter.

Die vatikanische Wochenzeitung „Osservatore della Domenica" gab in der vergangenen Woche bekannt, Untersuchungen der katholischen Universität des hl. Herzens hätten ergeben, daß Jesu zu der Zeit tot war.

Versuche mit einer dünnen Stahlklinge hätten ergeben, daß der als Gnadenstoß ausgeführten Lanzenstich eines Centurions das Herz Christi durchstoßen habe, nachdem er bereits 2 Stunden tot gewesen sei.

Im Januar behauptete die Stiftung, daß es Bestrebungen in Vatikankreisen gebe, das Grablinnen zu zerstören aus Furcht vor Enthüllungen der Umstände über den Tod Jesu, die die Grundlehre des katholischen Glaubens gefährden könnten.

10. Letzter Weg der Verteidigung: Eine Fälschung!

Fotografien des Grablinnens Jesu gefälscht, behauptete Gruppe.
Originaltitel der Meldung:
CHRIST'S SHROUD PHOTO FAKED' GROUP CLAIMS

Auszug aus „Montreal Gazette", Kanada, 21. April 1970
— nach Weltnachricht durch Reuters, vom 20. April 1970 —

Zürich, Schweiz (Reuter) — Eine Internationale Gesellschaft, die beweisen will, daß Christus nicht am Kreuz gestorben ist, hat gestern den Vatikan beschuldigt, eine Fotografie des Grablinnens in dem der Leib Christi gelegen haben soll, gefälscht zu haben.

Die Internationale Stiftung für das Grablinnen Jesu mit Hauptsitz in Zürich, stellt die Behauptung auf, Blutflecken auf dem Linnen, welches in der Turiner Kathedrale aufbewahrt wird, würden beweisen, daß das Herz Christi noch schlug, als man ihn vom Kreuz nahm.

In einer Erklärung der Stiftung heißt es, daß eine vom vatikanischen Wochenblatt Osservatore della Domenica veröffentlichte Fotografie eine Fälschung sei, die der Vatikan selbst vorgenommen habe.

Vatikan des Bluffs über Grablinnen beschuldigt
Originaltitel der Meldung:
VATICAN ACCUSED OF BLUFF OVER SHROUD

„Press Association"-Nachricht für England und Irland vom 20. April 1970, voller Text.

London — Ist Christus wirklich am Kreuz gestorben? „Nein", sagte ein

Experte heute in London, „denn Christi Herz schlug, als man ihn in das Grab legte".

Diese erstaunliche Aussage Kurt Bernas, einem 48jährigen westdeutschen Schriftsteller, könnte den christlichen Glauben in seinen Grundfesten erschüttern.

Berna, Präsident der Internationalen Stiftung für das Grablinnen Jesu mit Sitz in der Schweiz, behauptet, daß der Vatikan an dem Beweismaterial „herumgedoktort„ habe, welches aufzeigt, daß Christus gelebt habe, als man ihn nach der Kreuzigung ins Grab legte.

Er sagte, der Beweis der Stiftung sei „echt und wissenschaftlich unwiderlegbar", jedoch versuche der Vatikan ihn in einer „hinterhältigen, primitiven Täuschung" zu entwerten.

Der Hauptgegenstand dieser Kontroverse, die bereits seit Jahren andauert, ist das Turiner Grablinnen, ein 4,36 m langes Stück Linnen, das seit Jahrhunderten als das Leichentuch Jesu verehrt wird. Es wird in der Kathedrale von Turin verschlossen aufbewahrt und ist für viele römische Katholiken die kostbarste aller Reliquien.

Die Stiftung vertritt die Behauptung, daß wissenschaftliche Untersuchungen der sich auf dem Grablinnen befindenden Blutflecken beweisen, daß das Herz Jesu noch schlug, als man ihn in das Grablinnen legte.

Sie hat den Vatikan wiederholt aufgefordert, die Ergebnisse der im vergangenen Jahr stattgefundenen 3tägigen wissenschaftlichen Untersuchung bekanntzugeben.

Es wurde sogar angedeutet, daß Beamte des Vatikans erwogen hätten, das Grablinnen zu verbrennen und zwar aus Furcht vor Enthüllungen der Umstände über den Tod Christi, welche die Grundlehre des kath. Glaubens erschüttern würden.

Die vatikanische Wochenzeitung Osservatore della Domenica hat dem jetzt widersprochen im Zusammenhang mit der Veröffentlichung einer Fotografie des Grablinnens.

Die Stiftung teilt jedoch mit, daß die Fotografie gefälscht worden sei.

Christus lebte, als er ins Grab gelegt wurde
Originaltitel des Zeitungsberichtes:
CHRIST – „WAS ALIVE WHEN BURIED"

Auszug aus „The Guardian", London, 21. April 1970

Starb Christus wirklich am Kreuz? Kurt Berna, ein 48jähriger westdeutscher Schriftsteller, hat gestern in London behauptet, die Antwort sei „nein", da das Herz Christi schlug, als man ihn ins Grab legte.

Berna, Präsident der Internationalen Stiftung für das Grablinnen Jesu mit Sitz in Zürich betonte, der Beweis der Stiftung sei „echt und wissenschaftlich unwiderlegbar", jedoch versuche der Vatikan den Beweis mit „hinterhältigen, primitiven Täuschungen" zu entwerten.
Das Hauptbeweisstück des Widerspruchs ist das Turiner Grablinnen, ein 4,36 m langes Linnen, welches seit Jahrhunderten als das Grabtuch Christi verehrt wird. Es wird in der Kathedrale von Turin aufbewahrt und gilt bei vielen Katholiken als die kostbarste aller Reliquien.

Die Stiftung sagte, wissenschaftliche Untersuchungen auf dem Grablinnen bewiesen, daß das Herz Christi geschlagen habe, als man ihn in das Grablinnen legte. Sie hat den Vatikan wiederholt aufgefordert, die Ergebnisse einer im letzten Jahr stattgefundenen 3tägigen wissenschaftlichen Untersuchung des Grablinnens offenzulegen.

Die Wochenzeitung des Vatikans, Osservatore della Domencia hat den Behauptungen widersprochen im Zusammenhang mit der Veröffentlichung einer Fotografie des Grablinnens.

Vatikan des Bluffs über Grablinnen beschuldigt
Originaltitel des Zeitungsberichtes:
VATICAN ACCUSED OF BLUFF OVER SHROUD

Auszug aus „Manchester Evening News", 21. April 1970

Von einem Sonderkorrespondenten:

Ist Christus wirklich am Kreuz gestorben? „Nein", behauptet ein Experte in London, denn das Herz Christi schlug, als man ihn in das Grab legte.

Diese erstaunliche Aussage von Kurt Berna, einem 48jährigen westdeutschen Schriftsteller, könnte das Fundament des christlichen Glaubens erschüttern.

Berna, Präsident der Internationalen Stiftung für das Grablinnen Jesu, mit Hauptsitz in Zürich, vertritt die Behauptung, der Vatikan habe an den Beweisen, die bestätigen, daß Christus gelebt habe, als man ihn nach der Kreuzigung ins Grab legte, „herumgedoktert".

Er betonte, die Beweise der Stiftung seien „authentisch und wissenschaftlich unwiderlegbar", und der Vatikan versuche, sie mit „hinterlistigem, primitivem Bluff" zu entwerten!

Der Hauptgegenstand der seit Jahren andauernden Kontroverse ist das Turiner Grablinnen, ein 4,36 m langes Leichentuch, das seit Jahrhunderten als das Grablinnen Christi verehrt wird. Es wird in der Kathedrale von Turin verschlossen aufbewahrt und gilt bei vielen römischen Katholiken als die kostbarste aller Reliquien.

Die Stiftung stellt fest, wissenschaftliche Untersuchungen der Blutflekken auf dem Grablinnen würden beweisen, daß das Herz Christi schlug, als man ihn in das Grablinnen legte.

Sie habe den Vatikan wiederholt aufgefordert, die Ergebnisse der im vergangenen Jahr stattgefundenen 3tägigen wissenschaftlichen Untersuchung zu veröffentlichen.

Enthüllungen

Es wurde sogar angedeutet, daß offizielle Stellen im Vatikan beabsichtigten, das Grablinnen zu verbrennen aus Furcht vor Enthüllungen der Umstände über den Tod Christi, die die Grundlehre des katholischen Glaubens gefährden könnten.

Die vatikanische Wochenzeitung Osservatore della Domenica hat dem widersprochen im Zusammenhang mit der Veröffentlichung einer Fotografie des Grablinnens.

Die Stiftung brachte zum Ausdruck, daß diese Fotografie eine Fälschung sei.

Tatsachen:

Die bewußte Fälschung des Monsignore Giulio Ricci zugunsten des Vatikans. Originaltitel: THE DELIBERATE FALSIFICATION BY MONSIGNOR GIULIO RICCI IN THE VATICAN'S FAVOR

Ein Dementi mit gefälschten Bildern

Die Internationale Stiftung für das Grablinnen Jesu in der Schweiz, die herausgefunden hat, daß Christus in das Grablinnen gelegt wurde, während sein Herz noch schlug, berichtete über die bewußte Fälschung einner Fotografie durch den Vatikan. Dies beweist, welch verwerflicher Mittel sich der Vatikan bedient, um einfache und klare Wahrheiten zu verschleiern, die durch das Grablinnen Jesu bewiesen werden.

Die Vergangenheit hat bereits gezeigt, daß die Zukunft dem Beobachter einige erstaunliche Ereignisse enthüllen wird. Eine stetig wachsende Zahl von Beobachtern hat nämlich erkannt, daß es keineswegs gutzuheißen ist, wenn über diese bewegenden und welterschütternden Entdeckungen über Jesus Christus ein Mantel des Geheimnisses gebreitet wird.

Warum wurde diese Fälschung begangen? Natürlich um ein Dementi zu ermöglichen. Um Zeit zu gewinnen, in der Hoffnung, die Fälschung könne geleugnet werden, und die Presse würde über die mögliche Aufdeckung nicht berichten. Die Bevölkerung würde sich kaum vorstellen können, daß der Vatikan oder Mons. Ricci solcher bewußten Fälschung fähig seien und würde den Vatikan mit derartigen Vorgängen sicher nicht in Verbindung bringen. Weil die Hoffnungen sich nicht erfüllten, wurden Bilder absichtlich gefälscht. Dies liegt auf derselben Ebene wie die Tatsache, daß die Presse am 20. Juni 1969 getäuscht wurde. Man sollte vom Vatikan verlangen können, daß er sich eines größeren Maßes an Lauterkeit in kirchlichen Dingen befleißigt.

Die Stiftung ist natürlich davon überzeugt, daß hohe Kreise der Kurie und der Papst selbst nichts mit dieser Fälschung zu tun haben. Der Vatikan hat jedoch im Hinblick auf die wissenschaftlichen Argumente der Endeckungen ungerechtfertigte Vorteile aus diesen Fälschungen gezogen und zwar zum Nachteil der ernsthaften Forschungsergebnisse.

Original-Bild aus der offiziellen Vatikan-Zeitschrift „OSSERVATORE DELLA DOMINICA" vom 22. März 1970

Foto della medesima ferita del corpo della mano sinistra, pubblicata dal Kurt Berna nell'opera « Inquest on Jesus Christ »

Ein ganz primitiver Bluff *von Ricci um für den Vatikan ein Pressedementi zu erreichen. „Die Stiftung und Kurt Berna würden mit solchen Bildern arbeiten", wurde zu dem oben genannten Bild in der Vatikan Zeitschrift gesagt, „es hätte keine Ähnlichkeit mehr mit den Bildern am Grablinnen", wurde gesagt. Letzteres ist ganz richtig!*

Aber, weder die Stiftung noch Kurt Berna haben in dem genannten Buch „INQUEST ON JESUS CHRIST", noch sonst irgendwo solche Bilder veröffentlicht. Bild unten ist das Original-Bild aus diesem Buch. Bei seiner primitiven Fälschung hat Ricci eine „Riesendummheit" begangen: Als er die Zwischenräume zwischen den Blutbahnen 1 + 2 + 3 schwarz machte, hat er gleichzeitig die w e i ß e n Punkte um die Nagelwunde (Nail wound) entfernt!! Dadurch wird bewiesen, daß es sich um eine absichtliche Fälschung handelt und nicht um einen Irrtum. An sich eine banale Sache, aber der Vatikan hat mit diesem Bluff ein weltweites Dementi erreicht, das war Zweck der Fälschung in kritischer Zeit für den Vatikan.

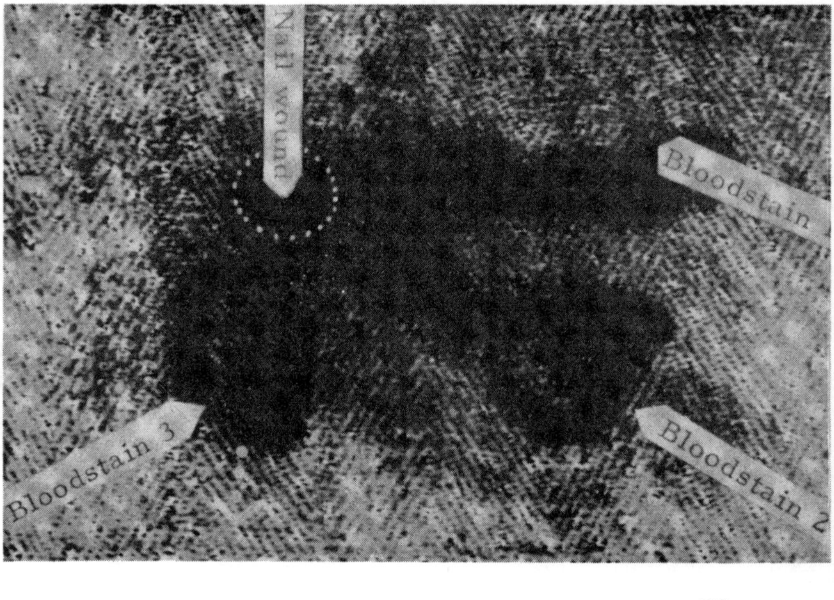

11. Erneute Fälschung um aus der Zwickmühle zu kommen:

Weltnachricht:

Erneuter wissenschaftlicher Protest im Vatikan
Originaltitel der Meldung:
SCIENTIFIC PROTEST AT THE VATICAN ANEW

The Associated Press (AP), 25. Mai 1970

Vatikan Stadt, 25. Mai (AP) — Der Präsident einer Schweizer Stiftung, die behauptet, Christus habe noch gelebt, als man ihn vom Kreuz nahm, hat heute dem Vatikan ein Protestschreiben überreicht, in dem Wissenschaftler der Kirche der Fälschung bezichtigt werden.

Kurt Berna, Präsident der Internationalen Stiftung für das Grablinnen Jesu behauptet, der Vatikan habe Christus in seinen kürzlich stattgefundenen Untersuchungen am Kreuz so dargestellt, als ob er seine rechte Hand zu einem „faschistischen oder Nazigruß" erhebe.

Er äußerte, man habe dies getan, um ein Argument dafür zu haben, daß Christi Blut nicht nach der Kreuzabnahme geflossen sei. Berna dagegen führte aus, das Blut sei geflossen, weil Christus nicht verstorben war.

Die Anschuldigung der Züricher Stiftung war das letzte Kapitel einer lange andauernden Kontroverse über das hl. Grablinnen, ein Stück Linnen, welches als das Grabtuch Jesu verehrt wird.

Das Grabtuch wird in der Kathedrale von Turin aufbewahrt. In den letzten 100 Jahren ist die Truhe, in dem es liegt, nur 5 mal geöffnet worden.

Das letzte Mal geschah dies zum Zwecke wissenschaftlicher Untersuchungen. Resultate hierüber sind nicht veröffentlicht worden.

DL 1530CETMAy25

12. Kurie am schwimmen:

Beweis: Vatikan öffnet schon anderer Leute Briefe.
Originaltitel: PROOF' VATICAN ALREADY OPENS OTHER PEOPLE'S LETTERS — Zürich Kommunique

Zürich, 21. Oktober (1970), nachdem die Stiftung am 20. April 1970 in ihrer Londoner Dokumentation bewies, daß die Wochenzeitung des Vatikans „Osservatore della Domenica" Nr. 12 v. 22. März 1970 gefälschte Fotografien veröffentlichte, schrieb die Stiftung in diesen Londoner Unterlagen: „Die Vergangenheit hat bereits gezeigt, daß die Zukunft dem Beobachter noch einige erstaunliche Vorkommnisse enthüllen wird. Eine stetig wachsende Zahl von Beobachtern hat nämlich erkannt, daß es keineswegs gutzuheißen ist, wenn über diese bewegenden und welterschütternden Entdeckungen über Jesus Christus ein Mantel des Geheimnisses gebreitet wird."

Man ist inzwischen soweit gegangen, daß Post, die für die Presse und die Presse-Korrespondenten im Vatikan bestimmt war, von Beamten des Vatikans geöffnet, zensiert und danach zugestellt oder zurückgeschickt wurde, ganz nach Gutdünken des Vatikans. Dies ist erst in der letzten Zeit der Fall, denn bisher haben die Empfänger ihre Post immer auf dem üblichen Weg erhalten.

Der Brief an die Weltagentur „Associated Press" ist heimlich vom Vatikan geöffnet worden. Es war offensichtlich, daß der Inhalt überprüft und der Brief an die Associated Press wieder sorgfältig zugeklebt wurde. Nachdem dem Vatikan der Inhalt des Briefes bekannt war, wurde jeder Brief, der genau so aussah und dasselbe Gewicht hatte, aussortiert und mit einem Retour-Stempel versehen, obwohl die Eingangsnummern des Vatikans bereits aufgedruckt waren. Da die Briefe keinen Absender aufwiesen, konnte man den Inhalt nicht erfahren, ohne die Briefe heimlich zu öffnen: Die Zensierung der Post im Vatikan ist einwandfrei erwiesen.

Die Presse-Anschriften der zensierten Briefe können dem beigefügten Dokumentationsmaterial entnommen werden. Die direkt an den Vatikan adressierten Briefe wurden einbehalten, aber die Presse durfte über den Inhalt nichts erfahren.

Natürlich war dieser Inhalt von entsprechender Bedeutung, denn es waren weitere Beweise, daß Jesus nicht am Kreuz starb und enthielt auch die zum erstenmal veröffentlichten Großaufnahmen von der Blutung des rechten Fußes, zu einem Zeitpunkt, als Jesus schon eine ganze Weile im Grablinnen lag. (siehe Bild)

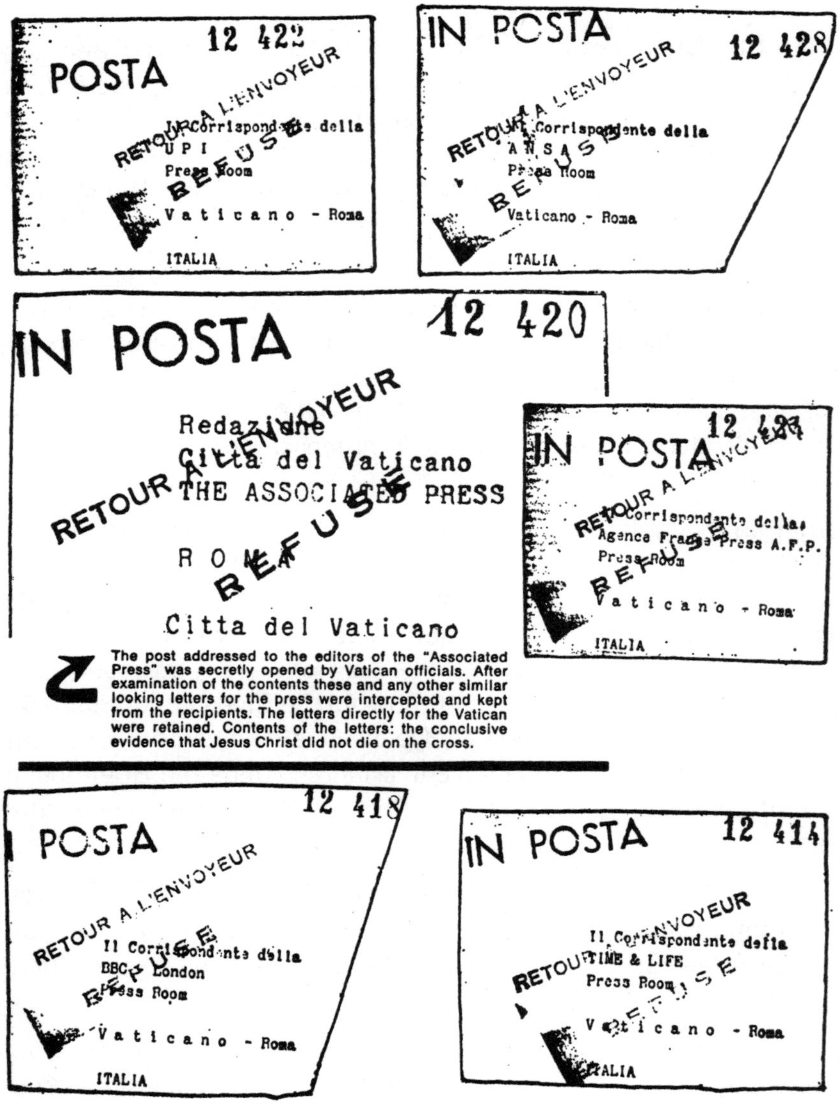

The post addressed to the editors of the "Associated Press" was secretly opened by Vatican officials. After examination of the contents these and any other similar looking letters for the press were intercepted and kept from the recipients. The letters directly for the Vatican were retained. Contents of the letters: the conclusive evidence that Jesus Christ did not die on the cross.

Die Post, die an die Weltagentur „Associated Press" adressiert war, wurde von vatikanischen Beamten heimlich geöffnet. Nach Überprüfung des Inhalts wurden diese und ähnlich aussehende Briefe, die für die Presse bestimmt waren, den Empfängern vorenthalten. Briefe, die direkt für den Vatikan bestimmt waren, wurden einbehalten. Der Inhalt dieser Briefe: weitere Beweise, daß Jesus Christus nicht am Kreuz starb.

Dieses Bild war in der vom Vatikan zensierten Sendung

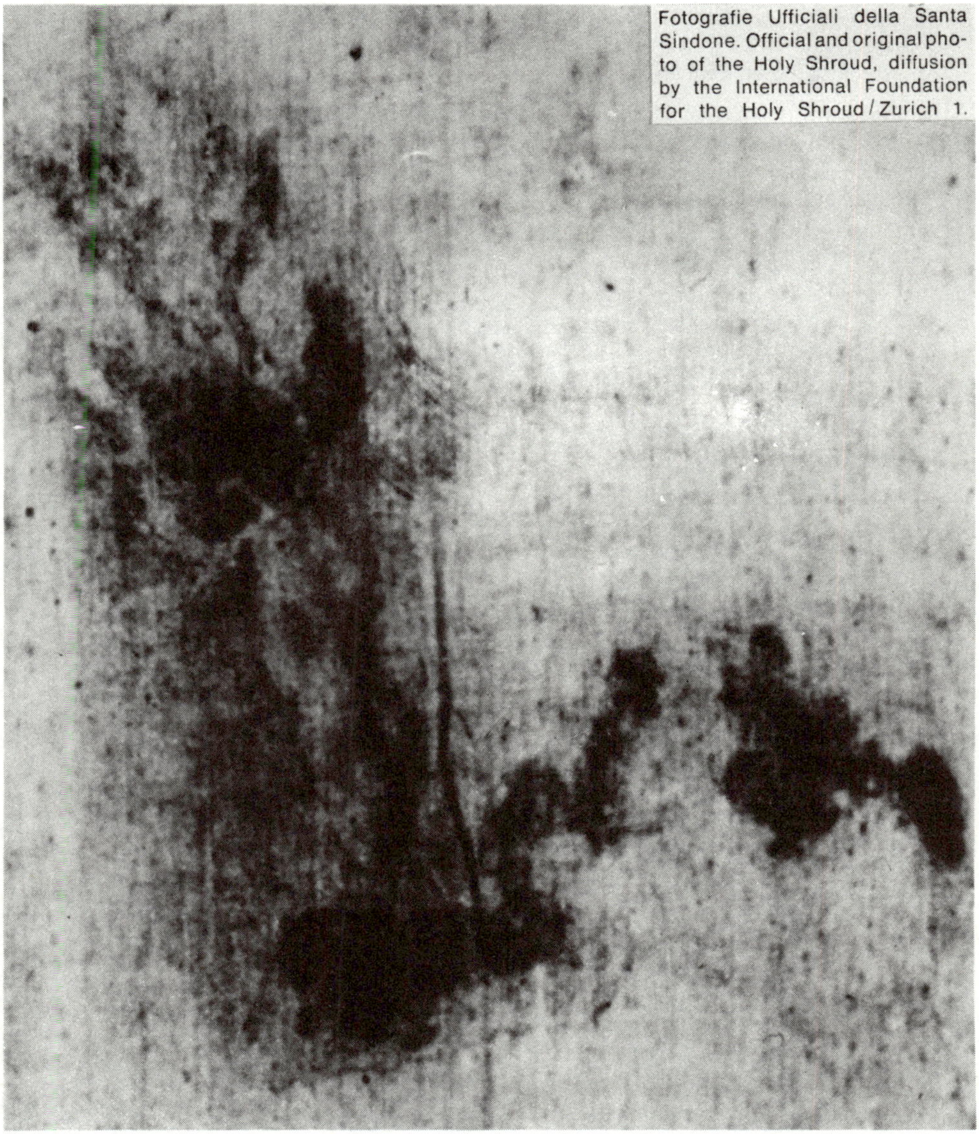

Ein Fuß-Stapfen Jesu den Jesus Christus auf Erden hinterlassen hat, ist in seinem Grablinnen (aufbewahrt in Turin/Italien) abgedruckt und in dieser Größe (etwa halbe Naturgröße) zum erstenmal veröffentlicht. Allein dieser Fußabdruck ist bereits eine wirkliche Sensation, heißt es doch, Jesus wäre ohne persönliche Spur von der Erde gegangen. Doch wird diese Sensation geradezu einmalig, wenn festzustellen ist, daß die Nagelwunde an diesem Fuß im Grablinnen noch sehr stark blutete, was bei einem Leichnam nicht hätte geschehen können: Das Herz Jesu war zum Zeitpunkt, als Jesus im Grablinnen lag, tätig.

Ganz ausgezeichnet ist zu sehen, wie das Blut, welches aus der Nagelwunde ausfloss, nach unten zur Ferse floß, sich dort sammelte und weil immer mehr Blut nachfloß, schließlich wegen der Menge nach rechts abfließen mußte. Es ist wissenschaftlich geklärt, daß niemals ein Leichnam so hätte bluten können.

Die Blutbahn ist im Grablinnen über 17 Centimeter lang. Einmal ist die Blutspur unterbrochen, als das fließende Blut über eine Falte tropfte, um anschließend weitere 9 Centimeter nach rechts zurückzulegen (siehe Bild). Offensichtlich war das Herz vom Lanzenstich nicht getroffen worden, weil sonst diese Nagelwunde etwa eine halbe Stunde später nicht mehr so geblutet hätte.

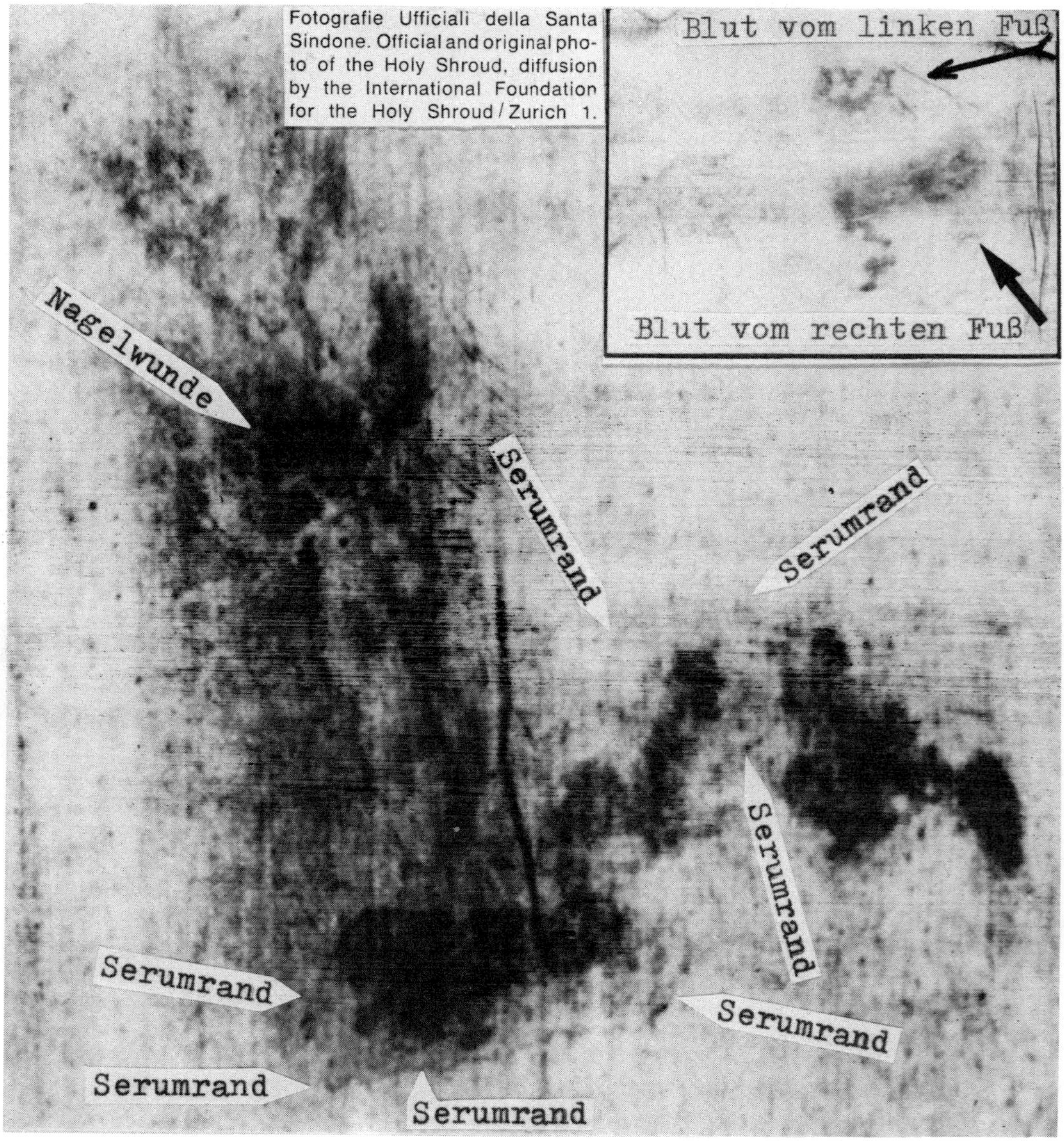

Schon mit sehr geringen wissenschaftlichen Kenntnissen ist zu erkennen, was hier stattgefunden hat, sozusagen in Zeitlupe:

Mit jedem Herzschlag ist ein kleiner Tropfen Blut aus dieser wieder offenen Nagelwunde am Fuß ausgeflossen, offene Wunde weil der Nagel entfernt war. Ein Tropfen nach dem anderen floß an der Fußsohle abwärts zur Ferse. An der Ferse und um diese herum haben sich die ausgefloßenen Blutstropfen gesammelt. Gleichzeitig hat das nun aktiv werdende Fibrin im Blut das Blutserum aus dem entstehenden Blutkuchen ausgepresst (das ist die Aufgabe des Fibrins, bzw. der Stoffe aus denen das Fibrin entsteht, um an Wunden eine Blutkruste entstehen zu lassen).

Dieses ausgepresste Blutserum ist deutlich in Form zahlreicher Serumränder im Grablinnen geblieben und noch heute gut zu sehen. Ein absoluter wissenschaftlicher Beweis, daß es sich um frisches Blut handelte. Absolut bedeutet hier unwiderlegbar. Einmal trocken gewesenes Blut – das durch irgend einen Umstand wieder flüssig würde – gibt keine derartigen Serumränder mehr, weil das Fibrin verbraucht ist. Frühere Forscher wußten das nicht, wie zum Beispiel Vignon im Jahre 1905. Die gesamte Grablinnenforschung des Vatikans ist diesbezüglich auf diese Ergebnisse aus dem Jahre 1905 aufgebaut. Auch Barbet hat diese 1935 noch übernommen, und die meisten Forscher des Vatikans und in Turin nehmen es von Vignon und Barbet.

Nachdem aus dieser offenen Nagelwunde immer weiter Tropfen um Tropfen floß, was wieder ohne Herzschlag nicht möglich gewesen wäre, weil eine Leiche nicht „so" aus Wunden bluten kann, war es an der Ferse zuletzt soviel Blut, daß es sich einen Weg nach rechts bahnen mußte. Auch dort sind die zahlreichen Serum-Ränder (Serumhöfe) entstanden. Die mengenmäßig fast gleichen Blutmengen, nur in anderer Form, sind ebenfalls am anderen Fuß entstanden, der genau so geblutet hatte. Es kann außer den 26 anderen Blutungen auch bei diesen beiden Großblutungen nicht der geringste wissenschaftliche Zweifel bestehen für den Beweis einer Herztätigkeit im Körper dieses Gekreuzigten, als er schon lange im Grablinnen lag. Lange, weil die Menge des Blutes zur Entstehung relativ lange gebraucht hat.

13. *Skelettfund untermauert Glaubwürdigkeit des Grablinnen Christi*

Weltnachricht:

Originaltitel der Meldung:
SKELETON ADDS CREDIBILITY TO „SHROUD OF CHRIST".

Auszug aus „Houston (Texas) Chronicle", 10. Januar 1971

— nach Weltnachricht von United Press International —

Turin, Italien (UPI) — Die Entdeckung des Skeletts eines Mannes, der vor etwa 2000 Jahren in der Nähe von Jerusalem gekreuzigt wurde, erweckt neues Interesse für ein bräunliches Leinentuch, von dem Katholiken glauben, es habe den Leib Jesu nach der Kreuzigung eingehüllt.

Experten sind der Auffassung, daß die Entdeckung, die am 3. Januar von israelischen Wissenschaftlern veröffentlicht wurde, die Behauptung erhärtet, das Grablinnen, welches jetzt verschlossen in einer silbernen Truhe in der Turiner Kathedrale aufbewahrt wird, habe Jesus umhüllt.

„Ich glaube, daß der Fund (in Israel) die Glaubwürdigkeit des Grablinnens untermauert", sagte Giovanni Judica Cordiglia, ein Dozent der Medizin und Sachverständiger des Grablinnens. „Ich hoffe, daß die weiteren Einzelheiten seine Echtheit eindeutig beweisen".

Cordiglia zitierte israelische Wissenschaftler, die bekanntgaben, das gefundene Skelett lasse darauf schließen, daß der Mann auf eine wesentlich andere Art gekreuzigt wurde, als man es üblicherweise darstellt.

Das Skelett zeige, daß das Opfer sitzend ans Kreuz geschlagen wurde; die Beine waren seitlich zusammengebunden, die Knie halbgebeugt, wobei der Nagel die Seiten beider Füße etwas unterhalb der Ferse durchbohrt habe.

Cordiglia betonte, daß der Abdruck auf dem Grablinnen in der Turiner Kathedrale dieselbe Position der Knie zeige. Er führte weiter aus, der Abdruck und die Knochen zeigten Spuren zweier kleinerer und eines einzelnen, längeren, dickeren Nagels, der beide Füße durchbohrt habe.

Der israelische Fund ist deshalb von Bedeutung, weil er den ersten physischen Beweis einer tatsächlich stattgefundenen Kreuzigung aus biblischen Zeiten liefere.

Das Grablinnen ist seit langem Gegenstand von Kontroversen, die zum Teil aus der Ungewißheit über die Kreuzigung Jesu herrühren.

Die meisten überlieferten Abbildungen zeigen Christus mit beiden Handflächen ans Kreuz genagelt, die Beine langgestreckt, die Füße mit einem Nagel von vorn neben dem Spann durchbohrt.

Bild eines vor ca. 2000 Jahren Gekreuzigten: *Laut den israelischen Wissenschaftlern, die den Skelettfund machten, wurde damals etwa in dieser Art und Haltung gekreuzigt. Auch das Grablinnen von Turin läßt eine derartige Kreuzigungshaltung erkennen, weil die Knie nach der Abnahme vom Kreuz schwer zu strecken waren.*

Auch der tschechische Arzt Dr. R. W. Hynek hatte schon in den dreißiger Jahren bei Versuchen feststellen müssen, daß die Kreuzigungshaltung, wie sie an Kreuzen der Christenheit zu sehen ist, wissenschaftlich unmöglich ist, weil ohne Fuß- und Gesäßstütze schon nach wenigen Minuten Bewußtlosigkeit eintritt. Ein reines am Kreuz hängen ist wissenschaftlich unmöglich.

Zig-tausende Kreuzigungen hatten den Römern längst klar gemacht, daß man den welchen man quälen und töten wollte, sozusagen bequem ans Kreuz nageln muß, damit er möglichst lange zu leiden hatte. Die obenstehende Haltung läßt ein Leben und Leiden von mehreren Tagen zu. Sicher wunderte sich deshalb Pilatus, daß Jesus schon gestorben sein sollte.

Eine der Kontroversen ist von einer Schweizer Stiftung wiederholt aufgegriffen worden, die besagt, daß Christus nicht am Kreuz starb. Die Erklärungen der Internationalen Stiftung für das Grablinnen Jesu treffen den christlichen Glauben, Jesus sei am Kreuz gestorben, begraben und drei Tage später von den Toten auferstanden, mitten ins Herz.

Der Vatikan hat sich kaum über die Widersprüche in Bezug auf das Grablinnen geäußert; aber im vergangenen Jahr sagte ein Sprecher des Vatikans, es sei „lächerlich", wenn die Stiftung behaupte, der Vatikan beabsichtigte die Zerstörung des Grablinnens. Das Grablinnen, das von vielen Katholiken als die wichtigste Reliquie Christi angesehen wird, ist weder Eigentum des Vatikans noch irgendeiner Kirche. Es gehört der im Exil lebenden italienischen königlichen Familie.

Eine wissenschaftliche Kommission hat alle Gesichtspunkte der Kontroversen über das Grablinnen untersucht, aber offizielle Aussagen wurden bis jetzt nicht gemacht.

Der Vatikan hat offiziell nie die Echtheit des Grablinnens bestätigt, aber wenigstens drei der letzten Päpste, Leo XIII, Pius X und Pius XI haben zum Ausdruck gebracht, daß ihrer Meinung nach das Grablinnen authentisch ist.

Außer dem Grablinnen existiert noch das nahtlose Gewand, von dem Katholiken glauben, Christus habe es vor der Kreuzigung getragen. Es wird heute in der westdeutschen Kathedrale von Trier aufbewahrt.

Das Gewand, das in Romanen und Filmen — inspiriert durch die Wiedererzählung der Kreuzigung Christi, von Lloyd C. Douglas — zelebriert wird, ist angeblich im Jahre 326 von der Mutter Konstantin des Großen gefunden worden. Sie gab das Gewand dem Bischof von Trier, wo sie viele Jahre lebte, als ihr Sohn Kaiser war.

14. Papst ruft zu neuen Untersuchungen des Grablinnens auf

Weltnachricht:

Originaltitel der Associated Press Meldung:
POPE CALLS FOR NEW STUDY OF SHROUD, 13. 1. 1971

Auszug aus Arkansas Gazette, Little Rock, 14. Januar 1971

Vatikanstadt (AP) — Papst Paul VI schlug am Mittwoch vor, daß eingehendere Untersuchungen am „Grablinnen in Turin" durchgeführt werden könnten, das von vielen als das Linnen verehrt wird, das den Körper des gekreuzigten Christus eingehüllt hat.

Er fügte diesen Vorschlag in eine lange Rede bei seiner wöchentlichen Audienz ein, die sich mit dem Verlangen der Christen befaßt, zu wissen, wie Christus aussah.

Der Papst erinnerte daran, daß Christus seinen Aposteln gesagt hatte „gesegnet sind die, die nicht sehen und doch glauben."

Dann schlug er vor: „Vielleicht verdient die einzigartige Abbildung auf dem Grablinnen Jesu eine besondere Untersuchung."

Der Sprecher des Vatikans, Federico Alessandrini, nannte die Äußerung „eine Ermunterung." Er sagte, daß der Vatikan gegenwärtig keine neuen Studien laufen habe, aber daß, wenn jemand es wünsche, Studien zu betreiben, „er eine gute Sache tun könnte."

Der Vatikan hat immer noch die Ergebnisse des im Juni 1969 am Grablinnen Jesu durchgeführten Tests zu veröffentlichen.

Kurt Berna, ein westdeutscher Schriftsteller, der Präsident einer Stiftung in der Schweiz ist, die sich der Erforschung des Grablinnen Jesu widmet, hat den Vatikan aufgefordert, die Untersuchungsergebnisse zu veröffentlichen. Er und seine Mitarbeiter haben auch darum gebeten, das Grablinnen selbst zu untersuchen.

Von Studien an Photographien, die 1931 von dem Grablinnen gemacht wurden, behauptet Berna, daß Christus nicht am Kreuz gestorben ist, sondern lebend in das Grablinnen eingeschlagen wurde. Berna sagt, daß einige Flecken auf dem Grablinnen Blutflecken sind und daß „Leichen nicht bluten."

15. Versuchter Diebstahl des Grablinnens Jesu

Weltnachricht:

Originaltitel: HOLY SHROUD THEFT ATTEMPT

Ausschnitt aus: „Record-American" Boston, 3. 10. 1972
nach einer **Weltmeldung der Associated Press vom 2. 10. 1972**

Turin, Italien (AP) – Ein Einbrecher verschaffte sich am Wochenende Einlaß in die Turiner Kathedrale und versuchte, das heilige Grablinnen, als das echte Grabtuch Christi verehrt, zu zerstören oder es zu stehlen, berichtete gestern die Polizei.

Das Linnen, mit einer Länge von 4,36 m und einer Breite von 1,10 m., blieb unbeschädigt.

Wie die Polizei mitteilte, drang der Einbrecher entweder am Samstag oder am Sonntagmorgen in den Dom durch ein Fenster ein und setzte ein sich in der Nähe befindendes Altartuch in Brand. Er versuchte vergeblich, die silberne Truhe, in der das heilige Grablinnen aufbewahrt wird, aufzubrechen. Die Polizei glaubt, es war der Versuch einer Person, das Grablinnen entweder zu zerstören oder zu stehlen.

Das Grablinnen ist Eigentum des Hauses von Savoyen, Italiens früherer königlichen Familie, und es war oftmals Gegenstand von Widersprüchen, besonders im Hinblick auf seine Echtheit, auf das Aussehen Christi und die Umstände seines Todes.

Der westdeutsche Autor, Kurt Berna, dessen Stiftung für das heilige Grablinnen in Zürich bereits DM 550 000,— für Forschungsarbeiten ausgegeben hat, behauptet, Blutflecken auf dem Tuch bewiesen, daß Christus noch gelebt habe, als man ihn vom Kreuz nahm.

Der Vatikan hat solche Behauptungen abgewertet, aber Papst Paul VI. äußerte im vergangenen Jahr, daß noch weitere Spezialuntersuchungen des Grablinnens vorgenommen werden könnten.

16. Italiener bekommen das berühmte heilige Grablinnen im Fernsehen zu Gesicht

Weltnachricht:

Originaltitel: ITALIENS VIEW PICTURE OF FAMED HOLY SHROUD

Ausschnitt aus: The Advertiser, Montgomery, Alabama,
24. November 1973
nach einer **Weltmeldung der Associated Press vom 23. 11. 1973**

Rom (AP) — Das heilige Grablinnen, ein Stück Linnen, das von vielen als das Grabtuch Christi verehrt wird, wurde am Freitag zum erstenmal Millionen von Italienern am Fernsehen gezeigt.

In einer 30-Minuten-Sendung zeigten römisch katholische Beamte die Relique, auf Drängen von Tausenden von Wissenschaftlern und Verehrern, die diesen seltenen Anblick des Tuches erleben wollten.

Das heilige Grablinnen ist in rote Seide geschlagen und wird in einer silbernen Truhe in der Turiner Kathedrale aufbewahrt. Es soll den Leib Christi nach der Kreuzabnahme umhüllt haben.

Die Truhe, die hinter Glas und Eisenstäben aufbewahrt wird, ist in den letzten 100 Jahren nur 5 Mal geöffnet worden.

Das Haus von Savoyen, Italiens ehemalige königliche Familie und Eigentümer dieser Reliquie hat es gelegentlich einigen Geistlichen zur Verfügung gestellt für die Feier von wichtigen Familienereignissen. Es wurde zum letztenmal 1933 öffentlich gezeigt.

Das Grablinnen, etwa 4,36 m lang und 1,10 m breit, ist seit Jahrhunderten Gegenstand von Widersprüchen. Manche zweifeln die Echtheit an, andere bezweifeln die Umstände und den Zeitpunkt des Todes Christi.

Das Grablinnen zeigt einen Gesichtsabdruck und die Konturen eines Körpers, von dem man annimmt, daß es der Körper Jesu war.

Die Hauptkontroverse über das Grablinnen bei vielen Katholiken ist die Theorie der Internationalen Stiftung für das Grablinnen Jesu, Blutflecken auf dem Tuch seien der Beweis, daß Christus noch gelebt habe, als man ihn vom Kreuz nahm.

Die Stiftung sagt, das Herz Christi muß noch geschlagen haben, da Leichname nicht so bluten.

Papst Paul VI., der erklärte, er würde das Fernsehprogramm mit „gespannter und aufrichtiger Verehrung" verfolgen, bezeichnete die Reliquie als „erstaunlich und mysteriös".

Der Papst regte an, daß neuerliche Untersuchungen über das Grablinnen angestellt werden sollten, obwohl der Vatikan die Ergebnisse der Studien, die er im Jahre 1969 ausführte, nie veröffentlichte. Sie dienten hauptsächlich dazu, das Alter des Tuches zu bestimmen.

17. Wendepunkt im Vatikan?

Der Informant, der die geheime Untersuchung des Grablinnens an das Licht brachte, hat sich wieder gemeldet:

„Der Papst und weite Teile der Kurie haben ihre Meinung über das Grablinnen Christi teilweise radikal geändert, seit ihnen, in italienischer Sprache, eine Botschaft Jesu Christi aus dem Jahre 1947 zur Kenntnis gebracht wurde".

Das sind die Worte des gleichen Informanten, der im Mai/Juni 1969 durch seine Mitteilungen die geheimen Vorgänge um das Grablinnen Jesu in Turin aufgedeckt hatte. Seine Informationen über Kirchengeheimnisse waren bekanntlich auf den Tag genau, wie das inzwischen bewiesen ist und sogar von der Kurie in Turin sechs Monate später offiziell bestätigt werden mußte.

„Ich habe", schrieb jetzt der Informant in hohem geistlichen Range, der (wie er 1969 schrieb) Zugang zum Vatikan hat, doch dort nicht angestellt ist, „ich habe diese geheimen Vorgänge um das Grablinnen Jesu im Jahre 1969 nur gelüftet, weil ich diese Botschaft Christi aus dem Jahre 1947 seit langem in deutscher Sprache kenne".

Leider ist da nichts zu beweisen, doch zu kontrollieren was an diesen Informationen stimmen kann, dafür gibt es zahlreiche Möglichkeiten. In jedem Fall mal, zur Information, der Text dieser Christus-Botschaft, welche der Papst, die Kurie und dieser Informant kennen (sogar in verschiedenen Sprachen), hier in deutscher Sprache:

Botschaft Jesu von 1947 im Vatikan, deutscher Text:

„Ihr Christen aller Welt — Höret das Wort eures Herrn Jesus Christus — Ich habe den Weltgeist besiegt — Er kann nicht mehr gegen mich aufstehen — Er kann sich nicht selbst vernichten — Ich habe das Tier und seinen Propheten meine großen Widersacher in die Hölle der ewigen Verdammnis hinabgestürzt — Das Tier hatte sich hinter meinem Tode am Kreuz versteckt — An meine Auferstehung glaubte es nicht — Es wollte mein ganzes Leben in seinen Weltgeist einordnen — Meine Auferstehung konnte es nicht erraten — Sie war allein mein Geheimnis — Es glaubte nicht an das Gute — Es war ja am Kreuz gestorben — Es glaubte nicht mehr an Gott und seinen eingeborenen Sohn — Höret meine Offenbarung — In jener Zeit habe ich als Mensch unter euch gelebt — Ich habe euch die Wahrheit gelehrt — Ihr wolltet nicht glauben — Ihr habt mich ans Kreuz geschlagen — Ich habe gelitten — Das Tier wollte mich töten — Es war blind — Höret mein Geheimnis — Ich bin nicht am Kreuz gestorben — Die Wunden an meinen

Händen und Füßen nahmen mir die Kraft — Die Schmerzen brannten in meinem Körper — Ich bat um Wasser — Das Tier gab mir Essig — Er brannte wie Feuer durch meinen Körper — Er raubte mir die Besinnung — Das Tier hat meine Seite geöffnet — Es war blind — Seine Lanze stieß von unten in meine Brust — Mein Herz hat sie nicht getroffen — Meine Seite hat geblutet — Es wurde zu Blut und Wasser — Josef von Arimathäa, der an mich glaubte, nahm meinen Körper vom Kreuz — Mein Körper war wie leblos, aber nicht tot — Das Herz hat noch geschlagen — Meine Wunden wurden mit Balsam bestrichen — Mein Körper mit Tüchern umhüllt — Er legte mich in ein Felsengrab — Er wälzte einen Stein davor — Mein Körper konnte ruhen — Mein Herz wurde stärker — Am dritten Tage kam mein Geist zurück — Dann bin ich auferstanden — Sie haben mich nicht erkannt — Meine Kleider waren andere — Mein Gesicht war mager — Nur meine Stimme war unverändert — Ich habe meinen Auftrag beendet — Ihr Christen der Wahrheit — Höret das Wort eures Herrn — Ich habe den Weltgeist besiegt — Mein Reich wird errichtet — Es gibt nur noch einen Herrscher — Ich hebe alle Grenzen der Welt auf — In meinem Reich gibt es keine Grenzen — Ich hebe alle Parteien der Welt auf — In meinem Reich gibt es keine Parteien — Alle Regierungen sind ohne Amt — In meinem Reich gibt es nur Diener — Aller Besitz ist mein Eigentum — In meinem Reich gibt es keinen Besitz — Alles Gold und Geld ist ohne Wert — In meinem Reich gibt es keinen Mammon — Alle Gesetze sind außer Kraft — In meinem Reich gilt nur mein Gesetz, ihr kennt alle meine Worte — Tuet Buße — Danket eurem Vater der auch mein Vater ist — Die erste Auferstehung ist nahe — Wehe dem Ungläubigen — der dann mehr hat als er braucht — Mein Engel ist unter euch — Er wird die Auferstehung verkünden — Arbeitet und betet — Die Wahrheit hat euch frei gemacht — Am Anfang war das Wort — Das Wort war bei Gott — Das Wort war Gott — Das Wort war Fleisch geworden."

Anscheinend hat also das eigene Grablinnen von Jesus Christus die Echtheit seiner 1947er Botschaft bestätigt. Genaue Einzelheiten sind im „Zweiten Fact Buch" unter dem Titel „Eine echte Botschaft Jesu — Heute" nachzulesen.

Wenn wir bedenken welche Schau die Kurie, unter Führung von Papst Paul VI., am 23. November 1973 in Rom, Turin und in ganz Italien mittels des Fernsehens veranstaltet haben. Wenn wir ferner bedenken, daß Papst Paul VI. zu diesem Zeitpunkt mindestens seit fünf Jahren die ganzen Entdeckungen kannte, daß „kein Leichnam in diesem Grablinnen Jesu lag" (er hatte es schon im Herbst 1968 gelesen). Und wenn ferner bedacht wird, daß die gesamte italienische Presse (total im Gegensatz zur deutschen Presse) seit Jahren immer wieder ausführlich, mit Riesen-Schlagzeilen über die Entdeckungen berichtet, auch z. B. „Corriere della

Sera" (Mailand), „La Stampa" (Turin), „Il Messaggero" (Rom), die größten Zeitungen Italiens und die der Papst täglich alle drei liest. Dazu Entdeckungen, die mit Schlagzeilen wie „Jesus starb nicht am Kreuz — sagt das Grablinnen Jesu" seit 1969, 1970, 1971, 1972, 1973, 1974 in Italien praktisch an die gesamte Bevölkerung von den Zeitungen verbreitet wurden, dann allerdings wird die Aussage des Informanten glaubhaft.

Auch deshalb glaubhaft, weil der Vatikan unter keinen Umständen eine Genehmigung für so eine das ganze Land umfassende Fernsehschau gegeben und Papst Paul VI. persönlich für dieses Grablinnen Jesu nicht in den Vordergrund getreten wäre, nachdem er ganz genau weiß, welche Geheimnisse in diesem Grablinnen verborgen sind. Nun, offene Geheimnisse, die ein absolut neues Licht auf die gesamten Vorgänge auf Golgatha werfen, ja die gesamte christliche Religion ganz entscheidend betreffen, geradezu umwälzend.

Was für eine Schau das war, welche Bedeutung die Kurie, der Vatikan ja Papst Paul VI. dieser Sache grundsätzlich gab, dies zeigt am besten der offizielle Bericht des Vatikans, veröffentlicht in der Vatikanzeitung „Osservatore Romano" vom 14. Dezember 1973 Seiten 6 und 7. Die nachfolgenden Berichte sind keine Übersetzungen, sondern stellen den Originaltext und die Originalbilder dar, herausgenommen, für geschichtliche und wissenschaftliche Zwecke, direkt aus der deutschsprachigen Vatikan-Ausgabe des „Osservatore Romano":

Amtlicher Originaltext aus der offiziellen Vatikanzeitung:

Osservatore Romano

Das Grabtuch von Turin zum erstenmal im Fernsehen gezeigt

Ein beeindruckendes Bild des Erlösers

Genau 40 Jahre nach der letzten öffentlichen Ausstellung des heiligen Grabtuches von Turin ist die wertvolle Reliquie am 23. November zum ersten Mal im Fernsehen gezeigt worden. Die Direktsendung des italienischen Fernsehens aus Turin wurde auch als Farbfilm hergestellt und wird zu einem späteren Zeitpunkt auch von anderen Fernsehanstalten übertragen werden.

Am Beginn der Sendung stand eine Botschaft des Papstes, die er aus diesem Anlaß an den Erzbischof von Turin, Kardinal Michele Pellegrino, gerichtet hatte und die zuvor in Rom aufgezeichnet worden war. Den Wortlaut der Ansprache des Papstes finden Sie nebenstehend. Nach dieser Botschaft wurde in einem kurzen Film gezeigt, wie das Grabtuch aus dem Schrein genommen wurde, in dem es normalerweise aufbewahrt wird. Sodann wurde die Geschichte der Reliquie, wie sie uns überliefert ist, erläutert. Darauf schwenkten die Fernsehkameras für einige Minuten auf das Grabtuch und verweilten insbesondere auf dem Antlitz des Erlösers. Die Gesichtszüge wurden auch als Negativ gezeigt, um den Zuschauern die Möglichkeit zu geben, sie mit größerer Klarheit zu erfassen.

Nicht nur eine vertiefte Wahrnehmung der äußeren und sterblichen Züge der herrlichen Gestalt des Erlösers, sondern vielmehr eine noch eindringlichere Sicht seines verborgenen und wunderbaren Geheimnisses, das war der Wunsch, den Papst Paul VI. an Millionen von Fernsehzuschauern in seiner Botschaft richtete.

Auch der Erzbischof von Turin, Kardinal Michele Pellegrino, der bei der Übertragung mit einer Gruppe von Armen und Kranken anwesend war, bezog sich in einigen die Sendung begleitenden Worten auf die Lehre und Person Jesu, der sich „mit den geringsten seiner Brüder" identifiziert habe, und erklärte: „Der von Wunden bedeckte Leib Jesu erinnert an den Christus, der im Laufe der Geschichte immerfort gekreuzigt wird — in all denen, die aus Leid und Not, aus Ungerechtigkeit und Ausbeutung unterdrückt werden."

Bei dem seit 1578 in Turin aufbewahrten Grabtuch Jesu handelt es sich um das im Markus- und Mattäus-

evangelium genannte Grabtuch aus reinem Leinen (oder Baumwolle), das von Josef von Arimatäa gekauft wurde, um damit den Leichnam Jesu einzuhüllen bzw. einzuwickeln. Das Grabtuch wird nur in apokryphen Schriften des ersten und zweiten Jahrhunderts erwähnt.

Möglicherweise jedoch sind die lückenhaften Angaben über die Aufbewahrung des Tuches auf die Christenverfolgungen zurückzuführen. Das jüdische Gesetz verbot die Einhüllung Hingerichteter in reine Leintücher. Vielleicht ist die Tatsache auch deshalb verheimlicht worden.

Ein weiterer Hinweis stammt aus dem siebten Jahrhundert. Im Jahre 670 wurden von Bischof Arculf in Jerusalem am vermutlichen Grabtuch Messungen vorgenommen, um die Körpergröße Christi festzustellen. Im elften Jahrhundert befand sich das Grabtuch mit Sicherheit noch in Jerusalem in der konstantinischen Basilika. Es besteht jedoch Unklarheit darüber, wann und in welchem Zusammenhang es nach Konstantinopel kam, wo es bis zum Jahre 1247 nachzuweisen ist. Im Verlauf der Kreuzzüge wurden Teilstücke der Reliquie nach französischen Klöstern und nach Toledo in Spanien gebracht.

Nach der Eroberung von Smyrna im Jahre 1346 kam der französische Kreuzfahrer Gottfried von Charny in den Besitz des Grabtuches, das er 1353 dem Kapitel der Kanoniker von Lirey bei Troyes in Frankreich zur Aufbewahrung anvertraute. Der Besitz ging 100 Jahre später auf Anna von Lusignano, Ehefrau des Herzogs Ludwig von Savoyen, über und wurde in einem silbernen Schrein in Chambéry (Savoyen) aufbewahrt. Bei einem Brand am 22. März 1353 begann das Silber zu schmelzen und hinterließ Brandstellen auf dem Leintuch, die später von den Klarissen in Chambéry ausgebessert wurden und heute noch zu sehen sind. Als der hl. Karl Borromäus, Erzbischof von Mailand, im Jahr 1578 als Pilger zu Fuß nach Chambéry gehen wollte, um dem Herrn für die Befreiung von der Pest in Mailand zu danken, brachte ihm der Herzog Emanuele Filiberto von Savoyen das Grabtuch sozusagen nach Turin entgegen, wo es sich bis zum heutigen Tage befindet.

Auseinandergefaltet hat die in Turin aufbewahrte Reliquie eine Länge von knapp fünf Metern und eine Breite von zwei Metern. Schon in früherer Zeit hat man an dem Grabtuch Messungen vorgenommen, um die genaue Körpergröße Jesu festzustellen. Man kam auf 1.80 Meter, eine Länge, die sich genau mit der des silbernen Maßkreuzes deckte, das Justinian im 6. Jahrhundert nach den überlieferten Angaben herstellen ließ.

Botschaft des Papstes

An unseren
verehrungswürdigen Bruder,
den Kardinal
Michele Pellegrino,
Erzbischof von Turin,
und an die
seinem Hirtenamt anvertraute,
mit uns innigst verbundene
heilige und geliebte
kirchliche Gemeinschaft.
Aber auch an alle jene,
die über Rundfunk
oder Fernsehen
dieser Zeremonie beiwohnen:

Auch wir heften, als wären wir unmittelbar dabei, den Blick unseres Geistes mit großer und ehrfürchtiger Bewunderung auf das heilige Grabtuch Christi, das in diesem Augenblick in Turin, wo diese so einzigartige Kostbarkeit aufbewahrt wird, in frommer und außerordentlicher Zeremonie ausgestellt und gezeigt wird.

Wir wissen, wie viele Studien sich mit dieser berühmten Reliquie befaßt haben und können auch nicht übersehen, wieviel fromme und innige Verehrung ihr entgegengebracht wird. Wir erinnern uns noch lebhaft an unseren persönlichen Eindruck, der fest in unserer Seele haften blieb, als wir im Mai 1931 das Glück hatten, dabei zu sein, als gelegentlich eines damals für das heilige Grabtuch eigens abgehaltenen Kults seine Projektion auf eine große und helle Leinwand erfolgte und das dort dargestellte Bild Christi uns so wahr, so tief, so lebendig und göttlich erschien, wie wir es in keinem anderen Bild bisher hatten bewundern und verehren können; dies war für uns ein Augenblick ganz besonderer Freude.

Wie auch immer das historische Urteil über die staunenerregende und wunderbare Reliquie seitens vertrauenswürdiger Wissenschaftler aussehen mag — wir können nicht umhin, den Wunsch auszusprechen, daß dieses den Betrachtern nicht nur ein vertieftes und stärkeres Wahrnehmen der äußeren und sterblichen Züge der Person unseres Erlösers vermitteln, sondern sie auch zu einer immer tieferen Schau des verborgenen und faszinierenden Mysteriums führen möge.

Wir denken an den besorgten Wunsch, ihn zu sehen, den die Gegenwart Jesu im Evangelium hervorrief; mehr aus einem „sich hingezogen Fühlen“ als aus Neugier. So wollte Zachäus „Jesus gerne sehen“, wie der Evangelist Lukas schreibt (*Lk* 19, 3), so wandten sich die gerade zu dieser Zeit des Einzugs des Messias mit den Palmzweigen in Jerusalem versammelten Griechen an den Apostel Philippus und baten: „Wir möchten Jesus sehen“ (*Joh* 12, 21).

Jesus sehen! Wir denken an das gequälte und entstellte Antlitz des leidenden Christus, wie es uns vom Propheten Jesaja beschrieben wird: „Es hat weder Schönheit noch Glanz: Wir haben es gesehen, und es war bar jeden Scheines ... der ärmste unter den Menschen, ein

Mann der Schmerzen ... und wir betrachteten ihn wie einen Leprakranken ... (*Jes* 53); ihn, den Schönsten unter den Söhnen der Menschheit ..." (*Ps* 44, 3).

Ja, wir denken an jenes gebenedeite Antlitz, das in der Nacht der Verklärung auf dem Berge die verzückten Augen der drei Jünger in einer unvergeßlichen Erscheinung blendet (*Mt* 17, 2-6; 2 Petr 1, 16-18); in einer fast esoterischen, theologischen Erscheinung offenbart sich Jesus ihnen; und dann noch, als ihn beim letzten Abendmahl einer sich zu der schlichten Bitte hinreißen läßt, er möge den unsichtbaren und unerklärlichen Vater offenbaren, erklärt Jesus: „Wer mich gesehen hat, hat den Vater gesehen" (*Joh* 14, 9).

Welch ein Glück also, welch ein Geheimnis, Jesus zu sehen (vgl. *1 Mt* 13, 16); ihn — ihn selbst! Ist jedoch uns, die wir in Zeit und Raum entfernt sind, diese Seligkeit entzogen? Wie werden auch wir den Blick auf dieses menschliche Antlitz heften können, das durch ihn als Gottessohn und Menschensohn seinen Glanz erhält? Haben vielleicht auch wir, wie die Wanderer auf dem Weg nach Emmaus, die den auferstandenen Jesus in dem sie begleitenden Pilger nicht erkannten, Schleier vor den Augen? (*Lk* 24, 16). Oder werden wir mit der zum Beispiel vom hl. Irenäus und vom hl. Augustinus bezeugten Tradition eingestehen müssen, daß uns das menschliche Aussehen Jesu gänzlich verborgen bleibt? Groß ist also unser Glück, wenn dieses überlieferte Bildnis auf dem heiligen Grabtuch uns gestattet, einige echte Züge der angebeteten physischen Person unseres Herrn Jesus Christus zu schauen und tatsächlich unsere heute so brennende Sehnsucht zu stillen, diese auch sichtbar zu erkennen.

Angesichts dieser so wertvollen und frommen Kostbarkeit wird in uns allen, seien wir gläubig oder nicht, die geheimnisvolle Begeisterung für ihn wachsen und in unserem Herzen seine Mahnung aus dem Evangelium widerhallen, die uns auffordert, ihn dort zu suchen, wo er noch verborgen ist und entdeckt, geliebt werden muß in Menschengestalt: „Was ihr für einen meiner geringsten Brüder getan habt, das habt ihr für mich getan" (*Mt* 25, 40).

Turin, ruhmreich und verehrungsvoll mit dem heiligen Grabtuch verbunden, hat verstanden und versteht, diese Stimme der Offenbarung in der rechten Weise aufzunehmen. Möge unser Apostolischer Segen für ganz Turin und alle, die uns jetzt zuschauen, Ansporn und Belohnung sein.

PAPST PAUL VI.

Was die Wissenschaftler auch immer über diese Reliquie sagen - wir möchten wünschen, daß diese Kostbarkeit den Betrachtern nicht nur ein vertieftes und stärkeres Wahrneh-

men der äußeren und sterblichen Züge unseres Erlösers vermittelt, sondern sie auch zu einer immer tieferen Schau des verborgenen und faszinierenden Mysteriums Christi führen möge. *Papst Paul VI.*

Am Ende seiner Botschaft, die in der Fernsehsendung über das Turiner Grabtuch ausgestrahlt wurde, erteilte der Papst den Apostolischen Segen (oben). — Millionen von Fernsehzuschauern sahen das Antlitz, das nach der Überlieferung den Abdruck im Grabtuch Jesu darstellt (unten).

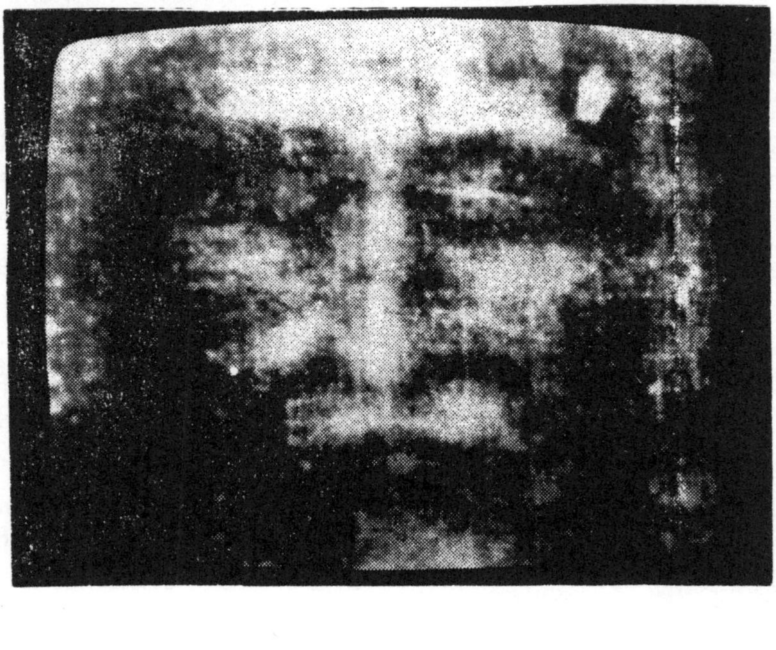

Ja, ganz eindeutig: Eine volle Identifizierung der Kurie, des Vatikans und des Papstes persönlich mit diesem Grablinnen Jesu in Turin, und nicht eine einzige Zeile, daß Christus am Kreuz gestorben sei, keine direkte oder indirekte Zeile gegen die dort längst bekannten Entdeckungen, daß Christus in diesem Grablinnen lebend begraben wurde. Alles geradezu chemisch rein. Ohne Zweifel, der Informant schreibt die Wahrheit.

Als Autor juckt es einem in den Fingern zu schreiben: Wachet auf Ihr Christen nah und fern, wer immer Ihr seit, viel mehr kann ein Papst und die Kirche zunächst ja nicht tun. Wachet auf und begreifet, was auf Erden los ist, was Jesus Christus von seinen Christen erwartet, usw. usw. usw., aber es juckt nur, der Autor wird sich beherrschen, weil es nicht die Aufgabe dieses Buches ist, daß so geschrieben wird.

Anhang:

Zum Beweis dafür, daß der Vatikan, die Kurie bis hinauf zum Papst, alle diese Entdeckungen seit Jahren genau kennen, müssen in einem deutschen Buch einige wenige Originalberichte abgedruckt werden, die italienischen Zeitungen entnommen sind, und die Original-ANSA-Berichte darstellen. ANSA ist die offizielle italienische Nachrichten-Agentur, ähnlich wie in Deutschland die „dpa" (deutsche presse agentur). Genau wie bei „dpa" in Deutschland werden in Italien praktisch von allen Zeitungen solche ANSA-Nachrichtenagentur-Berichte in der jeweiligen Zeitung im gleichen Wortlaut nachgedruckt, denn das ist der Sinn einer Nachrichten-Agentur.

Macht allerdings eine derartige nationale Nachrichten-Agentur vorsätzliche Nachrichten-Unterdrückung, so entsteht im Laufe der Jahre meist eine totale Wissens-Lücke bei einem ganzen Volk, in diesem Fall beim deutschen Volk. Im Gegensatz zur anderen westlichen Welt, bei der das meiste gedruckt wurde.

So wie das russische Volk dies oder das nie erfahren darf oder das Chinesiche, genau so durfte das Deutsche Volk „nichts" erfahren. Die Kurie und der Papst, die wissen es natürlich.

Es ist nicht nötig, außer den Schlagzeilen, diese italienischen Presseberichte hier zu übersetzen, denn der Leser erfährt alles in diesem Buch. Die Schlagzeilen lauten:

Schlug das Herz Jesu noch während der Abnahme vom Kreuz? Im Vatikan ist die These, daß Jesus lebendig begraben wurde. Jesus Christus nicht am Kreuz gestorben.

Schlug das Herz Jesu noch während der Abnahme vom Kreuz?

Il cuore di Gesù batteva ancora dopo la deposizione dalla croce?

Le macchie di sangue sulla Sindone troppo copiose per essere state lasciate da un cadavere - Presentato un documento in Vaticano

NOSTRO SERVIZIO

Città del Vaticano, 29 luglio

Il presidente della « Fondazione per la Sacra Sindone in Svizzera », Kurt Berna, ha consegnato ieri mattina, nella sede della congregazione per la dottrina della fede, un fascicolo — corredato da fotografie — con il quale egli intende dimostrare il persistere di una attività cardiaca nel corpo di Cristo durante la sua rimozione e il suo allontanamento dalla croce, contrariamente alla tesi sostenuta dalla chiesa cattolica. Lo studioso ha detto che già dieci anni orsono presentò a Giovanni XXIII una petizione per informarlo delle conclusioni cui era giunto.

Il fascicolo, definito dal Berna « una protesta formale e scientificamente sostenuta contro una dichiarazione ufficiale vaticana », relativa alla Sindone, è stato consegnato al sottosegretario della congregazione per la dottrina della fede monsignor Charles Moeller.

Si è appreso intanto che è stata costituita recentemente una commissione di scienziati, incaricata di esaminare dal punto di vista tecnico quella che è ritenuta una delle più importanti reliquie della cristianità.

In sostanza la tesi sostenuta da Kurt Berna — secondo la quale Cristo non sarebbe morto sulla croce, ma solo successivamente — si basa sul fatto che non si è mai osservato nessun cadavere che sanguini come il corpo che venne tolto dalla croce e avvolto nella Sindone che è conservata a Torino. Le perdite di sangue, documentate da testi e da fotografie, testimonierebbero, secondo Berna, il perdurare di un'attività cardiaca nel corpo di Cristo anche dopo la sua deposizione dalla croce.

Il Berna non mette in dubbio l'autenticità della Sindone, anzi sostiene che proprio la reliquia conferma le sue tesi. Un'ampia spiegazione delle sue conclusioni è stata da lui esposta in un volume edito in Germania e in Inghilterra dal titolo « Inchiesta su Gesù Cristo » e firmato da John Reban («Reban» è l'anagramma di Berna).

Parlando oggi pomeriggio con alcuni giornalisti, il presidente della « fondazione » elvetica, che alloggia in un lussuoso albergo di via Veneto, ha detto che sabato prossimo partirà per Milano e quindi per Torino, dove avrà altri incontri con esponenti della stampa. Egli ha anche detto di sperare in una dichiarazione delle fonti vaticane in merito alla protesta da lui consegnata ier mattina al sottosegretario della sacra congregazione per la dottrina della fede.

ANSA, 28 luglio 1969

In Vaticano la tesi di Gesù sepolto vivo

Lo svizzero Kurt Berna ha consegnato all'« Osservatore » una relazione con i risultati dei suoi studi sulla sindone - La polemica con monsignor Ricci

Città del Vaticano, 28 maggio.

Lo studioso svizzero Kurt Berna, il quale sostiene che Cristo era ancora in vita quando venne avvolto nella sindone, ha deciso di investire il Vaticano della sua « scoperta ». Tre giorni fa è venuto a Roma, ha domandato il « passi » per superare le mura leonine, si è presentato nella sede dell'*Osservatore romano,* ha chiesto di consegnare una relazione sui suoi studi. Naturalmente il sacerdote che lo ascoltava non ha sollevato alcuna obiezione, ricevendo così un voluminoso plico indirizzato all'« esimio Vaticano ».

Nel documento lo studioso ribadisce la tesi di Cristo sepolto vivo, o comunque non fisiologicamente morto, da lui « appurata » attraverso l'esame delle macchie di sangue del lenzuolo funebre conservato nella cattedrale di Torino. Da questo esame lo svizzero, fondatore di un istituto internazionale di studi sulla sindone, avrebbe tratto la convinzione che le fuoriuscite di sangue impresse sul lino furono dovute a pulsazioni cardiache, che il colpo di lancia del soldato romano Longino non colpì il cuore, ma solo il polmone. Eppure nel Vangelo di Giovanni è detto: « Avendolo visto già morto non gli ruppero le gambe, ma uno dei soldati gli aprì il lato con la lancia e ne uscì subito sangue ed acqua ». Tra l'altro lo studioso svizzero polemizza vivacemente con monsignor Giulio Ricci che, dopo avere eseguito esperimenti radiologici ed in base ad altre argomentazioni, ha pubblicamente contestato la ipotesi di Kurt Berna.

Quanto alla documentazione presentata all'*Osservatore romano* da Kurt Berna, nessuno per il momento sa cosa farne. Intanto si fa rilevare che la sede di un giornale, seppure di proprietà della Santa Sede, non può essere un tribunale di appello per un dibattito scientifico. In secondo luogo la Chiesa non è competente a giudicare poichè, pur avendo autorizzato ricerche sulla sindone, non ha mai voluto pronunciarsi sull'autenticità del lenzuolo funebre di Torino, che resta sempre di proprietà di casa Savoia. Solo nel caso in cui i Savoia cedessero la reliquia alla Chiesa, le autorità ecclesiastiche potrebbero essere indotte a prendere una posizione, ad informare i fedeli come debbono considerare la sindone. Ufficialmente, s'intende, in quanto ufficiosamente la Chiesa sembra non avere più dubbi che il lenzuolo di Torino sia quello in cui fu composto Cristo dopo la morte. Dunque il documento dello studioso svizzero, salvo clamorose novità assai poco probabili, è destinato ad essere conservato negli archivi del giornale vaticano.

ANSA, 27 maggio 1970

Im Vatikan ist die These, daß Jesus lebendig begraben wurde.

Jesus Christus

nicht am Kreuz gestorben.

Gesù Cristo non è morto sulla croce

Secondo la «Fondazione Sacra Sindone» sopravvisse alla esecuzione capitale

ROMA, 12

« Gesù Cristo non è morto in croce, ma è sopravvissuto alla esecuzione capitale »: la straordinaria «rivelazione» viene da Zurigo dove l'ha comunicata alla stampa il presidente della «Fondazione internazionale per la Sacra Sindone », certo Kurt Berna. E' proprio dalla Sindone, custodita a Torino, che la fondazione ha tratto le «prove» «del fatto storico che Gesù Cristo non è morto in croce», scoperta della quale rivendica il «riconoscimento internazionale».

Sulla Sindone, infatti, sono visibili 28 macchie di sangue che comproverebbero una certa «attività» cardiaca dopo l'esecuzione» in quanto «un cadavere non può sanguinare a tal modo». Si tratta, secondo la Fondazione, di un fatto su cui concordano medici ed esperti in patologia e quindi «non esiste alcuna via per aggirare questa realtà scientifica ». In effetti la «scoperta» fu già annunciata al mondo dalla Fondazione con un comunicato emesso a Londra il 10 marzo 1970: ma allora, l'autenticità della Sindone non era ancora stata provata e il crocefisso «avrebbe potuto benissimo essere un altro».

Oggi, prosegue il comunicato, dopo la dichiarazione di monsignor Ricci con cui nel marzo scorso la Sindone è stata dichiarata autentica la Fondazione si sente in dovere di partecipare al mondo la propria scoperta perchè « la Chiesa e l'intera cristianità sono cadute in uno stato non scientificamente sostenibile e in un profondo conflitto religioso ». Oggi « il cerchio scientifico si è chiuso » e « la giusta testimonianza storica deve suonare così: Gesù Cristo non è morto sulla croce ». La fondazione fa anche giustizia di un altro luogo comune: se Gesù era vivo, infatti, la lancia del centurione non può avergli trafitto il cuore.

ANSA, 11 aprile 1973

18. Neuester Stand der Evangelischen Theologie

Die offizielle Theologie der Evangelischen Kirchen hat in den letzten fünfzig Jahren einen enormen wissenschaftlichen Aufwand und Fortschritt gebracht. Der aktuelle Stand hat folgendes Gesicht:

Nach dem Theologen Bultmann: Ein Leichnam kann nicht auferstehen!

Nach dem Neuen Testament:	**Jesus Christus ist auferstanden und hat wieder unter seinen Jüngern gelebt, hat mit ihnen gegessen und getrunken! (Apostelgeschichte 10, 41)**

Nach dem Theologen Tecklenburg: Daher hat im Grab kein Leichnam gelegen!

Der Theologe Walther Tecklenburg wurde gebeten diese Evangelische Theologie, die in den letzten Jahren in den speziellen Fachkreisen solches Aufsehen erregte, in einer Kurzfassung darzustellen. Der nachfolgende Bericht „Ist Jesus auferstanden?" ist seine Arbeit.
Walther Tecklenburg, evangelisch-lutherischer Pastor i. R., Magister der Philosophie, wurde im Jahre 1930 in Bückeburg ordiniert zum Pastor der Evangelisch-Lutherischen Kirche. Er war viele Jahre Pastor in einem Großstadt-Pfarramt, mehrere Jahre Beauftragter für die evangelische Männerarbeit, 16 Jahre Beauftragter für Pressearbeit und Chefredakteur einer evangelischen Kirchenzeitung.

Tecklenburg ist langjähriger Theologe und Wissenschaftler für das Neue Testament. In einer persönlichen Erklärung schreibt er: „Im Zuge meiner langjährigen neutestamentlichen Studien bin ich zu der wissenschaftlichen Erkenntnis über den wirklichen Sachverhalt bei Jesu Kreuzigung und Auferstehung gelangt. In einer ausführlichen Abhandlung habe ich meine Forschungsergebnisse niedergelegt, die ich hier in verkürzter Form wiedergebe."

Hier sein Bericht: Ist Jesus auferstanden?

Verkürzte Wiedergabe einer historisch-kritischen Untersuchung der Osterüberlieferung

von Walther Tecklenburg, Magister der Philosophie, ev.-luth. Pastor i. R.

Welch merkwürdige und ganz überflüssige Frage: „Ist Jesus auferstanden?" Man braucht doch nur die Evangelien aufzuschlagen, da steht es klipp und klar: Jesus ist auferstanden. Trotzdem sagen nicht wenige Theologen auf Katheder und Kanzel: Jesus ist nicht auferstanden. Und ungezählten Christen leuchtet das ein. Denn jeder weiß: Ein Leichnam kann nicht auferstehen (Bultmann). Die Frage „Ist Jesus auferstanden?" ist darum nicht überflüssig, sondern brennend akut.

Natürlich ist die Skepsis gegen die Jesusüberlieferung im ganzen und die Auferstehungsüberlieferung im besonderen nicht neu. Aber so einhellig, wie in der heutigen Theologie, ist noch nie die Evangelienüberlieferung in Frage gestellt. Gerade über das Problem der Auferstehung ist zu keiner Zeit so viel geschrieben, zu keiner Zeit ist die Auferstehung Jesu so fragwürdig geworden, wie in unserer Zeit. Denn zu keiner Zeit sind naturwissenschaftliche Erkenntnisse so ernst genommen und so folgerichtig durchdacht worden, wie in unseren Tagen. Für uns gilt uneingeschränkt, was die Naturwissenschaft sagt. Und sie kennt keine Ausnahme von der Regel: Ein Leichnam kann nicht auferstehen.

„Nun aber ist Christus auferstanden" bekennt Paulus mit der Urchristenheit und bestätigt damit die Osterüberlieferung der Evangelien. — Die Frage „ist Jesus auferstanden?" bedeutet also: Wie verträgt sich die unverrückbare naturwissenschaftliche Gewißheit „Ein Leichnam kann nicht auferstehen" mit der christlichen Ostergewißheit „ Der Herr ist wahrhaftig auferstanden"? Nach dem Neuen Testament ist die Auferstehung Jesu die Grundlage des Christentums. Tatsächlich muß aus der neutestamentlichen Überlieferung und aus den Geschichtsunterlagen des ersten und zweiten Jahrhunderts die Erkenntnis gewonnen werden: Nicht die Predigt vom Kreuz hat der urchristlichen Mission den durchschlagenden Erfolg gebracht. Die Botschaft von der Auferstehung Jesu hat die Welt erobert.

Diese Botschaft ist heute fragwürdig geworden, weil sie nicht mit der uns selbstverständlichen Gesetzmäßigkeit und Unveränderbarkeit der Naturordnung in Einklang gebracht werden kann. Um so drängender ist die Frage: Ist Jesus auferstanden? Mag es im neutestamentlichen Zeitalter und bis ins Mittelalter möglich gewesen sein, die Behauptung von Jesu Auferstehung unbedenklich nachzusprechen, wir sind genötigt, eine so grundlegende Überlieferung an den Möglichkeiten und Grenzen der Naturordnung zu messen.

Mit der heute immer mehr verbreiteten Erkenntnis der Parapsychologie, die in Rußland (Kilian-Photografie) und weltweit den Zweitkörper (Astralleib) überzeugend nachweist, ist hiermit auch die Auferstehung Jesu zu erklären versucht (Auferstehungsleib). Als wissenschaftlich gilt, die Osterberichte darauf zu beschränken, daß Jesus nach der Kreuzigung gesehen ist (Marxen), wobei nicht gesagt wird, in welcher Form er gesehen ist. Andere sprechen von einem verklärten Leib oder einer verklärten Leiblichkeit (Allianz). Als letzter Rettungshalm wird die Deutung der Erscheinungen Jesu als Visionen erklärt.

Auf vielfältige Weise wird die Osterüberlieferung der Evangelien umgedeutet, weil es der heutigen naturwissenschaftlich geschulten Generation unmöglich ist, die Behauptung der Evangelien, Jesus habe nach seiner Auferstehung unter seinen Jüngern so gelebt wie vor der Kreuzigung, ernst zu nehmen. Mithin hängt von der Beantwortung der Frage „Ist Jesus auferstanden?" die Glaubwürdigkeit der neutestamentlichen Berichterstattung ab. Gewichtige Stimmen aus den Kreisen der Historiker betonen, daß die Geschichtswissenschaft nicht wie andere Ereignisse die Auferstehung Jesu ermitteln könne. Hier sei die Grenze der Geschichtsforschung.

Ist diese Grenze wirklich da? Grundsätzlich kennt die Geschichtsforschung niemals verbotenes Gelände. Das Problem bei der Frage nach der Glaubwürdigkeit der Quellen, die Jesu Auferstehung bezeugen, liegt in der Anwendbarkeit der für alle Geschichtsforschung selbstverständlichen Regel, daß alle geschichtlichen Untersuchungen voraussetzungslos vorgenommen werden müssen.

Eben dies scheint unmöglich zu sein, denn jeder kennt die Überlieferung der Karfreitags-Geschehnisse. Und diese stehen unter einem Tabu: Daran wird nicht gezweifelt. Eben dadurch wird aber eine voraussetzungslose Erforschung der Osterüberlieferung unmöglich gemacht. Immer steht dem die nicht zu bezweifelnde Erfahrung entgegen: Ein Leichnam kann nicht auferstehen.

Voraussetzungslos an eine historische Untersuchung der neutestamentlichen Osterüberlieferung heranzugehen, ist mithin nur durch einen gedanklichen Kunstgriff möglich. Man muß das Leben Jesu von der Krippe bis zum Kreuz in seiner Erinnerung durchstreichen oder sich vorstellen, von ihm nichts zu wissen. Denken wir an die Altertumsforscher, die alte Pergamentrollen oder Papyrusbogen ausfindig machen, ohne zu ahnen, was das Ergebnis ihrer Forscherarbeit sein wird. So etwa müssen wir uns vorstellen, daß ein historischer Forscher auf der Suche nach alten Urkunden oder Abschriften auf die Blätter stößt, auf denen von Jesu Auferstehung und dem Auferstehungsglauben der apostolischen Zeit berichtet wird, und nun die Texte ohne Wissen, was sie enthalten, und ohne Kenntnis des Vorhergehenden, des Lebens Jesu, studiert — was wird er herausfinden, was wird er als historisch echt, was als legendär und anekdotenhaft feststellen gemäß den der Historiker eigenen Forschungsmethoden?

Gehen wir unter diesem Blickpunkt an eine historisch-kritische Untersuchung der Auferstehungsberichte heran, so stellen wir ein Dreifaches fest:

1. Einheitlich in allen Evangelien wird berichtet, daß das Grab am Ostermorgen leer war. Daß das Grab Jesu leer war, wird heute als das Ergebnis einer Überlegung im Jüngerkreis erklärt. Das innere Erlebnis der Jünger hat sich in der Legende vom leeren Grab niedergeschlagen. Dies steht also am Ende der Entstehung von Osterberichten.

Eine historisch-kritische Untersuchung, die ohne Rücksicht auf das vorher Berichtete, eben unvoreingenommen, die Auferstehungstexte ins Auge fassen will, muß bei dem beginnen, was dem Leser als erstes ins Auge fällt. Das sind die Berichte über das leere Grab.

Und diese sind sehr vielfältig. Nicht nur bei der Schilderung des Ostermorgens, sondern bei vielen Einzelheiten, Bezeugung vor Gericht, das die Aussage der Apostel nicht widerlegen kann, und vielen anderen Stellen, wird das leere Grab als unwiderlegbare Tatsache herausgestellt.

2. Hinzu kommt, daß oft anschaulich berichtet wird, Jesus habe mit seinen Jüngern verkehrt. Er hat mit ihnen gesprochen und mit ihnen gegessen und getrunken.

3. Schließlich ist die im Grunde unfaßbare Tatsache zu erwähnen, daß die Jünger, die am Karfreitag verzweifelt und fassungslos waren, Apostel geworden sind. Bei der Gemütsverfassung, wie sie über die Jünger berichtet wird, ist eine solche Wende nie durch Überlegung im Jüngerkreis denkbar. Sie müssen ihren Herrn nach der Kreuzigung wieder unter sich erlebt und ihn genau gesehen haben.

Ganz wörtlich ist es gemeint: Das Grab ist leer, weil der darin Gebettete unverändert in seiner Gestalt als Mensch mit seinen Wesenszügen und den Spuren seiner Marterung aus dem Grab auferstanden ist.

So kann es als Aussage ernster historischer Forschung gewertet werden: An der Überlieferung von Jesu Auferstehung ist kein Zweifel. Damit ist die Problematik, die hinter der Frage steht „Ist Jesus auferstanden?" deutlich.

Wie zwei selbständige und unvereinbare Teile liegen vor uns auf der einen Seite die Überlieferung von Jesu Kreuzigung, auf der anderen Seite die Überlieferung von Jesu Auferstehung, dazwischen wie ein tiefer trennender Graben: Ein Leichnam kann nicht auferstehen. Läßt sich der Graben zuschütten, daß eine natürliche Verbindung der beiden Überlieferungsteile entsteht?

Daran gibt es keinen Zweifel: Ein Leichnam kann nicht auferstehen. Nun aber — sprechen wir Paulus nach — ist Christus auferstanden. Überlegen wir und fragen wir: Wie vertragen sich die beiden Feststellungen, die historische: Jesus ist leiblich auferstanden, und die biologische: Ein Leichnam kann nicht auferstehen.

Da die erste Feststellung unbedingt gilt: Jesus ist auferstanden, und die zweite Feststellung unbedingt gilt: Ein Leichnam kann nicht auferstehen, bleibt nur eine Möglichkeit:

Im Grab hat kein Leichnam gelegen.

Das ist allerdings eine These, die zum mindesten Kopfschütteln, wohl auch Entsetzen und Empörung auslöst, denn sie widerspricht christlicher Überlieferung.

Auffällig ist, daß bei der Erwähnung von Jesu vermeintlichem Tod im griechischen Text nicht die Vokabel für „sterben" gebraucht ist. In den drei ersten Evangelien steht ein Wort, das mit „Pneuma" zusammenhängt, im Deutschen aus dem Fremdwort „pneumatisch" bekannt, und „Hauch", „Geist" bedeutet, also „er hauchte aus", was heißen kann: er hörte zu atmen auf. Johannes sagt: „Er übergab das „Pneuma". Das kann gut übersetzt werden: er verlor das Bewußtsein. „Er neigte das Haupt" — der da im Griechischen stehende Ausdruck besagt nach dem Wörterbuch: den Kopf zum Schlummern neigen. Ist bei den ersten Niederschriften noch in Erinnerung gewesen, daß das Wort „sterben" hier nicht am Platze ist und die mit „Pneuma" gebildete Formulierung aus den Urquellen übernommen ist, ohne daß man sich den Wortsinn klargemacht hat?

Wichtiger sind drei andere Textstellen:

Markus, bekanntlich der älteste und darum zuverlässigste Evangelist, sagt bei dem Bericht über die Bitte des Joseph von Arimathia an Pilatus um Erlaubniserteilung zur Bestattung des Gekreuzigten: „Pilatus wunderte sich, daß er schon tot sein sollte." Warum wundert Pilatus sich denn? Weil es das nicht gab und nicht vorstellbar war, daß ein Gekreuzigter innerhalb von sechs Stunden starb.

So ist es nur zu begreiflich, daß Pilatus sich wunderte. Die mit Jesus Gekreuzigten sind ja auch noch nicht tot. Deshalb werden ihnen die Beine zerschlagen.

Daß Pilatus verwundert war, darf also ein Hinweis darauf sein, daß an der Überlieferung von Jesu Tod historische Zweifel berechtigt sind. Gerade aus der heutigen medizinisch-wissenschaftlichen Erkenntnis muß dieser Zweifel besonders angebracht sein.

Zweifel an dem Eindruck, den der Hauptmann gewonnen hat, ist wohl auch seinen Soldaten gekommen, wie der vom Evangelisten Johannes berichtete Lanzenstich zeigt. Auf sicher gehen dürfte der Anlaß für den Stich in Jesu Seite gewesen sein.

Die Folge: „Blut und Wasser" trat aus der Einstichwunde. Vielleicht wird an keiner anderen Stelle so deutlich, was dabei herauskommt, wenn die Geschichtlichkeit der Berichte über das leere Grab und die Begegnungen mit dem Gekreuzigten nicht zuvor nachgewiesen sind. Bei der üblichen Leugnung der Auferstehung oder ihrer Umdeutung und Spiritualisierung läßt sich mit „Blut und Wasser" nichts anfangen. Bei einem Toten kommt kein Blut und wässeriges Serum heraus.

Nehmen wir es aber wörtlich, daß aus der durch den Lanzenstich entstandenen Wunde Blut und wässeriges Serum floß, so wird es zu einem der wichtigsten Belege für die leibliche Auferstehung Jesu, weil für diese die Voraussetzung ist: In Josephs Grabnische ist kein Toter gelegt. Blut — das ist der eindeutige Hinweis, daß das Herz intakt war, die Lanze also das Herz nicht getroffen hat.

Nehmen wir noch das Wort des Auferstandenen hinzu: „Ich bin noch nicht zum Vater aufgefahren". Was heißt das anders, als daß die Seele sich noch nicht vom Körper gelöst hat: Ich bin noch nicht gestorben.

Der Gekreuzigte ist auferstanden. Er konnte auferstehen, weil seine Kreuzigung nicht seinen Tod bewirkt hat. Er hat überlebt und ist so aus dem Grab auferstanden.

Manchem wird diese Lösung befremdlich sein, weil sie der Überlieferung widerspricht. Sogar die radikalste Bibelkritik ist nicht auf diese einfache und natürliche Lösung gekommen. Kein Vers und kein Wort ist von dem Seziermesser der Forscher unberührt gelassen. Nur eins ist immer unangetastet geblieben. Mag noch so viel im Leben und Wirken Jesu in Frage gestellt und geleugnet worden sein bis hin zur Auferstehungsüberlieferung, an der Auffassung, daß Jesu Kreuzigung seinen Tod herbeigeführt hat, ist nie gerüttelt. Unfaßbar, daß nie daran gedacht ist, auch hier die kritische Lupe anzuwenden. Jesu Tod am Kreuz — das ist einfach ein Tabu, an dem nicht gezweifelt werden darf. Statt dessen muß die gesamte Osterüberlieferung der Zensur zum Opfer fallen.

Wissenschaftliche Forschung, wenn sie ehrlich ist und ohne Voreingenommenheit arbeitet, kennt keine Tabus. Darum darf die Bibelwissenschaft, sofern auch sie ehrlich ist und wissenschaftlich ernst genommen werden will, keine Tabus haben, nicht gegenüber biblischen Texten und nicht gegenüber Überlieferungen und traditionsgebundenen Vorstellungen. Wo das der Fall ist, kann sie ohne Bindungen und ohne Rücksicht auf angeblich Unverrückbares ihre Thesen setzen und das Ergebnis ihrer Forschung aussprechen. Dabei mag manche liebgewordene Sicht sich auflösen. Aber die Grundlage der christlichen Überzeugung ist bestätigt: Die Auferstehung ist wahr, ein geschichtliches Faktum und medizinisch ganz natürlich. Magister W. Tecklenburg, Hamburg

19. Was die Weltpresse schreibt:

Hat Christus noch gelebt, als man ihn vom Kreuz nahm?
Originaltitel des Berichtes: WAS CHRIST STILL LIVING WHEN TAKEN FROM THE CROSS?

Auszug aus dem „Sunday Express", London, (Auflage 1970: 5 000 000)
18. Januar 1970, von Geoffrey Parkin

Untertitel: Blutflecken auf dem heiligen Grablinnen könnten ein dramatisches neues Licht auf den Zeitpunkt seines Todes werfen.
Original-Untertitel: BLOODSTAINS ON THE HOLY SHROUD COULD THROW A DRAMATIC NEW LIGHT ON THE TIME OF HIS DEATH

Turin, Samstag

In rasender Folge der Ereignisse und Entdeckungen, die die Aufmerksamkeit der Welt seit 1969 in Atem hielten, blieben Tätigkeit und Vorbereitungen einer kleinen Gruppe von Männern, die in Turin zusammenkamen, unbeachtet und unerwähnt.

Der Zweck ihres Treffens waren erste Schritte in Richtung auf die wissenschaftliche Untersuchung eines Vorgangs, der für Millionen Menschen von weit größerer Bedeutung ist als die spektakuläre Landung auf dem Mond.

Der Gegenstand, auf den sie neues Licht zu werfen im Begriff sind, ist die Kreuzigung Christi. Sie verwenden dabei Hilfsmittel und Erkenntnisse der modernen Forschung.

Der Schlüssel

Eine der bedeutungsvollsten Fragen, die von einigen Theologen erhoben wurden, und für die Forscher möglicherweise eine Antwort finden können, ist:

„Atmete Christus noch – war er in der Tat nach klinischer Sicht noch am Leben – als man ihn vom Kreuz nahm, in das Grablinnen hüllte, und als ihn Joseph von Arimathea in die heilige Gruft legte?"

Der Schlüssel zu dieser Frage ist eingehüllt in eine der kostbarsten Reliquien, die die römisch-katholische Kirche aufbewahrt – das heilige Grablinnen in der Kapelle der Turiner Kathedrale.

Die Theorie, daß der tatsächliche Tod nicht zu dem Zeitpunkt eintrat, als Jesus ans Kreuz genagelt war, hat ihre Grundlage in den deutlich sichtbaren Blutflecken, die sich auf dem Grablinnen befinden.

Es wird vermutet, daß der Leib Christi nicht tot gewesen sein kann, als man ihn in das Grabtuch legte, da ein Leichnam nicht in dem Ausmaß hätte bluten können, wie es die Blutflecken auf dem Linnen tatsächlich nachweisen. Aus diesem Grund wird behauptet, daß der Körper aus medizinischer Sicht noch gelebt hat.

Dieses Argument wurde kürzlich von einer Schweizer Gesellschaft, der Internationalen Stiftung für das Grablinnen Jesu, die ihren Sitz in Zürich hat, vorgebracht. Sie ließ verlauten, daß vatikanische amtliche Stellen eine Zerstörung des heiligen Grablinnens erwägen würden.

Diese Behauptung wurde entrüstet und mit Nachdruck vom Vatikan zurückgewiesen, der sie als „lächerlich und völlig aus der Luft gegriffen" bezeichnete.

Die Wahrheit, die ich in dieser Woche herausfand, als ich die Mitarbeiter von Kardinal Pellegrino, Erzbischof von Turin befragte, waren keine Gedanken über eine Zerstörung der heiligen Reliquie, sondern es waren bereits fortgeschrittene Vorbereitungen für eine eingehende Studie des Grablinnens.

Rote Seide

Der Mann, der die Geschichte des Grablinnens für mich zurückverfolgte und mir erzählte, daß Vorbereitungen bereits getroffen worden seien, um neue Informationen über das Grablinnen zu erarbeiten, war Mons. Sergio Baldi, Sekretär der Kapelle des Sindoni – wie das Grablinnen von der Kirche genannt wird.

Das Grablinnen ist 4,36 m lang und 1,10 m breit. Es ist in rote Seide geschlagen und wird in einer silbernen Truhe, die 1,22 m lang, 30,5 cm breit und 30,5 cm hoch ist, aufbewahrt.

Die Truhe steht auf dem Altar der Kapelle, geschützt durch dickes Glas und 2 Eisenstäben.

Unter großer Geheimhaltung wurden im vergangenen Jahr Experten von internationalem Rang nach Turin berufen; unter anderem ein Archäologe, ein Chemiker, ein Biologe und ein Historiker. Im Beisein des Kardinals und kirchlicher Würdenträger wurde die Truhe zum erstenmal seit 23 Jahren geöffnet und das Grablinnen der seidenen Hülle entnommen. Nur 10 Menschen waren anwesend.

Drei Tage lang, vom 16.—18. Juni 1969 wurde eine vorbereitende Untersuchung mittels sehr genauer Mikroskope vorgenommen. Außerdem wurden Dutzende von Fotografien für weitere Untersuchungen gemacht.

Es war die Aufgabe der Experten, über den Erhaltungszustand des Grablinnens eingehend zu berichten, Vorschläge zu unterbreiten und Vorbereitungen zu treffen für eine ausführliche, moderne, wissenschaftliche Untersuchung.

Die Kirche ist bereits von ihnen unterrichtet worden, daß sich das Grablinnen in bemerkenswert gutem Zustand befindet, sagte Mgr. Baldi. Dies ist umso erstaunlicher im Hinblick auf sein hohes Alter.

Seine Geschichte kann urkundlich bis ins 14. Jahrhundert zurückverfolgt werden, als es im Schloß von Chambéry, dem Sitz der königl. Familie von Savoyen, den Eigentümern, aufbewahrt wurde.

Frühe Aufzeichnungen berichten, daß das Grablinnen im Jahre 1503 in Öl gekocht wurde, aber niemand weiß warum. Moderne, wissenschaftliche Untersuchungen zeigen, daß es tatsächlich zu irgendeinem Zeitpunkt in Öl gekocht worden war.

Brandflecken

Im Jahr 1532 wurde es vor der Vernichtung durch einen Brand, der das Schloß zerstörte, gerettet. Man warf es ins Wasser, und die Brandflecken sind noch deutlich sichtbar.

In den letzten 100 Jahren ist die Truhe nur 5 mal geöffnet worden. Die beiden ersten Male in den Jahren 1896 und 1930 aus Anlaß der Hochzeiten von Vittorio Emmanuelle III und Umberto von Savoyen, wie die Tradition es damals verlangte.

Der dritte Anlaß war das heilige Jahr 1933, die 1900. Wiederkehr des Todes Christi, als es drei Wochen lang öffentlich Tausenden von Pilgern gezeigt wurde.

Als Italien in den Krieg eintrat, wurde das Grablinnen aus Sicherheitsgründen im Altarraum von Montevergine, in der Nähe von Avellino in Süditalien versteckt.

1943 fuhr der Erzbischof von Turin, Kardinal Fossati, nach Montevergine, um das Grablinnen wieder an seinen traditionellen Aufbewahrungsort zu bringen. Dort wurde es zum 4. Mal geöffnet, um seinen Zustand zu prüfen. Man zeigte es den Benediktiner-Mönchen des Klosters.

Die 5. Öffnung der Truhe erfolgte anläßlich des Treffens im vergangenen Juni unter strengster Geheimhaltung, so daß selbst heute die Namen der Anwesenden — alles Italiener — nicht genannt wurden.

Trotz seines hohen Alters und der Tatsache, daß es im 16. Jahrhundert fast zerstört wurde, ist der bemerkenswerte Abdruck auf dem Grablinnen noch so klar erkennbar wie vor 19 Jahrhunderten.

Der größte Teil der Oberfläche des Linnens ist fast weiß. Aber die Abdrücke eines menschlichen Gesichts und eines Körpers mit einer Größe von 1,79 m erscheinen in bräunlicher Nuancierung, genau so wie bei einem fotografischen Negativ. Man sieht die Blutflecken der Hände, der Füße, der Seitenwunde und des Hauptes. Dies alles zeigt, daß der Körper, der in dem Grablinnen lag, genau so gekreuzigt wurde, wie es im Neuen Testament beschrieben ist.

Kein Widerspruch

Niemand hat je die Echtheit des Grablinnens ernsthaft angezweifelt. Die „negative", typisch helleren Abdrücke des Grablinnens auf einem schwarzen Hintergrund im Fotonegativ sind in sich selbst wirkliche Beweise seiner Echtheit, denn ein Zweifel daran würde die Kenntnis fotografischer Techniken im 14. Jahrhundert voraussetzen.

Welches sind die Fragen, die die Wissenschaft des 20. Jahrhunderts vielleicht beantworten könnte?

Die wichtigste ist zweifellos die über den tatsächlichen Zeitpunkt des Todes Christi. War wirklich Leben in ihm, als er ins Grablinnen gelegt wurde?

„Selbst wenn man der Theorie möglicher Untersuchungsergebnisse Glauben schenken darf, würde es in keiner Weise den bewiesenen historischen Tatsachen der Kreuzigung Jesu und der folgenden Auferstehung widersprechen oder sie beeinträchtigen", gab Monsignore Baldi zu verstehen.

„Es wurde geäußert, daß es vielleicht sogar möglich sein könnte, die Blutgruppe des Körpers zu bestimmen.

Mikroskopische und analytische Untersuchungstechniken könnten dann vielleicht das Alter des Grablinnens mit hinreichender Genauigkeit bestimmen, um so zu beweisen, daß es aus der Zeit stammt, als Christus auf Erden weilte."

Aber die aufregendste aller Aussichten ist die, daß Christen in aller Welt sich selbst vom Aussehen Jesu überzeugen können.

Bericht im Frühjahr

Mit Hilfe von vorhandenen Fotografien des Grablinnens aus dem Jahr 1931 hat man versucht, die Gestalt Christi zu rekonstruieren. Mit neuen Fotografien und besserem Zugang zum Grablinnen würden sich noch günstigere Möglichkeiten eröffnen.

Der Bericht der Experten, die sich im letzten Jahr trafen, ist beinahe abgeschlossen und wird Kardinal Pellegrino im Frühjahr überreicht werden.

Danach können endgültige Pläne für die ausführliche wissenschaftliche Untersuchung in Angriff genommen werden, die eines der interessantesten und mit Spannung erwarteten Ereignisse der 70er Jahre zu versprechen scheinen.

Christ did not die on the Cross

Christus ist nicht am Kreuz gestorben

Auszug aus „China Mail", englische Tageszeitung von Hong Kong, Ostern 1970, in einer dreiteiligen, dreitägigen China-Mail-Serie, Teil 1:

JESUS Christ did not die on the cross.
An amazing statement — but it could be true.

China Mail
1845-1970
125TH
ANNIVERSARY

Deutsche Übersetzung:

Christus starb nicht am Kreuz.
Eine verblüffende Behauptung — aber sie könnte stimmen.

Religionsexperten benützen heute die moderne Wissenschaft, um wichtige Fragen, die mit der Kreuzigung zusammenhängen, zu beantworten.

Und die wichtigste von allen ist:

Atmete Christus noch — tatsächlich noch lebend im klinischen Sinn — als er vom Kreuz genommen und in das heilige Grablinnen eingehüllt wurde?

Die Internationale Stiftung für das Grablinnen Jesu in der Schweiz sagt, daß Jesus Christus LEBTE, als er vom Kreuz auf Golgatha genommen wurde.

Theorie

Sie sagt, sein Herz schlug noch, als er in das Grablinnen gelegt wurde. Und ein deutscher Autor, John Reban, unterstützt diese Theorie in einem sensationellen neuen Buch „Inquest on Jesus Christ".
Das heilige Grablinnen selbst, so sagt man, birgt den Schlüssel dieser Kontroverse in sich.
Es liegt nun in einer Kapelle des Turiner Domes in Italien.
Die Theorie, daß der eigentliche Tod Jesu **nicht** am Kreuz erfolgte, basiert auf den deutlich sichtbaren Blutflecken auf dem heiligen Grablinnen.

Blutflecken

Die Blutflecken, so wird behauptet, zeigen deutlich, daß Jesus gelebt haben muß, als er vom Kreuz genommen wurde.
Denn ein Leichnam hätte nicht in diesem Ausmaß bluten können, so wie es die Blutflecken auf dem Grablinnen aufzeigen!
Diese Serie von Artikeln wird den Streit des zwanzigsten Jahrhunderts über den Tod Jesu Christi gründlich untersuchen.

Grablinnen

Erstens das heilige Grablinnen . . . . .
Es ist ein Leinentuch 4,36 m lang und 1,10 m breit. Dieses Grablinnen ist in roter Seide gewickelt und in einer silbernen Lade aufbewahrt.
Diese Lade steht auf einem Altar in einer Kapelle.
Dickes Panzerglas und zwei Eisengitter schützen es.
Das heilige Grablinnen ist anerkannt, als das, in welches Jesus Christus nach der Kreuzabnahme eingehüllt wurde.
Das Grablinnen soll mit Blut durchtränkt gewesen sein. Später wurde es zur Reliquie des frühen Christentums.
Nach dem Fall des Römischen Reiches wurde es nach Byzanz gebracht.

Gottesfürchtig

In dieser oströmischen Hauptstadt beteten es fromme Christen 700 Jahre lang an.
Im Jahre 1204 brachte der Kreuzfahrer Otto de la Roche das Grablinnen nach Frankreich.
Zweimal – im Jahre 1349 und 1532 – wurde es beinahe vom Feuer zerstört.
Es wurde 1572 nach Turin gebracht und wird nun alle 33 Jahre öffentlich gezeigt.
Das Grablinnen ist mit großer Sicherheit echt.
Es birgt viele Geheimnisse in sich.

Am Samstag wird Ihnen die CHINA MAIL mehr über Jesu Christi Blutflecken auf dem Grablinnen berichten – und wie sein Gesicht sich selbst auf dem Grablinnen „photographiert" hat.
Versäumen Sie nicht die zweite Folge dieser faszinierenden Serie.

Did Christ die on the Cross?

GREAT SECRET OF THE HOLY SHROUD

WHAT are the secrets of the bloodstains on the Holy Shroud?

And what do they tell us about the death of Jesus Christ?

Most experts are certain they reveal one

German author John Reban contends that the

PART 2

Teil 2: Das große Geheimnis des heiligen Grablinnens
Deutsche Übersetzung:

Was sind die Geheimnisse der Blutflecken auf dem heiligen Grablinnen?
Und was erzählen sie uns über den Tod von Jesus Christus?
Die meisten Experten sind sicher, daß sie eine wichtige Tatsache aufzeigen:

Dass JESUS CHRISTUS NICHT – im klinischen Sinne – AM KREUZ GESTORBEN IST.

Das Grablinnen ist hauptsächlich weiß.
Aber es bleiben die unglaublichen Umrisse eines menschlichen Körpers.
Das Gesicht und der Körper von Jesus Christus.
Die katholische Kirche erlaubte dem italienischen Photographen Giuseppe Enrie Photographien von dem Grablinnen zu machen.

Erklärung

Wissenschaftler untersuchten die Bilder.
Sie erklärten ausdrücklich: Die Spuren des Gesichtes und des Körpers und die Blutflecken rühren von dem Körper Jesu Christi her.
Die Echtheit der Bilder wurde auch von fünf Photoexperten und einem führenden italienischen Rechtsanwalt bestätigt.
Es gab keinen Hinweis auf eine Fälschung.

Lebend

Papst Pius XI sah sie und erklärte: „Dies ist nicht das Werk eines Menschen."
Der deutsche Autor, John Reban, behauptet, daß die Blutflecken auf dem Grablinnen entscheidende Beweisstücke über Jesu Tod sind.
Diese Flecken, sagt er, wurden von FRISCHEM Blut hervorgerufen . . . und eine Leiche blutet nicht so.
Jesus trug, wie alle Juden zu dieser Zeit, sein Haar lang und lockig.
Zwischen der Verhaftung und der Kreuzigung erlitt Christus viele Schläge am Kopf.

Die Dornenkrone brachte ihm kleine, tiefe Wunden auf seiner Kopfhaut bei.
Diese Wunden bildeten einen Schorf — durch welche kein Blut mehr fließen konnte.
Da es viele Blutflecken auf dem heiligen Grablinnen gab, wird behauptet, Blut muß aus frischen Wunden geflossen sein.
Und diese Wunden öffneten sich wieder, als die Jünger die Dornenkrone entfernten.

Fließend

Es ist eine medizinische Tatsache daß, wenn sich die Wunden eines **Toten** öffnen, kein Blut mehr herausfließt.
Das kommt daher, daß eine Leiche keinen Blutdruck mehr hat. Ohne Blutdruck gibt es auch keine Zirkulation mehr.
Und ohne Blutzirkulation hätte Blut auch nicht auf das heilige Grablinnen fließen können.

Der Schluß, der aus diesem Beweis zu ziehen ist: Christus starb nicht am Kreuz. Sein Herz schlug immer noch.

Aber wie ist es mit dem römischen Zenturio, der Christus in die Seite gestochen haben soll, als dieser an das Kreuz genagelt dahing?

Read the third and last article in this series on Monday.
Learn about NEW THEORIES on Christ's EXACT cause of death.
It's fascinating reading.

Lesen Sie den dritten und letzten Artikel dieser Serie am Montag.

Erfahren Sie NEUE THEORIEN über Christis GENAUE Todesursache.

Sie sind faszinierend zu lesen.

Lance missed his heart

THE Roman Centurion's lance did NOT pierce the heart of Jesus Christ.

This is the theory scientists and theologians hold today.

Schluß der drei Teile Serie:
Die Lanze, die sein Herz verfehlte
Deutsche Übersetzung:

Die Lanze des römischen Zenturios durchbohrte das Herz Jesu Christi nicht.
Dies ist die Theorie, die Wissenschaftler und Theologen heute vertreten.
Sie untermauert die Behauptung, daß Christus nicht am Kreuz gestorben ist.
Die Bibel sagt im Bezug auf den Lanzenstich des römischen Soldaten: ,,Und sogleich floß Blut und Wasser hervor.''

Beweis

Ist das ein Beweis dafür, daß Christus tot war?
Die Internationale Stiftung für das Grablinnen Jesu sagt NEIN.
Sie zitiert Ärzte und Wissenschaftler, welche sagen, daß es mindestens sechs Stunden dauert, bevor eines Menschen Blut sich in Blut und Wasser zersetzt.

Nach der Bibel wurde die Lanze in die Seite Jesu gestoßen ungefähr 30 Minuten nachdem sein Haupt auf seine Brust gesunken war.
Das Gerinnen des Blutes hätte nicht in diesem Körper und zu dieser Zeit geschehen können.
Wissenschaftler sagen, daß das in der Bibel erwähnte Wasser eine Art von Flüssigkeit (Ödem) gewesen sein muß, welche sich in der Lunge sammelte.
Es scheint, daß Abdrücke auf dem heiligen Grablinnen zeigen, daß die Lanze nicht das Herz doch die Lunge durchbohrt hat.
Die Stiftung für das Grablinnen Jesu hat Bilder einer Anzahl von Lanzenspitzen, die von römischen Soldaten zu dieser Zeit getragen wurden.

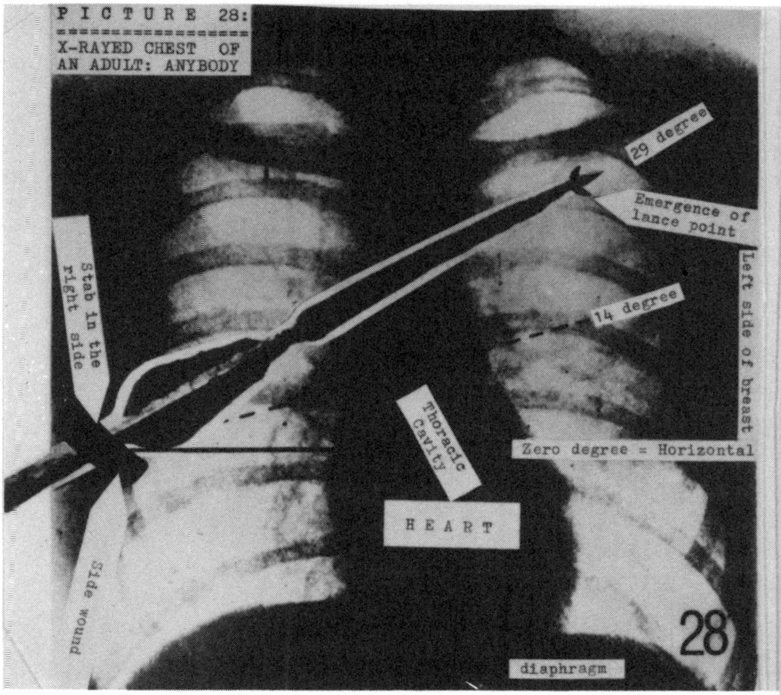

Röntgenkontrolle *des Lanzenstiches ergibt keine Herzverletzung. Ausführlicher Bericht im „Zweiten Fact Buch" Seiten 141 bis 148. Bitte beachten, das Zweite Fact Buch hat eine eigene Numerierung!*

Sie vergleicht die Länge der Lanzenspitzen mit der Tiefe von Christis Wunde, wie sie auf dem Grablinnen gesehen werden kann.
Diese Maße, so sagt man, bestätigen die Behauptung, daß die Lanzen-Spitze aus dem linken oberen gespannten Körper genau neben dem Herzen austrat.

Dazu gibt es auch noch die ersten Bibelübersetzungen dieses Ereignisses. Die Stiftung weist darauf hin, daß keiner der vier Evangelisten jemals

„sterben" erwähnte, als sie die Passionsgeschichte erzählten.
Die Evangelisten haben über den Moment, als Jesus sein Haupt neigte, durch eine Umschreibung berichtet.
Sie sagten: „Er gab den Geist auf."
Erst spätere Übersetzungen erwähnten „sterben."

Trotzdem, wie könnte Christis Herz immer noch geschlagen haben nach der Zeit am Kreuz?

Schmerzen

Im Grunde, sagen die Experten, wurde der gekreuzigte Mann zu Tode gequält und starb mit fürchterlichen Schmerzen.
Der Mann war auf solche Weise befestigt, daß alle seine Muskeln bis zum Zerreißen gespannt waren.
Eine so starke Starre setzte ein, daß sie als Leichenstarre mißverstanden werden konnte.
Laut Dr. H. W. Hynek beschränkte die Steifheit die Blutzirkulation und hatte Sauerstoffmangel zur Folge.
Und die gestreckte Haltung der Brust verhinderte normale Atmung.

Bewiesen

Jedoch, ist es wissenschaftlich bewiesen, daß man Menschen nach solcher Erstickung wiederbeleben kann, wenn das Herz noch schlägt.
Und die Stiftung weist darauf hin, daß Christus noch, kurz bevor er „den Geist aufgab," sprach. Er bat um etwas zu trinken, da er durstig war.
Und es wird behauptet, daß der Essig, der ihm gegeben wurde, seinen Atem unterbrach.

Jesus wurde von dem Essig erstickt.

Der Schluß, der gezogen werden kann, ist:
Christus starb NICHT am Kreuz.

Behauptungen

Was geschah dann nach der Kreuzigung mit Christus?
Der Autor John Reban behauptet, Christus erholte sich, zog Kleider an und erschien Maria so in seinem normalen Körper.
Aber da hört die Geschichte auf. Und sie hinterläßt noch ein Rätsel . . .
Wenn Christus nicht am Kreuz starb oder später in seinem Grab, wo und wann starb er dann?
Und wenn er in einer irdischen, physischen Gestalt war, wie konnte er dann „zum Himmel aufsteigen?"
Es ist ein Rätsel, das uns noch beschäftigt.

THE SECRET OF THE SHROUD

Locked away in an Italian cathedral is a piece of linen — almost certainly the actual shroud in which Christ was wrapped after the Crucifixion. The imprints of blood on the fabric, claim a number of scientists, show conclusively that the Saviour did not die on the Cross.

Auszug aus ILLUSTRATED LIFE RHODESIA, Salisbury, Afrika

Rhodesien, 3. Dezember 1970

DAS GEHEIMNIS DES GRABLINNENS

DEUTSCHE ÜBERSETZUNG

In einer italienischen Kathedrale eingeschlossen ist ein Stück Leinentuch, fast sicher das echte Grablinnen in welchem Christus nach der Kreuzigung eingehüllt war. Die Blutabdrücke auf dem Gewebe, so behaupten eine Menge von Wissenschaftlern, zeigen schlüssig, daß der Erretter nicht am Kreuz gestorben ist.

Starb Christus am Kreuz? Nein, sagt die in Zürich ansässige Internationale Stiftung für das Grablinnen Jesu, die zur Zeit darüber in einer heißen Diskussion mit dem Vatikan steht. Jede Seite wirft der anderen Schickanerie und das Fälschen von Beweisen vor, um ihre Standpunkte zu untermauern.

Die Wurzel der Kontroverse ist ein Leinentuch, 4,36 m lang und 1,10 m breit. Im Augenblick ist es in roter Seide eingepackt, in einer silbernen Lade aufgehoben und vor betenden Fingern und auch durch dickes Panzerglas und zwei Eisengitter geschützt.

Es steht über dem Hauptaltar in der Turiner Kathedrale in Italien.

Es scheint kaum Zweifel über die Tatsache zu geben, daß dieses das Linnen ist, in welches Christus eingehüllt wurde, nachdem er vor 2 000 Jahren vom Kreuz genommen wurde. Durchtränkt mit seinem Blut wurde die Reliquie von frühen Christen in Jerusalem aufbewahrt und nach dem Fall des Römischen Reiches nach Byzanz überführt, wo es 700 Jahre lang verehrt wurde. Im Jahre 1204 nahm der französische Kreuzfahrer Otto de la Roche das Grablinnen in Besitz und brachte es nach Frankreich. Er übergab es an den Herzog von Savoyen, der es in Chambéry aufbewahrte. Zweimal wurde es vom Feuer bedroht, 1349 und 1532, aber 1578 wurde es sicher und unbeschadet von dem Haus Savoyen nach

Turin gebracht, als sie ihren Hauptsitz nach Italien verlegten. Das Linnen ist immer noch Eigentum des Hauses Savoyen – offizieller Garant ist heute der Exkönig Umberto.

Mit dem Beginn der gerichtsmedizinischen Wissenschaft und hochentwickelten photographischen Verfahren, begann man das Grablinnen näherer Untersuchungen zu unterziehen.

Im Jahre 1898 erlaubte der Vatikan zum ersten Mal einem Photographen mit Namen Pia, Photos zu machen. Die ganze Länge des Leinenstücks ist stark von Blut- und Schweißflecken gezeichnet, welche in „Negativabbildung" das Gesicht und den Körper des Mannes darstellen, der vor so langer Zeit darin eingehüllt war. Als Pia seinen Film entwickelte, schaute er auf sein eigenes photographisches Negativ und sah (mit großer Bewegung, so wurde berichtet) die Erscheinung von Christus – deutlich sichtbar zum ersten Mal, da dieses das Ergebnis, ein Positiv, aus zwei Negativen war.

Gegensätze über Christis Größe gibt es immer noch – ein Wissenschaftler ist überzeugt davon, daß der Mann über 1,80 m groß, von athletischer Figur war und herrische Statur und Gesichtszüge hatte. Ein anderer Experte des Vatikans, Monsignore Ricci, behauptet, daß Christus 1,62 m groß, kleinerer Statur und hager war.

Das Grablinnen selbst ist aus rauhem Garn, gesponnen mit rauhen Fäden in der traditionellen damaskischen Art. Funde in Pompeji bestätigen den Gebrauch solcher Tuche zur Zeit Christi. Die Blutflecken darauf entsprechen genau den Wunden, die Christus erhielt, so wie sie in der Bibel beschrieben sind; es gibt deutliche Abdrücke von kleinen, tiefen Kopfwunden, offensichtlich beigebracht durch ein gefährliches, stachelbesetztes Kopfband . . . . . so wie die Dornenkrone. Christus war das einzige, bekannte Opfer einer Kreuzigung, welches so etwas auf dem Kopf getragen hat. Der Körper, der in dieses Grablinnen eingehüllt war, war auch von zahlreichen Geißelwunden gezeichnet – man schätzt auf 121 Schläge. Wunden an den Füßen, den Handflächen und an der Seite stimmen überein mit den biblischen Beschreibungen der Nagelungen durch Christis Hände und Füße und dem Lanzenstich in seiner Seite.

Aber hier zeigt sich der Kernpunkt des Streites um das heilige Grablinnen – die Flecken auf diesem Tuch, sagt die Internationale Stiftung für das Grablinnen Jesu, zeigen deutlich, daß Christus nicht am Kreuz gestorben ist . . . . . denn ein Leichnam könnte nicht in diesem Maße geblutet haben, wie es die Blutflecken auf dem Grablinnen anzeigen.

Ärzte und Wissenschaftler haben bestätigt, daß es mindestens sechs

Stunden dauert, bevor sich die Flüssigkeiten in einem Leichnam in Blut und Wasser zersetzen, nachdem das Gerinnen einmal stattgefunden hat. Doch nach der Bibel hat der römische Zenturio nur etwa 30 Minuten nachdem Christis Haupt auf die Brust gesunken war, die Lanze in dessen Seite gestoßen. Das Gerinnen, sagen die Wissenschaftler, hätte nicht in diesem Körperteil zu dieser Zeit geschehen können. Man glaubt, daß das Wasser, das in biblischen Berichten erwähnt wird, eine Feuchtigkeit (Ödem) war, welche sich als Folge der schweren Geißelung Christis in der Lunge gesammelt hatte.

Die Stiftung behauptet, daß die Lanze Christis Herz nicht getroffen hat, so wie bisher immer angenommen wurde. Sie besitzt Bilder von Lanzenspitzen, so wie sie zu dieser Zeit von römischen Soldaten getragen wurden. Es wurden Vergleiche angestellt zwischen der Länge jeder dieser Spitzen und der Tiefe von Christis Wunde, so wie sie von Flecken auf dem Grablinnen gezeigt wird. Diese Maße scheinen die Behauptung zu bestätigen, daß die Lanzenspitze wieder aus dem oberen, linken Körper ausgetreten ist, genau neben dem Herzen.

Die Stiftung besteht außerdem darauf, daß zu diesem Zeitpunkt die Lebensfunktionen Christis so herabgesetzt waren, daß er kaum noch atmete. Fälle wie dieser wurden bei der allgemeinen Narkose beobachtet, wo, während es genug Atmung zur Lebenserhaltung gibt, die Brust und das Zwerchfell so gut wie in Ruhe sind und die Atmung unmerklich ist.

Verbunden mit Christis schwacher Atmung, so sagt der schottische Arzt Dr. W. B. Primrose (der intensive, medizinische Forschung auf diesem Gebiet betrieben hat), war die Verdickung des zirkulierenden Blutes als Folge von Flüssigkeitsverlust in die untere Bauchhöhle. Es gab keine schwere Blutung, die Fähigkeit des Blutes Sauerstoff zu transportieren blieb gut und da so wenig Sauerstoff verbraucht wurde, um den sehr niederen Stoffwechsel zu erhalten, war normale Atmung physiologisch nicht notwendig. Deshalb sahen die Wächter auf Golgatha kein Lebenszeichen.

Der Eindruck der Leblosigkeit wurde dadurch verstärkt, daß die Kreuzigung Christus lähmte, da seine Muskeln bis zum Zerreißen gespannt waren. Eine so starke Steifheit setzte ein, daß sie als Leichenstarre mißverstanden werden konnte.

Nachdem man den Körper vom Kreuz genommen, die Unterarme von dem Querbalken des Kreuzes befreit, die Nägel durch die Füße entfernt und die Dornenkrone abgenommen hatte, wurde Christus in ein Grablinnen gehüllt, welches mit seinem Blut so durchtränkt wurde, daß die Abdrücke fast 2 000 Jahre überdauert haben. Die Geißelwunden am rechten und linken Unterarm, welche einen Schorf gebildet hatten, begannen zu bluten, nachdem die Unterarme befreit worden waren und an Christis Seite herunterhängen konnten. Die kleinen, tiefen Wunden auf seinem Kopf öffneten sich auch wieder, nachdem die Dornenkrone entfernt war, und auch sie hinterließen ihre Spuren auf dem Grablinnen.

Jedoch, ein Leichnam blutet nicht, denn er hat keine Zirkulation und keinen Blutdruck mehr.

John Reban, Autor des kontroversen Buches ‚Inquest on Jesus Christ', ist fest davon überzeugt, daß Christis Herz immer noch schlug, nachdem er vom Kreuz genommen war. Rebans Theorie: Jesus erlangte sein Bewußtsein wieder in der kalten Dunkelheit der Grabhöhle, danach verließ er sie, zog sich Kleider an und erschien so Maria in seinem normalen Zustand.

Diese Ideen zweifeln eines der Fundamente des christlichen Glaubens an, und es ist kaum überraschend, daß der Vatikan ‚sehr unnachgiebig reagiert hat'.

Kurt Berna sagt, daß die Kirche tatsächlich das Grablinnen wissenschaftlichen Untersuchungen unterzogen hat. Im Jahre 1968, laut Berna, ordnete Papst Paul eine geheimgehaltene Untersuchung an, aber die Ergebnisse wurden der Öffentlichkeit nicht zugänglich gemacht.

Interessante Aspekte

Aus einem Artikel der Londoner „Times" vom 19. Mai 1970, der noch im gleichen Monat von der „New York Times" nachgedruckt wurde und zusätzlich in das „New York Times – News Service" übernommen und in vielen USA-Zeitungen nachgedruckt wurde. Verfasser: Peter Nicols, Rom. (Journalist)

Teilweiser Auszug, deutsche Übersetzung:

Das Grablinnen wird von denen, die an seine Echtheit glauben, als die wichtigste Reliquie der Leidensgeschichte Jesu betrachtet. Es wird als das Grabtuch verehrt, in das der Leib Christi nach der Kreuzabnahme gehüllt wurde, ehe man ihn ins Grab legte. Es trägt die Abdrücke eines Körpers von der Vorder- und Rückseite, die Spuren der Wunden, die von der Geißelung herrühren (einer Schätzung zufolge etwa 121 Peitschenstriemen) und Spuren der Kreuzigung selbst. Es sollen die Spuren des Blutes und des Schweißes Christis sein .....

Gläubige werden das Turiner Grablinnen so akzeptieren, wie es dargestellt wird: Es kam von Jerusalem nach Konstantinopel, wurde von einem Kreuzritter nach Frankreich gebracht, dem Haus Savoyen übergeben, und im Jahr 1578 brachte es Emmanuel Philibert nach Turin, um es in dem Wiederaufbau-Prozeß seines geschwächten Herzogtums mitzuverwenden, das später die treibende Kraft für die Einigung Italiens wurde. Das Grablinnen ist noch immer Eigentum des Hauses Savoyen; und für die chemischen Untersuchungen im vergangenen Juni benötigte man die Einwilligung Ex-Königs Umberto.

Für die Zyniker war es ein weiterer Schlag, als die Versuche an dem Grablinnen ergaben, daß es etwa dasselbe Alter aufwies wie einige andere Grabtücher aus dem Turiner Museum für Ägyptologie. Keine der Untersuchungen war ausschlaggebend, und bis zu der Untersuchung im letzten Jahr schien es kaum wahrscheinlich, daß neue, authentische, wissenschaftliche Erkenntnisse über das Grablinnen gefunden würden. Der westdeutsche Schriftsteller Kurt Berna, Präsident der Internationalen Stiftung für das Grablinnen Jesu, vertritt die Behauptung, eine Untersuchung des Grablinnens würde beweisen, daß Christus noch gelebt habe, als man ihn vom Kreuz nahm.

Seine Theorie bezweifelt nicht die Echtheit des Grablinnens, aber sie steht in krassem Widerspruch zu der Auffassung des Vatikans über die Blutspuren. Es wurde sogar angedeutet, die römische Kirche habe das Beweismaterial gefälscht.

Mittlerweile besteht die Möglichkeit, daß die vorjährigen wissenschaftlichen Untersuchungen am Grablinnen selbst veröffentlicht werden. Der Papst soll großes Interesse am Grablinnen bekundet haben. In einigen anderen Fällen hat er bereits seine Zustimmung zu wissenschaftlichen Untersuchungen an alten Reliquien gegeben. Man spricht darüber, daß die Untersuchungen die Blutgruppe Christi bestimmten könnten. Andererseits wird behauptet, der Vatikan werde die Untersuchungsergebnisse nie bekanntgeben.

Berna hat Rom nun aufgefordert, die Ergebnisse zu veröffentlichen.

Christus wurde lebendig begraben

... behaupten italienische Experten

Bild

Turin, 7. Januar

Jesus Christus wurde lebendig begraben! Diese Ansicht vertritt die „Internationale Stiftung des Heiligen Leichentuchs." Die Experten begründen ihre Behauptung mit Blutflecken auf dem „Heiligen Leichentuch", das in der Guarini-Kapelle in Turin aufbewahrt wird.

In diesem Tuch soll Jesus nach seiner Kreuzigung auf dem Ölberg beerdigt worden sein.

Wissenschaftler haben das Leichentuch untersucht. Sie waren besonders über seinen guten Zustand erstaunt. Die Blutflecke auf dem Tuch, die beweisen sollen, daß Jesus lebendig vom Kreuz genommen wurde, sind sogar auf Fotos festgehalten worden.

Ein Hamburger Theologe warnte allerdings: Die Erkenntnisse der italienischen Wissenschaftler dürfen nicht kritiklos übernommen werden. Die Existenz des „Heiligen Leichentuchs" läßt sich nämlich nur bis zum Jahr 1354 zurück verfolgen. Vielleicht ist es gar nicht echt.

ORIGINAL-AUSZUG aus Deutschlands Bild-Zeitung vom 7. Januar 1970

(das zugleich veröffentlichte Bild ist weggelassen)

Weil die Bild-Zeitung als größte Zeitung des Kontinents auch die amerikanischen Nachrichtendienste empfängt, konnte sie den oben stehenden Associated Press Bericht am 7. Januar 1970 drucken, praktisch als einzige deutsche Tageszeitung. Die Masse der anderen Zeitungen — leider muß man es schon wieder sagen — die auf die ,,dpa'' angewiesen waren, konnten nichts berichten, weil die deutsche presse agentur (dpa) als einzige Nachrichten-Agentur der westlichen Welt (nicht nur Europas) diese Nachricht total unterdrückt hat. Erst im Sommer 1971, als es über einen Prozess gegen den Autor zu berichten galt, hat ,,dpa'' zum erstenmal aufgemacht. Facts: ca. 95 % der hier berichteten Nachrichten, aller im Buch dokumentierten Nachrichten, hat ,,dpa'' unterdrückt. Das ist eine bewiesene geschichtliche Tatsache.

Der Theologen-Kommentar in dem o. g. Bild-Bericht ist so richtig zweideutig. Natürlich bricht vielen Theologen, besonders den Auferstehungsleugnern, eine Welt zusammen. Die amtliche Kontrolle des Grablinnens Jesu in Turin ist in Europa bis 1354 zurückzuverfolgen. Man kann eine amtliche Kontrolle einer Sache nicht mit der Geschichte dieser Sache gleichsetzen. Jesus Christus wurde nicht in Europa gekreuzigt, sondern im Orient, und das Grablinnen kam erst im 13. Jahrhundert nach Europa, wo es seither sehr genau erfasst wurde.

Es liegen unzählige frühe Berichte über die Existenz von Grabtüchern vor, zum Beispiel aus dem 4. Jahrhundert von Eusebius von Cäsarea. Nach diesem sind die Grabtücher der Beweis (also mußten sie damals vorhanden sein), daß der Körper des Herrn nicht gestohlen wurde, wie die Juden damals und seit fast 2 000 Jahren behaupten. Diese Tücher deuten gleicherweise an, daß der Leib auferstanden war, schreibt Eusebius. (Quelle: Vatikanisches Geheimarchiv, Pietro Savio).

Im gleichen 4. Jahrhundert schreibt der Hl. Efraim in Bezug auf das Grablinnen „kaum war Christus nackt", solches konnte er nur schreiben, weil auf dem Grablinnen die nackte Figur von Christus zu sehen war. Im 5. Jahrhundert schreibt der Hl. Epiphanius, Erzbischof von Konstanza in Bezug auf das Grablinnen: „Josef und Nikodemus gingen zur Stätte Golgatha, wo sie den nackten Leib des Herrn vom Kreuze abnahmen". (Quellen: beides aus dem Vatikanischen Geheimarchiv, Pietro Savio)

Ganz offensichtlich hatte das Grablinnen in den ersten Jahrhunderten die Theologie inspiriert, nämlich daß Jesus nackt am Kreuze hing. Nur unter Hinweis auf das existente Grablinnen, konnte eine solche Aussage kirchlicherseits vertreten werden. Eine Vielzahl anderer Indizien existieren.

Wenn man nur die amtliche Kontrolle einer Sache als Nachweis der Geschichte gelten lassen will, so gibt es für die Theologen und für alle Christen überhaupt keine Bibel, denn die ist nur bis zum 5. Jahrhundert zurück nachzuweisen. Wobei lediglich das Alte Testament jetzt eine Ausnahme macht, weil im Jahre 1947 die Schriftrollen am Toten Meer gefunden wurden, so daß Teile aus dem Alten Testament jetzt weiter zurückreichen.

Übrigens, zitieren wir dazu einmal die Meldung der Katholischen Nachrichten-Agentur (KNA) vom 20. März 1976:

TURIN (KNA). „Das Turiner Grablinnen, in dem der Legende nach der gekreuzigte Christus bei der Bestattung seinen Blut- und Schweißabdruck hinterlassen hat, stammt tatsächlich aus der Zeit Christi und aus Palästina. Es wurde in der Türkei, in Frankreich und Italien ausgestellt. Diesen Nachweis erbrachte der Züricher Naturwissenschaftler, Kriminalist und Mikrospurenforscher Professor Max Frei nach eingehenden Analysen versteinerter Staubteilchen, die er im November 1973 den beiden unteren Ecken des Leichentuchs entnommen hatte. Ich weiß nicht, schreibt Frei in seinem Gutachten, ob in diesem Linnen die Leiche Jesu Christi eingewickelt war und ob es sich um das gleiche Linnen handelt, von dem im Evangelium die Rede ist. Ich kann jedoch mit Sicherheit behaupten, daß dieses Gewebe aus der Zeit Christi stammt und daß es in Palästina, der Türkei, in Frankreich und schließlich in Italien der freien Luft ausgesetzt war."

Sie sehen deutlich, meine Damen und Herren, Theologinnen und Theologen, einen „Zweiten" Jesus hätten Sie mit Sicherheit am Hals, wissenschaftlich untermauert: sollten Sie sagen, das war nicht Jesus, der in diesem Turiner Grablinnen lag, so wäre es offensichtlich damals in Palästina ein „zweiter" Jesus mit genau der gleichen Passion gewesen. Wollen Sie ernsthaft so etwas am Halse haben? Also „be carefull".

MILLIONENSCHAU MIT EINEM LEICHENTUCH

Bericht aus „Süddeutsche Zeitung", vom 23. November 1973

Untertitel: Über das Fernsehen wird zum erstenmal seit 40 Jahren das Turiner Grablinnen der Öffentlichkeit gezeigt.

Von unserem Korrespondenten Albert Wucher

Rom (AP) — Niemand kann zur Stunde auch nur annähernd angeben, wie viele Millionen Fernsehzuschauer in aller Welt die Turiner Schaustellung des angeblichen Leichentuches Jesu Christi am Freitagabend sehen werden. Eine Botschaft des Papstes ist angekündigt. Sollte der Moment gekommen sein, etwas Definitives über das Turiner Grablinnen auszusagen? „Noch immer dauert die Kontroverse an, wenn auch gedämpfter, so als warteten beide Lager auf etwas, von dem sie wissen, daß es unvermeidlich ist." Mit diesen Worten schloß der Amerikaner John Walsh seinen Bericht über „Das Linnen" (auf deutsch 1963 in Frankfurt erschienen), überzeugt davon, daß sich alsbald wissenschaftliche Techniken finden lassen werden, die unter den langen Echtheitsstreit einen Schlußstrich ziehen könnten.

Seit 40 Jahren ist das Turiner Grabtuch nicht mehr öffentlich vorgeführt worden. Im Krieg war es in einer Abtei versteckt, deren Mönche es 1946 kurz gezeigt bekamen. Seit 1969 ist auf Initiative des Turiner Erzbischofs, Kardinal Pellegrino, eine wissenschaftliche Kommission am Werk, die nicht nur den Zustand der Reliquie studiert, sondern auch auf Mittel sinnt, wie man das Alter des Tuches exakt bestimmen und genaue Aufschlüsse über die Herkunft der merkwürdigen Verfärbungen erhalten könnte, die ein schwaches Menschenporträt erkennen lassen.

Die Entschlüsselung und Deutung des Geheimnisses hat ungezählte Wissenschaftler — Theologen, Historiker, Physiker, Chemiker — beschäftigt; ganze Bibliotheken ließen sich mit Literatur über die sogenannte „Herrenreliquie" füllen. Eine regelrechte wissenschaftliche Sonderdisziplin hat sich entwickelt: die „Sindonologie" (von „Sindone", was auf italenisch Grabtuch heißt). Sie stützt sich im wesentlichen auf die photographischen Aufnahmen, die 1898 der Amateur Secondo Pia und 1931 der Experte Giuseppe Enrie unter strengster Aufsicht anfertigen durften. Denn erst die photographische Technik, genauer gesagt: die Negativplatte, brachte das Rätsel oder Wunder vollends zum Vorschein. Auf dem Negativ konnte man ohne Schwierigkeiten ein getreues Abbild des Schmerzensmannes erkennen, wie man ihn sich nach dem Bericht der Evangelien vorzustellen hat.

Ein auf mittelalterliche Quellen des 14. Jahrhunderts sich stützender Zweifel, daß es sich um eine Fälschung, von Malerhand gefertigt, handeln könnte, gilt längst als hinfällig. Genauso sind die Meinungen verstummt, daß sich das alte Gewebe im Lauf der Zeit unter atmosphärischen Einwirkungen (auch infolge von zwei Brandunfällen, bei denen das Tuch beschädigt wurde) so verfärbt haben könnte, daß daraus das merkwürdige, aber eben doch zufällige Negativbild entstand. Auch gewiß nicht leichtgläubige Naturwissenschaftler halten es heute für ziemlich sicher, daß das Tuch einen toten Menschen eingehüllt hat und daß die zur Einbalsamierung benutzten Substanzen zusammen mit den Wundausscheidungen den verblüffenden Abdruck verursacht haben. Textilexperten erscheint es als durchaus denkbar, daß das grob gewebte Linnen das entsprechende Alter besitzt, also aus neutestamentlichen Zeiten stamme. Vor einer chemischen oder physikalischen Nagelprobe ist man jedoch bislang aus begreiflichen Gründen zurückgeschreckt. Ein endgültiger Beweis für die Identität des Turiner „Sindone" mit jenem Grabtuch, das Joseph von Arimathäa den Leichnam Jesu nach der Kreuzabnahme einwickelte, ist ja ohnehin nicht zu erbringen.

Den Gläubigen genügt die Wahrscheinlichkeit — und die ist nach Auffassung der Sindonologen längst erbracht. Einer ihrer geistigen Wortführer, der römische Kurienprälat Giulio Ricci, erklärte als Fazit seiner 20jährigen Studien, lapidar: „Der Mann des Leichentuches ist Jesus"; was sich auf dem Linnen abzeichne, stamme „von einer wirklichen Geißelung, von den Wunden einer Dornenkrone, von einem Lanzenstich, von einer wahren Kreuzigung". Ebenso definitiv klingt der Befund der „Internationalen Stiftung für das Grablinnen Jesu", die in der Schweiz ihren Sitz hat; nach den Erklärungen ihres Präsidenten Kurt Berna sind die Ergebnisse des Indizienbeweises so zwingend, daß sich mit ihrer Hilfe sogar die herkömmliche Bibelexegese anfechten und korrigieren läßt.

Der Mann des Turiner Leichentuches, Jesus Christus also, sei gar nicht tot gewesen, als man ihn vom Kreuz nahm und ins Grab legte, lautet die These; die Blutspuren bewiesen vielmehr, daß er noch lebte, daß folglich der Lanzenstich des römischen Hauptmanns, der dem Gekreuzigten die Seite öffnete, nicht das Herz, sondern die Lunge getroffen habe.

Ein Fund der heiligen Helene

Weniger ergiebig war die „Sindonologie", was die historische Quellenforschung anbelangt. Das Grabtuch tauchte erst um die Mitte des 14. Jahrhunderts in Frankreich auf: die Spuren seiner früheren Existenz verlieren sich immer wieder im geschichtlichen Dunkel. In frühchristlichen Quellen von Sagencharakter wird die Auffindung des Grabtuches derselben heiligen Helena, der Mutter Kaiser Konstantins, zugeschrieben, die auch das Kreuz Christi, die heilige Lanze, den Heiligen Rock und andere biblische Reliquien ausfindig gemacht haben soll. Das war im vierten Jahrhundert. Was danach mit dem Tuch geschah, läßt sich nur unzulänglich rekonstruieren. Angeblich wurde es zunächst in Jerusalem aufbewahrt und später unter unbekannten Umständen nach Konstantinopel überführt. Bei der Eroberung und Plünderung der Stadt durch die Kreuzfahrer (1204) verschwand die Reliquie. Erst 1353 brachte sie der Ritter Gottfried von Charny wieder zum Vorschein. Er schenkte sie der Kirche von Lirey, ohne allerdings zu hinterlassen, woher das Fundstück stammte. Auf nicht restlos geklärten Wegen gelangte das Tuch Mitte des 15. Jahrhunderts in den Besitz der Herzöge von Savoyen, die es zunächst in Chambéry, schließlich von 1578 an in Turin aufbewahren ließen — seit 1694 in der eigens dafür erbauten Grabtuch-Kapelle des Doms.

Die Idee, die Reliquie mit Hilfe des Fernsehens aller Welt vor Augen zu führen, nimmt Kardinal Pellegrino für sich in Anspruch. Der Vatikan, der sich niemals offiziell zu der Echtheit geäußert hat, war ohne Zögern einverstanden. 1933, bei der letzten „Ausstellung", hätten zwar schätzungsweise eine Million Menschen das Turiner Grabtuch sehen können — freilich nur aus zwanzig Meter Entfernung, so daß den meisten Pilgern nur der Eindruck eines „schmutzigen Leintuches" verblieben sei, heißt es in einer Verlautbarung der Erzbischöflichen Kurie. Die direkte Präsentation am Bildschirm solle nun zu einem religiösen Ereignis werden. Daß es sich zugleich um eine Sendung mit Sensationscharakter handelt, die in erster Linie die Neugierde weckt und befriedigt, will man in Turin nicht wahrhaben. Man nährte die Neugierde sogar noch unbewußt durch Informationen über die „Hauptprobe" der Reliquien-Fernsehschau, die am 4. Oktober stattgefunden hat und, so hieß es, über Erwarten erfolgreich verlaufen sei.

20. Eine aufsehenerregende Kontroverse in Großbritaniens führender katholischer Zeitung

Übersetzungen:

Das heilige Grablinnen

Frank O'Hara im „Catholic Herald", London 30. Nov. 1973

Ian Wilsons Nachforschungen in der Geschichte des Grablinnens von Turin (16. Nov.) sind faszinierend, aber ich bezweifle, ob sie uns weiterbringen. Die Geschichte bleibt verschwommen und die wissenschaftliche Seite überwältigend. Ich frage mich, ob Sie als Leser über irgendwelche neuen Werke, die das Grablinnen betreffen, gehört haben. Abgesehen von John Rebans herausforderndem und ziemlich exzentrischen Werk „Inquest on Jesus Christ" (1967) habe ich seit Hynek (1951) und Wünschel (1954) nichts Gewichtiges entdecken können.

Weil es an weiteren wissenschaftlichen Untersuchungen mangelt, bleibt daher nicht viel mehr zu sagen übrig. In diesem Fall könnte die Gefahr bestehen, daß das Interesse an dem Grablinnen wegen fehlender intellektueller Anstöße erlöschen wird.

Ich schreibe in der Überzeugung, daß die bis heute ausgeführten Untersuchungen einen prima wissenschaftlichen Beweis für die Echtheit des Grablinnens darstellen, und daß für den Theologen uns das Grablinnen interessante Dinge über die Auferstehung Christi und das Geschick des Menschengeschlechts berichten kann. Frank O'Hara

In Widersprüche eingehüllt.

Vera Barclay im „Catholic Herald", London 7. Dez. 1973

Dieses ist die Antwort auf den erstaunlich irreführenden Brief (30. Nov.), der besagt, es habe keine „bedeutenden Werke über das Grablinnen seit 1954" gegeben ausgenommen das Buch von John Reban (alias Kurt Berna), welches hier als „exzentrisch" bezeichnet wird, das aber in Wirklichkeit äußerst ketzerisch ist in Bezug auf den christlichen Glauben und das Grablinnen.

Hierauf wurde bereits geantwortet in einem langen und ausführlichen

Artikel im „Ampleforth Journal" (Herbst 1969) von Fr. Maurus Green, O.S.B. und im „The Tablet", von Dr. David Willis, Direktor der (von Turin gebilligten) Gesellschaft für die Verbreitung der offiziellen Fotografien des Grablinnens, von Broschüren, Abdrucken, etc. Dies wird jetzt vorgenommen durch das Büro der Mission für die Unterstützung Notleidender, 7, Market Mews, London W. 1. Die Preisliste ist erhältlich bei Zusendung eines adressierten, frankierten Umschlags.

In Bezug auf Bücher gibt es viele nützliche Werke, allgemeiner und wissenschaftlicher Art, die in dem besagten Zeitabschnitt veröffentlicht wurden. Die meisten sind in italienisch, einige in französisch, ein sehr maßgebendes in deutsch, zwei in englisch (U.S.A.); eines davon wurde in London von W.H. Allan herausgegeben — unter dem Titel „Das Grablinnen", von John Walsh (1963) — mit reichhaltigem Dokumentationsmaterial und Illustrationen.

Das andere, von Fr. P. Rinaldi, S.D.B., „Es ist der Herr" soll in England unter dem Titel „Das heilige Grablinnen" herausgegeben werden. Das neueste französiche Buch ist „Das Antlitz Jesu Christi und sein Grablinnen" von Fr. Paul de Gail, S.J. (1971)

Es existiert auch eine sehr aufschlußreiche französische Studie von André Perret, Archivar, sie ist aber nur für diejenigen von Belang, die sich für zeitgenössische Aufzeichnungen und Dokumentation der rätselhaftesten Periode des Grablinnens (14. und 15. Jahrhundert) interessieren. Sie wurde 1960 von der Academie des Science, Belles Lettres et Art de Savoie veröffentlicht. Sie beleuchtet einen Aspekt der Geschichte des Grablinnens, der, wäre er besser verstanden worden, im Jahre 1898 und der folgenden Dekade die bedauerlichen und schädlichen Kontroversen verhindert hätte, die von Cacon Ulysses Chevalier entfacht (1931 von Fr. Herbert Thurston weitergeführt) und von den offiziellen Echtheitsverteidigern des Grablinnens eine Antwort erhielt.

Ich hoffe meine Übersetzungen von Auszügen des Savoie-Artikels in absehbarer Zeit veröffentlichen zu können.

Ich erwähne diese Kontroverse, weil sie wahrscheinlich der Grund dafür ist, daß führende englische Historiker und Wissenschaftler das Studium des Grablinnens so widerwillig aufgreifen, anstatt uns ein kompetentes Werk zu liefern, das wir so dringend benötigen.

Noch etwas, das mir wichtiger als der Mangel an Büchern erscheint, ist die Tatsache, daß Papst Paul (wie im Bericht vom 30. Nov. des Fernsehprogramms erwähnt wird) in seinem 8-Minuten-Gespräch das Heilige Antlitz als „so wahr, so unergründlich, so menschlich, so göttlich" bezeichnete und sich dabei nicht auf „den Abdruck auf dem Grablinnen" bezog (wie es in dem Bericht zu lesen ist) sondern auf das Antlitz, wie es von der Kamera als umgekehrter Negativabdruck des Grablinnens wiedergegeben wurde.

Vera Barclay

(Korrespondierendes Mitglied der Internationalen Zentrale für das Studium des heiligen Grablinnens)

Zersprungene Töpfe und das heilige Grablinnen

Frank O'Hara im „Catholic Herald", London 14. Dez. 1973

Ich bin Vera Barclay sehr dankbar (7. Dez.) für die Aufzählung einiger neuerer Werke über das Turiner Grablinnen. Leider trägt das nicht dazu bei, daß diese gelegentliche Propaganda die Sindonologie (das wissenschaftliche Studium des Grablinnens) in der englisch-sprechenden Welt aufwertet.

Was ich in meinem Brief zum Ausdruck bringen wollte, ist die Tatsache, daß ich noch keine Bibliographie von Werken über das Grablinnen gesehen habe seit Edward Wünschels Aufzählung von 290 Werken, die sich dafür und dagegen aussprechen, in „Selbstporträt Christi", das 1954 veröffentlicht wurde.

Vielleicht könnten Frl. Barclay und ihre Kollegen eine aktuelle Bibliographie herausgeben. Es wäre auch zu hoffen, daß das „maßgebende" deutsche Werk ins Englische übersetzt würde. Es gibt eine Menge aufzuholen und zwar nicht nur wegen der dürftigen sondern auch wegen der schlechten Publicity, sowohl übertrieben pietistisch als auch revolutionär.

Vielleicht darf ich noch ein Wort über John Reban oder Kurt Berna erwähnen. Seine These und die Kritik von Dr. Willis würden durch größere Ausarbeitung profitieren, glaube ich, sowohl in medizinischer als auch in theologischer Hinsicht.

In der Zwischenzeit würde ich es nicht als zweckdienlich betrachten, solch eine These als „ketzerisch" abzutun, die ja nicht den Glauben umstoßen sondern ihn verteidigen will.

Meiner Meinung nach ist das Grablinnen eine Herausforderung an die verrückten Theorien einiger moderner Schriftgelehrter über die Auferstehung. Erst kürzlich konnte uns Uri Geller daran erinnern, daß

unsere bequemen Hypothesen und Deutungen der Wirklichkeit nicht so fundiert sind wie wir glauben.
Frank O'Hara

Reban über das heilige Grablinnen

John Reban im „Catholic Herald", London 1. Februar 1974

Am 30. November 1973 schrieb Frank O'Hara, der mir persönlich nicht bekannt ist, in Ihrer Zeitung über das „Gewicht" meines Buches „Inquest on Jesus Christ" (Frewin, 1967). Am 7. Dezember antwortete ein Fräulein Vera Barclay im „Catholic Herald", mein Buch sei „äußerst ketzerisch in Hinblick auf den christlichen Glauben und das Grablinnen". Am 14. Dezember antwortete Frank O'Hara nochmals und widersprach Fräulein Barclay.

Ich bin ein nicht heretischer deutscher Katholik, und ich habe diese Briefe erst im Januar 1974 gelesen. Zuvor hatte ich nie von Fräulein Barclay gehört, aber nachdem ich feststellte, daß sie sich selbst als ein „korrespondierendes Mitglied der internationalen Zentrale für das hl. Grablinnen (Turin)" bezeichnete, hatte ich sofort begriffen.

Diese Gruppe, der Fräulein Barclay und Dr. David Willis in Englang und eine Anzahl von „Enthusiasten" in Turin angehören, hat längst den Boden wissenschaftlicher Tatsachen verlassen.

In der ganzen Welt bin ich als Forscher bekannt und habe folgendes entdeckt: es lag kein Leichnam im heiligen Grablinnen von Turin, denn ein Leichnam könnte auf diese Art nicht bluten, wie das bei dem Mann im Grablinnen der Fall war, deshalb war er kein Leichnam!

Ich bewies dies ausführlich mit Bildern und wissenschaftlichem Text. Und eine Entdeckung kann nicht „ketzerisch" sein, denn eine Entdekkung ist eine Tatsache. Ist eine Entdeckung richtig, so ist es eine Tatsache und Tatsachen können nicht ketzerisch sein, denn Tatsachen sind keine Glaubensfragen. Nur Dinge die den Glauben betreffen, können ketzerisch sein.

Dies sind alles logische Tatbestände. Aber das internationale Zentrum für das hl. Grablinnen in Turin, ist nach logischen Gesichtspunkten keine „Glaubensangelegenheit", es sind Enthusiasten. Deshalb lacht die wissenschaftliche Welt über das Grablinnen, und in den 26 Jahren meiner Forschungstätigkeit habe ich diese Gelächter oft gehört.

Diese „Enthusiasten", die einer kühlen Beurteilung der Tatsachen am Grablinnen nicht mehr fähig sind, machen das hl. Grablinnen für die gesund empfindende wissenschaftliche Welt zunichte.

Außerdem hat die Katholische Kirche erklärt: „Jeder ist frei, die Echtheit des hl. Grablinnens zu akzeptieren oder abzulehnen . . .", und „das hl. Grablinnen ist kein Gegenstand des Glaubens" (Turiner Kurie im Januar 1970). Folglich kann nichts über die Erforschung des Grablinnens jemals „ketzerisch" sein.

Doch auf Grund meiner Entdeckungen bezeichnete mich Dr. David Willis im TABLET vom 13. Juni 1970 als einen „falschen Propheten". Und Ian Hutcheson, ein englischer Journalist, schrieb: „Reban präsentiert seine Argumente mit der ganzen Geschicklichkeit eines Perry Mason". Perry Mason ist zwar eine frei erfundene Persönlichkeit, die jedoch nie einen Rechtsfall verliert. Auch dies ist eine Art Kritik. John Reban

Angriff auf Forscher am heiligen Grablinnen

Ian Wilson im „Catholic Herald", London 22. Febr. 1974

Als der Autor Ihrer beiden kürzlich veröffentlichten Artikel über das heilige Grablinnen (16. Nov. „Ein Geschenk an unsere Beweisfordernde Zeit" und 7. Dez. „Ich sah das Grablinnen") muß ich gegen den Brief von „John Reban" vom 1. Febr. protestieren. Er war ein geschmackloser und völlig ungerechtfertigter Angrif auf zwei engagierte Wissenschaftler unseres Landes, Dr. David Willis und Fräulein Vera Barclay, die sich dem Studium des Grablinnens widmen.

Dr. Willis und Frl. Barclay sind korrespondierende Mitglieder der Internationalen Zentrale für das Studium des heiligen Grablinnens, Turin. Das bedeutet geduldige und hingebungsvolle Arbeit mit Anfragen und Korrespondenz über das Grablinnen im In- und Ausland, Unterstützung der Forschungsarbeiten, Verbreitung authentischer Fotografien — und dies alles völlig freiwillig und unentgeltlich und mit der vollen Unterstützung der Zentrale in Turin.

Ich möchte betonen, daß Dr. Willis seit 1937 qualifizierter Mediziner ist und aus einer Ärztegeneration stammt, die seit Karl I. ununterbrochen fortbesteht. Es ist völlig absurd, wenn „Reban" behauptet, er habe „den Boden der wissenschaftlichen Tatsachen längst verlassen."

Tatsache ist, daß Reban selbst längst jene Bereiche verlassen hat; trotzdem zieht er ganz unverdient die Aufmerksamkeit der Presse auf sich mit seinen unkontrollierten und sensationellen Behauptungen; und sein Buch über das Grablinnen „Inquest on Jesus Christ" (gerichtliche Untersuchung an Jesus Christus), Leslie Frewin, London, 1967, ist eines der am häufigsten Gelesene in den Regalen unserer öffentlichen Büchereien. Zu wenige kennen seinen Hintergrund.

Der Name ,,John Reban'' ist ein Pseudonym; sein wirklicher Name soll Hans Naber sein, obwohl er auf dem Kontinent meistens als ,,Kurt Berna'' bekannt ist. Wir kennen seinen Hintergrund aus einem Brief, den er 1954 an Papst Pius XII. schrieb, und von dem deutsche Bischöfe und Präsident Truman Kopien erhielten.

,,Reban'' sagte, daß er in seinen Visionen die durch den Lanzenstich verursachte Wunde und die Stelle, wo die Lanze den Körper wieder verließ, gesehen habe, und er behauptet, sie auf dem Grablinnen bestätigt gefunden zu haben. Deshalb, so führt er aus, hat Jesus noch gelebt, als er in die Gruft gelegt wurde, und seine Auferstehung war eine Art Wiedererwachen. Trotzdem bezeichnet sich ,,Reban'' als ein ,,nicht ketzerischer Katholik!''

Der schwerwiegendste Aspekt jedoch ist die Methode, die ,,Reban'' angewandt hat, um anhand des Grablinnens zu beweisen, daß Jesus nicht am Kreuz starb.

In seinem Buch ,,Inquest on Jesus Christ'' verwendet er ein anatomisches Diagramm, anhand dessen er die Stichwunde, die auf dem Grablinnen zu sehen ist, rekonstruiert und so aufzeigt, wie die Lanze das Herz Jesu verfehlt haben muß!

Unglücklicherweise zeigt das Bild, dessen ,,Reban'' sich bedient, den Brustkorb eines Fötus, also eines ungeborenen Babys, mit dem er seine Behauptungen beweisen will. Bei einem Fötus mit unentwickelten Organen ist das Herz tiefer gelagert. Ein auf den Brustkorb eines Erwachsenen projizierter Lanzenstich würde eindeutig erkennen lassen, daß das Herz durchbohrt wurde.

In dem Buch ,,Inquest on Jesus Christ'' bezieht man sich auf eine Gruppe von Experten, deren Namen geheimgehalten werden, da sie leider erfahrungsgemäß durch solche sensationellen und wichtigen Anlässe und durch die Entdeckungen über das Grablinnen bösartigen Angriffen ausgesetzt wären! Aber Herr Reban!!

Es ist sehr bedauerlich, daß ein Gegenstand von solch tiefem Interesse, wie das heilige Grablinnen, das Opfer von Behauptungen werden könnte, die auf die christliche Botschaft der Auferstehung eine so verheerende Wirkung haben.

Es ist umso schlimmer, wenn solche Behauptungen im Namen der Wissenschaft von einem Mann ohne wissenschaftlichen Rang aufgestellt werden. Ich fordere Herrn ,,Reban'' auf, das Gegenteil zu beweisen.

Ian Wilson

Debatte über das heilige Grablinnen geht weiter

Frank O'Hara im „Catholic Herald", London, 1. März 1974

Die Diskussion Ihrer Korrespondenten über das Grablinnen von Turin ist weiterhin hitzig, aber sie wirft auch Licht auf das Ganze.

Ich begrüße Herrn Ian Wilsons Herausforderung an John Reban (22. Feb.), seine Methoden zu erklären und zu verteidigen. Es ist an der Zeit, zu erfahren, was Herr Reban über Dr. Willis' Kritik zu sagen hat.

Aber ich bedaure Herrn Wilsons Feststellung, Reban habe behauptet, die Auferstehung Jesu sei nur ein „Wiedererwachen " gewesen. Mir ist eine derartige Behauptung nicht bekannt, und ich würde es begrüßen, wenn Herr Wilson den Nachweis hierfür erbringt.

Ich stand unter dem Eindruck, Reban argumentiert, daß der Körper, der in dem Grablinnen lag, im technisch-medizinischen Sinn nicht tot war, und daß er einen — allerdings keinesfalls endgültigen — Vorgang aufgedeckt hat, der aufzeigt, daß die Bibel und frühe kirchliche Aufzeichnungen den medizinischen Tod als nötige Voraussetzung für die Auferstehung Jesu nicht verlangen.

Eines der Dokumente, auf das Reban sich bezieht, ist das Nicäer Glaubensbekenntnis, das dogmatischen Rang hat. Die englische Übersetzung des Internationalen Komitees über Englisch in der Liturgie, die in unserer Kirche angewandt wird, lautet:

> „auch um unseretwillen wurde er unter Pontius Pilatus gekreuzigt, erlitt den Tod und wurde begraben. Am dritten Tag erstand er von den Toten, wie die Schrift vorausgesagt hatte." (My italics).

Wie ihre Leser selbst leicht prüfen können, enthält der lateinische (und auch griechische) Urtext keinerlei Hinweis auf den Tod. Ist das nun die Methode, wie sich in der englisch-sprechenden Welt Doktrinen entwickeln?

Frank O'Hara

Perfekte Arbeit bei der Kreuzigung

Luke Connaughton im „Catholic Herald", London, 22. März 1974

Ohne über das heilige Grablinnen debattieren zu wollen, möchte ich zu dem aufgeworfenen weitaus größeren Problem Stellung nehmen. Ich habe den Eindruck, daß Frank O'Hara (1. März) mit Herrn Reban darin übereinstimmt, daß „er einen – allerdings keinesfalls endgültigen – Vorgang aufgedeckt hat, der aufzeigt, daß die Bibel und frühe kirchliche Aufzeichnungen den medizinischen Tod als nötige Voraussetzung für die Auferstehung Jesu nicht verlangen." Beileibe nicht endgültig!

Ich habe noch nie von einem unmedizinischen Tod gehört; vielleicht kann Herr Reban – oder ein Arzt – diesen seltsamen und interessanten Zustand beschreiben? In der Zwischenzeit – obwohl es nicht immer und überall modern ist, die frühe Kirche in dieser Hinsicht beim Wort zu nehmen – genügt es wirklich nicht, zu behaupten, daß sie den „medizinischen Tod als nötige Voraussetzung nicht verlangen". Die Apostel sagten aus, daß Jesus tot war, medizinisch tot, auf ganz normale Weise tot, menschlich tot. Dies kann nachgelesen werden bei Petrus in Kapitel 2: 23–24, bis Kaptel 4 : 2 bis zu den vielen Hinweisen im 1. Kor. Brief, Kap. 15, wo es heißt: „Starb für unsere Sünden", „wenn gepredigt wird, daß Christus von den Toten auferstand .....", etc.

Die Aussagen der Evangelisten, daß er den Geist aufgab, oder den letzten Atemzug tat, bedeuten nichts anderes, als daß sie ihn für physisch tot hielten. Dies wird auch durch den Gnadenstoß zum Ausdruck gebracht, den einer der Centurionen ausführte – und ich würde viel eher deren mitleidlosem Zeugnis über den Tod trauen als Herrn Rebans Fotografie eines Fötus. Und Johannes bekräftigte in seinem Zeugnis, daß „Blut und Wasser" floß (medizinischer Beweis), „damit ihr auch glaubet." Was sollte man sonst, als glauben, daß der Mann am Kreuz wirklich gestorben war?

In Bezug auf Herrn O'Haras Probleme mit dem Glaubensbekenntnis und seine eigenartige Bemerkung über die Entwicklung von Doktrin in der englisch-sprechenden Welt (!): Ja, im Griechischen lesen wir „wurde gekreuzigt, litt unter Pontius Pilatus und wurde begraben. Er erstand am dritten Tag ....." Natürlich, denn dies wurde von und für Menschen geschrieben, die mit Kreuzigungen und der typisch römischen Tüchtigkeit in dieser Beziehung vertraut waren.

Es ist zwecklos, zu glauben, daß es unter den gegebenen Bedingungen einen Ausweg gegeben haben könnte. Es war die Absicht zu töten, langsam, schmerzhaft, bösartig. Dem Kreuz konnte niemand entrinnen. Zum Kreuz verurteilt hieß sterben. Das einzige, von dem man danach auferstehen konnte, war unmißverständlich der Tod.

Nein, der medizinische Tod wurde gefordert. In Bezug auf die Auferstehung d. h. des Wiedererwachens eines Körpers, der gestorben war, wird es mir erlaubt sein, logischerweise die Auffassung zu vertreten, daß a) ich entweder an sie glaube, wie die frühe Kirche an sie geglaubt hat, oder b) nicht daran glaube, und die Kirche hat zwar daran geglaubt, war aber in einem Irrtum befangen. Was ich nicht sagen würde ist dies: die frühe Kirche glaubte nicht daran. Luke Connaughton

Echtheit des heiligen Grablinnens angezweifelt?

John Reban im „Catholic Herald", London, 11. April 1974

Ian Wilson hat sich in Ihrer Ausgabe vom 22. Feb. sehr schnell für die Verteidigung des hl. Grablinnens eingesetzt. Seit mehreren Jahren hat er das Grablinnen in der Turiner Zentrale studiert und ist ein Schüler von Dr. David Willis.

Ian Wilson soll wissen, daß die Erforschung des heiligen Grablinnens ein ungeheuerer Dschungel mit vielen Fallen ist. Und wer ist verantwortlich für diesen Dschungel? Es ist der französische Arzt Dr. Pièrre Barbet.

In seiner Ungeduld, die Spuren eines toten Körpers auf dem Turiner Grablinnen zu finden, belastete er im Jahre 1935 die Turiner Zentrale mit 4 wissenschaftlichen Irrtümern. Ich war seinerzeit 14 Jahre alt und hörte erst 13 Jahre später von dem Grablinnnen. Die Anhänger Barbets — vertreten in der Internationalen Zentrale für das Studium des heiligen Grablinnens in Turin — bauen jetzt auf diesem Irrtum auf.

Sobald die wissenschaftliche Welt in die Turiner Forschung eindringt, wird die Zentrale wie ein Kartenhaus zusammenfallen. Wissenschaftler lachen nur über die Aktivitäten der Zentrale, wie ich bereits in meinem Brief vom 1. Feb. erwähnte.

Ich bin Christ, und es ist für einen Christen nicht leicht, zu „töten". Nur in einem Verteidigungskrieg wäre dies entschuldbar. Aber jetzt, in dem „wissenschaftlichen Krieg über das heilige Grablinnen", befinde ich mich in der Situation, wo ich gezwungen werde, zu „töten", da Ian Wilson mich herausgefordert hat.

Der Schüler ist nicht besser als sein Lehrer. Ian Wilson muß lernen, seine eigenen Beweise zu finden und nicht Lehrer der Turiner Zentrale kopieren, weil er sich in einem ungeheueren Dschungel befindet.

Genau wie Dr. David Willis im Jahr 1969, schreibt Herr Wilson (27. Feb.) über meine Arbeit: „Unglücklicherweise hat er ein ‚Bild eines Fötus' verwendet, also eines ungeborenen Babys, um seine Behauptungen zu beweisen.

Bei einem Fötus mit unentwickelten Organen ist das Herz tiefer gelagert,

Ein auf den Brustkorb eines Erwachsenen projizierter Lanzenstich würde eindeutig erkennen lassen, daß Sein Herz durchbohrt worden wäre!"

In Wirklichkeit sind die Röntgenaufnahmen in meinem Buch „Inquest on Jesus Christ" (Jesus in der gerichtlichen Untersuchung), die aufzeigen sollen, daß es keine Herzverletzung durch die Lanze gegeben hat, nicht die eines ungeborenen Kindes. Sie zeigen den Brustkorb von John Reban (mir selbst) und wurden in einem Spezial-Röntgeninstitut in Deutschland aufgenommen. Die Brust, die auf den Bildern wiedergegeben wird, ist meine eigene!

Auf der 1. Aufnahme war ich 28, auf dem 2. Bild 33 Jahre alt. Zu dem Zeitpunkt war ich etwa 1,80 m groß und wog etwa 152 Pfund ein Gewicht, das ungefähr dem des Mannes entsprach, den man vor fast 2 000 Jahren in das heilige Grablinnen gelegt hatte.

Ich dürfte wohl etwas zu groß sein für den „Fötus", von dem Dr. David Willis 1969 zuerst sprach. Um mich abzuwerten und mir den „falschen Propheten" anzuhängen, hat Dr. Willis, so befürchte ich, den Boden der Tatsachen verlassen.

Was den restlichen Teil der Herausforderung von Ian Wilson anlangt, bin ich gern bereit, die Originalfotografien des Grablinnens mit den 28 Blutspuren der offenen Wunden herauszugeben, falls Herr Wilson eine Möglichkeit sieht, diese zu veröffentlichen.

Sie sind unwiderlegbare Beweise der Herztätigkeit nach dem Lanzenstich und der Kreuzabnahme. Jawohl, Herr Wilson, es gibt viele Mittel, „das Gegenteil zu beweisen."

Ich darf hier wiederholen, daß eine wissenschaftliche Entdeckung nicht ketzerisch sein kann, da eine Entdeckung eine Tatsache ist. Deshalb kann ich mich auch als „nicht ketzerisch" betrachten. Die Kirche und der Vatikan wissen dies. Aber die können logisch denken!

John Reban (Kurt Berna)

Echtheit des hl. Grablinnens wird angefochten

Ian Wilson im „Catholic Herald", London 19. April 1974

In seinem Brief vom 11. April beantwortet Herr Kurt Berna meine Kritik seiner Behauptungen, das hl. Grablinnen würde „beweisen", daß Christus nicht am Kreuze starb.

Aber wiederum bedient er sich des Mittels der Täuschung. Er weiß genau, daß ich mich nicht auf das Röntgenbild bezog, sondern auf die Abbildung 27 in seinem Buch, von der eine Kopie meinem Brief vom 22. Feb. beigefügt war, die aber wegen Platzmangel vom Redakteur nicht abgedruckt wurde. Sie wird jetzt wiedergegeben (Abbildung 1)

(wenn der Leser dieses Buches sich dem Bild Nr. 27 im „Zweiten Fact Buch", Seite 140, zuwendet, so findet er diese „Platte 27", die Ian Wilson erwähnt.)

Ich bin kein Mediziner, aber die Proportionen des Halses und des Brustkorbs zeigen jedem deutlich, daß das Diagramm keinen entwickelten menschlichen Körper darstellt. Und gerade darauf stützt sich die These, die Lanze habe das Herz „verfehlt".

Die Redaktion könnte durch die Konsultation eines qualifizierten Arztes bestätigen, daß die Abbildung tatsächlich einen Fötus darstellt. Wenn die gleiche Aufnahme an einem Erwachsenen Brustkorb vorgenommen worden wäre, wie in Grays Anatomie abgebildet (Bild 2), wäre das Herz zweifellos durchstoßen worden.

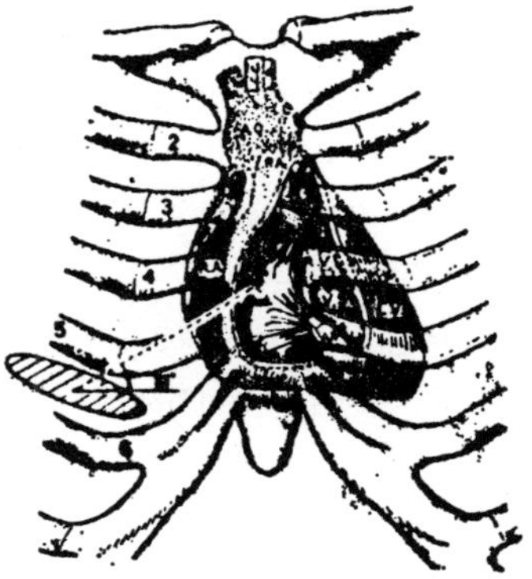

Bedauerlicherweise besteht Herrn Bernas Antwort aus weiteren wilden Behauptungen und absurden Erfindungen, um diejenigen anzugreifen, die sich dem ernsthaften Studium des Grablinnens widmen.

Wir haben einander nie kennengelernt, jedoch behauptet er von mir: „Seit mehreren Jahren hat er sich mit dem Studium des Grablinnens in der Turiner Zentrale befaßt, und er ist Schüler von Dr. David Willis."

Wie den Lesern meines Artikels vom 16. Nov. („Ein Geschenk an unsere Beweis-fordernde Zeit?") bekannt ist, betrifft mein Privatstudium die Geschichte des Linnens; und in Geschichte habe ich auch 1963 am Magdalen College in Oxford promoviert.

Dr. Willis ist ein qualifizierter Arzt und hat sich dem Studium des Grablinnens aus dieser Sicht gewidmet. Deshalb kann ich wohl kaum sein „Schüler" sein. Ich war nicht „mehrere Jahre" in der Turiner Zentrale sondern hielt mich dort genau drei Tage lang auf anläßlich der Ausstellung im vergangenen November.

Herr Berna spricht von 28 Blutflecken, die von den offenen Wunden des Mannes im Grablinnen herrühren sollen. Ehe eine genaue wissenschaftliche Analyse gemacht ist, kann überhaupt nicht mit Sicherheit von irgendwelchem Blut auf dem Grablinnen gesprochen werden.

Ohne wissenschaftliche Qualifikation und ohne das Grablinnen selbst geprüft zu haben, behauptet Herr Berna, er habe den „unwiderlegbaren Beweis", daß Christus nicht am Kreuz starb. Sein freimütig eingestandenes Motiv ist es, die Juden von der Verantwortung für den „Mord" an Jesus zu befreien.

Zu wenige sind sich darüber bewußt, daß seine Angriffe nicht der Glaubwürdigkeit des Grablinnens gelten (trotz der irreführenden Überschrift der letzten Woche), sondern unserem Glauben als solchem.

Er gibt vor, ein Christ zu sein, gar ein römischer Katholik. Aber er will uns glauben machen, daß Christus nicht am Kreuz starb, daß die Lanze nicht sein Herz durchbohrte, und daß „blaß und dünn" Unser Herr in der Gruft irgendwie wieder zum Leben erwachte, um die Jünger von seiner Auferstehung zu überzeugen.

Darf ich den Redakteur bitten, einen Arzt zu befragen, und in einer Fußnote zu bestätigen, daß Herrn Bernas Illustration tatsächlich die eines Fötus ist?

Und darf ich Herrn Berna nochmals bitten, uns über seinen persönlichen wissenschaftlichen Hintergrund und seine Ausbildung (unter Angabe der Daten und Universitäten) zu unterrichten, aufgrund derer er die Ergebnisse qualifizierter Ärzte, wie des verstorbenen Dr. Barbet und Dr. David Willis anzweifelt?

Ian Wilson

Das Grablinnen und der Tod Christi

Maurus Green, O.S.B., im „Catholic Herald", London 19. Apr. 1974

Als jemand, der sich seit fast 20 Jahren mit dem Studium des Grablinnens befaßt, betrübt es mich, daß Sie so viele Wochen für Briefe und für die bestehende Möglichkeit opfern, das Grablinnen könne die Theorie unterstützen, Jesus sei nicht am Kreuz gestorben.

Meinetwegen diskutieren Sie über die Echtheit oder über das Grablinnen selbst. Dies ist ein legitimer Studienbereich, zudem ein Bereich, der bereits viele wissenschaftliche Bände füllt; aber das Grablinnen selbst kann niemals von Natur aus irgendein Licht auf die Tatsache des Todes Christi werfen und zwar aus folgendem Grund:

Die Evangelisten, nicht das Grablinnen sind die einzige Quelle des Wissens über den Tod Christi. Darüber hinaus ist es die Tradition der Kirche, welche in die apostolische Verkündigung, in Schriften und Briefen verzeichnet, eingebettet ist.

Entweder glaubt man an die Zuverlässigkeit der Quelle des Neuen Testaments oder nicht. Diese Quelle erhebt absoluten Anspruch im Hinblick auf den Tod Jesu, der von mindestens vier Augenzeugen belegt wurde. Der ursprünglichste Bericht sagt: „Pilatus war überrascht, daß er (Jesus) schon tot war; deshalb schickte er nach dem Centurio und fragte ihn, ob er schon tot sei. Als er den Bericht des Centurios vernahm, erlaubte er Joseph, den Leichnam abzunehmen." (Mk. 15, 44.) Johannes fügte noch eine bedeutungsvolle Einzelheit hinzu; als nämlich die Soldaten den Dieben die Beine gebrochen hatten, um den Tod zu beschleunigen (durch orthostatischen Kollaps) wurden Jesu Beine nicht gebrochen, weil „sie feststellten, daß er schon tot war." Stattdessen gab einer der Soldaten ihm einen Lanzenstich in die Seite.

Wenn das Grablinnen eine Fälschung ist, kann es wirklich nicht den Beweis des Evangeliums angreifen.

Wenn das Grablinnen echt ist, kann es, apriori, nur den Beweis des Evangeliums bestätigen.

Wenn möglicherweise die richtige Leseart des Beweises am Grablinnen bestätigt, daß nur ante-mortum-Blut vorhanden ist, dann müssen wir — da wir aus dem Evangelium mit Sicherheit wissen, daß Jesus tot war, ehe man ihn ins Grablinnen legte — mit der Auslegung dieses Beweises sehr vorsichtig sein. Ehe eine richtige Deutung möglich ist, muß die folgende Frage beantwortet werden: Ist irgendeine Blutspur auf dem Grablinnen? Ehe eine wissenschftliche Untersuchung zugelassen wird, kann diese Frage nicht beantwortet werden. Bis dahin können wir mit Sicherheit nur von Blutflecken reden.

Gemäß den Aussagen medizinisch-legitimierter Experten, unter denen überwiegend Ungläubige zu finden sind, zeigen diese Abdrücke von Blut die klassischen Merkmale von ante- und post-morten-Blut. Folglich führt der gegenwärtige Stand der Dinge uns dahin, zu glauben, daß das Grablinnen einen toten Körper einhüllte, da ein post-morten-Bluten nicht durch einen Lebenden verursacht werden kann.

Abgesehen von diesem Todesbeweis spricht alles über den Mann im Grablinnen für den Tod – die Seitenwunde, die Dornenkrone und die mehrfachen Geißelspuren vorn und hinten am ganzen Körper. Kein vernünftiger Mensch könnte nur einen Augenblick annehmen, daß dieser Mann jemals dem Tod hätte entrinnen können, es sei denn, er habe ein ausdrückliches Interesse an der Theorie, Jesus habe überlebt. Obwohl das Grablinnen, falls es echt ist, niemals die Tatsache des Todes Christi bestätigen könnte, so kann es uns doch eine Menge über die Art seines Todes erzählen. Für viele ist es sowohl „das 5. Evangelium" als auch die Urquelle einer Studie der römischen Art, zu kreuzigen.

Wenigstens der „Herald" sollte beginnen, das Grablinnen ernstzunehmen und seine Leser nicht herabwürdigen, indem er auf der einen Seite seine Echtheit verteidigt und andererseits es als Waffe benützt, um ihren Glauben an die Erlösung zu erschüttern.

Maurus Green, O.S.B.

Zusammenfassung der Kontroverse über das Turiner Grablinnen

Frank O'Hara im „Catholic Herald", London, 26. April 1974

Wohin hat uns also die Debatte über den Tod Jesu und das Grablinnen von Turin bis jetzt gebracht?

1.) Herr Ian Wilson scheint allen klar gemacht zu haben (19. April), daß John Reban einen groben Fehler beging, indem er sich der Zeichnung eines fötalen Herzens bediente (Bild 27 in seinem Buch). Ich bin kein medizinischer Experte, aber ein Physiologe versicherte mir, daß das normale Herz eines Erwachsenen nicht das „Foramen ovale" aufweise, wie es die Abbildung zeigt. Dies sei charakteristisch für Fötusse und „blaue Babies."

Wenn Reban dieser Fehler unterlaufen ist, sollte er ihn eingestehen. Medizinische Textbücher verwenden oft ein fötales Herz für Illustrationen. Der Fehler ist bedauerlich, aber er muß nicht dazu angetan sein, seine Theorie zu zerstören, da die Röntgenaufnahmen ja offenbar die seines eigenen Brustkorbs sind.

Ebenso wenig ist Herrn Wilsons Illustration aus „Grays Anatomie" kaum geeignet, diese Angelegenheit zu klären. Es scheint doch ein beträchtlicher Spielraum vorhanden zu sein, wenn der Einstich der Lanze nicht genau festgelegt ist und die Lage der inneren Organe während der Kreuzigung nicht präzise bekannt sind.

Der Beweis für den Lanzenstich in das Herz Jesu kann weder durch das Grablinnen noch durch die Evangelien endügltig erbracht werden — während natürlich über den Einstich in die Seite kein Zweifel besteht. Ich würde heute vorschlagen, daß wir die Visionen der hl. Margarete Maria Alacoque genau so wenig als Beweis betrachten sollten wie die Vorstellungen Rebans.

2.) Fr. Maurus Green, O.S.B., brachte in seinem langen Brief (auch 19. April) zum Ausdruck, daß Reban ein fundiertes Interesse haben muß, daß Jesus überlebt haben soll; und Herr Wilson hat dieses Interesse als ein Anliegen Rebans bezeichnet, „die Juden von der Verantwortung für den ‚Mord' an Jesus Christus zu befreien." Obwohl ein solches Motiv keine egoistischen Interessen verfolgt, muß es der Sache Rebans bis zu einem gewissen Grad schaden. Aber das ist gegen die Sache selbst kein entscheidendes Argument. Hierbei sollte man nach wichtigeren Gesichtspunkten urteilen.

3.) Der Schwerpunkt liegt wahrscheinlich bei den „28 Blutflecken." Sowohl Herr Fra. Green als auch Herr Wilson heben hervor, daß niemand mit Sicherheit davon sprechen kann, daß sich Blut auf dem Grablinnen befindet, ehe nicht eine wissenschaftliche Untersuchung zugelassen wird. Es hat also den Anschein, daß alle darin übereinstimmen, daß die Authorisierten Stellen solch eine Untersuchung ermöglichen sollten. Das ist vielleicht der einzige unbestrittene Punkt der bis heute andauernden Diskussion.

4.) Eine Anspielung mit theologischem Hintergrund bleibt weiterhin bestehen. Fr. Green hält es für nötig, Ihnen vorzuwerfen, Sie würden das Grablinnen dazu benutzen, den Glauben an die Auferstehung Ihrer Leser zu erschüttern. Damit scheint er also zum Ausdruck zu bringen, daß, falls Jesus nicht medizinisch tot war, wir auch nicht erlöst werden können. Ich würde gern seinen Grund für diese Annahme wissen. Der hl. Thomas von Aquin sagte, daß ein Tropfen des kostbaren Blutes genüge, um die Welt zu erlösen (Hymne Adoro Te). Der hl. Paulus schrieb „Wenn Christus nicht auferstanden ist, verharrt ihr noch in euren Sünden" (1. Kor. Brief 15 : 17)

Ich stelle anheim, daß die Auferstehung Jesu zu ewigem und unzerstörbarem Leben das Herz des christlichen Glaubens ist. In dieser ganzen Diskussion hat niemand aufgezeigt, oder auch nur angedeutet, daß Reban versucht, diesen Glauben umzustoßen.

Frank O'Hara

Eine Botschaft an unsere Zeit

Daniel Allen-Griffiths und (Fr.) John Flanagan im
„Catholic Herald", London, 3. Mai 1974

Es ist erstaunlich, daß Kurt Berna (oder Naber oder Reban) so viel Platz im „Herald" für seine „Fantasien" über das hl. Grablinnen beanspruchen kann, während in den vergangenen 8 Jahren die Anstrengungen unserer voll anerkannten, voll informierten, voll katholischen und voll orthodoxen Organisation übergangen wurden.

Die Verteidigung von Fr. Maurus Green ist mehr eine Last als eine Hilfe. Seine Behauptung, daß die Evangelien (mit den Schriften) die einzige „Quelle der Erkenntnisse über die Auferstehung" sind, ist falsch. Unser Herr hat nie ein Wort geschrieben, und er hat auch nie jemanden beauftragt, dies zu tun. Er hat nie die Fähigkeit zu lesen und zu schreiben vorausgesetzt, um uns erlösen zu können. Er lehrte eine Kirche, weiterzulehren. Er gab ihr Vollmacht und Verheißung, und diese symbolische Körperlichkeit ist das Zeugnis seiner Auferstehung. Die Kirche bestand schon, ehe das Neue Testament vollendet wurde; und dieses wiederum ist nur eine der Grundlagen für die Gemeinschaft der katholischen Kirche. Es gibt keine Original-Evangelien, obgleich ein nicht besonders erleuchteter dominikanischer Gelehrter geschrieben hat, daß er sie zu Rate ziehe.

Paul Vignon, der große Wissenschaftler, war nach einer genauen Prüfung des hl. Grablinnens vor etwa 70 Jahren überzeugt, daß sich trockene Blutklumpen auf der Reliquie befanden, und er hat viele Jahre damit verbracht, herauszufinden, wie sie übertragen werden konnten. Er hat es nie herausgefunden.

Anläßlich der kürzlich stattgefundenen Ausstellung des Grablinnens hat Seine Heiligkeit der Papst seinem Glauben Ausdruck gegeben, daß das Grablinnen echt sei. Für den Betrachter des übernatürlich entstandenen Abdrucks ist der Glaube an die Echtheit des Grablinnens überwältigend und flößt Ehrfurcht ein.

Das Geheimnis der Blutflecken ist Ausgangspunkt der meisten Diskussionen unserer durch Bilder veranschaulichten Gespräche, die in unserer Zentrale und in der ganzen Welt stattfinden. Die sichtbare Hilfe des Glaubens an die Auferstehung unseres Herrn schenkt Trost und Freude in einer solch beschwerlichen Zeit wie der, in der wir leben. Es ist eine sichtbare Hilfe für die Ehrfucht und das Gebet, daß das hl. Grablinnen als eine Botschaft an unsere Zeit verstanden werden möge.

Informationsmaterial, Abdrücke, Fotos, Gespräche und Plaketten gegen Einsendung eines frankierten, adressierten Umschlags an: Holy Shroud Information Centre, 58, Harrow Road, West Bridgford, Nottingham, N.C.2.

Daniel Allen-Griffiths
(Fr.) John Flanagan

Beweise für die Auferstehung

John Reban im „Catholic Herald", London 24. Mai 1974

Eine allgemeine – und vielleicht endgültige – Antwort auf 5 lange Briefe im „Catholic Herald" über mich und meine Entdeckung: daß der Mann, der im Grablinnen lag, Herztätigkeit aufwies, als Antwort auf die Briefe von Luke Connaughton (22. März), Maurus Green OSB, (19. April), Ian Wilson (19. April), Frank O'Hara (26. April) und Daniel Allen-Griffiths (3. Mai).

Die Begriffsbestimmungen des Todes und des medizinischen Todes haben im Laufe der Geschichte Wandlungen erfahren. In der römischen und jüdischen Welt zur Zeit Jesu galt eine Person als tot, wenn die Atmung beendet war. Die wissenschaftlichen Fakten des Blutkreislaufs und der Herztätigkeit waren unbekannt. Wenn bei einer Hinrichtung die Lanze in irgend einen Teil der Lunge eindrang, war das ein Weg, die Atmung zu beenden, was wir heute wissenschaftlich Pneumothorax nennen. Pneumothorax kann die Atmung zum Stillstand bringen.

Die Frage des Pilatus über den Tod Jesu, nachdem er über den frühen Eintritt des Todes überrascht war, war eine Frage über den Tod, wie man ihn zu der Zeit verstand: die Beendigung der Atmung. Der Bericht des Centurios, Johannes und der Apostel war korrekt.

Sie alle sprachen von der Beendigung der Atmung, den „Todesbegriff", wie man ihn zu jener Zeit verstand. Niemand kannte eine andere Definition vom Tod.

Erst viele hundert Jahre später wurde Tod und medizinischer Tod im Hinblick auf die Herztätigkeit bestimmt. Wie heute, in einer Zeit der Herztransplantationen, unterliegt der Begriff „medizinischer Tod" wiederum einer Wandlung: das Gehirn muß tot sein. Die Herztätigkeit ist von nun an kein unbedingtes Kriterium mehr. Das bedeutet, daß ein

Mensch tot sein kann, obwohl sein Herz noch arbeitet. Wir befinden uns in einer Entwicklungsphase des „Todbegriffs."

Die Evangelien wurden im 1. Jahrhundert aufgezeichnet, zu einer Zeit also, als ein Mensch als tot galt, wenn er aufgehört hatte, zu atmen. Aber die Apostel und die frühe Kirche hielten daran fest, daß der Leib Christi im Grabgewölbe unverweslich war. 2000 Jahre später wissen wir, daß ein Körper einen Blutkreislauf haben muß, um unverweslich zu sein. Und genau das ist die wissenschaftliche Tatsache, die das hl. Grablinnen beweist: der Körper war unverweslich in der Gruft – der wissenschaftliche Beweis, in der Tat, für die Auferstehung Jesu Christi in Fleisch und Knochen, wie Jesus in Lukas 24, 39 sagt.

Auferstanden zu ewigem Leben (Himmelfahrt). Ihr Christen, seid vorsichtig mit dem heiligen Grablinnen und seiner echten wissenschaftlichen Bedeutung. Es beweist allen Menschen die erfolgte Auferstehung unseres Herrn Jesus Christus. Vergeßt nicht: Nur 25 % aller heute lebenden Menschen sind Christen, und das Christentum verliert an Wirkungskraft.

Kein Mann der Wissenschaft könnte Ian Wilson (19. April) und Dr. David Willis begreifen. Es ist absolut unwissenschaftlich, ein gezeichnetes, anatomisches Diagramm oder Bild und deren Abweichungen voneinander zu diskutieren. Es gibt in der Welt Tausende verschiedener gemalter und gezeichneter Bilder, und nicht eines davon gleicht in der Darstellung dem anderen in Bezug auf die Lage ausgewachsener menschlicher Organe. Das ist ein sehr altes Problem der Wissenschaft. Was das Diagramm von Ian Wilson (19. April, Bild 2) anlangt, so ist die Position der Seitenwunde zweifellos falsch gezeichnet. Er setzt die Wunde links unterhalb der rechten Brustwarze, aber die vordere Axilarlinie befindet sich 7 1/2 cm weiter rechts. In diesem Fall ist die einzige korrekte wissenschaftliche Methode die, sich der Röntgenbilder zu bedienen; und ich finde es merkwürdig, daß Ian Wilson und Dr. David Willis nicht ein einziges Mal eines der insgesamt 4 Röntgenbilder erwähnten, die im Zusammenhang mit dem Lanzenstich in dem Buch „Inquest on Jesus Christ" (Jesus in der Gerichtsuntersuchung) veröffentlicht sind.

Für die Leser des „Catholic Herald" veröffentliche ich nachfolgend alle 4 Röntgenaufnahmen, einschließlich der Meinung des deutschen Röntgeninstituts.

(Die Leser dieses Buches werden diese vier Röntgenbilder-Beweise als Bilder Nr. 28, 29, 30 und 31, im Zweiten Fact Buch Seiten 141 bis 147 sehen, einschließlich der Expertise des deutschen Röntgen-Institutes.

Ein Nachtrag 1974, der auch im „Catholic Herald" gedruckt wurde, wird am Ende dieses Artikels wiedergegeben.)

Es bedarf eingehender Konzentration, aber es ist einfach, Ian Wilson und Dr. David Willis zu widerlegen. Erstens, wenn das anatomische Diagramm die Brust eines Fötus darstellt, müssen alle anderen 4 Röntgenaufnahmen ebenfalls die eines Fötus' sein, denn alle Bilder sind in jeder Einzelheit identisch. Zweitens, wenn die 4 Röntgenaufnahmen von Erwachsenen sind — und dies ist mit absoluter Sicherheit der Fall, denn zwei dieser Aufnahmen zeigen meinen eigenen Brustkorb — muß das anatomische Diagramm auch das eines Erwachsenen sein, weil alle 4 Röntgenaufnahmen und das anatomische Diagramm im Hinblick auf die Lage der Organe in allen Einzelheiten übereinstimmen. Auf allen Abbildungen sind die Herzgegend und auch die rechte Herzkammer unterhalb der horizontalen Linie zu sehen (0-Grad). Nur wenn jemand diese einfache wissenschaftliche Logik ablehnt, verläßt er den Boden der Tatsachen, um diese eigenartige Kontroverse vom Zaun zu brechen („Reban ist ein falscher Prophet"). Das anatomische Diagramm soll vor Augen halten, was die Röntgenaufnahmen aussagen.

Außerdem ist das Herz eines Babys im Verhältnis zu der winzigen Brust viel größer als das Herz eines Erwachsenen im Verhältnis zu einer Erwachsenenbrust. Das bedeutet, daß das Herz eines Babys in der Brust mehr Platz einnimmt als das eines Erwachsenen. Folglich kann das anatomische Diagramm gar keinen Fötus oder eine Baby-Brust darstellen, da das Herz in normalem Verhältnis zu der Größe der Brust steht, wie sie das Diagramm auch tatsächlich darstellt.

Der Informant von Herrn O'Hara (26. April) hat unrecht. Seit mehr als 300 Jahren ist bekannt, daß „Foramen ovales" auch sehr oft bei Erwachsenen vorkommen! Quelle: Medizinische Entdeckungen: Wer und wann, 1959, von Charles C. Thomas, Verleger, Springfield, Illinois, USA, Seite 177.

Auf dieser Seite ist zu lesen: „Foramen ovales des Herzens; Pièrre Gassendi, französischer Arzt, 1592—1655, bewies die Existenz einer vestigal foramen-ovale bei einem Erwachsenen. Niedergeschrieben im Jahre 1640". Vor mehr als 300 Jahren!

Im übrigen wollte ich nicht zum Ausdruck bringen, daß Ian Wilson mehrere Jahre „in" der Turiner Zentrale war. Das war ein Druckfehler. In meinem Originalbrief hieß es, daß er sich mehrere Jahre dem Studium des Grablinnens gewidmet habe, und daß er „für" die Turiner Zentrale kämpfe. Was das Grablinnen anbelangt, so ist er ein „Schüler" von Dr. David Willis. Am 22. Februar hat er die „Fötus-Geschichte" von Dr. Willis übernommen.

Und nun zu der Frage der 28 Blutungen der offenen Wunden des Körpers nach dem Lanzenstich: ein „unwiderlegbarer Beweis" für die Herztätigkeit im Körper, der im Grablinnen von Turin lag. Ian Wilson schrieb am 19. April: „Ehe nicht eine genaue wissenschaftliche Analyse vorgenommen wird, können wir nicht mit Sicherheit sagen, daß sich tatsächlich Blut auf dem Grablinnen befindet."

In der Zeit vom 16. bis 18. Juni 1969 wurde eine genaue Untersuchung des Grablinnens durchgeführt. Vom Papst selbst angeordnet, und die Kardinal Pellegrino vornehmen ließ. Im Verlaufe dieser Untersuchung, die von 10 Spezialisten ausgeführt wurde, machte man eine „genaue wissenschaftliche Analyse" der Blutflecken. Das Ergebnis: Alle Blutspuren, von denen Fotografien gemacht wurden, stammen von echtem menschlichem Blut. Nachrichten-Agenturen wie AP, UPI und Reuter haben hierüber in aller Welt berichtet.

Es befinden sich keine post-mortem-Blutungen auf dem heiligen Grablinnen (Maurus Green, OSB, hat in der Ausgabe vom 19. April unrecht), denn die Lage der Flecken und die Blutserum-Ränder, die sich um das „als menschlich bestätigte Blut" herum befinden, beweisen ein aktives Bluten als Folge der Herztätigkeit. Serum-Ränder entstehen nur durch die Aktivität von vorhandenem Fibrin im Blutfluß. Post-mortem-Blut enthält dieses aktive Fibrin nicht mehr.

Alle ausschlaggebenden Blutspuren auf dem Grablinnen rühren zweifellos von offenen Wunden her. Es gibt keine wissenschaftliche Grundlage für „trockene Blutklumpen, die wieder flüssig geworden wären", wie Paul Vignon im Jahre 1905 glaubte (Daniel Allen-Griffiths, 3. Mai). Spuren, die von derartigem Blut stammen, weisen keine Serum-Ränder auf, da Fibrin in trockenem Blut nicht mehr enthalten ist; es ist chemisch zersetzt.

Tatsache eins: Keine Serum-Ränder ohne Fibrin. Tatsache zwei: Serum-Ränder um die Blutspuren herum beweisen mit absoluter Sicherheit, daß die Blutspuren von fließendem Blut aus offenen Wunden herrühren. Tatsache drei: Wenn ein Herz stillsteht, bluten offene Wunden nicht so, denn es ist kein Blutdruck vorhanden. Die wissenschaftliche Schlußfolgerung: Das Herz schlug, und das Blut zirkulierte im Körper.

Der altehrwürdige Bericht des Johannes über das „Blut und Wasser" (korrekt übersetzt, „Blut und auch Wasser"), den Luke Connaughton zitiert (22. März), ist kein Beweis für die Beendigung der Herztätigkeit.

Experten wissen seit langem, daß austretendes Blut die Herztätigkeit zum Zeitpunkt des Lanzenstichs beweist.

Ein ausführlicher wissenschaftlicher Bericht über dieses Thema von Dr. Primrose, Glasgow, kann bei der Royal Society of Edinburgh eingesehen werden. Das Wasser ist nicht von wissenschaftlichem Belang, da eine Trennung von Blut und Wasser in einem toten Körper erst 6 Stunden nach Herzstillstand eintritt.

Zum Schluß fragt Ian Wilson noch nach meiner wissenschaftlichen Ausbildung. Ich bin Schriftsteller. Seit wann müssen Schriftsteller Doktoren sein? Seit 26 Jahren widme ich mich allen Ernstes und mit ganzer Hingabe dem Fachstudium der Wissenschaft vom Grablinnen. Seit 1964 bin ich Präsident der Internationalen Stiftung für das heilige Grablinnen, und ich werde unterstützt von Spezialisten, die mich beraten.

Niemand kann die Entdeckung widerlegen, daß es ein Mann mit schlagendem Herzen war, den man in das heilige Grablinnen legte. Die Tatsache, daß man dies „wissenschaftlich nicht widerlegen kann", wird offiziell seit 1959 geltend gemacht. Dieser Anspruch ist vom Vatikan zur Kenntnis genommen worden und wurde von der apostolischen Nuntiatur in Deutschland protokolliert.

Nachtrag 1974!
Wenn jemand so handelt wie Dr. David Willis oder sein Nachschreiber Ian Wilson, indem beide nicht weniger als vier Röntgenbilder-Beweise und eine authentische Expertise ignorieren, obwohl alles schriftlich vor Ihren Augen liegt, so tun sie dies vorsätzlich oder böswillig („Reban ist ein falscher Prophet"). Eines ist auf alle Fälle sicher: beide haben den Boden der Wissenschaft und der Tatsachen dann verlassen! Veröffentlicht von John Reban, Autor (englischer Schriftstellername seit 1948), Deutschland. (Auch das wurde im „Catholic Herald gedruckt)

Ein Brief

Frank O'Hara in einem Brief vom 16. Juni 1974 an John Reban

Sehr geehrter Herr Reban,

ich war sehr interessiert an Ihrem Beitrag im „Catholic Herald", besonders was Ihren Artikel vom 24. Mai betrifft und Ihre Aussage über das „Foramen-ovale". Mein Informant war eindeutig im Unrecht, und ein befreundeter Arzt hat mir bestätigt, daß ein bekannter Fußballspieler ein solches „Foramen-ovale" hat, das sich nicht unbedingt nach der Geburt zurückbildet.

Mit den besten Wünschen Dr. Frank O'Hara

21. *Endgültig: ein echtes Grablinnen! – Presseberichte – Kommentare*

Für Kenner nie im Zweifel gewesen, ist endgültig. Das in Turin aufbewahrte Grablinnen Jesu ist ein echtes Grablinnen. Hierzu die Zitierung von Weltnachrichten, Berichten und Kommentaren:

„TURINER GRABTUCH STAMMT AUS DER ZEIT CHRISTI"
Schweizer Wissenschaftler veröffentlicht Forschungsergebnisse

Meldung der KNA (Katholische Nachrichten Agentur)
vom 22. März 1976, hier zitiert aus
„Deutsche Tagespost", Würzburg, vom 24. März 1976:

Das Turiner Grablinnen, in dem der Legende und gläubiger Verehrung nach der gekreuzigte Christus bei der Bestattung seinen Blut- und Schweißabdruck hinterlassen hat, stammt tatsächlich aus der Zeit Christi und aus Palästina, und es wurde in der Türkei, in Frankreich und Italien ausgestellt. Diesen Nachweis erbrachte der Züricher Naturwissenschaftler, Kriminalist und Mikrospurenforscher Prof. Max Frei nach eingehenden Analysen versteinerter Staubteilchen, die er im November 1973 den beiden unteren Ecken des Leichentuches entnommen hatte.

Unter dem elektronischen Mikroskop und in komplizierten chemischen Analysen erwiesen sich die Staubteilchen als versteinerter Blütenstaub. In seinem abschließenden Untersuchungsbericht vom 8. März, der am Wochenende in Turin bekannt wurde, erklärt Frei seine Methode: „Es kam darauf an, die Pflanzentypen zu isolieren, die es in Westeuropa nicht gibt, festzustellen, wo sie wachsen und wie alt die auf dem Linnen gefundenen Blütenstäubchen sind, sowie deren Charakteristiken mit bereits katalogisiertem Material derselben Gegend und desselben geschichtlichen Zeitraums zu vergleichen."

Frei fand Blütenstaub von sechs Pflanzenarten, die nur in Palästina wachsen, von einer türkischen und acht mediterranen Spezien. Das bestätigt den traditionellen Weg des Linnens, das vom Jahre 438 an in Konstantinopel aufbewahrt worden sein soll und im 14. Jahrhundert in Frankreich und Belgien, im 16. Jahrhundert in Savoyen ausgestellt wurde und schließlich in Turin verblieben ist. „Ich weiß nicht", schreibt Frei in seinem Gutachten, „ob in diesem Linnen die Leiche Jesu Christi eingewickelt war und ob es sich um das gleiche Linnen handelt, von dem im Evangelium die Rede ist. Ich kann jedoch mit Sicherheit behaupten, daß dieses Gewebe aus der Zeit Christi stammt und daß es in Palästina, der Türkei, in Frankreich und schließlich in Italien der freien Luft ausgesetzt war''. Seine komplexen Untersuchungen, bekennt der Schweizer Mikrospurenforscher, seien ,,nicht ohne Emotionen gewesen, auch für mich, der ich kein Katholik bin''.

TURINER GRABTUCH STAMMT AUS DER ZEIT VON CHRISTUS

Meldung der dpa (Deutsche Presse Agentur), Hamburg,
vom 21. März 1976, hier zitiert aus dem
,,Bergsträßer Anzeiger'', Bensheim, vom 24. März 1976:

Rom, dpa — Das in Turin aufbewahrte Grabtuch, mit dem der Leichnam Christi bedeckt worden sein soll, wird auch nach den jüngsten Forschungsergebnissen noch nicht zu einer geheiligten Reliquie erhoben. Das verlautete am Wochenende aus dem Vatikan, nachdem die Turiner Zeitung ,,La Stampa'' am Samstag das Ergebnis mikroskopischer Untersuchungen durch Prof. Max Frei vermutlich mit stillschweigendem Einverständnis der Kirche veröffentlicht hatte.

Frei hat die bereits vor einigen Jahren nach Infrarot-Untersuchungen gestützte Annahme bestätigt, daß das Grabtuch aus der Zeit von Christus stammt. Es entspreche den Leinentüchern, wie sie damals in Palästina gebraucht worden seien.

Giulio Ricci, Mitarbeiter in der vatikanischen Kongregation für die Bischöfe und Fachmann für derartige Untersuchungen, meinte dazu in einer Stellungnahme: ,,Das Forschungsergebnis kann für die Gläubigen eine Bestätigung dafür sein, daß sie das Grabtuch wie eine Reliquie verehren. Für Nichtgläubige ist es eine Aufforderung, ein geschichtliches Zeugnis zu respektieren''. Ob das Tuch, auf dem Blutspuren und der negative Abdruck eines menschlichen Körpers zu erkennen sind, als Reliquie voll anerkannt werden kann, hängt nach Riccis Worten von weiteren Forschungen ab. Die Kirche wolle diesen nicht vorgreifen.

LE CHRIST NE SERAIT PAS MORT SUR LA CROIX
(CHRISTUS NICHT AM KREUZ GESTORBEN)
C'est la conclusion scientifique qu'il faudrait tirer
de l'examen approfondi du suaire venere a Turin
(Das ist die wissenschaftliche Schlußfolgerung, die man aus der gründlichen Untersuchung des in Turin verehrten Grablinnens ziehen muß.)

Nach einer Meldung der AFP (Agence France Presse),
der offiziellen französischen Nachrichtenagentur vom 20. März 1976
hier zitiert aus „DIMANCHE PRESSE", Brüssel vom 21. März 1976
und „SUD OUEST DIMANCHE", Bordeaux, vom 21. März 1976
(aus dem Französischen übersetzt von Eberhard H. Vogel):

Vatikanstadt, 20. 3. 1976 – Nach sieben Jahren gründlicher Untersuchungen hat eine Expertenkommission nichts finden können, was der Meinung widerspräche, daß das Grablinnen von Turin genau dasjenige Grablinnen ist, in welches der Körper Christi nach der Kreuzigung eingehüllt wurde. Das hat am Samstag Monsignore Jose Cottino, der amerikanische Vizepräsident der Kommission, bekanntgemacht. „Wir haben nichts Negatives gefunden", hat der Prälat in einem Interview erklärt.

Er hat hinzugefügt, daß der Schlußbericht der Kommission, die 1969 mit Einwilligung des Heiligen Stuhles gegründet wurde, in der nächsten Woche veröffentlicht wird. Nach Meinung von Monsignore Cottino ist es eine Schlußfolgerung der Kommission, daß das Gewebe „aus dem Lande und der Epoche unseres HERRN kommen kann". „Die Kommission", sagte er, „wird weitere Untersuchungen empfehlen". „Aber", hat der Prälat hinzugefügt, „die Hauptsache ist, daß die genauen photografischen Untersuchungen es nicht erlauben, das Grablinnen als Fälschung abzutun".

UN CADAVRE QUI NE SAIGNE PAS . . . (Ein Leichnam blutet nicht . . .)

Monsignore Cottino hat gleichfalls erklärt, daß die Kommission keine genau bestimmbaren Blutspuren auf dem Linnen gefunden hat. Bestimmte Kritiker hatten festgestellt, daß Christus nicht am Kreuz gestorben ist, daß er blutete, als er ins Grab gelegt wurde. Nun, man weiß, daß ein Leichnam nicht blutet.

Ein Sprecher des Vatikans hat erklärt, daß der Bericht der Kommission noch nicht beim Heiligen Stuhl eingegangen ist. Er sagte, daß er nicht weiß, ob der Heilige Stuhl zu diesem, wie man sagt, 120 Seiten langen

Bericht Stellung zu nehmen habe. Er fügte hinzu, daß die Untersuchungen auf Ersuchen des Erzbischofs von Turin zugelassen worden waren.
Es war Papst Paul VI. selbst, der vor fünf Jahren vorgeschlagen hatte, das Grablinnen von Turin, das von Millionen Gläubigen für echt gehalten wird, für gründliche wissenschaftliche Untersuchungen freizugeben. Es sind jedoch drei Jahre her, daß es im Fernsehen gezeigt wurde, dank einer Sondergenehmigung des Kardinals Michele Pellegrino, des Erzbischofs von Turin.
Übrigens hat Prof. Max Frei, ein Schweizer Experte und Berater der Kommission, in der Zeitung „La Stampa" erklärt, daß er aus der Untersuchung des Grablinnens „endgültig schließen" kann, daß dieses Grablinnen „keine Fälschung ist". Er hat hinzugefügt, daß seiner Überzeugung nach das Grablinnen aus einem Gewebe ist, das zur Zeit Christi in Palästina in Gebrauch war. Indessen scheinen die Schlußfolgerungen der Kommission nicht so bestimmt. Sie läßt Raum für weitere Untersuchungen, obgleich der Standpunkt derjenigen bestritten wird, die meinen, daß es sich um eine Fälschung handelt.

UNE ERREUR DES EVANGELISTES? (Ein Irrtum der Evangelisten?)

Der westdeutsche Schriftsteller Kurt Berna, der in Zürich eine „Stiftung für das Grablinnen Jesu" gegründet hat, um das Grablinnen genau zu studieren, hat bestätigt, daß es Blutspuren auf dem Linnen gibt, was darauf abzielt zu beweisen, daß Christus lebend vom Kreuz genommen wurde. Nach der Meinung von Herrn Berna seien die zeitgenössischen Juden von einer Anklage Christus am Kreuz getötet zu haben freizusprechen, „da die Hinrichtung Jesu niemals vollständig durchgeführt wurde". Doch widerspricht diese These des Herrn Berna dem Leidensbericht der Evangelien, denen zufolge Christus am Kreuze starb, bevor er ins Grab gelegt wurde. – Ende

EINE WOCHE SPÄTER:

Nach Veröffentlichung des amtlichen Untersuchungsberichtes erklärte der Vizepräsident der Kommission Monsignore Jose Cottino am 27. 3. 1976 zusammenfassend wörtlich: „Die Leinwand, in die der Körper von Christus nach der Abnahme vom Kreuz eingehüllt wurde, bleibt weiterhin eine äußerst interessante, aber geheimnisvolle Sache und Reliquie, die noch sehr weitgehende Untersuchungen, auch mit vollkommeneren Mitteln und mit Methoden, die uns der technische Fortschritt noch bringen muß, erfordert."
„Für den Augenblick – fuhr Monsignore Cottino fort – wurde durch

die neuesten von den Fachleuten vorgenommenen Untersuchungen nichts bestätigt und nichts geleugnet; das ganze Mysterium und alle Rätsel um eines der wichtigsten Dokumente der Christenheit bleiben bestehen." (Zitiert aus „Il Giornale Nuovo", Mailand vom 28. März 1976. Die Zeitung fährt an gleicher Stelle fort:)

Von Monsignore Cottino wurden zusammen mit dem Vorsitzenden der Sonderkommission, Monsignore Caramello, die in Buchform zusammengefaßten Ergebnisse der Untersuchungen vorgelegt. Namen von internationalem Ruf erscheinen unter den Mitgliedern der Kommission: Prof. Cesare Codegone, Leiter des Instituts für technische Physik am Polytechnikum Turin; Prof. Silvio Curto, Vorsteher der ägyptischen Sammlungen in Turin; Prof. Giorgio Frache, Leiter des Gerichtsmedizinischen Instituts an der Universität Modena und Prof. Max Frei, Leiter der technischen Abteilung der Kriminalpolizei in Zürich.

„Nichts bestätigt und nichts geleugnet" (Cottino), damit ist amtlich bestätigt, daß es selbst einer siebenjährigen Untersuchung durch eine vom Vatikan und der Kurie von Turin eingesetzten Kommission nicht gelungen ist, die Entdeckung zu widerlegen: daß Jesus Christus, gemäß dem in Turin befindlichen Grablinnen Jesu, nicht am Kreuz gestorben ist und mit schlagendem Herzen in das Grablinnen gelegt wurde!

Der Autor erinnert in diesem Zusammenhang an den im Jahre 1959 in einer Petition an Papst Johannes XXIII. erhobenen öffentlichen Anspruch des damaligen Deutschland Konvents für das Linnen: daß diese Entdeckungen über Jesus Christus, in Bezug auf sein Grablinnen, als wissenschaftlich unwiderlegbar zu gelten haben! (Siehe „Zweites Fact Buch" Seiten 257–264)

EXPERTS SUGGEST FURTHER TESTS FOR SHROUD OF TURIN

(Experten schlagen weitere Untersuchungen des Grablinnens von Turin vor)

Nach einer Weltmeldung der AP (Associated Press), amerikanischer Nachrichten Agentur vom 20. 3. 1976, hier zitiert aus der CHICAGO SUN-TIMES vom 21. 3. 1976:

Vatican City (AP) – Eine gründliche siebenjährige Untersuchung des Grablinnens von Turin zeigt, daß es nicht als eine gefälschte Reliquie abgetan werden kann. Das sagte am Samstag ein Leiter der Untersuchungskommission. Aber er sagte, daß die Experten weitere Untersuchungen des Grablinnens empfehlen, das traditionsgemäß für genau das Grablinnen gehalten wird, in welches der Körper Christi nach der Kreuzigung eingehüllt wurde.

„Wir haben nichts Negatives finden können, was dieser Überzeugung widerspricht", erklärte Monsignore Jose Cottino, der Vizepräsident der Expertenkommission, in einem Telefon-Interview von der Stadt Turin aus, wo die 4,36 meter auf 1,10 meter große Reliquie in einer silbernen Lade aufbewahrt wird, Das Grablinnen trägt ein abgedrucktes Gesicht und die Gestalt eines Körpers, die Abdrücke werden für diejenigen Christis gehalten.

Während der Untersuchungsbericht nicht endgültig sein will, so will er zumindestens leugnen, daß die Tradition des Grablinnens als eine Sage abgetan werden kann. Monsignore Cottino, gebürtig aus New Bedfort, Mass., sagte, daß die Experten aus dem Linnen schließen, daß es „aus dem Land und der Zeit unseres HERRN gekommen sein kann". Er sagte, die Hauptsache in den Befunden der Kommission ist, daß die umfassenden photografischen und andere Untersuchungen fehlschlugen die Echtheit zu widerlegen. Monsignore Cottino sagte, die Kommission fand keine genau bestimmbaren Blutspuren auf dem Linnen. Einige Grablinnen-Forscher haben gesagt, daß die möglichen Blutflecken an ihm zeigen könnten, daß Christus nicht am Kreuz gestorben ist.

DIE KARMINROTEN BLUTFLECKEN IM GRABLINNEN JESU IN TURIN

In Anbetracht des Alters (Herausbrechen von Blutfarbstoff) und der Behandlungen des Linnens im Laufe der Jahrhunderte, wie das zweimalige Kochen in Öl (mögliches Herauswaschen des Blutfarbstoffes), sind mit Sicherheit ausreichend viele Spuren im Grablinnen zu finden. Schon bei einer einzigen winzigen Probe, von mehreren tausend möglichen, hat „die Untersuchung der ultra-mikroskopischen Struktur bestätigt, daß es sich bei den Beobachtungen im Lichtmikroskop teilweise um amorphes Material, teilweise um Sporen und bakterielle Körper und teilweise um rundliche Körper, wahrscheinlich organischer Art, handelt. Die Möglichkeit, daß es sich bei diesen Bildungen um rote Blutkörperchen handelt, ist nicht mit Sicherheit auszuschließen". — So die Professoren Alberto Zina und Guido Filogamo von der Universität Turin (beide Mitglieder der Kommission), gemäß „Corriere del Giorno", Mailand, vom 28. März 1976 —. Im Klartext bedeuten diese amtlichen Feststellungen: Die wissenschaftliche Möglichkeit, daß Jesus Christus gemäß seinem eigenen Grablinnen nicht am Kreuz gestorben ist, „ist nicht mit Sicherheit auszuschließen"!

Mindestens 28 Blutflecken sind am Grablinnen, kleine, mittlere und sehr große. Außer den darüber existierenden Photografien (die Blutflecken bleiben sowohl im Positiv als im Negativ gleich im Aussehen, während alle anderen Abdrücke und Verfärbungen das Aussehen im Positiv und Negativ verändern), gibt es Augenzeugen. Die so harmlos klingende Feststellung des Vizepräsidenten der Kommission, Monsignore Jose Cottino, „die Kommission hat keine genau bestimmbaren Blutspuren gefunden", bedeutet im Klartext nämlich nichts anderes als den Zusammenbruch der uralten Ausrede, es könnte „post mortem" Blut am Grablinnen sein, also Leichenblut.

Abgesehen davon, daß Leichenblut keine Serumhöfe mehr erzeugt, weil das Fibrin im Leichenblut nicht mehr aktiv ist, und abgesehen davon, daß die Art des Hineinfließens des Blutes in das Grablinnen ohne Herztätigkeit technisch und wissenschaftlich unmöglich war, wie an anderen Stellen ausführlich gezeigt ist, sagt dieser Satz des Vizepräsidenten in Wirklichkeit: Die Kommission hat Leichenblut gesucht und keines gefunden!

Das andere Blut ist da, das braucht man nicht zu suchen, es ist auf allen Bildern sichtbar und es gibt einen ganz unverdächtigen Augenzeugen dafür: den verstorbenen Vizepräsidenten des Zentrums für das Grablinnen Jesu in Turin, den französischen Chirurgen Dr. Pierre Barbet, der im Jahre 1933 das sonst nicht zugängliche Grablinnen in Turin bei Tageslicht betrachten konnte. Zitieren wir direkt aus seinem Buch „Die Passion Jesu Christi" (1953, Badenia Verlag, Karlsruhe), Seite 65 ff:

„Man begreift jetzt, was ich (schreibt Barbet) nach der Aussetzung von 1933 (als das Grablinnen öffentlich gezeigt wurde) in meinem Buche ‚Die fünf Wunden' geschrieben habe. Ich wußte schon aus dem Studium der Blutspuren, daß wirkliches Blut diese Bilder von Blutgerinseln gebildet hatte. Ich hatte sie wiedererkannt, wie man auf einer Photografie das Gesicht eines Familienangehörigen wiedererkennt. Ich war von der falschen Überzeugung befangen, daß diese Spuren dieselbe Farbe wie das Übrige hätten (gemeint sind die bräunlichen Umrisse der gesamten Gestalt am Grablinnen), und ich hatte bei elektrischer Beleuchtung tatsächlich auch nur einfarbige Abbildungen auf dem Grabtuch wahrgenommen. Und plötzlich, bei hellem Tageslicht, sah ich ihre karminrötliche Farbe, die sich meiner bereits gewonnenen Überzeugung wie ein Schlußstein ins Gewölbe einfügte. Ich hatte also . . . das Recht zu schreiben: ‚Der Chirurg erkannte: was diese Leinwand getränkt hatte, war Blut, das Blut Christi."

IN BRIEF, NEW TESTS DATE SHROUD
(In Kürze, Neue Untersuchungen datieren das Grablinnen)

Meldung des „Catholic Herald", London, vom 2. 4. 1976

Moderne Untersuchungen des Grablinnens Jesu, des Tuches in dem Christus wie viele glauben im Grabe eingehüllt lag, haben gezeigt, daß das Grablinnen in die Zeit Christi zu datieren ist und daß es versteinerten Blütenstaub aus Palästina enthielt.

Das Team, welches das in der Turiner Kathedrale aufbewahrte Grablinnen untersuchte, hat festgestellt, daß es „nicht als Fälschung abgetan werden kann". Die 4,36 meter auf 1,10 meter große Reliquie zeigt offenbar aus Blut das Bild eines ungefähr 1,80 meter großen menschlichen Körpers. Eine internationale Kommission untersuchte diese Reliquie und die wissenschaftlichen Befunde werden bald frei gegeben. 1973 sagte Papst Paul VI., daß die moderne Wissenschaft ihr Urteil über die Echtheit des Grablinnens abgeben würde.

Streit hat es um das 1354 erstmals schriftlich erwähnte Grablinnen immer gegeben und Kurt Berna, ein westdeutscher Schriftsteller, hat behauptet, daß die Blutspuren auf dem Grablinnen darauf hinweisen, daß Christus nicht verstorben war, als er vom Kreuz genommen wurde.

CHRIST'S SHROUD – DRAMATIC NEW EVIDENCE
(GRABLINNEN CHRISTI – DRAMATISCHE NEUE BEWEISE)

Weltmeldung von Reuters, übernommen von „Press Association" (pa), London, hier zitiert aus „Evening Chronicle", Newcastle upon Tyne, vom 15. 4. 1976

Ein Schweizer Wissenschaftler behauptet Beweise für die Echtheit des Grablinnens gefunden zu haben. Er sagte, daß das Grablinnen, das als dasjenige verehrt wird, in welches der Körper Christi nach der Kreuzigung eingehüllt wurde, Blütenstaub von Pflanzen enthielt, die zu jener Zeit in Palästina wuchsen. Indem er Berichte erläuterte, denen zufolge er die Echtheit des Grablinnens bewiesen habe, welches sich in Turin, Italien befindet, sagte Professor Max Frei, daß er nur beweisen kann, daß das Grablinnen nicht zu einem wesentlich späteren Zeitpunkt hergestellt sein konnte.

„Das Grablinnen kann keine Fälschung sein, in dem Sinne, daß es später hergestellt sein kann, beispielsweise im Mittelalter, denn niemand würde daran gedacht haben, Blütenstaub aus Palästina hinein zu tun, der bis in die Zeit der Kreuzigung Christi zurückreicht", sagte er.

„Selbstverständlich kann ich nicht beweisen, daß das Grablinnen genau das gleiche Alter hat wie der Blütenstaub. Es könnte noch früher hergestellt worden sein. Es war nicht Aufgabe meiner Untersuchungen zu beweisen, daß der Körper Christi tatsächlich in dem Grablinnen lag. Ich kann lediglich sagen, daß der Blütenstaub aus dem Grablinnen von Pflanzen stammt, die zu jener Zeit in der geographischen Zone des Mittleren Orients wuchsen", erklärte Prof. Frei weiter.

Er berechnete das Alter des Blütenstaubes durch Vergleiche mit Exemplaren, die in den unteren Ablagerungsschichten des Sees von Genezareth gefunden wurden. „Ich kann beweisen, daß der Blütenstaub aus dem Grablinnen von Wüstenpflanzen stammt, deren Blütenstaub auch in den Ablagerungsschichten des Sees von Genezareth in Strata-Schichten gefunden wurde, die 2000 Jahre alt sind", sagte er.

Der dreiundsechzigjährige Professor stützte seine Befunde auf zweijährige Untersuchungen, in denen er eine neue Technik für die Untersuchung von Blütenstaub-Exemplaren verwendete. Das Grablinnen, eine längliche befleckte gelbgefärbte Leinwand, ist gewöhnlich in einer silbernen Lade in der Turiner Kathedrale verschlossen. Es hat Blutflecken und Abdrücke, von denen gesagt wird, daß sie vom Körper Christi herrühren, und das Grablinnen wird von Millionen verehrt.

Professor Frei erhielt Staub aus dem Tuch, als es vor mehr als zwei Jahren für ein Fernsehprogramm gezeigt wurde. Von dem Grablinnen genommene Staubproben zeigen, daß es aus Palästina vor ungefähr 2000 Jahren stammt und daß es später nach Konstantinopel, Frankreich und Italien kam, sagte er. Als das Grablinnen im Fernsehen gezeigt wurde, wandte sich Papst Paul VI. an „alle Leute, Gläubige wie auch Nichtgläubige, die Faszination dieses Gesichtes kennen zu lernen". Der Schweizer Experte erhielt von kirchlichen Behörden die Erlaubnis einige Staubproben zu sammeln — eine jener seltenen Gelegenheiten, die Wissenschaftler hatten, um Untersuchungen an dem Grablinnen durchzuführen.

(Ende der Zitierung, die weiteren Ausführungen der Nachricht, sind allgemeiner Art und mehrfach an anderen Stellen im Buch berichtet.)

22. Auf frischer Tat!

Die dramatischen neuen Beweise die mit der Veröffentlichung der italienischen Zeitung von Turin „La Stampa" am Samstag den 20. März 1976 innerhalb weniger Tage durch die Weltpresse gingen, stellten schlagartig die gesamte Christenheit vor neue Tatsachen. Natürlich konnten die Kenner und Fachleute längst ahnen was da auf die Christenheit zukommt. Aber die Dramatik jetzt entstand dadurch, daß allen Christen, Laien, Priestern, Theologen und wer immer es sei, die uralte Ausrede genommen ist, das in Turin aufbewahrte Grablinnen Jesu könnte als mittelalterliche Fälschung abgetan werden.

Errettung

Es ist ein echtes Grablinnen! Ein damals gekreuzigter Mensch lag darin, nicht nur das, ein damals vor ca. 2000 Jahren gekreuzigter Mensch der die genau gleiche Passion Christi durchmachte, einschließlich der Dornenkrone. Alles wie es in den Evangelien steht nur mit dem entscheidenden Unterschied, daß dieser Gekreuzigte vom Turiner Grablinnen nicht am Kreuz gestorben ist, sondern e r r e t t e t wurde. So errettet wie es seltsamer Weise die uralten jüdischen Schriften in deren Prophezeiungen verlangen und aussagen: Die Errettung des kommenden Messias! Eine prophezeite Errettung, die Jesus Christus als seine Auferstehung prophezeite und die von den Juden bis zum heutigen Tage geleugnet wird, indem sie behaupten, der Leichnam Christi sei gestohlen worden. Dadurch brauchen sie den Messias Jesus Christus nicht annehmen, denn der, der am Fluchholz starb, konnte nicht der Messias sein, weil ihre damaligen Heiligen Schriften die Errettung des Messias prophezeiten.

Spätere Übersetzungen dieser uralten Schriften wurden an das scheinbare Ereignis angepaßt, es wurde nun gesagt, daß diese Alten Schriften einen „Tod am Kreuz" für den prophezeiten Messias aussagen würden. Die Funde am Toten Meer, die Schriftrollen-Funde aus dem Jahre 1947, die bis in das Jahrhundert um Christus zurückreichen, beweisen das Gegenteil.

Zweiter Jesus

Und schon kommt die nächste uralte Ausrede von Laien, Priestern, Theologen und anderen in der Christenheit, die Sache mit dem „Zweiten Jesus". Ein anderer damals gekreuzigter Mensch habe in dem Grablinnen gelegen, weil man sonst anerkennen muß, daß Jesus Christus nicht am Kreuz gestorben ist. Die dramatischen Ereignisse – und alle Kenner wissen das – haben diese Konsequenzen geradezu brutal vor die

Christenheit gebracht. Alle anderen Ausreden haben diese Leute im Laufe der Jahre verloren, nur der „Zweite Jesus" bleibt ihnen noch.

In einem wissenschaftlichen Kommunique, das so kurz wie möglich gestaltet wurde, hat die in CH 8021 Zürich/Schweiz seit dem Jahre 1964 aktive „Internationale Stiftung für das Grablinnen Jesu" am 2. April 1976 den exakten wissenschaftlichen Stand der Dinge beim Namen genannt. Hierbei ist insbesonders die Konsequenz zu würdigen, daß Professor Max Frei keinesfalls beweist, daß das in Turin aufbewahrte Grablinnen das wirkliche Grablinnen Jesu sei. Er bleibt streng wissenschaftlich und erklärt wörtlich: „daß er nur beweisen kann, daß das Grablinnen nicht zu einem wesentlich späteren Zeitpunkt (als die Zeit Christi) hergestellt sein konnte". Und er betont ferner dazu „es könnte noch früher hergestellt worden sein".

Ricci

Damit bekommen diese Ausreden mit dem „Zweiten Jesus" eine gewisse wissenschaftliche Qualität. Dieser Tatsache wurde am 2. April 1976 Rechnung getragen und mit wissenschaftlichen Konsequenzen anderer Art in einem Presse-Kommunique veröffentlicht. Zugleich wurde alles der „dpa", der Zentrale der Deutschen Presse Agentur Hamburg, mittels Fernschreiber aus Zürich, als Nachricht übermittelt. Derselben „dpa", die wenige Tage zuvor neueste Nachrichten über das Grablinnen Jesu verbreitet hatte, und zwar wie sie angeblich aus dem Vatikan stammen („Das verlautete am Wochenende aus dem Vatikan" – dpa, 21. 3. 1976), in Wirklichkeit ein Monsignore Ricci verbreitete. Ricci, dem schon 1970 nachgewiesen wurde, daß er gefälschte Bilder als wissenschaftliche Darstellungen im „Osservatore della Domenica" veröffentlicht hatte.

Die Deutsche Presse Agentur, dpa, die sich öffentlich als sachlich, neutral und objektiv gibt, verbreitet – wenn überhaupt – seit vielen Jahren keine anderen Nachrichten über das Grablinnen Jesu als die des Monsignore Ricci. Dies, obwohl der Stellv. Redaktions Direktor der Vatikan Zeitung „Osservatore Romano", Monsignore Levi, bereits am 25. Mai 1970 erklärte, „daß Ricci kein Sprecher des Vaitkans sei und in Sachen Grablinnen Jesu nur seine private Meinung vertrete wie jeder andere auch, jedoch keinesfalls die des Vatikans".

Ricci war noch nicht einmal in der Untersuchungs-Kommission die vom Vatikan – auf Ersuchen der Turiner Kurie – gesteuert wurde, ja er wußte nicht einmal, daß eine solche Untersuchung stattfand und erst durch die Aktivität der Schweizer Grablinnen Stiftung in den Jahren 1969/1970 – die den Beginn dieser Untersuchung aufdeckte – hat er davon Kenntnis erhalten. Demnach verbreitet die dpa — wenn überhaupt — seit vielen Jahren angebliche Vatikan-Meinungen die keine sind, sondern eine Kumpanei zwischen dem dpa-Rom-Büro und Ricci darstellen. Natürlich kann „dpa" das tun, **aber alles andere — grablinnen-wissenschaftlich gesehen — fällt bei „dpa" unter den Tisch. Beweise? Bitte: auf frischer Tat!**

zwingende neue geschichtliche tatsache: jesus christus wurde

lebendig begraben.

offizielles kommunique:

zuerich,2.april 1976.wie der bericht der siebenjahre erforschung (1969-1976) des grablinnens jesu in turin feststellt, ist das linnen sowohl aus der zeit christi, als auch aus palaestina.die beweisfuehrung gelang ueber versteinerten bluetenstaub -aus den ecken des grablinnens entnommen- von sechs pflanzenarten die nur in palaestina existieren. damit ist es ein echtes grablinnen. die beweise des professors dr. max frei, zuerich, und anderer -im auftrag der kirche erarbeitet- sind klar, eindeutig und endgueltig.

damals , zur zeit christi, hatte eine gekreuzigte maennliche person in dem grablinnen gelegen, welche genau die gleiche passion wie jesus christus erlitten hat, einschliesslich der dornenkrone, die jedoch nicht am kreuz gestorben ist und lebendig begraben wurde. die 28 blutbahnen von menschenblut im grablinnen beweisen dies, weil eine leiche nicht so bluten kann, wie dieser gekreuzigte im grab noch blutete.

somit ist die wissenschaftliche entdeckung, dass jesus christus tatsaechlich lebend in das grab gelegt wurde, eine zwingende wissenschaftliche tatsache geworden, es sei denn, es habe ein ''zweiter jesus'' existiert, der die gleiche passion wie jesus christus erlebte. die kirche ist praktisch gezwungen einen ''zweiten jesus '' anzuerkennen, wollte sie je diese zwingende neue geschichtliche tatsache ueber jesus christus ablehnen. die kirche hat keinen anderen weg mehr, als anzuerkennen, dass jesus christus nicht am kreuz gestorben ist und lebendig begraben wurde oder ein ''zweiter jesus'' hat gelebt.

alle zukuenftigen untersuchungen, ganz gleich wann und in welcher form, koennen nur eine weitere erhaertung dieser neuen geschichtlichen tatsachen bringen. eine zurueckweisung oder widerlegung ist wissenschaftlich unmoeglich geworden.

fuer die richtigkeit:

internationale stiftung fuer das grablinnen jesu, zuerich-london, gezeichnet vom praesidenten der stiftung:
kurt berna

offizielles kommunique an die weltpresse in
deutsch, englisch, franzoesisch und italienisch-ende-✠
212995c dpa d ◀— **Dieser Namensgeber ist der amtliche Beweis**
55217 txkab ch **für die Nachrichten-Unterdrückung**

Hier war die Original Ausfertigung des Nachrichten-Fernschreibens. Eine Ausfertigung die bei jedem Fernschreiben sowohl beim Empfänger als auch beim Absender im Fernschreiben erscheint. Die Nummer und der Namensgeber **„212995c dpa d"** bringt den amtlichen Beweis, daß die Nachricht genau so wie sie hier steht in der dpa Zentrale in Hamburg eingegangen ist. Bei den Zeitungsredaktionen jedoch, so ergaben eingehende Umfragen, ist von dpa diesbezüglich nichts angekommen „nicht ein Wort, keine Zeile" wurde in einzelnen Redaktionen erklärt.

Es gibt überhaupt nicht den geringsten Zweifel, daß die Masse der deutschen Zeitungs- und Zeitschriften Verleger, für die „dpa" geradezu der Lebensfaden ist, überhaupt keine Ahnung haben, was sich bei „dpa" seit dem Jahre 1956 bis mindestens April 1976 da tatsächlich abspielte.

Wie das im Nachbarstaat Österreich ist zeigt, zum Beispiel, die nachstehend zitierte Meldung der „APA" (Austria Presse Agentur) Wien. Die „APA" entspricht, als nationale Narichten Agentur von Österreich, genau der „dpa", der deutschen Presse Agentur.

Zitierung aus der „Tiroler Tageszeitung" Innsbruck, vom 16. April 1976, nach einer Meldung der APA:

DAS „TURINER SCHWEISSTUCH" IST ECHT

ZÜRICH (APA). Vor knapp drei Wochen veröffentlichte die „Internationale Stiftung für das Grablinnen Jesu" (Zürich/London) ein Kommunique, in dem festgestellt wird, daß das Linnen (Bild) (war mitveröffentlicht) sowohl aus der Zeit Christi stammt als auch aus Palästina. Aus den Ecken des Grabtuches wurde versteinerter Blütenstaub entnommen, der von sechs Pflanzenarten stammt, die nur in Palästina existieren. Ferner führte der Leiter des Forschungsvorhabens aus, steht fest, daß in dem Grablinnen zur Zeit Christi eine männliche Person gelegen sei, welche genau die gleiche Passion wie Jesus erlitten habe, einschließlich der Dornenkrönung, die jedoch nicht am Kreuz gestorben, sondern bei der Abnahme gelebt und lebend begraben worden sei. Beweis dafür seien die 28 Bahnen von Menschenblut auf dem Tuch, da eine Leiche nicht so stark bluten könne, wie dieser Gekreuzigte noch im Grabe geblutet habe. Es sei denn, ein „Zweiter Jesus" hätte existiert, der die gleichen Leiden erduldet hätte, aber am Kreuz gestorben sei.

Diese These der Schweizer Stiftung wurde schon 1970 diskutiert und damals vom Vatikan als „phantastische Behauptung" zurückgewiesen. Allerdings wurde von der Kirche nicht behauptet, daß im Grablinnen ein „Zweiter Christus" gelegen sei. Die Stiftung hatte seinerzeit als gegeben angenommen, daß Christus bei der Kreuzabnahme nicht tot war. Die Blutflecken auf dem Grablinnen lassen den Schluß zu, daß der von einem römischen Soldaten in den Leib Christi gerammte Speer in einem Winkel von etwa 29 Grad eingedrungen sei, das Herz Christi jedoch verfehlt und einen Lungenflügel getroffen hätte. Die Blutflecken werden dann als Beweis angesehen, daß das Herz bei der Grablegung noch geschlagen haben müsse, da Leichen nicht in dieser Weise bluten. (Ende der APA-Nachricht an alle Zeitungen Österreichs.)

Die Tatsachen sprechen für sich selbst. Kein Christ dieser Erde, kein Jude und kein Mohammedaner – und jeder einzelne ist persönlich davon betroffen – würde oder könnte sagen: die wissenschaftliche Möglichkeit, daß Jesus Christus nicht am Kreuz gestorben ist und im Grablinnen mit Herztätigkeit begraben wurde, wäre keine Nachricht! Somit ist die Nachrichten-Unterdrückung mit wissenschaftlichen Methoden bewiesen.

SCHADENS-REDUZIERUNG

Informationspflicht, Informationsrecht, Verletzungen dieser Grundsätze einer freiheitlichen demokratischen Gesellschaftsordnung bringen eine Vielzahl Schäden soziologischer Art, vielfältige Schäden bei jedem einzelnen Menschen. Um solche Schäden wenigstens einigermaßen zu reduzieren, wurde versucht Schaden abzuwenden.

Selbstverständlich kann es nur ein schwacher Ersatz sein, wenn mit den Zeitungsverlagen Verbindung aufgenommen wird, um über kommerzielle Möglichkeiten und Vereinbarungen Nachrichten wenigstens als Anzeigen zu veröffentlichen. Es ist ein sehr schwacher Ersatz, weil Nachrichten zu veröffentlichen sonst eine redaktionelle Angelegenheit ist.

Nach entsprechenden Vereinbarungen wurden die Nachrichten aus dem Fernschreiben an die „dpa" als Anzeigen in der Zeit vom 17. April bis Mitte Mai 1976 in folgenden deutschen Zeitungen veröffentlicht:

Bild-Zeitung, Gesamtausgabe (Auflage ca. 4.200.000 Sa.), Zeitungsgruppe WAZ: 1.400.000 (Westdeutsche Allgemeine, Neue Ruhr/Rhein Zeitung, Westfälische Rundschau, Westfalen Post), Süddeutsche Zeitung (400.000), Frankfurter Allgemeine Zeitung (395.000), Hamburger Abendblatt (375.000), B. Z. Berliner Zeitung (335.000), Berliner Morgenpost (325.000 So.), DIE WELT (295.000), Stuttgarter Zeitung (180.000), Stuttgarter Nachrichten (85.000), Welt am Sonntag (415.000), DIE ZEIT (415.000), Deutsche Zeitung (170.000), Handelsblatt (90.000).

Bei einer Gesamtauflage von ca. 9.000.000 Exemplaren, wurden, nach gültigen Regeln, wenigstens 20 Millionen Leser erreicht. Mehr war finanziell für die Stiftung nicht möglich. Nachrichten-Unterdrückung kann durch finanziellen Einsatz nicht ausgeglichen werden.

23. Nachwort zum Ersten Fact Buch – Überleitung zum Zweiten Fact Buch

Seit 1948 ist der Autor in Sachen Grablinnen Jesu aktiv. Ein harmloser Zeitschriftenartikel im Juli 1948 hatte den Anstoß gegeben, da genau nachzuforschen. Vorher war ihm das Grablinnen unbekannt.

Im Laufe dieser vielen Jahre hat sich im Zusammenhang mit diesem Christus-Ereignis eine Erkenntnis herausgebildet, die sich bisher oft stichhaltig erwiesen hat und zukünftig stichhaltig erweisen wird. Vor allem soll niemand den Vorwurf machen, der Autor würde sich nicht konkret, nicht deutlich genug ausdrücken: es gibt Nachrichten-Verbrecher, Nachrichten-Feiglinge und Nachrichten-Existenzangsthasen. Alle drei beeinflussen die Schicksale der Völker dieser Erde sehr.

Die Nachricht ist das offensichtlich echte Christus-Ereignis in seiner gesamten Form, insbesonders die Botschaft von Jesus Christus an die Christenheit, deren Echtheit durch die Entdeckungen an seinem eigenen Grablinnen erwiesen ist. Bewiesen durch das erste Beweisstück für die erste Stunde nach Golgatha. Das alles sind: Nachrichten!

Darf man vorsätzliche Nachrichten-Unterdrückung ein Verbrechen heißen? Staatliche Gesetze darüber gibt es nicht. Niemand wird bestraft oder auch nur verwarnt, wenn er Nachrichten unterdrückt und doch sind die Schäden an Leib, Seele und Geist bei hunderten Millionen Menschen zugleich und bei Einzelschicksalen sehr sehr hoch. Schäden die durch Nachrichten-Unterdrückung entstanden und entstehen. Auch das konnte der Autor am eigenen Leibe erfahren und erlaubt sich, mit Recht, so zu schreiben.

Nachrichten-Verbrechen, warum eigentlich nicht? Ist doch das Wort zu unterdrücken zumindest schon ein Verbrechen an Gott, denn „Gott ist das Wort" schreibt schon Johannes. Es ist ganz unmöglich, es können nicht nur Feiglinge und Existenzangsthasen sein, die diese Nachrichten unterdrücken, es müssen auch Nachrichten-Verbrecher am Werk sein die seit bald 30 Jahren weltentscheidende Tatsachen der Christenheit und der Welt verbergen und damit offensichtlich dem Fortschritt der Menschheit größten Schaden zugefügt haben und noch zufügen. Oder ist solches kein Verbrechen?

Nachrichten-Feiglinge, nun das sind Menschen an Schaltstellen die sich nach außen recht mutig geben: wie mutig sie alles an das Tageslicht bringen, doch das ist Bluff, im Kern ihrer Persönlichkeit sind sie Feiglinge, die in der Wirklichkeit die Nachrichten so selektieren, Nachrichten nicht bringen die tatsächlich Mut erfordern, denn Nachrichten von und über Jesus Christus bringen erfordert nunmal Mut.

Nachrichten-Existenzangsthasen liegen auf ähnlicher Ebene, ja sie selektieren noch mehr. Nur, daß sie sich nach außen nicht mutig geben und sich ihrer Schwäche voll bewußt sind. Sie unterdrücken Nachrichten von und über Jesus Christus um sich Schwierigkeiten zu vermeiden. Sie befürchten, wenn sie derartige Nachrichten drucken lassen, ihre Existenz zu gefährden oder zu verlieren, bzw. materielle Schäden zu haben und sei es nur, daß Zeitungen abbestellt werden von Menschen, die mit dem nicht einig gehen wollen, was nunmal Christus-Ereignis ist. Dabei wären solche Menschen noch größere Nachrichten-Unterdrücker, würden sie jemals an Nachrichten Schaltstellen sitzen.

Beiden, den Feiglingen und den Existenzangsthasen sei verziehen. Es sind schwache Menschen am falschen Platz. Jedoch die Nachrichten-Unterdrücker, die bösartigen, die sind zu suchen, damit die Menschheit fortschreiten kann. Oder ist den Willen Jesu Christi vorsätzlich zu verhindern etwa kein Verbrechen?

Wo ist denn der vielgerühmte Berufsethos: die Informationspflicht! Wo ist sie geblieben, die Informationspflicht? Und wo ist das allen Menschen zustehende Informationsrecht? Wenn diese Nachrichten von und über Jesus Christus unterdrückt werden, dann wird in der Wirklichkeit das Informationsrecht mit Füßen getreten, wie in totalitären Staaten, wo die Menschen prinzipiell gewisse Nachrichten nicht erfahren dürfen. Soweit diese Sache.

Facten und Tatsachen:

Alle Angaben im Ersten Fact Buch sind Tatsachen, geschichtliche Wahrheit. Im Zweiten Fact Buch sind alle wissenschaftlichen Aussagen, egal in welcher Form oder in welchem Kleid sie angeboten werden, ebenfalls Tatsachen, Facts.

Keine Facts oder Tatsachen sind im Zweiten Fact Buch die Rahmenhandlungen. Es sind Rekonstruktionen von Ereignissen wie sie gewesen sein könnten. Zwei Namen von handelnden Personen wurden auf Verlangen dieser Personen geändert, ebenso der Name einer Stadt, weil sonst die handelnden Personen auf Umwegen zu ermitteln gewesen wären.

Vielleicht war damals, im Jahre 1956, als die Ereignisse des Zweiten Fact Buches begannen, bei diesen handelnden Personen ebenfalls eine Existenzangst vorhanden. Nicht nur vielleicht, sondern ganz sicher. Es sind auf beiden Seiten, den Nachrichten-Schaltstellen und auf Seiten der handelnden Personen Existenzängste gewesen, getreu den Worten Jesu: „In der Welt werdet ihr Angst haben!"

Deutschland Konvent für das Linnen

Der im zweiten Fact Buch genannte Deutschland Konvent für das Linnen gründete sich von 1956 bis 1963 (dem Todesjahr von Professor „Hirt") auf einer losen Zusammenarbeit einiger deutscher Wissenschaftler, die sich zusammengetan hatten um die Tatsachen am Grablinnen Jesu — alte und neue — zu erforschen. Die dann jedoch, nachdem der öffentliche Erfolg ausblieb, bald aufgaben und sich wegen „Arbeitsüberlastung" aus der Sache zurückzogen. Seine Anonymität war ähnlich der Kommission, die von der Turiner Kurie eingesetzt wurde. Die Kurie hat während der gesamten jahrelangen Wirkung nicht die Namen der Mitglieder bekanntgegeben. Dies wurde von der Turiner Kurie so erklärt: „Namen der Mitglieder werden zu diesem Zeitpunkt nicht bekannt gegeben, um sie vor einer gewissen Art von Publicity zu schützen, die ihren Untersuchungen eher schaden als nützen würden!" (Kardinal Pellegrino in einem Interview mit Paul Gilles, einem Reporter von Radio Luxemburg, Februar 1970.)

Internationale Stiftung für das Grablinnen Jesu

Die Internationale Stiftung für das Grablinnen Jesu, CH 8021 Zürich, Schweiz, die 1963/1964 gegründet wurde, ist anders organisiert. Sie ist als Foundation-Holding in den USA amtlich eingetragen. Für alle wissenschaftlichen Fragen die zu klären waren oder noch sind, wurden und werden formelle Aufträge, gegen Rechnung, an Wissenschaftler erteilt, mit der Garantie, aber auch mit dem Verlangen, daß die Namen der Wissenschaftler nicht öffentlich genannt werden, bzw., daß die Ergebnisse der wissenschaftlichen Gutachten im Namen der Stiftung und nicht im Namen der Wissenschaftler verbreitet werden.

Die Foundation-Stiftung arbeitet weltweit, meistens in vier, manchmal in sechs Sprachen. Von Mitarbeitern der Stiftung wurde der Autor im Jahre 1964 als Präsident der Stiftung vorgeschlagen, nachdem bei der Gründung im Jahre 1963 die Leitung der Stiftung noch in anderen Händen war. Und seit 1964 steht er immer in vorderster Front, mit allen damit zusammenhängenden Risiken – die manchmal erheblich sind –, diese Entdeckungen der Menschheit bekanntzumachen. Wie der Leser bemerken konnte, mit Erfolg!

Professor „Hirt"

Professor „Hirt" ist ein Pseudonym – ein Hilfsmittel, dessen man sich bediente aufgrund der 1956 in Deutschland bestehenden Voraussetzungen. Die Regierung in Deutschland wurde von der CDU, der Christlich Demokratischen Union, geführt; während dieser Zeit wäre ein Professor, der unter seinem bürgerlichen Namen das Fachgebiet „Jesus ist nicht am Kreuz gestorben" erforscht hätte, ohne Zweifel gesellschaftlich zu Schaden gekommen. Ein Beispiel hierfür: noch im Jahre 1962 haben ca. 95 % der deutschen Tageszeitungen Anzeigen für ein neues Buch mit dem Titel „Jesus nicht am Kreuz gestorben" zurückgewiesen. Im Jahre 1976 taten solches noch ca. 10 % der Zeitungen in der Bundesrepublik Deutschland, bei einem ähnlichen Buchtitel.

Professor „Hirt" starb im Jahre 1963. Vor nicht all zu langer Zeit bat der Autor die Erben von ihm, den Familiennamen für die Geschichte bekannt geben zu dürfen, aber sie lehnten dies ab. Der Autor kann mehr nicht tun, denn er muß bei seinem Ehrenwort bleiben, das er damals Professor „Hirt" gab. Es gibt auch keine Hintertür bei solch gegensätzlichen Interessen.

Der Erste Entdecker

Natürlich ist Professor „Hirt" kein angenommener Name von Kurt Berna, denn, um allen Mißverständnissen vorzubeugen, Professor „Hirt" war nicht ein Entdecker der Tatsachen am Grablinnen Jesu. Der erste Entdecker ist Kurt Berna. „Hirt" hat keine neuen Tatsachen entdeckt. Er war der wissenschaftliche Interpret dieser erforschten und entdeckten Tatsachen, und er half mit sie anderen verständlich zu machen.

Die Verfügbarkeit im Jahre 1956 eines solchen Interpreten der oft komplizierte wissenschaftliche Tatsachen erklären und in eine einfache Sprache bringen konnte, bedeutete eine ausschlaggebende Wende für die Entdeckungen. „Hirt" hatte erst im Jahre 1955 über diese Entdekkungen erfahren und zwar durch das erste Buch des Autors. Nach dem Tode von Professor „Hirt" bediente sich der Autor einiger typischer Redewendungen in Büchern über den Fortschritt der Ereignisse. Ein üblicher Vorgang in der Schriftstellerei.

Ich wiederhole um der geschichtlichen Tatsachen willen: der erste Entdecker der wissenschaftlichen Tatsachen am Grablinnen Jesu, „daß Jesus Christus nicht am Kreuz gestorben ist und mit schlagendem Herzen in dieses Grablinnen gelegt wurde", ist allein der Autor dieses Buches, Kurt Berna, dessen britischer Schriftstellername John Reban ist, und der mit dem Familiennamen Hans Kurt Naber geboren, bzw. getauft wurde.

Die Entdeckungen wurden in der Zeit zwischen Juli 1948 und 1953 gemacht. Der historische Beweis für diese Tatsache ist die im Jahre 1954 erschienene erste Publikation des Autors und zwar das kleine Buch „Das 5. Evangelium", das vom Carlo Moesta Verlag in Mainz veröffentlicht wurde.

Ein blinder SPIEGEL?

Der zusätzliche Beweis dieser historischen Tatsache ist in einem Bericht aus dem Archiv des deutschen Nachrichten-Magazins „DER SPIEGEL", der von dem damaligen SPIEGEL-Korrespondeten Waldemar Schweitzer stammt, erbracht. Dieser Bericht wurde seinerzeit — im Jahre 1956 — nicht veröffentlicht, sondern vom SPIEGEL unterdrückt. Und bis zum Jahre 1971 wurde in diesem „Nachrichten-Magazin" kein Bericht über diese speziellen Entdeckungen gebracht; dieser Zeitraum umfaßt nicht weniger als 15 Jahre.

Sowohl dem Herausgeber, als auch der Redaktion des „Nachrichten-Magazins" DER SPIEGEL wurden laufend Informationsmaterial über alle Ereignisse dieser Entdeckungen zugeleitet und zwar 18 Jahre lang von 1954 bis 1972. Fünf bis zehn Berichte pro Jahr, weit über 100 Berichte insgesamt. Hinzu kamen die zur Veröffentlichung bestimmten Nachrichten der Weltagenturen AP, UPI und Reuters, die zu einem Teil im Ersten Fact Buch zu lesen waren und die dem „Nachrichten Magazin" DER SPIEGEL von diesen Agenturen im Nachrichten-Fernschreiben zugegangen waren. Das alles wurde unterdrückt — unglaublich? Die reine Wahrheit!

Um der geschichtlichen Wahrheit willen werden nachstehend einige der wichtigsten Auszüge aus diesem 1956er Original-SPIEGEL-Manuskript gedruckt: (Originaltext aus SPIEGEL-Manuskript)

Keine Leiche

Fast allabendlich, wenn Hans Naber von seinen zahlreichen Reisen in die nähere und weitere Umgebung Stuttgarts im Hauptbahnhof aussteigt, wendet er seine Schritte zunächst der nahegelegenen Post zu. Dort öffnet er dann das Schließfach 183 um zu erkunden, was die Mitwelt dem Schriftsteller und Filmproduzenten Kurt Berna mitzuteilen hat. Wenn überhaupt, so sind es Dinge, die sich ausschließlich um ein sehr abwegiges Objekt drehen: Um das sogenannte Turiner Grabtuch, in das Jesus Christus nach der Abnahme vom Kreuz auf dem Berge Golgatha gelegt worden sein soll.

Die Erklärung für dieses anscheinend unzusammenhängende Tun des Industrie-Vertreters Hans Naber, 34, ist recht kompliziert. Der Schriftsteller Kurt Berna – es ist ein und dieselbe Person – braucht dafür schon nahezu zehn Jahre, und zwar mit dem bisher einzigen Erfolg, von der Katholischen Kirche boykottiert zu werden. Naber-Berna ist nach seinen eigenen Worten ein katholisch erzogener, streng-gläubiger Katholik. Seinem Lebenslauf allerdings ist (der Text der folgenden Seiten 2, 3 und 4 ohne Zweifel interessant, doch für die über 16-jährige Nachrichten-Unterdrückung weniger von Bedeutung. Selbstverständlich ist der gesamte Text vorhanden. Machen wir im SPIEGEL-Manuskript, Seite 4 unten weiter:)

Das Linnen, 4,36 m lang und 1,10 m breit, offenbarte nun plötzlich das negative Bild eines Gekreuzigten, so wie ihn die Apostel des Neuen Testaments uns überliefert haben: Mit Blutspuren der Dornenkrone auf der Stirn, mit Spuren der Nägelmale an Händen und Füßen, der Geißelungen und der Speerwunde auf der Brustseite. Die Aloe, mit der das Leintuch getränkt worden war, hatte ihm die Eigenschaft einer photographischen Trockenplatte gegeben.

Naber stürzte sich auf die Photographien. Gerade das, was die französischen Ärzte als Beweis für die Richtigkeit der bisher bekannten Version vom Tod Christi und von der Kreuzabnahme angesehen hatten, deutete er in den folgenden Jahren als das Gegenteil. Seine Argumentation ist ebenso einfach wie einleuchtend: wer tot ist, sagt Naber-Berna, kann nicht mehr bluten. Besonders aber die nur geringen Blutspuren in der Höhe des Kopfes beweisen, daß der Gekreuzigte nicht tot war, als man ihn auf das Linnen legte.

Von diesem Gedanken ausgehend unterzog Naber, der sich vom Amt für Öffentliche Ordnung in Stuttgart die Genehmigung geben ließ, einen

ORIGINAL-SPIEGEL-MANUSKRIPT von 1956, mit den Grablinnen Entdeckungen, daß Jesus nicht am Kreuz gestorben ist und im Grablinnen lebendig begraben wurde. Insgesamt 9 Seiten, Fotokopien notariell beglaubigt. Authentischer Text.

German Manuscript from the Newsmagazine DER SPIEGEL.

SEITE 1

WALDEMAR SCHWEITZER,
Stuttgart
an SPIEGEL, Herrn Engel
20.August 1956

Ist nicht komplett! Tippfehler nicht beachten.

TURINER LINNEN

Keine Leiche

Fast allabendlich, wenn Hans Naber von seinen zahlreichen Reisen in die nähere und weitere Umgebung Stuttgarts im Hauptbahnhof aussteigt, wendet er seine Schritte zunächst der nahegelegenen Post zu. Dort öffnet er dann das Schliessfach 103 um zu erkunden, was die Mitwelt dem Schriftsteller und Filmproduzenten Kurt Berna mitzuteilen hat. Wenn überhaupt, so sind es Dinge, die sich ausschliesslich um ein sehr abwegiges Objekt drehen: Um das sogenannte Turiner Grabtuch, in das Jesus Christus nach der Abnahme vom Kreuz auf dem Berge Golgotha gelegt worden sein solle.

Die Erklärung für dieses anscheinend unzusammenhängende Tun des Industrie-Vertreters Hans Naber, 54, ist recht kompliziert. Der Schriftsteller Kurt Berna – es ist ein und dieselbe Person – braucht dafür schon nahezu zehn Jahre, und zwar mit dem bisher einzigen Erfolg, von der katholischen Kirche boykottiert zu werden.

Naber-Berna ist nach seinen eigenen Worten ein katholisch erzogener, streng-gläubiger Katholik. Seinen Lebenslauf allerdings ist

Diese Fotokopie stimmt mit dem mir vorgelegten Schriftstück überein. Die Fotokopie wird beglaubigt.
Stuttgart, den 13.Febr. 1968
Bezirks- und öffentl. Notar
(Schmidt)
§ 55 KostO 2.-- DM
Not.Reg.Nr.49
AV I/68 Nr.152

(ist) der Text der Seiten 2, 3 und 4 ohne Zweifel interessant, doch für die über zehnjährige, vorsätzliche Nachrichten-Unterdrückung, sachlich, zur Zeit weniger von Bedeutung. Selbstverständlich ist der gesamte Text vorhanden.

Weiter im SPIEGEL-Manuskript, Seite 4 unten:

…ei … oder … an solch … angesehen … schliesslich ist … Jahre für nähere … lich. So war er nur auf … angewiesen, die der Turiner Photographie im Jahre 1931 machte: Die … ge liessen manches deutlicher erkennen, als das blosse Auge es je in den vergangenen zweitausend Jahren erkennen konnte.

Das Linnen, 4.36 lang und 1.1o breit, offenbarte nun plötzlich das negative Bild eines eines Gekreuzigten, so wie es die Apostel des Neuen Testaments uns überliefert haben: Mit Blutspuren der Dornenkrone auf der Stirn, mit Spuren der Nägelmale an Händen und Füssen, der Geisse-

Diese Fotokpie stimmt mit dem mir vorgelegten Schriftstück überein. Die Fotokopie wird beglaubigt.
Stuttgart, den 13. … Bezirks- und öff. Notar
(Schmidt)
Geb. … § 55 KostO 2.-- DM
Not.Reg.Nr.49
AV I/60 Nr.152

SEITE 5

lungen und der Speerwunde auf der Brustseite. Die Aloe, mit der das Leintuch getränkt worden war, hatte ihm die Eigenschaft einer photographischen Trockenplatte gegeben.

Naber stützte sich auf die Photographien. Gerade das, was die französischen Ärzte als Beweis für die Richtigkeit der bisher bekannten Version vom Tod Christi und von der Kreuzabnahme angesehen hatten, deutete er in den folgenden Jahren als das Gegenteil.

Seine Argumentation ist ebenso einfach wie einleuchtend: Wer tot ist, sagt Naber-Berna, kann nicht mehr bluten. Besonders aber die nur geringen Blutspuren in der Höhe des Kopfes beweisen, dass der Gekreuzigte nicht tot war, als man ihn auf das Linnen legte.

Von diesen Gedanken ausgehend unterzog Naber, der sich vom Amt für Öffentliche Ordnung in Stuttgart die Genehmigung geben liess, einen zweiten Namen zu tragen, jeden Millimeter der italienischen Photographien einer genauen Untersuchung.

Diese Untersuchung legte er in einem Buch nieder, das unter dem in Anlehnung Paul Claudel entstandenen Titel "Das fünfte Evangelium" 1954 im Carlo Hoesta Verlag in Mainz erschienen ist. "Der Tatsachenbericht nach zwei Jahrtausenden" unterschreibt Berna das Büchlein etwas marktschreierisch,

Diese Fotokopie stimmt mit dem mir vorgelegten Schriftstück überein. Die Fotokopie wird beglaubigt.
Stuttgart, den 13.Febr.1960
Bezirks- und öffentl. Notar
(Schmidt)
§ 55 KostO 2.-- DM
Not.Reg.Nr.49
AV I/60 Nr.152

SEITE 6

was ihm dann auch eine Rüge des Ordinarius für historische Theologie an der Universität Heidelberg, Professor Dr. Freiherr von Campenhausen einbringt: "Die Bezeichnung ist, am biblischen Sprachgebrauch gemessen, nicht sehr geschmackvoll..."

Sonst aber äussert sich der Heidelberger Professor sehr angetan: "Man merkt es dem Buche an, dass er (Berna) weder Historiker noch Mediziner, sondern ein katholischer Laie ist, der sich mit Liebe in die Fragen eingearbeitet hat. Aber das ist kein Grund, seine Thesen nicht ernsthaft zu erwägen und zu prüfen..."

"...Allzu nervenzarten Leuten ist die Lektüre des Buches nicht zu empfehlen. Die genauen medizinischen Voraussetzungen des Kreuzestodes werden einigermassen ausführlich dargestellt..."

"... Neu ist ferner die Entdeckung einer Austrittswunde des Lanzenstiches, die wahrscheinlich richtig gedeutet ist. Es ergibt sich hieraus, dass Jesu Herz nicht verletzt wurde... Interessant ist weiter der einigermassen überzeugende Nachweis, dass die Wunden noch nach der Kreuzabnahme geblutet haben müssen. Dies ergibt sich aus der Richtung der Blutbahnen."

"Die Herztätigkeit kann damals also nicht gänzlich zum Stillstand gekommen sein," schreibt der Professor in Heidelberg weiter, "diese Entdeckung klingt einigermassen sensationell – Jesus ist nicht am Kreuze gestorben, und hat

Diese Fotokopie stimmt mit dem mir vorgelegten Schriftstück überein. Die Fotokopie wird beglaubigt.
Stuttgart, den 13.Febr.196…
Bezirks- und öffentl. Notar
(Schmidt)
§ 55 KostO 2.-- DM
Not.Reg.Nr.49
AV I/60 Nr.152

zweiten Namen zu tragen, jeden Millimeter der italienischen Photographien einer genauen Untersuchung. Diese Untersuchung legte er in einem Buch nieder, das unter dem in Anlehnung Paul Claudel entstandenen Titel „Das fünfte Evangelium" 1954 im Carlo Moesta Verlag in Mainz erschienen ist. „Der Tatsachenbericht nach zwei Jahrtausenden" unterschreibt Berna das Büchlein etwas marktschreierisch, was ihm dann auch eine Rüge des Ordinarius für historische Theologie an der Universität Heidelberg, Professor Dr. Freiherr von Campenhausen einbringt: „Die Bezeichnung ist, am biblischen Sprachgebrauch gemessen, nicht sehr geschmackvoll".

Sonst aber äußert sich der Heidelberger Professor sehr angetan: „Man merkt es dem Buche an, daß er (Berna) weder Historiker noch Mediziner, sondern ein katholischer Laie ist, der sich mit Liebe in die Fragen eingearbeitet hat. Aber das ist kein Grund, seine Thesen nicht ernsthaft zu erwägen und zu prüfen."

„Allzu nervenzarten Leuten ist die Lektüre des Buches nicht zu empfehlen. Die grausamen medizinischen Voraussetzungen des Kreuzestodes werden einigermaßen ausführlich dargestellt . . ."

„. . . Neu ist ferner die Entdeckung einer Austrittswunde des Lanzenstiches, die wahrscheinlich richtig gedeutet ist. Es ergibt sich hieraus, daß Jesu Herz nicht verletzt wurde . . . Interessant ist weiter der einigermaßen überzeugende Nachweis, daß die Wunden noch nach der Kreuzabnahme geblutet haben müssen. Dies ergibt sich aus der Richtung der Blutbahnen."

„Die Herztätigkeit kann damals also nicht gänzlich zum Stillstand gekommen sein," schreibt der Professor in Heidelberg weiter, „diese Entdeckung klingt einigermaßen sensationell – Jesus ist nicht am Kreuze gestorben!" (Vorstehender fettgedruckter Text ist unveränderter SPIEGEL-Text.)

Der Text von weiteren Seiten – die Seiten 7 bis 9 – des SPIEGEL-Manuskriptes ist weniger wichtig in Hinblick auf die Unterdrückung von wichtigen Nachrichten. Sie sehen, meine Damen und Herren, daß Jesus nicht am Kreuz gestorben ist, vom Kreuz genommen wurde, während sein Herz noch tätig war und den Blutkreislauf aufrecht erhielt, diese zur Veröffentlichung vorgesehenen Nachrichten hätten der Welt bereits im Jahre 1956, und jedes weitere Jahr später, zugänglich gemacht werden können. Wären sie nicht offensichtlich vorsätzlich unterdrückt worden. Vorsätzlich in Anbetracht der weit über 100 Berichten die „DER SPIEGEL" 16 Jahre lang empfangen hat, dazu die zahlreichen Nachrichten die durch die offiziellen Weltnachrichten-Agenturen dem

SPIEGEL in seinen Fernschreibern zugestellt wurden, über Jahre hinweg.

Wir alle kennen den Einfluß des „Nachrichten-Magazins" DER SPIEGEL. Eine Nachricht, die nicht im SPIEGEL stand, ist nicht da. Konnte man wissen, daß dort – an der maßgebenden Stelle – eventuell Feiglinge sitzen?

Die Tatsachen der Nachrichten, deren vorsätzliche Unterdrückung hiermit, mit wissenschaftlichen Methoden, bewiesen ist, waren von einem Ordinarius und Professor der Universität Heidelberg geprüft und beurteilt. Alles ist im SPIEGEL-Manuskript nachzulesen. Ein einwandfreies und gut fundiertes Stück Nachricht für die Welt: **„Diese Entdeckung klingt einigermaßen sensationell – Jesus ist nicht am Kreuze gestorben!"** so schrieb im SPIEGEL-Bericht ein Professor der Universität Heidelberg im Jahre 1956, also jetzt vor 20 Jahren, weil das SPIEGEL-Manuskript jetzt, 20 Jahre später veröffentlicht wird, allerdings nicht im SPIEGEL, sondern um dessen Nachrichten-Unterdrückung zu beweisen.

Damals – 1956 – eine Nachricht „fit to print" also dem Berufsethos der Journalisten entsprechend, aber von der maßgebenden Redaktion des Nachrichten-Magazins „DER SPIEGEL" vorsätzlich unterdrückt, ein Magazin das sich selbst „Nachrichten-Magazin" nennt. In der Tat ein „hervorragendes" Mitglied der wahren, freien und noblen Gilde der Weltpresse. Das ist Geschichte.

Kurt Berna

„Wenn du lange genug am Ufer des Flusses sitzest, dann siehst du die Leichen der Nachrichten-Unterdrücker vorbeischwimmen!" (abgeändertes, altes indianisches Sprichwort.)

– ENDE DES ERSTEN FACT BUCHES –

Zwischenakt für Interessenten

Meinungen und Kritiken über das Zweite Fact Buch von ausländischen Journalisten

WAREN SIE ANWESEND, ALS UNSER HERR FOTOGRAFIERT WURDE?

Auszüge aus einem Großbericht über das Grablinnen Jesu im US-Magazin for Men „Esquire", August 1971 von

Karl E. Meyer

Originaltitel: WERE YOU THERE WHEN THEY PHOTOGRAPHED MY LORD?

... es bestehe die Möglichkeit, daß das Grablinnen beweist, Christus ist nicht am Kreuz gestorben – ein Argument, dargetan von einer rätselhaften Persönlichkeit, unterschiedlich bekannt als Kurt Berna, Hans Naber und John Reban, Präsident der Internationalen Stiftung für das Grablinnen Jesu, in Zürich.

Als ich Bernas Namen bei Vater Rinaldi erwähnte, wurde sein Gesichtsausdruck sauer, als ob man ihm ein schlechtes Ei vorgesetzt hätte. „Dieser Mann", sagte er mit einer giftigen Stimme „er nennt sich ‚Dr. Kurt Berna' und ‚Professor Berna' – dabei hat er gar keine wissenschaftliche Ausbildung – gibt selbst an, daß er 1936 die Schule verließ, um das Hotelfach zu erlernen."

Später erhielt ich eine Ausgabe „Inquest on Jesus Christ" (Jesus Christus in der gerichtsmedizinischen Prüfung), ein Buch von Berna, das in England unter dem Namen John Reban herausgegeben wurde. Der Band an sich ist nicht zuletzt eine Rarität; er ist überreichlich illustriert mit Fotografien des Grablinnens und mit Röntgenaufnahmen, mit der Absicht klarzumachen, daß der Lanzenstich eines Soldaten, eingeführt zwischen der 5. und 6. Rippe, nicht das Herz getroffen haben konnte. Es hat den Anschein, Berna wurde von Christus eine Offenbarung gewährt, der ihm sagte, daß er nicht am Kreuz gestorben sei. Daraus stammt eine Entschlossenheit diese „welterschütternde Idee" zu verbreiten die „Juden und Christen vereinigen könnte, weil sie nicht mehr durch die unüberwindliche Schranke des Todes Christi" getrennt sind (die Idee, daß Jesus das Kreuz überlebt hat, ist nicht neu; sie war die Grundlage einer fesselnden Novelle von George Moore, „The Brook Kerinth", und ist mit fundiertem Wissen und mit beredter Sprache von Dr. Hugh Schoenfeld in „The Passover Plot" diskutiert worden).

Verdreht oder nicht, es ist Berna gelungen, ernsthafte Sindonologen herauszufordern; Mons. Ricci hat eine Monographie veröffentlicht, in der er zu Bernas „Phantasien" Stellung nimmt, und Dr. David Willis, ein qualifizierter englischer Arzt, hat mit einem tief dunklen Artikel „did he die on the cross" (starb er am Kreuz) im „Ampleforth Journal" geantwortet.

Schlimmer noch, Herr Berna kam herauf mit einer authentischen, sensationellen Erstmeldung (scoop) welche die Partisanen des Grablinnens tief demütigte — er zerbrach die Neuigkeiten im Mai 1969, daß der Vatikan zu geheimen Prüfungen des Grablinnens ermächtigt hatte, welche tatsächlich vom 16. bis 18. Juni 1969 stattfanden. In einem Presse-Kommunique sprach Herr Berna finster über Vatikan Bevollmächtigte „wie Diebe in der Nacht" zu der königlichen Kapelle schleichend mit der einzigen Absicht — so sagte Berna — das Grablinnen zu zerstören, weil seine Blutspuren beweisen, daß Christus nicht am Kreuz gestorben ist.

„Unglaublich", lamentierte Vater Rinaldi, als wir über diese Episode diskutierten. „Diese spielen genau in Bernas Hände. Ich habe selbst versucht, etwas über diese Prüfungen zu erfahren, bekam aber nur allgemein gehaltene Antworten" . . . sagte Vater Rinaldi noch.

PRESSE RUNDSCHREIBEN

John Reban im September 1971, an die Herausgeber der einflußreichen Presse:

Die Verlierer der Diskussionen um das Grablinnen Jesu werden immer mehr zu primitiven Verleumdern. Niemals in meinem ganzen Leben habe ich mich als „Doktor" oder „Professor" bezeichnet. Wozu auch?

Ich bin Schriftsteller, Autor seit 24 Jahren, der sich seit 23 Jahren mit den tatsächlichen Vorgängen, wie sie an toten und lebenden Menschen nachzuweisen sind, befaßt. Deshalb habe ich am Grablinnen Jesu entdeckt: Jesus Christus war klinisch am Leben, als man ihn vom Kreuz nahm!

Ich bin Präsident der offiziell bestehenden Internationalen Stiftung für das Grablinnen Jesu; und diese Stiftung hat zwei Büros in zwei verschiedenen Städten mit Telefon und Büropersonal, sowie eine zentrale Postadresse für die ganze Welt in Zürich/Schweiz, mit mehr als 80 Mitarbeitern in der Welt.

Der Gesichtsausdruck der Verlierer wird mehr und mehr „sauer". Gezeichnet: Hans Naber, genannt Kurt Berna (Schriftstellername seit 1950) und genannt John Reban (englischer Schriftstellername seit 1948).

EXPERTEN BEZWEIFELN DEN TOD CHRISTI AM KREUZ

Bericht aus London, veröffentlicht in zahlreichen Zeitungen in den USA, von **Nino Lo Bello,** Herbst 1971

Originaltitel: EXPERTS DOUBT CHRIST DIED ON CROSS

London — War Christus wirklich gestorben, als man ihn vom Kreuz nahm? Atmete er noch, war er klinisch am Leben, als sein Leib in ein Grablinnen gehüllt in die Gruft gelegt wurde?

Obwohl die christliche Religion standhaft behauptet, daß Jesus am Kreuz gestorben ist, widerlegen Blutflecken auf dem Tuch, das den Leib Christi vermutlich eingehüllt hat, die Berichte der Evangelisten und zeigen mit einigen wissenschaftlichen Beweisen, das Christus am Leben war, als man ihn vom Kreuz nahm.

Dies ist die Schlußfolgerung der Internationalen Stiftung für das Grablinnen Jesu, in Zürich, die ihr britisches Büro in London hat. Sie vertritt die Aussage, daß Christus nicht verstorben war, als man ihn in das Grablinnen legte, „weil ein Leichnam nicht in dieser Weise geblutet hätte, wie es die Blutflecken in dem Grablinnen aufzeigen". Aufgrund dieses Kriteriums medizinischer Wissenschaft ist die Stiftung überzeugt, daß Christus am Leben war, als man ihn in die Grabhöhle legte.

Die Stiftung — durch ihren Präsidenten, Kurt Berna, einem westdeutschen römisch-katholischen Schriftsteller — behauptet, daß die Blutflecken in dem Grablinnen beweisen, daß Christus am Kreuz zwar vorübergehend aufgehört hatte zu atmen, daß sein Herz aber weiterhin schlug. Hätte das Herz aufgehört zu schlagen, so hätten die Blutungen ebenfalls aufgehört, und es wären keine Spuren von frischem Blut in dem Grablinnen aufgetreten, sagt Berna, „denn Leichname bluten nicht in dieser Weise".

Die Schweizer Organisation, die 550.000,— DM für die Beweisführung und Verbreitung ihrer Theorie ausgegeben hat, widerspricht der allgemeinen Auffassung, die Lanze des römischen Centurios habe Christus getötet. Berna stellt fest, die Lanze sei in einem Winkel von etwa 29 Grad eingeführt worden und sie verletzte das Herz nicht, aber beeinträchtigte die Lungen. Das Herz schlug weiter, und deshalb war ein Blutkreislauf vorhanden, als Christus in das Tuch gehüllt und zur Ruhe gebettet wurde — so die Aussagen der Grablinnen Stiftung.

Berna äußerte sich zurückhaltend über die religiöse Bedeutung dieser medizinischen Daten; er will jedoch die Möglichkeit nicht ausschließen, daß, weil Christus gelebt hat, als er vom Kreuz genommen wurde, es keine Auferstehung aus einer „Leiche" gab, da Jesus zwangsläufig gelebt hat, als er die Gruft verließ. Allerdings eine Auferstehung aus dem Grabe.

Die Theorie, die Berna aufstellt, kreist um das heilige Grablinnen in Turin/Italien, das eine der kostbarsten Reliquien der römisch-katholischen Kirche darstellt, in der der Leib Christi eingehüllt war, wird gesagt. Der größte Teil der Oberfläche ist gelblich, aber die Umrisse eines menschlichen Gesichts und eines Körpers erscheinen deutlich sichtbar in dunkler Nuancierung, wie auf einem photographischen Negativ. Der Körper hat die Größe von 1,79 meter.

Das Grabtuch, liegend in der Kapelle der Turiner Kathedrale, ist 4,36 meter lang und 1,10 meter breit. Es ist in rote Seide geschlagen und wird in einer silbernen Truhe auf dem Altar aufbewahrt, geschützt durch dickes Glas und zwei Eisenstäbe.

Das silberne Behältnis ist in den letzten 100 Jahren nur 5 mal geöffnet worden; die beiden ersten male 1898 und 1931 aus Anlaß der Hochzeiten von König Vittorio Emmanuele III und seines Sohnes Umberto von Savoyen. Der dritte Anlaß war das Gedenken an die 1900 Wiederkehr des Todes Christi im Jahre 1933, als das Grablinnen drei Wochen lang öffentlich vor Hunderttausenden von Pilgern in der Turiner Kapelle ausgebreitet wurde.

1946 wurde die Truhe abermals geöffnet, nachdem sie im 2. Weltkrieg aus Sicherheitsgründen versteckt worden war. Um den Zustand des Grablinnens zu prüfen, wurde die Truhe von einem Beamten des Vatikans in Anwesenheit einer Gruppe Benediktinermönche eines Klosters in der Nähe von Avellino in Süditalien geöffnet.

Während einer geheimen Untersuchung im Juni 1969, der zehn päpstlich Authorisierte, einschließlich eines Biologen, eines Chemikers, eines Archeologen und eines Historikers beiwohnten, wurde die Truhe zum 5. Male geöffnet. Das Grablinnen wurde drei Tage lang einer genauen Untersuchung unterzogen mit Hilfe von präzisen Mikroskopen und hunderten von Farbaufnahmen. Trotz seines hohen Alters befindet sich das Grablinnen in erstaunlich gutem Zustand.

Jedoch hat seit der Untersuchung im Juni 1969 der Vatikan keine Ergebnisse oder Schlußfolgerungen bekanntgegeben. Und bis er es tut, wird die Frage, ob Christus am Kreuz starb, oder klinisch am Leben war, in ein Mysterium gehüllt bleiben.

EIN GANZES LEBEN DEM STUDIUM DES HEILIGEN GRABLINNENS

Im Herbst 1967 in englischen Tageszeitungen veröffentlicht
von Valerie Green

ORIGINALTITEL: LIFETIME STUDY OF THE HOLY SHROUD

Ein neues Buch von dem deutschen Verfasser John Reban, einer Autorität auf dem Gebiete des Studiums des heiligen Grabtuches, befaßt sich mit allen medizinischen Gesichtspunkten der Kreuzigung und Auferstehung und enthält einige bemerkenswerte Bilder von Vergrößerungen des heiligen Grabtuches, die bisher in Großbritannien noch nie veröffentlicht worden sind.

Mr. Reban hat sein Leben dem Studium des heiligen Grabtuches (in dem der Körper Jesu gelegen haben soll) und den wissenschaftlichen Fakten, die es enthüllt, gewidmet.

Man weiß mit Sicherheit, sagt Mr. Reban, daß das heilige Grabtuch aus der Kathedrale von Turin während der Verfolgung der frühen Christen 300 Jahre lang versteckt gehalten worden ist, und daß es erst nach dem Fall Konstantinopels im Jahre 1204 nach Europa gebracht wurde.

Erst 1931 wurde das Grabtuch aufgrund gewisser Behauptungen, daß es sich um eine geschickte Fälschung des frühen Papsttums handele, einer genauen photographischen Untersuchung unterzogen.

Das Grabtuch soll ursprünglich mit einer Aloesaftlösung imprägniert gewesen sein, welche eine chemische Reaktion mit den Würzstoffen eingegangen sein würde, welche Joseph von Arimathia laut Evangelium verwendet haben soll.

Deshalb wirkte das Grabtuch als eine Art photographischer Platte und trägt den Abdruck des Körpers, der darin gelegen hat.

BEWEISE

Ausführliche Untersuchungen der seit 1931 gemachten Photographien lassen wenig Zweifel an der Tatsache offen, daß das Tuch wirklich aus der Zeit Christi stammt und daß der Körper, der darin gelegen hat, einer seh- speziellen Behandlung unterzogen worden ist.

Jedes der sieben in der heiligen Schrift angeführten Ereignisse (um Jesus) kann aus den Markierungen auf dem Grabtuch bewiesen werden.

Mr. Reban beansprucht „Im medizinischen Sinne starb Jesus Christus nicht. Im historischen Sinne ist das jüdische Volk deshalb nicht des Mordes an Jesus Christus schuldig. Im rechtlichen Sinne war die Hinrichtung nicht zu Ende geführt worden. Eine Person hinzurichten bedeutet, daß man ihren Körper tötet. Im Falle Jesus ist dieses nicht geschehen".

Die anschließende Auferstehung ist von Mr. Reban als eine Wiederbelebung des Körpers erläutert, der im Laufe der zwei Tage, während er in der Gruft gelegen hat, wieder zu Kräften kam: ein Körper, der bei der Grablegung über ein schlagendes Herz verfügte.

upi 193 ausland

deutscher christusforscher erregt aufsehen in england

london,22.november(upi).-aufsehen hat der deutsche schriftsteller kurt berna mit seinen an untersuchungsergebnisse am turiner linnen geknuepften schlussfolgerungen ueber die die letzten tage von jesus christus in grossbritannien erregt. berna, der seit ueber 18 jahren offiziell anerkannte forschungsergebnisse ueber das als sterbetuch jesus christus erachtete linnen sammelt, kommt in seinem jetzt in england erschienen buch ''inquest on jesus christ'' (frewin) zu dem schluss, dass christus nicht am kreuz gestorben sei.

berna zitiert vielmehr experten, wonach das blut auf dem turiner linnen, auf dem sich schattenhaft die umrisse eines mannes abzeichnen, von einem noch schlagenden herzen nach aussen gepumt worden sein muss. demnach muss nach bernas theorie, die das londoner massenblatt ''daily mirror'' ''aufsehenerregend'' nennt, christus nach der kreuzabnahme noch gelebt haben. jesus wurde -- so berna -- also nicht von den juden ermordet, denn: ''wo kein ermordeter, da kein moerder''. deswegen, so erklaert berna, duerfe das ende jesu christi nicht laenger zwischen juden und christen stehen.

ende

upi 193 hot wu 2030 22.11.67

Zumindest eigenartig!

Vorstehend war der Abdruck des Original-Fernschreibens der United Press International, die damals – 1967 – auch in Deutschland zahlreiche Zeitungen mit Nachrichten, auch mit dieser Nachricht versorgte: keine deutsche Zeitung hat diese Nachricht gedruckt. Das hier wiedergegebene Original-Nachrichten-Fernschreiben stammt zum Beispiel aus dem Archiv der „Stuttgarter Nachrichten", der Geburtsstadt des Autors. Da keine deutsche Zeitung diese Nachricht druckte, so auch natürlich nicht die „Stuttgarter Nachrichten".

DIE KREUZIGUNG: EINE AUFREGENDE THEORIE

Im Herbst 1967 in englischen Tageszeitungen veröffentlicht

von Herbert Williams

Originaltitel: THE CRUCIFIXION: A STARTLING THEORIE

Ist Jesus Christus am Kreuz gestorben? Selbstverständlich. Darüber besteht kein Zweifel. Oder doch?

Die neueste Theorie ist die, daß Jesus Christus noch immer am Leben war, als er vom Kreuz abgenommen wurde und Er im Grab wieder lebte. So die „Auferstehung".

Diese aufregende Theorie wird in dem gerade erschienen Buch „Inquest on Jesus Christ" („Untersuchung über Jesus Christus"), von John Reban (Frewin, 35 s) dargelegt.

Sie beruht auf den Blutflecken im heiligen Leichentuch, welche, so wird festgestellt, beweisen, daß Jesu Herz noch schlug, nachdem er vom Kreuze genommen war.

Der Verfasser ist, so wird gesagt, die führende Autorität der Welt („the w o r l d ' s foremost authority on the Holy Shroud"), wenn es um das heilige Leichentuch geht, welches in der Kathedrale von Turin aufbewahrt und der Öffentlichkeit alle 33 Jahre gezeigt wird.

Viele Christen glauben, daß dieses das Leinentuch ist, in dem der Körper Jesu nach der Kreuzigung gelegen hat.

Die Hauptbeweise sind nach Aussagen des Verfassers die Flecken in dem Leichentuch, die, wie er sagt, von frischem Blut herrührten – und eine Leiche blutet nicht so.

SCHEINBAR

Christus war nur scheinbar gestorben. Er hatte aufgehört zu atmen; aber „nach kurzer Unterbrechung" setzte die Atmung im Grabe wieder ein.

Man hielt ihn für gestorben, weil man zu jener Zeit die Atmung für den entscheidenden Lebensfaktor hielt. Die genaue Funktion des Herzens war unbekannt.

Reban zitiert Dr. Theodor Hirt, einen deutschen Professor, der „intensive Studien" am Leichentuch vorgenommen hat und der Ansicht ist, daß „es medizinisch gesehen, ein furchtbarer Kampf mit dem Tode war", daß „die Wiedererweckung medizinisch jedoch möglich wäre" und in der Tat stattgefunden hat.

Der Professor fügt hinzu, „daß es vom medizinischen Standpunkt aus gesehen durchaus nicht unmöglich ist, daß die Atemwege durch die Düfte der Würzstoffe, mit denen der Körper gemäß den Aussagen der Bibel versehen war, ständig angeregt wurden und daß dadurch das Wiedereinsetzen der Atmung erfolgte".

Wie unerhört manche Leute diese Theorie auch immer finden mögen, Reban führt seine Beweise so einleuchtend, daß sie nicht leicht abgelehnt werden können.

Er legt sie als ein Christ dar und glaubt, daß deren Annahme die Schranke zwischen Christen und Juden hinwegräumen könnte.

DER GRUND

Der Grund, warum die Juden im Augenblick das Christentum nicht annehmen können, sagt er, ist der, daß diese nicht glauben, daß Gott es zugelassen hätte, daß der Messias am Kreuze stirbt.

Mr. Reban stützt seine Theorie auf die Tatsache, daß die Evangelisten geschrieben haben, daß Christus „seinen Geist aufgab", nicht daß er starb. Dieses, sagt er, sei die korrekte Übersetzung der von ihnen verwendeten Worte, und es sei unkorrekt zu sagen „er starb", wie es die Neue Englische Bibel tut.

Aber glaubten nicht seine Jünger selbst, daß Jesus gestorben war, als er ins Grab gelegt wurde?

Es ist ein Teil der Beweisführung, daß ihre eigene „vorgebrachte" Meinung unwesentlich ist, weil sie, als sie die Schrift verfaßten, vom Heiligen Geist inspiriert waren, und daß Gott ihnen auf diese Weise den doppelsinnigen Satz „er gab seinen Geist auf" eingegeben hat.

Seit der Zeit, da die Photographie den Abdruck eines menschlichen Körpers und ein schwaches „Abbild" des Gesichtes enthüllt hat, ist das heilige Leichentuch ständig Gegenstand einer intensiven Kontroverse gewesen.

Das Entstehen eines solchen Abdruckes erklärt sich durch die Tatsache, daß das Leichentuch als eine Art photographischer Platte wirkte, weil es mit einer Aloesaftlösung imprägniert worden war, welche mit den zur Bereitung des Körpers für die Grablegung verwendeten Würzstoffen chemisch reagierte.

UNGEWÖHNLICHE DINGE

Aber war es wirklich der Körper Jesu oder eines Anderen? Mr. Reban sagt, daß mit dem Mann in dem Leichentuch so viele Dinge geschehen sind, die mit der Behandlung Jesu übereinstimmen — so zum Beispiel das Eindringen der Dornen in das Haupt und die Abnahme des Körpers vom Kreuz, ohne daß die Gebeine gebrochen wurden — so daß es zu 90 Prozent wissenschaftlich wahrscheinlich ist, daß es Ein und Derselbe war.

Einen großen Teil des Buches nehmen die Beweise dafür ein, daß die durch die Photographie enthüllten Flecken im Leichentuch, nicht durch noch am Kreuz stattgefundene Blutungen, entstanden sein können.

ANHANG

AUFERSTANDEN IN FLEISCH UND KNOCHEN

Auszug aus „WELT AM SONNTAG"

Neuer Fund:

Mehrere christliche Pergamente wurden etwa 190 Meilen westlich von Assuan, an der Grenze zwischen Ägypten und dem Sudan von Forschern der Universität Chicago entdeckt.

Ein Band Pergamente von etwa 30 Seiten wurde nahe der Nubischen Wüste zwischen Abu Simbel und Wadi Halfa gefunden. Er ist in koptischer Sprache, die deshalb die Sprache der Urchristen in Ägypten gewesen sein muß, sie sind mit griechischen Buchstaben geschrieben.

Die Pergamente, die von amerikanischen Forschern gefunden wurden, stellen eine Art Brief dar, an alle Christen der vier Himmelsrichtungen gerichtet, in denen die Jünger Christi ihre Gespräche mit Christus nach seiner Auferstehung wiedergeben. Die folgenden Worte Christi, die er an seinen Jünger Andreas richtete, und die nicht im Neuen Testament enthalten sind, sind bezeichnend: „Schau auf meine Füße, Andreas, und sieh, ob sie nicht den Boden berühren, denn es steht geschrieben bei den Propheten: Ein Geist, eine Erscheinung hinterläßt keine Spuren auf der Erde!"

Kommentar: Es ist zu sehen, daß Jesus nach der Auferstehung oftmals versucht hat, seine Jünger von seiner Auferstehung in Fleisch und Knochen und den sich daraus ergebenden Folgen zu überzeugen. Nur sehr wenige dieser bedeutungsvollen Hinweise, die Jesus gab, und die zudem noch verstümmelt und verbogen sind, finden sich in der heutigen Bibel wieder. Einer der bedeutsamsten, einigermaßen rein erhalten lautet: „Und Jesus sprach zu den Aposteln: Betrachtet meine Hände und Füße! Tastet und sehet! Ein Geist hat nicht Fleisch und Knochen, wie ihr sehet, daß ich habe." (Lukas 24, 39)

Die jetzt folgenden Entdeckungen Jesus – Nicht am Kreuz gestorben wurden erstmals 1962 gedruckt, konnten jedoch in Deutschland nicht nennenswert verbreitet werden, weil damals – 1962 – ca. 95 % der Zeitungen es ablehnten Anzeigen mit dem Titel „Jesus – Nicht am Kreuz gestorben" zu veröffentlichen.

Kein Wort dieser Entdeckungen mußte in den folgenden 14 Jahren zurückgenommen werden. Alle entscheidenden Facten waren, sind und bleiben unwiderlegbar.

Im August 1976 Der Autor

JOHN REBAN'S
Zweites Fact Buch

Die Entdeckungen

Jesus – Nicht am Kreuz gestorben

**Vollständiger
und authentischer Dokumentarbericht
nach dem echten Grablinnen Jesu
und anderen Beweisen.**

in sieben Teilen

Originalphotos vom Grablinnen Jesu: G. Enrie, Turin
Holzschnitte: Albrecht Dürer

Der offizielle Einzug Jesu in die Hauptstadt Jerusalem – von der jüdischen Synagogen-Behörde als z u große Provokation empfunden – führte wenig später endgültig zum Haftbefehl, Prozeß, Todesurteil und zur Hinrichtung.

Jesus in der Inquisition der damaligen Gesetze

**Will man die Ereignisse um Jesus, seine Taten, seine Worte und die Worte und Taten seiner Gegner richtig verstehen, so muß das damalige Leben, die damalige Zeit und Welt genau beachtet werden.
Wir müssen – soll es im richtigen Licht erscheinen – Ordnung und Verfassung von damals kennen lernen. Dies führt letzten Endes zu der vielen Christen unbekannten, bestürzenden Erkenntnis: Jesus wurde völlig legal zum Tode verurteilt und legal hingerichtet!**

Der an sich korrekte Rechtsvorgang vollzog sich innerhalb der damaligen jüdischen Ketzer-Gesetzgebung, die eine Art Inquisitionsgerichtsbarkeit darstellte, wie wir sie in ähnlicher Form und Auswirkung aus der Entwicklung des Christentums ungefähr ab dem zwölften Jahrhundert kennen. Sowohl bei den Juden als auch bei den Christen ist diese Gesetzgebung rechtlich noch heute gültig, wenngleich sie auch zur Zeit nicht angewandt wird.
„Wir haben ein Gesetz, und nach dem muß er sterben, denn er hat sich selbst zum Sohne Gottes gemacht!" So lesen wir im neunzehnten Kapitel, dem siebten Vers des Johannes-Evangeliums und bemerken, daß es damals derartige Gesetze gegeben haben muß, sonst hätte Johannes nicht so berichtet. Die Gegner Jesu konnten sich auf gültige Gesetze stützen, denen sich auf die Dauer niemand entziehen konnte. Der Gesetzes h ü t e r nicht, weil er daran gebunden ist und nicht einfach zusehen kann, wie ein Gesetzes b r e c h e r alles Gültige mißachtet. Und wir werden sehen, daß Jesus eine Vielzahl damaliger Gesetze mißachtet hat.

Jesus wußte genau, welches Ende ihn als Gesetzesbrecher früher oder später erwarten mußte; er wußte es von Anbeginn. Im Gegensatz zu seinen Jüngern hat er die Gefährlichkeit seines Tuns und seines Lebensweges genau erkannt, denn er war schriftgelehrt. Schon als Zwölfjähriger ist er durch seine umfassenden Kenntnisse dem Klerus aufgefallen. Mittels dieses Wissens konnte er bei seiner öffentlichen Tätigkeit immer wieder auf das zwangsläufige Ende seines Wirkens hinweisen, aber auch auf seine Auferstehung, denn auch sie stand in den Schriften.

Eigentlich verfuhren die Gesetzeshüter sehr lange nachsichtig mit ihm. Sie gaben sich jedenfalls den Anschein. Zunächst kam es nur zu spontanen, ungesteuerten Vorkommnissen. Auffallend oft steht im Neuen Testament zu lesen: „Und Jesus verbarg sich vor ihnen" – „Jesus entzog sich ihnen" ... Auch stellen wir fest, daß er immer wieder die Landesgrenzen innerhalb Palästinas rasch wechselte bzw. eine Zeit lang ein bestimmtes Land konsequent mied, so daß die Provinzältesten, die ihn doch gerade fangen und „spontan" steinigen wollten, ohne Erfolg blieben.
Am längsten ließ die jüdische Zentrale in Jerusalem Jesus gewähren. Zunächst dürfte die alte Taktik gegolten haben, Außenseiter möglichst überhaupt nicht zu beachten. (Und Jesus war der größte und einsamste Außenseiter, der je auf dieser Erde lebte.) Das konnte nicht anders sein: ein Zimmermannssohn, der von sich sagte: „Ich bin Gottes Sohn!"
Nachdem jedoch der Zulauf zu diesem Außenseiter immer größer wurde, das Volk offensichtlich an ihn zu glauben begann, sandte die Zentrale in Jerusalem Beobachter und Zeugen in die Provinz, um Material zu sammeln. Und als man endlich glaubte genügend Material in der Hand zu haben, als Jesus außerdem durch seinen provokatorischen Einzug in die Hauptstadt Jerusalem die Gesetzeshüter direkt herausforderte, da erfolgten wenige Tage später **Fahndungs- und Haftbefehl!**

Vorher, solange kein Haftbefehl vorlag, hatte Jesus sogar noch im Tempel lehren können. Zu jenem Zeitpunkt hätte es z. B. eine Aktion wie die des Judas noch gar nicht geben können. Erst als von der offiziellen jüdischen Gerichtsbarkeit ein Haftbefehl erlassen war, wurde die Rolle des Judas möglich. Judas der Verräter! Allerdings, mit den Augen der damaligen jüdischen Öffentlichkeit, der Gesetzeshüter gesehen, war Judas ein ehrenwerter Bürger, der dem bestehenden Gesetze gehorchte, den Aufenthaltsort einer Person meldete, gegen die ein Haftbefehl vorlag, und ihre Identität bestätigte.
Der Haftbefehl mußte einige Tage alt gewesen sein, und Jesus wußte von dem Haftbefehl. Das war der Grund für die heimliche Vorbereitung und vertrauliche Abhaltung des „letzten" Abendmahles. Er wollte nicht, daß er noch vorher verhaftet würde. Er kannte auch den Urteilsspruch, der unumgänglich auf ihn wartete. Aber er kannte ebenso die Prophezeiungen der damaligen Heiligen Schrift, des Alten Testamentes, die verkündeten, daß er errettet, am Ende obsiegen und auferstehen werde.

Wenige Tage nach dem Einzug Jesu in die Hauptstadt Jerusalem erfolgte die Festnahme. Judas identifiziert die Person Jesu mit einem Kuß. Soldaten und Knechte des Hohenpriesters vollziehen den Haftbefehl.

Wir werden erleben, wie genau und vollständig sich diese Prophezeiungen erfüllt haben. – Doch zunächst zurück zur jüdischen Gerichtsbarkeit.
Professor Dr. Ethelbert Stauffer, der bekannte Erlanger Theologe, hat in seiner Schrift „Jerusalem und Rom im Zeitalter Christi" (Franke-Verlag, Bern 1957 – Dalp-T.B. Nr. 331) in **123 Paragraphen** die damalige Gerichtsbarkeit der Juden zusammengestellt und veröffentlicht.
Aus ihnen geht vollkommen einwandfrei hervor, daß Jesus nach damaligem Gesetz und Recht der Juden ganz legal verurteilt und hingerichtet wurde!
Zum Beweis für die Richtigkeit dieser Aussage geben wir nachstehend 46 der genannten 123 Paragraphen im Wortlaut wieder, deren Inhalt damals direkt oder indirekt auf Jesus bezogen wurde und sich genau mit dem deckt, was die Evangelien in ihren Berichten über das Leben und Wirken Jesu davon zu sagen wußten. Der Abdruck hier geschieht aus wissenschaftlichen Gründen, und diese Paragraphen sind wohl eine der interessantesten Entdeckungen der Religionsgeschichte. Es lohnt sich, sie sorgfältig zu studieren. Der Vollständigkeit halber muß hinzugefügt werden, daß verständlicherweise zur leichteren Orientierung eine neue, übersichtliche Numerierung vorgenommen und manche der Originaltexte auf das hier Wesentliche gekürzt wurden. Anhand der zitierten Abhandlung von Professor Dr. Ethelbert Stauffer kann der gesamte Originaltext sowie die genaue Quellenangabe nachgelesen und geprüft werden. – Die am Ende der jeweiligen Paragraphen in Klammern gesetzten Texte sind vom Autor des vorliegenden Buches eingefügte Kommentare und stammen nicht von Professor Dr. Stauffer.

Die jüdische Ketzer-Gerichtsbarkeit hatte u. a. folgende Paragraphen:

a) Ablehnung der Thora:

§ 1. Wer das Sabbatgebot oder eine andere Vorschrift der Thora mit Wissen und Willen übertritt, ist ein Gottesverächter.

§ 2. Er muß verwarnt werden.

§ 3. Wenn er nicht hört und wiederholt frevelt, ist er des Todes schuldig.

b) Ablehnung der juristischen Amtsträger und Entscheidungen.

§ 6. Das Große Synedrium im Tempel zu Jerusalem spricht Recht in der Vollmacht Gottes. G o t t s e l b s t r e s p e k t i e r t diese Rechtsentscheidungen (gemeint ist der Hohe Rat mit den 71 Mitgliedern, die auch Jesus verurteilt haben).

Jesus vor Hannas. Hannas war früher Hoherpriester, dann Ältester des Ketzer-Gerichtes. Deshalb, laut Bibel: „Sie führten ihn zuerst zu Hannas".

§ 7. Der Widerspruch gegen die Legitimation des Großen Synedriums wird mit dem Tode bestraft.

§ 8. Der Ungehorsam gegen eine Rechtsentscheidung des Großen Synedriums wird mit dem Tode bestraft.

c) Ablehnung des Klerus, Tempels oder Tempelkults.

§ 13. Wer sich gegen den amtierenden Klerus in Jerusalem auflehnt, ist des Todes schuldig. (Oft hat Jesus die Schriftgelehrten usw. verächtlich gemacht und sich gegen sie aufgelehnt.)

d) Gotteslästerung:

§ 16. Wer den Gottesnamen offen ausspricht, ist ein Gotteslästerer. (Von Jesus mehrfach getan.)

§ 18. Wer sich göttliche Ehren oder Reservatrechte anmaßt, ist ein Gotteslästerer. (Sehr oft hat sich Jesus solche Reservatrechte zugelegt, zuletzt direkt vor dem Hohen Rat, was gewissermaßen nach „Recht und Gesetz" automatisch zum Todesurteil führen m u ß t e !)

§ 21. Der überführte Gotteslästerer wird gesteinigt.

§ 22. Nach der Steinigung wird der Leichnam an einen kreuzförmigen Pfahl aufgehängt.

§ 23. Noch vor Ende des Hinrichtungstages (bei den Juden etwa 18.00 Uhr) wird der Leichnam des Gotteslästerers vom Kreuzpfahl abgenommen und ehrlos begraben.

e) Verführung zur Apostasie:

§ 30. Ein Verführer (Mesith) ist ein Jude, der einen anderen Juden zum Abfall überredet hat oder überreden wollte. (Auf Jesus voll zutreffend, weil er sich Apostel, also andere Juden, als Anhänger gesucht hat.)

§ 31. Jeder Jude ist verpflichtet, einen Verführer zur Anzeige zu bringen. (Das war z. B. die Deckung für Judas; er hatte „juristisch" korrekt gehandelt.)

§ 35. Verwandtschaftliche und menschliche Rücksichten dürfen bei der Behandlung eines Verführers keine Rolle spielen.

§ 36. Im Prozeßverfahren gegen den Verführer entfallen die sonst geltenden humanen Bestimmungen. (Deshalb waren die Gerichtsknechte, die Jesus schlugen und inhuman handelten, juristisch gedeckt.)

§ 38. Wenn die Schuld des Verführers erwiesen ist, wird er gesteinigt.

f) Der Abfallprediger:

§ 39. Ein Abfallprediger ist ein „Sohn Belials" (mehrfach wurde Jesus bezichtigt, mit dem Teufel im Bunde zu sein), der das Gottesvolk durch planmäßige Agitation zur Apostasie zu verführen sucht.

§ 41. Der Abfallprediger wird gesteinigt.

g) Der Pseudoprophet:

§ 53. Der Pseudoprophet kann von Gott gesandt sein, um Israel zu versuchen.

§ 54. Der Pseudoprophet gilt als Werkzeug der Hölle, erfüllt vom Geiste des Belial (des Teufels), in dessen Kraft er die Wunder vollbringt. (Wunder zu tun, war also kein Zeichen für die Sendung von oben.)

§ 55. Der Pseudoprophet muß durch das Große Synedrium abgeurteilt und in Jerusalem hingerichtet werden.

§ 56. Die Hinrichtung kann durch Erdrosselung erfolgen.

§ 57. Die Hinrichtung kann durch Aufhängen erfolgen.

§ 58. Die Hinrichtung kann durch Steinigung erfolgen.

h) Apostasie und illegitime Geburt:

§ 59. Ist jemand der Apostasie verdächtig, so forscht man nach den Umständen seiner Geburt. Denn der Mamser (= Kind illegitimer Ehe oder Verbindung) neigt zur Auflehnung und Gotteslästerung.

§ 60. Solange ein Mamser ein gottgefälliges Leben führt, sagt man nichts Negatives über seine Geburt.

§ 61. Wird ein Mamser zum Apostaten, so spricht man öffentlich und schonungslos über seine Geburt.

§ 62. Man kennzeichnet einen Menschen als illegitimes Kind, wenn man ihn mit dem Namen seiner Mutter nennt: N, Sohn oder Tochter der NN. Denn ein Mamser „hat keinen Vater". (Z. B. wurde Jesus deshalb „Sohn der Maria" genannt.)

§ 63. Auch die Scheltworte „Fresser oder Weinsäufer" (auf Jesus oft angewandt) schließt eine Anspielung auf illegitime Geburt ein.

i) Prozeßordnung des Großen Synedriums in Jerusalem, u.a.:

§ 64. Das Große Synedrium in Jerusalem ist letzte Instanz für alle schwierigen Rechtsfälle und Rechtsfragen.

§ 65. Das Große Synedrium ist alleinige Rechtsinstanz zur Verhängung von Todesurteilen in allen Fällen und Formen der Apostasie.

§ 66. Apostasieprozesse (gegen Irrlehrer, Verführer, Abfallprediger, Pseudopropheten, rebellische Söhne u. a. m.) müssen im Plenum der 71 verhandelt werden.

§ 69. Jeder Apostasiefall muß durch mindestens zwei Zeugen bekräftigt werden.

§ 70. Die Aussagen der Belastungszeugen müssen völlig übereinstimmen, auch in den geringfügigen Einzelheiten und Nebendingen. (Beim Prozeß Jesu ist bekanntlich die Erfüllung dieser Vorschrift nicht gelungen, erst auf Grund seines Selbstzeugnisses wurde Jesus verurteilt.)

§ 71. Ist das Urteil gesprochen, so kann der Widerruf eines Belastungszeugen die Urteilsvollstreckung nicht mehr verhindern.

§ 76. Der Präsident des Großen Synedriums (damals Kaiphas) hat in Ausnahmefällen das Recht, sich über hemmende Vorschriften hinwegzusetzen, um der Apostasie ein rasches und radikales Ende zu bereiten. Solches Vorgehen ist die „Horaath Schaah", das Verfahren nach dem Gebot der Stunde. (Wurde bei Jesus angewandt, war rechtens.)

§ 77. Die Hinrichtung des Apostaten erfolgt „zur größeren Ehre Gottes".

§ 78. Der Volksverderber muß „sterben", damit die Verderbnis nicht weiter um sich greift.

§ 81. Wenn die Verurteilten bei der Hinrichtung ihre Schuld bekennen und bereuen, so ist ihnen Gottes Vergebung und ein Anteil an der künftigen Welt gewiß. (Um diese „Art Absolution" auch – nach der Vorschrift – bei Jesus geben zu können, mußten die Hohenpriester bei der Hinrichtung anwesend sein.)

k) Publizität und Abschreckung:

§ 83. Ein wesentlicher Zweck der Strafe ist auch die Abschreckung.

§ 84. Die Hinrichtung des Apostaten soll deshalb in größtmöglicher Öffentlichkeit vollzogen werden.

§ 85. Die Hinrichtung soll deshalb vor den Toren Jerusalems stattfinden.

§ 86. Die blutige Demonstration soll deshalb um die Zeit der großen Wallfahrtsfeste (Laubhütten, Passah [wie bei Jesus], Pfingsten) vollzogen werden, am zweckmäßigsten am Vortage des ersten Feiertages, wenn die Pilgermassen aus aller Welt in Jerusalem versammelt sind.

Und Kaiphas sprach zu ihm: „Ich beschwöre dich bei dem lebendigen Gott, daß du uns sagest, ob du Christus bist, der Sohn Gottes!" Jesus antwortete ihm: „Du hast es gesagt!" – – Da zerriß der Hohepriester seine Kleider mit den Worten: „Er hat Gott gelästert! Was haben wir noch Zeugen nötig? Sehet, nun habt ihr die Lästerung gehört. Was dünket euch?" Sie (das Synedrium) antworteten: „Er ist des Todes schuldig!"

§ 93. Noch rechtzeitig vor Sonnenuntergang muß der Leichnam wieder vom Holze abgenommen werden.

§ 112. Um 30 post (also z. Z. Jesu) entzog die röm. Reichsregierung dem Großen Synedrium zu Jerusalem die Blutgerichtsbarkeit. Das Große Synedrium konnte Fahndungsedikte oder Haftbefehle erlassen und Verhaftungen vornehmen (alle drei Vorgänge haben auch bei Jesus stattgefunden). Das Große Synedrium konnte nach wie vor in religionsgesetzlichen Dingen Todesurteile fällen, mußte aber den Verurteilten von nun an zur Bestätigung und Vollstreckung des Todesurteils (bei den Römern Kreuzigung) dem Prokurator (damals Pilatus) übergeben.

Soweit das Zitat von 46 der genannten 123 Paragraphen, die als Gesetze der damaligen Synagoge zu bezeichnen sind. Und diese 46 Paragraphen enthalten alle Gesetzesvorschriften, die – natürlich vom Standpunkt der damaligen Synagogenmacht aus – direkt oder indirekt auf Jesus, auf seine Person, seine Herkunft, seine Worte und Taten bezogen werden mußten.

Der Weg, den Jesus eingeschlagen hatte, mußte zwangsläufig früher oder später zur Gefangennahme, zum Prozeß, zur Hinrichtung führen; das hat er genau erkannt und mehrmals vorausgesagt. Er wußte aber auch – denn er glaubte den Prophezeiungen – daß Gott ihn bestätigen werde. Diese Bestätigung mußte innerhalb der Ereignisse erfolgen, die zu seiner Auferstehung und dem Weiterleben in dieser Welt führten, und deshalb sprach er immer wieder von seiner Auferstehung.

Nun hat die damalige jüdische Synagoge bei der Verurteilung und Vollstreckung gleich die Anwendung der G o t t e s p r o b e angeordnet, d. h. es sollte festgestellt werden, ob Jesus tatsächlich unter göttlichem Schutz stand, wie es der von ihm selbst bezeugten göttlichen Stellung entsprochen hätte.

Jesus vor Pilatus

Durch ein Edikt der römischen Besatzungsmacht war der jüdischen Gerichtsbarkeit der Vollzug von Todesstrafen entzogen worden. Todesurteile der Juden mußten durch die Besatzungsmacht bestätigt und vollzogen werden, was bei den Römern durch Kreuzigung geschah.

Die Gottesprobe

Sehr aufschlußreich berichtet uns Matthäus von der klassischen „Gottesprobe", die jene Schriftgelehrten und Kirchenvorsteher der jüdischen Kirche unter dem Kreuz Christi veranstalteten. Sie mußten – als Kläger – zugegen sein, um die gesetzlichen Formeln zu erfüllen. Wenn ihr Verhalten unter dem Kreuz Jesu auch wohl nur noch als eine hohnvolle Verspottung des Opfers der triumphierenden Juristen zu deuten ist – denn sie vertrauten absolut der römischen Hinrichtungsmaschinerie –, so spielte sich doch alles als ein tatsächlich rechtmäßiger Vorgang ab, wie er bei der Hinrichtung von Abfallpredigern, Sabbatschändern, Gotteslästerern und ähnlichen Ketzerverbrechern vorgeschrieben war.

Widerrief der Delinquent am Kreuze noch seine Lehre und sein Tun, so erhielt er dann vom Hohenpriester eine Art Lossprechung und durfte somit noch im Schoße der Kirche sterben. Widerrief er nicht, so gab es für ihn nur noch die eine Chance, daß Gott selbst ihn durch eine wunderbare Errettung bestätigte. Starb der Hingerichtete jedoch und wurde nicht errettet, so galt nach dem Gesetz des Moses der Fall als erledigt. Die Gottesprobe hatte dann erwiesen – und daran halten die Juden sich noch heute –, daß der Hingerichtete tatsächlich von Gott verworfen wurde; denn die Urteile des Hohen Rates wurden im Namen Gottes ausgesprochen!

„Er hat auf Gott vertraut, der errette ihn nun, wenn er Wohlgefallen an ihm hat. Denn er hat gesagt: Ich bin Gottes Sohn!"

So lautete die Gottesprobenformel bei der Kreuzigung Jesu, wie die Heilige Schrift berichtet. Starb Jesus am Kreuz, so mußte Gott selbst ihn verworfen haben; denn nach dem Gesetz Moses ist verflucht, wessen Leichnam am Kreuz, dem Fluchholz hängt (5. Moses 21, 23). In den Augen der Juden hatte Jesus – und das gilt wieder bis zum heutigen Tage – die Gottesprobe nicht bestanden, nachdem er (angeblich) am Kreuz gestorben war.

„Er hat auf Gott vertraut, der errette ihn nun, wenn er Wohlgefallen an ihm hat. Denn er hat gesagt: Ich bin Gottes Sohn."

Die Errettung kam aber nicht (scheinbar nicht, wie wir jetzt wissen). Selbst eine Auferstehung änderte daran gar nichts, da es sich hier um eine Art neues Leben handelte. Nach der Lehre der damals herrschenden Mächte in der jüdischen Synagoge erwartete ja alle Menschen eine Auferstehung in ein neues Leben. Eine solche Auferstehung nach dem leiblichen Tode konnte und kann bis zum heutigen Tage in den Augen der Juden die Verwerfung durch Gott, die durch das Sterben am Kreuz, dem Fluchholz, bezeugt war, nicht widerlegen. Für ein neues Leben „in verwandelter Form" waren die Gesetze nicht mehr zuständig, das Urteil betraf nur d a s a l t e L e b e n. Aus diesen Gründen haben sich die Juden bzw. die Rabbiner für die berichtete Auferstehung Jesu in den letzten 1900 Jahren nicht sonderlich interessiert, weil diese Auferstehung in ein neues Leben – zudem nach der Lehre des Paulus angeblich noch mit einem v e r w a n d e l t e n Leib – am Ergebnis der Gottesprobe, der Verwerfung Jesu durch Gott selbst, gar nichts ändern konnte.

Sofern Jesus hätte von Gott tatsächlich bestätigt werden sollen, hätte Gott ihn erretten müssen und ihn keinesfalls am Kreuz, dem Fluchholz des Moses, sterben lassen dürfen!

Auch Jesus erwartete eine absolute Errettung, auch er glaubte an die Wahrheit, die in den Heiligen Büchern verkündet war, und insbesondere an die auf sein Schicksal sich beziehenden Prophezeiungen. Man begreift, daß, als von Stunde zu Stunde die Entscheidung am Kreuz näherrückte, gewissermaßen die Entscheidung der gesamten Religionsgeschichte, selbst Jesus zu zweifeln begann, daß selbst er keine Chance mehr sah.

Erst in der Todeskrise kam ein Zweifel: „Mein Gott, mein Gott, warum hast Du mich verlassen!" war die Reaktion, denn Jesus wußte, wenn er am Kreuze starb, dann hatte ihn Gott, nach dem Gesetz des Moses, das damals gültig war, nicht bestätigt. Und das Volk der Juden ist nach dem Gesetz (bis zum heutigen Tage) berechtigt zu sagen: „Nein, Jesus wurde nicht von Gott bestätigt, da er am Kreuz gestorben ist!" (So ist die Sachlage!)

Jesus kannte seine Religion besser, als jeder Christ heute die seine kennt. Er wußte genau, daß er, sollte er wirklich am Kreuze sterben, für sein Volk, für dieses von Gott auserwählte Volk der Israeliten, auf immer und ewig als verloren galt.

Der Verlauf der jüdischen Geschichte bis ins 20. Jahrhundert hinein hat klar und deutlich bezeugt und bestätigt, daß ein am „Fluchholz" Gestorbener für die Juden bis zum heutigen Tage „erledigt" ist. Jesus kannte diese erbarmungslose Konsequenz und durfte sich doch nach dem Plan Gottes nicht gegen die Hinrichtung wehren. Denn gerade dieses N i c h t w e h r e n war ja in den zahlreichen Prophezeiungen des Alten Testaments – die Jesus grundsätzlich auf sich bezog – als eindeutiger Wille Gottes verkündet. Die Schriftgelehrten der Juden wissen, daß Jesus, sollte er wirklich Gottes Sohn gewesen sein, laut Altem Testament nicht hätte sterben dürfen. Das war der Grund, weswegen sich die Juden zu keinem Zeitpunkt bisher zu Jesus bekehrt haben, auch nicht durch Gewalt.

Der unbeirrbare Glaube der Israeliten, daß Gott seine Getreuen niemals endgültig zuschanden werden läßt – und am Fluchholz zu sterben war die größte Schande –, war, ist und bleibt ein Bestandteil der jüdischen Religion. Denn ihr Altes Testament bezeugt so viele Male diesen göttlichen Grundsatz, daß sie ihr Heiliges Buch wegwerfen müßten, wenn sie nicht diesen Grundsatz Gottes über alles setzen würden. Ihn bestätigt nicht zuletzt ihr eigenes Schicksal der letzten fünfeinhalb und besonders das der letzten zwei Jahrtausende.

> **„Er hat auf Gott vertraut, der errette ihn nun, wenn er Wohlgefallen an ihm hat. Denn er hat gesagt: Ich bin Gottes Sohn!"**

Aber – und jetzt kommt der entscheidende Wendepunkt – mit dieser Gottesproben-Formel haben sich die Rabbiner der jüdischen Religion für alle Zeiten selbst festgelegt. Denn Gott hat Jesus vom Sterben am Kreuz e r r e t t e t ! So errettet, wie sie es verlangt hatten! So errettet, wie es die damalige Heilige Schrift prophezeit hatte! Das kann heute mit dem echten Grablinnen Christi bewiesen werden.

Kehren wir nochmals zurück zu der im vorigen Kapitel behandelten jüdischen Rechtsprechung. Unter den vielen Beschuldigungen, die gegen Jesus erhoben wurden, kam bei der Gerichtsverhandlung keine einzige richtig zum Zuge, weil die Zeugenaussagen nicht genau übereinstimmten. Die harten Ketzergesetze der Juden schrieben nämlich zum Schutze der Angeklagten eine solche ganz exakte Übereinstimmung vor. Erst als Jesus von Kaiphas mit den Worten gestellt wurde:

> „Ich beschwöre dich bei dem lebendigen Gott, daß du uns (den 71) sagst, ob du Christus bist, der Sohn des Hochgelobten," und Jesus antwortete: „Du hast es gesagt!" –

erst da hatte Jesus vor einundsiebzig Zeugen, vor dem höchsten Gremium der jüdischen Welt, gegen das oberste Gesetz der Juden verstoßen, indem er die göttlichen Reservatsrechte beanspruchte. Damit war er automatisch des Todes schuldig und wurde auch sofort verurteilt.

Kaiphas hatte ihm mit seiner Frage lediglich eine geradezu klassische Inquisitionsfalle gestellt, eine Falle und doch eine völlig legale Frage. Erinnern wir uns des im vorigen Kapitel genannten Paragraphen Nr. 6: „Das Große Synedrium im Tempel zu Jerusalem spricht Recht in der Vollmacht Gottes. Gott selbst respektiert diese Rechtsentscheidung."
Hier ist die einwandfreie juristische Grundlage der Einstellung des jüdischen Volkes zur Person Jesu: **Ist Jesus am Kreuz gestorben, so hat Gott die Rechtshandlung der Juden bestätigt.**

Deshalb hat sich das jüdische Volk mit allen seinen Rabbinern bis zum heutigen Tage nicht zu Jesus bekehrt und wird – man möge dies bitte bis zur letzten Konsequenz durchdenken – bis in alle Ewigkeit das nicht tun: Sich zu einem am Kreuz gestorbenen Jesus bekehren! – Anders aber wird es einmal sein, wenn das jüdische Volk und seine Rabbiner erkannt haben, daß Gott das damalige Urteil des Synedriums nicht bestätigt, sondern Jesus vom Sterben am Kreuz errettet hat, genau so wie es die Heilige Schrift verlangt hatte.

Und die Christen?

Das Christentum weiß es, glaubt es und hat es im Laufe der Geschichte immer wieder gelehrt bekommen, daß die Christenheit so lange nicht vollkommen ist, bis das jüdische Volk Jesus als Christus anerkannt, sich also zu Jesus Christus bekehrt hat. Dies ist ein ehernes Gesetz der Weltgeschichte, und die Christen wissen das. Sie machten deshalb auch zahlreiche Versuche, die Juden mit Gewalt zu bekehren. – Was also bleibt demnach dem Christentum übrig? Wirklich nur ein einziger Weg: die Botschaft Jesu und die wissenschaftliche Forschung anzuerkennen, die lautet: Jesus ist nicht am Kreuz gestorben! – Dem Christentum wird keine andere Wahl bleiben, denn so ist der Wille Gottes:
Das Volk der Israeliten ist Gottes Riegel vor der Christenheit!
Das Volk der Israeliten durfte einen am Kreuz verstorbenen Jesus nicht als Christus anerkennen. Das war der Wille Gottes in den vergangenen fast 2000 Jahren, das ist er heute, und das bleibt Sein Wille! Zwar mußten sie für diese Kreuzigungstat büßen, zugleich aber sind sie in Gottes Hand das Werkzeug, das verhindert, daß ein Irrtum – ein Irrtum in der Auslegung von Gottes Wirken im Leben und Leiden Jesu – verewigt werden könnte!

Die andere Seite der Todesangst

Wir dürfen es als sicher annehmen: Jesus wollte nicht am Kreuze sterben. Daher rührt auch die Todesangst Jesu, die mehrfach von den Evangelisten aufgezeichnet ist. Wo ein Sterben etwa als willkommen angesehen wird, hat die Todesangst keine Macht mehr über den Menschen. Zwar wußte Jesus um die unabänderliche Notwendigkeit seines Leidens; aber ein Sterben am Fluchholz, dem Galgen, dem Kreuz konnte er unmöglich wünschen. So erklärt sich uns die Todesangst mit den so hinreißenden und aufschlußreichen Gebeten:

> **„Und er ging ein wenig vorwärts, fiel auf sein Angesicht, betete und sprach: Mein Vater, wenn es möglich ist, so gehe dieser Kelch an mir vorüber. Doch nicht wie ich will, sondern wie Du willst!"**

Wir lesen das bei Matthäus im 26. Kapitel, dem 39. Vers, und können feststellen: Jemand, der freiwillig zu sterben bereit ist, um sich als Sterbeopfer darzubringen, würde sich nicht auf sein Angesicht werfen und herzzerreißend beten, der Kelch möge vorübergehen.
Völlig anders stellt sich das Problem dann dar, wenn man weiß, daß in den damals vorhandenen (nicht den heutigen) Texten der Prophetenbücher geschrieben stand, Jesus werde viel zu leiden und für die Menschen zu büßen haben, letzten Endes aber von Gott errettet werden, um dann aufzuerstehen. Nun wird diese eigenartige, in die bisherige christliche Lehre nicht recht passende Todesangst verständlich: Jesus wußte, daß er gefangengenommen, angeklagt, geschlagen, gegeißelt und gekreuzigt werde, daß er aber mit seiner völligen Errettung und damit Auferstehung und dem Weiterleben rechnen könne. Denn das verhießen ihm wiederum die zahlreichen Prophezeiungen der damals vorhandenen Texte des Alten Testaments.

Schwer wog für ihn das Wissen, einen Weg gehen zu müssen, bei dem unter der Drohung der damaligen perfekten römischen Hinrichtungstechnik kaum eine Hoffnung auf Erfüllung der Prophetenschriften zu verbleiben schien, und doch dem Zwange der Heiligen Schrift und der göttlichen Bestimmung folgen zu müssen. So gab es Grund genug für Jesus, eine starke Todesangst zu empfinden, wie sie auch Markus deutlich schildert:

Todesangst Jesu. – Warum Todesangst, wenn man sich freiwillig als Sterbe-Opfer am Kreuz darbringen will?

Ja, dann Todesangst, wenn die Prophezeiungen im ALTEN TESTAMENT eine Errettung verlangen und die perfekte Hinrichtungstechnik der Römer diese Prophezeiungen theoretisch unerfüllbar macht. Dann sogar Blutschwitzen, wie bei Jesus geschehen. Doch Gott hat seine Prophezeiungen erfüllt!

„Abba Vater, Dir ist alles möglich, nimm diesen Kelch weg von mir! Doch nicht wie ich will, sondern wie Du willst!"

Ganz direkt und deutlich bittet Jesus Gottvater, den schweren Kelch des Sterbens nicht trinken zu müssen: „Nimm diesen Kelch weg von mir!"
Wir dürfen deshalb mit klarer – mit wissenschaftlicher Deutlichkeit und Sicherheit sagen: Jesus wollte nicht am Kreuz sterben!
Und heute, nahezu zweitausend Jahre später dürfen wir mit der gleichen klaren, wissenschaftlichen Deutlichkeit und Sicherheit hinzufügen: Der Vater, den Jesus anrief, hat die Bitte des Sohnes, den Kelch des Sterbens vorübergehen zu lassen, voll erhört, ja noch mehr – es war niemals sein Plan gewesen, Jesus am Kreuze sterben zu lassen! Der Inhalt dieses Buches bringt dazu die ausführlichen Beweise.

Die große JESAJA-Prophezeiung über den Schmerzensmann: Von Sterben keine Rede!

Das ALTE TESTAMENT bezeugt: Jesus sollte nicht am Kreuz sterben

Bei wörtlicher, korrekter Übersetzung der Urschriften, jetzt auch der Schriftrollenfunde am Toten Meer, gibt es im Alten Testament nicht eine einzige Stelle, die aussagen würde, daß JESUS CHRISTUS

+ am Kreuz sterben muß,
+ am Kreuz sterben soll,
+ am Kreuz zu sterben habe,
+ am Kreuz sterben wird,
+ oder auch nur einmal vom Tod besiegt würde!

Und zunächst sterben wäre ja eine solche Tatsache gewesen. Nicht eine einzige Aussage ist aber in den Urschriften vorhanden! Nachstehend eine genaue Übersetzung des 53. Kapitels des **Propheten ISAIAS.**

Rund 700 Jahre vor Christus wurde dies über Jesus Christus prophezeit. Es ist die klassische und einzigartige Leidensweissagung des ganzen Alten Testaments, ein ganzer, geschlossener Komplex, direkt auf Jesus bezogen. Es ist für den Wert der Prophezeiung dabei ohne Bedeutung, ob sie ca. 700 Jahre oder ca. 540 Jahre vor Christus durch den Deutero-Isaias niedergeschrieben wurde. Sie bleibt die einzigartige ISAIAS-Prophezeiung. Wie lautet sie im Urtext?

Hier eine korrekte Übersetzung, die durch keinerlei Schriftenkritik widerlegt werden kann, weil sie sowohl die „Septuaginta", also die griechische Urschrift (ca. 200 vor Christus), als auch die Urschrift der Masoreten beachtet. Dazu kommen zur doppelten Kontrolle die 1947 am Toten Meer gefundenen ISAIAS-TEXTROLLEN!

ISAIAS 53 – Des Gottesknechtes Leiden:

1. Wer glaubt unserer Botschaft? Wem wird der Arm Gottes enthüllt?

2. Er wächst für sich so, wie ein junger Trieb, so, wie eine Wurzel aus dürrem Erdreich ist ohne Schönheit; ohne Ansehn, aller Reize für uns bar.

3. Er ist verachtet, von aller Welt verlassen, ein Schmerzensmann, mit Leiden vertraut. Verachtet so wie einer, der sein Angesicht vor uns verhüllen muß. Wir rechnen nimmermehr mit ihm.

4. Und dennoch trägt er unser Leiden, erduldet unsere Schmerzen, wiewohl er für uns als ein von Gott Getroffener nur Schläge und Qualen zu verdienen scheint.

5. So ist er denn durch unsere Schuld zerfleischt, durch unsere Verschuldung so zerschlagen. Zu unserer Wohlfahrt nur fällt er der Züchtigung anheim, durch seine Striemen wird uns Heilung.

6. Wir sind wie Schafe allesamt verlaufen; ein jeder folgt nur seinem eignen Wege. So läßt Gott all unsere Schuld ihn treffen.

7. Er wird mißhandelt, beugt sich nieder und tut den Mund nicht auf gleich einem Lamm, das man zur Schlachtbank führt. Gleich einem Mutterschaf, das vor dem Scherer verstummt, tut er den Mund nicht auf.

8. Man schleppt ihn aus Gefängnis und Gericht. Wer überlegt sein Schicksal? Aus der Lebendigen Land soll er gerissen werden. Aus seines Volkes Schuld fließt ihm das Unheil zu.

9. Schon gibt man ihm sein Grab bei Übeltätern, seine Ruhestatt bei Reichen, obwohl er nicht Gewalttat ausgeübt und kein Betrug in seinem Mund gewesen.

10. Gott verwundet ihn, in Leiden wissen will er ihn, daß, hat er gebüßt, er Nachwuchs wird sehen und daß durch ihn Gottes Plan wird glücken.

11. Nach seiner Seele Leid, heraus aus mühseligem Leben erschauet er das Licht. Erfüllt mit seiner Kenntnis, selbst glücklich, befreit er viele von der Schuld, macht viele glücklich, nachdem er ihre Schuld getragen.

12. Darum mache ich ihn zum Herrn über Große und gebe ihm zur Beute Mächtige, weil er dem Tod sich stellen, sich unter Missetäter zählen läßt. Er, der die Sünde vieler trägt, tritt noch für die Übeltäter ein.

Das wurde über Jesus im Alten Testament prophezeit! Nicht das Sterben, sondern genau das Gegenteil: die Errettung! Nicht ein Satz besagt, daß Jesus zu sterben habe oder gestorben sei. Er mußte „dem Tod sich stellen". „Gott verwundet ihn, in Leiden wissen will er ihn" – vom Sterben keine Rede! Nirgends im Alten Testament!

Nehmen wir zum Beispiel die klassische Stelle, die das Christentum seit der Urzeit mit berechtigtem Triumph zitiert, weil sie sich so genau erfüllt hat:
„All seine Gebeine behütet er, ihr sollt kein Bein an ihm zerbrechen!"
Es ist der 21. Vers im 34. Psalm. Seltsam, warum wird nicht auch der vorhergehende Vers in den Vordergrund gestellt? Dort heißt es wörtlich:
„Zwar erfährt der Gerechte viel Leid, doch aus all dem r e t t e t Gott ihn!"

Die E r r e t t u n g und nicht das Sterben ist doch dort überall prophezeit! Nehmen wir noch die alte Lieblingsstelle der Theologen, die so genau die Geißelung Jesu bezeugt:
„Den Schlagenden biet' ich meinen Rücken dar und den Quälern meine Wangen. Mein Angesicht verhüll' ich nicht vor Schmähung und Bespeiung!"
Sie steht bei ISAIAS im 6. Vers des 50. Kapitels. Schon im nächsten Vers heißt es in diesem Zusammenhang:
„Jahwe, Jahwe steht selbst mir bei; deshalb werd' ich nicht zu Schanden. Ich verhärt' mein Antlitz kieselgleich, ich weiß, ich werde nicht zu Schanden!"

Noch mehr? Viele andere Stellen sind Zeugnis! „Ich werde nicht zu Schanden!" Am Fluchholz zu sterben war ein Zuschandenwerden, das hat schon Moses bestimmt, und Jesus beachtete die Propheten, bei Moses angefangen. Weil die G e s a m t v o r a u s s a g e des Alten Testamentes, die Rettung vom „Sterben am Kreuz", bei Jesus angeblich versagte, hat ihn das jüdische Volk bis zum heutigen Tage n i c h t a n e r k a n n t !

Und sie werden es – dies wird immer wieder betont – in alle Ewigkeit nicht tun: Einen am Kreuz gestorbenen Jesus Christus anerkennen!
Selbst die berichtete Auferstehung Jesu ändert daran gar nichts, solange die Christen, die Anhänger Jesu, entgegen klaren Berichten aus damaliger Zeit aussagen, die Auferstehung sei eine Auferstehung in ein „neues" Leben gewesen! Nein, es war eine Auferstehung in das a l t e Leben, weil dieses a l t e Leben mit der „Hinrichtung am Fluchholz" nicht beendet sein durfte, nicht beendet sein sollte und nicht beendet war. Dann, und nur dann, ist die Aussage von Gott bestätigt, die Jesus selbst vor dem Hohen Rat, den 71, über sich sagte: „Ich bin Gottes Sohn!"

Um das zu beweisen, durfte ihn Gott nicht sterben lassen! Und er hat ihn nicht

DER PROPHET JESAJA, ein Fresko von Raffael, um 1512, ROM, Kirche Sant' Agostino.

am Kreuz sterben lassen, wie heute nicht nur zu glauben, sondern zu b e - w e i s e n ist. Das neue Leben begann mit der Himmelfahrt, nicht mit der Auferstehung.

Die entdeckten Tatsachen am „Corpus delicti", dem echten Grablinnen, bezeugen das alles. Das Corpus delicti beweist im 20. Jahrhundert, dem sechsten Jahrtausend jüdischer Geschichte, die g e n a u e und vollständig korrekte Erfüllung des Alten Testamentes in bezug auf Jesus Christus.
Jesus wurde am Fluchholz nicht zuschanden, genau wie es die Schrift vorschreibt.

II. Teil

Nicht am Kreuz gestorben

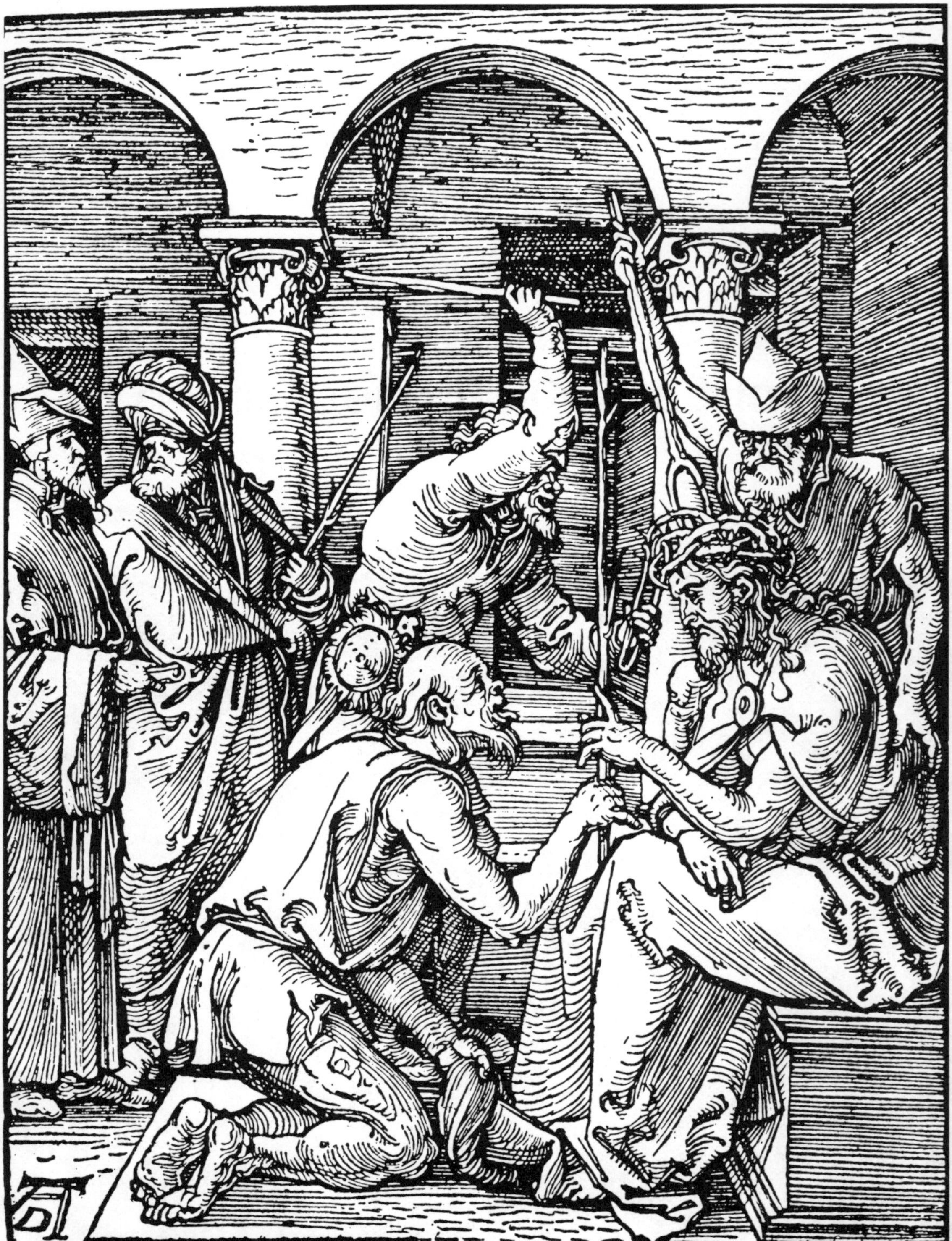

Die Spott-Krönung mit Dornen für den König der Juden. Ein feiner Spaß für Soldaten und Henkersknechte.
Fast zweitausend Jahre später wurde die Dornenkrönung zum Kronzeugnis für: Jesus – Nicht am Kreuz gestorben!

Vorwort

Die Interpretation der Entdeckungen am Grablinnen Jesu wurde in dem Bericht des Deutschland-Konvents: DAS LINNEN den Fachkreisen und der Öffentlichkeit vorgelegt.

Es hat sich erwiesen, daß diese Art der Darstellung auch Lesern mit wenig oder keinem medizinischen Fachwissen ein volles Verständnis der Tatsachen ermöglicht.

Daher wurde auch in dem vorliegenden Bericht diese Form der Darstellung beibehalten.
Sie hat sich bewährt und ist außerdem inzwischen unter öffentlicher Kontrolle von vielen hundert Ärzten überprüft worden.

Doch werden Kenner viel Neues finden, Bekanntes besser erkennen können und bemerken, daß die beanspruchte Unwiderlegbarkeit ein Stadium der Vollkommenheit erreicht hat.

Kurt Berna

IN ROM

IM VATIKAN

beginnt:

DAS ZEUGNIS DES ECHTEN GRABLINNENS CHRISTI

Es ist noch nicht lange her, daß Professor Dr. Theodor Hirt, Professor an einer deutschen Universität, der die ihn seit einiger Zeit beherrschende innere Spannung nicht mehr aushielt, alle seine Unterlagen zusammenpackte und zu einem mehrtägigen Urlaub nach Rom fuhr. Nach zweitägigen Bemühungen über die dortige Deutsche Botschaft wurde es ihm ermöglicht, zu einer Audienz in den Vatikan zu kommen. Er wurde von Kongregations-Sekretär Kardinal R. empfangen, dem er seine Unterlagen sofort vorlegte.
Über den Inhalt dieser Unterredung, die etwas über zwei Stunden in Anspruch nahm, hat er wenig geäußert, berichtete aber, daß er mit deutlichen Worten zu Kardinal R. etwa Folgendes gesagt habe:

„Seit rund fünfundzwanzig Jahren wird an dem bekannten ‚Grablinnen Christi in Turin' geforscht, und im Jahre 1935 bzw. ab 1935 wurden Ergebnisse veröffentlicht, die besagten, daß die an diesem Linnen sichtbaren Abdrücke des Körpers Jesu Christi von einem Leichnam stammen.
Ich habe mir während der letzten Jahre die Mühe gemacht, alles gründlich nachzuprüfen, und darf hier eindeutige Wort- und Bilddokumente vorlegen, die überraschende Tatsachen aufdecken: Der Körper, dessen Abdruck am Linnen sichtbar ist und der von weitesten Kreisen sowohl katholischer und evangelischer als auch orthodoxer Glaubensrichtungen als Körperabdruck Jesu Christi anerkannt wird, hatte:

1. **wohl einen Lanzenstich, aber keine Herzverletzung!**
2. **zeigte der Körper während der Kreuzabnahme eine Herztätigkeit, und**
3. **läßt sich ohne den geringsten Zweifel mit mehrfachen Beweisen belegen, daß der Körper, als er nach der Kreuzabnahme im Linnen lag, weiterhin eine Herztätigkeit hatte."**

Soweit ist der Inhalt der Unterredung in Rom bekannt. Aus allen vorliegenden Unterlagen über die weiteren Ereignisse und unter Verwendung der Original-Bilddokumente soll nun über alles Bedeutsame berichtet werden.

Die Taxe hielt vor dem Flughafengebäude in Rom, und Professor Dr. Hirt betrat, nachdem er die Fahrtkosten bezahlt hatte, das Gebäude, um die eine Stunde Wartezeit, die noch zum Start der Maschine nach Deutschland fehlte, im Flughafenrestaurant zu verbringen.
Da ihn sein Koffer etwas behinderte, drückte er die Türe zum Restaurant mit dem Ellenbogen auf, mußte aber im nächsten Augenblick über einen Schmerzensschrei erschrecken. Er hatte den Türflügel, auf dem in mehreren Sprachen „ziehen" stand, nach innen gedrückt und einem mittelgroßen, leicht untersetzten Mann auf die Nase gestoßen.

Bestürzt über dessen sehr verärgerte Miene und den nicht sehr freundlichen Tonfall der in Englisch hervorgestoßenen Vorwürfe, bat er den Fremden unter stetigen Entschuldigungen in seiner Heimatsprache an den nächsten freien Tisch und zog, nachdem er sein Gepäck abgelegt hatte, eine Visitenkarte hervor. „Hier haben Sie meine Adresse; selbstverständlich komme ich für jeden Schaden auf. Darf ich Sie bitten, kurz an meinem Tisch Platz zu nehmen?"
Der andere warf einen Blick auf die Karte. Kaum hatte er den Namen „Köln" gelesen, da hellte sich seine Miene auf, und er nahm bereitwillig Platz. In deutscher Sprache erklärte er dem Professor, daß er, obwohl Amerikaner, in Köln geboren sei und seine Eltern mit ihm im Jahre 1935 nach Amerika ausgewandert waren, um der Judenverfolgung unter Hitler zu entgehen. Heute sei er, der als Jakob Salomon in Köln aufwuchs, amerikanischer Journalist mit dem Namen James Solomon und arbeite als Sonderkorrespondent für Europa.

Vielleicht wäre dies zufällige Zusammentreffen, hätte es sich in irgendeinem Lokal des Inlands zwischen zwei Deutschen ereignet, mit ein paar unverbindlichen, höflichen Worten beendet gewesen. Im Ausland, wo sich jeder Fremde ein wenig isoliert fühlt, ergeben sich leichter fast vertrauliche Gespräche, wenn man auf einen Partner aus der Heimat trifft. Und so mag es sich erklären, daß Professor Hirt – vielleicht als eine um Versöhnung bittende Geste – dem Deutschamerikaner von seinem Besuch im Vatikan zu erzählen begann.
Solomon konnte sein Befremden über das, was er da zu hören bekam, wohl doch nicht ganz verbergen, und Professor Hirt spürte, daß dem Zuhörer leise Zweifel an seinem Verstande kommen mußten. „Ich verstehe, daß Ihnen dies alles mehr als unglaublich vorkommt; aber ich berichte Ihnen wirklich nur Tatsachen, und wir, d. h. die beträchtliche Zahl der mit dieser Materie befaßten

Forscher, zu denen ich mich zählen darf, sind uns klar darüber, daß die gemachten Entdeckungen weltbewegende Folgen haben müssen."

Solomon, der doch schnell begriff, daß er einem absolut normalen Menschen gegenübersaß, wollte nun natürlich Näheres wissen. „Leider habe ich meine Bildunterlagen gestern im Vatikan zurückgelassen", bedauerte Hirt, „und kann Ihnen nur in Worten berichten. In Köln sind natürlich alle Unterlagen vollständig beisammen, sogar im Großbildformat."

„Köln", sagte Solomon, „ich wollte nach Sizilien. Aber unter solchen Umständen muß ich Sie fragen: Herr Professor, wenn ich jetzt mit Ihnen nach Köln komme – wären Sie bereit, mir alles Wesentliche zu zeigen?"

„Herr Solomon, ich fühle mich gewissermaßen in Ihrer Schuld. Sie haben mein Wort, daß ich Ihnen alles, was ich zur Verfügung habe, zeigen werde."

„Wann fliegt Ihre Maschine nach Deutschland?"

„Planmäßig in 15 Minuten."

Da stand Solomon auf: „In 5 Minuten bin ich wieder hier, bitte warten Sie auf mich!"

Es gelang ihm noch, Köln zu buchen, und eine halbe Stunde später trug die Maschine beide der deutschen Grenze zu.

Selbstverständlich gab es auch im Flugzeug kein anderes Thema mehr, und Solomon eröffnete die diesbezügliche Unterredung mit der Frage: „Herr Professor, ist dieses ‚Turiner Linnen' wirklich echt?"

„So echt wie die Bibel!" antwortete der Professor nicht ohne Schärfe und fuhr fort: „Ich kann Ihnen jetzt kaum stundenlang einen wissenschaftlichen Vortrag über die bald unzähligen Echtheitszeugnisse führender Wissenschaftler und Forscher halten; denn mit Ausnahme weniger ‚Leugner aus Prinzip' hat sich in den letzten 25 Jahren ihre Anerkennung in den maßgebenden Kreisen eindeutig durchgesetzt. Anders gesagt, es gibt heute keinen Menschen mehr, egal ob Wissenschaftler oder nicht, dessen Gegenargumente nicht in allen Teilen widerlegt bzw. mit Sicherheit entkräftet werden könnten. Es steht unwiderlegbar fest: Eine Fälschung war in diesem Fall unmöglich. Dafür sind die Bildbeweise vorhanden!"

Die weitere ausführliche Unterhaltung war nun hauptsächlich der Geschichte des Linnens gewidmet. Sie sei hier zusammengefaßt, um diesen Bericht nicht unnötig mit Dingen zu belasten, die am Kern des Problems vorbeigehen würden.

Nützen wir die Zeit – bis das Flugzeug in Köln ankommt – und beschäftigen wir uns inzwischen anderweitig mit diesem Grablinnen Jesu:

Das Linnen, seit 1572 in Turin, heute in der dortigen Kathedrale aufbewahrt, hat dieses langen Zeitraums wegen inzwischen die Bezeichnung „Das Grablinnen von Turin" bekommen. Im Jahre 1349 hatte es in Besançon (Frankreich) bei einem Brand die ersten Schäden erhalten. Von einem weiteren Brand in der Kapelle von Chambéry (Savoyen) im Jahre 1532 stammen Brandspuren, die noch heute am Linnen festzustellen sind. Es war damals in einem Silberschrein aufbewahrt und konnte sozusagen in letzter Minute aus dem bereits schmelzenden Behälter geborgen werden. Wenn die Menschen damals hätten ahnen können, zu welchen Entdeckungen dieses Linnen einmal in unserem Jahrhundert führen würde – ob sie es dann hätten verbrennen lassen?
Aus noch früherer Zeit liegen Berichte vor, daß das Linnen von dem französischen Kreuzritter Otto de la Roche bei der Rückkehr von einem Kreuzzuge im Jahre 1204 als eine Art Beutestück mitgebracht wurde, und zwar aus Konstantinopel, das damals in dauernde Kämpfe mit dem Islam verwickelt war.
In Konstantinopel war es über sieben Jahrhunderte lang aufbewahrt, und zwar seit dem Jahre 438. Zu jener Zeit ist ein Linnen wie das vorliegende von der Kaiserin Eudoxia nach Konstantinopel geschickt worden.

Das Grablinnen Jesu, gezeigt von höchsten Würdenträgern der katholischen Kirche bei einer öffentlichen Aussetzung in Turin. Photo: Enrie, Turin.

Cappella della Santa Sindone (die Kapelle des heiligen Linnens). In der Kathedrale von Turin, hinter dem Hochaltar, befindet sich diese Kapelle, die 1668–1694 speziell für das LINNEN gebaut wurde. Das „heilige Linnen" befindet sich direkt über dem Altar der Kapelle.

Seit 1572

ist das Linnen in Turin:

Die Stadt in Oberitalien hat ca. 750 000 Einwohner. Über dem Markt wie über dem königlichen Palast erhebt sich die Kuppel der „Kapelle des heiligen Grabtuches", die den Dom überragt. Dom und Kapelle sind zusammengebaut. Bild Seite 40.

Im Hochaltar aufbewahrt

Im Dom zu beiden Seiten des Altares führen zwei monumentale Treppen zur Kapelle des heiligen Grabtuches. In der Mitte der Kapelle steht frei im Raum der Hochaltar, in dem das Grabtuch aufbewahrt wird. Es befindet sich direkt über dem Tabernakel, hinter dem Gitter unter Verschluß (siehe Pfeil).
Bilder Seite 42 und 43.

Ein weiterer, kurzer Geschichtsbericht hat im Jahre 1960 eine kirchliche Imprimatur bekommen, und zwar: „Freiburg/Schweiz, am 10. Februar 1960 von Generalvikar L. Waeber". Dieser kurze Geschichtsbericht hat folgenden Wortlaut:

„Dieses seltsame und überaus wertvolle Andenken an den Erlöser soll sich tatsächlich bis in unsere Zeiten erhalten haben? Ja! Während 300 Jahren Christenverfolgung sorgfältig aufbewahrt, tauchte es nach dem Edikt von Mailand im Jahre 312 in Jerusalem aus seinem Verstecke auf und wurde dort nach den Berichten von Augenzeugen sehr geehrt. Sein Ruf drang mit Sicherheit bis nach Konstantinopel sowie nach Ravenna und nach Rom. Das Grablinnen setzte sich überall durch und zeigte einen traditionellen, einheitlichen byzantinisch- nazarenischen Typ vom Antlitz unseres Herrn.

Es legte auch den Grundstein zur traditionellen Verbildlichung Christi, von der byzantinischen Ikone angefangen bis zu neuzeitlichen Darstellungen Christi unserer Tage. Nach dem Konzil von Ephesus im Jahre 431 wurde es durch die Kaiserin Eudoxia für die Kirchen sowie für die Schätze der byzantinischen Kaiser von Konstantinopel gewonnen. Dort wurde es durch Historiker bis zum Jahre 1204 wiederholt beschrieben – zu einer Zeit, da Konstantinopel durch den vierten Kreuzzug erobert wurde.

Als Teil der Beute gelangte das Grabtuch Christi nach Besançon, wo es in der

dortigen Kathedrale bis zum Jahre 1349 verwahrt blieb. Nach einem Brande ist es von dort verschwunden. Im darauffolgenden Jahre tauchte es wieder im Besitze des Herrschergeschlechtes Charny in der Champagne auf. Während des hundertjährigen Krieges zwischen Franzosen und Engländern irrte es durch ganz Frankreich und Belgien, bis es durch den letzten Sproß jenes Geschlechtes im Jahre 1452 an die Herzoge von Savoyen verschenkt wurde. Aber dieses Grabtuch wäre in ihrer Residenz im Jahre 1532 den Flammen zum Opfer gefallen, wenn es nicht im letzten Augenblick vor der Vernichtung gerettet worden wäre. Darum weist es auch in seiner ganzen Länge Spuren von acht zweiseitigen, symmetrischen großen Brandflecken auf.
Im Jahre 1578 wurde es nach Turin in den zweiten Wohnsitz der Herzoge von Savoyen überführt, wo es bis heute in einer herrlichen, von Baumeister Guarini erbauten Kapelle aufbewahrt liegt!" (Dr. Hynek)

Ein weiteres interessantes Detail – das allerdings in das Gebiet der Parapsychologie übergreift – sind Berichte der Seherin Anna Katherina Emmerich, einer Nonne, die ums Jahr 1820 in ihren Visionen Nachstehendes berichtete, das damals schriftlich festgehalten wurde:

„Im dritten Jahre nach Christi Himmelfahrt sandte der römische Kaiser Tiberius einen seiner Leute nach Jerusalem, Zeugnisse über alle Gerüchte von Jesu Tod und Auferstehung zu sammeln. Dieser Mann brachte den Nikodemus, die Veronika und einen Verwandten der Johanna Chusa, den Jünger Epaphras, mit nach Rom. – Ich sah Veronika bei dem Kaiser, er war krank, sein Lager war auf ein paar Stufen erhöht, es hing ein großer Vorhang nieder, der Raum war viereckig, nicht sehr groß, ich sah keine Fenster, aber von der Decke des Zimmers kam Licht herab, und es hingen Schnüre nieder, durch welche man Klappen öffnen und schließen konnte. Der Kaiser war allein, seine Leute waren in der Vorstube. Ich sah, daß Veronika außer dem Schweißtuch noch ein anderes Tuch von den Grabtüchern Jesu bei sich hatte und daß sie das Tuch vor dem Kaiser ausbreitete. Auf dem Schweißtuch war das Angesicht Jesu nicht wie ein reines Gemälde, sondern mit Blut darin abgedrückt. Auf dem anderen Tuch, das Veronika bei sich hatte, sah ich den Abdruck des ganzen zergeißelten Leibes Jesu, ich glaube, daß es eines der Tücher war, worauf er vor der Grablegung gewaschen worden ist. Ich sah nicht, daß der Kaiser mit diesen Tüchern berührt wurde oder sie anrührte. Er ist aber durch den Anblick gesund geworden. Er wollte Veronika in Rom behalten und ihr zum Lohne ein Haus und Güter und gute Dienstleute geben, aber sie verlangte nichts als wieder mit ihren Gefährten nach Jerusalem zurückzukehren, wohin sie auch zurückkehrte!" (Aus dem Buch: Das bittere Leiden unseres Herrn Jesus Christus, nach der Seherin Anna Katherina Emmerich, Verlag Räber & Cie., Luzern, Seite 258 und 259.)

Sicher, gegenüber solchen Berichten muß eine gewisse Skepsis bewahrt werden; aber sie sind bestimmt im Gesamtbild aufschlußreich, zumal diese Seherin noch einige Dinge schaute, die die volle Beachtung der Forschung verdienen. Ihre Vision erlebte sie ums Jahr 1820, die erste Ganzbildphotographie des Linnens wurde aber hundert Jahre später, 1931, gemacht! Obwohl A. K. Emmerich nie in Turin war, hat sie einige Dinge berichtet, die eine geradezu aufsehenerregende Übereinstimmung mit den Ergebnissen der Linnen-Forschung haben:

Über tausend Jahre lang wurde in der Christenheit die Nagelwunde im Handteller dargestellt. A. K. Emmerich berichtet in ihren Schauungen, daß der Nagel in „das dicke Teil" der Hand geschlagen wurde! Sie kann sich nicht fachmännisch ausdrücken, aber sie meint damit jene Stelle kurz vor der Handwurzel. Und auf dem Linnen ist beim Abdruck der linken Hand Christi die Nagelwunde genau an dieser Stelle, nicht im Handteller, sondern nahe bei der Handwurzel „im dicken Teil" der Hand – anatomisch übrigens die einzige echte Möglichkeit für eine Kreuzigung! Der Streit zwischen Theologen und Künstlern einerseits und Anatomen andererseits wird durch das Linnen eindeutig für die Anatomen entschieden.

So also kann mit einer Vielzahl von Dokumenten, Berichten, Rekonstruktionen und Kombinationen die Existenz des Turiner Linnens bis in die frühesten Jahrhunderte der Christenheit verfolgt werden, ja mit Hilfe der Parapsychologie sogar bis in eine Zeit wenige Jahre nach der Himmelfahrt Christi.

An anderer Stelle dieses Buches sind nochmals Geschichtsbeweise veröffentlicht, die inzwischen vom Geheimarchiv des Vatikans freigegeben wurden.

Diese oder jene Kritik kann an diesem rekonstruierten Lebensweg des Linnens vielleicht schwache Punkte suchen und angreifen wollen oder mag auf Unterlagen über angebliche Fälschungen hinweisen. Tatsache ist jedenfalls, daß die damalige Besitzerin Margarete de Charny aussagte, ihr Großvater habe das Linnen auf einem Kriegszug erbeutet. Wir haben keinerlei Beweise, die diese Angaben widerlegen. Davon ganz abgesehen aber können wir heute im 20. Jahrhundert mit Hilfe vielfältiger technischer Errungenschaften eindeutig nachweisen, daß dieses Linnen überhaupt nicht gefälscht werden konnte. Alle diese zwischen Besitzern, Bischöfen, Königen, ja sogar Päpsten im damaligen Mittelalter hin- und hergehenden Eifersüchteleien, die teilweise wieder ausgegraben wurden, waren bereits um die Jahrhundertwende vom 19. ins 20. Jahrhundert aktuell. Sie wurden parallel zu den technischen Echtheitsbeweisen über 50 Jahre lang laufend beachtet, und Papst Pius XI., der ja alle diesbezüglichen Dokumente im Original vorliegen hatte, faßte nach jahrelangen Prüfungen und Untersuchungen durch seinen Forschungsstab die Ergebnisse am 6. September 1936 in folgender Erklärung zusammen:

„Dies sind die Bilder des göttlichen Erlösers – man kann sagen, die schönsten, ergreifendsten und liebsten, die man sich nur vorstellen kann. Sie stammen direkt von jenem in Geheimnisse gehüllten Gegenstand, welcher – und dies kann heute als erwiesen angenommen werden – kein Werk von Menschenhänden ist, d. h. vom heiligen Turiner Grablinnen. Wir sagten, in Geheimnisse gehüllt, da noch viel Ungeklärtes diese Sache umhüllt, welche sicherlich heilig ist wie keine andere. Es ist ganz positiv sicher, und dies kann gesagt werden, daß es kein Menschenwerk ist!"

Die – wer will es bestreiten – eindeutige Echtheitsbestätigung von höchster kirchlicher Stelle wurde am 7./8. September 1936 im „Osservatore Romano", dem offiziellen Organ des Vatikans, veröffentlicht.
Diese auf Grund exakter wissenschaftlicher Untersuchungen erfolgte Echtheitsbestätigung durch Papst Pius XI. muß als unanfechtbar gelten – nicht etwa, weil Papstworte grundsätzlich unfehlbar wären; das steht hier nicht zur Diskussion – sondern weil einfach kein Angriffspunkt zur Widerlegung vorhanden ist, der nicht von ihm und seinem Forschungsstab in vollem Umfange geprüft wurde. Daran ändern auch alle Versuche der Kreise nichts, denen die Existenz des Linnens immer unliebsamer wird, weil sich späterhin unerwartete medizinische Ergebnisse gezeigt haben. Es geht in diesem Fall einmal nicht mit der Methode zu arbeiten: „... weil nicht sein kann, was nicht sein darf!"
Es konnten fünf römische Päpste sichergestellt werden (Sixtus IV., Julius II., Klemens VII. – nicht etwa der Gegenpapst Klemens VII. von Avignon –, Gregor XIII. und Klemens VIII.), die dieser Reliquie ebenfalls die Ehre eines voll-

kommenen Ablasses erwiesen haben. Ebenso Papst Benedikt XIV., eine anerkannte Autorität in strittigen religiösen Fragen. Er äußerte sich über die Reliquie folgendermaßen: „Dieses besondere Andenken des Grablinnens unseres Herrn wird in Turin aufbewahrt, und die Päpste haben bestätigt, daß es mit jenem Grablinnen, in das Christus eingehüllt wurde, identisch ist!" Ferner haben über weitere dreißig römische Päpste diese Reliquie anerkannt. Die Reihe derer, die sich von hoher kirchlicher Seite für das Grablinnen einsetzten, schloß mit Papst Pius XI., einem Archäologen und Forscher von Weltruf!

Bild: Pompeji, durch einen Ausbruch des Vesuvs im Jahre 79 n. Chr. mit einer dicken Schicht Lava und Asche verschüttet. Die Ausgrabungen erbrachten den Beweis, daß gleiche Gewebearten wie das LINNEN vor 2000 Jahren im Gebrauch waren – eine überraschende Bestätigung der Echtheit von seiten der Gewebeart her.

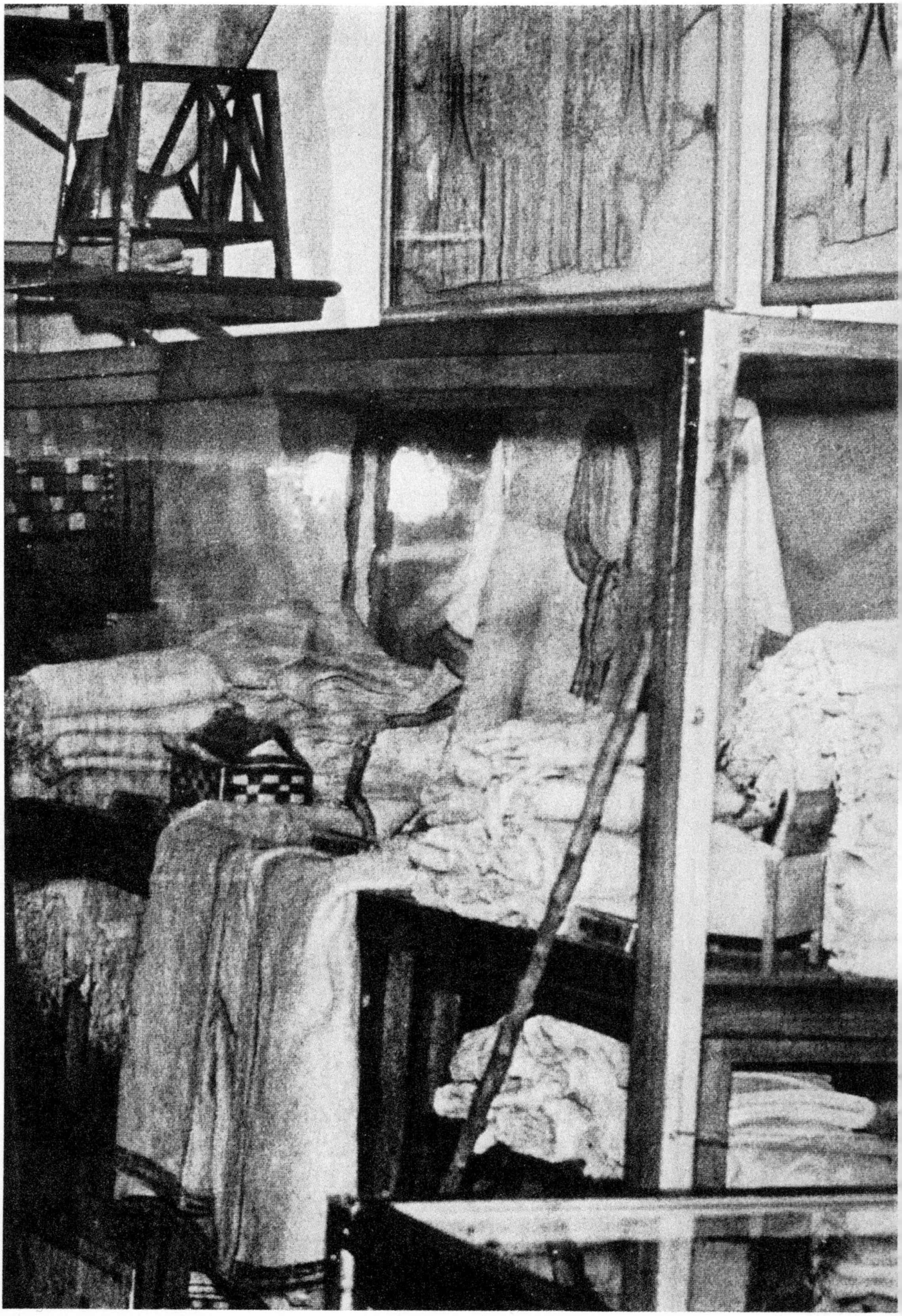

Können Textilien überhaupt so alt werden?

Professor Scamuzzi, Direktor des Ägyptischen Museums in Turin, beantwortete diese Frage damit, indem er Textilien aus dem Orient vorlegte, die teilweise ca. 5000 Jahre alt waren. Mehrere ebensogut erhaltene Textilien wie das Grablinnen Christi zeigt das Bild oben. Sie sind ca. 3500 Jahre alt.

Bild Seite 48 zeigt zahlreiche, Jahrtausende alte Textilien im Ägyptischen Museum in Turin.

So echt wie die Bibel!

Am 23. März 1934 erteilte Papst Pius XI. (Bild links) auf die Verehrung des Turiner Grablinnens einen Ablaß. Der Ablaß konnte und kann noch heute durch nachstehendes Gebet erreicht werden:

> *„O Herr, der Du auf dem heiligen Grablinnen, mit welchem Dein geheiligter Körper vom Kreuz abgenommen und eingehüllt wurde, die Spuren Deines irdischen Daseins und zweifelloser Liebe zurückließest, lasse uns durch die Verdienste Deiner Peinigung gnädigst am Tage der Auferstehung an Deiner Herrlichkeit teilnehmen, in der Du für ewige Zeiten regierst. Amen!"*

Hier ist in einem offiziellen Gebet der Kirche, zudem noch verbunden mit einem Ablaß, mit deutlichen und klaren Worten die Echtheit dieses Grablinnens direkt genannt. Es ist eine definitive Anerkennung durch eine kirchliche Handlung. Die Kath. Kirche ist damit eine sachliche Verbindung mit diesem Grablinnen Christi eingegangen. Keinesfalls von ungefähr: Denn ergänzend ist zu sagen, daß Papst Pius XI. die Echtheit in einer Audienz am 5. 9. 1936 klar hervorhob, indem er wörtlich sagte: „Non e opera umana!" – „Es ist kein Werk von Menschenhand!" (veröffentlicht im Osservatore Romano – Zeitung des Vatikans – am 7./8. 9. 1936). – Sämtliche Ergebnisse der Echtheitsforschung waren ihm in all den Jahren laufend vorgetragen worden, und ihm konnte keiner etwas vormachen, denn er war der Papst, der eigene, jahrzehntelange Erfahrungen in solchen Forschungsproblemen hatte. Nochmals in seiner letzten Audienz am Sonntag vor seinem Tode sagte er zur Echtheit dieselben klaren Worte: „Non e opera umana!" – „Es ist kein Werk von Menschenhand!" (Oss. Rom. vom 6./7. 2. 1939.)

Auch von Papst Pius XII. wurde die Echtheit des Grablinnens Christi in Turin deutlich herausgestellt: So hat er im September 1953 auf dem Eucharistischen Kongreß Italiens, der in Turin stattfand, bei der Radioansprache zur Schlußfeier vor rund 500 000 Katholiken wörtlich auf den „kostbaren Schatz des heiligen Grabtuches" hingewiesen, „an dem wir, ergriffen und trosterfüllt, das Abbild des entseelten Leichnams und des leiderfüllten göttlichen Antlitzes Jesu verehren!" Damals 1953 sprach Papst Pius XII. traditionsgemäß von dem Abbild des „Leichnams", er konnte noch nicht wissen, daß es kein Leichnam war, der im Grablinnen lag. Denn diese Entdeckungen wurden in ihren entscheidenden Aussagen erst ab 1956 gemacht.

Der Gekreuzigte, den das Turiner Grablinnen zeigt, war ein Nazarener

War Jesus ein Chinese? So könnte jemand fragen, der das nebenstehende Bild betrachtet. Wir sehen Joseph und Maria, dazu den Jesusknaben als Chinesen, in der Tracht und mit den Gesichtszügen dieses Volkes. Das Bild, von der Hand eines chinesischen Künstlers, stammt aus der Chinamission.

Es ist möglich, Jesus und Maria auch als Indianer abgebildet zu zeigen. Aus den südamerikanischen Missionsgebieten kommen solche Bilder zu uns. Auch in der Afrikamission gibt es zahlreiche Bilder und Skulpturen, die Jesus mit Gesichtszügen der afrikanischen Rasse zeigen und mit fast schwarzer Hautfarbe. Bildbelege aus Bali oder anderen südasiatischen Gebieten zeigen Jesus mit der jeweils angepaßten Tracht und den Gesichtszügen dieser Völker.

Das alles ist absolut verständlich und war von allem Anfang, von den ersten Jahren der Verbreitung des Christentums aus Palästina an schon so. In jedem

Jesus, Maria und Josef als Chinesen.

Bild links: Jesus und Maria als Indianer in Südamerika.

Volke, das zum Christentum kommen sollte oder soll, steckt eine instinktive Abwehr gegen den fremden Gott. Die meisten Völker, selbst die zum Christentum übergetretenen, stellen sich Jesus nach ihrer Art vor. Nicht anders war es im alten Rom!

Die Christen, die dort in den ersten Jahrhunderten lebten, wollten Jesus nicht als fremd wirkenden jüdischen Mann mit Schnurr- und Kinnbart, wie ihn die Juden in Palästina getragen hatten. Jesus, ja selbst Moses wurden in den Katakomben als Römer, b a r t l o s, dargestellt – Folge der natürlichsten Regung, die wir heute noch in allen Missionsgebieten feststellen können.

Jesus und Maria auf Bali.

Jesus als Ostafrikaner

Christusstatuette (Kopf), um ca. 330 entstanden (Rom, Nationalmuseum). Die Römer sahen Jesus als Römer. (Linkes Bild.) Selbst Moses war ohne Bart, wie dieser Moseskopf aus der Domitilla-Katakombe in Rom zeigt. Entstanden um 350. (Rechtes Bild.)

Erst viele Jahrhunderte später begann sich im römischen – dem westlichen – Christentum die Tradition der oströmischen Christusdarstellungen durchzusetzen, die Jesus immer mit Schnurr- und Kinnbart als Palästina-Juden zeigten, dazu mit schulterlangem Haar. Das ist die gleiche Haar- und Barttracht, wie sie das Grablinnen Jesu als die richtige bestätigt hat!
Denn es ist keinesfalls so, daß die Person Christi nicht zu identifizieren wäre! Seit dem vierten Jahrhundert spielt hierbei (von den Westkirchen praktisch vergessen) in den orthodoxen Ostkirchen eine Art „Steckbrief Christi" eine große Rolle.

Es existiert da der Brief des Lentulus, der in den antiken Geschichtsquellen im zwölften Jahr des Kaisers Tiberius als Konsul genannt wird. Er erscheint im genannten Brief als ein dem Pilatus übergeordneter Beamter, der zur Zeit des

Auftretens Jesu in Palästina weilte und dem Kaiser in Rom einen Amtsbericht erstattete. Der Amtsbericht enthält auch einen Steckbrief Jesu. Aus diesem Brief des Lentulus ist für uns folgende Schilderung interessant:

„... Es erschien zu dieser Zeit und lebt noch jetzt ein Mensch, der Jesus heißt, ... den seine Schüler Sohn Gottes nennen, der Tote auferweckt und Kranke heilt. Ein Mann von aufrechtem Wuchs, 15½ Fäuste hoch (= ca. 1,80 m, die Schriftleitung), von maßvollem und ehrwürdigem Aussehen, ... mit braunen Haaren, die bis zu den Ohren glatt sind, von den Ohren an abwärts sich zu Locken formen und in fülligen Locken über die Schultern herunterwallen, in der Mitte des Hauptes gescheitelt nach Art der Nazarener ... Er trägt einen üppigen vollen Bart ... in der Mitte zwiegeteilt. Er hat einen einfachen reifen Blick mit großen blaugrauen Augen, ... beim Schelten furchtbar, bei der Ermahnung sanft und liebevoll. Er ist fröhlich im Ernst, manchmal weint er, aber niemals hat man ihn lachen gesehen. Seiner körperlichen Figur nach ist er aufrecht und gerade ..."

= Quellennachweis: Rowohlts Deutsche Enzyklopädie, Ernst Benz: „Geist und Leben der Ostkirche", April 1957.

Ist dies eine Fälschung durch das Urchristentum? Warum sollte ein etwaiger Fälscher einen solchen Gegensatz wie braunes Haar und blaugraue Augen erfinden, da er doch mit braunem Haar und braunen Augen viel glaubwürdiger gewesen wäre? Waren es aber blaugraue Augen, so mußte der römische Steckbrief diese auch nennen.

Zu allen Zeiten hatten die Mächtigen ihren Geheimdienst. Sollte ausgerechnet Kaiser Tiberius in dem damals immer unruhigen Palästina keinen gehabt haben, der ihm den Steckbrief dieses angeblichen Volksaufwieglers Jesus von Nazareth übersandte? Und warum sollte nicht in den kaiserlichen Archiven dieser Amtsbericht nach der Machtergreifung des Christentums gefunden worden sein? Tatsache ist, daß ab ca. 350 n. Chr. erstmals die Christus-Darstellungen ungefähr diesem Steckbrief entsprachen. Und – dies ist besonders zu beachten: Durch die ganzen Jahrhunderte bis zum heutigen Tage tragen deshalb auch die orthodoxen Bischöfe der Ostkirchen schulterlanges Haar und Bart nach Art der Nazarener!

Natürlich war Jesus kein Römer wie ihn hier der Christuskopf aus der römischen Katakombenzeit zeigt. Die römischen Christen stellten sich lediglich Jesus in römischer Tracht vor.

Aber selbst dann, wenn man diesen Bericht, dieses uralte Dokument aus dem vierten Jahrhundert als verbessert oder als Werk eines Fälschers bezeichnen wollte, könnte man ihm doch für diesen speziellen Fall entnehmen, wie damals in den ersten Jahrhunderten ein Jude aus Palästina ausgesehen haben mußte. Das Großphoto des Hauptes zeigt das Abdruck-Bildnegativ, so wie es rund 1900 Jahre lang vom Grablinnen Christi konserviert wurde. Erst durch die moderne Erfindung der Photographie konnte es zutage treten: Jeder Mensch heute kann diesen Gekreuzigten identifizieren als Palästina-Juden mit Bart und schulterlangem Haar nach Art der Nazarener! Hierzu sei noch die Fach-

Christuskopf. Ein Teilausschnitt vom Mosaik am Haupteingang der Hagia Sophia in Konstantinopel. Entstanden um 550. Schulterlanges Haar, Schnurr- und Kinnbart nach Art der Nazarener.

theologie und Geschichtsforschung zitiert. Professor Ethelbert Stauffer schreibt in seiner Schrift „Jesus, Gestalt und Geschichte", Franke-Verlag Bern, 1957, auf Seite 54 wörtlich:

> „Die antiken Palästina-Juden waren schwarzhaarig. In der Zeit und Heimat Jesu trugen die Männer das Haar schulterlang, in der Mitte gescheitelt, gekämmt, mit leichtem und feinem Öl gesalbt. Verwildertes Haar war verpönt. Ein Bart und Schnurrbart gehörte dazu. Im hellenistischen Osten herrschte seit Alexander, im Westen von etwa 200 ante (= v. Chr.) bis 117 post (= n. Chr.) die Bartlosigkeit. Aber die Juden hielten an ihrer Barttracht fest und schätzten besonders den Vollbart. Für einen bartlosen Juden hatten seine Volksgenossen nur verächtliche Worte übrig.
>
> Die literarischen Zeugnisse werden durch Münzdarstellungen bestätigt. Bacchius Judaeus auf der Triumphalmünze von 54 ante, die kriegsgefangenen Juden auf den Münzen des Sosius (37 ante) und Vespasian (70 post), sie alle trugen schulterlanges Haar und vollen Bart. Jesus trug sich gewiß nicht anders. Er liebte das unmanierliche Haar nicht, selbst nicht in der Fastenzeit (L. 7, 46; Mt. 6, 17), und einen Bart trug er auch. Sonst hätten die Rabbiner über diesen kritischen Punkt schwerlich geschwiegen..."

Soweit der evangelische Theologe und Jesus-Forscher.

Abschließend ist festzustellen:

Der Gekreuzigte aus dem Grablinnen Christi in Turin war eindeutig ein Palästina-Jude mit Haartracht nach Art der Nazarener. Seine Geißelung und Hinrichtung, dazu die „nicht zerbrochenen Beine" (sonst bei Kreuzigungen üblich) entsprechen exakt der uns überlieferten Hinrichtung des Jesus von Nazareth!

Nach ausführlichen Diskussionen waren Solomon und Professor Hirt in Deutschland angekommen, am Flugplatz in den Bus umgestiegen und von hier ins Stadtinnere nach Köln gefahren. Sie vereinbarten, daß Solomon sich am nächsten Tage um 10 Uhr vormittags bei Hirt in der Kölner Universität einfinden solle. Wenige Augenblicke, bevor sie sich trennten, fragte Solomon noch, ob er einige Bekannte mitbringen könne. Professor Hirt genehmigte auch dies, dann gingen sie auseinander.
Solomon, der nach all dem Gehörten – schließlich war er Journalist – nun doch eine Sensation witterte, wollte zur Verstärkung seiner Person einige Zeugen beschaffen und entwickelte, nachdem er in einem Hotel abgestiegen war, eine rege telephonische Tätigkeit. Erst in mehrstündigem Bemühen gelang es ihm, einige Personen dazu zu überreden, sich am nächsten Tage ein Christusthema anzuhören. Den einen war Christus überhaupt gleichgültig, und andere, z. B. ein katholischer und ein evangelischer Pfarrer, befürchteten zunächst, in Sektenkreise zu kommen. Solomon konnte ja immer nur sehr vorsichtige Andeutungen machen, denn er wußte selbst noch nichts Sicheres. Zuletzt hatte er aber doch die Zusage mehrerer Personen, sich am nächsten Tag um 10 Uhr ebenfalls in der Universität einzufinden.

Bevor nun die Ereignisse des nächsten Tages zu verfolgen sind, ist es hier notwendig, einige technische Ausführungen einzufügen, die Professor Hirt nicht so ausführlich behandeln konnte, um seinen Vortrag nicht zu trocken werden zu lassen. Es handelt sich um Erläuterungen zu einem Teil jener Bilder, über die Professor Hirt sprach; diese Erläuterungen sind für das Verständnis der Vorgänge von Bedeutung.
Um den Aufnahmen des italienischen Photographen G i u s e p p e E n r i e die notwendigen Echtheitszeugnisse zu geben, wurde in Gegenwart von höchsten kirchlichen (Kardinal Maurilio Fossati) und weltlichen (der italienische Kronprinz) Würdenträgern und weiteren nahezu h u n d e r t Gelehrten und Fachleuten photographiert.

Das Haupt Jesu Christi aus seinem Grablinnen. Das Linnen wirkte – durch die Aloe-Imprägnierung – wie eine photographische Trockenplatte und bewahrte nebenstehendes Bild (Seite 60) als Negativ-Bild. In dieser Art war es rund 1900 Jahre verborgen und kam durch die moderne Photographie zutage: Schulterlanges Haar, Schnurr- und Kinnbart nach Art der Nazarener.

Die Platten samt den Kopien wurden von fünf beeideten Photosachverständigen als völlig unretuschiert bestätigt. In einer Akte des Turiner Notars Giulio Turbilo vom 28. 5. 1931 ist dies unter Nummer 122260 beurkundet. Auch der Photograph G. Enrie selbst hat wesentliche Echtheitsbeweise geliefert. Aus seinem äußerst lehrreichen Buch „La santa Sindone rivelata della fotografia" ist zu entnehmen, daß es ihm im Jahre 1931 zweimal in je zwei Stunden erlaubt war, das Turiner Linnen zu photographieren. Es geschah am 3. und 22. Mai ungefähr je um 22.30 Uhr. Die Beleuchtung erfolgte einmal mit 20000 und einmal mit 16000 Kerzenstärken.

Die für unseren Bericht besonders wichtigen Angaben und Schlußfolgerungen dieses Fachmannes werden nachstehend in zehn Punkten wörtlich wiedergegeben. Diese zehn Punkte bezeugen die absolute Echtheit des Linnens vom Standpunkt des Fachkundigen in bezug auf die photographische Technik und Wissenschaft. Sie lauten:

„1. Die Abdrücke dieses Linnens – mit Ausnahme der erwähnten Blutflecken – sind ein vollkommenes Negativ.

2. Die Photographie beweist, und zwar vor allem durch Vergrößerungen, daß diese Abdrücke nicht von Menschenhand entstanden sind, weil auf diesem Grablinnen, das etwa fünf Quadratmeter mißt, nirgends auch nur der kleinste Fehler gegen die Negativität der Abdrücke zu finden ist, was einfach kein Maler auf der Welt zustandebringt.

3. Durch Vergrößerungen aller Art ist klar erwiesen, daß auf diesem Grablinnen keine Spuren etwaiger Farbstoffe, Pinselstriche, Zeichnungen oder darunterliegender Skizzen existieren. Die das Gewebe monochrom durchdringende Farbe ist von pflanzlicher Herkunft.

4. Das Licht- und Schattenspiel dieser Abdrücke hat nirgends scharfe Grenzen, sondern zeigt ein eigentümliches Sichverflüchten (contorni sfumati). Kein Maler kann ohne Umrisse und Schattierungen etwas malen. Und diese fehlen hier vollkommen.

5. Die Blutflecken weisen den ausgeprägten Charakter von Abdrücken auf, die durch direkte Berührung oder Einsaugen entstanden sind. Sie erhalten sich daher normal, sowohl auf dem Negativ der Platte als auch auf dem Positiv. Es ist vollkommen undenkbar, daß ein Fälscher, der keine Ahnung von der späteren Phototechnik hatte, auf einen derart gewichtigen Umstand jemals hätte verfallen können.

6. Die Abdrücke reproduzieren und registrieren die wirklichen Proportionen

eines menschlichen Körpers, durch dessen chemisch-physikalische Ausstrahlungen sie entstanden, und zwar in einer vollkommen richtigen Anatomie, Physiologie, Ethnologie und Biotypologie (d. i., sie entsprechen in den Teilen und im Ganzen den erforderlichen Gesetzmäßigkeiten des inneren und äußeren Körperbaues, der Körperfunktionen, völkischer Eigenart und individueller Erscheinungseinheit). Die Physiognomie und Individualität ist genau wiedergegeben, aber auch die Spuren der schweren Peinigung.

7. An den Stellen der stärksten Schatten dieser Abdrücke (welche in Wirklichkeit die lichtesten sind) ist das Gewebe auch bei der stärksten Vergrößerung völlig unversehrt. Auf dem Original des Linnens weisen die ganz hellen Stellen (in Wirklichkeit die dunkelsten) bloß seine natürliche Farbe und ein völlig unversehrtes Gewebe auf.

8. Die absolute Naturtreue dieser Abdrücke kann nur das Resultat von naturgesetzlichen Wirkungen, niemals das Werk einer menschlichen Hand sein. Eine Menschenhand ist dazu nicht fähig.

9. Wenn wir das gleiche Photoverfahren auf eine beliebige gemalte Kopie des Linnens anwenden, wenn auch diese in möglicher Negativtreue gehalten war (z. B. die Gemälde von Reffo oder Cuzetti), so entdecken wir augenblicklich alle Mängel und Fehler der Nachahmung eines Photonegatives. Dieses kann von keinem Maler mit Erfolg in der durch physikal-chemischen Prozesse entstandenen Genauigkeit nachgeahmt werden.

10. Dasselbe gilt in erhöhtem Maße auch von den Kopien des Antlitzes. Die Abdrücke auf dem Turiner Linnen geben nicht nur die vollkommene Form eines Christus-Antlitzes wieder. Seine Züge sind geprägt vom furchtbaren Leiden; aber ohne die geringste Retusche oder Nachhilfe vermittelt die photographische Wiedergabe auch den Abglanz der Seele des Gottmenschen. Bei keinem bekannten Porträt von Künstlerhand ist eine solche Vollkommenheit der Abbildung des inneren Wesens jemals auch nur annähernd erreicht worden." – Soweit die Feststellungen des Photographen G. Enrie, Turin.

Auch die größten Skeptiker müssen sich diesen vorliegenden Beweisen zuletzt beugen! Mit Recht sagte der Universitäts-Professor der medizinischen Fakultät in Rom, Dr. L. Gedda: „Die ganze wirksame Macht des heiligen Linnens beruht in der Echtheit dieser außerordentlichen Reliquie, d. h. in ihrer direkten und treuen Zeugenschaft der Leidensgeschichte des Herrn. Während der letzten 35 Jahre wurden in der Ergründung dieser Tatsache grundsätzliche Fortschritte gemacht. So können auch für dieses Grablinnen heute die histo-

rischen Argumente, die die Hauptstütze der Gegner der Authentizität waren, wenig bedeuten, sobald dieses Turiner Linnen selbst redet und in einer gar beredten Weise seine Echtheit verteidigt."

Echte Bilddokumente

Commendatore Giuseppe Enrie (Bild), Berufsphotograph in Turin, ist der Urheber sämtlicher heute existierender Bilddokumente über das Grablinnen Christi in Turin.
Er hatte 1931 den offiziellen Auftrag erhalten, alles Notwendige vorzunehmen, um der Wissenschaft und Forschung exakte Unterlagen zu beschaffen. Auf Befragung erklärte er dazu wörtlich:
„Im April 1931 erhielt ich von seiner Eminenz dem Erzbischof von Turin den ehrenvollen Auftrag, das Grabtuch zu photographieren. Mein Auftrag lautete dahin, meine Arbeit am 3. Mai 1931 zwischen ½11 Uhr abends und 1 Uhr früh auszuführen ... Ich belichtete Platten

vom Format 40×50 cm und 30×40 cm, damit die Forschung Dokumente von unanfechtbarer Genauigkeit in der Hand hätte ...
Nachdem ich meine Arbeit mit dem allgemein bekannten Erfolg beendet hatte, sorgte ich dafür, auch die technische Korrektheit meiner Photographien bestätigen zu lassen. Sechs Berufsphotographen bestätigten nach genauer Prüfung, daß die Photographien ohne jede Retusche oder andere künstliche Einwirkungen entstanden sind und das Grabtuch genau wiedergeben. Der Akt wurde am 28. Mai 1931 von dem Notar Giulio Turbilo aus Turin gerichtlich registriert. – –
Auf dem Negativ der Aufnahme zeigte sich, daß eines der größten Wunder des Grabtuches darin besteht, daß auf dem photographischen Negativ ein P o s i t i v sichtbar ist. Als Negativ kommen auf der Negativ-Abbildung lediglich die Blutflecken zum Ausdruck, während alles, was sich auf den Körperumriß bezieht, in einem unnachahmlichen Positiv herauskommt.
Damit wird der Wissenschaft gegenüber bewiesen, daß es sich hier nicht um das Werk eines Malers handeln kann, denn wenn es schon schwer genug ist, ein Positiv in allen feinsten Helligkeitswerten nachzubilden, so ist es v ö l l i g u n m ö g l i c h, ein vollendetes Negativ künstlich hervorzubringen.
Die Photographie mit ihrer starken Vergrößerung hat es auch gestattet, festzustellen, daß auf dem Tuch keinerlei Farbspuren vorhanden sind!"
Soweit die persönliche Aussage des Commendatore Enrie in Turin.

Pater Edward Wuenschel, Rom, beweist die Existenz dieses Grablinnens bis zum fünften Jahrhundert zurück:

Der bekannte Historiker, Pater Edward Wuenschel in Rom, stellte gegenüber dem Deutschen Fernsehen fest, daß das heutige Grablinnen Christi in Turin i d e n t i s c h mit dem Grabtuch Christi ist, das früher, besonders im ersten Jahrtausend, in Konstantinopel aufbewahrt wurde. Er erklärte, daß in Rom zahlreiche neu entdeckte Dokumente vorliegen, die mit der alten Fälschungstheorie aufräumen. Gemeint ist jene Theorie, die um die Jahrhundertwende von Chevalier aufgebracht wurde und dessen Anhänger, wie z. B. Prof. Dr. Blinzler, Passau – Prälat Prof. Dr. Eggersdorfer, Anton L. Mayer, Regensburg, u. a., noch heute diese Theorie mit ihren Professorentiteln decken. Dabei ist längst diese „Maler-Fälschungstheorie" (das Grablinnen sei im 14. Jahrhundert durch Bemalen hergestellt worden) ad absurdum geführt. Bezüglich der Identität erklärte Pater Wuenschel im Deutschen Fernsehen wörtlich in deutscher Sprache: „Das Ergebnis dieser ikonographischen Forschung kann man so kurz zusammenfassen: Identität des Grabtuches von Turin mit dem Grabtuch von Konstantinopel. Und weiter, dieses Grabtuch, das heute in Turin ist, kann man durch die Jahrhunderte zurückverfolgen bis zum fünften Jahrhundert. Das kann man heute als festgestellt bezeichnen. Und dies auf rein geschichtlichem Gebiet. Das meiste von diesem Stoff muß man noch veröffentlichen."

Pater Vaccarie, S. J.

Nestor der Bibelwissenschaft und Exegese, Professor am Päpstlichen Biblischen Institut in Rom, untersuchte die Frage, ob die Evangelientexte eine Existenz des Grablinnens zulassen. Auf Grund seiner sehr ausführlichen und umfangreichen Forschungen beantwortete er diese Frage gegenüber dem Deutschen Fernsehen klar und deutlich mit: „Ja!"

Seine Eminenz Kardinal Maurilio Fossati

Obiges Bild wurde gerade aufgenommen, als er zum Deutschen Fernsehen über das Grablinnen Christi sprach und dabei wörtlich erklärte:
„Ich bin Ihnen dankbar, die Sie aus dem fernen Deutschland hierhergekommen sind, um die Kenntnis dieser kostbaren und einzigartigen Reliquie des heiligen Grabtuches zu erhöhen. Der H E R R hat der Stadt Turin diese außerordentliche Erinnerung hinterlassen, die Zeugnis ablegt für das, was E R für uns gelitten hat, um uns mit Gott zu versöhnen. Ich bin Ihnen dankbar für Ihre Arbeit und bin überzeugt, daß sie in Ihrem Volke gute Früchte tragen wird. Als Zeichen meiner Dankbarkeit erflehe ich den Segen Gottes auf Ihr Volk herab, desgleichen auch auf Sie selbst, die Sie mit solcher Gründlichkeit Ihre Initiative entwickelt haben. Mein Segen gelte also sowohl Ihnen persönlich als auch allen, die in Deutschland seit langem das Studium dieser Reliquie betreiben. Ich segne also auch aus ganzem Herzen Sie und Ihr Vaterland. Es segne euch der allmächtige Gott, der Vater und der Sohn und der Heilige Geist. Amen!"
„Mein Segen gelte also ... auch allen, die in Deutschland seit langem das Studium dieser Reliquie betreiben."

Köln am Rhein. Handlungsort dieses Dokumentarberichtes und Stadt, die einen großen Wendepunkt in der Grablinnenforschung erlebte. Einen Wendepunkt für Christen, Juden und alle Völker dieser Erde.

Es war eine kleine Gruppe Menschen, die am anderen Tage einige Minuten vor 10 Uhr im Empfangsraum der Universität wartete, und Solomon hatte etwas Mühe, sie zu beruhigen. Schließlich waren von den acht Anwesenden – darunter ein Arzt, ein Kunstmaler, eine Lehrerin, zwei Pfarrer – nur drei direkt mit ihm bekannt. Allen anderen hatte er schon am Vorabend erklären müssen, daß er von der Presse sei und einige Zeugen mitbringen wolle, um dem heutigen Vorgang ein wenig einen öffentlichen Anstrich zu geben.

Pünktlich 10 Uhr öffnete sich die Türe, und Professor Hirt betrat mit einem weiteren Herrn, den er später als Dr. Ernst vorstellte, den Raum. Nach der Begrüßung bat er die Anwesenden, ihm zu folgen. Er öffnete eine Türe, die zum Vorzimmer eines größeren Saales führte. Jedem Eintretenden fiel dabei über der gegenüberliegenden Türe ein mit großen Lettern beschriebenes Plakat auf, das die Worte trug:

„Sie werden schauen auf den, den sie durchstochen haben." Zach. 12, 10 – Joh. 19, 37

Die Besucher waren durch diesen Wortlaut sofort etwas eigenartig berührt und dadurch so abgelenkt, daß sie die Ausstattung des Raumes nicht weiter beachteten. Es war das Arbeitszimmer von Professor Hirt. Verschiedene Regale enthielten eine große Anzahl Bücher, in Schränken waren wertvolle Dokumente, ferner Meß- und sonstige wissenschaftliche Arbeitsgeräte verwahrt.

Nachdem alle Gäste im Arbeitszimmer versammelt waren, öffnete Professor Hirt die Doppeltür zu einem großen Saal der Universität. Der Blick fiel sofort auf eine ca. vier Meter breite und ca. einen Meter hohe grauweiße Fläche, die mit einer Anzahl oft bizarrer Gebilde bedeckt war. Es war die Wiedergabe des Linnens in Originalgröße.

Rechts und links davon hingen im weiten Oval des Saales eine fast unübersehbare Anzahl von Bildern, die teilweise auf Großformate von ein bis zwei Quadratmetern gebracht waren. Trotz der sachlichen Ordnung, die offensichtlich herrschte, war doch der erste Eindruck der eines Labyrinths, das sachkundige Führung erforderte, und Professor Hirt begann, sobald sich die Türe hinter dem letzten Besucher geschlossen hatte, mit seinen Erläuterungen:
„Verehrte Anwesende, um es vorwegzunehmen: Sie haben beim Eintreten dort als erstes das Linnen gesehen, das wir nachher noch eingehend betrachten werden. Außerdem sehen Sie rundum an den Wänden eine Vielzahl von Bilddokumenten verteilt, die alle irgendeine Rolle im Gesamtkomplex dieser Linnen-Forschung spielen. Es ist dabei absolut unmöglich, Ihnen heute alle Bilder, zudem noch mit allen wissenschaftlichen Details, zu erklären, denn dazu wären rund zwei bis drei Tage notwendig, und so lange wollen Sie sicher nicht hierbleiben. Bitte, bedenken Sie, daß an diesem Projekt in den letzten 50 Jahren über 150 Fachgelehrte aller Richtungen gearbeitet haben. Jetzt und hier jeden zu erwähnen, jeden kleinen Baustein aufzuführen, der von diesem Personenkreis hinzugefügt wurde, ist einfach unmöglich. Gerne bin ich bereit, vielleicht bei späteren Besuchen hier, dieses oder jenes, heute nicht oder nur kurz Erwähntes dann ausführlich und mit allen wissenschaftlichen Details zu erklären.

Ich bin aber überzeugt, daß Sie heute, wenn Sie anschließend in rund drei bis vier Stunden die neuesten und entscheidendsten Entdeckungen aus diesem Linnen kennenlernen, soviel mit den daraus resultierenden Problemen zu tun haben werden, daß Sie an sich belanglose Einzelheiten über die Randgebiete dann kaum mehr interessieren.

Alle meine Ausführungen werden unterstützt durch die jeweiligen Bilddokumente, und Sie sehen ja, daß diese alle im Großformat, also leicht erkennbar sind. Zunächst möchte ich aber meinem Assistenten und Mitarbeiter Dr. Ernst das Wort erteilen, der Ihnen gerade in bezug auf diese übrigens durchnumerierter Bilder einiges Besondere zu sagen hat. Bitte Herr Dr. Ernst!"

Dieser begann: „Verehrte Anwesende! Die Verantwortung für alle in diesem Saal vorhandenen Bilder liegt bei mir. Hierzu muß ich Ihnen sagen, daß in Deutschland seit dem Jahre 1956 ein ‚Deutschland-Konvent für das Linnen Christi' existiert.

Dieser Spezialistenkreis wird vertraulich gehalten, weil das Thema und die Ergebnisse aus der Linnenforschung derart aufsehenerregend und bedeutungsvoll sind, daß alle diese Personen mit Anfeindungen der übelsten Art zu rechnen haben, wie die Erfahrungen leider lehren. In dem Moment aber, da ein Wissenschaftler zu sehr angefeindet wird oder im umgekehrten Sinne zu sehr an eine Institution gebunden ist und eventuell auf diese Institution Rücksicht nehmen muß, wird seine Objektivität immer geringer. Mit der geringer werdenden Objektivität aber verliert ein Fachgelehrter seinen Anspruch darauf, als Wissenschaftler anerkannt zu werden.

Von diesem Forscherkreis im Deutschland-Konvent wurden nun alle Bilder, die im Laufe der Jahre bezüglich des Linnens von Forschern beigebracht oder veröffentlicht wurden, geprüft. Dabei spielte es keine Rolle, aus welchem Lager diese Forscher stammten, auch war es unwichtig, ob sie akademisch geschult waren oder nicht, wenn sie aus irgendwelchen Gründen an diesem Projekt gearbeitet hatten. Alles wurde überprüft und ohne Vorurteile behandelt. Ich darf Ihnen sagen, daß Dokumente und Arbeiten von Fachakademikern geprüft worden sind, die rund 20 Jahre lang als richtig angesehen wurden und sich nun im Kern und in den entscheidenden Aussagen als eindeutig falsch erwiesen haben. Hierzu nachher ein treffendes Beispiel. Kurz, ich wollte mit meinen Ausführungen nur sagen, daß hier im Saal nur von objektiven Persönlichkeiten geprüfte Dokumente zum Thema ‚Das Linnen' vorliegen. Herr Professor Hirt, ich darf Ihnen nun das Wort zurückgeben!"

(Hier eine Erklärung des Autors: Alle Bilddokumente, die in der weiteren Folge der Handlung von Professor Hirt erklärt werden, sind in diesem Bericht in der gleichen Reihenfolge, auch mit den gleichen Nummern bezeichnet. Teilweise wird der authentische Bildtext des jeweiligen Beschaffers dieser Dokumente beigefügt, so daß der Leser eine ausführliche Orientierung erhält. Bilder, die keine deutlich sichtbare Nummer tragen, stammen nicht aus dem Vortrag von Professor Hirt, sondern wurden dem Dokumentarbericht nachträglich beigefügt.)

„Treten wir jetzt zum Hauptgegenstand, zum Linnen Christi", begann Professor Hirt und trat vor die vier Meter lange, weiße Fläche, die das Linnen-Bild einnahm (**Bild 1**).

„Sie sehen es hier in Originalgröße, genau 4 Meter und 36 Zentimeter lang und 1,10 Meter breit. Das Gewebe wird von Fachleuten als alte Damaszener Art bezeichnet. Der Gewebeaufbau dieses sehr rauhen und aus rohen Fasern ungleichmäßig mit der Hand gesponnenen Stoffes zeigt eine Art, die mit Bestimmtheit vor 2000 Jahren Verwendung fand und später nicht mehr üblich war. Ausgrabungen in Pompeji brachten sichere Beweise, daß diese Tücher und Gewebe damals Verwendung fanden. Die Vulkanasche, die beim Ausbruch des Vesuvs im Jahre 79 n. Chr. den Untergang der Stadt Pompeji herbeiführte, bewahrte über viele Jahrhunderte hinweg sichere Zeugnisse der damaligen Kultur. Die dortigen Ausgrabungen lieferten uns für das Linnen Echtheitsbeweise vom Gewebe her.

Auf der ganzen Fläche sehen Sie eine Vielzahl bizarrer Gebilde. Viele davon sind leider durch mannigfache Beschädigungen im Laufe der 19 Jahrhunderte entstanden; aber zwischen allen diesen Schäden, die von Brand, Löschwasser, Ausbesserungen usw. herrühren, sehen wir heute nahezu unversehrt die Abdrücke des Körpers Christi.

Es sind die Abdrücke der gesamten Vorder- und Rückseite des Körpers – von Kopf bis Fuß!

Bild 1: *Gesamtansicht des LINNENS, das heißt, so wie das Linnen mit dem bloßen Auge zu sehen ist. Tiefdunkle Streifen, die sich durch die ganze Länge des Linnens ziehen, sind durch einen Brand der Schloßkapelle von Chambéry in der Nacht auf den 4. Dezember 1532 verursacht worden.*

Die durchgebrannten Stellen wurden später durch Flicken unterlegt. In der Mittel-Längs-Achse des Linnens und an den Rändern entlang befinden sich gleichartige, rhombusförmige Platten mit dunklen Rändern. Diese entstanden durch das Löschwasser. Aus der symmetrischen Anordnung der Brand- und Wasserflecken ist zu entnehmen, in welcher Form gefaltet das Linnen damals in dem Silberschrein gelegen hat.

Es ist eigenartig: Alle Stürme der Zeit und der Umstände in den langen Jahrhunderten konnten der abgedrückten Figur nichts anhaben. Sowohl die Körpervorderseite als auch die Körperrückseite – beide zwischen den Brandstreifen verlaufend – sind praktisch unversehrt!

Bild 1

Hier, gleich neben dem Linnen, sehen Sie zwei weitere Bilder (**Bild 2 und 3**). Eines zeigt die Gewebeart, und das andere vermittelt die ungefähre Kenntnis, wie der Körper Christi in das Linnen gelegt wurde. Auf eine solche Art entstanden die hier vorliegenden Körperabdrücke, also auch die Blutabdrücke. Allerdings war der Körper im Linnen ganz nackt, während das Bild hier mit Lendenschurz gezeichnet ist. Die vollkommene Nacktheit ist ein schlüssiger Beweis, daß der Körper für die Waschungen usw. bereits vom Lendenschurz entblößt war und noch kurze Zeit aufbewahrt wurde, bis eventuell noch fehlende Gegenstände für die rituelle Behandlung des Körpers nach dem jüdischen Brauch vorhanden waren. Die Waschungen gehörten unbedingt zum jüdischen Brauch, und diese Tatsache gibt uns das Recht, heute zu sagen, daß dieses Linnen kein ‚Grablinnen' an und für sich ist, sondern ein Linnen, das nach der Kreuzabnahme zeitweilig als Aufenthaltsort gedient hat. Schließlich darf gesagt werden, daß der Körper nach der Kreuzabnahme – und nachdem er eventuell einen Moment im Schoße der Mutter ruhte – nicht einfach auf den schmutzigen Boden gelegt wurde.
Dieser Umstand und auch die deutlichen Berichte in der Heiligen Schrift, die vom ‚jüdischen Brauch' und von mehreren Tüchern berichten, lassen uns mit Sicherheit sagen: **Das Linnen ist kein Grabtuch, sondern ein Linnen, das nach der Kreuzabnahme eine bestimmte, relativ kurze Zeit als Aufenthaltsort für den Körper Jesu Christi diente.**

Die Momentaufnahme, wie wir den geschilderten Vorgang mit Recht bezeichnen dürfen, hat uns geradezu einmalig exakte Berichte über die Tatsachen der Hinrichtung Christi überliefert. Wir können heute mit unseren modernen Hilfsmitteln alle diese Vorgänge in ihren wesentlichen Teilen rekonstruieren, wissenschaftlich einwandfrei rekonstruieren! Wir sind sogar in der Lage, in Verbindung mit anderen Berichten die gesamte Kreuzigung in kaum glaublicher Exaktheit darzustellen, und es sind Pläne vorhanden, dies eines Tages im Film zu tun.
Ich will Ihnen nun Zug um Zug die Vorgänge erklären, die zu den heute sichtbaren Abdrücken führten. Es war in jener Zeit üblich, derartige Tücher mit Aloesaft zu tränken – wir würden heute sagen: zu imprägnieren, womit eine gewisse antiseptische Wirkung erreicht wurde.
Überraschend daran ist für uns heute d i e Tatsache, daß diese Imprägnierung im technischen Sinne wie eine photographische Trockenplatte wirkte. So-

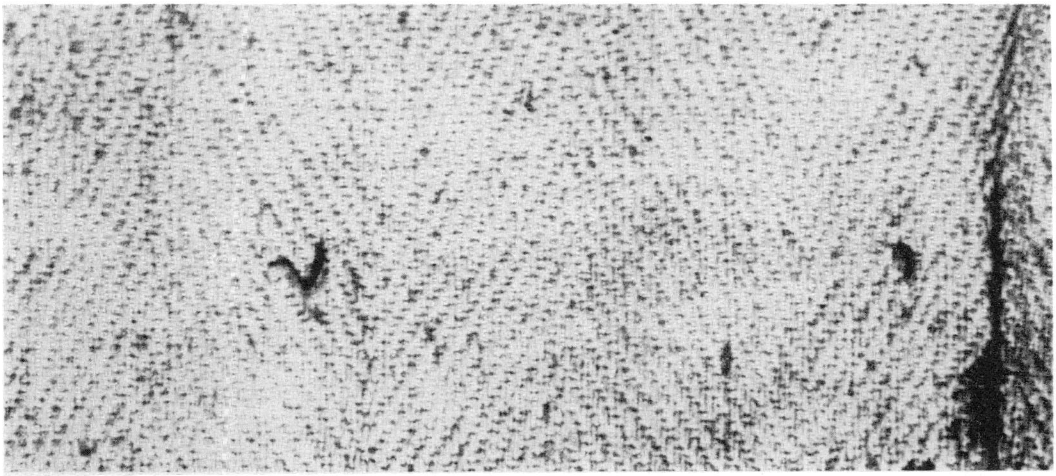

Bild 2: *Die Struktur des Gewebes. Das Linnen ist durch Webfachleute als alte Damaszener Art erkannt. Durch Ausgrabungen in Pompeji wurde bestätigt, daß es Leinwand aus der Zeit Christi ist.*

Bild 3: *Eine Rekonstruktion, wie der Körper in das vorliegende Linnen gelegt wurde. Der Rücken lag auf der einen Hälfte, und die andere Hälfte wurde über das Haupt geschlagen. Da das Linnen – wie wir heute wissen – von diesem Moment an wie eine photographische Trockenplatte wirkte, haben wir heute eine geradezu klassische Momentaufnahme vom Zustand Jesu Christi ca. zehn Minuten nach der Kreuzabnahme!*

bald der Körper im Linnen ruhte, haben chemische Vorgänge – hervorgerufen durch Körperausdünstungen und Körperaustrahlungen – einen Prozeß begonnen, der diese Aloe-Imprägnierung umwandelte zu bräunlichen Konturen, die, phototechnisch gesprochen, ein ‚photographisches Negativ' sind, eine Art Spiegelbild des Körpers Jesu Christi. Eine andere Bedeutung des Begriffes ‚Negativ' erkläre ich später noch.
Gleichzeitig hat sich das aus den Wunden austretende Blut im Gewebe festgesaugt, was uns heute wichtige Erkenntnisse und genaue Rekonstruktionen ermöglicht. Die Blutabdrücke waren es – so darf mit Sicherheit gesagt werden –, die dieses Linnen von Anbeginn zu einem der kostbarsten Erinnerungsstücke an Jesus Christus werden ließen. Es ist geschichtlich ‚mindestens so echt wie die Bibel', ja, es ist sogar älter, unmittelbar bei den Ereignissen entstanden, das ist das Bedeutsame daran! Es haben sich, wenn von einigen Papyrusstücken abgesehen wird, aus den ersten 300 Jahren der christlichen Geschichte praktisch keinerlei schriftliche Unterlagen erhalten – einfach deshalb, weil das Christentum 300 Jahre im ‚Untergrund' lebte und alle Gegenstände und Schriften, die irgend etwas mit Christus zu tun hatten, von seinen Anhängern verborgen gehalten werden mußten; denn wann und wo etwas entdeckt wurde, ließen es die herrschenden Mächte vernichten – im jüdischen Staat unmittelbar nach der Himmelfahrt Christi schon, und vom Jahre 64 an auch im gesamten Römischen Reich bis ins 4. Jahrhundert hinein.
Aus diesen Gründen stammen unsere heutigen Bibelunterlagen aus dem 4. Jahrhundert n. Chr. Alle vorhandenen Berichte sind also, sofern es sich um geschlossene Berichte handelt, Abschriften, deren Urunterlagen nicht weiter zurückgehen als bis ins 4. Jahrhundert. Eine Ausnahme bilden seit neuester Zeit die im Jahre 1947 aufgefundenen Schriftrollen vom Toten Meer, durch deren Entdeckung und Entzifferung sich die Überlieferung vieler Teile des Alten Testaments authentisch bis um ca. 50 v. Chr. zurückverfolgen läßt.
Ich möchte nicht falsch verstanden werden, wenn ich hier etwas, was zum Allgemeinwissen gehört, so ausführlich behandle. Es geht mir um meine Äußerung: ‚Mindestens so echt wie die Bibel.' Wenn wir aus den ersten Jahrhunderten, in denen das Christentum nur versteckt lebte, weder von der Bibel noch vom Linnen historische Nachweise haben, so gleicht sich darin ihr Schicksal aus begreiflichen Gründen. Wir haben heute Zeugnisse über das ganze Neue Testament vom 4. bis 5. Jahrhundert an. Nun, die haben wir vom Linnen auch! Lassen Sie mich dazu historische Beweise antreten:

Bild 4: *Kirchturm einer orthodoxen Kirche. Zu beachten ist das Turmkreuz mit der schrägen Fußstütze.*

Im Jahre 438 wurde ein Linnen wie das vorliegende von der Kaiserin Eudoxia nach Konstantinopel – damals das östliche Rom – geschickt. **Sie werden überrascht sein, in welche Vorgänge ich Sie jetzt einführe! Hierzu das nächste Bild, Bild 4 unserer Sammlung. Sie sehen den Turm einer orthodoxen Kirche. Sollten Sie je schon einmal die Gelegenheit gehabt haben, ein solches Kreuz, wie es auf diesen Türmen steht, zu sehen, so haben Sie sich bestimmt über seine eigenartige Form gewundert, das heißt, Sie konnten sich nicht erklären, warum der untere kleine Balken schräg verläuft. – Das nächste Bild (Bild 5) zeigt Ihnen einen orthodoxen Priester mit einem orthodoxen Kreuz in den Händen, das auf westliche Christen einen etwas befremdenden Eindruck machen mag. Immerhin ist die Ostkirche so alt wie die Westkirche und umfaßt über 100 Millionen Christen.**

Deutlich sehen Sie drei Querbalken. Der oberste entspricht, wie überall im Christentum, der Inschrift über dem Haupt. Der große mittlere diente zur Festhaltung der Arme und Hände, und der untere stellt nach orthodoxer Glaubensart die Fußstützen zur Annagelung der Füße dar. Diese Darstellung er-

Bild 5: *Orthodoxer Priester mit dem orthodoxen Kreuz in den Händen. Deutlich ist die schräge Fußstütze zu erkennen.*

Bild 6: *Sehr altes, kostbares orthodoxes Relief-Kreuz. Ganz genau ist das verkürzt dargestellte rechte Bein zu sehen, deshalb die s c h r ä g e Fußstütze.*

folgt seit über 1000 Jahren und ist in der Zeit von etwa 500 bis 1000 im Christentum des Ostens entstanden. Warum aber ist dieser untere Querbalken s c h r ä g ?

Antwort gibt das nächste Bild, das ein sehr altes, kostbares Relief-Kreuz zeigt (**Bild 6**). Hier werden die Gründe für den schrägen Querbalken deutlich. Eine Legende bildet den Ursprung dieser Darstellungsart. In den Jahren ab ca. 500 haben orthodoxe Missionare den Osten von Konstantinopel aus mit dem Christentum bekannt gemacht. Diese Missionare lehrten, daß Christus auf dem rechten Bein etwas ‚lahm' bzw. daß dieses Bein etwas kürzer gewesen sei. Sie haben dies sogar bewiesen! Nicht aus der Bibel oder sonstigen schriftlichen Unterlagen – darin stand nie etwas Derartiges –, sondern aus dem ‚Grablinnen Christi', das damals über sieben Jahrhunderte in Konstantinopel in einer Kirche aufbewahrt war und als Beweisstück immer wieder öffentlich gezeigt wurde. Auf diesem Grablinnen waren die Abdrücke des Körpers Jesu Christi abgebildet, und zwar der – im Linnen – rechte Fuß um einiges kürzer abgedrückt, so daß die Ostchristen – ihrer Meinung nach zu Recht – diesen Umstand in ihren Glauben aufgenommen und bis auf den heutigen Tag erhalten haben. Das abgebildete Relief-Kreuz zeigt deutlich den rechten Fuß um einiges kürzer, weshalb die rechte Fußstütze weiter oben sein muß. – So ist die Schrägstellung der Fußstütze entstanden.

Das nächste **Bild, Nr. 7,** stellt nun die Körper-Rückseite der Figur vom heutigen ‚Turiner Grablinnen Christi' dar. Betrachten Sie diese Rückseite einmal! Deutlich ist die Verkürzung des im Bild rechten Fußes zu sehen! – Hier haben wir die echte Identifizierung: Es ist dasselbe Linnen, das in den Jahren von 438 bis etwa 1200 in Konstantinopel öffentlich gezeigt wurde! Das gleiche Linnen, von dem die Legende ausging, die zur Gestaltung des orthodoxen Kreuzes geführt hat. Das gleiche Linnen, das die Kaiserin Eudoxia im Jahre 438 von Jerusalem nach Konstantinopel geschickt hatte. Sie hatte es anläßlich einer Wallfahrt nach Jerusalem dort mit anderen Reliquien übernommen. Bis zum Jahre 1204 war das Linnen dann in Konstantinopel, wurde bei der Eroberung der Stadt durch die damaligen Kreuzritter erbeutet und im selben Jahr von dem Kreuzritter Otto de la Roche nach Besançon (Frankreich) gebracht.

In Frankreich diente es rund 250 Jahre lang als Paradestück der dortigen adeligen Kreise. Nun hatten die damaligen Besitzer durch die öffentliche Ausstellung des Linnens Vorteile mancher, auch materieller Art erzielt, weshalb

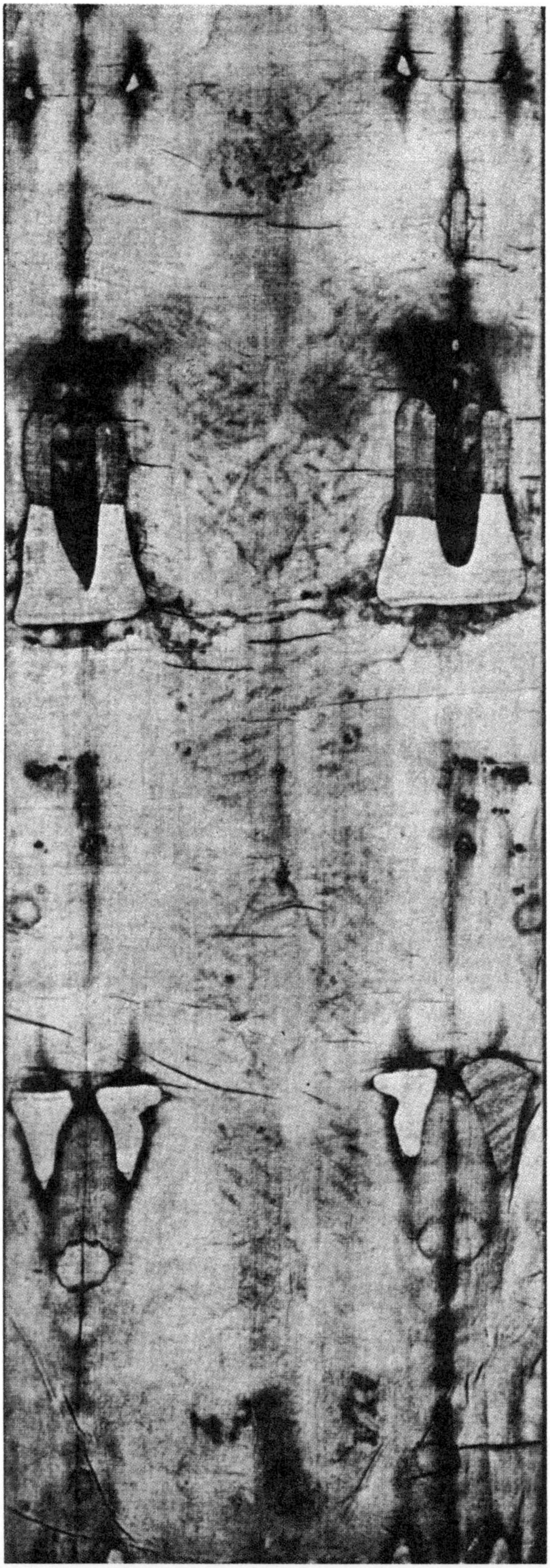

Bild 7: *Körper-Rückseite der Figur unseres heutigen Turiner Linnens. Die Verkürzung des rechten Beines ist deutlich erkennbar. Damit eine echte Identifizierung, daß dieses heutige Turiner Linnen dasselbe ist, das in den Jahren 500 – 1000 zur Gestaltung des orthodoxen Kreuzes führte.*

sie mit der Kirche in Streit gerieten. Bald über 200 Jahre dauerten die Streitereien um das Linnen und führten zu allerhand Beschuldigungen und Gegenbeschuldigungen zwischen Besitzern und Kirche, auch um die Echtheit. Einmal hat sich sogar einer gemeldet, der von sich behauptete, er habe es gefälscht. Es scheint aber – obwohl diese Meldung damals einigen Personen angenehm war –, als hätten selbst die damaligen Stellen ihn kaum für voll genommen; denn es wurde nicht einmal sein Name in die Akten aufgenommen. Auf uns wirkt diese Behauptung heute geradezu als ein Witz, wie Sie bald begreifen werden.

Auch in bezug auf diese Vorgänge kann man nur das von Papst Pius XI. am 6. September 1936 abschließend ausgesprochene Urteil wiederholen: ‚Dies ist kein Werk von Menschenhand!'
Etwas ruhiger um das Linnen wurde es erst, nachdem es im Jahre 1452 dem italienischen Königshaus S a v o y e n übergeben und im Jahre 1572 zur Aufbewahrung in die Kathedrale nach Turin gebracht worden war. Ab 1664 wurde in dieser Kathedrale hinter dem Hochaltar eine Kapelle für das Linnen errichtet, und dort wird es über dem Altar aufbewahrt. So trägt es seit dieser Zeit und bis zum heutigen Tage den Namen ‚Turiner Grablinnen Christi'.

Ich möchte noch einmal auf die vorhin erwähnte Verkürzung des Beines zurückkommen", sprach Professor Hirt weiter. „Selbstverständlich ist diese am Linnen sichtbare Verkürzung nur eine scheinbare, das heißt: Da die Beine am Kreuz übereinandergenagelt waren und nach der Kreuzabnahme das eine Knie weniger durchgedrückt im Linnen lag als das andere, wirkte der Abdruck des – im Linnen – rechten Beines um einiges kürzer. Ich sage absichtlich ‚das im Linnen rechte Bein'; denn in Wirklichkeit war es das linke Bein, einfach deshalb, weil alle Abdrücke immer seitenverkehrt sind. Das hatten die damaligen Betrachter nicht begriffen; auch erklärten sie sich die Abdrücke vielmehr als ein von Jesus Christus gewirktes Wunder, das den Menschen Zeugnis über sein Leiden hinterlassen sollte. Erst heute wissen wir, daß es, rein sachlich gesehen, ein einfacher, rekonstruierbarer Vorgang innerhalb der Naturgesetze gewesen ist.
Bezüglich der Auswirkungen des Linnens auf die östliche Kirche möchte ich noch einige Worte des kürzlich verstorbenen tschechischen Gelehrten Dr. Hynek anführen:

‚Eine höchst merkwürdige Sache: Während in der Westkirche im Mittelpunkt der Auferstehungsfeier das Bild des Auferstandenen mit der Siegesfahne steht, feiert die östliche Kirche das festliche ‚Christos Voskres' dadurch, daß der die Andacht leitende Priester im Augenblick der Auferstehung die sogenannte ‚Plástenica', eine zwei Meter lange Leinwand, ergreift, auf welcher die liegende Gestalt Christi mit gekreuzten Händen von vorn abgebildet erscheint, wie sie im Grabe ruhte ... Man kann diese Plástenica nur als die abgebildete Vorderhälfte unseres Grablinnens erklären und steht vor einem weiteren Beweis seines Bekanntseins vor langen Jahrhunderten im Osten!'

Soweit Dr. Hynek", sagte Hirt, und nun, zur Zusammenfassung alles bisher Vorgetragenen, hob er die Stimme etwas, ohne den sachlichen Ton zu verlieren: **„Alles in allem gesehen ist das orthodoxe Kreuz der klare Beweis für die Existenz unseres heutigen ‚Turiner Linnens Christi' in den Jahren von 438 an bis etwa 1200 in Konstantinopel! Ich darf hier zum Abschluß mit voller Berechtigung sagen: Welch geschichtlicher Aufwand einer ganzen großen Glaubensrichtung, um indirekt – die Geschichte und Echtheit des Turiner Linnens Christi heute, im 20. Jahrhundert, zu beweisen!"**

Fälschung war unmöglich!

Stille lag über dem Saal, da Professor Hirt nun schwieg, und es dauerte längere Zeit, bis sie durch die Stimme eines Freundes von Solomon, jenes Kunstmalers, den er mitgebracht hatte, unterbrochen wurde: „Herr Professor, es wäre für mich noch interessant, über einen anderen von Ihnen erwähnten Punkt ausführliche Auskunft zu bekommen. Wenn ich auch seit Jahren eine andere wirtschaftliche Tätigkeit ausübe, so darf ich mich doch als akademisch geschulten Kunstmaler bezeichnen. Sie sprachen vorhin von einem ‚photographiegetreuen Negativ', das dieses Linnen gleichzeitig sei. Es ist für mich wie für jeden akademisch geschulten Künstler seit alters her selbstverständlich, daß wir niemals ein echtes Negativ malen oder sonst künstlich herstellen können, es sei denn, wir verwenden dazu einen ‚photographischen Apparat'. Derartige Apparate gibt es aber erst seit dem 19. Jahrhundert. Wenn Sie also den Beweis antreten können, daß dieses Linnen ein ‚photographieartiges Negativ' ist, so bin ich sofort bereit, es als eindeutig echt anzuerkennen!"

Professor Hirt antwortete ohne Zögern: „Nichts leichter als dies! Vielleicht darf ich hierzu eine kleine Vorgeschichte einflechten. Die moderne Geschichte der Linnenforschung begann eigentlich im Jahre 1898. Damals war dieses Linnen in Turin wie vorher und nachher alle 33 Jahre öffentlich ausgestellt worden. 33 Jahre vor 1898, also im Jahre 1865, war die Technik der Photographie noch so gering entwickelt, daß nicht möglich war, was im Jahre 1898 geschah: Ein italienischer Rechtsanwalt namens Pia machte mit seiner Kamera eine Amateuraufnahme. Als er selbst die Bilder entwickelte, ließ er vor Verblüffung beinahe die Glasplatte aus den Händen fallen; denn er sah plötzlich in dieser Glasplatte, die das Negativ des Linnens enthielt, echte Gesichtszüge in dem Negativ auftauchen, Gesichtszüge, die rund 1900 Jahre lang nicht zu sehen gewesen waren! – Aber übergehen wir die damaligen Umstände doch noch einmal; denn ich wollte nur den italienischen Rechtsanwalt Secondo Pia erwähnt haben, der sozusagen die moderne Geschichte des Linnens begründet hat.

Wieder 33 Jahre später, also im Jahre 1931, wurden dann in Anwesenheit höchster Würdenträger von Kirche und Staat fachmännische Photoaufnahmen in Turin gemacht, die alles von Pia Behauptete in geradezu aufsehenerregender Form bestätigten. Die Aufnahmen wurden von fünf vereidigten Sachverständigen sowohl im ‚Photo-Positiv' als auch im ‚Photo-Negativ' als absolut einwandfrei und unretuschiert bestätigt.

Gehen wir zum nächsten Bilddokument; es ist **Nr. 8.** Sie sehen den Kopfabdruck, wie er auf dem Linnen sichtbar ist und immer war, so also, wie er rund 1900 Jahre gesehen werden konnte. Allerdings sehen Sie ihn hier schärfer; denn die Photographie hat uns die Möglichkeit gegeben, im Bild alles deutlicher und schärfer hervortreten zu lassen.

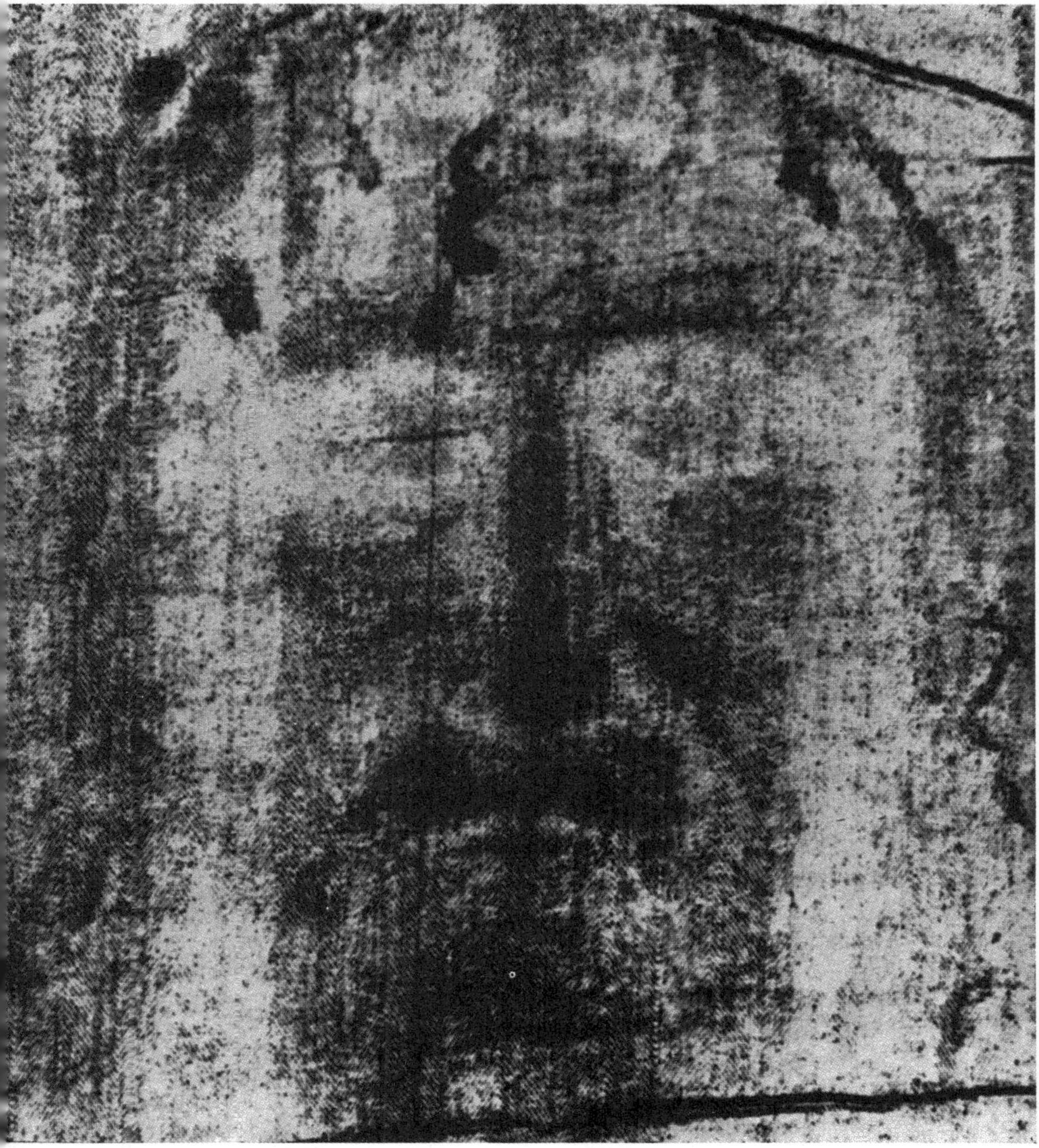

Bild 8: *Der Kopfabdruck, wie er am Linnen zu sehen ist. Hier ein wenig verstärkt wiedergegeben, um alles genau erkennen zu lassen. Phototechnisch ist dies das „Photo-Positiv".*

Auch ist gleich das ‚Photo-Negativ' zu diesem Bild angebracht, so wie es in der Dunkelkammer beim Entwickeln erscheint (**Bild 9**). Welch einmalige Überraschung! **Die Gesichtszüge treten hervor, so wirklichkeitsgetreu und lebensnah wie auf einer Photographie, so wie sie vor rund 1900 Jahren vom Linnen sozusagen in einer Momentaufnahme festgehalten wurden. Gesichtszüge, die seit jener Zeit bis zum Jahre 1898 bzw. 1931 niemals von einem Menschen hatten gesehen werden können. Das Antlitz des Herrn Jesus Christus, aufbewahrt für die heutige Welt!**

Nun, da die Gesichtszüge in natürlicher Form in diesem Fall im Photo - N e g a t i v auftauchen, muß nach den technischen Gesetzen der Photographie die Vorlage, also das Linnen, als Photo - P o s i t i v zugleich ein ‚photographisches Negativ' sein. Jeder, der selbst photographiert – und das tun heute ja Millionen –, versteht diese Vorgänge und weiß, daß diese Folgerungen sachlich einwandfrei sind.
Ich glaube, wir können deshalb die Frage der Echtheit endgültig mit der Feststellung abschließen: **Eine Fälschung dieses Linnens war zu keinem Zeitpunkt der letzten rund 2000 Jahre möglich!"**

Nachdem Professor Hirt ein wenig die Wirkung seiner Worte abgewartet hatte, fügte er, nicht mehr in dozierendem Tone, hinzu: „Ich schlage vor, wir machen jetzt eine Pause von zehn Minuten; denn nachher kommen wir zu wirklich bedeutenden und überraschenden Dingen, die Ihre ganze Aufmerksamkeit fordern werden." Unter allgemeiner Zustimmung verließ er den Saal, und wir wollen den Inhalt des nun folgenden erregten Gemurmels unbeachtet lassen und den Bericht fortsetzen, wie er, als zehn Minuten später alles wieder anwesend war, von Hirt gegeben wurde.
„Verehrte Anwesende", begann er erneut, „was ich Ihnen nun vortrage, wollen Sie bitte nicht als eine unterhaltende Geschichte dieser oder jener Art ansehen, sondern als einen sehr ernsten Bericht über Dinge, die sich seit 1947 abspielen und die gerade wegen des Linnens insofern Beachtung verlangen, weil wir hier offensichtlich erstmals auf dieser Erde sozusagen objektive Beweise für ein ‚Christusereignis' vorliegen haben.
Sie erinnern sich doch bestimmt noch an die vielen Berichte aus Rom, die 1955 durch die Weltpresse gingen und besagten, daß Papst Pius XII. Ende des Jahres 1954 eine ‚Christuserscheinung' gehabt habe. Diese Berichte sind ohne

Bild 9: *Das gleiche Bild, jetzt im „Photo-Negativ". Deutlich treten Gesichtszüge hervor, die nur im „Negativ" erscheinen. Wenn aber das „Photo-Negativ" echte Gesichtszüge enthält, so ist das „Photo-Positiv" (also der aufgenommene Gegenstand, das Linnen) nach allen technischen Gesetzen gleichzeitig ein „photographieartiges Negativ", also künstlich durch Bemalen oder ähnliche Methoden nicht herstellbar. Die Querstreifen in beiden Bildern sind Falten im Linnen, die bei den Aufnahmen nicht zu glätten waren.*

weiteres glaubhaft, denn schließlich war Papst Pius XII. eine glaubwürdige Persönlichkeit. Aber es ist doch immer nur der Begriff ,glaubhaft' zulässig. Beweisen konnte er es nicht, weil sich bis heute solche Dinge einfach jeder Nachprüfung entziehen. Wie sollte dies auch geschehen? Seien wir doch ehrlich: Wie will ein Mensch, sei er nun Papst oder Laie, der von außerirdischen Mächten in eine solche Situation gestellt wird, uns dies beweisen? Und doch darf ich Ihnen nun erklären: Ein exakter Beweis für ein ,Christusereignis' ist erstmals auf dieser Erde gelungen!

Doch muß ich Ihnen zunächst noch einige Umstände schildern, die zur Vorgeschichte dieses Beweises gehören.
Es war im Jahre 1947, laut Angabe in der Zeit vom 16. Februar bis 23. Februar 1947, da hatte ein 25jähriger Mann katholischen Glaubens ein ähnliches Erlebnis wie das von Papst Pius XII. berichtete. Jener junge Mann berichtete, Jesus Christus habe mit ihm gesprochen und ihm eine Botschaft diktiert, die an alle Christen dieser Erde gerichtet ist und vom Reiche Christi auf Erden handelt.

Überlegen Sie bitte selbst, wie Sie reagieren würden, wenn Ihnen jemand von einer solchen Begebenheit berichtet. Vermutlich würden Sie sich entweder auf den Standpunkt stellen, daß Jener nicht ganz normal zu sein scheint, oder aber dächten Sie: So etwas kann vielleicht möglich sein – aber was soll ich ohne Beweise anfangen?

So ungefähr ging es auch damals. Der junge Mann geriet durch sein Erlebnis in eine sehr unangenehme Lage. Er erstattete seiner Kirche einen genauen Bericht und gab die ihm diktierte Botschaft noch an andere Stellen weiter.

Diese Botschaft nun enthielt einen ,Angelpunkt'. Christus spricht darin von einem Geheimnis, das nur ihm allein bekannt gewesen sei und das er von der Zeit seines Erdenlebens bis zu jenem 23. Februar 1947 bewahrt habe. Der diesbezügliche Text in der diktierten Botschaft lautete wörtlich: ,Es war allein mein Geheimnis', und kurz darauffolgend: ,Höret mein Geheimnis – ich bin nicht am Kreuz gestorben!' – Wir haben es also so zu verstehen, daß er allein dieses Geheimnis wußte, daß kein Apostel und auch späterhin kein Mensch davon erfahren hat und daß also auch der Heilige Geist schwieg. Denn es ist theoretisch unmöglich, daß der Heilige Geist einem Apostel oder sonst

einem Menschen etwas eingibt, was Christus als Geheimnis für sich behalten wollte.
Verehrte Anwesende, Sie werden zugeben, daß hier recht seltsame Dinge zur Sprache kamen.
Nun aber komme ich erst zu der großen, überraschenden Entdeckung, die ich Ihnen vor der Pause ankündigte:
Das Linnen beweist uns heute unwiderlegbar: Jesus Christus ist laut seinem eigenen Linnen nicht am Kreuz gestorben!

Kein Leichnam – nach der Hinrichtung

Selbstverständlich wollen Sie jetzt sofort Beweise für meine Behauptungen haben", fuhr Professor Hirt fort, „und Sie sollen sie auch gleich bekommen. Es gibt dazu für die Linnen-Forschung einen direkten und einfachen Weg und, sozusagen zur Deckung, auch noch einen indirekten, etwas komplizierteren Weg. Zuerst werde ich Ihnen den einfachen Weg zeigen. Betrachten wir das nächste Bild in unserer Sammlung, **Nr. 10:**
Es ist der Abdruck des Hinterhauptes Christi und Zeugnis dafür, was am Hinterhaupt geschah, solange der Körper in diesem Linnen lag. Wenn Sie das Bild mit der ganzen Rückseite des Körpers (Bild 7) vergleichen, so sehen Sie, daß es den Kopfausschnitt wiedergibt.
Versetzen wir uns nun doch der Einfachheit halber mit unseren heutigen medizinischen Kenntnissen in die damalige Zeit: Wir haben am Kreuz den Herrn, mit einer Haartracht, wie sie damals üblich war, das heißt eine mindestens bis auf die Schultern fallende Haartracht, so wie wir es zuletzt am Kopfbild (Bild 9) gesehen haben.
Nun weiß nicht nur der Mediziner, sondern auch jeder Laie, daß Blut in den Haaren rasch trocknet und mit den Haaren zusammen eine harte Blutkruste bildet. E i n g e t r o c k n e t e s Blut kann aber von keinem Gewebe aufgesaugt werden. Aus diesem Grund müssen die hier am Linnen sichtbaren Spuren von Blutungen stammen, die soeben aus den Wunden fließen.
Bitte, verehrte Anwesende, greifen Sie sich nun einmal an den Hinterkopf! **Bitte tun Sie es ruhig, das ist wichtig, damit Sie sich die Beschaffenheit des menschlichen Schädels vorstellen können. Sie spüren, daß der Hinterkopf nur einen relativ dünnen Kopfüberzug um den Schädelknochen hat, der in der Hauptsache aus einem Hautüberzug besteht. In diesem Hautüberzug steckte**

Herztätigkeit im Grablinnen

hatte Jesus Christus. Solches beweisen die im Bild sichtbaren Blutungen aus den Wunden des Hinterhauptes, nachdem die Dornenkrone wieder abgenommen war und sich dadurch die kleinen Wunden am Haupte wieder goöffnet hatten. Bei einem Leichnam würden solche Wunden nicht mehr bluten. Deutlich ist zu sehen, wie das Blut im Grablinnen rollte und dann am Endpunkt der Blutbahn aufgesaugt wurde.

Zugleich beweisen diese Spuren der Dornenkrone, dass der Gekreuzigte wirklich Jesus Christus war und nicht ein x-beliebiger damals Gekreuzigter. Die Geschichte kennt nur einen, der einmal von den Römern mit einer Spottkrone aus Dornen gekreuzigt wurde: den König der Juden! Eine Dornenkrone war nicht ein übliches Utensil bei Kreuzigungen, und es gibt keinen Bericht, dass einmal ein anderer König gekreuzigt worden wäre. Es müsste also einen zweiten Jesus gegeben haben, auf den alle Details der gesamten Passionsgeschichte zuträfen. Wenn Jesus nicht in diesem Grablinnen gelegen hätte, so wäre es ein zweiter Jesus gewesen.

Microphoto A: Stirnblutung von der rechten Seite des Grablinnens.

Microphoto B: Brustblutung von der linken Seite.

Microphoto C: Eine Blutung aus dem Hinterhaupte, linke Seite des Grablinnens. Der Microphotograph stellte in seinem Gutachten fest, dass die Blutungen in das Gewebe eingedrungen sind und nicht durch eine Manipulation entstanden sind.

Fotografie Ufficiali della Santa Sindone. Official and original photo of the Holy Shroud, diffusion by the International Foundation for the Holy Shroud / Zurich 1.

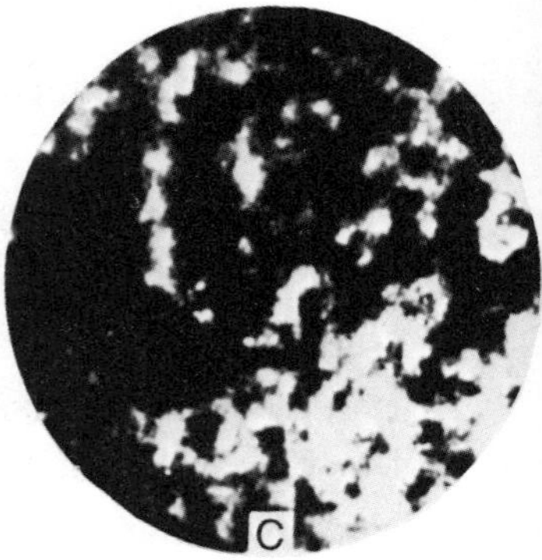

Microphoto C

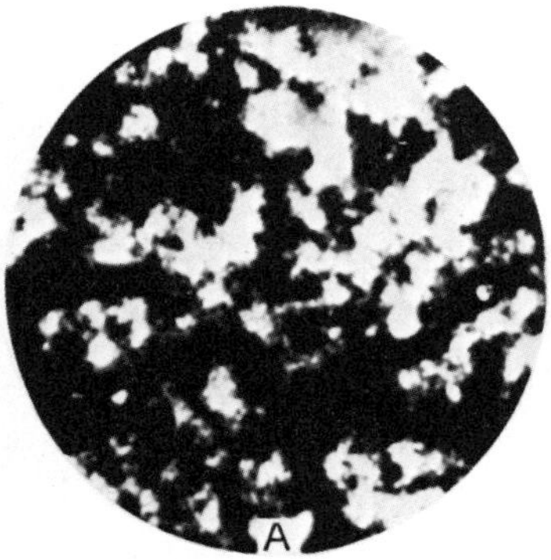

Microphoto A

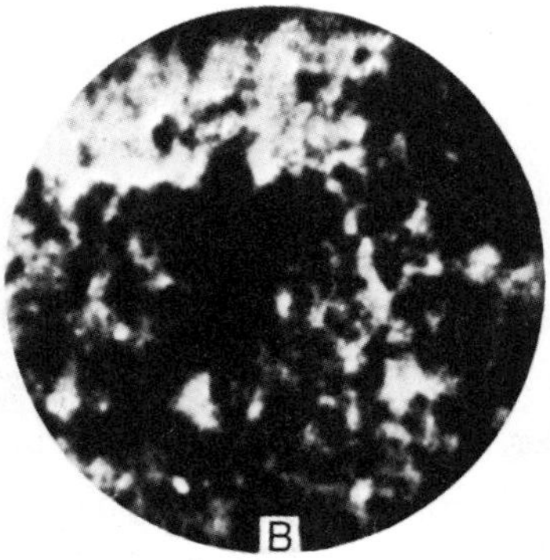

Microphoto B

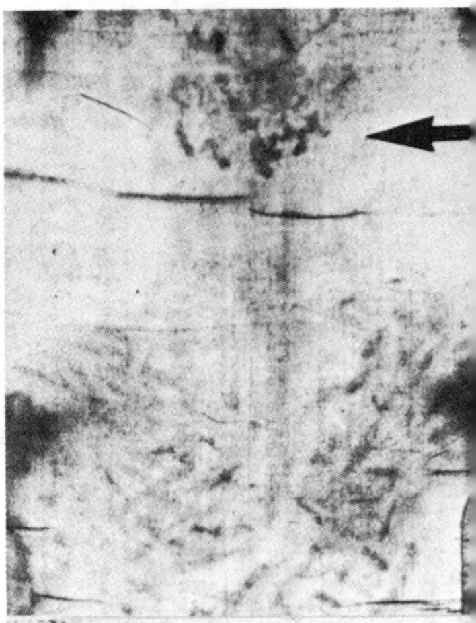

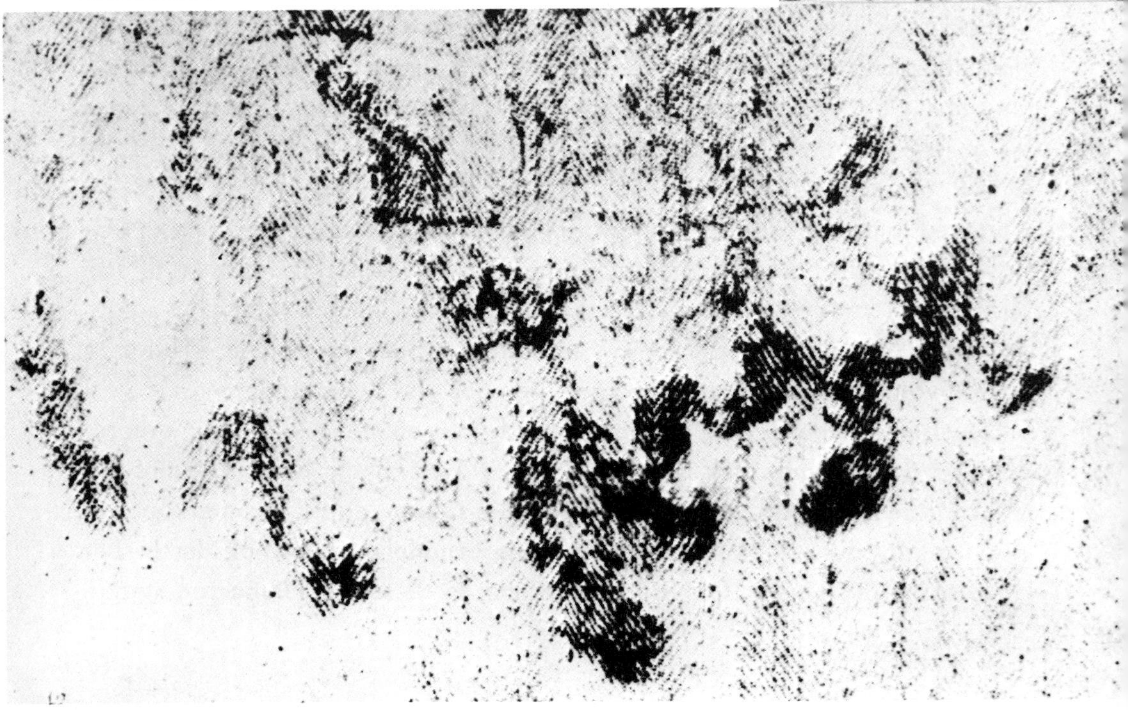

beim Gekreuzigten die Dornenkrone. Solange die Dornen steckten, waren die winzigen kleinen Wunden von ca. ein bis zwei Millimeter Durchmesser geschlossen; denn alles Blut, das da an so einem Dorn vorbeisickern konnte, ist gleich geronnen und hat sich verkrustet, wie dies bei allen kleinen Wunden nach kurzer Zeit geschieht.

Mit der ‚Geistaufgabe', wurde das gesamte Zentralnervensystem ausgeschaltet, und es ist ohne Zweifel ein todesähnlicher Zustand eingetreten. Bei Beendigung der Atmung muß aber nicht notwendig auch die Herztätigkeit enden, wodurch erst ein Zustand eintreten würde, den wir als ‚gestorben' bezeichnen. Fassen Sie also meine Feststellung des ‚todesähnlichen Zustandes' mehr im theologischen Sinne auf, um den Geschehnissen gerecht zu werden. Jedenfalls ist mit Beendigung der Atmung nicht immer auch ein Herzstillstand verbunden, wie zum Beispiel die Erstickungen in Wasser, Sand, Rauch usw. beweisen. Bei allen Erstickungsfällen steht ja die Atmung still. Wenn aber noch Herztätigkeit vorhanden ist, können Wiederbelebungsversuche gemacht werden, die recht oft Erfolg haben.

Halten wir also Folgendes fest: Vom Zeitpunkt der ‚Geistaufgabe' an, als sich das Haupt nach vorne neigte, fand an dieser Dornenkrone keinerlei Bewegung mehr statt bis zur Kreuzabnahme. **Es ist absolut sicher, daß alles eventuell doch vorhandene Blut dieser gesamten Kopfpartie – also Hinterhaupt und Stirn – in der nun folgenden Zeit von etwa einer Stunde bis zur Kreuzabnahme abgetrocknet und verkrustet war; das ergibt sich aus der Tatsache des naturgesetzlichen Verhaltens von Blut außerhalb des Körpers an der Luft.**

Bild 10: *Blutungen aus dem Hinterhaupt. Sicherer Beweis für das Vorhandensein einer Herztätigkeit nach der Kreuzabnahme im Grablinnen. Das frisch aus den Wunden ausgeflossene und vom Linnen aufgesaugte Blut ist nach den Gesetzen des Blutkreislaufes dafür klares Zeugnis. Blutungen aus den offenen Wunden der Dornenkrone. Jener Dornenkrone, die hier den eindeutigen Geschichtsbeweis bringt, daß es die Wunden am Haupte Christi waren. Denn es ist vollständig gleichgültig, von welchem Standpunkt aus man die Weltgeschichte betrachtet. Wissenschaftlich ist es klar erwiesen, daß es nur einen einzigen Palästinajuden gab, der bei seiner Hinrichtung eine Dornenkrone trug – jener Jude, der als König der Juden mit einer Spottkrone aus Dornen gekreuzigt wurde. Ihm wurde von den Römern aus Jux diese Dornenkrone aufgesetzt, um ihn zu verhöhnen. Niemals vorher und niemals nachher bestand irgendein Grund für eine derartige Spottdornenkrone, denn solches war bei Kreuzigungen keinesfalls ein übliches Utensil. Nur einmal hatten die Römer diesen Grund: bei Jesus Christus, dem König der Juden. Es ist und bleibt unwiderlegbar, daß die Spuren der Dornenkrone im Turiner Grablinnen Christi sichtbar sind.*

Stellen wir uns also vor, wir seien zugegen, gehen jetzt hin und nehmen den Körper vom Kreuz ab, was ja bekanntlich ohne Brechen der Gebeine, also ohne physische Vernichtung der Gliedmaßen, geschah. Dann entfernen wir – lieb und vorsichtig – die Dornenkrone; so hat man ja getan. Jetzt legen wir den Körper, nachdem er (wahrscheinlich) kurz im Schoße der Mutter ruhte, auf das Linnen, den Hinterkopf ruhig nach unten, so wie es auf dem früheren Bild (Nr. 3) zu sehen war und wie es auch wirklich geschah.

Was würde jetzt an der Kopfhaut des Hinterhauptes bei einer Leiche geschehen, wenn diese Kopfhaut – wegen der nun entfernten Dornenkrone – kleine offene Wunden hat? – **Nichts, aber auch gar nichts würde bei einer Leiche geschehen! Nichts; denn eine Leiche hat keinen Blutdruck mehr, und ohne Blutdruck fließt kein frisches Blut aus Wunden! Dies sind Naturgesetze, die jeder kennt, der auch nur einige echte Kenntnisse über die Zusammenhänge des Blutkreislaufs im menschlichen Körper hat.**

Diese Wunden können nicht bluten, weil der menschliche Blutkreislauf unter einem totalen Luft-Vakuum stattfindet. Am besten kann ich Ihnen das so erklären, und Sie können es auch jederzeit bei passender Gelegenheit selbst probieren: Nehmen Sie eine Glasröhre, stellen Sie diese in Wasser und schließen Sie dann mit Ihrem Finger die obere Öffnung luftdicht ab. Dann ziehen Sie die Glasröhre – natürlich kann es auch eine andere Röhre sein – aus der Flüssigkeit und halten sie so, daß das untere Ende offen ist. Die Flüssigkeit bleibt in der Röhre ruhig stehen, obwohl sie doch eigentlich nach unten frei ausfließen könnte! Dieses Naturgesetz haben Sie im Laufe Ihres Lebens bewußt oder unbewußt gewiß schon mehrmals da und dort beobachten können.
Dabei – und das möchte ich betonen – ist meistens bei solchen Versuchen kein vollkommenes Luftvakuum vorhanden; denn zwischen dem Wasser in der Röhre und dem Finger, der oben abdeckt, kann ruhig noch Luft sein, trotzdem fließt nichts aus. Wäre, wie im Adernsystem des menschlichen Körpers, ein totales Luftvakuum vorhanden, so würde die Flüssigkeit sogar noch etwas nach oben gezogen.

Nach genau demselben Gesetz verhält sich der Blutkreislauf, wenn der Tod beim Menschen eingetreten ist. Kurz zuvor kann er noch eine rötliche, fleischfarbene Haut gehabt haben, weil das Blut bis in die Kapillaren, die feinen Haargefäße unter der Hautoberfläche, vorgedrungen war. Steht die Herzpumpe still, dann beginnt sich sofort dasselbe Naturgesetz auszuwirken wie beim Versuch mit der Glasröhre: Die Adern ziehen das gesamte Blut etwas zurück, dadurch werden die Kapillaren zuerst blutleer, weil sie an den äußersten Enden des Kreislaufes liegen. Und schon beginnt die Haut des Verstorbenen sozusagen käseweiß zu werden – einfach deshalb, weil sich das Blut zurückgezogen hat.

Es verhält sich bei einer frischen Leiche – bis zu etwa acht bis zehn Stunden nach Herzstillstand also – so, daß aus einer offenen Wunde nicht nur kein Blut mehr austritt, weil der Herzdruck fehlt, sondern daß sich das Blut in den Adern sogar ein wenig zurückzieht.

Was aber geschieht, wenn Blutdruck – also Herztätigkeit – vorhanden ist? Nun, die kleinen Wunden füllen sich mit Blut. Das Blut fließt vom Hinterkopf in das Haar, sickert, da es laufend Nachschub bekommt, durch das Haar und fließt in das Linnen. Genau so, wie wir es heute an diesem Linnen Christi sehen können! Deshalb kann es keine Leiche gewesen sein, die im Linnen lag; der Körper war nicht gestorben, wir alle sehen es hier schwarz auf weiß, nur was uns die Kamera an diesem Linnen unbeeinflußbar zeigt, zeigt nach 1900 Jahren zum Zeugnis! – Ganz bestimmt konnten Sie meiner Beweisführung folgen, denn diese Dinge sind ja relativ einfach zu verstehen."

„Einen Moment bitte, Herr Professor", unterbrach ihn da der von Solomon eingeladene Mediziner, „darf ich kurz etwas fragen? Ich gebe ohne weiteres zu, Ihre Darstellung klingt verblüffend einfach und ist bestimmt auch von Laien nach einigem Nachdenken in ihrer Logik gut zu begreifen. Aber was ich nicht verstehen kann, ist die Tatsache, daß Sie uns dies heute als eine völlig neue Entdeckung berichten. Denn wie ich die Dinge jetzt ansehe, war es doch so, daß die Tatsache einer vorhandenen Herztätigkeit auf Grund der Blutungen und der Gesetze des Blutkreislaufes praktisch zu jedem Zeitpunkt in der Geschichte von jedem entdeckt werden konnte, mindestens aber vom 17. Jahrhundert an, als die Erkenntnisse über die Tätigkeit des Blutkreislaufes in die medizinische Wissenschaft aufgenommen wurden. Ich gestehe, daß ich dies eigenartig finde. Andererseits muß ich mich, obwohl ich bis vorhin Ihren Aus-

sagen viel Skepsis entgegengebracht habe, nun durch diese Argumente geschlagen geben. Ihre Beweisführungen auf Grund der Gesetze des Blutkreislaufes sind für mich absolut überzeugend."
„Meinen verbindlichsten Dank für Ihre Anerkennung", gab Hirt zur Antwort, „ich weiß, daß diese Beweise an sich ganz allein ausreichen würden, so offensichtlich wie sie sind; aber ich bin gerne bereit, weitere, wenn auch etwas kompliziertere Beweise zu unterbreiten, sofern Sie sich bereit erklären, mir noch länger auf dem Rundgang zu folgen."

Solomon hatte während des Zwiegesprächs zwischen dem Arzt und Professor Hirt unauffällig die beiden Pfarrer der katholischen und evangelischen Kirche beobachtet. Sie zeigten offensichtlich volle Aufmerksamkeit für die Ausführungen des Professors, und nur ihre ein wenig geröteten Gesichter ließen ihre große innere Erregung erraten. Daraus wohl entstand die Frage des einen Pfarrers an Hirt: „Herr Professor, Sie berichteten vorhin von einer Botschaft des Herrn Jesus Christus, in der er als Geheimnis eröffnet habe, daß er ‚nicht am Kreuze gestorben' sei. Können Sie mir diese Botschaft im vollen, authentischen Wortlaut wiedergeben?"

„Nun", antwortete Professor Hirt, „ich kenne zwar den ganzen Wortlaut dieser Botschaft und habe auch Unterlagen darüber; aber das Linnen macht seine sachlich gültigen Aussagen auch ohne diese Botschaft, wir brauchen sie nicht als Bestätigung der sichtbaren Tatsachen. Trotzdem darf ich Ihnen und eventuell auch Ihrem Mitbruder von der anderen Konfession den Hinweis geben, daß Sie den vollen Text von Ihrem Bischof erhalten können; denn soviel mir bekannt ist, haben alle deutschen Bischöfe der katholischen und evangelischen Kirche und alle Sekretariate dieser Kirchen den vollen Wortlaut im Besitz, ebenso natürlich der Vatikan in Rom. Allerdings weiß ich nicht, ob diese Stellen Ihnen darüber Auskunft geben, also untergeordnete Stellen verständigen wollen; aber das ist Ihre Angelegenheit." Inzwischen war es nahezu Mittag geworden, und Professor Hirt schlug eine zweistündige Essenspause vor. **„Um 14 Uhr will ich gerne weitere Erläuterungen geben, sofern Sie wiederkommen", schloß er mit feinem Lächeln.**

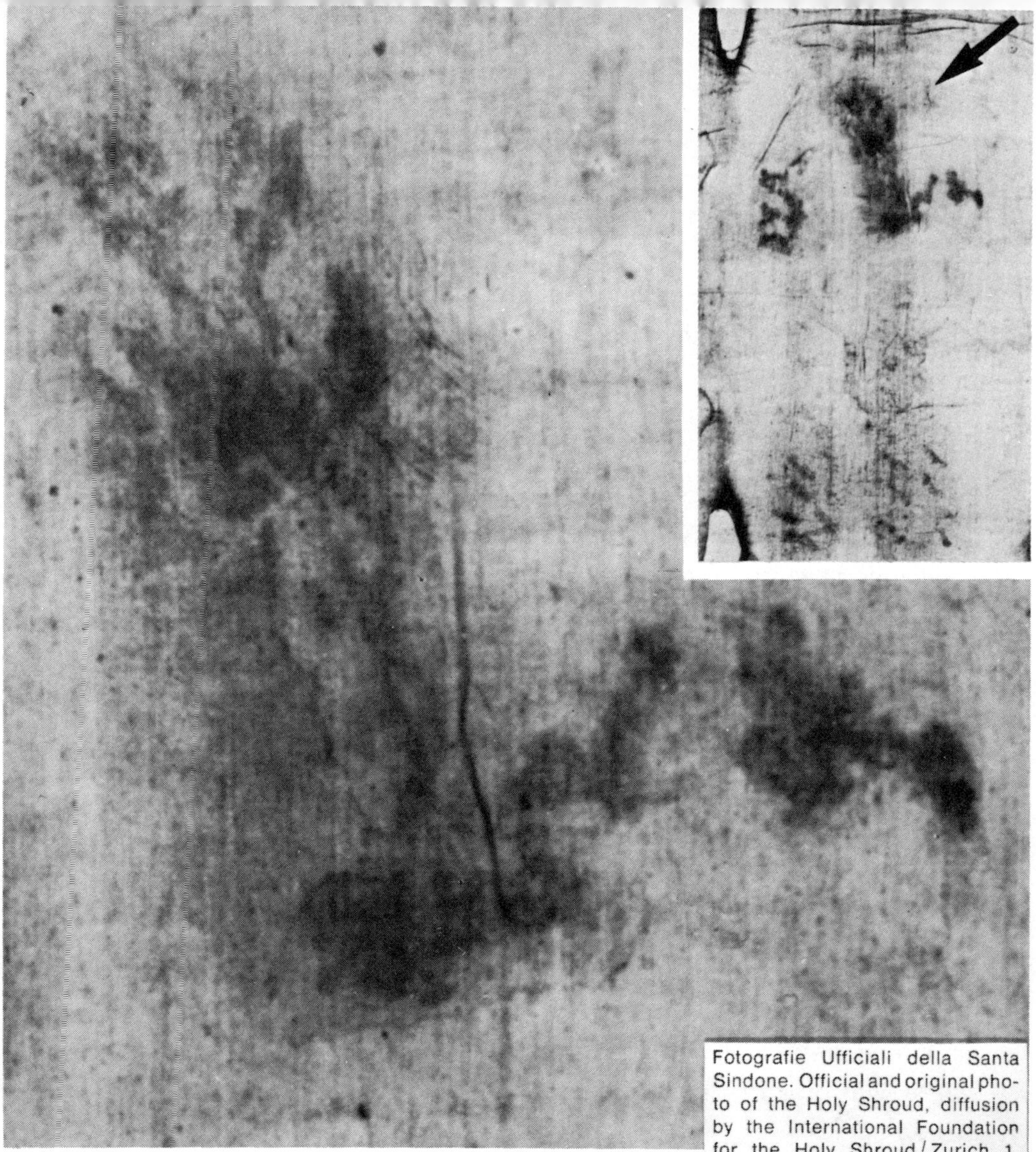

Fotografie Ufficiali della Santa Sindone. Official and original photo of the Holy Shroud, diffusion by the International Foundation for the Holy Shroud / Zurich 1.

Ein Fuß-stapfen Jesu

den Jesus Christus auf Erden hinterlassen hat, ist in seinem Grablinnen (aufbewahrt in Turin/Italien) abgedruckt und in dieser Größe (etwa halbe Naturgröße) zum erstenmal veröffentlicht. Allein dieser Fußabdruck ist bereits eine wirkliche Sensation, heißt es doch, Jesus wäre ohne persönliche Spur von der Erde gegangen. Doch wird diese Sensation geradezu einmalig, wenn festzustellen ist, daß die Nagelwunde an diesem Fuß im Grablinnen noch sehr stark blutete, was bei einem Leichnam nicht hätte geschehen können: Das Herz Jesu war zum Zeitpunkt, als Jesus im Grablinnen lag, tätig.

Ganz ausgezeichnet ist zu sehen, wie das Blut, welches aus der Nagelwunde ausfloß, nach unten zur Ferse floß, sich dort sammelte und, weil immer mehr Blut nachfloß, schließlich wegen der Menge nach rechts abfließen mußte. Es ist wissenschaftlich geklärt, daß niemals ein Leichnam so hätte bluten können.

Die Blutbahn ist im Grablinnen 17 Centimeter lang. Einmal ist die Blutspur unterbrochen, als das fließende Blut über eine Falte tropfte, um anschließend weitere 9 Centimter nach rechts zurückzulegen (siehe Bild). Offensichtlich war das Herz vom Lanzenstich nicht getroffen worden, weil sonst diese Nagelwunde etwa eine halbe Stunde später nicht mehr so geblutet hätte.

Recherchen

Die auf den letzten Seiten geschilderten Vorgänge liegen schon einige Zeit zurück. Inzwischen hat die Beweisführung mit Bezug auf die Hinterhauptblutungen im In- und Ausland weiteste Kreise gezogen. Die teilweise Veröffentlichung der Forschungsergebnisse in einer ILLUSTRIERTEN SONDERAUSGABE (siehe Bilder), anläßlich des Weltkongresses der Katholischen Kirche im Jahre 1960 in München, hat diese Beweisführung in Europa – besonders im deutschsprachigen Gebiet: Bundesrepublik Deutschland, Schweiz und Österreich – vielen tausend Ärzten mittels einer Massenauflage bekannt gemacht. Nicht ein einziger hat eine Widerlegung oder Entkräftung dieser bedeutenden Beweisführung erbracht. Die im Linnen vorgefundene Hinterhauptblutung ist zu einem unwiderlegbaren, international anerkannten Beweis dafür geworden, daß nach der Kreuzabnahme im Linnen eine Herztätigkeit stattgefunden hat.

Außer dieser öffentlichen Beweisführung unter den Augen zahlreicher Mediziner wurden seither weitere Umfragen gehalten. Zahlreiche Fachleute wurden durch mündliche Befragung mit der Angelegenheit befaßt. Die Beweisführung wurde immer wieder als korrekt und wissenschaftlich einwandfrei bestätigt. Um bei der Befragung ganz objektive Antworten zu erhalten, hat man mehrfach versucht, die Person Jesus Christus überhaupt nicht zu nennen. Man wollte ja rein wissenschaftliche und nicht durch religiöse Rücksichten verbogene Urteile hören.

Ein interessanter Fall, der letzte dieser Recherchen, der schriftlich abgewickelt wurde, war praktisch schon abgeschlossen, nur die Unterschrift fehlte noch – erst da bemerkte der Attestant, ärztlicher Direktor in einer Klinik der Bundesrepublik, daß es sich um Jesus gehandelt haben könnte. Er zögerte nur kurz, doch dann unterschrieb er das Interview. Es war ihm schon vorher versichert worden, daß bei einer etwaigen Veröffentlichung sein Name nicht genannt würde. Der volle Name dieses Gutachters sowie die Original-Urkunde des unterzeichneten Interviews sind bei Herrn Rechtsanwalt Dr. Kurt Kohler, Stuttgart, Wilhelmsbau, deponiert. Dort kann die volle Authentizität des nachstehenden Textes bestätigt werden.

Das Interview hat den von beiden Seiten schriftlich festgelegten und anerkannten Wortlaut:

„Heute, am 5. Dezember 1961, erscheint Herr Kurt Berna, Schriftsteller aus

Über fünf Monate am Stachus in München (Bilder oben und unten) und an über 15 000 Verkaufsstellen in der Bundesrepublik Deutschland, Westberlin, der Schweiz und Österreich war diese SONDERAUSGABE im Verkauf.
In diesen drei Ländern hat der Dokumentarbericht „Nicht am Kreuz gestorben" größtes Aufsehen erregt. In Rom und Turin sowie in Israel wurde ihm volle Aufmerksamkeit entgegengebracht.
Durch die SONDERAUSGABE konnte er von vielen tausend Ärzten öffentlich geprüft werden: Die Entdeckungen sind unwiderlegbar!

Stuttgart, und ersucht um eine Art Obergutachten in Form eines Interviews, und zwar in bezug auf Befunde, wie sie die medizinische Schulwissenschaft lehrt und im Speziellen als Erfahrungstatsache bei der Sektion von Leichen gelten. Herr Berna erklärte: ‚Mir wurden von entsprechenden Fachleuten Angaben über das Verhalten des menschlichen Blutkreislaufes bei lebenden und verstorbenen Personen gemacht. Ich bitte Sie, mir hierzu einige Fragen zu beantworten!'
Die Fragen und Antworten wurden wie folgt schriftlich festgehalten:

Kurt Berna: Herr Professor Dr. Bo ..., Sie können bestätigen, daß ich Ihnen bisher persönlich unbekannt war?

Professor Dr. Bo ...: Bis zu Ihrer telefonischen Anfrage am 28. November 1961, da Sie mich um einen Termin für eine Begutachtung baten, waren Sie mir bisher unbekannt.

Kurt Berna: Herr Professor, Sie sind durch zahlreiche Sektionen mit den Vorgängen im Körper Verstorbener vertraut?

Professor Dr. Bo ...: Ja!

Kurt Berna: Ist es richtig, daß verstorbene Menschen aus offenen Wunden nicht mehr bluten?

Professor Dr. Bo ...: Sie können nicht mehr bluten, da der Kreislauf stillsteht!

Kurt Berna: Angenommen, Sie würden bei einer etwa eine Stunde alten Leiche, zum Beispiel am Unterarm, mittels eines Skalpells oder eines anderen spitzen Gegenstandes einige Wunden setzen, würde aus diesen frisch entstandenen Wunden Blut fließen?

Professor Dr. Bo ...: Nein!

Kurt Berna: Zum Schluß meines Interviews einen ganz speziellen Fall. Es sind am gesamten Hinterhaupt eines menschlichen Körpers durch Stacheln von einer Art Stacheldraht schmale, jedoch tiefe Wunden entstanden, die in die Kopfhaut der Hinterhauptpartien eindrangen, ohne jedoch Knochenverletzungen zu verursachen.
Aus diesen kleinen, aber tiefen Wunden tropfte dann – der Körper lag auf dem Rücken – laufend Blut, sickerte durch das relativ starke, dichte und lange Kopfhaar und hinterließ auf dem unter dem Haupt liegenden Leintuch zahlreiche Blutbahnen.
Hätten diese Wunden am Hinterhaupt – und das ist die spezielle Frage – solche Blutungen abgeben können, wenn der Körper ein stillstehendes Herz gehabt hätte, also eine Leiche gewesen wäre?

Professor Dr. Bo ...: Nein!

Aus diesen kleinen, aber tiefen Wunden tropfte dann – der Körper lag auf dem Rücken – laufend Blut, sickerte durch das relativ starke, dichte und lange Kopfhaar und hinterließ auf dem unter dem Haupt liegenden Leintuch zahlreiche Blutbahnen.

Hätten diese Wunden am Hinterhaupt – und das ist die spezielle Frage – solche Blutungen abgeben können, wenn der Körper ein stillstehendes Herz gehabt hätte, also eine Leiche gewesen wäre?

Professor Dr. Bo . . .: Nein!

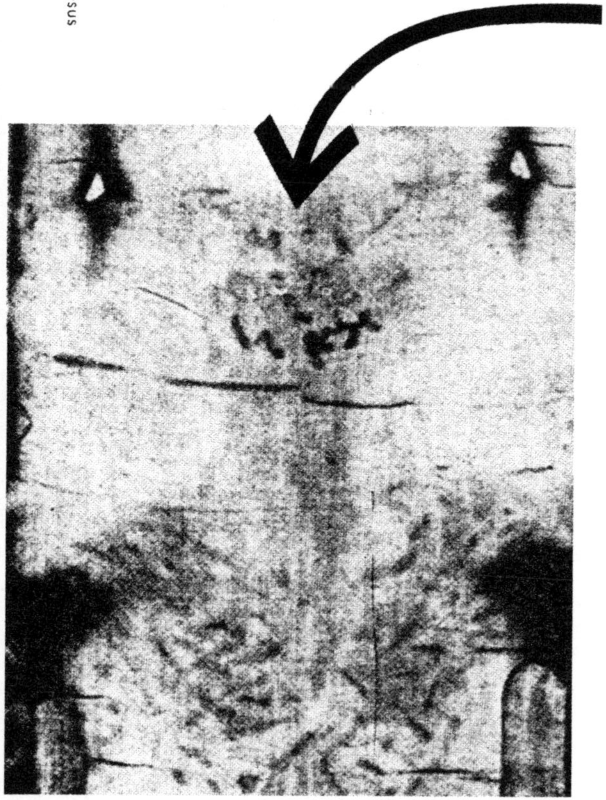

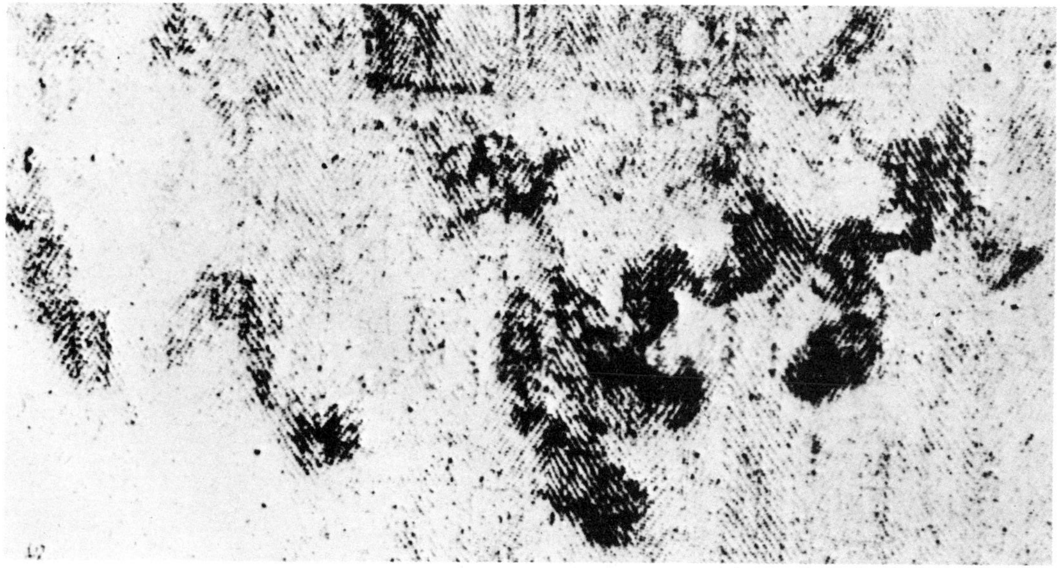

Blutungen aus dem Hinterhaupt. Sicherer Beweis für das Vorhandensein einer Herztätigkeit nach der Kreuzabnahme im Grablinnen. Das frisch aus den Wunden ausgeflossene und vom Linnen aufgesaugte Blut ist nach den Gesetzen des Blutkreislaufes dafür klares Zeugnis. Blutungen aus den offenen Wunden der Dornenkrone. Jener Dornenkrone, die hier den eindeutigen Geschichtsbeweis bringt, daß es die Wunden am Haupte Christi waren. Denn es ist vollständig gleichgültig, von welchem Standpunkt aus man die Weltgeschichte betrachtet. Wissenschaftlich ist es klar erwiesen, daß es nur einen einzigen Palästinajuden gab, der bei seiner Hinrichtung eine Dornenkrone trug. Jener Jude, der als König der Juden mit einer Spottkrone aus Dornen gekreuzigt wurde. Ihm wurde von den Römern aus Jux diese Dornenkrone aufgesetzt, um ihn zu verhöhnen. Niemals vorher und niemals nachher bestand irgendein Grund für eine derartige Spottdornenkrone, denn solches war bei Kreuzigungen keinesfalls ein übliches Utensil. Nur einmal hatten die Römer diesen Grund: bei Jesus Christus, dem König der Juden. Es ist und bleibt unwiderlegbar, daß die Spuren der Dornenkrone im Turiner Grablinnen Christi existent sind.

Kurt Berna: Herr Professor, ich danke Ihnen für die Freundlichkeit, mir dieses Interview gegeben zu haben!"

Wie schon gesagt: Nachdem der Text des Interviews bereits festgelegt war, merkte Professor Dr. Bo ... gegen Schluß des Interviews, um welchen speziellen Fall es sich handeln könnte. Daraufhin wurde ihm bestätigt, daß es der „Fall Jesus von Nazareth und seine Hinrichtung" sei. Er unterschrieb nach kurzem Zögern, **nachdem er es nochmals ganz aufmerksam durchgelesen hatte.**

Da ihm zugesagt war, daß sein Name nicht genannt würde – es ging ja hier um die objektive Wissenschaft und nicht um die Wirkung einzelner Namen –, wurde das Dokument bei dem genannten Rechtsanwalt deponiert. Auf diese Weise besitzt das Interview seinen vollen Wert, ist allen Seiten gedient und eine weitere objektive, nicht von der religiösen Überzeugung beeinflußte Stellungnahme hinzugewonnen. So steht ganz einfach die Tatsache da:

Die nachgewiesene Herztätigkeit nach der Kreuzabnahme ist unwiderlegbar!

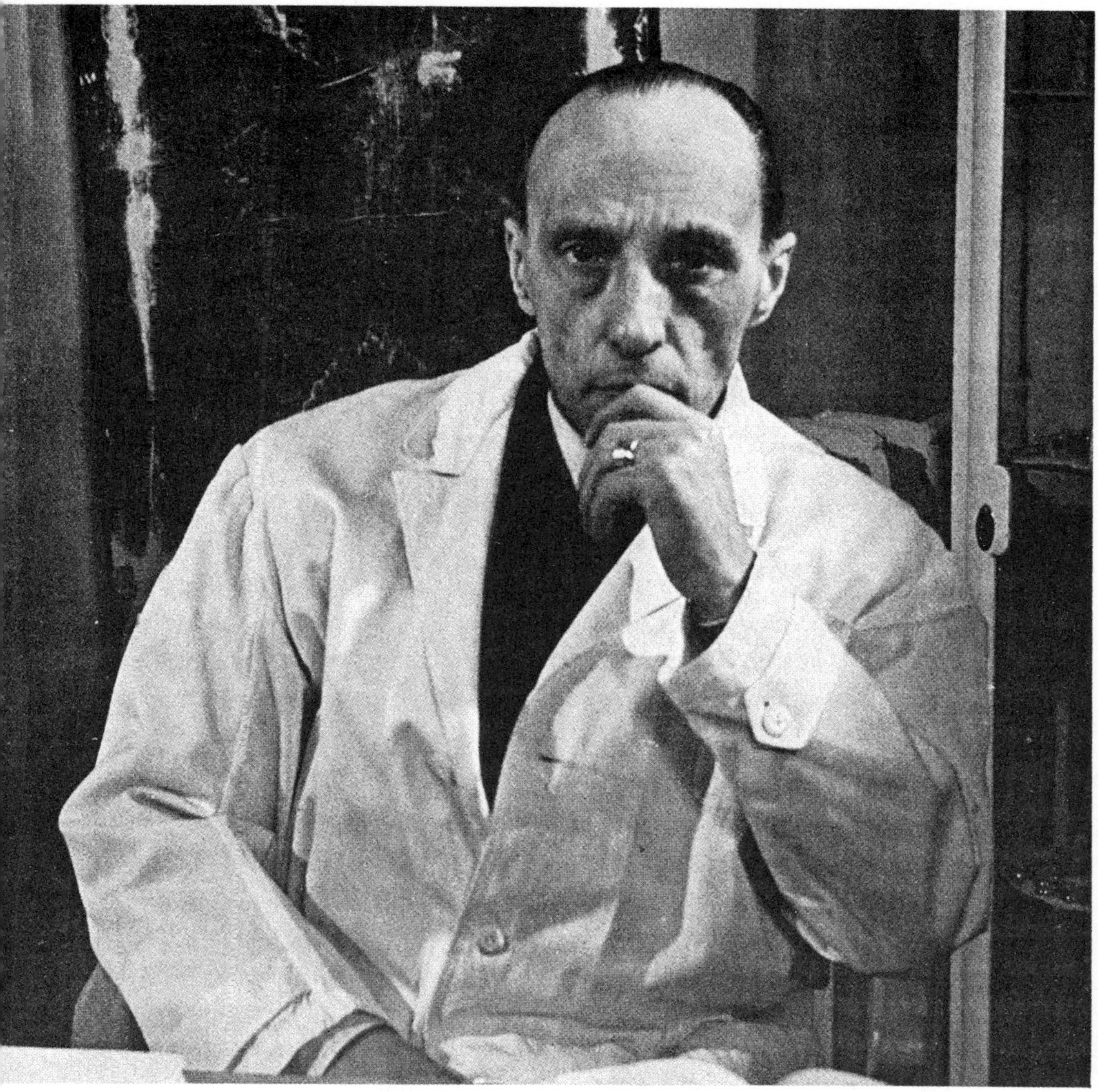

Blut eines Gekreuzigten, der lebte!

Welcher wissenschaftlichen Disziplin steht es zu, solche direkt den menschlichen Körper betreffenden Fragen zu entscheiden? Sicherlich einzig und allein den Ärzten. Nennen wir auch Professor Judica-Cordiglia (Bild), früher Gerichtsmediziner in Mailand, heute Professor an der Universität Turin. Inzwischen weltbekannt als Direktor des Internationalen Zentrums der Lehre über das hl. Grablinnen. Zu einem besonderen Problem an diesem Grablinnen erklärte er innerhalb der letzten Fernsehsendung u. a. wörtlich: „Stellen wir ein für allemal fest, daß am Grablinnen Blut sichtbar ist ... Die Beschaffenheit dieses Blutes ist interessant, denn bei den Verletzungen am Kopf, die offenbar auf die Dornenkrone zurückzuführen sind, erkennen wir, daß es sich um Blut eines lebenden Menschen gehandelt haben muß. Denn wir sehen rings um die dunklen Blutflecken jeweils eine Art Hof, der von Blutserum herrührt, wie es nur bei lebendem Blut auftritt!" – Damit ist die Aussage des Deutschland-Konvents bezüglich der Blutungen aus dem Hinterhaupt (Bild 10) bestätigt.

Der Unterschied zwischen den eindeutigen Aussagen von Prof. Judica und denen des Deutschland-Konvents war 1958 – als er im Fernsehen sprach – lediglich der, daß der Deutschland-Konvent die aktiven Blutungen für die Zeit n a c h der Kreuzabnahme nachweisen konnte.

Wenn Professor Judica also in anderen Dingen mit dem Deutschland-Konvent noch nicht einig geht, so ist er in dieser wichtigsten Aussage ganz klar festgelegt: „Stellen wir ein für allemal fest ..., daß es sich um Blut eines lebenden Menschen gehandelt haben muß!"

III. Teil

Auf jeden Fall: Nicht gestorben!

Auf irgendeine Weise müssen doch alle vom Thema gepackt gewesen sein, auch die, die sich vielleicht etwas vor den Kopf gestoßen fühlten; denn bis 14 Uhr – teilweise fast überpünktlich – fanden sich alle wieder im Universitätssaal ein, und Professor Hirt eröffnete die neue Führung mit den Worten:

„Ich freue mich, daß Sie alle wiedergekommen sind. Daraus entnehme ich, daß Sie – selbst wenn Sie vielleicht vom Gehörten zunächst unangenehm berührt waren – doch anerkennen, um welch ernste Angelegenheit es sich handelt, und sich deren genaue Prüfung nicht entgehen lassen wollen. Treten wir also gleich zum **Bild Nr. 11** unserer Sammlung.
Sie sehen hier im Großformat das Photo-Negativ der ganzen Vorderseite des Körpers Christi. Deutlich und äußerst plastisch treten wieder, wie am Kopfbild, die Gesichtszüge und nun auch der ganze Körper hervor. Bitte beachten Sie, daß jetzt die Körper-Vorderseite ‚seitenrichtig' vor Ihnen steht, also genau so, wie wenn Christus wirklich vor Ihnen stünde. Nur einen Nachteil hat diese Aufnahme trotz ihrer plastischen Wirkung leider: Die Blutabdrücke erscheinen weiß, das mag manchen etwas irritieren.

Bild 11: *„Photo-Negativ" der Körper-Vorderseite; d. i. so, wie es in der Dunkelkammer auf dem „Negativ-Film" erscheint. Erstaunlich ist die plastische Wirkung der gesamten Figur. Körpergröße – nach verschiedenen Methoden gemessen: 184 bis 186 Zentimeter. Alle Blutspuren kommen hier – da es das Negativ ist – weiß.*

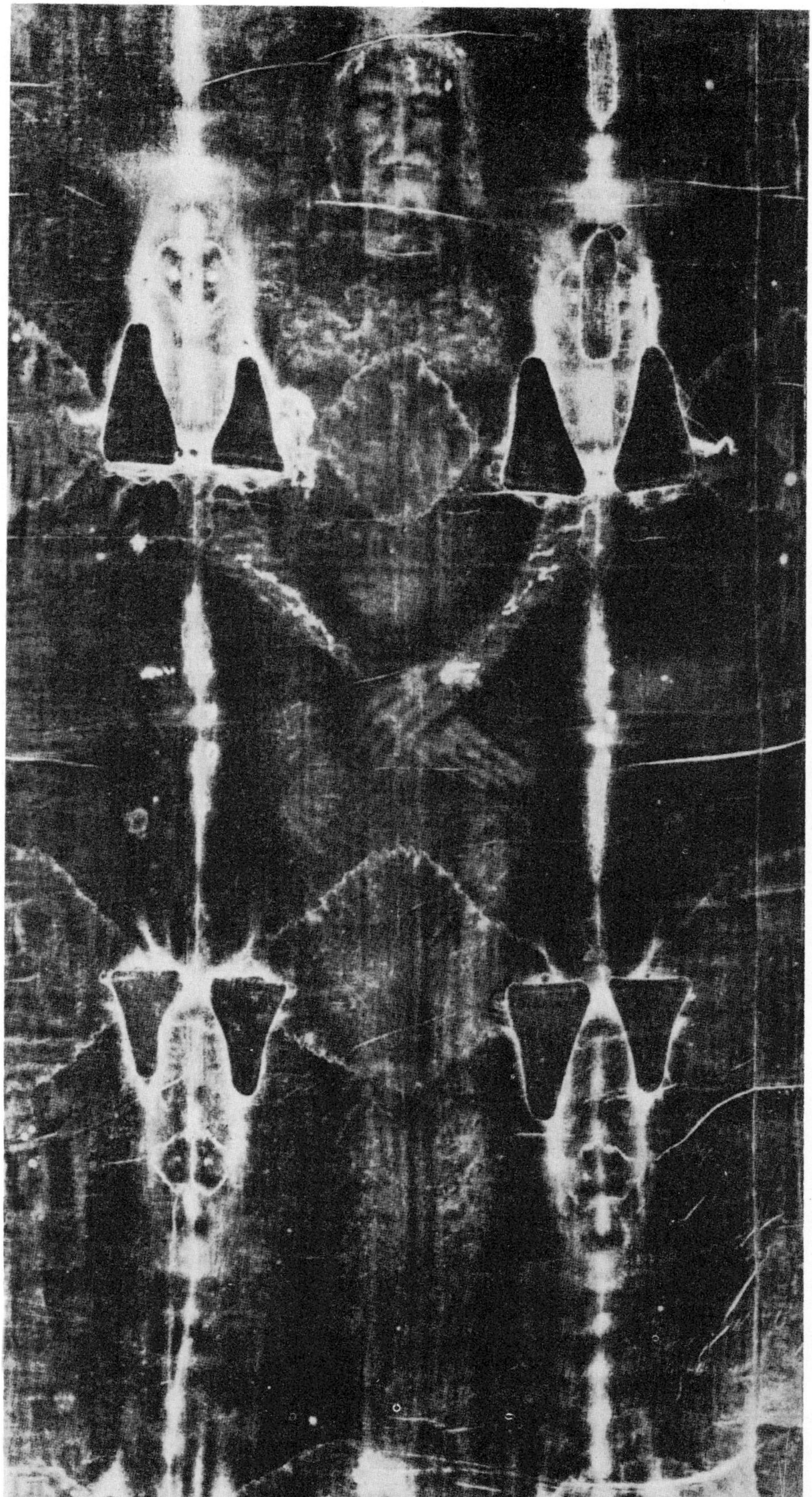

Bild 11

Erst im Jahre 1952 – also rund 20 Jahre nach der Herstellung dieser Aufnahmen – ist ein Forscher auf die Idee gekommen, dieses Bild durch eine an sich einfache photographische Farbumwandlung in derselben Seitenrichtigkeit, aber nun auch mit den richtigen Farbkontrasten wiederzugeben.
Für den teilweisen Verzicht auf plastische Wirkung wurden drei Vorteile eingetauscht: Erstens blieb der Körper seitenrichtig, zweitens blieb er weiß, und drittens kamen alle Blutungen in natürlicher Tönung. **Bild 12** zeigt Ihnen die Darstellung in der neuen Art. Was können wir nun beim Betrachten ohne weiteres erkennen?

Zunächst fällt eine große Zahl von Wunden auf; die meisten dürften von Geißelschlägen herrühren. Diese Wunden sind, teilweise durch das zwangsläufige Dehnen, Strecken und Abbiegen des Körpers bei der Kreuzabnahme und den darauffolgenden Handhabungen, wieder aufgerissen und fingen erneut zu bluten an. Die weiteren Merkmale wurden auf dem Bild mit Pfeilen und Buchstaben bezeichnet. Beginnen wir oben beim Buchstaben A. Hier sind deutliche Spuren der Blutungen aus Wunden, die von der Dornenkrone herrührten. Ein besonderes Merkmal ist die Blutspur ungefähr in der Stirnmitte, die die eigenartige Form einer ‚Drei' zeigt. Ihre Entstehung ist durch die Stirnfalten zu erklären. Dabei liefert uns die Feststellung, daß frisches Blut aus diesen Wunden floß, wiederum einen deutlichen Beweis für vorhandene Herztätigkeit. Jeder Blutstropfen, der zu irgendeinem Zeitpunkt vorher an der Stirn entstanden war, mußte zum Zeitpunkt der Kreuzabnahme längst abgetrocknet sein. Dieses wichtige Merkmal kann erst entstanden sein, als sich die Wunden an der Stirn durch das Abnehmen der Dornenkrone wieder öffneten.
Buchstabe B gibt Hinweise auf eine angeschwollene rechte Backe, die von den berichteten Faustschlägen ins Gesicht herrühren dürfte. Weiter gibt Buchstabe C Aufschluß über die Seitenwunde. Sie befindet sich in der rechten Brustseite, in der vorderen Achselhöhlenlinie zwischen der fünften und sechsten

---

Buchstabe A: zeigt Blutungen an der Stirn, aus den Wunden der Dornenkrone.
Buchstabe B: geschwollene rechte Wange,
Buchstabe C: die Seitenwunde auf der rechten Brustseite,
Buchstabe D: eine Wunde vom Ausstich der Lanzenspitze,
Buchstabe E: Blutungen aus der Nagelwunde,
Buchstabe F: sichtbare Striemen durch Geißelschläge,
Buchstabe G: Blutungen aus der Nagelwunde am Fuß.

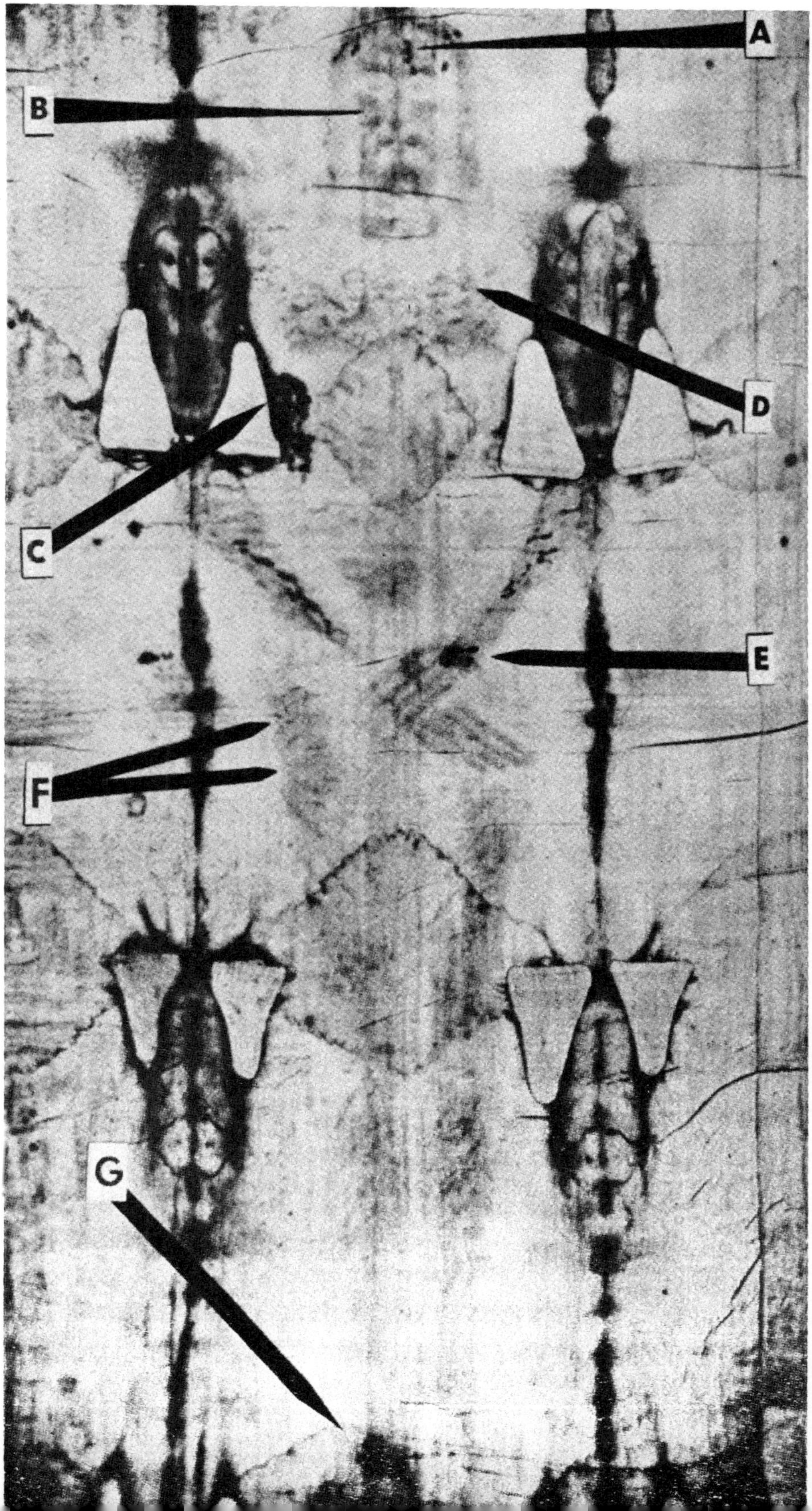

Bild 12

Rippe, also wenig unter der rechten Brustwarze etwas schräg zur Seite hin. Die Länge der Seitenwunde beträgt ca. 4,5 cm, die Breite ca. 1,5 cm. Der Pfeil von Buchstabe D führt zu einer kleinen Wunde, die im Jahre 1948 mit großer Sicherheit als eine Ausstichwunde der Lanzenspitze identifiziert wurde. Ich komme später nochmals auf beide Lanzenwunden zurück.
Buchstabe E zeigt Blutungen aus der Nagelwunde; auch auf diese Nagelwunde mit ihren drei wichtigen Blutbahnen komme ich gleich nachher zurück. Über fächerartige Striemen, vermutlich durch Geißelschläge entstanden, gibt Buchstabe F Aufschluß. Ihre Lage sowie die Geißelspuren auf dem Gesäß, die Sie vielleicht schon bei der Betrachtung der Körperrückseite auf Bild 7 gesehen haben, machen deutlich, daß die Geißelung in total nacktem Zustand erfolgte, wie das damals bei den Römern üblich war. Unten der Buchstabe G macht den oberen Teil des rechten Fußes am sogenannten Spann oder Rist deutlich. Auch hier finden sich Spuren von Blutungen. – Soweit die kurze Erklärung dieser neuartigen Form der Darstellung. Alle nun folgenden Darstellungen wurden ebenfalls – auch bei Ausschnitten – in dieser seitenrichtigen und naturgetreuen Form gemacht. Obwohl ich heute vormittag von einer etwas komplizierten Art sprach, ist diese Umgestaltung der Körperseiten immer noch einfacher zu verstehen, als wenn Sie, wie bald 20 Jahre geschehen, alles erst durch Umrechnungen vom Spiegelbild ins Normalbild erfassen könnten.

Rekonstruktion der Kreuzigung

Greifen wir doch einmal gleich die Wiedergabe der überkreuzten Hände im Großformat heraus, wie sie uns Dokument **Nr. 13** zeigt! Dazu muß ich jedoch, da ich mich nicht mit fremden Federn schmücken möchte, vorausschicken, daß wir die nun folgenden Bilddokumente von einem Forscher übernommen haben, der zwar wie ich, aber auf einem ganz anderen Wege zu der Feststellung gelangt ist, daß im Turiner Linnen kein Leichnam gelegen hat.

Wir haben seine Dokumente und Argumente in den letzten Jahren geprüft und mehrfach von verschiedenen Fachgelehrten überarbeiten lassen. Fehler wurden ausgeschieden, und was übrigblieb, kann sich sehen lassen, es ist sozusagen hieb- und stichfest. Dieser Forscher, von dem ich sprach, hätte seine Ergebnisse in jeder Hinsicht billiger haben können. Er, der ohne akademische Bildung und ohne medizinische Kenntnisse an diesem Linnen zu forschen anfing, hat sich jahrelang im wahrsten Sinne des Wortes abgequält, um durch eine Art ‚technischer Rekonstruktionen' den Nachweis zu erbringen, daß in diesem Körper des Linnens eine Herztätigkeit vorhanden blieb. Hätte er das Wissen um die wirklichen Gesetze des menschlichen Blutkreislaufes gehabt, so wäre ihm manches erspart geblieben. Ich sage das alles deshalb, weil wir gerade durch dieses Abquälen zu sehr interessanten Dokumenten gekommen sind, die ohne das langsame Hineinwachsen in die Angelegenheit wohl kaum entstanden wären. Nachher komme ich ausführlich darauf zurück. Nun aber zu den **Bildern 13, 14 und 15**, die zusammen einen Komplex bilden. Soll ich

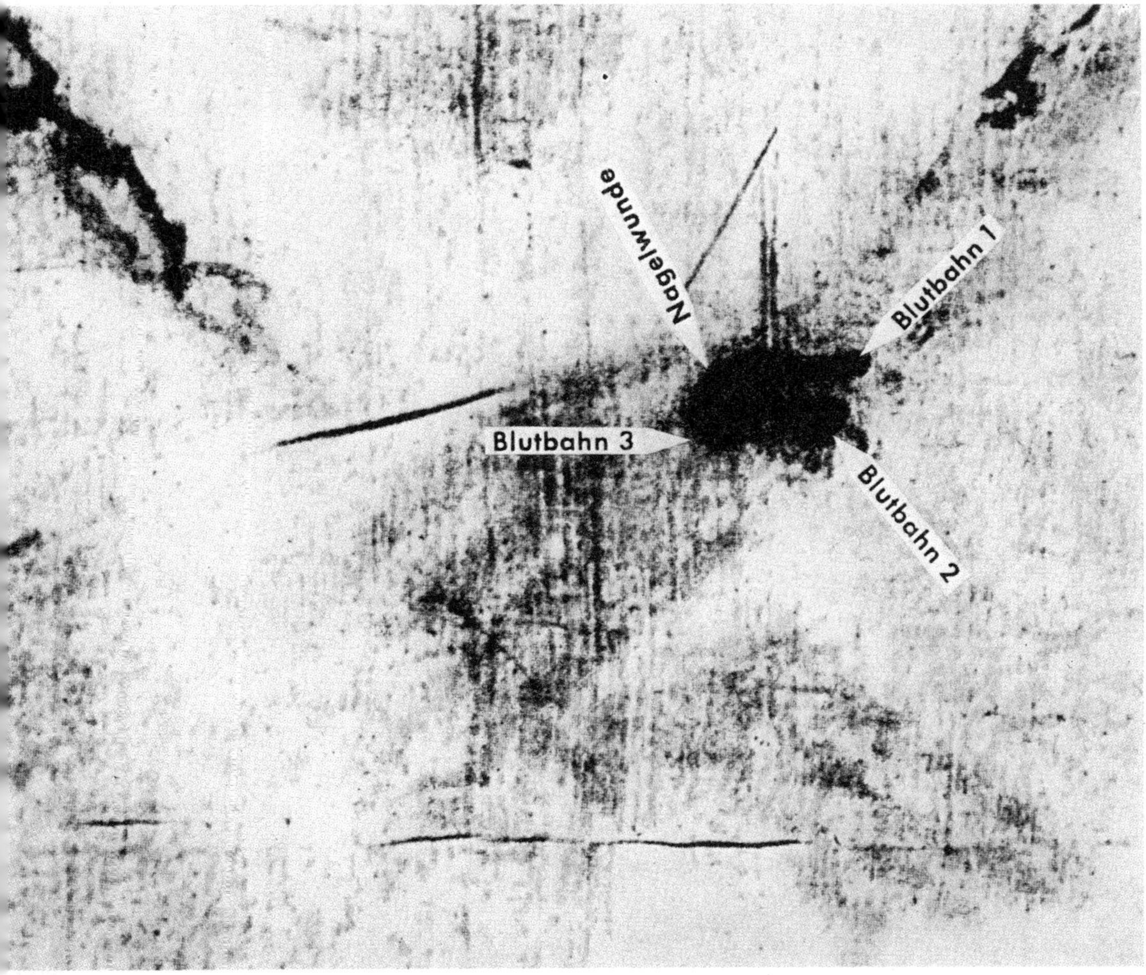

Bild 13: *Die Hände Jesu Christi in Überkreuzlage. Die linke Hand liegt über der rechten und verdeckt deren Nagelwunde. Deutlich ist jedoch die Nagelwunde an der linken Hand sichtbar. Neu für uns ist: Keine Durchbohrung der Handteller, sondern die Nagelwunde ist „im dicken Teil" der Hand in der Nähe der Handwurzel, anatomisch die einzige wirklich mögliche Stelle dafür. Weitere Einzelheiten darüber in den folgenden Bildern Nr. 14 und 15. Besonderes Interesse verdienen die drei Blutbahnen, die aus der Wunde geflossen sind.*

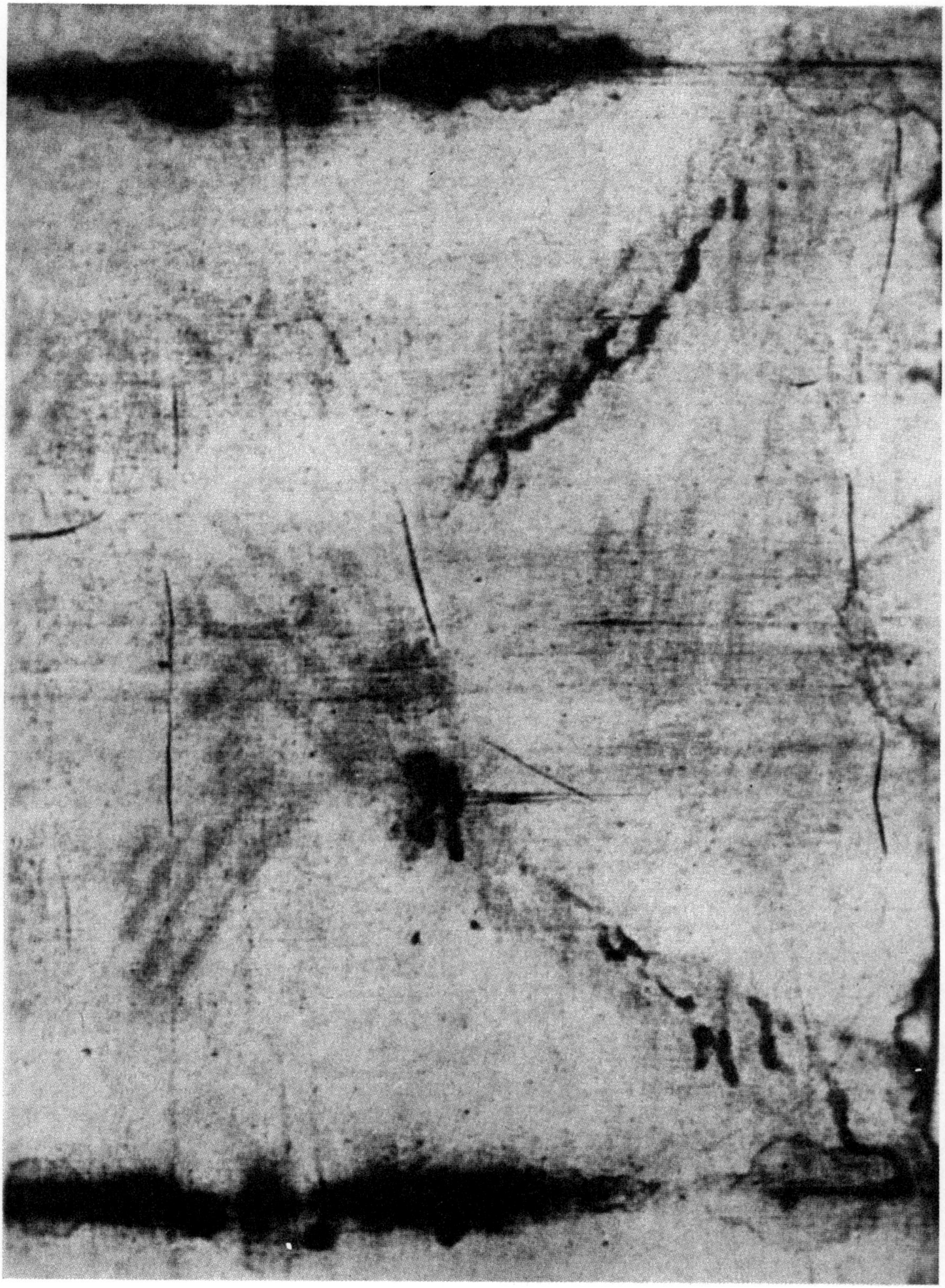

(Hier Bild 13a, als Kontrollbild ohne Einzeichnungen.)

sagen, sie räumen mit der jahrhundertealten falschen Darstellung der Nagelwunde im Handteller auf? Ich möchte eigentlich nicht so harte Worte gebrauchen: denn wann es in der Geschichte zu dieser Darstellungsart kam, ist genau schwer zu sagen und sachlich nicht von übergroßer Bedeutung. Bedenken wir doch, daß es während der ersten Jahrhunderte in der sogenannten Untergrundzeit des Christentums etwas Schreckliches war, Jesus Christus als Gekreuzigten abzubilden. Derartiges taten nur die Heiden, um die Christen zu verspotten. Damals war das heilige Zeichen für Christus der F i s c h. Nachdem dann zu Konstantins Zeiten das Christentum als offizielle Religion eingeführt wurde, hat man wenig später die Hinrichtungsart durch Kreuzigung, die in der Hauptsache bei Sklaven und politischen Verbrechern angewandt wurde, im römischen Reich abgeschafft. Aber das Kruzifix, wie wir es heute als heiliges Zeichen haben, hat sich erst sehr viel später eingebürgert. Zunächst einmal

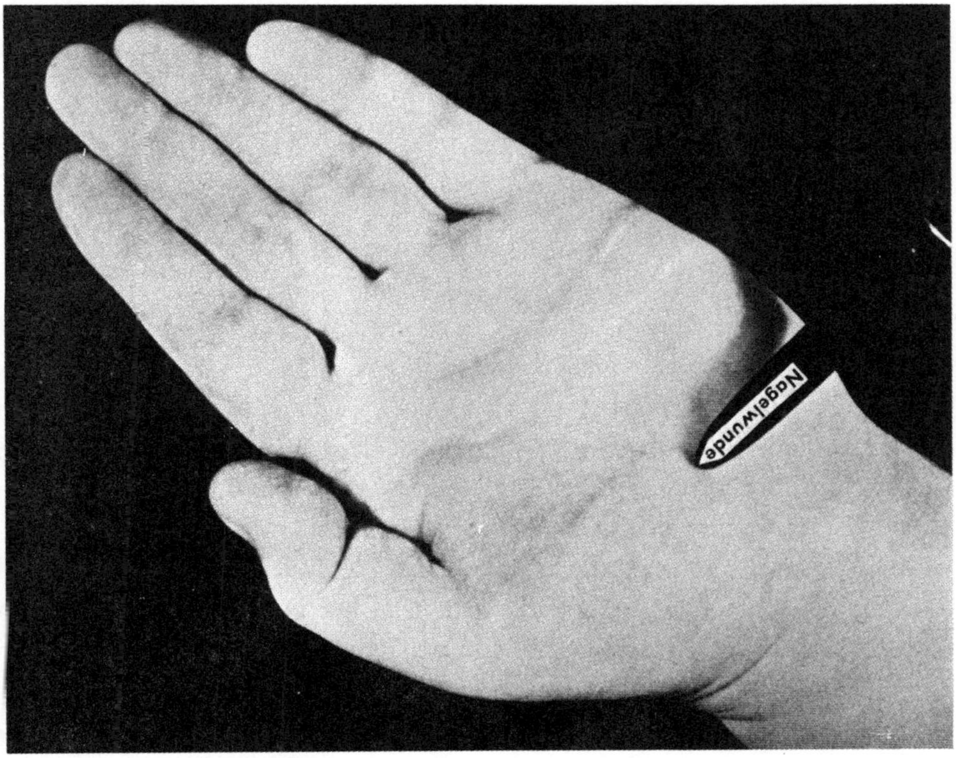

Bild 14: *Abbildung einer linken Hand. Genau gegenüber der an der Innenfläche gezeigten Stelle befindet sich am Linnen die Nagelwunde. Hier in „das Dicke der Hand" wurde laut Turiner Linnen der Nagel angesetzt. Warum dies so sein mußte, zeigt Bild 15.*

wurde langsam der Fisch immer seltener, und ebenso langsam nahm die Darstellung des Kreuzes zu, jedoch o h n e den Gekreuzigten. Erst sehr lange Zeit nach der Einführung des leeren Kreuzes wagten die Künstler, Jesus Christus nun auch am Kreuz abzubilden. Da aber seit der Abschaffung der Kreuzigung als Hinrichtungsart viel Zeit verflossen war und die Techniken der lang verstorbenen Henkersknechte vergessen waren, wußte niemand mehr genau, auf welche Weise gekreuzigt worden war.

Nun wirkt ein Nagel in der Mitte der Hand viel ästhetischer als ein Nagel in der Nähe der Handwurzel. Nicht zuletzt wohl aus diesem Grunde wählten die Künstler der damaligen Zeit die erste Darstellungsart. Was aber auf religiösem Gebiet einmal zur Tradition geworden ist, läßt sich bekanntlich nur sehr schwer ändern; selbst dann, wenn es als objektiv falsch erkannt worden ist. So ist es schon dem Erzbischof von Bologna, Palleotto, ergangen, der am Linnen nach ausführlicher Prüfung – ohne Photographie war das nicht einfach – feststellte, daß sich die Nagelwunde nicht im Handteller befand. **Er hat sogar im Jahre 1598** eine Schrift darüber herausgegeben, aber die Künstler malten weiter wie bisher. Lediglich van Dyck hat sich damals umgestellt und richtig gemalt. Seit es in der Neuzeit nun zur Blüte der anatomischen Forschung kam, hat es viele Anatomen gegeben, die auf diese Unrichtigkeit hingewiesen haben; aber anstatt ernsthaft auf die Argumente der Wissenschaftler einzugehen, hat man sie oft als Ketzer und noch Schlimmeres bezeichnet. Der Endeffekt war dann, daß eben diese ‚Wissenden' aus der Religion vertrieben wurden, statt von ihr angezogen zu werden. Gleichgültigkeit und Intoleranz haben hier großen Schaden angerichtet; und da viele der vor den Kopf gestoßenen Wissenschaftler in Hörsälen ganze Studentengenerationen sozusagen großgezogen und, als Antwort auf die Intoleranz, dann diese Dinge lächerlich gemacht haben, braucht sich nach eingehender Überlegung niemand mehr zu wundern, wenn ‚der Fall Jesus Christus' bei der Wissenschaft im letzten Jahrhundert, dem sogenannten Zeitalter der Aufklärung, oft nur noch als Legende und Erfindung bezeichnet wurde. Erst in den 30er Jahren des 20. Jahrhunderts begann die Kirche langsam zu dulden, daß über die Nagelwunde in der Handwurzel gesprochen und geschrieben wurde. Aber sie tat es nur, weil das Linnen, seit es photographiert wurde, diese Tatsache in weiten Kreisen bezeugt hatte.

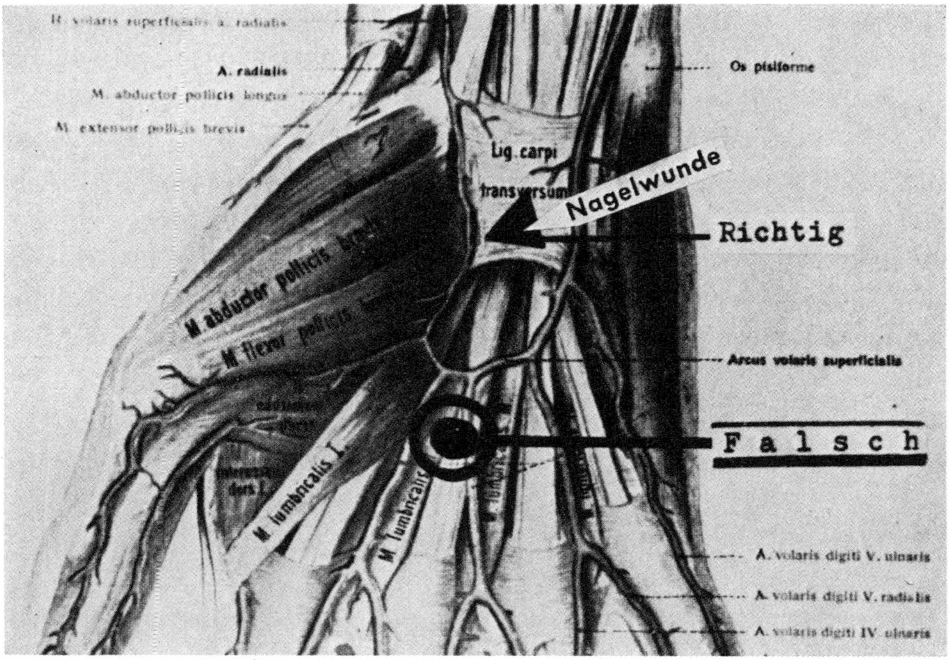

Bild 15: *Nur das in der Handwurzel befindliche breite Sehnenband kann eine solche Belastung aushalten, wie sie eine Kreuzigung für die Hände darstellt. Diese Sehne verläuft quer zur Zugrichtung. Eine Annagelung im Handteller müßte aufreißen, es sei denn, der Gekreuzigte würde nicht hängen, sondern nur auf einem Kreuz stehen, stehen auf Fußstützen, wie es damals teilweise üblich war. Den Römern waren diese Dinge offensichtlich bekannt. Durch Tausende und Abertausende von Kreuzigungen hatte sich diese Erfahrung längst in der Hinrichtungstechnik ausgewirkt.*

Einige Feststellungen zu den Stigmatisierungen im Verlaufe der Jahrhunderte:
Alle Wundmale, die sich in den Handtellern zeigten, waren an der falschen Stelle! Alle diese Fälle konnten offensichtlich nur symbolische Bedeutung haben, was ja auch dadurch deutlich wurde, daß die Seitenwunde sich bei den verschiedenen Stigmatisierten immer wieder an einer anderen Stelle der Brust zeigte, obwohl es logischerweise nur e i n e echte Stelle geben kann! ...

Heute haben wir durch das Linnen den Körper des Herrn mit allen seinen Wunden nach der Kreuzabnahme deutlich vor Augen. Damit hören alle vagen Vermutungen auf, denn wir besitzen jetzt das Zeugnis von Jesus Christus selbst.

Wir können gespannt sein, was der Klerus nun zu den neuen Entdeckungen der Linnen-Forschung sagen wird; denn d i e s e Erkenntnisse sind natürlich viel, viel bedeutsamer und umwälzender als die Frage der Nagelwunde."

Nachdem Professor Hirt auf diese Darlegungen hin eine kleine Pause eingeschaltet hatte, um seine Zuhörer die Bilddokumente Nr. 13, 14 und 15 in Ruhe betrachten zu lassen, führte er weiter aus: „Sie haben inzwischen durch eingehendes Betrachten feststellen können, daß die Blutungen der Nagelwunde tatsächlich in der Nähe der Handwurzel austraten. Nachher sehen Sie noch eine Vergrößerung der Blutungen, bei der Sie die Nagelwunde noch besser erkennen können. Das ist ja das Imponierende an unserer modernen Forschung, daß wir mit Hilfe der Photographie aus dem Linnen beliebige Teile in beliebigen Vergrößerungsgraden entnehmen können, um dadurch zu den letzten Erkenntnissen und Realitäten vorzudringen. Keine Generation der Vergangenheit hatte wie wir diese Möglichkeit!

Leider sind zunächst in der Zeit nach 1931, als die ersten fachmännischen Aufnahmen vorlagen, durch viel zu hastig vorangetriebene und bedauerlicherweise auch ungenaue Forschungen über dieses Linnen voreilig fehlerhafte Ergebnisse veröffentlicht worden, die sich dann auf Hunderttausende von Büchern, Broschüren, Zeitungsberichte und andere Veröffentlichungen in allen Weltsprachen verteilt haben. Einer hat vom anderen abgeschrieben und denselben Fehler übernommen, weil der Urheber als Kapazität galt. So sind fast 25 Jahre lang überall unzutreffende Ergebnisse verbreitet worden.

Bild 17: *Dasselbe Bild mit genauen Abstandmessungen. Der Abstand von Blutbahn 1 zur Blutbahn 2 beträgt 34 Grad (von A zu C), ferner einmal 20 Grad (von A zu B). In sich selbst hat die Blutbahn 2 zwei Fließrichtungen mit 34 minus 20 Grad = ca. 14 Grad. Diese ca. 14 Grad waren der Spielraum, den der Gekreuzigte vom Anfang bis zur Atmungsbeendigung, als der Körper zusammensank, am Kreuz hatte. Es ist wissenschaftlich anerkannt, daß kein Gekreuzigter mehr als ca. 10 bis 15 Grad Spielraum am Kreuz haben konnte. Das wußte auch Dr. Barbet, deshalb „schätzte" er 5 (fünf) Grad Abstand zwischen der Blutbahn 1 und 2! Also geschätzt 5 Grad, gemessen 34 Grad bzw. 20 Grad! Dieser Lapsus hatte 25 Jahre lang fehlerhafte Forschung am Linnen zur Folge.*

Die Blutbahnen sind hier verstärkt wiedergegeben, weil die Blutmenge an der Haut rekonstruiert wird und nicht die im Grablinnen.

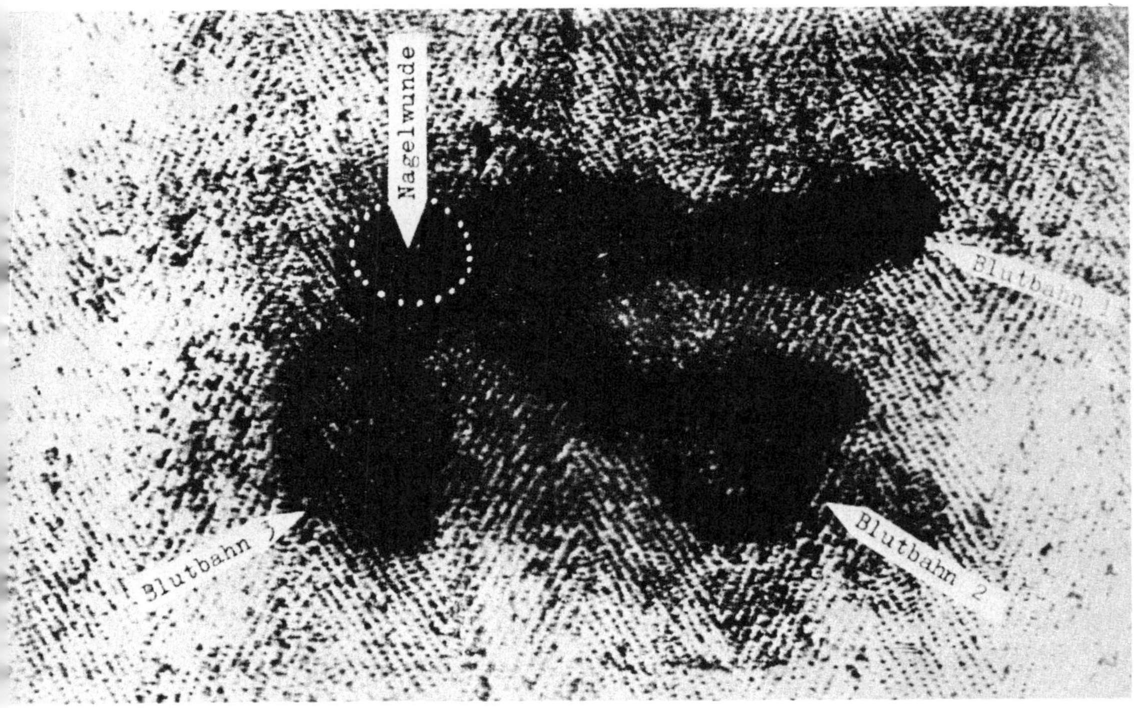

Bild 16: *Nagelwunde mit den drei Blutbahnen.*

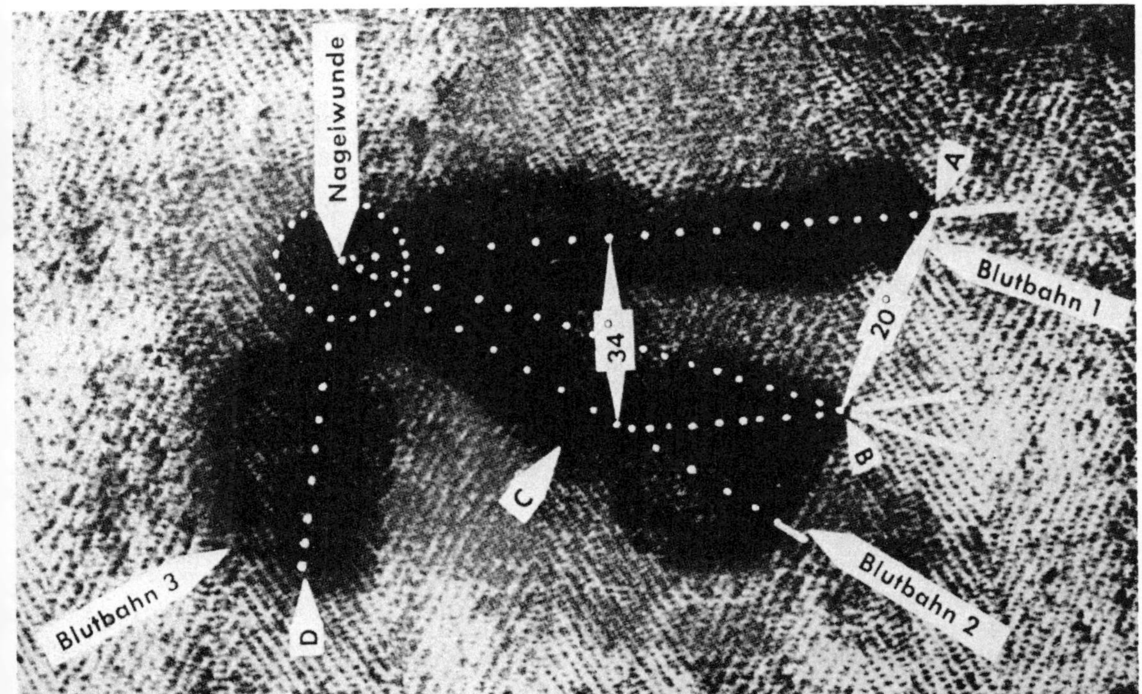

Bild 17, *Text siehe Seite 110.*

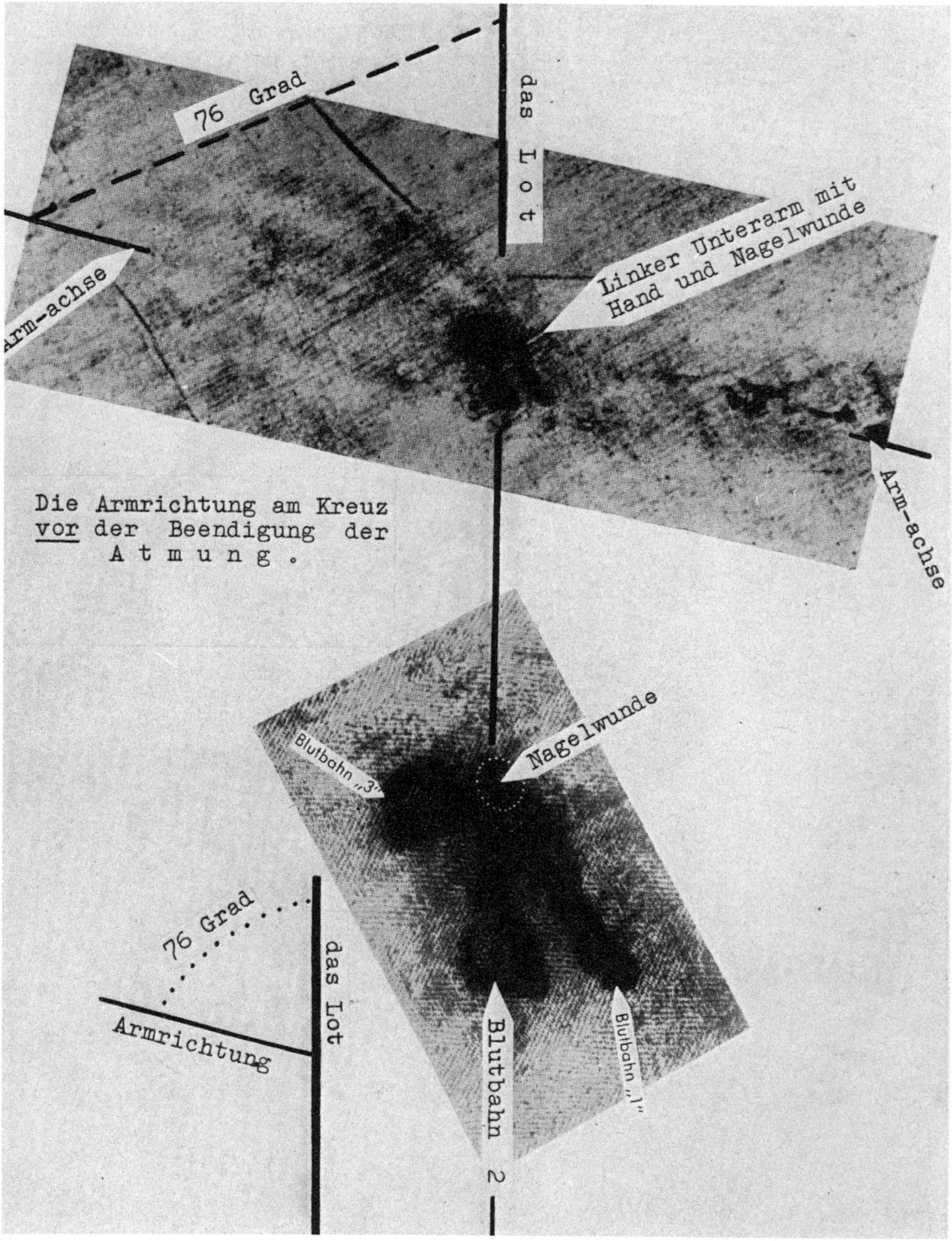

Bild 18: *Eine technische Rekonstruktion der Armhaltung am Kreuz, hier des linken Unterarmes mit linker Hand. In dieser Haltung war der Arm vom Beginn der Kreuzigung an bis zur „Geistaufgabe“, d. h. bis zur Beendigung der Atmung. Der Grundwinkel zum Lot betrug ca. 76 Grad. Die leichte Biegung in der Blutbahn 2 entstand, als der Körper bei der Geistaufgabe – zugleich Ausfall des gesamten Zentralnervensystems – um ca. 10 bis 12 Grad nach unten sank. Das war der Zeitpunkt, von dem es im Urtext der Evangelien heißt: „Darauf neigte er sein Haupt und gab den Geist auf.“ Das Absinken des ganzen*

(Fortsetzung siehe Seite 113)

Es handelt sich um einen bedauerlichen Lapsus, der dem französischen Chirurgen Dr. Barbet, Paris, unterlaufen ist und der alle die auf den Irrweg geführt hat, die sich ahnungslos auf seine Untersuchungsergebnisse verlassen hatten – und das waren bis zum Jahre 1956 fast alle an der Linnen-Forschung Interessierten. Deshalb muß ich hier offen sagen: Jede seitherige Literatur über das Linnen bzw. über ‚das Grabtuch von Turin' ist bezüglich der angegebenen Herzverletzung des Gekreuzigten erwiesenermaßen falsch. Auf Wunsch steht nach meiner Führung die einschlägige Literatur zur Verfügung. Aber ich kann Ihnen auch hier schon an einem entsprechenden Schlüsselfaktor einen überzeugenden Beweis für meine Aussage liefern. Gehen wir dazu zu den Bildern **Nr. 16 und 17:** Es sind zwei Vergrößerungen der Nagelwunde, jeweils mit den drei Blutbahnen. Beachten wir auf beiden Bildern einmal nur die Blutbahnen mit den Nummern 1 und 2. Die Blutbahn 3 – die übrigens keiner der im Barbet-Irrtum befangenen Forscher deuten konnte – besprechen wir später. Das Bild Nr. 17 gibt genau gemessene Abstände zwischen den Blutbahnen wieder. Neben diesem Bild ist groß ein Bildtext angebracht; bitte lesen Sie ihn einmal zuerst in aller Ruhe, damit Sie meine anschließenden Ausführungen besser verstehen können. Ich möchte die kurze Pause dazu benutzen, rasch einen Winkelmesser zu holen, damit Sie auf Wunsch nachmessen können."

Professor Hirt blieb, anscheinend eines Anrufes wegen, doch etwas länger weg, und die Besucher traten, nachdem einmal jemand den Anfang gemacht hatte, einer nach dem andern von selbst zum nächsten Bild, um auch dort den Bildtext zu studieren. Mit eiligen Schritten kehrte Hirt inzwischen zurück und begann schon beim Herankommen weiterzusprechen:
„Schön, Sie haben sich schon in das nächste Bild vertieft. Es ist eine Rekonstruktion der Armhaltung am Kreuz. Sie wissen inzwischen, daß Dr. Barbet

---

(Fortsetzung des Bildtextes von Bild 18.)

Körpers, soweit es die Armdehnung zuließ, gibt diese „Biegung" in der Blutbahn 2 wieder. Das Blut floß aus der Nagelwunde noch eine kurze Strecke in seiner alten, schon flüssigen Bahn, mußte dann aber dem Gesetz der Schwere entsprechend abbiegen, da der alte Winkel von ca. 76 Grad nicht mehr bestand, sondern ein neuer Winkel mit ca. 62 bis 66 Grad. Da diese Blutbahn 2 überhaupt vorhanden ist, ist sie selbst das echte Zeugnis dafür, daß sie nach der Geistaufgabe weiterblutete, also eine Herztätigkeit vorhanden blieb. Hätte sie nicht weitergeblutet, so wäre sie in ca. 60 Minuten bis zur Kreuzabnahme längst abgetrocknet gewesen und damit nicht mehr vom Linnen aufgesaugt worden!

den Abstand der beiden Blutbahnen mit fünf Grad schätzte. Da Dr. Barbet wußte, daß aus Gründen der Armdehnung bei einem Gekreuzigten nicht viel Spielraum zum Körpersenken und Wiederaufrichten blieb, glaubte er, die Blutbahnen 1 und 2 seien beide in der sogenannten klassischen Kreuzigungshaltung entstanden; und da schon vorher durch entsprechende Angaben ein ‚Herzstich' konstruiert worden war – wir kommen nachher noch darauf zurück –, galt für ihn der Fall als geklärt.

Hätte Dr. Barbet aber nur ein einziges Mal einen Winkelmesser an diese Blutbahnen angelegt, so hätte ihm sofort die wissenschaftliche Logik sagen müssen: Halt, diese Blutbahnen können beide mit einem so großen Winkelabstand keinesfalls in der klassischen Kreuzigungshaltung entstanden sein! Eine der beiden Blutbahnen mußte n a c h h e r aus der Nagelwunde geflossen sein – das ist die einzig richtige wissenschaftliche Konsequenz. Es hätten dann die gleichen Rekonstruktionen beginnen müssen, wie sie 20 Jahre später erst stattgefunden haben; und die Forschungsergebnisse im Jahre 1935 oder danach hätten gelautet: Es lag keine Leiche im Turiner Linnen Christi! Durch den Barbetschen Lapsus hat es rund 20 Jahre länger gedauert, bis wir zu den echten Zeugnissen aus dem Linnen durchgedrungen sind.

Bild 19 *zeigt wieder den linken Unterarm mit Hand und Nagelwunde, nun in einem Moment der Kreuzabnahme. Unter Kreuzabnahme wird verstanden der gesamte Zeitraum von ihrem Beginn bis zu dem Zeitpunkt, da der Körper im Linnen lag.*

Innerhalb dieses Zeitraumes, mit großer Wahrscheinlichkeit beim Herablassen der Körpers, entstand diese Blutbahn 1.

Der Winkel des Armes zum Lot betrug nur noch 43 Grad. Daraus ist mit Sicherheit zu schließen, daß diese Blutbahn 1 nicht mehr in der „klassischen Kreuzigungshaltung" entstanden sein konnte; denn ein Absinken am Kreuz vom Anfang mit ca. 76 Grad auf nunmehr 43 Grad war absolut unmöglich. Hierzu wäre ein Längerwerden der Arme – die ja angenagelt waren –, und zwar jedes Armes um ca. 20 Zentimeter notwendig gewesen. Ebenso wäre ein Absinken von ca. 62 bis 66 Grad – nach der Geistaufgabe – auf diese hier sichtbaren 43 Grad unmöglich gewesen, da dies laut Messungen ca. 10 bis 12 Zentimeter Armverlängerung jedes Armes bedeutet hätte. Beides ist am Kreuz absolut unmöglich!

Es ist unwiderlegbar: Diese Blutbahn 1 aus der Nagelwunde entstand in einem Moment der Kreuzabnahme. Ebenso eindeutig ist, daß die Nagelwunde zu diesem Zeitpunkt geblutet hat. Das aber bedeutet:

1. Eine Nagelwunde blutet ohne Herztätigkeit überhaupt nicht mehr;

2. Blut fließt ohne Herzdruck nicht aufwärts, wie hier vor Blutaustritt innerhalb des Armes offensichtlich geschehen ist.

Herztätigkeit bei der Kreuzabnahme

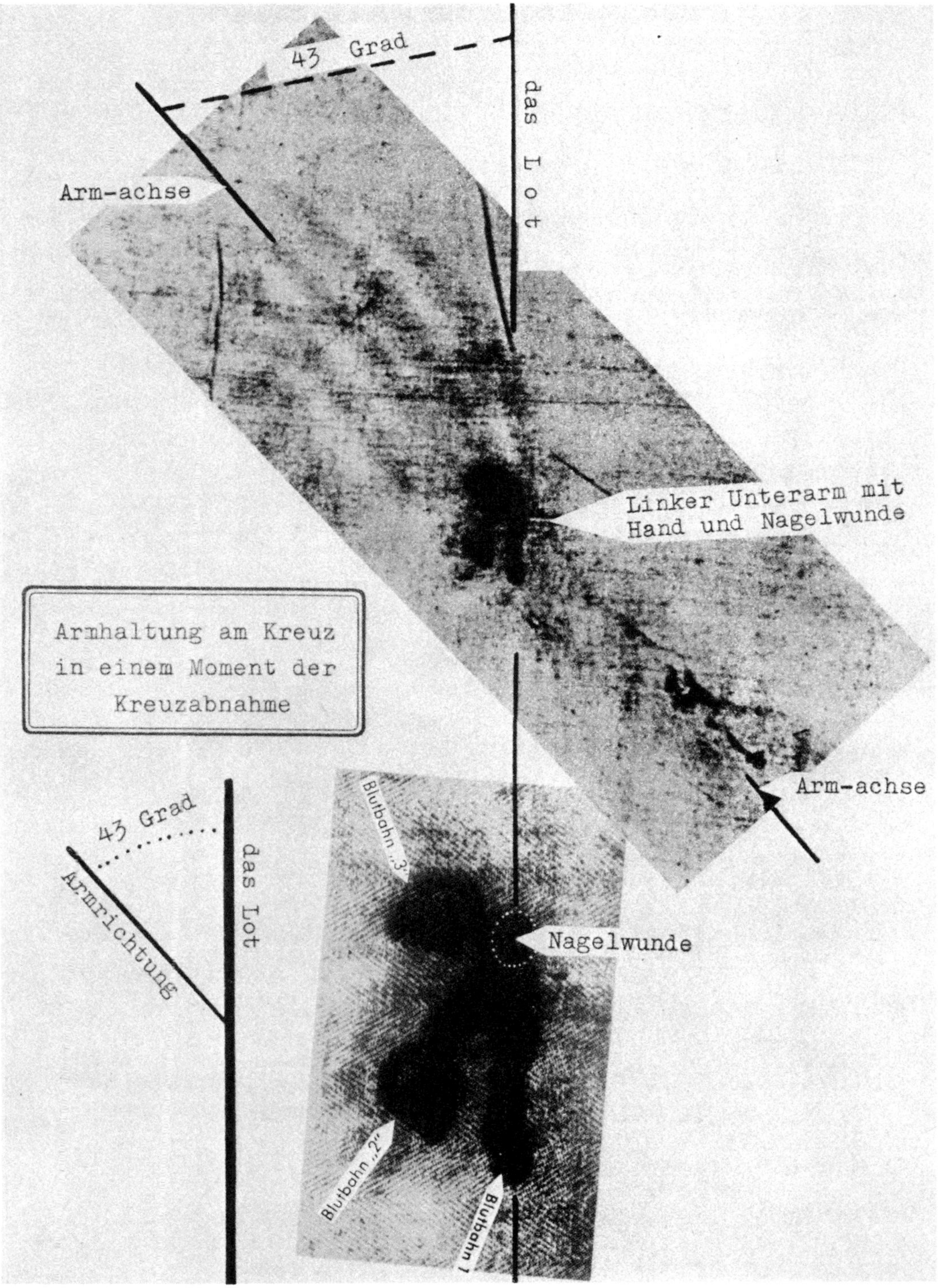

Bild 19

Herztätigkeit nach der Kreuzabnahme

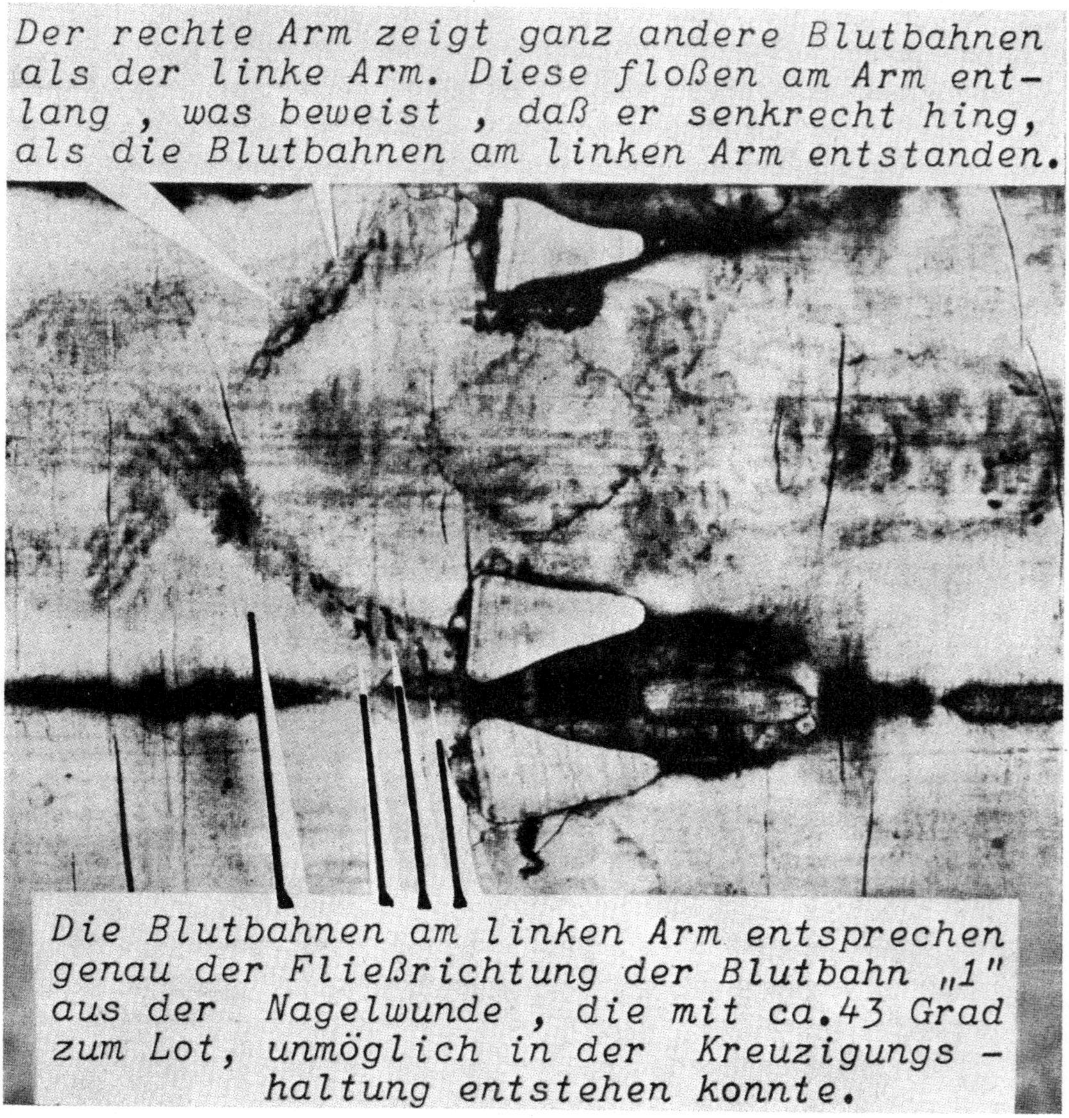

Bild 20

ermöglicht einen guten Vergleich zwischen den Blutspuren des linken und denen des rechten Armes. Die Blutbahnen am linken Arm zeigen exakt die gleichen Richtungen wie die Richtung der Blutbahn 1 aus der Nagelwunde der linken Hand. Am rechten Arm dagegen befinden sich gänzlich verschiedene Blutspuren.

Die Handgriffe bei der Kreuzabnahme, wie Nägelausschlagen, Herablassen und Aufsetzen des Körpers usw., bewirkten eine Öffnung der Blutkrusten am ganzen Körper, darunter auch die der Geißelwunden an den Armen. Ohne Zweifel sind diese Wunden an den Armen sozusagen an den Querbalken festgeklebt gewesen, und im Moment des Loslösens der Arme bei der Kreuzabnahme wurden die Blutkrusten aufgerissen.

Beim Ablassen und Aufsetzen des Körpers wurde anscheinend der linke Arm als Halt von oben verwendet – er hielt sich diese 43 Grad schräg nach oben. Dabei ist die Blutbahn 1 entstanden und, analog derselben Haltung, gleichzeitig die Blutbahnen am gesamten linken Arm, die zum größten Teil exakt die gleiche Fließrichtung haben wie die Blutbahn 1. Ganz verschieden sind dagegen die Blutbahnen am rechten Arm. Sie sind offensichtlich in Längsrichtung am Arm entlanggeflossen, was besagt, daß dieser Arm beim Ausfließen des Blutes entweder senkrecht nach unten hing oder ebenfalls als Halt von oben verwendet und ganz senkrecht nach oben gehalten wurde.

Beidesmal muß es sich um frisches Blut gehandelt haben, da eingetrocknetes Blut nicht vom Linnen aufgesaugt werden konnte. Blut aber trocknet außerhalb des Körpers – auf der Haut – immer in ca. 15 bis 20 Minuten zu harten Blutkrusten. Ergo: Die Blutungen sowohl des linken als auch des rechten Armes bedeuten einwandfrei Herztätigkeit im Zeitraum der Kreuzabnahme!

Bild 18 und die folgenden Bilder sind eine Art technischer Rekonstruktionen, bei deren Betrachtung Sie auf ein allgemeines Naturgesetz achten müssen. Sie alle wissen oder können es sich vorstellen, daß oben an einem Berg kein Wasser herausfließen kann, wenn es nicht zuvor durch irgend einen Pumpvorgang hinaufgepumpt wird. **Ganz genau so verhält es sich beim Blutkreislauf im menschlichen Körper. Blutausflüsse oberhalb des Herzens – gleichgültig ob nun der Körper in senkrechter oder waagrechter Haltung ist – bedingen in jedem Falle einen Herzdruck!** Als ein weiteres Naturgesetz kommt hinzu, daß an einem Leichnam offene Wunden nicht mehr bluten. **Solche Blutungen nun, die offensichtlich durch Herzdruck entstehen, werden a k t i v e Blutungen genannt, was besagt, daß die Herzpumpe das Blut an Ort und Stelle transportieren muß, um es dann erst zur Wunde herausdrücken zu können.**
Wenn Sie also bei den kommenden Bildern die zahlreichen Blutbahnen aus den Wunden betrachten, so denken Sie bitte an folgende Grundsätze: diese alle konnten nur durch Herzdruck entstehen! Wäre das Herz schon eine halbe oder eine Stunde lang still gestanden, so wäre das Blut an der Hautoberfläche längst abgetrocknet gewesen und hätte daher keine Abdrücke im Linnen hinterlassen können. Da es sich jedoch im Linnen abgedrückt hat, weil es an der Haut noch frisch und flüssig war, muß die Herztätigkeit vorhanden gewesen sein.

Alles weitere sind technische Rekonstruktionen, die aufdecken, in welcher Körper- oder Armhaltung die aktiven Blutungen entstanden. **Auf diesen Rekonstruktionen können wir verfolgen, wie die Herztätigkeit in den verschiedenen Stellungen des Körpers kurz vor der Kreuzabnahme, während der Kreuzabnahme und im Linnen tatsächlich aktiv blieb!**
Eine weitere technische Rekonstruktion sehen Sie auf dem nächsten **Bild Nr. 19,** und zum gleichen Komplex gehört auch das übernächste **Bild Nr. 20.** Bitte lesen Sie, bevor ich weiterspreche, diese beiden Bildtexte; denn ich weiß, daß in diesem Teil der Führung ein Sprechen meinerseits Sie mehr stören würde als Ihnen nützen. Deshalb wurden auch speziell lange und ausführliche Bildtexte angebracht, die Ihnen einen genauen Einblick geben.
Sollten Sie einiges nicht ganz verstehen, so komme ich sicherlich nachher darauf zu sprechen. Inzwischen möchte ich mit Dr. Ernst einen vorhin erfolgten Anruf draußen besprechen und bitte, uns für kurze Zeit zu entschuldigen."
Damit verließen diese beiden Herren nochmals den Saal.

(Hier eine Bemerkung des bearbeitenden Autors: Einige Zeit später wurde in der National Gallery of Art in Washington ein Gemälde entdeckt, das von keinem Geringeren als von Rembrandt stammt. Es heißt „Die Kreuzabnahme", wir wollen es hier **Bild 20 a** nennen. Rembrandt hat die Kreuzabnahme unbewußt so dargestellt, wie sie sich nach Aussage des Turiner Grablinnens einen kurzen Zeitraum lang abgespielt haben muß. Der rechte Arm hing abwärts, und der linke wurde als Halt verwendet. Wäre nun zu diesem Zeitpunkt der Körper eine Leiche gewesen, so wären die Arme ohne aktiven Blutaustritt geblieben. Betrachten wir aber die Abdrücke der beiden Arme, wie sie uns das Turiner Grablinnen zeigt, so sehen wir am ganzen rechten Unterarm entlangfließendes Blut. Wodurch sind diese Blutungen entstanden? **Jesus war gegeißelt worden, dabei hatte er Wunden an den Armen bekommen. Diese Wunden klebten bei der Annagelung an den Kreuzbalken an den Stellen, an denen sie zwangsläufig gegen den Kreuzbalken angedrückt wurden, fest. Nachdem später die Nägel ausgeschlagen waren, wurden die angeklebten Arme vom Kreuzbalken gelöst. Dabei geschah genau das gleiche, wie wenn ein Arzt von einer Wunde, die an den Verband angetrocknet ist, den Verband abreißt. Lebt der Mensch, so beginnt im gleichen Moment die neu aufgerissene Wunde zu bluten. Tut der Arzt es bei einem Leichnam (es gab ja schon oft Verletzte, die einen Verband bekommen hatten und hinterher starben), dann tritt nach dem Abreißen des Verbandes kein Blut mehr aus der Wunde!**

Wäre nun der Gekreuzigte ein Leichnam gewesen, so würden die Arme ohne jeden Blutausfluß geblieben sein, wir hätten weder am rechten noch am linken Arm diese Blutmerkmale. Weil er aber – wie die zeitlich viel späteren Hinterhauptblutungen es schon bezeugen – auch zu diesem Zeitpunkt kein Leichnam war, haben die erneut aufgerissenen Geißelwunden wieder langsam zu bluten angefangen. Während der Kreuzabnahme floß das Blut am rechten Arm oberhalb entlang und bildete die sichtbaren, geradezu unnachahmlichen unregelmäßigen Blutflüsse, weil der rechte Arm, wie es das Rembrandt-Bild so schön zeigt, nach unten hing. – **Auch am linken Arm wurden die Wunden erneut aufgerissen. Weil dieser Arm aber anders gehalten wurde, ungefähr so wiederum, wie es das Rembrandt-Bild zeigt, haben die Blutungen an diesem Arm eine andere, durch die Armhaltung bedingte Richtung genommen. Alle diese Vorgänge sind, nachdem sie einmal erkannt sind, natürlich und einfach zu begreifen.)**

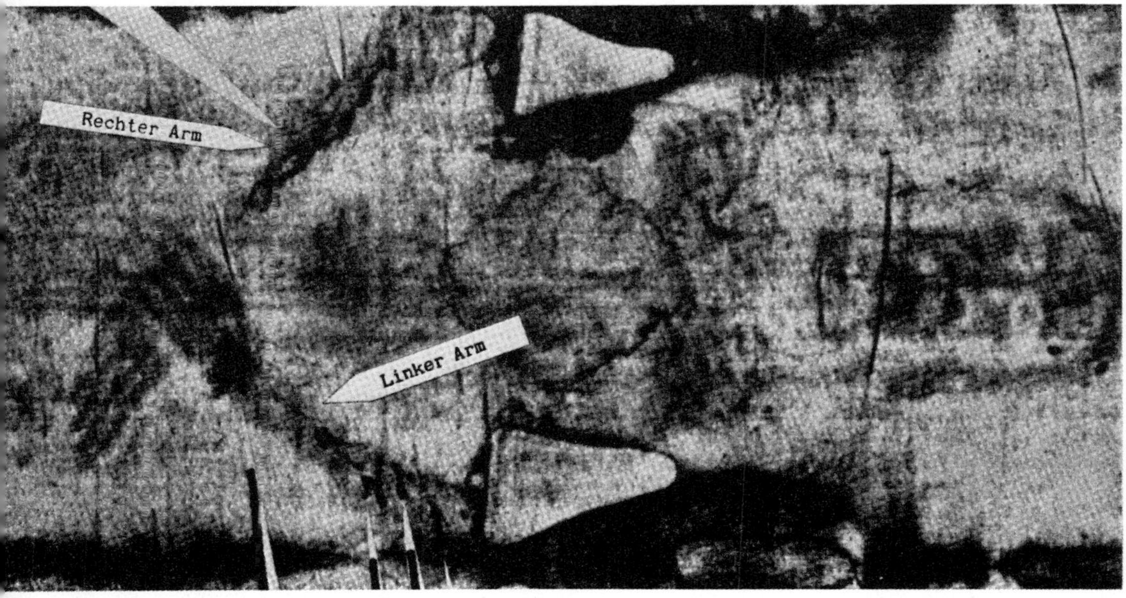

Bild 20a = Rembrandt-Bild und 20b = Linnen-Figur mit Blutbahnen am linken und rechten Arm.
Beide Bilder beweisen indirekt und direkt die Herztätigkeit bei der Kreuzabnahme. Das Rembrandtbild, weil es zeigt wie die Kreuzabnahme ungefähr stattfand: rechter Arm hängend, linker Arm nach oben gehalten. Aus diesem Grund die unterschiedlichen Blutbahnen. Das andere Bild, 20b, weil es dokumentarisch die zu diesem Zeitpunkt stattgefundenen Unterarmblutungen zeigt. Unterarmblutungen, wie sie nur bei einem Körper mit Herztätigkeit stattfinden können!

Wenige Minuten später betraten Professor Hirt und Dr. Ernst wieder den Universitätssaal. Auf den Gesichtern der Besucher spiegelte sich die Erwartung, wie es wohl weitergehen werde; Hirt deutete auf einige Dokumente in seiner Hand und sagte: „Die kleine Unterbrechung hat es mir auch ermöglicht, einige Unterlagen herauszusuchen; denn wenn ich schon, wie vorhin geschehen, auf die so weittragenden Fehler der Barbet-Forschung hinweise, dann habe ich als Wissenschaftler auch die Pflicht, den Quellennachweis zu führen, selbst auf die Gefahr hin, daß es Sie langweilen könnte. Die Barbetschen Forschungsergebnisse wurden in den Jahren 1935 bis 1939 allgemein veröffentlicht, in deutscher Sprache allerdings wegen Krieg und Nachkriegszeit erst 1953 im genauen Wortlaut, und zwar unter dem Titel ‚Die Passion Jesu Christi in der Sicht des Chirurgen', Badenia-Verlag Karlsruhe. Ich darf zur Unterstützung meiner übrigens rein sachlich gemeinten Kritik aus dieser Schrift, Seite 156, wörtlich wie folgt zitieren: ‚Wenn man das linke Handgelenk des Grabtuches mehr aus der Nähe betrachtet, so nimmt man dort zwei Hauptblutbäche wahr, die von derselben Zentralzone, nämlich der Nagelwunde, ausgehen. Diese beiden Streifen sind ein wenig divergent, sie bilden einen Winkel von ungefähr 5 Grad!' – **Ja, verehrte Anwesende, 5 geschätzt anstatt 34 bzw. 20 Grad gemessen! Sie dürfen nun nicht denken, Dr. Barbet sei irgendwer.** Es existiert da ein Forschungs-Konvent in Turin speziell für das Linnen Christi. Dieser Konvent wird durch die Kirche gestützt, und ihm gehören weit über 100 Personen – Fachleute und Würdenträger aus Kirche und Staat – an. Dr. Barbet nun ist Vizepräsident dieses Konvents und hat dadurch alle Fäden in der Hand. Wir haben schon vor Jahren die Fehler der Barbet-Forschung nach Rom und Turin gemeldet. Seitdem herrscht dort betretenes Schweigen. Nach Lage der Dinge kann auch von keiner Stelle erwartet werden, daß sie selbst ihrer Autorität das Grab schaufelt. Deshalb muß von außen der Anstoß dazu kommen, daß endlich die als nachweislich falsch erkannten Forschungsergebnisse zurückgezogen werden und Platz gemacht wird für eine grundsätzlich neue Diskussion dieses ganzen Komplexes. Noch sehr vieles kann mit unseren modernen Methoden in dieser Sache erreicht werden, und wer will sagen, die neuesten Linnen-Entdeckungen seien nicht von allgemeiner Bedeutung!

(Eine Berichtigung des Autors: Da die beschriebenen Vorgänge einige Zeit zurückliegen, die Ergebnisse des deutschen Forschungskonvents inzwischen – auf Grund der durch Massenzeitschriften erfolgten Veröffentlichungen in Deutschland, Österreich und der Schweiz – nun doch in Turin zur Kenntnis genommen wurden, hat sich in Turin einiges geändert. Dr. Barbet ist zurückgetreten. Der Turiner Konvent steht nunmehr unter der Leitung von Professor Giovanni Judica Cordiglia, Dottore (Dr.) Giovanni Donna D'Oldenico, Monsignore Adolfo Barberis und Professor Stefano Vigna, wie jetzt aus dem offiziellen Verzeichnis zu entnehmen ist.

Allerdings – mit der genauen Untersuchung des Linnens eilt es nun plötzlich nicht mehr! Offenbar befürchtet man, daß die Entdeckungen des Deutschland-Konvents dadurch voll bestätigt werden könnten! Es sei in diesem Zusammenhang auf die in diesem Buch veröffentlichte DOKUMENTATION verwiesen, die eine Petition an Papst Johannes XXIII. wiedergibt und die darauf erfolgte Antwort des Staatssekretariats in Rom. **Daraus geht hervor, daß nicht Rom die Untersuchungen sperrt, sondern der Treuhänder in Turin, der in diesem Fall letzte Entscheidungsgewalt hat.)**

Wie sehr für solche Untersuchungen die Zeit gekommen ist, damit nicht weiterhin Falsches aus Falschem geboren wird, zeigt z. B. eine Veröffentlichung des Jesuitenpaters Werner Bulst.
Bulst hat in langen Jahren mühevoller Forscherarbeit vielfältiges Material zusammengetragen. Er hat mit seiner Zusammenstellung praktisch alle Gegner des Linnens widerlegt. Aber den rein anatomischen Teil der Forschung hat auch er von Dr. Barbet einfach übernommen. Er hat es nicht für notwendig gehalten, ein Forschungsergebnis nachzuprüfen, das seit 20 Jahren international anerkannt ist. Das heißt, er hat die Winkelgrade nur ein klein wenig besser geschätzt! In seinem Bericht heißt es diesbezüglich wörtlich: „. . . die Nagelwunde mit den beiden von dort ausgehenden Blutgerinnseln. Sie stehen in einem Winkel von etwa 10 Grad zueinander, woraus auf eine doppelte Position des Gekreuzigten am Kreuz zu schließen ist.' – (Werner Bulst S. J.: „Das Grabtuch von Turin", Verlag Josef Knecht, Frankfurt a. M. 1955, Seite 141. Und nochmals der gleiche Fehler, mit 10 Grad, bei Zeichnung Bild 8 in seinem Buch.) – Er hat also etwa 10 Grad geschätzt anstatt 34 bzw. 20 gemessen! **Bulst ist hier der Vorwurf zu machen, daß auch er hätte einen Winkelmesser nehmen können, um zu messen und nicht zu schätzen. Dann hätte er entdeckt, daß von der doppelten Position, die er erwähnt, eine auf die Kreuzabnahme zutrifft, die wissenschaftliche Logik hätte ihm dies sagen müssen! Es wäre sehr interessant gewesen, mitzuerleben, was geschehen wäre, wenn auf diese Weise ein Jesuitenpater entdeckt hätte: ‚Jesus Christus ist nicht am Kreuz gestorben.'**

Nun wollen wir damit aber den Barbet-Komplex verlassen", sprach Professor Hirt weiter. „Sie lernen jetzt die interessante wissenschaftliche Aussage dieser bisher unbeachteten Blutbahn 3 kennen. Es versteht sich von selbst, daß die Zeichen am Linnen, die eine Herztätigkeit während der Kreuzabnahme bestätigen, den Forscher dazu veranlassen, nach Blutungen zu suchen, die zu einem noch späteren Zeitpunkt entstanden sein könnten. Dies trifft zunächst schon auf die aus dem Hinterhaupt stammenden Blutungen zu, die Sie heute vormittag gesehen haben. Treten wir nun zum nächsten **Bild (Nr. 21)!** Dort sehen Sie einen weiteren Beweis für die Herztätigkeit des Körpers im Linnen. Das Bild gibt die Überkreuzlage der Hände wieder und zugleich das Ausfließen der Blutbahn 3 aus der Nagelwunde. Berücksichtigt man die gesamte Körperlage, so wird ganz klar, daß diese Blutung nur mit Herzdruck aus der Wunde austreten konnte; denn die linke Hand lag gerade am höchsten Punkt der Körperlage, und Blut kann ja nicht von selbst im Körper aufwärtsfließen, um an diesem höchsten Punkt auszutreten. Das folgende Bild gibt nachher darüber noch einmal genauen Aufschluß. Auf jeden Fall kann nicht bezweifelt werden, daß die Blutbahn 3 erst in dieser Körperlage entstanden ist; denn daß eine derartige Blutung zu jedem Zeitpunkt vorher unmöglich war, beweisen die Winkelabstände der einzelnen Blutbahnen dieser Nagelwunde nach eingehenden und ausführlichen Rekonstruktionen.

Die an sich einfache Rekonstruktion der Blutbahn 3 aus der Nagelwunde konnte erst ab 1952 durchgeführt werden, nachdem die seitenrichtige Darstellung in Naturfarben ermöglicht worden war. Über die Körperlage im Linnen wurde eine ungefähre Skizze angefertigt, die **Bild Nr. 22** wiedergibt. Ein Pfeil weist dort auf die Nagelwunde hin und zeigt, an welchem Ort das Blut bei dieser Körperlage austrat.

Bild 21 *gibt die Hände in jener Überkreuzlage wieder, wie sie uns das Linnen zeigt, also den wirklichen Verhältnissen nach der Kreuzabnahme entsprechend. Während dieser Haltung der Hände entstand die Blutbahn 3. Sie floß langsam aus der Nagelwunde in die auf dem Bild sichtbare Richtung. Aufgehalten wurde sie wieder in der an dieser Stelle vorhandenen leichten Höhlung des Handrückens, dessen Lage durch die innen in die Handfläche eingelegten Daumen mitbestimmt wurde.*
Als das Linnen auf den Handrücken zu liegen kam, drückte es die Blutansammlung in die nun sichtbare Breite und saugte sie gleichzeitig auf. Die Gesamtlage des Körpers (auf dem Rücken), des linken Armes (Ellenbogen um einiges nach abwärts gerichtet), der linken Hand (höchster Punkt dieser Körperlage) – all dies bietet einwandfreies Zeugnis dafür, daß die Blutbahn 3 nur durch Herzdruck, also Herztätigkeit entstehen konnte.

Herztätigkeit im Grablinnen

Bild 21

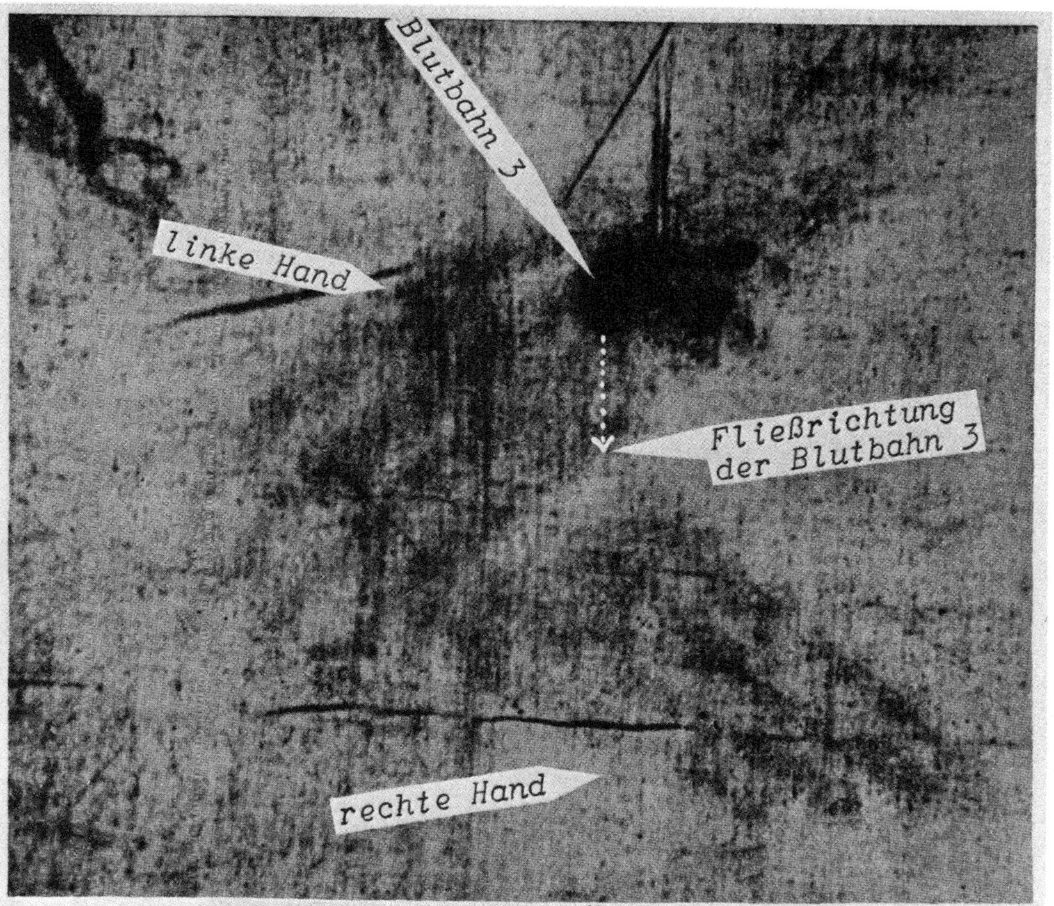

Die Hände in einer Überkreuzlage
n a c h d e r Kreuzabnahme

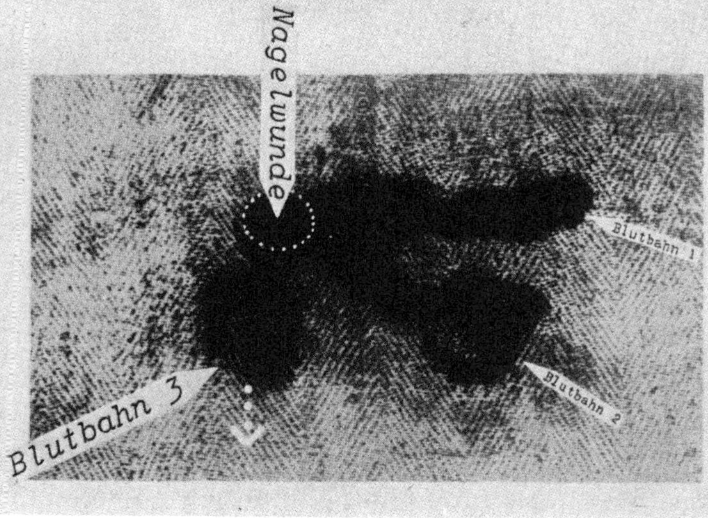

Jeder Mensch weiß, daß Wasser nicht von selbst den Berg hinauffließt, sondern durch irgendeinen Pumpvorgang nach dort gebracht werden muß. Ebenso verhält es sich mit dem Blut im Körper. Nur durch Pumptätigkeit kann Blut zu Körperteilen kommen, die sozusagen oberhalb des Herzens sind. **Abgesehen davon, daß in einem Leichnam Blut überhaupt nicht mehr fließt, war es im vorliegenden Falle ausgeschlossen, daß ohne die Pumptätigkeit des Herzens an der Nagelwunde noch hätte Blut ausfließen können; das beweisen uns schon die normalen Kenntnisse der Naturgesetze.**
Ein weiterer Pfeil dieser Abbildung zeigt zur Stirn. Wir kommen nun zu dem eigenartigen Merkmal auf der Stirn, das eine deutlich mit Blut gezeichnete ‚Drei' darstellt. Betrachten Sie hierzu bitte **Bild Nr. 23!**

Kann diese Art der Blutung noch am Kreuz entstanden sein? Wie sollte es möglich sein, daß Blut außerhalb des Körpers während mindestens 60 Minuten oder länger an der Haut so frisch und flüssig bleibt, daß es danach vom Linnen aufgesaugt werden kann? Blut trocknet an der menschlichen Haut je nach Lufttemperatur bereits nach 15 bis 20 Minuten zu harten Blutkrusten, die nicht mehr von einem Linnen aufgesaugt werden können. – **Sollten Sie in dieser Beziehung auch nur den geringsten Zweifel haben, so machen Sie bei nächster Gelegenheit einen Versuch bei sich selbst.** Wie oft entsteht irgendwo eine kleine, blutende Wunde! Lassen Sie einmal Blut über Ihre Haut fließen – ruhig etwas reichlich –, dann schließen Sie durch irgendeinen Druck diese Wunde, denn weiteres Blut käme ja nur wegen der in Ihrem Körper vorhandenen Herztätigkeit nach. Das bedeutet, Sie könnten diese Blutbahn nur flüssig erhalten, wenn Sie laufend Blut aus der Wunde nachfließen lassen würden, ohne einzugreifen. Für unseren Fall am Linnen bedeutet aber n a c h f l i e ß e n d e s Blut Herztätigkeit!
Sofort, nachdem Sie ein weiteres Nachfließen des Blutes irgendwie verhindert haben, beginnt das Blut innerhalb von 15 bis 20 Minuten, meistens schon früher, an die Haut anzutrocknen und bildet Blut k r u s t e n, die von einem Linnen nicht mehr aufgesaugt werden könnten. Ja, Sie können noch ein üb-

---

__Bild 23:__ Die ‚Drei' auf der Stirn – deutlicher Beweis für Blutausfluß nach Abnahme der Dornenkrone. Allein schon das Ausfließen an sich ist Zeichen für eine Herztätigkeit. Doppelte Bestätigung dafür ist das Entstehen der ‚Drei' in einer Körperlage, die dafür eine Pumptätigkeit des Herzens voraussetzt. (Siehe Bild 22, Pfeil zur Stirn.)

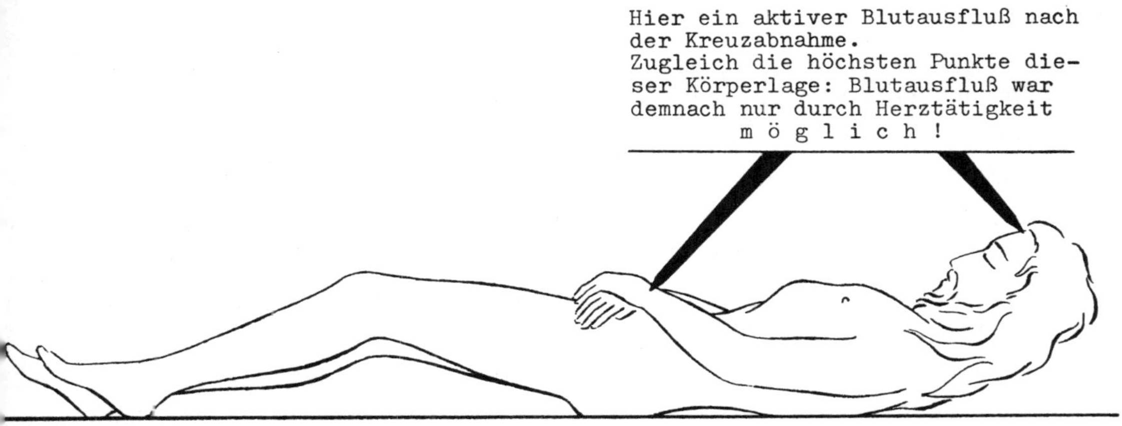

Bedingt durch eine Lähmung der Skelettmuskeln ist der Körper nicht ganz flach gelegen. Es besteht allerdings auch die Möglichkeit, daß unter Haupt und Schulter - zwischen dem Tuch und Boden - ein Gegenstand als Polster untergelegt war.

Bild 22: *Eine Profil-Skizze der Körperlage laut Turiner Linnen. Maßgebend und entscheidend sind die Grundsätze, die sich aus dem Gesetz der Schwerkraft ergeben, das heißt, ohne eine Pumptätigkeit des Herzens hätte eine Blutung aus diesen höchsten Punkten der Körperlage niemals erfolgen können. Daß sie erfolgte, ist somit ein sicheres Zeichen für vorhandene Herztätigkeit.*

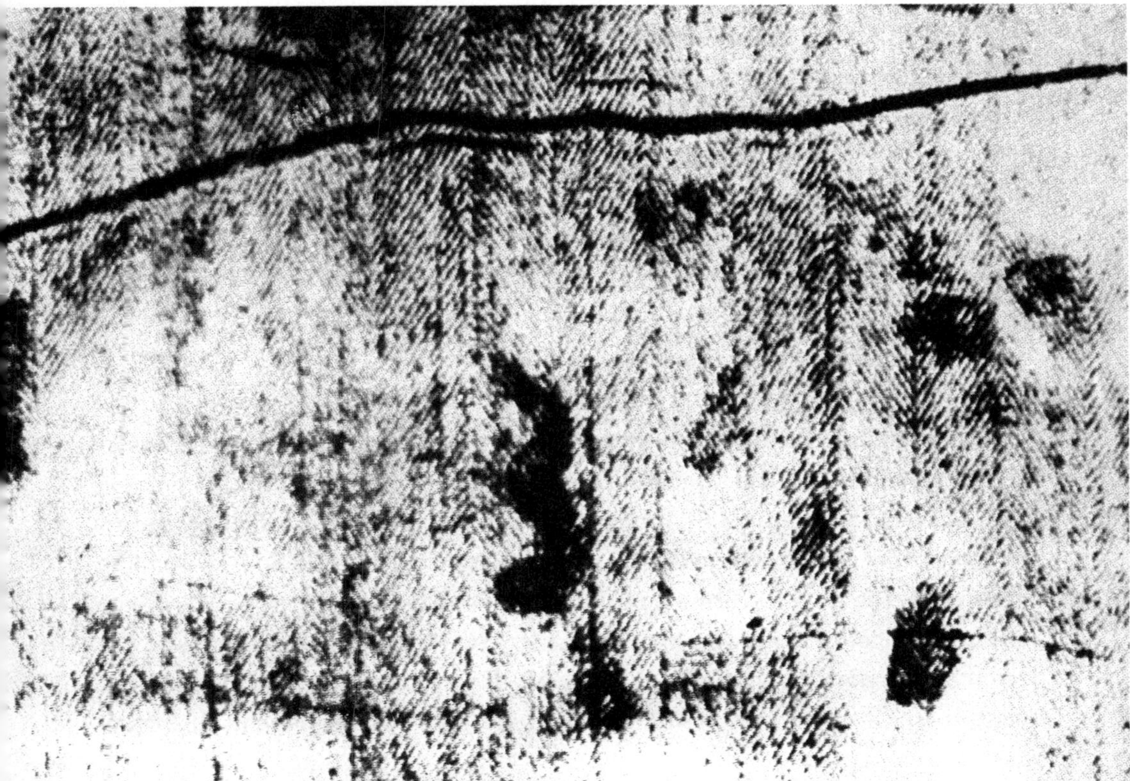

Bild 23, *Text siehe Seite 126.*

riges tun: mit einem Zerstäuber Wasser auf diese Stellen der Haut aufspritzen, um einen Schweiß zu rekonstruieren. Das Blut läßt sich dadurch nicht in seinem Gerinnungsprozeß beeinflussen. Es ist nach derselben Zeit zu Blutkrusten erstarrt, und der rekonstruierte Schweiß trocknet ab.

Aus diesen Gründen dürfen wir mit Sicherheit aussagen: Das Blut dieser ‚Drei' auf der Stirn trat aus der Wunde aus, als der Dorn der Dornenkrone entfernt war, also in jedem Falle n a c h der Hinrichtung. Genau wie die Blutungen aus dem Hinterhaupt, die wir heute vormittag ausführlich besprachen, gibt uns die ‚Drei' auf der Stirn einen sicheren Beweis für eine Herztätigkeit im Körper Christi zu diesem Zeitpunkt.

Beachten wir aber auch die eigenartige F o r m dieser Blutung! Keine irgendwie senkrechte Haltung des Hauptes hätte sie entstehen lassen können, das haben praktische Versuche einwandfrei gezeigt. Nur in liegender Haltung konnte sich diese Form bilden. Das langsam ausfließende Blut wurde an der ersten Stirnfalte aufgehalten und verteilte sich darin etwas. Weil nun neues Blut nachkam, floß es weiter zur nächsten Stirnfalte. So ungefähr entstand die ‚Drei'. Nur zwei Zeitpunkte können dafür in Frage kommen: entweder als der Körper im Schoße der Mutter ruhte – sofern die Dornenkrone bereits entfernt war. Oder, wie vermutet, wurde die Dornenkrone dort mit Hilfe der Mutter entfernt und der Körper anschließend auf die untere Hälfte des Linnens gelegt. Bei diesem Vorgang war vermutlich zwischen Linnen und Boden ein Kopfpolster untergelegt, wodurch die Stirn eine gewisse Schräge erhielt, wie durch Messungen des italienischen Forschers Professor L. Ferri bestätigt ist: Der Körper lag nicht vollständig flach im Linnen.

Anschließend wurde nach Entfernung des Lendenschurzes der obere Teil des Linnens über den Körper gelegt. Dieser Zeitraum hat ausgereicht, um die ‚Drei' auf der Stirn und die Blutbahn 3 aus der Nagelwunde ausfließen zu lassen. Dann kam die Oberseite des Linnens darüber und hat alle Spuren von Blut aufgesaugt. Die Körperwärme und andere chemisch-physikalischen Vorgänge haben gleichzeitig die Aloe-Imprägnierung zu einem Negativ-Abdruck des gesamten Körpers verwandelt – und damit die tatsächlichen Einzelheiten der Kreuzigung Christi in einer Art Momentaufnahme für die Nachwelt festgehalten.

Damit", führte Professor Hirt aus, „bin ich zum Schluß der wichtigsten Teile der Führung gelangt und möchte das alles noch einmal in einem Satz zusammenfassen: Die zahlreichen Zeugnisse und Beweise für eine Herztätigkeit im Körper Jesu Christi während und nach der Kreuzabnahme sind so eindeutig und klar, daß diese Tatsache als Ganzes einfach nicht mehr widerlegt werden kann!"

(Der Fortschritt der Sache und der Ereignisse erzwingt hier erneut eine Einschaltung des Autors:
Jesuitenpater Werner Bulst konnte es noch nicht überwinden, daß er in seinem früheren Buch Fehler gemacht hat. Und, daß ihm diese Fehler nachgewiesen wurden. Er ist verärgert und verbreitete zahlreiche Unwahrheiten über den Deutschland-Konvent und auch über den Autor dieses Buches. Man könnte ihn deshalb sogar bei Gericht verklagen, weil einiges wirkliche Verleumdungen sind. Aber uns, dem Konvent und dem bearbeitenden Autor, geht es um die Forschung, um die Sache.
Es wird grundsätzlich nur gegen die Dinge vorgegangen, die d i r e k t mit der Sache zu tun haben. Persönliche Beleidigungen werden einfach nicht zur Kenntnis genommen, mögen sie von Bulst oder anderen Personen kommen. Das ist die einzige und sicherste Methode, sich von Streitigkeiten fernzuhalten, die mit der Sache und mit der Forschung nichts zu tun haben. Außerdem wird viel Zeit und Ärger gespart.
In der Forschung aber wird jeder Streit aufgenommen. Deshalb erfolgt nachstehend ein Abdruck aus der international verbreiteten ILLUSTRIERTEN SONDER-AUSGABE Nr. 3/60, in der in einem wichtigen Spezialfall die Methoden von Jesuitenpater Werner Bulst öffentlich aufgedeckt wurden:
„Zeitlich zwischen den Blutungen während der Kreuzabnahme und denen des Hinterhauptes liegt die Blutung aus der Nagelwunde. Sie entstand, als der Körper auf dem Linnen lag, die Oberseite aber noch nicht bedeckt war. So hat sich diese Blutbahn Nr. 3 aus der Nagelwunde bilden können. Es handelt sich ebenfalls um eine aktive, durch Herztätigkeit bedingte Blutung.
Nun zum Allerschönsten, was passieren konnte: Jesuitenpater Werner Bulst hat 1955 ein Buch veröffentlicht, er hat darin eine Abbildung der Nagelwunde mit den drei Blutbahnen gebracht. Die Blutbahn Nr. 3 (siehe Bild) hat er damals überhaupt nicht kommentiert, weil er ihre Bedeutung – wie übrigens zahlreiche andere Interessierte – nicht begriffen hatte.

Diese Blutbahn Nr. 3 ist für die Forschung des ‚Deutschland-Konvents für Das Linnen', dessen Existenz Herrn Bulst recht stört und den er deshalb besonders rabiat angeht, lediglich ein Detail in der Kette der Beweise. Dem Pater Werner Bulst ist nun das peinliche Versehen passiert, daß er anscheinend nicht mehr wußte, was er selbst in seinem Buch 1955 veröffentlicht hatte. Nur so läßt es sich erklären, daß er in einem kritischen Bericht ausgerechnet in der Schweizer Nachrichten-Zeitschrift „Orientierung" wörtlich wie folgt schreibt: **‚Mit besonderem Nachdruck argumentiert Berna aus einer Abbildung der linken Handwunde ... Auf dem Tuch sind an dieser Stelle n u r z w e i klargerichtete Blutgerinnsel, n i c h t d r e i, wie Berna sagt, zu sehen, die in einem Winkel zueinander stehen, der sich wegen der Kürze, Breite und Unregelmäßigkeit der beiden Gerinnsel nur annähernd bestimmen läßt.'**

Es ist an sich schon unfair, wenn ein Autor solche Behauptungen aufstellt, ohne einen Bildbeleg zu bringen. Noch schlimmer ist es, wenn andere sie ebenfalls ohne Bildbeleg nachdrucken, weil ein Jesuitenpater anscheinend unbesehen als ehrlich und glaubwürdig gilt.

Sein Artikel enthält noch zahlreiche andere, jederzeit widerlegbare Unwahrheiten, die des Erwähnens gar nicht wert sind. Bei der oben angeführten Behauptung aber handelt es sich um einen wichtigen Faktor. Tatsächlich: wären es nur zwei Blutbahnen, so hätte die Beweisführung hinsichtlich der Nagelwunde an der linken Hand keine Beweiskraft, das steht fest. Ist aber die dritte, die Bulst leugnet, vorhanden, so ist dieser Jesuitenpater entweder ein bewußter Ignorant oder er ist wissenschaftlich blind. Er kann sich aussuchen, was ihm besser paßt!

Es ist nicht ohne weiteres erlaubt, ein Buch zu kaufen, dort ein Bild herauszuschneiden und dieses Bild dann wiederum an anderer Stelle zu veröffentlichen. Weil Bulst ohne Zweifel seine Genehmigung versagt hätte, aber andererseits zur Klärung eine Bilddarstellung unerläßlich ist, wurde das von Bulst 1955 veröffentlichte Buch gekauft, **ihm die dort enthaltene Photographie der N a g e l w u n d e mit den d r e i Blutbahnen entnommen, und sie wurde hier zusammen mit dem Bild veröffentlicht, das in der ILLUSTRIERTEN SONDER-AUSGABE Nr. 1 und 2, 1960, auf Seite 36 erschienen war!** (In diesem Buch Bild Nr. 21.)

Diese Veröffentlichung geschieht aus rein wissenschaftlichen Gründen, und so ist diese an sich nicht übliche Handlungsweise – ein Bild aus einer anderen Veröffentlichung zu entnehmen – juristisch gedeckt.

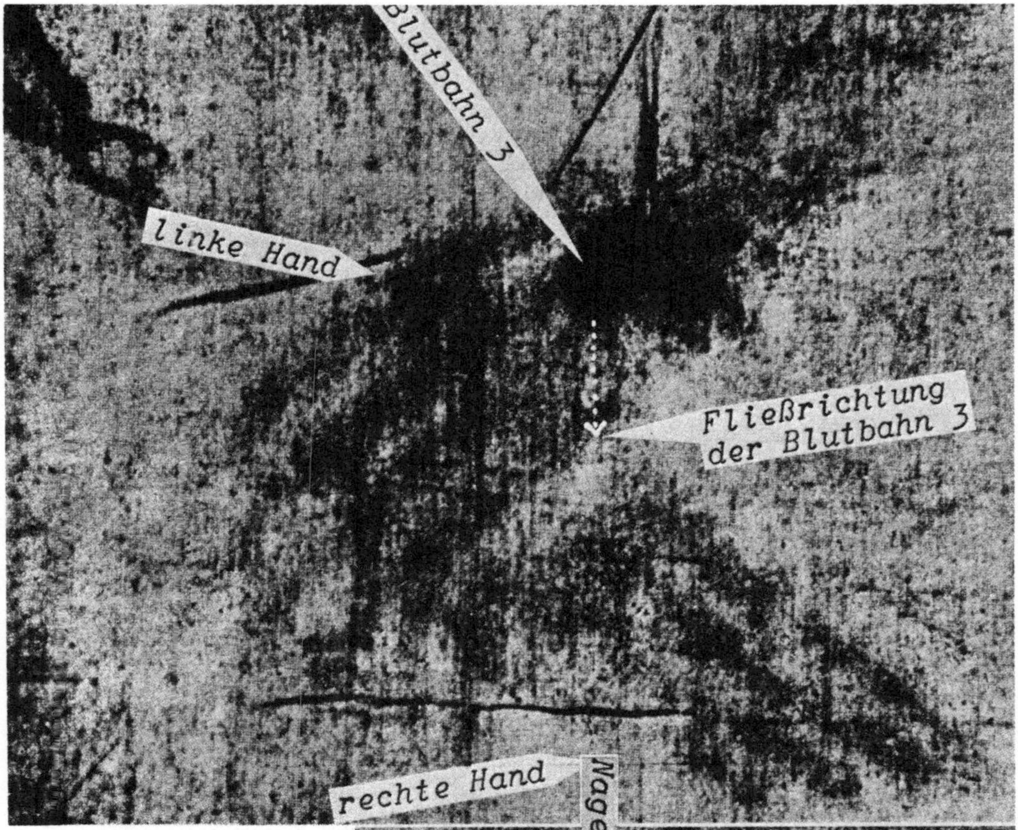

(Bild Nr. 21)

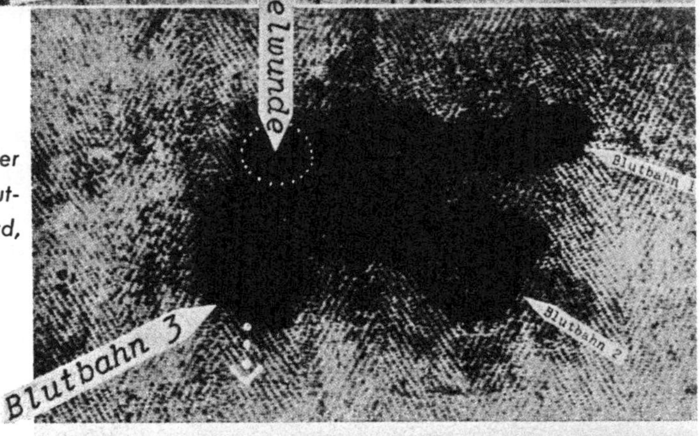

Blutbahnen der Nagelwunde. Hier kräftiger wiedergegeben, weil die Blutdichte an der Haut rekonstruiert wird, nicht die im Grablinnen.

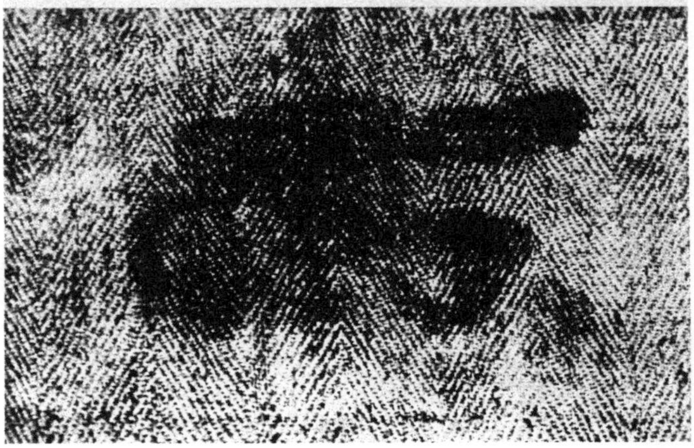

Das Urbild von Enrie, Bulst und Dr. Mödder zeigt den Abdruck am Linnen (hier jedoch – zum Vergleich – seitenverkehrt).
Wenn man ganz ehrlich ist, so muß gesagt werden, daß die wichtige „Blutbahn 3" auf diesem Urbild noch besser zu erkennen ist.

Nun, Herr Bulst, wie verhält es sich mit Ihrem Bild? **Es ist das Bild aus Ihrem Buch, photographisch gekontert, und jedermann kann nun öffentlich sehen, daß auch in Ihrem Buch d r e i Blutbahnen an der Nagelwunde zu sehen sind!** – Eine solche Blöße sollte man sich nicht geben, nur weil man verärgert ist und gegen diese das Linnen betreffenden Entdeckungen mit blinder Wut angeht. Sie hatten weder ein sachliches noch ein persönliches Recht zu Ihren Darstellungen, was Ihnen diesmal durch Ihr eigenes Bild bewiesen werden konnte. Es blieb materiell vollständig unverändert. Ihnen wurde somit die hoffentlich heilsame Lektion erteilt, mit Entdeckungen anderer Forscher nicht so leichtfertig und unseriös umzugehen! Oder ist Jesuitenpater zu sein für solche Dinge ein Freibrief? Heiligt der Zweck – eine unliebsame Entdeckung zu diskriminieren –, die Mittel?")

„Blut und Wasser" waren niemals Todeszeugnis

Nach einigen Augenblicken der Stille ergriff die anwesende Lehrerin das Wort und fragte: „Herr Professor, man ist natürlich überwältigt von soviel Zeugnissen einer Herztätigkeit. Aber ich frage mich nun die ganze Zeit, wie sich das denn mit den Berichten der Bibel verträgt, in der doch steht, daß das Herz Jesu mit einem Lanzenstich zerstochen wurde und Blut und Wasser hervortrat." „Ja", antwortete Hirt, „ diese Frage habe ich im Laufe meiner Führung erwartet. Leider ist es seit alters her Gewohnheit geworden, aus der Bibel Dinge herauszulesen, die gar nicht darinstehen. Dafür darf ich vielleicht zunächst einige Beispiele herausgreifen. Die Gebote Christi stehen, so sollte man meinen, doch recht deutlich und einfach verständlich geschrieben. Werden sie aber ausgelegt, so werden sie alsbald mit einigen Ausweichmöglichkeiten versehen. Der Endeffekt ist dann, daß eigentlich keiner die Gebote mehr richtig zu halten braucht und sich doch immer noch an das Versprechen hält, einmal in den Himmel Christi zu kommen! Manchmal frage ich mich, ob es da nicht einmal ein grauenhaftes Erwachen geben muß? – Aber auch der umgekehrte Fall ist mehr als einmal vorhanden. So berichten zum Beispiel v i e r Evangelisten in den vorhandenen U r schriften – ich betone Urschriften; denn oft wurde anders übersetzt – davon, daß Christus ‚den Geist aufgab'. Nun dürfte klar sein, daß ‚Geistaufgeben' nicht mit ‚Herzstillstand' gleichzusetzen ist. Selbst wenn man darüber streiten will – und ich will es nicht –, so bleibt die Frage offen: Muß ‚Geistaufgabe' den ‚Herztod' bedeuten? Ja, ich möchte

sogar weiter gehen und sagen: Selbst wenn die Evangelisten darin keinen Unterschied gesehen haben sollten, so ist noch lange nicht bewiesen, daß damit die vom Heiligen Geist eingegebenen Urworte richtig verstanden und ausgelegt worden sind. Alle Propheten und alle Apostel waren Menschen und sind des öfteren in ihren Voraussagen und Erwartungen von der nachfolgenden Geschichte korrigiert worden. Ich sage Ihnen ja nichts Neues, wenn ich daran erinnere, daß die Apostel die Wiederkunft Christi zu ihrer damaligen Erdenzeit erwartet haben. Daß sie sich darin geirrt haben, beweist nur, daß auch sie nicht immer alles begriffen hatten.
Über diese Dinge könnte man natürlich stundenlang diskutieren; aber das ist ja nicht der Sinn der heutigen Führung. Auch sollten diese Beispiele nur meine Gegenfrage unterstützen, die ich an Sie richten möchte: **Wo steht denn in der Bibel, daß der Lanzenstich das Herz getroffen habe? Und wo steht in der Bibel, daß das ausgeflossene Blut und Wasser ein Zeugnis oder Zeichen war für einen verstorbenen Christus?**
Wie gesagt, maßgebend kann nicht sein, was geglaubt wurde, sondern nur, was und wie es in der Bibel steht. Zweifellos wird von Blut und Wasser berichtet, das aus der Seitenwunde nach dem Lanzenstich ‚sogleich' herauskam. Ob dies aber ein Beweis für das Sterben des Körpers war, werden wir nachher deutlich sehen. Es steht übrigens in der ganzen Bibel kein Wort von einem Lanzenstich i n s H e r z ! Nur von einem ‚Stich in die Seite' – das können Ihnen die beiden anwesenden Pfarrer bestätigen. Ich möchte aber auf das berichtete Blut und Wasser zurückkommen. Dieses berichtete ‚Wasser' galt bis ins 19. Jahrhundert hinein als Zeugnis für das Sterben Jesu am Kreuz. Seit über 100 Jahren ist aber nun nachgewiesen, daß Blut im Körper eines Verstorbenen erst nach etwa 6 bis 24 Stunden den Zersetzungsprozeß beginnt, also zu Blut und Blutwasser wird. Der Lanzenstich erfolgte aber höchstens 30 bis 60 Minuten nach Atmungsbeendigung, und es wird deutlich berichtet, daß Blut und Wasser ‚sogleich' herauskamen. Also konnte eine Blutzersetzung noch nicht begonnen haben.

Die medizinische Erkenntnis der nur langsam vor sich gehenden Blutzersetzung im Körper eines Verstorbenen hat sich im zweiten Weltkrieg in einer anderen Form bewiesen: Auf den Kriegsschauplätzen wurden, um das Leben Schwerverwundeter retten zu können, in vielen Fällen für Bluttransfusionen ein bis zwei Liter Blut von Leichen, die oft schon zwei Stunden verstorben waren,

mittels eines besonderen Verfahrens aus deren Schlagadern entnommen. Das erscheint im ersten Moment wenig pietätvoll gehandelt; aber auf einem Schlachtfeld ist es noch nie pietätvoll zugegangen. Auf den vom Sterben Geretteten müßte dieses Wissen sehr unangenehm wirken, deshalb spricht man kaum darüber, und in normalen Zeiten wird zu einer solchen Notmaßnahme auch n i e m a l s gegriffen. Für uns ist hier aber nur maßgebend, daß es, rein biologisch gesehen, für den Verwundeten absolut gleichgültig war, ob das notwendige Blut auf diese Weise gewonnen wurde, denn das Blut Verstorbener ist in den ersten Stunden absolut lebensfähig! Deshalb lebensfähig, weil der Zersetzungsprozeß noch nicht begonnen hat.
So können wir mit Sicherheit feststellen, daß das berichtete ‚Wasser' kein Zeugnis für ein Sterben Christi gewesen sein kann. Damit verliert es seine bisherige Aussagebedeutung ganz. Maßgebende Wissenschaftler haben seit langem festgestellt, daß das erwähnte ‚Wasser' eine Art Ödemflüssigkeit aus der Lunge gewesen sein muß. Nachher werden Sie sehen, daß der Lanzenstich die Lunge verletzt hat. Damit ist dann auch diese wissenschaftliche Erkenntnis durch die Aussage des Linnens erhärtet!

Ich glaube", sagte Professor Hirt zu der Lehrerin gewandt, „ich habe Ihre Frage ausführlich beantwortet. Ich bin allerdings überzeugt, mit dieser wissenschaftlichen Antwort nicht überall auf das richtige Verständnis zu stoßen. Wollen wir in einer Zeit, die bis ins Atom hinein alles ganz genau wissen und erkennen will, mit einsichtslosem Eigensinn an Dingen festhalten, die einfach nicht haltbar sind? Jesus Christus war, ist und bleibt in Ewigkeit derselbe, nämlich Gott der Herr! Ganz gleich, welche Einzelheiten wir Menschen über sein Erdenleben entdecken können.

Im übrigen, um auf das Linnen zurückzukommen: Glauben Sie, verehrte Anwesende, nicht auch, daß Jesus Christus als G o t t wußte, was menschlicher Geist aus diesem Linnen zu entnehmen imstande ist? Erinnern Sie sich noch an diesen festgestellten Brand des Linnens im Jahre 1532? Jesus Christus hatte damals die Gelegenheit, einfach das Linnen verbrennen zu lassen, um für alle Ewigkeit das Forschungsstück aus dieser Welt zu schaffen. Nur ein ganz klein wenig hätte er den kleinen Finger seiner linken Hand zu bewegen brauchen, um die Person zurückzuhalten, die das bereits leicht brennende Linnen sozusagen in der letzten Sekunde vor dem Verbrennen bewahrt hat. Er hat diese

Person nicht zurückgehalten, und das Linnen wurde gerettet. Ja, vielleicht – wir sehen ja nicht hinter die Dinge – hat er selbst diese Person zur Rettung des Linnens geschickt. Sehen Sie, verehrte Anwesende, allein dieser mein Glaube an das unbedingte Wissen und die Allmacht Gottes gibt mir das Recht, Ihnen heute in aller Ruhe solche Dinge vorzutragen!

Andere, die das Wissen und die Allmacht Gottes nicht so hoch einschätzen und die vielleicht denken und glauben, s i e seien es, die diese Welt maßgebend lenken – s i e würden wohl die ersten sein, die schreien: ‚Zudecken, verbergen, verschweigen! Was wird aus uns, aus unserem Glauben, aus der Kirche, aus den Christen?' Welch kurzsichtige Torheit, wenn nicht Schlimmeres, spricht aus diesem Standpunkt! Gott hat es nicht nötig, etwas Geschehenes auf die Dauer vor den Menschen zu verbergen. Er hat 1900 Jahre lang das Linnen erhalten, und jeder, der es in diesen Jahrhunderten zu Gesicht bekam, hatte die Möglichkeit, seine Aussagen zu entdecken. Das war die echte Freiheit, die Gott den Menschen gab. Daß Gott nun, im 20. Jahrhundert, durch eine Botschaft selbst den Anstoß für diese umwälzende Entdeckung gab, ist eine Sache ganz für sich. In jedem Falle war die echte Möglichkeit für die Entdeckung dieser Tatsachen von Anbeginn vorhanden.
Kommen wir aber nun zum Schluß der Führung, es ist sowieso etwas später als vermutet geworden", sprach Professor Hirt weiter, „das Letzte, was uns noch beschäftigen soll, sind die Umstände des Lanzenstiches.
Sachlich gesehen legen wir Wissenschaftler ihm keine große Bedeutung mehr bei, denn nach der Vielzahl der festgestellten Zeugnisse für eine Herztätigkeit muß der Stich in jedem Fall ohne Herzverletzung verlaufen sein. Bild 24 der Sammlung hier zeigt uns die Seitenwunde. Von Bedeutung ist ihre Größe. Die gemessene Länge außen am Körper beträgt ca. 4,5 Zentimeter. Ein Vergleich mit den Lanzenklingen der damaligen Zeit, die alle eine Länge von ca. 25 bis 30 Zentimeter hatten, ergibt, daß eine solche Klinge in voller Länge im Brustkorb gesteckt haben muß, und zwar deshalb, weil die Lanzenklingen erst an ihrem Ende eine Breite von ca. 4,5 Zentimeter erreichen, d i e Breite, die die Seitenwunde mißt. Sie sehen auf **Bild 25** zwei solcher Lanzenklingen aus der römischen Zeit. Mit derartigen Klingen war es relativ einfach, einen Brustkorb zu durchstechen, wie es im vorliegenden Fall vermutlich geschehen ist. Lesen Sie in aller Ruhe auch dazu den angebrachten Text, den wir von einem anderen Forscher übernommen haben!"

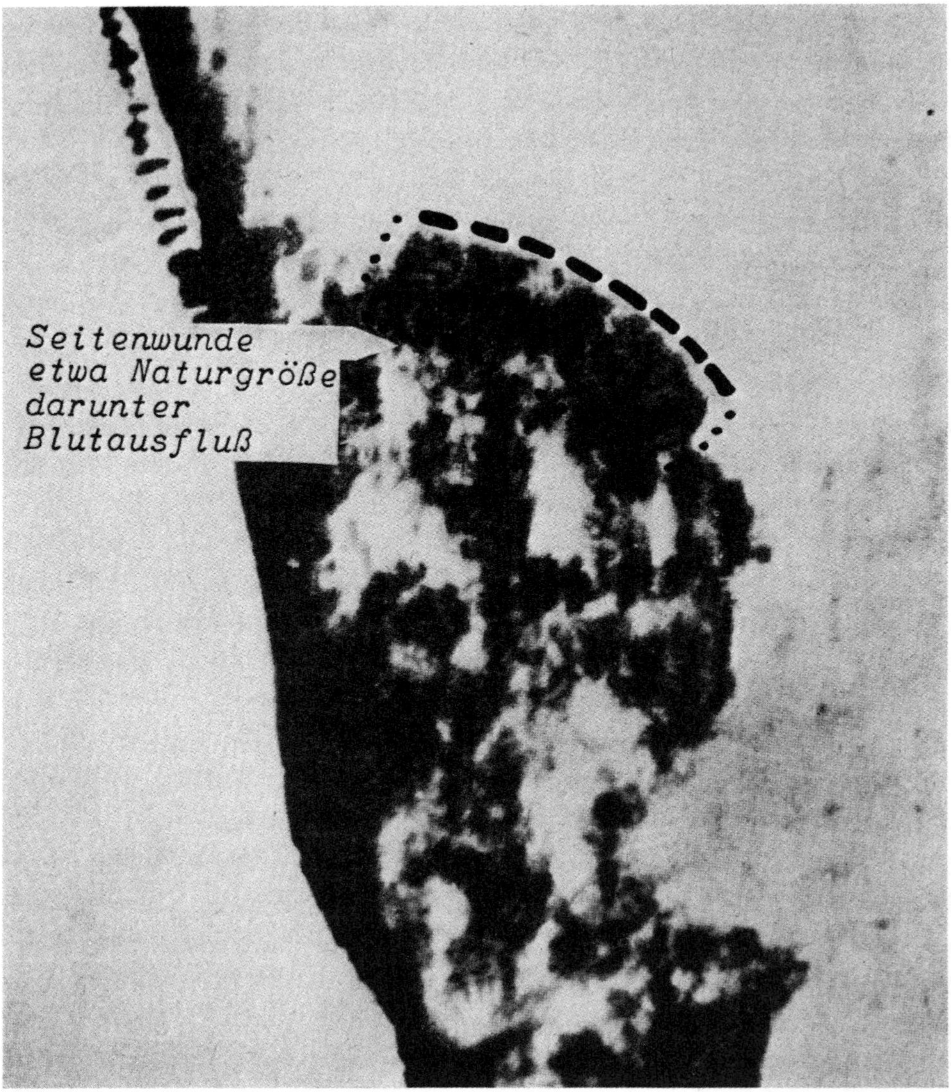

Bild 24 *gibt die Seitenwunde wieder. – Innerhalb der punktierten und gestrichelten Umrandung sind die Merkmale einer Lanzenwunde deutlich zu erkennen. Die unter der Wunde verbreiteten Blutflecken entstammen dem Ausfluß der Wunde, der anscheinend nach dem Lanzenstich andauerte.*

Länge bzw. Breite der Wunde ca. 4,5 Zentimeter, Höhe ca. 1,5 cm. Die Seitenwunde befindet sich auf der rechten Brustseite, wenig unter der rechten Brustwarze schräg zur Seite hin. Anatomisch ausgedrückt: in der vorderen rechten Axillarlinie zwischen der 5. und 6. Rippe (anatomisch wird von oben gezählt).

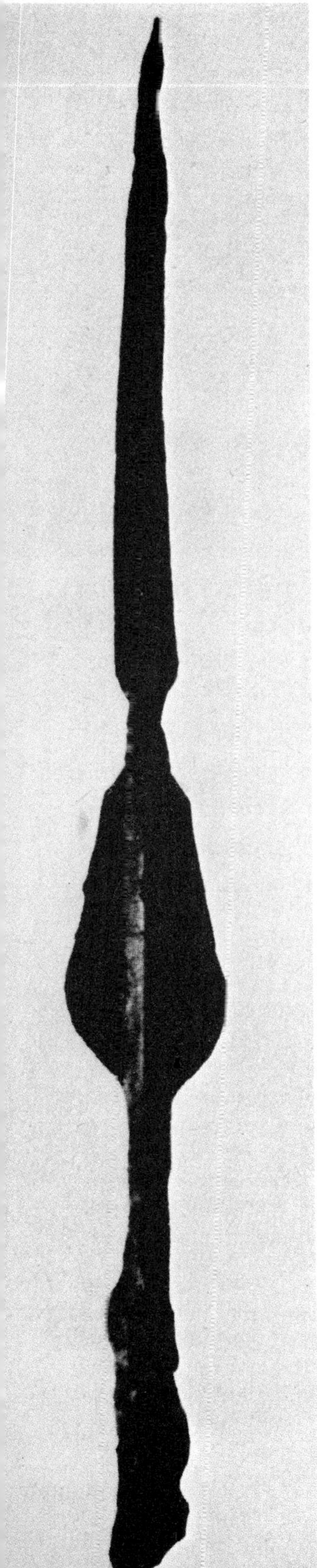

Bild 25: Römische Lanzenklingen aus der damaligen Zeit waren lang, schmal und blank. Mit ihnen war es nicht schwierig, einen Brustkorb zu durchspalten. Dieses „Durchspalten" ist einer der wesentlichsten Eindrücke, den die Nonne Anna Katharina Emmerich bei ihren Visionen vor über 125 Jahren hatte. Aus zweien ihrer Berichte wird dies besonders deutlich. Diese Berichte haben nachstehenden Wortlaut: „... faßte er die Lanze mit beiden Händen und stieß sie mit einer solchen Heftigkeit aufwärts in die hohle, gespannte rechte Seite des heiligen Leibes durch die Eingeweide und das Herz, daß ihre Spitze an der ‚linken' Brust eine kleine Wunde öffnete!"
An einer anderen Stelle lautet ihr Bericht:
„Die Schulter, worauf er das schwere Kreuz getragen, war von einer großen Wunde zerfleischt und der ganze Oberleib voll Schwielen und Geißelwunden. An der linken Brust hatte er eine kleine Wunde, wo die Lanzenspitze des Cassius wieder hervorgedrungen, und in der rechten Seite öffnete sich die weite große Lanzenwunde, die sein Herz von einer Seite zur anderen durchspaltete!"
Eigenartigerweise entspricht dieser Bericht der Klosterfrau wie auch an anderen Stellen genau den Abdrükken auf dem Turiner Linnen. Dabei wirkt es keinesfalls störend, daß die Klosterfrau von einem durchspaltenen Herzen spricht; denn wer den durchspaltenen Brustkorb sieht, glaubt dies auch zuerst. Sie hat den durchspaltenen Brustkorb ohne weiteres mit dem Durchspalten des Herzens gleichgesetzt. Anatomisch liegt dafür bei exakter Überprüfung keinerlei Grund vor. Dies wird auch indirekt aus ihrem eigenen Bericht deutlich, denn sie spricht selbst von einem Stich aufwärts in die hohle, gespannte rechte Seite. Das war – wieder wie am Linnen zu sehen – etwas unter der rechten Achselhöhle! Ein Stich von dort durch die Brust aufwärts trifft an keiner Stelle das Herz, wie eindeutig rekonstruiert ist!

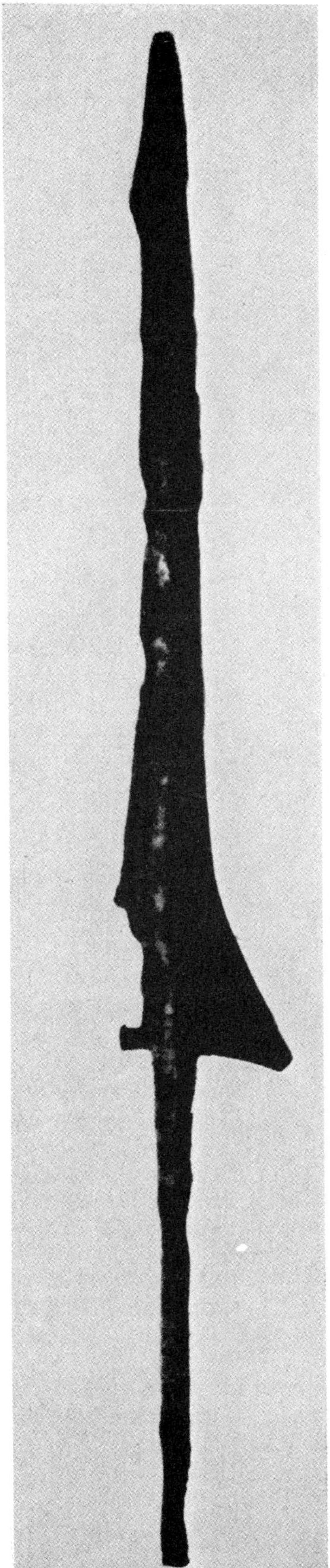

Nachdem offenbar alle den Bildtext gelesen hatten, sprach Professor Hirt weiter: „Da wir den Lanzenstich nicht mehr als Schlüsselfaktor betrachten, haben wir uns damit begnügt, die Berichte eines anderen Forschers als Ergänzung aufzunehmen. Sie sind ohne Zweifel interessant, ihrer Entstehung nach jedoch unwissenschaftlich, weil sie Visionen zum Ausgangspunkt haben. Verfolgen wir sie aber ruhig einmal zu Ende. Allerdings hat sich mein Assistent Dr. Ernst mehr als ich damit befaßt; mich hat der Lanzenstich nicht mehr besonders interessiert, vielleicht deshalb nicht, weil er keine entscheidende Bedeutung für unsere aus der Linnen-Forschung gewonnenen Erkenntnisse haben kann. Deshalb möchte ich Herrn Dr. Ernst den Schluß der Führung überlassen. Bitte, Herr Doktor!"

Dr. Ernst räusperte sich ein wenig und begann dann: „Verehrte Anwesende! Es ist mir eine Freude, diese auch für mich als Eingeweihten interessant gewesene Führung durch die Ergebnisse der Linnen-Forschung mit einem Beitrag über den Lanzenstich abschließen zu dürfen. Gehen wir dazu gleich zu **Bild 26,** das uns eine Rekonstruktion des Lanzenstiches vermittelt, die größte Wahrscheinlichkeit für sich beanspruchen kann. Sicher hat Professor Dr. Hirt recht, wenn er sagt, es sei unwissenschaftlich, solche Berichte wie die der Nonne Emmerich zu verfolgen; aber es bereitet Freude, auch auf solch außergewöhnlichen Wegen zum Ziele zu gelangen. Wir haben aus dem Nachkriegsdeutschland noch einen weiteren Bericht einer solchen Vision vorliegen, worin ebenfalls von einer Ausstichwunde gesprochen und sogar der genaue Ort dafür angegeben wird.

Bild 26: *Ein Brustausschnitt des am Linnen sichtbaren Körpers Christi mit rekonstruiertem Lanzenstich. In der rechten Brustseite erkennen wir die Seitenwunde, davon ausgehend zwei gestrichelte Linien, die den Wundkanal in der Brust anzeigen, und oben an der linken Brustseite eine kleine „Halbmondwunde", die den Ausstich der Lanzenspitze zeigte. Diese Halbmondwunde kann keine der sonst zahlreichen Geißelwunden sein, da sie sich von diesen in der Form völlig unterscheidet.*

Der Winkel des Lanzenstiches zur Horizontalen beträgt ca. 29 Grad. Die beiden Bilder unter dem Brustkorbausschnitt geben die Ausstichwunde im Positiv-Bild und Negativ-Bild wieder, beidesmal größer als in der Natur. Deutlich ist die „Dreiangelform" zu erkennen, d. h. die Lanzenspitze hat von innen eine o v a l e Wunde gestoßen. Nach dem Zurückziehen der Klinge ist der gelöste Fleischlappen wieder auf die Wunde zurückgeklappt und gab ihr dadurch diese eigenartige Halbmondform. Der obere Arm der Halbmondwunde zeigt zudem die Stoßrichtung an, er weist in einer Linie genau zur Einstichwunde.

Des Römers Lanze traf nicht ins Herz!

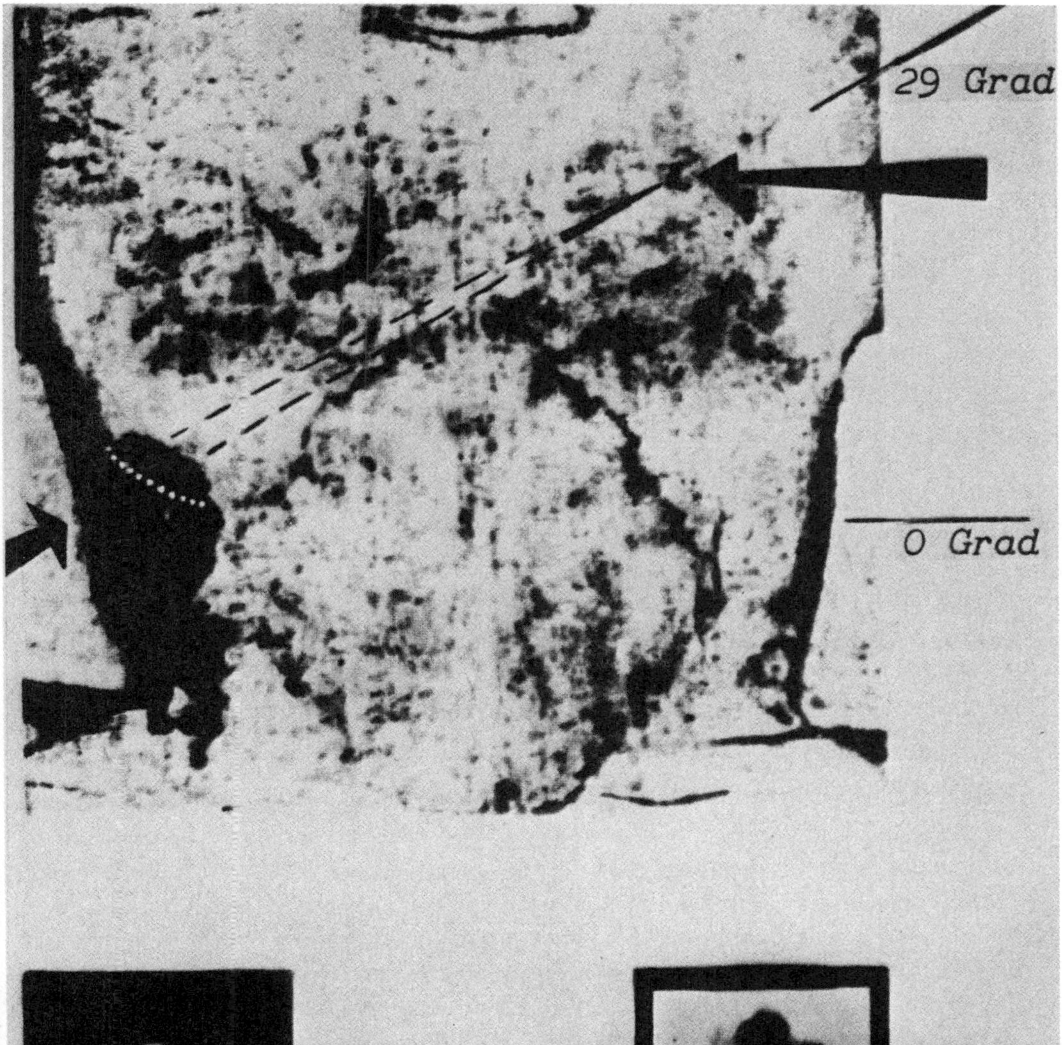

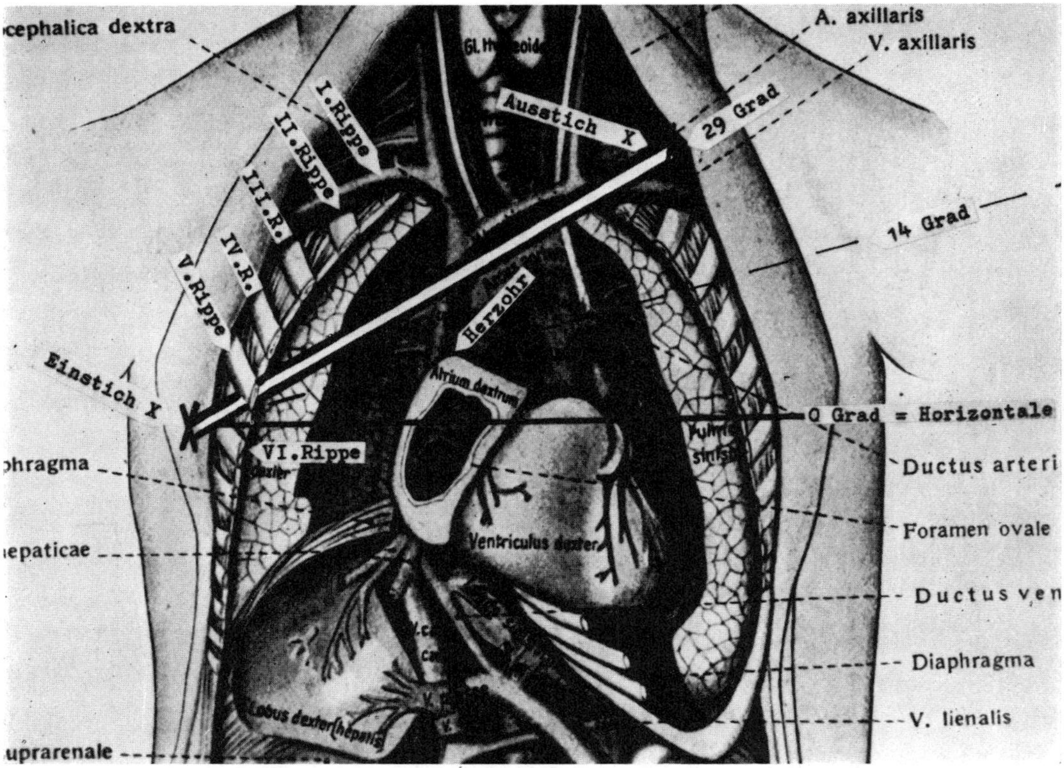

Bild 27: *Die inneren Organe in der menschlichen Brust. Eingezeichnet ist der Einstich zwischen der V. und VI. Rippe auf der rechten Brustseite. Allein der Sitz der Seitenwunde beweist, daß eine Herzverletzung auszuschließen ist, da nur ein waagerechter Stich der Lanze überhaupt das Herz hätte treffen können!*

Die als wahrscheinlich anzusprechende Ausstichwunde gibt genaue Rekonstruktionsmöglichkeiten. Der Wundkanal verläuft weit oberhalb des Herzens.

Die Ortsbezeichnung für die Ausstichwunde lautete: „... acht bis neun Zentimeter über der linken Brustwarze schräg zur Brustmitte hin ...' Ohne Zweifel ist es auffallend, wenn zwei zeitlich über hundert Jahre auseinanderliegende Visionen von einer solchen, bisher allgemein unbekannten Ausstichwunde berichten und dazuhin einmal auch deren Lage genau bezeichnet wird. Da ist es dann schon beachtenswert, daß sich am Turiner Linnen eine derartige Wunde genau an jenem in der Vision bezeichneten Ort feststellen läßt, zumal sie gegenüber allen anderen Wunden so verschieden geformt ist, daß sie mit gutem Recht als Ausstichwunde der Lanzenspitze bezeichnet werden darf. Bei soviel nachprüfbarer Übereinstimmung zwischen einem Objekt, das vor ca. 2000 Jahren entstand, einer Aussage aus der Zeit um 1820 und einer weiteren Aussage aus übernatürlichen Vorgängen aus dem Jahr 1947 darf der Forscher vielleicht auch dann eine Anerkennung seiner Ergebnisse erwarten, wenn der Weg hierzu einmal nicht über wissenschaftlich exakte, rein sachliche Beweise geführt hat.
Aus diesen Gründen ist auch das nächste Bild **Nr. 27** durchaus für voll zu nehmen. Es stellt den geöffneten Brustkorb dar. Allein schon die überall anerkannte Lage der Seitenwunde im Zwischenraum der fünften und sechsten Rippe zeigt, wie Sie selbst sehen können, daß eine Herzverletzung unwahrscheinlich war. Trotzdem wurden vom Jahre 1935 an von dem französischen Arzt Dr. Barbet laufend Veröffentlichungen verbreitet, die besagten, an diesem Körper sei eine Herzverletzung vorhanden gewesen! Barbet hatte es sich einfach gemacht, nämlich einen ungefähr waagrechten Stich angenommen, und schon galt der Herzstich als erwiesen. Diese Feststellungen kamen den Ansichten mancher Kreise sehr gelegen, und sie haben für weltweite Verbreitung gesorgt.

Der Röntgenbeweis

Sie dürfen nun nicht denken, wir hätten uns nur auf solche Abbildungen verlassen. Nein, es wurden Röntgenkontrollaufnahmen gemacht, teils mit, teils ohne Wissen der durchführenden Personen um den genauen Zweck, damit jede Voreingenommenheit ausgeschaltet war. Immer lautete das Ergebnis, daß nur ein ungefähr waagerecht verlaufender Einstich das Herz hätte treffen können. Sie sehen hier auf den Bildern **Nr. 28 und 29** deutlich, wie so ein Brustkorb beim Röntgen aussieht. Es wurde dann eine Lanze in entsprechender Größe einkopiert, so daß in Verbindung mit der Ausstichwunde ein klares Bild vom Verlauf des Einstichs zu erhalten war. Aber selbst wenn von der kleinen Ausstichwunde abgesehen wird, hat die Annahme, es habe ein waagerechter Einstich stattgefunden, wissenschaftlich ebensowenig eine Berechtigung, da es sich um eine reine, unbewiesene Vermutung handelt. **Deshalb wäre es auf jeden Fall nun an der Zeit, die Behauptung, der Körper des Turiner Linnens zeige eine Herzverletzung, offiziell zurückzunehmen! Diese Aussage war kein wissenschaftliches Forschungsergebnis, sondern eine aus dem Glauben konstruierte Hypothese!** Mag dabei sogar guter Wille gegenüber der Kirche gewesen sein – bitte, es ist jedes menschliche Verständnis dafür vorhanden –, aber die anderweitigen Beweise, die Professor Hirt am Linnen so klar und unwiderlegbar erbrachte, zeigen, daß die über diese Verletzung umlaufenden und in aller Welt veröffentlichten Angaben nicht der Wirklichkeit und damit nicht der Wahrheit entsprechen.

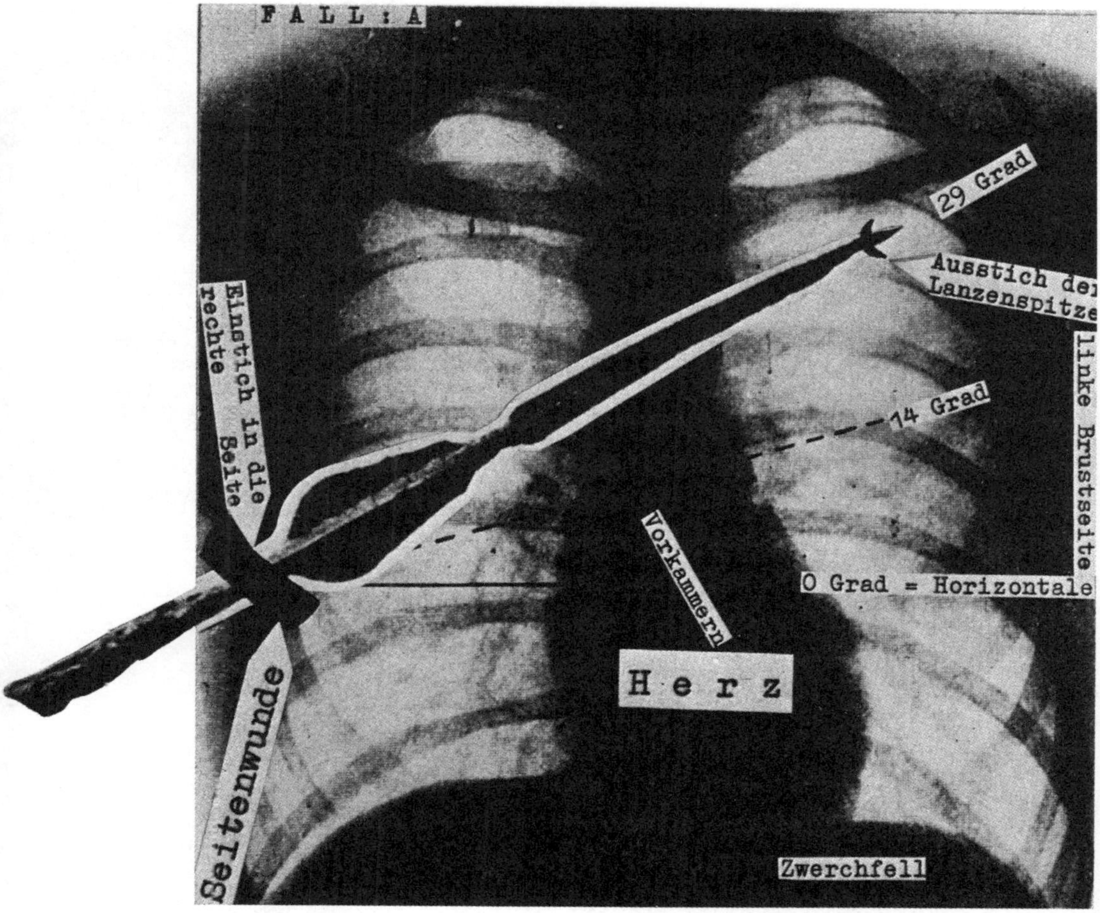

Bild 28: *Alle Ergebnisse bezüglich des Lanzenstiches wurden mittels Röntgenaufnahmen überprüft.*

Die Versuchspersonen standen aufrecht, in einer ungefähren Kreuzigungshaltung. Die Aufnahmen erfolgten in einem Moment der E i n a t m u n g, um die Zwerchfellstellung am Kreuz zu rekonstruieren (Zwerchfell-Forschung von Dr. Hynek).

Berücksichtigt man die Ausstichwunde, so geht der von der Seitenwunde herführende Wundkanal in allen Fällen vor der Körperschlagader (Aorta) vorbei. Er liegt außerdem immer ü b e r dem Herzen.

Die verschiedenen Herzgrößen, Herzerweiterungen usw., die ebenfalls in die Prüfung einbezogen wurden, blieben ohne Bedeutung, da der Wundkanal diese Gegenden überhaupt nicht berührte. Nur etwa waagerechte Einstiche hätten das Herz treffen können!

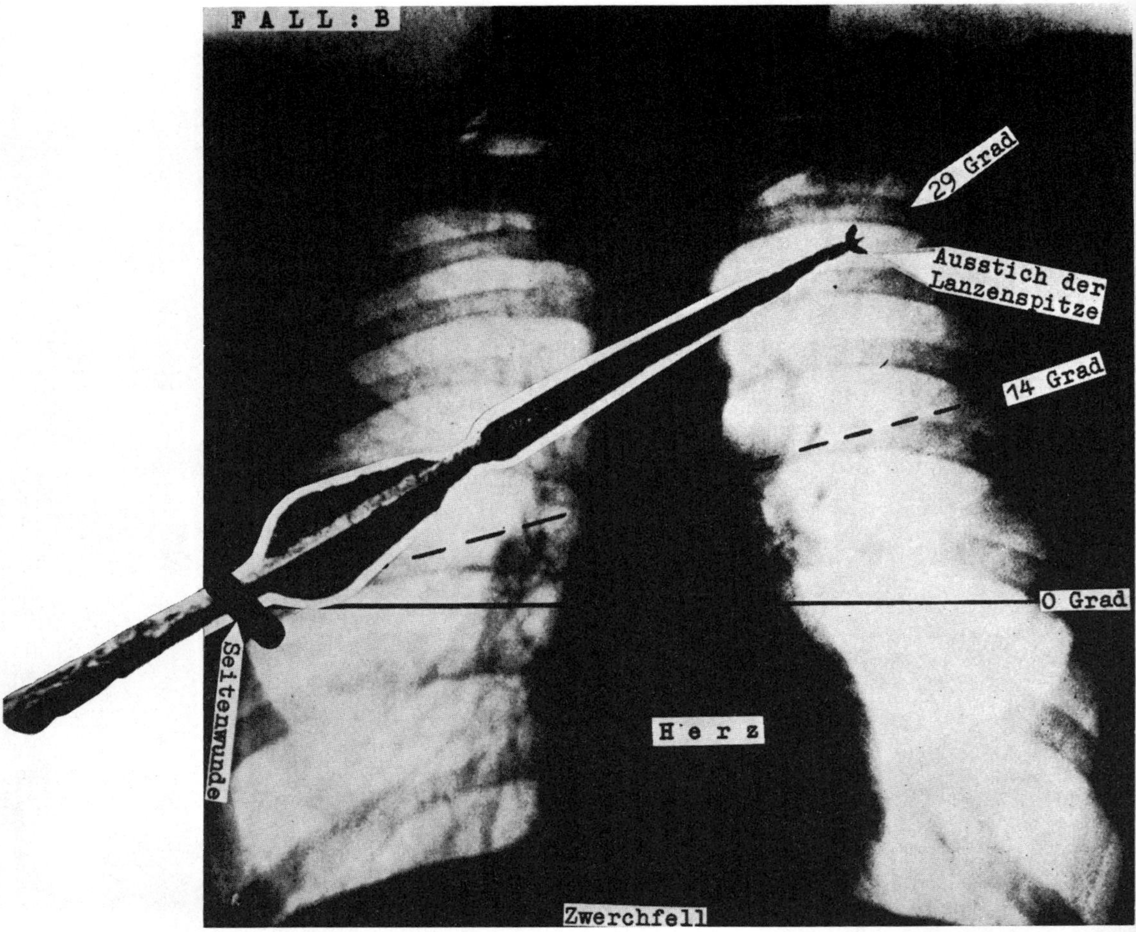

Bild 29: *Gleiche Ergebnisse wie Bild 28. Bild 29 ist die Aufnahme einer Person, die bis auf ca. 2–4 cm der Größe entsprach, die am Körper Christi laut Turiner Linnen gemessen wurde. Auch die körperlichen Proportionen entsprachen dem Brustkorb am Linnen. Die Person wußte bei der Aufnahme nicht, zu welchem Zweck das Röntgenbild verwendet wird, ebensowenig der aufnehmende Arzt.*

(Um jeder denkbaren Kritik entgegentreten zu können, wurden die folgenden Bilder Nr. 30 und 31 dem Dokumentarbericht nachträglich beigefügt und der Text neu bearbeitet.)

Treten wir zu den letzten beiden Bildern dieser Lanzenstichserie! Bild 30 ist nochmals eine Kontrollaufnahme eines Brustkorbes mit eingezeichneten bzw. kenntlich gemachten vorderen Rippen. Der Einstich liegt im Zwischenraum der fünften und sechsten Rippe, wie die bisherige Forschung zu ergeben schien. Wir sehen: dieser Lanzenstich verursacht keine Herzverletzung!

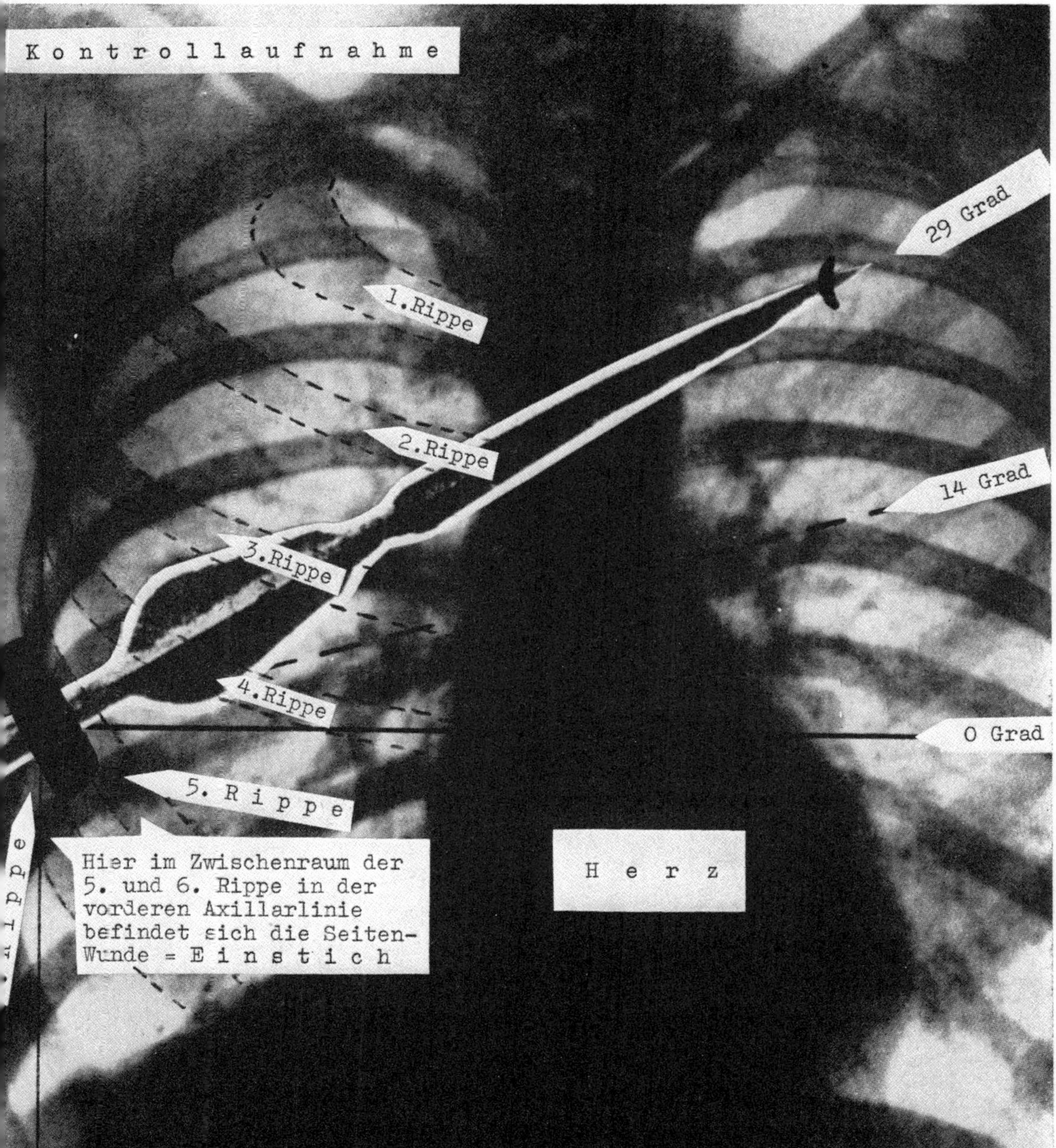

Bild 30

Bild 31 nun ist ein Bild, das bis jetzt zurückgehalten wurde, weil es nämlich etwas aufdeckt, was bisher offensichtlich nicht beachtet worden war. Außerdem war es uns auch als Beweisstück nicht mehr wichtig erschienen; denn die Blutungen nach der Kreuzabnahme beweisen die Herztätigkeit und schließen damit eine Herzverletzung aus!
Wir kommen auf den Vorgang lediglich deshalb nun doch zu sprechen, weil Reg.-Med.-Rat Dr. O. P. Michaelis erwähnt hat, daß man solche Lanzenstich-Rekonstruktionen mittels Röntgenbildern nur dann exakt machen könne, wenn am Brustkorb entsprechende Bleiplatten angebracht werden, die den Ein- bzw. Ausstich kenntlich machen. Erst dann sei bei der Durchleuchtung und Aufnahme eine genaue Kontrolle gewährleistet.
Nun, wir dürfen feststellen, daß solche Bleiplatten bereits im Jahre 1955 bei diesen Versuchen zum Röntgen verwendet wurden, die gesamte bisherige Forschung also ordnungsgemäß aufgebaut ist. Das **Bild Nr. 31** zeigt die Aufnahme aus dem Jahre 1955 mit Bleiplatten und auch den Namen des Röntgeninstituts, in dem die Aufnahme gemacht wurde. Dazu wurde ein schriftliches Gutachten geliefert, das hier ebenfalls bei dem Bild angebracht ist. Ergänzend

Prof. Dr. med. Reisner
Facharzt für Röntgendiagnostik
und Strahlentherapie

(14a) Stuttgart S,
Sonnenbergstraße 25
Fernsprecher 241769

15.3.1955
K/L

Begutachtung

über mögliche Verletzungsfolgen bei einer Stichverletzung des Thorax.

Auf Wunsch wurde

folgende Untersuchung durchgeführt, die zur Rekonstruktion einer bestimmten Verletzung dienen soll:

Der Einstich einer Stichwaffe soll in die re.Brustseite, vordere Axillarlinie im Zwischenraum der 5. und 6. Rippe, und der Austritt 10 cm über der li.Brustwarze, etwas innerhalb der MCL liegen. Beide Stellen wurden durch Bleimarken gekennzeichnet und eine rotierende Durchleuchtung und eine seitliche Aufnahme vorgenommen. In der Annahme, dass die Gestalt des Verletzten der Versuchsperson entspricht, ergibt sich, dass der Stichkanal weder das Herz noch die Aorta treffen würde. Bei einer derartigen Verletzung in tiefer Inspiration kann man mit Wahrscheinlichkeit annehmen, dass lediglich beide Lungen betroffen werden.

i.V. W. Kapp-Schwoerer

(Dr. Kapp - Schwoerer)

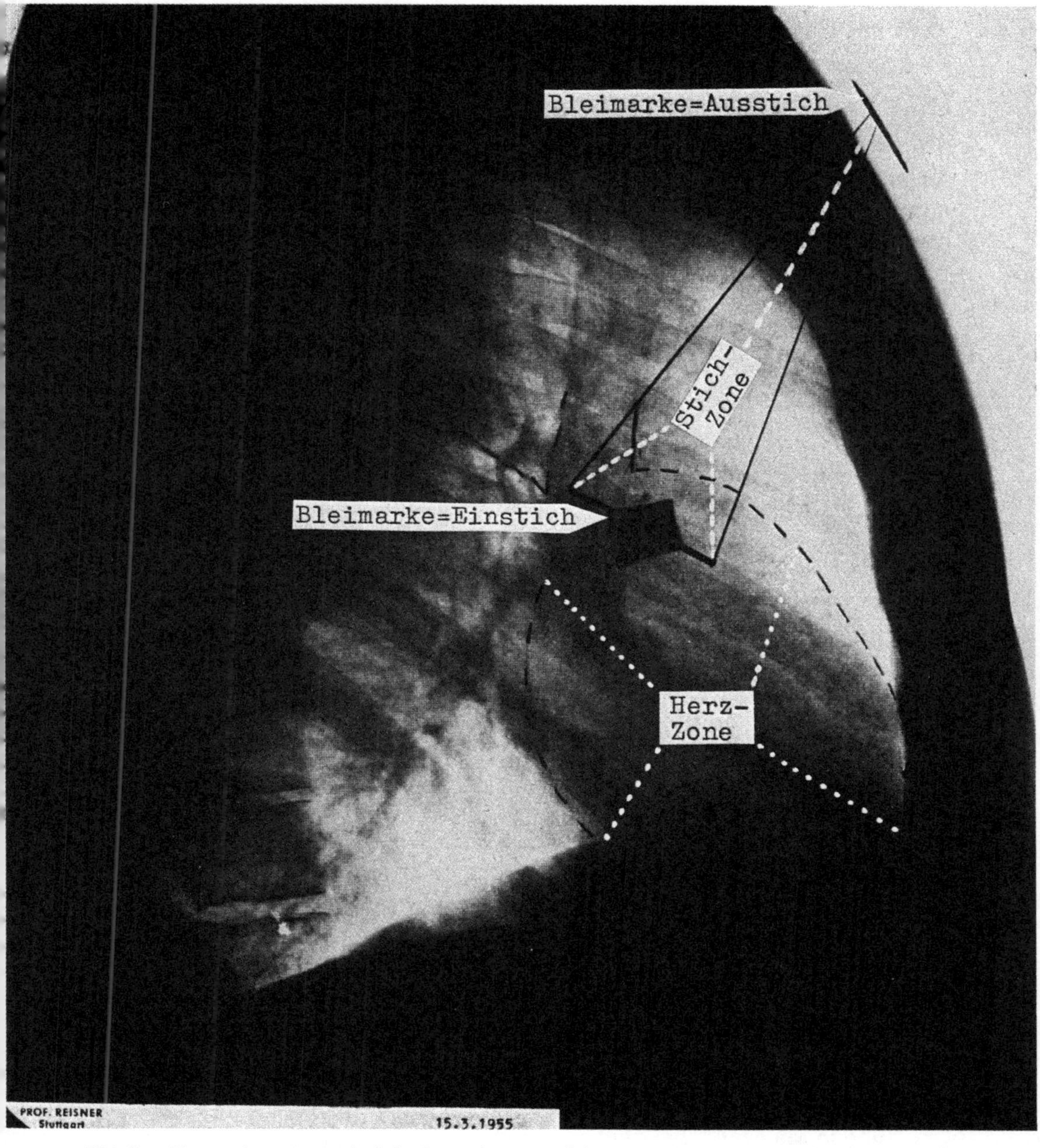

Bild 31: *Die erwähnte röntgenologische Begutachtung zur Rekonstruktion mit Bleiplatten beweist erneut die Tatsache, daß beim Lanzenstich keine Herzverletzung entstanden ist. Selbst wenn von einer Ausstichwunde abgesehen wird und der Stichkanal anstatt 29 Grad nur die Hälfte, etwa 14 Grad, gehabt haben sollte, kann eine Herzverletzung nicht zustandegekommen sein. Weiter ist zu beachten, daß das Herz erst etwa zehn cm hinter der rechten Brustseite beginnt.*

Die Rekonstruktion bezüglich des Lanzenstiches erfolgte getreu den aus diesem Grabtuch Jesu ersichtlichen Tatsachen. Die Versuchsperson entsprach mit einer Körpergröße von 182 cm und kräftigem Knochenbau weitgehend den leiblichen Maßen des auf dem Turiner Linnen abgedrückten Körpers, der eine Größe von ca. 185 cm hatte.

Da am Kreuz der Brustkorb zwangsweise weit vorgewölbt war – eine am Linnen deutlich feststellbare Tatsache –, wurde bei der Rekonstruktion die Versuchsperson in Einatmungsstellung, mit einer der Kreuzigungshaltung entsprechenden Haltung der Oberarme und des Körpers geröntgt.

Um jeder gefühlsmäßigen Beeinflussung der Beteiligten bei der Rekonstruktion und der Diagnose aus dem Wege zu gehen, wurde ihnen in diesem Falle nicht gesagt, daß es sich um eine Rekonstruktion des bei der Hinrichtung Jesu Christi erfolgten Lanzenstiches handelte.

Diese Maßnahme ermöglichte die denkbar objektivste wissenschaftliche Begutachtung.

ist zu sagen, daß die Kontrollperson der Größe des Körpers, der im Linnen lag, entsprach **und der leitende Gutachter nicht wußte, daß mit diesem Versuch der Lanzenstich am Körper Christi röntgenologisch nachgeprüft werden sollte. Auf diese Weise kam eine objektive Prüfung und Begutachtung zustande.**

Allerdings stellte sich dabei heraus, daß die Leute, die bisher die Seitenwunde zwischen die fünfte und sechste Rippe gelegt hatten, vermutlich niemals Röntgenkontrollen mit Bleiplatten durchgeführt hatten, sondern die liegende Figur gemessen und nach diesen Maßen festgestellt hatten, der Stich sei in den Raum zwischen der fünften und sechsten Rippe erfolgt. Damals, 1955, und bei mehreren Durchleuchtungen seither wurden die Bleiplatten immer genau an der Stelle angebracht, die das Linnen in Turin an dem Körper in liegender Stellung zeigt. Dabei wurde nun folgende Entdeckung gemacht: Brachte man die Bleiplatte ganz genau an der Stelle an, wo die Haut im Linnen die Wunde abgedrückt hatte, so befand sich die Bleiplatte zwischen der fünften und der sechsten Rippe. Hob die Versuchsperson nun aber die Arme zur Kreuzigungshaltung, so entstanden Rippen- und Hautverschiebungen nach oben um 1½ bis 2 cm. Dies ist ein ganz normaler Vorgang; denn die Rippen liegen beim Menschen je nach Einatmungs- oder Ausatmungsstellung bzw. Arm- und Brusthaltung ganz verschieden, mit Toleranzen bis zu 2 bis 3 cm. **Hieraus ergab sich die Tatsache, daß die Lanzenwunde in Wirklichkeit nicht zwischen der fünften und sechsten Rippe lag, wie das bei liegender Haltung ausgemessen worden war, sondern zwischen der vierten und fünften Rippe, da sie dem Körper während der Kreuzigungshaltung zugefügt wurde!**

Der Deutschland-Konvent hat von diesem Wissen bisher keinen Gebrauch gemacht, weil er es als unnötig empfunden hat, darüber zu streiten. Aber da er nun speziell in bezug auf Prüfungen mittels Bleiplatten angesprochen wurde, kann es ruhig gesagt werden: Es ist ein Unterschied, ob die Seitenwunde bei einer Haltung gemessen wird, wie sie der Körper im Linnen einnahm, **oder beim Hängen am Kreuz,** bei dem es Verschiebungen nach oben geben mußte, so daß wir aus dieser Entdeckung zu schließen haben, daß der Einstich in die Rippenpartien weiter oben als ursprünglich angenommen erfolgt sein muß! Beachtet man die Größe der Seitenwunde und vergleicht sie mit dem Aussehen der römischen Lanzenklingen, so ergibt sich ein Wundkanal von ca. 25 Zentimeter in der Brust. Dieses Ergebnis käme auch dann zustande, wenn von einer Ausstichwunde ganz abgesehen bzw. wenn nur eine geringe Aufwärtsrichtung als wahrscheinlich angenommen würde. Berücksichtigt man die Ausstichwunde, so sind exakte Messungen möglich, **die wir aber als Tatsachenbeweis nicht mehr benötigen!** – Damit, verehrte Anwesende, bin ich am Ende meiner Ausführungen angelangt und danke Ihnen für Ihre Aufmerksamkeit."

Mit diesen Worten trat Dr. Ernst etwas zurück, um seinen Zuhörern noch einen vollen Blick auf das letzte Bild zu ermöglichen. Eben wollte Dr. Ernst noch etwas äußern, da kam ihm der unter den Zuhörern weilende Arzt zuvor und sprach, zu Professor Hirt gewandt: „Herr Professor, darf ich noch eine Frage an Sie richten?" – „Bitte sehr!" war die Antwort.

„Es ist für mich von persönlichem Interesse, zu erfahren – sofern hierüber schon Forschungsergebnisse vorliegen –, wie bzw. wodurch es zur Atmungsbeendigung am Kreuz kam? Zweifellos ist dies für die Allgemeinheit von geringerer Wichtigkeit, aber mich als Fachmann beschäftigt diese Frage natürlich in besonderem Maße."

„Diese Angelegenheit", antwortete Hirt, „eignet sich nun absolut nicht für eine mündliche Aussprache. Es wären in Kurzform nur ein paar Schlagworte möglich, und eine solche Art der Abfertigung liegt uns nicht. Wir haben deshalb für diesen Teil der Forschung eine Art Denkschrift eines anderen Forschers geprüft und dann übernommen. Der Verfasser hat die diesbezügliche Arbeit des schon einmal genannten Linnen-Spezialisten Dr. Hynek überarbeitet, und Dr. Hynek darf als Entdecker der inzwischen in maßgeblichen Kreisen anerkannten Ursache der Atmungsbeendigung bezeichnet werden. Es hat sich mit Sicherheit um eine ‚Erstickungsagonie' gehandelt, hervorgerufen durch das Zusammenwirken verschiedener Faktoren. Um auch darüber jederzeit ausführliche Angaben machen zu können, haben wir die Denkschrift vervielfältigen lassen, und es steht Ihnen und selbstverständlich auch den anderen Herrschaften auf Wunsch eine Ausfertigung zur Verfügung." Und zu Dr. Ernst gewandt, bat Hirt: „Herr Doktor, würden Sie so freundlich sein, einige Exemplare zu holen und an die Herrschaften zu verteilen!"

Während Dr. Ernst diesem Wunsch nachkam, sprach Professor Hirt weiter: **„Ich sehe es Ihnen an, daß Sie alle von dem heute Gehörten sehr beeindruckt sind. Sie dürfen versichert sein, daß wir mit der Eröffnung dieser umwälzenden Dinge nicht leichtfertig vorgegangen sind. Sie konnten ja selbst sehen, in welch langen Zeiträumen das alles herangereift ist. Nun aber gab es keinen Grund mehr, zu schweigen.**

Eines hat die moderne Wissenschaft mit Sicherheit zutage gefördert: Nach jedem menschlichen Ermessen ist es heute, in der Mitte des 20. Jahrhunderts, zur nachweisbaren Tatsache geworden, daß die Hinrichtung Jesu Christi rechtlich und staatsrechtlich nicht vollendet wurde. Mit der Freigabe des Körpers durch die römische Besatzungsmacht war staatsrechtlich gesehen die Hinrichtung beendet. Zu diesem Zeitpunkt aber, und ebenfalls, als der Körper in dem uns vorliegenden Linnen lag, war eine Herztätigkeit im Körper eindeutig vorhanden. Das ist in jedem Fall die echte geschichtliche und wissenschaftliche Konsequenz aus der Linnen-Forschung.

Und ich möchte Ihnen, verehrte Anwesende, noch etwas sagen: Obwohl bei der Hinrichtung Jesu Christi nicht der Zustand des klinischen Todes eintrat, und der klinische Tod ist der einzige gültige Tod im medizinischen Sinne, dürfen wir bei den Ereignissen auf Golgatha doch niemals den Begriff scheintot damit in Verbindung bringen. Es wäre wissenschaftlich falsch. Wissenschaftlich exakt ausgedrückt ist scheintot: ‚Die weitestgehende Reduzierung der Atmung und der Herztätigkeit, nicht aber ihr Stillstand.'
Bei dem Gekreuzigten war jedoch die Atmung ganz beendet. Dies spätestens durch Pneumothorax beim Lanzenstich, während die Herztätigkeit fortdauerte. Es hat da, medizinisch gesehen, ein ungeheurer Kampf mit dem Tod stattgefunden. Aber der Tod ist unterlegen, wenn wir den Berichten über die Auferstehung dieses Gekreuzigten Glauben schenken. Unter diesen Bedingungen war die Auferstehung medizinisch möglich. Sicher ist die Atmung im Grab relativ bald wieder eingetreten.
Damit ist es medizinisch keinesfalls ausgeschlossen, daß die Duftstoffe der Spezereien, die, laut Bibel, mit um den Körper gebunden oder gelegt waren, eine dauernde Reizung der Atmungswege verursachten, so daß die Atmung wieder von selbst angesprungen ist. Hinzu kommt, daß die vorhandene Sauerstoffspannung im gesamten Blutkreislauf sozusagen von innen auf ein Anspringen der Atmung drängte.
Wie aber, das ist immer noch die Frage, sollen wir einen solchen Zustand in den Grenzbereichen des Todes bezeichnen? Scheintod? Das ist wissenschaftlich unmöglich. – Medizinisch gestorben? Nein, denn das Herz war in Tätigkeit. Lebend? Wohl kaum, denn ohne Atmung ist ein Mensch wegen dem Ausfall des Zentralnerven-Systems nicht am Leben!
Die Evangelisten verwendeten vor rund 2000 Jahren den Begriff: ‚Er gab sei-

nen Geist auf', eine geradezu einmalig kluge und bestimmt richtige Darstellung. Aber natürlich weder eine Aussage noch ein Zeugnis dafür, daß Jesus Christus im medizinischen Sinne am Kreuz gestorben ist. Die Aussage ‚er sei verstorben' aus den Mitteilungen der Evangelisten, die alle lauten, ‚er gab seinen Geist auf', herausgelesen oder auch falsch übersetzt zu haben, das war der Irrtum der Christenheit.
Dabei ist es sachlich unerheblich, was die Evangelisten persönlich geglaubt haben sollten. Wenn sie unter der Wirkung des Heiligen Geistes die Zeilen niederschrieben, so ist allein maßgebend, **was der Heilige Geist unter dem Begriff ‚er gab seinen Geist auf' verstanden hatte. Daß dies kein medizinisches Sterben bedeuten muß, ist doch offensichtlich. Wir Wissenschaftler stehen also vor der Situation, daß trotz unserer Entdeckungen am Grablinnnen Christi weder dieses Grablinnen noch wir selbst der Heiligen Schrift widersprechen!"**
Professor Hirt schwieg nun, bekam jedoch einen etwas eigenartigen Gesichtsausdruck, wie wenn er mit sich selbst ringen würde. Dann aber hatte er sich anscheinend zu einem Entschluß durchgerungen und sprach, dabei etwas zu den beiden Pfarrern gewandt:

„Die Entdeckungen und Erkenntnisse der Wissenschaften in den vergangenen Jahrzehnten, f e r n e r die Entdeckungen an diesem Grablinnen Christi, die in ihren entscheidenden Aussagen als u n w i d e r l e g b a r bestehen bleiben werden, bezeugen den Menschen mit eindeutiger Klarheit:
Alle, die in der Vergangenheit sagten oder schrieben – ganz gleich wer es war –, Jesus sei am Kreuz gestorben, sprachen oder schrieben die Unwahrheit. Natürlich taten sie dies ohne Wissen um die Tatsachen.
Alle, die in Zukunft sagen oder schreiben: Jesus Christus ist am Kreuz gestorben, sagen oder schreiben die Unwahrheit. Eine glatte Lüge, wenn man um die Tatsachen weiß! Und ‚Du sollst nicht lügen!'

Damit darf ich für heute endgültig schließen und mich von Ihnen verabschieden!"
Und während Dr. Ernst auf Professor Hirts Bitte hin die erwähnten Schriftstücke verteilte, öffnete dieser die Türe zu seinem Arbeitszimmer, um jedem, der den Saal verließ, mit freundlichem Lächeln die Hand zu reichen.
(Anmerkung des Autors: Für Interessenten wurde die genannte Denkschrift im **Teil VII** dieses Buches unter dem Titel „Die Erstickungsagonie" veröffentlicht.

DIE GRENZE ZWISCHEN TOD UND LEBEN

Die Kirche hat durch Papst Pius XII. bereits einmal zum Grenzbereich zwischen Tod und Leben Stellung genommen:

In einer Ansprache vor Ärzten bezeichnete Papst Pius XII. die Wiederbelebung durch künstliche Sauerstoffzufuhr z. B. bei Lähmungs- und Erstickungserscheinungen als „sittlich erlaubt".

Im Anschluß an diese für Ärzte bedeutende Ansprache wurde Papst Pius XII. gefragt, wann nach Ansicht der Kirche der Tod eingetreten sei, nach Aufhören der Atmungstätigkeit oder erst nach Stillstand des Blutkreislaufes?

Papst Pius XII. gab wörtlich zur Antwort: „Hier gibt es keine religiösen Kriterien. Diese Frage zu beantworten ist Sache des Arztes!"

Auf die Probleme der Hinrichtung Christi übertragen, sagt die medizinische Wissenschaft, und sie ist laut Papst Pius XII. für diese Fragebeantwortung maßgebend:

Die Beendigung des körperlichen Lebens ist existent, wenn der Blutkreislauf zum Stillstand gekommen ist. Bei Jesus Christus war demnach das Leben nicht beendet!)

Solomon hatte sich an den Schluß der den Saal verlassenden Gruppe gesetzt und bat Professor Hirt noch um eine kurze Unterredung. Schon beim Eintreten in das Arbeitszimmer des Professors sagte er: „Herr Professor, ich würde dringend einige Bilddokumente und sonstige Unterlagen über dieses Linnen benötigen. Ich habe mich entschlossen, heute noch mit einer Nachtmaschine nach New York zu fliegen, um einer der von mir vertretenen Zeitungen alles zu berichten."

„Aber selbstverständlich gerne, Herr Solomon, ich werde Ihnen sofort eine Serie der wesentlichsten Bilder vom Linnen, mit entsprechenden Begleittexten versehen, einpacken."

Solomon anerkennt Jesus Christus!

Einige Tage später berichtete Solomon in vertrautem Freundeskreis über diese Angelegenheit. Lassen wir ihn selbst weitererzählen, wobei ein Teil seiner Aussagen, die alle auf Tonband aufgenommen wurden, wörtlich wiedergegeben ist (aus dem Englischen übersetzt):

„Ihr könnt euch gar nicht vorstellen, wie durcheinander ich war, als ich die

Universität in Köln verließ. Ich warf mich in eine Taxe, um im nächsten Büro der Pan American Airways noch schnell New York zu buchen, holte im Hotel meine Sachen und erreichte rechtzeitig die Maschine. – Wie ich später bei Miller ja bemerkte, treffen diese Entdeckungen am Linnen euch Christen wieder ganz anders; aber ich bin Jude, und für mich als Jude waren diese Dinge viel wichtiger als für mich als Journalisten. Einigermaßen kam ich erst im Flugzeug zu mir, wo ich während der langen Flugzeit Gelegenheit hatte, in Ruhe über alles nachzudenken. Von Schlaf konnte keine Rede sein.

Wie soll ich alles schildern? In meinem Kopf kreisten die Gedanken immer um den einen Satz: Christus nicht am Kreuz gestorben ... Und auf dieses Wissen folgte die Erkenntnis: Dann haben wir Juden ihn ja gar nicht umgebracht – gar nicht umbringen können ...

... Ihr versteht mich vielleicht nicht, aber ich wurde einfach im Laufe der Stunden zu einer persönlichen Entscheidung gezwungen. Sicher, ich hatte alles zunächst als Journalist aufgenommen; aber wer will sich teilen in so einer Sache? Es betrifft euch Christen auf eure Art, aber uns Juden auf unsere Art wohl ebenso stark! Für uns wird doch ganz klar: Wenn wir Juden Jesus Christus nicht umbringen konnten, dann war er, was er zu uns sagte, nämlich unser Messias! Gerade deshalb, weil ‚den Herrn' niemand umbringen kann! Nur darum haben wir doch bald 2000 Jahre nicht an Jesus Christus glauben können, weil wir nicht anerkennen konnten, daß Menschen den Herrn überhaupt umbringen können!

Jetzt aber ist alles anders. Wir Juden haben in unserer Blindheit damals versucht, ihn umzubringen, und geglaubt, es auch fertiggebracht zu haben. Für diese Blindheit hat er uns verstoßen aus dem Lande der Väter. Nahezu zweitausend Jahre hat er uns dafür direkt und indirekt strafen und züchtigen lassen. Aber weil unsere Schuld, wie sich jetzt gezeigt hat, doch keine totale war, hat er uns nun das Land der Väter wieder geöffnet!"

Solomon hat noch viele ähnliche Äußerungen auf dem Tonband hinterlassen, deren Wiedergabe über den Rahmen dieses Berichts hinausführen würde. Sie waren an sich einfach und logisch. Seine Aussagen sind deshalb von Bedeutung, weil aus ihnen hervorging, daß Solomon sich „als Jude zu Jesus Christus bekehrt" hatte – zum „Herrn", wie er sagte, „der nicht am Kreuz gestorben ist". Wir müssen zugeben, auch unter solchen Aspekten ist das Linnen in seinen Aussagen von wirklich weltgeschichtlicher Bedeutung.

IV. Teil

Auch Herztätigkeit im Grab!

Der Prophet Jonas

Jesus und sein Zeichen:

Gleichwie Jonas - Also Jesus!

Uralte Christen-Weisheit in neuer Aktualität

Das Zeichen Jesu:

„Gleichwie Jonas drei Tage und drei Nächte im Bauche des Seeungeheuers gewesen, also wird der Menschensohn drei Tage und drei Nächte im Schoße der Erde ruhen!"

Bei jeder großen Persönlichkeit, die ein Zeichen über sich, über ihr Schicksal, über ihr Leben gab, war für ihr Ansehen und ihre Würdigung entscheidend, ob sich dieses Zeichen erfüllte.
Wurde es nicht erfüllt, so wirkte sich dies als ein negatives Vorzeichen für die Wertung der Gesamtpersönlichkeit aus.
Erfüllte sich aber ein solches selbstgegebenes Zeichen, dann war diese Erfüllung stets ein Siegessymbol, das gefeiert wurde und das jedem Zweifler unter die Nase gehalten werden konnte.

Die Christenheit war bisher – trotz des Zeichens Jesu, das er gab – zu solchem Tun nicht in der Lage. Nirgendwo in seiner Geschichte konnte das Zeichen Jesu als erfüllt gefeiert werden, kein Apostel hat es je als Beweissymbol in den Vordergrund stellen können. Die Kirche hat annähernd anderthalb Jahrtausende darüber geschwiegen. Ganze Generationen von Christen hatten überhaupt keine Ahnung, kein Wissen davon, daß es ein „Zeichen Jesu" gab und gibt, niemand hat sie darüber belehrt. Keine kirchliche Handlung stellt es heraus, in keiner Theologenlehre wird es der Welt und den Christen eröffnet! Gerade das aber müßte doch natürlicherweise erwartet werden; denn ein erfülltes Zeichen stellt ein Beweissymbol von unschätzbarem Wert und Überzeugungskraft dar, allein schon in der Mission und Glaubenslehre.
Ganz freiwillig hat die Theologie in all den Jahrhunderten darauf verzichtet. Sicher wurde es viele Male intern und vertraulich durchdiskutiert – immer aber endete das mit einem zweischneidigen Ergebnis. Und deshalb, dieses zweischneidigen Ergebnisses wegen, verschwand es immer wieder still in der Versenkung, Jahrhunderte hindurch! Warum?

Es gab und gibt zwei Möglichkeiten:

1. Entweder lag die Betonung auf „gleichwie Jonas im Bauche des Seeungeheuers gewesen, also wird der Menschensohn im Schoße der Erde sein", oder

2. die Betonung lag auf „drei Tage und drei Nächte" im Bauche des Fisches (bzw. dem Schoße der Erde) „gewesen".

Die Wahl bringt den Auslegenden in folgende Zwickmühle: Wird die zweite Version als die richtige angesehen, so hat sich Jesus „in Wort und Tat" selbst widerlegt, weil er nur „zwei Nächte und einen Tag" im Schoße der Erde war. Es bleibt dabei völlig gleichgültig, welche Zeitrechnung angewendet wird, die damalige jüdische oder unsere heutige moderne, immer war Jesus genau zwei Nächte und einen Tag im Grab, im Schoße der Erde: Am Karfreitag, etwa 18.00 Uhr, begann die „erste" Nacht. Sie endete am Karsamstag früh gegen 6.00 Uhr. Von früh 6.00 Uhr bis abends 18.00 Uhr an diesem Karsamstag dauerte der „eine" Tag. Abends 18.00 Uhr begann die „zweite" Nacht, die am Ostersonntag morgens gegen 6.00 Uhr endete. Zu diesem Zeitpunkt hatte Jesus den Schoß der Erde bereits wieder verlassen. Hier wurden zur klareren Übersicht die christlichen Festtage genannt; es besteht aber in der Zeitberechnung – Tag- und Nachtgrenze jeweils 6.00 bzw. 18.00 Uhr – kein Unterschied zu der damaligen jüdischen Zeitrechnung.
Auf diese Weise also hätte sich das Zeichen Jesu nicht erfüllt, sofern Jesus es wörtlich genauso gesagt und gemeint hätte. Denn anstatt 3 Tage und 3 Nächte, also insgesamt sechs Einheiten, war er ja nur 2 Nächte und 1 Tag, also nur drei Einheiten, im Schoße der Erde. Zu solchem Fiasko gelangt man, wenn man die Bibel allzu wörtlich nehmen möchte. An einer solchen wörtlichen Auslegung hatte man verständlicherweise in der Theologie zu keiner Zeit und auch heute nicht irgendwelches Interesse. Als Beweissymbol war das Zeichen so nicht verwendbar, man wollte ja Jesus nicht widerlegen, also schwieg man ganz.

Man darf nicht zweifeln, daß Jesus eine solche Auslegung nicht gewollt, vielleicht die Worte von den drei Tagen und Nächten nie so ausgesprochen hat. Schließlich ging es ihm weder um den Kalender noch um Termine, und er hat sich in seinen Voraussagen nie auf Zeiten festgelegt – ganz bestimmt nicht in diesem Fall. Aber er hat unzweifelhaft dieses sein Zeichen gegeben, denn auch Lukas berichtet darüber wie folgt:

„Dieses Geschlecht ist ein schlimmes Geschlecht, denn es verlangt ein Zeichen; aber es wird ihm kein Zeichen gegeben werden, als das Zeichen des Propheten J o n a s."

Dieses Zeichen also: „Gleichwie Jonas, a l s o Jesus" – das ist gegeben. Jesus hat sich, von den Menschen, von Schriftgelehrten und Zweiflern bedrängt, selbst auf das Zeichen des Jones festgelegt:

„Gleichwie Jonas gewesen, also wird der Menschensohn sein."

„Gleichwie – also" ... das ist die andere Seite der Auslegung, mit der sich die Theologie seit uralter Zeit zu beschäftigen hat. Aber auch an dieser Version konnte sie gar keine Freude haben; **denn damit verkündete Jesus in seinem persönlichen Zeichen, daß er im Schoße der Erde n i c h t verstorben ruhen werde. Gleichwie Jonas im Bauche des Fisches nicht verstorben war.**

So also sieht die andere Konsequenz aus dem Zeichen Jesu aus. Galt nicht die Zeit – und sie konnte nicht gelten, weil sich Jesus sonst selbst widerlegt hätte –, so konnte das Gewicht der Aussage nur auf den Zustand bezogen sein! Jonas aber war im Bauche des Fisches nicht verstorben; er hatte Herztätigkeit! Noch einmal: „gleichwie" Jonas – „also" hatte Jesus Herztätigkeit im Grab. **Das ist das Zeichen des Jonas. Und das Zeichen Jesu!**

Dieses Zeichen, das Jesus über sich und sein Leben gab, war für die Theologie wirklich eine unerfreuliche Sache. Also wurde es Jahrhunderte lang vollkommen t a b u. So tabu, daß die gesamte mittelalterliche Theologie nichts damit angefangen hat und nichts damit anfangen konnte.

Heute wissen wir, daß es das g e s c h i c h t s e n t s c h e i d e n d e Z e i c h e n J e s u w a r ! So geschichtsentscheidend, wie es einem von Jesu gegebenen Zeichen zukommt. Es ist das Zeichen des Herrn für alle Zeiten, für diese Welt! Für immer, bis in fernste Zeiten ist es das Zeichen, das mit verhindern wird, **daß ein I r r t u m in der Auslegung des Lebens Jesu unabänderlich wird.**

Jesus wollte mit diesem Zeichen dokumentieren, daß er – um mit unserer modernen Sprache zu sprechen – im Schoße der Erde die gleiche physische, die gleiche fleischliche Existenz hatte wie die des Jonas. Daß also keinerlei Verwandlung seines Körpers im Schoße der Erde stattfand. **Ganz genauso, wie die physische, die fleischliche Existenz des Jonas sich im Bauche des Seeungeheuers nicht änderte. Er war nicht verstorben!**

„G l e i c h w i e J o n a s , a l s o J e s u s ."

Es war die absolut gleiche physische und fleischliche Existenz nach dem Aufenthalt „im Schoße der Erde" wie vor der Hinrichtung: ein Körper, der Hunger verspürte, der mit den Aposteln zusammen Fisch gegessen hat. Ein Körper, der die gleiche Atmung und Herztätigkeit hatte. Klar gesagt: Jesus in Fleisch und Blut wie zuvor. Und Jesus bestand ausdrücklich darauf, so zu sein; denn er weist in seinen Worten darauf hin, in „Fleisch und Bein" existent zu sein.

> **„Gleichwie Jonas gewesen, also wird der Menschensohn sein."**

Diese alte Christenweisheit war keinesfalls immer vergessen. Es gab eine Zeit im Urchristentum, da die Paulus-Lehre noch weitgehend unbekannt war. Paulus war es ja, der die echte physische Auferstehung Jesu und die echte physische Existenz nach der Hinrichtung zu einem

verwandelten Leib, zu einem Auferstehungs-Körper

umgedeutet hat. Für Paulus ist Jesus gestorben und v e r w a n d e l t auferstanden. Er kann diese Verwandlung zwar nirgends erklären und begreiflich machen, aber er besteht darauf. Die Berichte aus der damaligen Zeit jedoch widerlegen ihn; und das Zeichen Jesu widerlegt ihn auch, indem es beweist, daß die körperliche Existenz Jesu, während er im Schoße der Erde ruhte, dieselbe war wie vorher und nachher – genau wie es Jonas im Bauche des Seeungeheuers erging.

Die Bischöfe des Urchristentums waren noch beeinflußt von diesem Zeichen Jesu. Sie haben noch auf die beiden Möglichkeiten der Auslegung geachtet und sich in keinem Glaubensbekenntnis so festgelegt, daß es der Botschaft des Zeichens Jesu widersprochen hätte. Das läßt sich einwandfrei am öffentlichen Glaubensbekenntnis der Urchristen, dem um das Jahr 325 entstandenen und später ergänzten **Symbolum von Niccae,** erkennen, an jenem Glaubensbekenntnis, das noch heute alle Christen aller Konfessionen bindet!
Damals, als die Urchristen aus der Untergrundexistenz auftauchen konnten und ihren Glauben öffentlich bekannten, wurde folgende lateinische Formulierung festgelegt:

> **„... Crucificus étiam pro nobis, sub Póntio Piláto passus et sepúltus est. Et resurréxit tértia die secúndum scriptúras. Et ascéndit in coelum, sedet ad déxteram Patris ..."**

Das heißt in korrekter wörtlicher Übersetzung:

> **„... Der auch gekreuzigt worden ist für uns, unter Pontius Pilatus gelitten hat und begraben worden ist. Und auferstanden ist am dritten Tage der Schrift gemäß. Und aufgefahren in den Himmel, sitzet zur Rechten des Vaters ..."**

Kein Wort davon, daß Jesus am Kreuz gestorben sei. Kein Wort davon, daß Jesus nach der Kreuzigung verstorben sei. Kein Wort davon, daß Jesus im Grab verstorben gewesen sei. Im Gegenteil, all dies wurde vollkommen absichtlich offengelassen, weil das Zeichen Jesu dagegen sprach! Auferstanden, der Schrift gemäß, gerade in jenem physischen Zustand in „Fleisch und Bein", wie die Schrift gesagt hatte. Das war der Glaube der Urchristenheit, **bezeugt durch das noch heute existierende, gültige und bindende Glaubensbekenntnis von Niccae,** dem ersten Konzil der Christenheit nach der Anerkennung des christlichen Glaubens durch staatliche Organe. Über 280 Bischöfe der damaligen Christenheit, der damals noch einigen Kirche, haben sich auf diesem Konzil auf dieses Bekenntnis festgelegt. Kein Wort darin vom Sterben Jesu, kein Wort von seinem Tod.

Und, was vielen Christen unbekannt ist, es ist in diesem Wortlaut das einzige bindende Glaubensbekenntnis bis zum heutigen Tage. **Kein anderes Glaubensbekenntnis, wie immer es lauten möge, auch nicht das sogenannte Apostolische:** „gekreuzigt, gestorben und begraben" **hat jemals auf einem Konzil oder durch eine Papstbulle eine rechtliche Anerkennung bekommen!** Das geht so weit, daß zum Beispiel das Credo in der Messe, das seit vielen hundert Jahren an jedem Sonntag in allen katholischen Kirchen gebetet wird, die lateinische Formel des „Symbolum von Niccae" zum Inhalt hat. Der Priester betet also diese lateinische Formel, in der kein Wort davon steht, daß Jesus am Kreuz gestorben sei. Und das geht sogar noch weiter: **Tatsächlich ist kein Papst, kein Kardinal, kein Bischof, kein Pfarrer, kein Theologieprofessor und kein Ordensvorstand darauf vereidigt, daß Jesus am Kreuz gestorben sei!** Dies kommt daher, daß das neunzehnte Konzil, 1545 bis 1563, das sogenannte Trientinische Glaubensbekenntnis verfaßt hat, das bis zum heutigen Tage jeder Priester, Bischof, Kardinal, dadurch auch der Papst, jeder Theologieprofessor und Ordensvorstand vor Antritt seines Amtes unter Eid zu nehmen hat. In dieses Trientinische Glaubensbekenntnis wurde damals beim neunzehnten

Der Prophet Jonas, wie ihn Michelangelo (1475–1564) in den Fresken der Sixtinischen Kapelle, ROM, gemalt hat.

Konzil in Trient die Urfassung des Symbolum von Niccae im unveränderten Wortlaut aufgenommen. Der entsprechende Wortlaut wurde oben schon in lateinischer Urfassung und deutscher Übersetzung wiedergegeben.

Diese Urfassung in lateinischer Sprache ist das, was unter Eid steht! Alles andere, was sonst noch existiert, hat nie eine kirchenrechtliche Gültigkeit bekommen. Und in dieser Urfassung von Niccae steht nicht ein einziges Wort von einem Sterben am Kreuz oder von einem Sterben nachher. Wir dürfen es als ein seltsames Wirken des Heiligen Geistes betrachten, daß er bis zum heutigen Tage, über bald zweitausend Jahre hinweg, verhindert hat, daß in ein rechtsgültiges Glaubensbekenntnis der Irrtum, Jesus sei am Kreuz gestorben, aufgenommen worden ist. Schließlich hätte es dafür seither viele Möglichkeiten gegeben; der Heilige Geist aber hat es verhindert, weil es nicht wahr ist.

Alle, die gegen die Kirche kämpfen, sollen es sich also gesagt sein lassen, daß die Kirche mit der Formel „Jesus – Nicht am Kreuz gestorben" n i c h t bekämpft werden kann, weil die Kirche r e c h t l i c h nicht darauf festgelegt ist zu sagen, Jesus sei am Kreuz gestorben. Das ist lediglich eine Glaubensmeinung ohne tatsächliche Rechtskraft. Ob sich die Kirche noch in der Zukunft dafür entscheiden wird, darüber **ein Dogma** oder **einen Konzilbeschluß** zu fassen, bleibt abzuwarten. Sie wird es sich bestimmt gut überlegen, nachdem der Heilige Geist über fast zweitausend Jahre hinweg derartiges verhindert hat und die Entdeckungen am – offensichtlich – echten Grablinnen Jesu ganz bestimmt aussagen: Jesus ist nicht am Kreuz gestorben!

Vermutlich wird man bei der urkirchlichen Formulierung bleiben, die lautet:

> **„... der für uns gelitten hat" (wie es das Alte Testament prophezeite)**
> **„... begraben wurde" (wie Jonas im Bauche des Fisches)**
> **„... auferstanden der Schrift gemäß" (in „Fleisch und Bein", wie Jesus betont).**

AUFERSTANDEN:

Vor Morgengrauen,
in Fleisch und Bein,
mit irdischem Blut.

Blößen mit Grab-
linnen bedeckt.

Der Gärtner Jesus

Maria Magdalena kam an das Grab, „da es noch finster war" (Joh. 20 ff.). Jesus hatte also am Ende der „zweiten" Nacht noch vor Tagesanbruch die Grabstätte verlassen. Die Berichte aus der damaligen Zeit lassen hier eine sehr gute Rekonstruktion der Vorgänge zu: Der Körper aus Fleisch und Blut – besser gesagt aus „Fleisch und Bein", wie Jesus später selbst betonte – hatte während der Stunden im Grab wieder jenen Zustand erreicht, der für eine vollkommene körperliche Auferstehung erforderlich war, eine Auferstehung mit Atmung und Herztätigkeit selbstverständlich, um dies hier ganz deutlich festzuhalten.

Maria aus Magdala fand zunächst nur das Grab offen. Sie eilte zurück und meldete es Petrus und Johannes, die so rasch sie konnten an den Ort des Grabes liefen. Sie „sahen die Tücher daliegen, samt dem Schweißtuch, das auf seinem Haupte gelegen hatte". Offenbar waren es mehrere Tücher. Die Tücher waren da, Jesus war weg. Eine Zeitlang berieten sie sich – „da gingen die Jünger wieder weg nach Hause".

Untersuchen wir die Vorgänge weiter: Jesus war fort, aber – das sei nochmals ausdrücklich betont – in „Fleisch und Bein" weggegangen; die Tücher waren da. Ob es alle Tücher waren, kann nicht mit Sicherheit gesagt werden. Es ist anzunehmen, daß er eines davon zur Bedeckung seiner Blößen verwendete, als er das Grab nach der Auferstehung verließ; seine Kleider waren ja unter dem Kreuz verteilt worden. „Sie warfen das Los darüber", er hatte keine Kleider mehr.

Jesus Christus war wie zuvor ganz Mensch und ganz Gott! Jene Doppel-Existenz, die so umwälzende Ereignisse in unsere Welt hineintrug und deren Wirken wir nur aus dieser Sicht heraus verstehen können. Diese Doppel-Existenz kennzeichnet das ganze Leben Jesu. Als Mensch in „Fleisch und Bein" hatte er alle irdischen Bedürfnisse, genau wie die anderen Menschen. Kraft seiner göttlichen Existenz hatte er die Macht, die Wunder zu tun und Übermenschliches zu wirken.

So war Jesus auch nach der Auferstehung „ganz Mensch" und „ganz Gott".

Und gerade darin liegt der große und äußerst bedauerliche Irrtum zahlreicher – jedoch durchaus nicht aller – christlicher Theologen und Glaubensrichtungen, daß sie das vollkommene Menschsein in „Fleisch und Bein" für die Zeit n a c h der Auferstehung nicht mehr anerkennen. In erster Linie war es Paulus, der diese Glaubensrichtung begründet hat, als er nach Jahrzehnten erst über die – allerdings nicht genau erklärbare – „Verwandlung" des Körpers Christi in seinen Briefen philosophierte und auf dieser seiner Ansicht sein theologisches Gebäude errichtet hat. Sein Einfluß reicht bis in unsere Tage.

Die Heilige Schrift berichtet aber ganz anders, wie wir deutlich sehen werden: Schon kam das erste, erneut menschliche Bedürfnis auf Jesus zu; er war praktisch nackt! Seine Kleider hatten sie ihm genommen, und jetzt besaß er nur Leichentücher. Davon konnte er zur Not eines um den Körper schlingen, um seine Blößen zu bedecken. Aber er konnte damit weder nach Emmaus gehen, noch konnte er, so behelfsmäßig bekleidet, in die Stadt gehen, um sich dort andere Kleider zu holen.

Wie sollte er dieses menschliche Bedürfnis regeln? Sollte er einfach sagen: „Ich will Kleider haben!" – also sozusagen zaubern? Nein, Jesus war nie ein Zauberer. Seine Wunder hatten nie etwas mit Zauberei zu tun, sondern geschahen alle innerhalb der Gottesgesetze dieser Welt, von denen wir heute nur einen kleinen Teil kennen. Ein Zauberer war Jesus nicht, zumal bei jeder „Zauberei" ein Trick angewandt wird. Kein Mensch auf dieser Erde konnte je oder kann heute wirklich zaubern. Was dafür gehalten wird, ist Augentäuschung oder Trick.

Jesus hat das Bedürfnis nach Kleidung auf die einfachste Art gelöst. Er fand in der Nähe eine Gärtnerkleidung, vermutlich in einer Gartenbehausung. Er borgte sie sich aus, ging damit in die Stadt und beschaffte sich dort geeignete Kleidung. Anschließend brachte er die Kleider des Gärtners zurück. Eine simple Lösung zwar – aber sie stimmt!
Vorher, in der Gärtnerkleidung, hatte Jesus allerdings noch ein Erlebnis. Es ist klar, daß er zunächst aus der Nähe beobachtete, was sich nun alles um das „l e e r e" Grab abspielen würde. Schließlich wurde dieses „leere Grab" für die gesamte Geschichte bedeutungsvoll und hat dann sowohl die Juden als auch die Christen nahezu 2000 Jahre lang beschäftigt.

Jesus sah, wie die beiden Apostel, Petrus und Johannes, alles begutachteten, aber er ließ sie „wieder weg nach Hause". Maria aus Magdala blieb da, hilflos, und weinte. Sie weinte, „weil sie meinen Herrn weggenommen haben, und ich weiß nicht, wo sie ihn hingelegt haben". Nach diesen Worten wandte sie sich um und erblickte Jesus, der dastand. (So steht das wörtlich in der Bibel.) Sie wußte aber nicht, daß es Jesus war. (Er hatte ja Gärtnerkleidung an.) Jesus sagte zu ihr: „Weib, was weinst du? Wen suchest du?" Sie meinte, es sei der G ä r t n e r (so steht das wieder in der Bibel) und sprach zu ihm: „Herr, wenn du ihn weggenommen hast, so sag es mir, wo du ihn hingelegt hast, und ich will ihn holen." (Joh. 20, 14 ff.) Mit diesen Worten hatte sich Maria aus Magdala offenbar schon wieder suchend von dem Gärtner Jesus abgewandt. Da sagte Jesus zu ihr: „Maria!" Sie wandte sich um und rief (auf hebräisch): „Rabbuni!", das heißt Meister. Jetzt erkannte sie Jesus! So konnte offenbar nur Jesus „Maria" rufen. Die Stimme allein war es nicht, denn Jesus hatte zuvor ja schon gesagt: „Weib, was weinst du, wen suchest du?" Und sie hatte ihn nicht erkannt, sondern für den Gärtner gehalten.

Jetzt wußte sie, daß Jesus vor ihr stand. Er aber sagte: „Halte mich nicht fest, denn ich bin noch nicht zu meinem Vater aufgefahren. Geh vielmehr zu meinen Brüdern und sage ihnen: Ich fahre hinauf zu meinem Vater und zu eurem Vater, zu meinem Gott und zu eurem Gott!"

Maria ging hin und verkündete den Jüngern: „Ich habe den Herrn gesehen, und also hat er mir gesagt."

Der Gärtner Jesus und Maria Magdalena, nach einer Darstellung von Albrecht DÜRER (1471–1528).

Bei den Aposteln

Jesus, nun nicht mehr in der provisorischen Gärtnerkleidung, war gegen Abend desselben Tages auf dem Weg in einen Flecken vor Jerusalem mit dem Namen Emmaus. Unterwegs holte er zwei Jünger ein, die dasselbe Ziel hatten. Jesus sah tatsächlich fremd aus. Die letzten Tage hatten ihn körperlich und im Antlitz ohne Zweifel verändert. Wesentlich trug aber wohl auch die neue Kleidung dazu bei. Während er lange Zeit hindurch stets in der gleichen, überall bekannten kostbaren Kleidung gegangen war – so kostbar, daß sie den Rock unter dem Kreuz nicht teilen wollten, sondern das Los warfen –, ließ ihn nun die ungewohnte Bekleidung wie einen Fremden erscheinen. Und so heißt es von den beiden Jüngern: „Ihre Augen aber waren gehalten, so daß sie ihn nicht erkannten." (Lukas, Kap. 24.)

Recht belämmert waren die Jünger, wie man aus den Berichten erkennt, und vor allem hatten sie anscheinend keine richtige Kenntnis von dem, was sich inzwischen zugetragen hatte. Die Auslegungen darüber klangen durchaus verschieden. Jesus, der mit Interesse die Berichte dieser Jünger angehört hatte, brach zuletzt in den Ruf aus, der durch die ganzen Jahrtausende hallt und noch heute in die Ohren ruft:

> **„O ihr Unverständigen! Wie schwer wird es eurem Herzen, alles zu glauben, was die Propheten gesagt haben! Mußte nicht der Messias das leiden und so in seine Herrlichkeit eingehen?"**

Dann erklärte er ihnen, bei Moses und allen Propheten angefangen, die Stellen in allen Schriften, die von ihm handeln.
Hier ist eine klare Aussage Jesu nach der Auferstehung. Er weist deutlich auf die Propheten hin und auf die soeben von ihm selbst erlebte vollkommene Erfüllung. „Mußte nicht der Messias das leiden ..." Er bezeichnet sich klar als den Messias, und er spricht vom Leiden. Von Sterben ist keine Rede! Dagegen: „Wie schwer wird es euren Herzen, alles zu glauben, was die Propheten gesagt haben!"
Was haben sie denn gesagt, die Propheten? 1947 wurden alte Schriftrollen am Toten Meer gefunden, und auch andere Urschriften bringen neue Erkenntnisse „zutage". **Alle Propheten haben geweissagt, daß Jesus von Gott er-**

rettet wird! Leiden muß er. Aber von Sterben ist keine Rede, im gesamten Alten Testament nicht. Übersetzungen, die solches aussagen, sind nachweisbar nicht korrekt übersetzt!

„O ihr Unverständigen! Wie schwer wird es eurem Herzen, alles zu glauben, was die Propheten gesagt haben."

So kamen sie nahe an den Flecken Emmaus, das Ziel der Jünger. Jesus schickte sich an weiterzugehen. Doch sie nötigten ihn mit den Worten: „Bleibe bei uns, denn es wird Abend, und der Tag hat sich schon geneigt!" Da trat er ein und blieb bei ihnen. Während er mit ihnen zu Tische saß, nahm er das Brot, segnete es und reichte es ihnen.

Jetzt erkannten sie ihn. Die Art, wie Jesus betete und segnete, war unnachahmlich. „Da wurden ihre Augen aufgetan, und sie erkannten ihn." – „Er aber entzog sich ihren Augen."

Jesus, leibhaftig mit den zwei Jüngern in Emmaus. Nach einem Gemälde von CARAVAGGIO (1573 bis 1609), Pinacoteca di Brera in Mailand.

Nun war es für Jesus Zeit zu gehen, zu den anderen Aposteln und Jüngern, um auch sie zu Zeugen seiner Auferstehung zu machen.
Tiefe Erregung hatte die beiden zurückbleibenden Jünger befallen: „Brannte nicht unser Herz in uns, als er unterwegs mit uns redete und uns die Schrift aufschloß?" – Noch in derselben Stunde machten sie sich auf den Weg und kehrten nach Jerusalem zurück. Dort suchten sie die Elf auf und fanden sie und ihre Gefährten beisammen. Man kann sich den Aufruhr vorstellen, den sie auslösten, als sie schon beim Eintritt in die Versammlung riefen: „Der Herr ist wahrhaft auferstanden!" Sie erzählten, was sich auf dem Weg nach Emmaus zugetragen hatte und wie sie Jesus beim Brotbrechen erkannt hätten. Nur am Brotbrechen hatten sie Jesus erkannt. Wie mußte er doch in seinem Aussehen verändert gewesen sein! Kein Wunder also, daß Diskussion und Streit in der Versammlung hohe Wellen schlugen, bis plötzlich Jesus unter sie trat und rief: „Friede sei mit euch!", damit den Aufruhr besänftigend. **Und als auch sie ihn nicht gleich erkannten und glaubten, von einem Fremden überrascht worden zu sein,** sagte er weiter: „Ich bin es, fürchtet euch nicht!" – Weiter heißt es hier nun in der Bibel: „Verwirrt und erschrocken meinten sie, einen Geist zu sehen." Diese Reaktion ist leicht zu verstehen, denn eine so vollkommene materielle Auferstehung hatten sie ja nicht erwartet. Sie müssen ziemlich bestürzt und erfüllt von Zweifeln dreingeblickt haben, denn nun sprach Jesus zu ihnen:

> **„Was seid ihr bestürzt, und warum steigen Zweifel in euren Herzen auf? Seht doch meine Hände und Füße! Ich bin es! Tastet und sehet! Ein Geist hat nicht Fleisch und Bein, wie ihr es an mir sehet!"**

Jesus legte offensichtlich den größten Wert darauf, selbst festzustellen und dafür auch Zeugen zu haben, **daß er wieder voll materiell existent war. In „Fleisch und Bein" existent,** wie es die Propheten vorausgesagt hatten und wie es die Schrift verlangte: „... auferstanden der Schrift gemäß." Diese „Schrift" war damals und weit in die ersten Jahrhunderte hinein **das Alte Testament. Noch im Glaubensbekenntnis von Niccae (325) ist zu lesen: „... auferstanden der Schrift gemäß", das heißt also: voll im Körper auferstanden!**
Weil aber die Apostel anscheinend noch immer voller Zweifel waren, trotz „Tasten und Sehen", gab Jesus ihnen einen weiteren Beweis für seine materielle Existenz. Er ging zum klassischen Test über.

Nichtmaterielle Wesen sind nämlich nicht in der Lage, materielle Dinge zu vernichten. Nichtmaterielle Wesen können zwar materielle Dinge, also Gegenstände, b e w e g e n , aber sie können keine Materie v e r n i c h t e n. Ein in dieser Welt existierender Körper dagegen ist imstande, Materie zu vernichten bzw. sie so zu verändern, daß dies einer Vernichtung gleichkommt. Dazu gehört z. B. das Essen. Nur in dieser Welt existierende Körper sind also fähig, durch Essen im menschlichen Sinne einen materiellen (natürlich eßbaren) Gegenstand auf diese natürliche Weise zu vernichten.

Zu diesem klassischen „Geistertest" griff nun Jesus. Es heißt darüber in der Bibel: „Da sie ... immer noch nicht glauben konnten und sich verwunderten, fragte er:

> **‚Habt ihr etwas zu essen da? Sie reichten ihm ein Stück gebratenen Fisches. Er aß davon vor ihren Augen und gab ihnen den Rest zurück.'**

Jetzt, endlich, hatten sie begriffen! Jetzt waren sie überzeugt, konnten die vollkommene Existenz Jesu anerkennen; denn sie hatten soeben den materiellen Test miterlebt. Nicht so Paulus! In jenen Tagen war er noch ein Saulus und war dies noch mehrere Jahre lang. Vor allem war er bei keinem einzigen der materiellen Tests dabei, die Jesus seinen Aposteln gezeigt hat. Erst als sich die Behauptungen dieser „Christen-Sekte", Jesus sei auferstanden, nicht ausrotten ließ – und „Saulus-Paulus" war ja einer der „Ausrotter" –, da begann er nachzudenken.

Zu diesem Nachdenken kam dann die „Lichterscheinung Jesu." **Aber das war lange Zeit n a c h der Himmelfahrt, und Jesus war längst in die „himmlische Existenz" eingegangen. Zu diesem Erlebnis des Paulus heißt es in der Apostelgeschichte 9, 3 ff.:** „Er fiel zu Boden und hörte eine Stimme, die ihm zurief: ‚Saulus, Saulus, warum verfolgst du mich?' Er fragte: ‚Wer bist du, Herr?' Dieser antwortete: ‚Ich bin Jesus, den du verfolgst . . .' "
Es war eine vollkommen andere „Jesus-Erscheinung", als die Begegnungen Jesu mit den Aposteln nach der Auferstehung: „. . . da umleuchtete ihn plötzlich ein Licht vom Himmel." Jesus sprach zu ihm, er wolle der Verfolgung der Christen durch Saulus ein Ende machen.
Der entscheidende Irrtum des Paulus ist nun seine später vertretene Ansicht, daß auch die Apostel Jesus nach der Auferstehung in dieser Art und Erschei-

nungsform gesehen hätten. Mehrfach bringt er in seinen Briefen diese beiden völlig verschiedenen Formen der Begegnung durcheinander. Dabei darf nicht vergessen werden, daß es zu Zeiten des Paulus praktisch noch keine Schriften gab, in denen die Apostel i h r e Erlebnisse dokumentiert hatten, nur von Mund zu Mund breitete sich ihre Botschaft aus. Erst Jahrzehnte später wurde alles niedergeschrieben. Zu diesem Zeitpunkt hatte aber Paulus – der frühere „Saulus" – längst sein Erlebnis mit der Erscheinung Christi in alle Welt verbreitet und die Auferstehung als eine Art verwandelte, halb- oder viertelmaterielle Auferstehung publiziert, eben in der Form, wie er glaubte, Jesus erlebt zu haben. Dabei hat er nicht bedacht, daß s e i n Erlebnis zeitlich n a c h der Himmelfahrt lag.

Paulus hat also sein Erlebnis zurück in die Auferstehungszeit, die Zeit zwischen Grab und Himmelfahrt, projiziert und damit einen nun fast zweitausend Jahre währenden Irrtum begründet. Denn Jesus ist in v o l l e r, u n v e r w a n d e l t e r körperlicher und materieller Existenz **in sein a l t e s Leben auferstanden.** Erst mit der Himmelfahrt begann die neue Existenzform, von der dann Paulus berichtet! So und nicht anders sind die Tatsachen.
Jesus selbst zeugt in dieser Frage eindeutig gegen Paulus! Jesus hat sein „Fleisch und Bein" geradezu verteidigt gegen jeden Zweifel und bestand mehrfach darauf. Er hat selbst den Essenstest veranstaltet und hat bis zur Himmelfahrt dem irdischen Bedürfnis, „selbst zu essen", nachgegeben, wie dies an mehreren Stellen bewiesen ist. Und

Jesus hat noch mehr getan!
Am ersten Abend jener Woche, also am Abend des Tages, an dem Jesus auferstanden war, um sich seinen Jüngern zu offenbaren, fehlte einer: T h o m a s, jener Thomas, dem seine Zweifel zu einer sprichwörtlichen Weltberühmtheit verhalfen. Aber eigentlich waren die anderen ja kein Haar besser gewesen. Jesus hatte sie auffordern müssen, sein „Fleisch und Bein" zu berühren, hatte außerdem noch den „Essenstest" geradezu vorführen müssen. Er tat es wohl gerne, denn er wollte Klarheit, er wollte für immer bezeugen: „Ich war als Mensch und Messias in Fleisch und Bein wieder existent."
Aber auch Thomas wollte absolute Klarheit. Die anderen, die Jesus persönlich erlebt hatten, konnten leicht erzählen, was sie gesehen und gehört hatten, es gab zu viele „Wenn und Aber" bei dieser unwahrscheinlichen Geschichte.

Apostel Johar nes: Augenzeuge für die Existenz Jesu in „Fleisch und Bein".

Evangelist Lukas, der uns den Essens-Test überliefert hat.

Also antwortete er ihnen: „Wenn ich nicht an seinen Händen das Mal der Nägel sehe und meine Finger in das Mal der Nägel lege und meine Hand in seine Seite lege, werde ich nicht glauben."
Nun, das war eine entschiedene Haltung! Thomas hat ihretwegen in all den Jahrhunderten schon manchem Menschen imponiert. Die Mehrzahl aber hat sie ihm als Charakterfehler angekreidet. Nicht so Jesus. Er kannte die Problematik des Geschehenen, und er wollte Klarheit schaffen. Er hat Thomas weder verstoßen noch herabgesetzt, sondern er half ihm, seine Zweifel zu besiegen.
Es war eine Woche später, als wiederum alle beisammen waren, diesmal mit Thomas. Da trat Jesus zu ihnen. – Hier muß ein Hinweis eingefügt werden: In keiner Urschrift steht etwas davon, daß Jesus Christus durch verschlossene Türen kam. Daß die Türen verschlossen waren, ist zwar richtig, es mußte wohl wegen der Fremden und Spitzel geschehen, die infolge der zahlreich umlaufenden Gerüchte überall auftauchten.

Jesus kam, der Türwächter ließ ihn ein, und er mußte wieder in die anscheinend streitende Versammlung rufen: **„Friede sei mit euch!"** Daraufhin wandte er sich an Thomas:

> **„Lege deinen Finger hierher und sieh meine Hände! Nimm deine Hand und lege sie in meine Seite und sei nicht ungläubig, sondern gläubig!"**

Da rief Thomas aus: „Mein Herr und mein Gott!" Er hatte Jesus körperlich gespürt, er hat damit Gott körperlich gespürt, denn genau diese tatsächliche körperliche Existenz hatten die Propheten für die Zeit nach der Auferstehung vorhergesagt.
Man kann über Thomas denken, wie man will, aber er war, ist und bleibt in Ewigkeit der Kronzeuge dafür, daß Jesus vollkommen im materiellen Körper existent war, den er vor der Hinrichtung hatte. Die gleichen Wunden, die Thomas berühren wollte und dann berühren durfte, bedeuten den gleichen Körper! Und es gibt außerbiblische Berichte, die besagen, daß einige Zeit später, als die Apostel Jesus immer wieder trafen, die Wunden dann vernarbt waren, wie dies an einem Körper aus Fleisch und Bein normal geschieht. Die gleichen Wunden also – der gleiche Körper!
Jesus sagt zu diesem Geschehen: „Weil du mich gesehen hast, Thomas, glaubst

Apostel Thomas: Die Hand in der Seitenwunde, Kronzeuge für die vollkommene materielle Existenz Jesu nach der Auferstehung. (Bild: Albrecht Dürer)

du! Selig sind, die nicht sehen und dennoch glauben!" – Selig sind also die, die nicht – wie Thomas – seine Existenz nach der Auferstehung sehen und betasten konnten, die aber trotzdem – ohne zu sehen – an seine tatsächliche und körperliche Existenz nach der Auferstehung g l a u b e n ! **Nicht die sind selig, die ihn als eine Art Luftgebilde oder „verwandeltes Körperwesen" nach der Auferstehung anerkennen wollen!**

Hartes, greifbares Fleisch und Bein, mit Wunden, in die man hineingreifen konnte, ein Körper dieser Welt – das war die Tat Gottes, die Jesus seinen Aposteln immer wieder deutlich gemacht hat und für immer klargestellt haben wollte! Aber Jesus ging noch weiter:

H u n g e r a m S e e T i b e r i a s

Eine neue Zeit war für die Apostel nach der Auferstehung angebrochen. Aufgehört hatte das gemeinsame Wandern und die Lehrtätigkeit im Volke. Jesus ging alleine, traf sich hier und dort mit Vertrauten, wozu er seine besonderen Gründe hatte. Nicht daß er sich wegen der offiziellen kirchlichen Stellen verbarg, im Gegenteil, dort hätte er mit seinem persönlichen Erscheinen einen radikalen Meinungsumschwung erzielen können. Jesus aber bereitete seine Himmelfahrt vor. Nun würde er alles von oben aus lenken. In die Interessen der kleingläubigen jüdischen Kirchenpolitiker jener Tage wollte er sich nicht einmischen. Er wußte, wie alles weitergehen würde, er hat es ihnen genau vorhergesagt, und vierzig Jahre später erfüllte sich sein Wort, und Jerusalem ging unter.

Die Apostel selbst, oder wenigstens Simon Petrus und Thomas, dazu Nathanael aus Kana in Galiläa, dann die Söhne des Zebedäus: Johannes und sein Bruder, ferner zwei weitere Jünger gingen wieder zum Fischfang, denn schließlich mußte man ja leben, essen und Fische verkaufen, um eine Existenz zu haben.
Simon Petrus sagte: „Ich gehe fischen" (Joh. 21, 3). Sie sprachen: „Wir gehen mit dir." Sie gingen hinaus zum See Tiberias und bestiegen das Schiff. In jener Nacht aber wollte ihnen kein Fang gelingen. Als der Morgen schon angebrochen war, stand Jesus am Ufer und rief ihnen zu: „Kinder, habt ihr etwas zu essen?" Sie antworteten ihm: „Nein!" – „Werft das Netz zur Rechten des Schiffes aus, so werdet ihr etwas finden!"
Die Jünger taten so. Inzwischen machte Jesus am Boden ein Kohlenfeuer und legte darauf zunächst Brot und einen Fisch, den er selbst mitgebracht hatte. Der Fischfang brachte nun Erfolg; Jesus, der selbst nie Fischer gewesen war, hatte einmal wieder sein Wissen dazu benutzt, seinen Jüngern zu helfen. „Sie kamen auf dem Schiffe und schleppten das Netz mit den Fischen nach." Und Johannes, der dabei war, berichtet in seinem 21. Kapitel weiter: „Da sie ans Land stiegen, sahen sie ein Kohlenfeuer am Boden, darauf einen Fisch und Brot dabei. **‚Bringt von den Fischen, die ihr jetzt gefangen!' sagte Jesus zu ihnen. Sie taten also. Nach einer Weile sagte Jesus: ‚Kommet, esset!' Jesus nahm das Brot und von den Fischen und gab es ihnen." Dies war bereits das drittemal, daß Jesus sich nach der Auferstehung seinen Jüngern offenbarte, schreibt Johannes.**

Ohne Zweifel gab es auch von den anderen Berichterstattern solche und ähnliche Berichte über die Handlungen Jesu nach der Auferstehung. Sie sind uns heute nicht mehr erhalten. Deshalb wirken die Evangelien auch wie abgehackt, sobald es sich um Berichte handelt, die in die Zeit nach der Auferstehung

stehung fallen. Offensichtlich wollte man in späterer Zeit keinen so „voll materiellen" Jesus mehr nach der Auferstehung haben. **So ist eine zweifellos berechtigte Schriftenkritik auch zu dem Ergebnis gelangt, daß weite Passagen bei Johannes 14 bis 17, 26 sich kurz v o r der Himmelfahrt ereignet haben und nicht dort, wo sie heute stehen, nämlich schon vor der Gefangennahme.** Dorthin passen sie gar nicht, dafür aber praktisch hundertprozentig in die Zeit kurz vor der Himmelfahrt. Die kirchliche Liturgie verwendet deshalb auch für die Zeit zwischen Ostern und Himmelfahrt reichlich solche Worte Jesu, die heute – irrtümlicherweise – in die Zeit vor der Gefangennahme datiert sind.

Wo immer man sachlich nachprüft, kommt es eindeutig zutage, daß Jesus in voller materieller Existenz auferstanden ist. Diese Tatsache hat einige Konsequenzen für das Christentum, denn sie steht ja in der Bibel. Und sie hat Konsequenzen für das Volk der Israeliten.

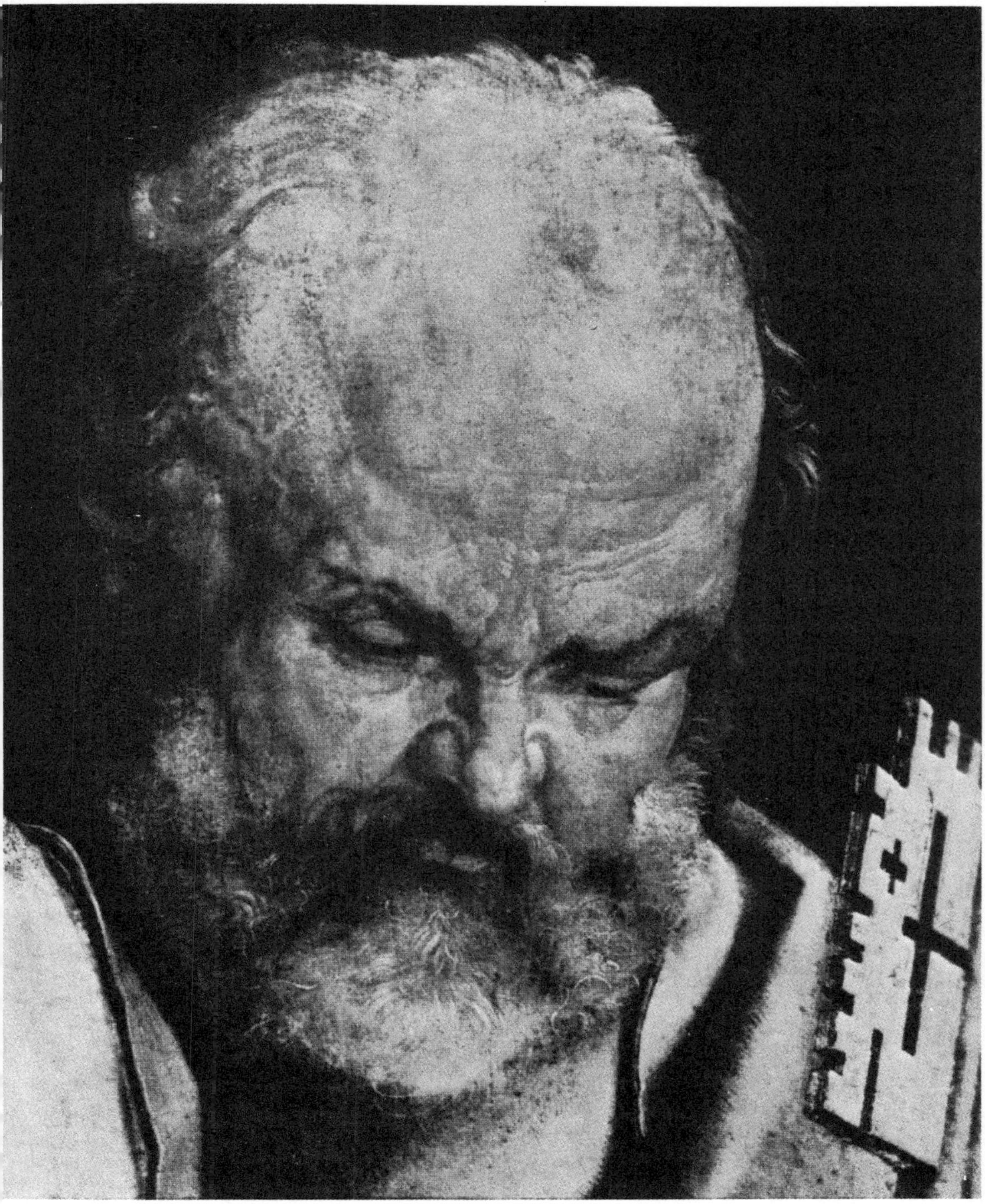

*Apostel Petrus, Kronzeuge für die Auferstehung Jesu in Fleisch und Bein, mit irdischem Blut.
Petrus: „... die wir mit ihm gegessen und getrunken haben n a c h s e i n e r Auferstehung ..." (Apostelg. 10, 41)
Essen und Trinken tut man in dieser Welt, auf dieser Erde nur mit Personen aus Fleisch und Blut!*

Aufgefahren in den Himmel

„... und ist dem Kephas erschienen, dann den Zwölf; sodann erschien Er mehr als fünfhundert Brüdern zugleich, von denen die meisten bis jetzt noch leben, einige aber entschlafen sind; sodann erschien Er Jakobus, dann allen Aposteln, zuletzt aber von allen ... erschien Er auch mir!"

Dieser Bericht des Apostels Paulus, geschrieben im ersten Korintherbrief, fünfzehnter Vers, bezeugt seinen durch die Jahrtausende getragenen Irrtum. In einem Atemzuge vergleicht hier Paulus die himmlische Erscheinung Jesu, die er etwa zwei bis drei Jahre nach der Himmelfahrt erlebt hatte, mit den Begegnungen zwischen Jesus und den Aposteln und Jüngern innerhalb der vierzig Tage von der Auferstehung bis zur Himmelfahrt Jesu.

Aus diesem grundsätzlichen sachlichen Irrtum des Paulus heraus hat sich die gesamte Paulustheologie vom verwandelten Auferstehungsleib und mit allen sonstigen Folgen entwickelt. Es ist nicht zu bezweifeln, daß dem Saulus, als er Jahre nach der Himmelfahrt seine Bekehrung erlebte, Jesus in der himmlischen Existenzform erschienen war, in die er sich bei seiner Himmelfahrt verwandelt hatte. Die Apostel jedoch, und mit ihnen die genannten fünfhundert Jünger, hatten Jesus Christus nach der Auferstehung erlebt und gesehen im gleichen Fleisch und Bein, das er vor und bei der Kreuzigung hatte – – – kein anderes Fleisch, kein anderes Bein und kein anderes Blut nach der Auferstehung als vor der Hinrichtung, das kann mit vollkommener Sicherheit gesagt werden! Nicht zuletzt der sehr spärlichen Berichte wegen, die die Heilige Schrift heute enthält, wurde die Himmelfahrt Jesu zu allen Zeiten angezweifelt, noch viel mehr als die Auferstehung Jesu, die schon genügend bezweifelt wurde. Bei **Matthäus findet sich kein Wort über die Himmelfahrt, jedenfalls nicht in den heute vorhandenen Berichten, und dies, obwohl er doch bei der Himmelfahrt zugegen war, ebenso wie der Apostel Johannes, der angeblich in seinem Zeugnis kein Wort davon geschrieben haben soll.** Hier widerspricht die uns überlieferte Fassung der Heiligen Schrift jedem natürlichen Empfinden und vernünftigen Denken. Ganz gewiß haben doch sowohl Matthäus wie auch Johannes von der mit eigenen Augen erlebten Himmelfahrt Christi ausführlich berichtet – schon einfach deshalb, weil es für jeden Berichterstatter widersinnig und ganz unnatürlich wäre, zuerst ausführliche Einleitungen, lange Prologe zu schreiben und dann die so wichtige und bedeutungsvolle Himmelfahrt überhaupt nicht zu erwähnen! Das gab es nicht und gibt es auch nicht. Nein, diese Zeugnisse zweier Augenzeugen – eben Matthäus und Johannes – wurden später einfach abgeschnitten – und genau so wirken diese Berichte auch: **wie abgeschnitten!** Irgendwelchen Stellen oder einer ganzen Lehrrichtung haben später diese authentischen Aussagen nicht mehr gepaßt. Und darum ist es heute für jeden erkennbar, daß auch die Berichte des Markus und Lukas Zusätze aus viel späterer Zeit enthalten.

Von dem gesamten, so ungeheuer wichtigen Vorgang der Himmelfahrt ist nur in der Apostelgeschichte noch ein Bericht vorhanden, der offensichtlich aus zweiter oder dritter Hand stammt. Die Berichte der Originalzeugen sind entfernt worden; und wo immer in aller Welt der nun verstümmelte Bericht den modernen Menschen vorgesetzt wird, wird er verlacht und verspottet, weil er unglaubwürdig erscheint, und mit ihm wird Leben und Werk Jesu Christi entwertet. Welchen Bericht gibt die Apostelgeschichte über die Himmelfahrt Jesu?

> **„Als er dies gesprochen hatte, ward er vor ihren Augen emporgehoben, und eine Wolke entzog ihn ihren Blicken. Als sie unverwandt gen Himmel schauten, während er hinging, siehe, da standen zwei Männer in weißen Gewändern bei ihnen. Diese sprachen: Ihr Männer von Galiläa, was steht ihr da und schaut zum Himmel hinauf? Dieser Jesus, der von euch weg in den Himmel aufgenommen worden ist, wird ebenso wiederkommen, wie ihr ihn habt auffahren sehen in den Himmel. Dann kehrten sie nach Jerusalem zurück."**

Das wäre ein durchaus glaubwürdiger Bericht, wenn man um die vorhergehende Verwandlung Jesu weiß, deren Zeitpunkt bisher so gerne in das Grab bzw. v o r die Auferstehung gelegt wurde, ohne zu begreifen, daß damit die Auferstehung Jesu zu einer Angelegenheit des Jenseits gemacht ist. **Dagegen ist die Auferstehung Christi im Diesseits im Alten Testament prophezeit, eine Auferstehung im alten Fleisch und Bein.**

So liegt über der Himmelfahrt bis heute der Schleier des Geheimnisses um die Verwandlung Jesu. Damit dieses Geheimnis nicht ergründet werden könne –

Himmelfahrt Jesu, laut Apostelgeschichte.

so wollten es vermutlich spätere Mächte –, wurden die direkten Apostelberichte nicht mehr veröffentlicht.
Aus allem Wissen, aus aller Erfahrung und Erkenntnis, die uns Menschen des zwanzigsten Jahrhunderts gegeben ist, kann gesagt werden, daß Jesus kurz vor seiner Himmelfahrt jene Verwandlung herbeiführte, die ihm das Auffahren in den Himmel ermöglichte, jene Verwandlung, die später nicht mehr in das theologische Bild hineinpaßte, das man sich gemacht hatte, weil man die Verwandlung v o r der Auferstehung haben wollte. Alle Evangelienberichte wurden also abrupt abgeschnitten; damit war der Weg frei. **Als Folge davon stehen wir heute vor der Tatsache, daß seit langen Zeiten Millionen von Christen – von den Andersgläubigen ganz zu schweigen – die Himmelfahrt als ein Märchen, eine fromme, gut gemeinte Beigabe abtun. Sie können daran nicht glauben, weil sie ja wissen, daß Jesus auch ganz Mensch gewesen sein muß, allen irdischen Lebensbedingungen unterworfen. Wäre er das nicht gewesen, so wäre sein Leiden theologisch wertlos; denn nur die Hinnahme des irdischen Leidens, die Hingabe des irdischen Blutes konnte zur Erlösungstat werden.**

Die moderne Wissenschaft weist uns heute mühelos nach, daß irdisches Blut schon in etwa vierzehn bis siebzehn Kilometer Höhe in den Adern zu kochen beginnt. Das haben die Berichtabschneider der damaligen Zeit natürlich nicht gewußt und bedacht, auch nicht, daß der Ort der himmlischen Mächte, der Thron Jesu bestimmt um einiges weiter von der Erde entfernt im Weltall, jenseits unserer Sphären liegen muß als ganze siebzehn Kilometer, und dazu in den jenseitigen Welten. Also mußte Jesus seinen Leib in den Himmelfahrtsleib verwandeln, um die irdischen Gesetze überwinden zu können. Die Kreise, die damals in den ersten Jahrhunderten die authentischen Berichte der Apostel unterdrückt oder beseitigt haben, haben dadurch die geschichtliche Wahrheit der Himmelfahrt Jesu der Lächerlichkeit preisgegeben, und wir brauchen uns nicht zu wundern, wenn Milliarden Menschen über diesen Bestandteil der christlichen Lehre lachen. **Nicht Millionen, Milliarden Menschen!**

Apostel Matthäus: Augenzeuge der Himmelfahrt, seine Berichte wurden später abgeschnitten.

Apostel Johannes: Augenzeuge der Himmelfahrt, seine Berichte wurden später abgeschnitten.

Aber zum guten Glück gibt es einen Apostel Paulus!

Paulus war kein Zeuge des Sterbens oder der Auferstehung Jesus, er war bei keinem dieser Vorgänge zugegen gewesen. Alles, was er darüber schreibt und kombiniert, beruht auf Meinungsbildung. So hatte Paulus nie erkannt, daß Jesus in Fleisch und Bein mit irdischem Leib auferstanden ist. Das bezeugt seine Aussage, die am Beginn dieses Berichtes abgedruckt ist, eindeutig. Und nun sollen, so will es sein Bericht, die Anderen Jesus auch so erlebt haben, wie er ihn bei seiner himmlischen Erscheinung, etwa zwei Jahre nach der Himmelfahrt, erlebt hat. Daß es ganz anders gewesen sein könnte, dieser Gedanke ist ihm bis an sein Lebensende nie gekommen. Nie hat Paulus die Zusammenhänge um die gleiche leibliche Existenz Jesu v o r und n a c h der Auferstehung erkannt. Und nie hat er die Zusammenhänge um die Existenz Jesu n a c h seiner Himmelfahrt erkannt. Für ihn galt alles, nach der Auferstehung bis zu der Erscheinung Jesu, die er selbst hatte, als ein gleichgebliebener Zustand.

Daraus sind dann natürlich einige prägnante theologische Mißdeutungen entstanden. Aber gerade deshalb wird uns der Irrtum des Paulus zum B e - w e i s , deshalb ist der Apostel

Paulus der Kronzeuge für die tatsächlich erfolgte Himmelfahrt Jesu!

Eines ist ganz sicher: Saulus, der Christenverfolger, hat die berichtete h i m m - l i s c h e Erscheinung Jesu gehabt, sonst wäre aus ihm nie ein Paulus geworden, der große Völkerapostel, der so vieles der grundsätzlichen Botschaft Christi mit einer ungeheuren Glaubenskraft in die Welt getragen hat, die für immer anerkannt ist! Paulus hat viel, sehr viel von der Legitimität Jesu gerettet durch sein unbedingtes, kämpferisches Eintreten für Jesus und seine Botschaft in der damals heidnischen Welt. So ist es verständlich und verzeihlich, daß er alles, was er lehrte, zum Dogma erhob und alle verdammte, sogar die Abgesandten der Apostel, die jemals etwas anderes sagten oder schrieben als er. So wird, was an Paulus groß und echt war, bleiben, und was an ihm klein und fehlerhaft war, wird vergehen; **denn der Jünger ist nicht größer als sein Herr.**

Über die himmlische Erscheinung Jesu, die Saulus, der nachmalige Paulus, hatte, gibt uns die Heilige Schrift drei verschiedene Berichte, die wir hier um der Vergleichsmöglichkeiten willen alle ausführlich wiedergeben:

Der erste Bericht bei Apostelgeschichte neun lautet:

„Saulus aber, noch schnaubend vor Drohung und Mord gegen die Jünger des Herrn, kam zum Hohenpriester und erbat sich von ihm Briefe nach Damaskus an die Synagogen, um diejenigen, die er etwa als Anhänger des Weges fände, Männer und Frauen, gefesselt nach Jerusalem zu führen. Unterwegs aber geschah es, daß er sich Damaskus näherte, und plötzlich umstrahlte ihn ein Licht vom Himmel, und er fiel auf die Erde und hörte eine Stimme, die zu ihm sprach: Saul, Saul, was verfolgst du mich? Er aber sagte: Wer bist du, Herr? der aber: Ich bin Jesus, den du verfolgst; doch stehe auf und gehe in die Stadt, und man wird dir sagen, was du tun sollst. Die Männer aber, die mit ihm des Weges zogen, standen sprachlos; sie hörten die Stimme zwar, sahen aber niemand. Saulus aber erhob sich von der Erde; doch als er die Augen auftat, sah er nichts; so nahmen sie ihn bei der Hand und führten ihn nach Damaskus. Und er sah drei Tage lang nichts und aß und trank nicht."

Der zweite Bericht, nun in der Ich-Form aus dem Munde des Paulus selbst, stammt aus dem Jahre 58 oder 59, als er in Jerusalem verhaftet wurde. Er ist zu lesen in der Apostelgeschichte zweiundzwanzig:

„Ich bin ein jüdischer Mann, geboren in Tarsus in Kilikien, erzogen in dieser Stadt, zu Füßen des Gamaliel, unterwiesen nach strenger Weise des väterlichen Gesetzes, ein Eiferer für Gott, wie ihr alle es heute seid. Als solcher habe ich diesen Weg verfolgt bis auf den Tod, habe Männer und Frauen in Fesseln gelegt und den Gefängnissen überantwortet; das bezeugt mir der Hohepriester und der ganze Ältestenrat; von ihnen erhielt ich auch Briefe an die Brüder und reiste nach Damaskus, um die dort Wohnenden gefesselt nach Jerusalem zu führen, damit sie bestraft würden.

Als ich aber dahinzog und mich Damaskus näherte, geschah es mir, daß mich gegen Mittag plötzlich vom Himmel her ein starkes Licht umstrahlte, ich stürzte zu Boden und hörte eine Stimme, die zu mir sprach: Saul, Saul, was verfolgst du mich? Ich aber antwortete: Wer bist du, Herr? Und er sprach zu mir: Ich bin Jesus, der Nazaräer, den du verfolgst.

Meine Gefährten aber sahen wohl das Licht, doch sie hörten nicht die Stimme, die mit mir redete.

Da sagte ich: Was soll ich tun, Herr? Der Herr aber sprach zu mir: Steh auf

und geh nach Damaskus, und dort wird man zu dir von allem reden, was dir zu tun geboten ist.
Da ich vor dem Glanz jenes Lichtes nichts sah, wurde ich von meinen Begleitern an der Hand geführt und kam nach Damaskus. Ein gewisser Ananias aber, ein Mann, fromm nach dem Gesetze, wohlbezeugt von allen dort wohnenden Juden, kam zu mir, trat heran und sprach: Bruder Saul, sei wieder sehend! Und in derselben Stunde sah ich auf zu ihm. Da sagte er: Der Gott unserer Väter hat dich vorherbestimmt, Seinen Willen zu erkennen und den Gerechten zu sehen und eine Stimme zu vernehmen aus Seinem Munde, daß du Ihm Zeuge seiest bei allen Menschen für das, was du gesehen und gehört hast. Und jetzt, was zauderst du? Steh auf und laß dich taufen und wasche deine Sünden ab, indem du Seinen Namen anrufst.
Da geschah es mir, als ich nach Jerusalem zurückkehrte und im Heiligtum betete, daß ich in Verzückung geriet und Ihn sah, der zu mir sprach: Beeile dich und gehe schnell aus Jerusalem, denn sie werden nicht annehmen dein Zeugnis über mich. Und ich sagte: Herr, sie wissen selbst, daß ich es war, der verhaften und prügeln ließ, von Synagoge zu Synagoge, die an Dich glauben; und als das Blut des Stephanus, Deines Zeugen, vergossen wurde, war auch ich zugegen und war einverstanden und verwahrte die Kleider seiner Mörder. Und Er sagte zu mir: Ziehe hin, ich will dich weit fort zu den Heiden senden."

Der dritte Bericht stellt ebenfalls eine Rede des Paulus dar, die er – im Jahre 60 – in Gegenwart des Königs Agrippa vor dem Richterstuhl des Prokurators Festus, also vor höchsten weltlichen Mächten gehalten hat. Paulus wurde aufgefordert, sich zu verteidigen, und sprach:

„Um meinen Lebenswandel, von Jugend auf, wie ich ihn von Anfang an unter meinem Volk und in Jerusalem führte, wissen alle Juden. Sie kennen mich von früher her, wenn sie es bezeugen wollen, daß ich nach der strengsten Schule unserer Gottesverehrung als Pharisäer gelebt habe. Und jetzt stehe ich wegen der Hoffnung auf die von Gott an unsere Väter ergangene Verheißung vor Gericht; zu ihr hofft unser Zwölfstämmevolk zu gelangen, beharrlich bei Nacht und Tag Gott dienend. Wegen dieser Hoffnung werde ich von den Juden angeklagt, König.
Warum gilt es bei euch als unglaubhaft, wenn Gott Tote erweckt?
Ich hatte nun bei mir gemeint, gegen den Namen Jesu, des Nazaräers, viel Feindseliges unternehmen zu müssen. Das tat ich auch in Jerusalem, und

viele von den Heiligen ließ ich ins Gefängnis werfen, wozu ich von den Hohenpriestern die Vollmacht erhalten hatte, und gab meine Stimme ab für ihre Verurteilung. Und in allen Synagogen suchte ich sie häufig durch Bestrafung zur Lästerung zu zwingen, und verfolgte sie in heftiger Wut, selbst bis in die auswärtigen Städte.

Dabei zog ich auch nach Damaskus, mit Vollmacht und Auftrag seitens der Hohenpriester; mitten am Tage sah ich unterwegs, König, vom Himmel her ein Licht, glänzender als die Sonne, das mich und meine Gefährten umstrahlte. Wir fielen alle zu Boden, und ich hörte eine Stimme, die in hebräischer Sprache zu mir sagte: Saul, Saul, was verfolgst du mich? Es ist hart für dich, gegen den Stachel auszuschlagen. Da sagte ich: Wer bist du, Herr? Der Herr aber sagte: Ich bin Jesus, den du verfolgst. Doch steh auf und stell dich auf deine Füße; denn darum bin ich dir erschienen, um dich zum Diener und Zeugen dessen zu bestimmen, was du gesehen hast und was ich dir zeigen werde; aussondern will ich dich aus dem Volk und aus den Heiden, zu denen ich dich sende, um ihre Augen zu öffnen, damit sie sich bekehren von Finsternis zum Licht und von der Gewalt des Satans zu Gott; sie sollen Vergebung der Sünden empfangen und Erbteil unter den Geheiligten durch den Glauben an mich. Daher, König Agrippa, blieb ich nicht ungehorsam gegen die himmlische Erscheinung ..." (Apg. 26)

„Daher blieb ich nicht ungehorsam gegen die himmlische Erscheinung". Das sind die dokumentarisch festgehaltenen Worte des Paulus vor höchsten weltlichen Richtern und vor einem König. Sein Zeugnis ist der eigentliche, heute gültige Beweis dafür, daß Jesus zu diesem Zeitpunkt längst in die himmlischen Regionen eingegangen war, ja daß er wiederum zur Erde zurückkehrte, um sich mit himmlischer Macht seiner im Werden, in den ersten großen Wehen liegenden Kirche anzunehmen, indem er den Saulus, seinen großen, fanatischen Feind, überwand, umdrehte und zum großen fanatischen Paulus machte. Dieser Paulus kämpfte nun fanatisch für Christus gegen eine Welt, späterhin allerdings sogar gegen die Apostel, die in manchen Dingen anders lehrten als er selbst.

Paulus ist uns Zeuge für die Himmelfahrt, die tatsächlich erfolgte Himmelfahrt Jesu; denn ohne das himmlische Erscheinen Jesu wäre er immer ein Saulus, ein Zerstörer der Urkirche geblieben!

Doch war Paulus nie ein Zeuge für die Auferstehung Jesu; in diesen Fragen ist er nicht kompetent. Kompetent waren hier die anderen Apostel, die Zwölf, denen Jesus nach der Auferstehung mit unverwandelten irdischem Leib begegnet war. Paulus hatte das nicht begriffen; uns kann das aber nicht mehr schaden, denn wir wissen es jetzt und heute.
Vielleicht war es Paulus bestimmt, dies nicht zu erkennen, damit sein für Jesus

Christenverfolger Saulus – Apostel Paulus: Kronzeuge für die erfolgte Himmelfahrt Jesu. Nur die himmlische Erscheinung Jesu machte Saulus zu Paulus.

brennendes Herz nicht durch Gedankengänge gestört wurde, die d a m a l s zunächst tatsächlich nicht wichtig waren. **Damals ging es darum, die „Sekte der Anhänger Jesu" im Judentum zur Weltkirche zu machen, sie vor dem drohenden Untergang zu bewahren. Da mußte der himmlische Jesus eingreifen. Und so galten auch für Paulus die Worte Jesu, die er kurz vor seiner Himmelfahrt sprach (nicht vor seiner Kreuzigung, wie sie heute in der Bibel eingeordnet sind):**

> **„Ich habe euch noch vieles zu sagen, aber ihr könnet es jetzt noch nicht tragen."**

Die starke Weltkirche unserer Tage aber ist keine Jesus-Sekte mehr. Sie kann heute vieles tragen und vieles durchführen. Denn Jesus Christus will es!

V. Teil

VOLLKOMMENE ERLÖSUNG DURCH DAS BLUT JESU CHRISTI

Nach einem authentischen apostolischen Schreiben von Papst Johannes XXIII. an alle Bischöfe der Welt – veröffentlicht im „Osservatore Romano" = Zeitung des Vatikans, am 2. Juli 1960 – benötigte die Menschheit zur vollkommenen Erlösung kein Sterben von Jesus Christus.

Ein sehr denkwürdiges Schreiben von Papst Johannes XXIII. hat alle Bischöfe und sonst bedeutende Stellen der Welt erreicht. Darin geht es um den Wert des „kostbaren Blutes unseres Herrn Jesus Christus". Ganz klar tritt zutage, daß die vollkommene Erlösung des Menschengeschlechtes durch

DAS BLUT JESU CHRISTI

erfolgt ist. Eine theologische Unmöglichkeit wäre es, etwas, das vollkommen stattgefunden hat, mit irgendeinem anderen Vorgang bzw. Faktor steigern zu wollen. Entweder hat die Erlösung durch das Blut Christi stattgefunden, dann wurde ein „Sterben" dazu nicht benötigt. Oder es war ein Sterben dazu notwendig, dann war das Blut Christi dazu nichts wert.

Überlassen wir die Antwort auf diese bedeutenden Fragen den Kirchenlehrern, und als kompetente Beantwortung sei das o.g. apostolische Schreiben zu dieser Angelegenheit hier in entsprechenden Auszügen wiedergegeben. Nach einer ausführlichen Einleitung gab der Papst dazu nachstehende ganz klare Aussagen:

„... Den Spuren Unserer Vorgänger treulich folgend in dieser Absicht, die Andacht zum kostbaren Blut Christi mehr und mehr noch zur Geltung und Blüte zu bringen. Die Verehrung des Blutes Christi, des Kaufpreises unserer Erlösung und des unsterblichen Unterpfandes allen Heils und Lebens, mögen sich die Christgläubigen fortan mit noch innigerem Eifer der Betrachtung gerade dieses Geheimnisses widmen ...!

Überströmt vom Lichte, das von den fruchtbaren Mahnungen der Heiligen Schrift wie der heiligen Kirchenväter und Kirchenlehrer sowie ihren Weisun-

gen ausgeht, mögen sie bei sich bedenken, welche überreiche unendliche Macht und Kraft es besitzt, dies wahrhaft kostbare Blut, von dem ‚ein einziger Tropfen schafft die ganze Erde neu, wäscht alle Sünden rein (also auch die Erbsünde, d. Verf.), macht alle schuldenfrei' – wie die Kirche mit dem Munde des engelgleichen Lehrers singt (Thomas v. Aquin, Hymnus Adore Te, devote) und es von Unserem Vorgänger Clemens VI. weise bestätigt und ausdrücklich bekräftigt worden ist (Bulle Unigenitus Dei Filius, 25. 1. 1343 – R., 550).

Und da sie nun so wahrhaft unendlich und unermeßlich ist, diese Kraft des Blutes Christi, des Gottmenschen, das unseren Heiland zu seiner Vergießung bewegte – schon vom achten Tag nach seiner Geburt an, an dem Er beschnitten wurde; und wieviel reichlicher erst dann, als Er im Garten Gethsemane ‚von Todesangst befallen noch inständiger betete'; da Er von Geißeln verwundet und mit Dornen gekrönt wurde; auf den Kalvarien-Berg hinaufstieg und dort ans Kreuz geschlagen; endlich da Seine Seite mit der größten Wunde eröffnet worden ist; auf daß wir das Zeichen jenes göttlichen Blutes erhalten, ... für alle Gläubigen, die im Bad dieses Blutes wiedergeboren sind ...!

Dann können die Gläubigen ... wahrhaftig jene Worte im Geiste wiederholen, die vom Priester ... gesprochen werden: ‚Den Kelch des Heiles will ich ergreifen und den Namen des Herrn anrufen. Das Blut unseres Herrn Jesus Christus bewahre meine Seele zum ewigen Leben. Amen!' **Auf diese Weise geschieht es ohne Zweifel, daß die Gläubigen ... reiche Früchte der Erlösung, der Auferstehung und des ewigen Lebens erfahren, die das von Christus, im Heiligen Geist DARGEBRACHTE BLUT DER GANZEN MENSCHHEITSFAMILIE ERWARB!**

... Dies ausgegossene Blut wäscht die ganze Erde rein ... Das ist der Kaufpreis des Erdkreises; damit hat Christus die Kirche sich erworben. Solches Denken ordnet unsere Gefühle und dämpft unsere Leidenschaften ... Bedenken wir, welch großer Dinge uns Gott gewürdigt hat ...

Möchten doch alle, die der Christenname ziert, sich recht oft im Geiste der väterlichen Mahnung des ersten Papstes zuwenden, der schrieb: ‚So wandelt in Furcht, solange Ihr hienieden als Fremdlinge weilt. Ihr wißt ja, daß Ihr nicht mit vergänglichen Werten, mit Gold und Silber ... losgekauft seid, **sondern durch das kostbare Blut Christi!' (1 Petr. 1, 17).**

Voller Vertrauen der Hoffnung gewiß, ehrwürdige Brüder, daß diese Unsere väterlichen Mahnungen, dem christlichen Volk und Eurem Klerus von jedem von Euch auf die angemessenst erscheinende Weise bekanntgemacht, nicht nur mit bereitem Herzen, sondern auch tätiger Freude aufgenommen, ihre heilsame Verwirklichung erfahren.

Wir erteilen Euch als Verheißung göttlicher Gnaden und Unterpfand Unseres besonderen Wohlwollens, allen zusammen und jedem einzelnen, wie auch den Euch anvertrauten Herden, und namentlich jenen, die diesen Unseren Wünschen fromm und eifrig im Geiste entsprechen, mit überströmender Liebe den Apostolischen Segen.

Gegeben zu Rom beim heiligen Petrus am 30. Juni, dem Vorabend des Festes des Kostbaren Blutes unseres Herrn Jesus Christus, im Jahre 1960, dem zweiten Unseres Pontifikates. gez. Papst Johannes XXIII."

Deutlicher konnte die vollkommene Erlösung der Menschen durch das Blut Jesu Christi von niemandem herausgestellt werden. Und die Theologen sowie alle Christen begreifen die Tragweite: Die vollkommene Erlösung der Menschen ist durch das Blut Jesu Christi erfolgt! Sterben war nicht erforderlich.

Am 30. Juni 1960, als das vorgenannte apostolische Schreiben veröffentlicht wurde, waren Papst Johannes XXIII. die gesamten Entdeckungen am Grablinnen Christi längst bekannt, und zwar seit Februar 1959 durch die damalige Petition des Deutschen Forschungskonvents an Seine Heiligkeit (Text und Antwort in diesem Buch unter DOKUMENTATION). Ebenso war die ILLUSTRIERTE SONDERAUSGABE mit dem Teilabdruck der Entdeckungen schon im April 1960 im Vatikan bekannt.

Die ausdrückliche Herausstellung der vollkommenen Erlösung der Menschen durch das Blut Jesu Christi in einem apostolischen Schreiben an alle katholischen Bischöfe der Welt ist von größter Bedeutung. Diese Lehre war ja seit den Urtagen des Christentums immer vorhanden, sie war lediglich überdeckt worden durch die Sterbe-Erlösungs-Theorie des Paulus.

Das Schreiben des Papstes hat auch gleich seine Wirkung getan. So trafen sich z. B. sämtliche deutschen Bischöfe im Jahre 1961 zu einer Konferenz in Bühl. Im Anschluß daran wurden ein Aufruf und ein Gebet herausgegeben.

Der Aufruf beginnt mit folgendem Wortlaut:

„Die in Bühl versammelten deutschen Bischöfe haben in ihren

Beratungen auch die durch den Eichmann-Prozeß aufgeworfenen Fragen besprochen. Sie stellten fest, daß die deutschen Katholiken den Prozeß mit großem Ernst verfolgen, tief betroffen darüber, daß so furchtbares Unrecht durch Menschen aus unserem Volk geschehen konnte.

Die erschütternden Aussagen des Prozesses werfen erneut die Frage auf, wie es zu dieser entsetzlichen Schändung der Menschenwürde und zur Vernichtung ungezählter Menschenleben kommen konnte. Solches ist geschehen, weil die politische Führung unseres Volkes sich angemaßt hat, ewige Gesetze Gottes außer Kraft zu setzen ..."

Das hierzu beschlossene Gebet, das in allen katholischen Kirchen Deutschlands gebetet wurde, hat folgenden, hier vollständig wiedergegebenen Wortlaut:

„Herr, du Gott unserer Väter! Du Gott Abrahams, Isaaks und Jakobs. Du Vater der Erbarmung und Gott allen Trostes. Du hast dich deines Knechtes Israel angenommen und ihm und allen Menschen Jesus Christus, deinen Sohn, als Erlöser gesandt. Ihn, der schuldlos war, hast du für uns dahingegeben, damit durch ihn alle gerettet werden.

Wir bekennen vor dir: Mitten unter uns sind unzählige Menschen gemordet worden, weil sie dem Volke angehörten, aus dem der Messias dem Fleische nach stammt.

Wir bitten dich: Führe alle zur Einsicht und Umkehr, die auch unter uns mitschuldig geworden sind durch Tun, Unterlassen und Schweigen. Führe sie zur Einsicht und Umkehr, damit sie sühnen, was immer sie gefehlt. Vergib um deines Sohnes willen in deinem grenzenlosen Erbarmen die unermeßliche Schuld, die menschliche Sühne nicht tilgen kann.

Laß unter uns das Vorbild der Menschen wirksam werden, die sich bemühten, den Verfolgten zu helfen und den Verfolgern zu widerstehen.

Tröste die Trauernden, sänftige du die Verbitterten, Einsamen und Kranken. Heile du die Wunden, die den Seelen geschlagen wurden. Laß uns und alle Menschen immer mehr begreifen, daß wir einander lieben müssen, wie dein Sohn uns geliebt hat.

Gib den Ermordeten deinen Frieden im Lande der Lebendigen. Ihren ungerecht erlittenen Tod aber laß heilsam werden durch das Blut deines Sohnes Jesus Christus, der mit dir lebt und herrscht in der Einheit des Heiligen Geistes, Gott von Ewigkeit zu Ewigkeit. Amen."

Dieses Gebet ist in allen seinen Teilen von Bedeutung für die Darlegungen dieses Buches, gerade auch in der Behandlung des Verhältnisses zwischen Juden und Christen und des Verhältnisses zwischen den Juden und Jesus Christus. Es ist den Juden in den vergangenen anderthalb Jahrtausenden viel Schweres angetan worden, und viele der bösen Taten haben die Christen stillschweigend geduldet, weil die Betroffenen angeblich zum Volk der „Gottesmörder" gehörten, so daß man in den Verfolgungen weithin den Willen Gottes und die Auswirkungen seines Strafgerichts zu erkennen glaubte. – Doch soll auf dieses Problem hier nicht näher eingegangen werden. Der Wortlaut des Gebetes wurde in erster Linie seines Schlußwortes wegen wiedergegeben, in dem es heißt:

> „Ihren (der Juden) ungerecht erlittenen Tod aber laß heilsam werden durch das B l u t Deines Sohnes Jesus Christus, der mit Dir lebt und herrscht in der Einheit des Heiligen Geistes, Gott von Ewigkeit zu Ewigkeit. Amen."

Noch vor wenigen Jahren hätte an der diesbezüglichen Stelle gestanden:
„... durch das Leiden und S t e r b e n Deines Sohnes Jesus Christus ..."
Hier erweist sich, wie fast unmerklich eine Distanzierung von der tatsächlich falschen „Sterbe-Erlösungs-Theorie" erfolgt. Noch ein weiteres Mal hat Papst Johannes XXIII., in seiner Osterbotschaft 1961, ausdrücklich die vollkommene Erlösung durch das Blut Jesu Christi mit folgenden Worten hervorgehoben:

> „... für das Heil der ganzen Herde Christi, die Er, der göttliche Hirte der Seelen, mit seinem B l u t e erlöst hat."

Erlösung durch das Blut Christi – das ist die Uraussage der Apostelgemeinde in Jerusalem. Dort wurde diese Erlösungslehre geprägt und verkündet und hat sich noch viele Jahrzehnte später in den Briefen des Apostels Johannes manifestiert:

> **„Wenn wir aber im Lichte wandeln, so wie Er im Lichte ist, so haben wir Gemeinschaft miteinander, und d a s B l u t J e s u C h r i s t i macht uns von j e d e r Sünde rein."**

So schreibt Johannes im ersten Johannesbrief, erstes Kapitel, siebenter Vers. Auch Petrus teilte diese Überzeugung, wie wir dem ersten Petrusbrief, Vers 18, entnehmen können:

> **„Ihr wisset ja, daß ihr nicht mit vergänglichen Gütern, mit Silber und Gold ... losgekauft wurdet, sondern durch das kostbare Blut Christi ..."**

Zu keiner Zeit hat die „Sterbe-Erlösungs-Theorie" in der Urgemeinde in Palästina Fuß gefaßt; das sehen wir aus dem Johannesbrief, der ja erst etwa zwanzig Jahre nach dem Tode des Paulus geschrieben worden ist. Es stand im Gegenteil die Urgemeinde in Palästina oft in schweren theologischen Kämpfen mit Paulus, der in den umliegenden Ländern lehrte. Moderne Forschungen haben erwiesen, was vielen Christen unbekannt geblieben ist, daß die meisten Schimpfworte und Verdammungsflüche, die Paulus in seinen zahlreichen Briefen recht freigebig austeilte, der damaligen Palästinagemeinde und den Abgesandten der Apostel gegolten haben. Es sei in diesem Zusammenhang nur kurz auf die umfangreichen Forschungen von Professor Dr. E. Stauffer verwiesen und auf seine in letzter Zeit herausgekommene Schrift „Jesus, Paulus und wir" (Friedrich Wittig Verlag, Hamburg), die enormes Material darüber enthält.

Was geschieht denn eigentlich, wenn die „Sterbe-Erlösungs-Theorie" wegfällt? Keinesfalls die Botschaft Jesu, nicht die Kirche, nicht Petrus, auf den die Kirche gegründet ist, werden dadurch Schaden erleiden und nicht ein einziger Christ! Der Schaden wird allein Paulus treffen, dessen Sterbe-Erlösungs-Theorie durch die Entdeckungen am Grablinnen Christi natürlich zusammenbricht, und mit ihr die Hypothese, die Verwandlung des Leibes Jesu sei im Grab erfolgt. Sie wird fallen; denn Jesus ist mit gleichem Fleisch und Bein auferstanden, mit dem er gekreuzigt wurde. Daß es so war, ist für die gesamte geschichtliche Entwicklung von entscheidender Bedeutung.
Aber was macht das schon, wenn Paulus in einigen Dingen unrecht hat? Der Apostel Paulus hat in so vielen Dingen recht! Er ist ein so großer Mann geworden, für zahlreiche Christen sogar größer als Jesus. Dies ist dann zu merken, wenn in den Predigten der Name Paulus laufend genannt wird und der Name Jesus oder Christus kaum erscheint. Von Petrus – auf den die Kirche

gegründet sein soll und ist – ganz zu schweigen, der ist von Paulus längst überrundet. Die anderen Apostel – Jesus hatte doch zwölf erwählt – sind fast vergessen, gerade noch Matthäus, Johannes und Thomas (der Zweifler) ausgenommen. Alle Apostel haben Schriften hinterlassen!
Nein, warum soll man heute nicht die Aussagen des Paulus dort korrigieren dürfen, wo er einfach im Unrecht ist. Das ist außer seiner Sterbe-Erlösungs-Theorie und seiner Aussage über die „Verwandlung im Grabe" noch eine ganze Menge, die in diesem Buch keine Rolle spielen soll. Damit befassen sich andere Stellen.

Wer in diesen Fragen auf Paulus baut oder baute, der hat auf Sand gebaut, das ist heute ganz sicher. Und doch, bitte keine Mißverständnisse: Paulus ist und bleibt ein großer Apostel des Herrn, ein sehr großer, aber er wird sich jetzt diese Kritik gefallen lassen müssen, die er sich nie, am wenigsten im Streite mit der Lehre der anderen Apostel, gefallen ließ. Es ist heute bereits zur Gewißheit geworden, daß die Erlösungslehre der Urgemeinde in Palästina:

> **Die vollkommene Erlösung durch das Blut Jesu Christi, wieder zur vollen Blüte kommen und neue, weltweite Früchte tragen wird!**

Einige Zeit später:

Solomon diskutiert mit Professor Dr. Hirt

(Für Interessenten wird mitgeteilt, daß der Name Professor Dr. Theodor Hirt seit Jahren der in jeder Hinsicht berechtigte Schriftstellername einer entsprechenden, in Fachkreisen wohl bekannten Persönlichkeit ist. Professor Dr. Hirt handelt und schreibt in dieser Sache unter diesem Schriftstellernamen, weil er, wie er äußerte, keinen Entdeckerruhm ernten möchte. Denn, so sagte er: „Die Entdeckungen am Grablinnen Jesu sind das Werk einer Arbeitsgemeinschaft. Keine Einzelperson ist berechtigt zu sagen, sie hätte eine alleinige Entdeckerleistung vollbracht!")

Nachstehende Diskussion ist bis auf einige Kürzungen Originaltext.

(S.: = Herr Solomon, H.: = Prof. Dr. Hirt.)

S.: **Herr Professor, es hat ja inzwischen in dieser „Linnen"-Angelegenheit allerhand Aufregung gegeben. Ich würde nun gerne einige Fragen an Sie stellen, die aufgetaucht sind.**

H.: Bitte, Herr Solomon, fragen Sie!

S.: Zunächst muß ich dazu sagen: Sie hatten recht, es steht in den griechischen Urschriften der Bibel an den wichtigen und entscheidenden Stellen tatsächlich „Er gab seinen Geist auf", und zwar wird dort das griechische Wort „Pneuma" verwendet.

H.: **Sie geben das Stichwort!**

S.: **Bitte, was meinen Sie damit, Herr Professor?**

H.: Ich wollte sagen, daß Sie mit diesem griechischen Wort „Pneuma" das entscheidende Stichwort für die Diskussion gegeben haben. Aber fragen Sie bitte zunächst weiter.

S.: Ich möchte auf Folgendes hinaus: Wenn zum Beispiel in der Bibel stehen würde: **„Darauf neigte er sein Haupt, und sein Herz stand still"**, so bestünde ein absoluter Widerspruch zwischen der Aussage der Bibel und den Entdeckungen der Linnen-Forschung, die besagen, daß das Herz n i c h t stillstand.

H.: **Richtig!**

S.: **Nachdem aber in den Urschriften steht, Jesus habe „den Geist aufgegeben", ist ein direkter Widerspruch nicht vorhanden. Aber – und jetzt kommt das große „Aber", Herr Professor, an anderen Stellen der Bibel**

sprechen die Berichterstatter von damals, gerade wenn sie über die Ereignisse von Golgatha sprechen, immer wieder vom Tod Jesu, und sie verwenden auch den Begriff „tot".

H.: Das ist uns durchaus bekannt. Nun könnten wir Wissenschaftler es uns ja auch ganz einfach machen und sagen: Hier ist das Linnen mit seinen klaren Beweisen – dort ist die Aussage einer Bibel, die in ihrer jetzigen Gestalt aus dem vierten und fünften Jahrhundert stammt – was sollen wir uns darum noch kümmern? Nein, Herr Solomon, so einfach ist die Angelegenheit weder für uns noch für die Theologen; denn der gesamte Komplex greift in verschiedene Gebiete, die man alle zusammen mißverstehen oder die man logisch klären kann. Selbstverständlich kommen wir niemals zu einem Ziel, wenn verlangt wird, die Bibel müsse in allen Teilen ganz nach dem Buchstaben verstanden werden. In diesem Falle wäre es ziemlich einfach, sie sozusagen außer Kurs zu setzen, weil bei buchstabengetreuer Auslegung in unzähligen Fällen die Unrichtigkeit der Aussage beweisbar ist.

Aber gerade die Fach-Theologie nimmt diese „Buchstabenhaltung" gar nicht ein, sondern sucht den Sinn in den Worten! Es kommt hier außerdem hinzu die Frage einer exakten Übersetzung: Es gibt auf dieser Welt über 400 000 verschiedenartige Übersetzungen der Bibel. Keine stimmt genau dem Buchstaben nach mit einer anderen überein. Solches ist überhaupt unmöglich, weil vielfach nur dem Sinn nach übersetzt werden kann.

S.: **Ich habe mich nicht auf die Übersetzungen bezogen, Herr Professor, sondern auf die Stellen in der Urschrift, in denen zwar niemals deutlich von dem Begriff „gestorben sein" gesprochen, aber doch der Begriff „tot" genannt wird.**

H.: Hier sind wir ja beim eigentlichen Problem angelangt! Wir Menschen von heute können uns nicht mehr in das damalige Weltbild hineindenken. Es war ein vollständig anderes. Ich darf da vielleicht ein Beispiel anführen:

S.: Ein Beispiel, ja bitte!

H.: Sehen Sie, wir verwenden doch ungezählte Male im Reden wie in der Literatur die Aussage: „Die Sonne geht im Osten auf und im Westen unter."

S.: **Wollen Sie sagen, daß das nicht stimme?**

H.: O nein, natürlich stimmt es, man sieht es ja tagtäglich. Und so spricht jeder, der sagt „die Sonne geht im Osten auf und im Westen unter", ohne Zweifel eine Wahrheit aus. Und wenn er es niederschreibt – es ist in der Bibel ja niedergeschrieben –, so ist dies eine Wahrheit.

S.: E i n e Wahrheit?

H.: Ja, eine Wahrheit; denn die Welt, das Leben, der Tod usw. bestehen aus vielen Wahrheiten.

S.: Ich kann Ihnen da nicht ganz folgen.

H.: Gehen wir ruhig weiter: „Die Sonne geht im Osten auf" – das ist eine sichtbare Wahrheit, allerdings vom Standpunkt eines bestimmten Weltbildes aus, nämlich dem Standpunkt des „Stehens auf der Erde". Wir wissen, daß von einem anderen Standpunkt aus, z. B. wenn wir auf der Sonne stehen würden, die Sonne stillsteht und die Erde sich um die Sonne dreht und zudem noch um ihre eigene Achse. Das ist nun wiederum eine Wahrheit – ein anderes Weltbild.

So ist es mit der Bibel. Dort geht die Sonne im Osten auf und im Westen unter. Unser moderner Standpunkt ist ein anderer, weil unser Weltbild ein anderes geworden ist.

S.: Was hat aber der Tod mit dem Weltbild zu tun?

H.: **Wir kommen gleich darauf zu sprechen. Ich frage Sie: Wann ist eigentlich ein Mensch tot? Die Bibel läßt dafür mehrere Möglichkeiten. Zum Beispiel spricht Jesus selbst mehrmals den Begriff „tot" aus, ohne daß er damit unseren heutigen „klinischen" Tod meinte. Sehen Sie einmal bei der Geschichte vom verlorenen Sohn nach! Dort läßt Jesus den Vater sagen: „Dieser, mein Sohn war tot, aber er ist wieder lebendig geworden!" Und dies nur deshalb, weil der Sohn in der Fremde fast verkommen war und wieder heimfand. Natürlich war der Sohn niemals in medizinischem Sinne tot. Vorsicht also, wenn in der Bibel der Begriff „tot" erscheint!**

S.: Sie meinen also, die Apostel hätten bei ihren Berichten diesen Begriff nur bildlich gemeint?

H.: **Sicher nicht, sie sprachen und schrieben ganz einfach aus dem Standpunkt ihres Weltbildes.**

S.: **Wie war das Weltbild der Apostel, also das Weltbild der Bibel?**

H.: Nun, daß die Sonne im Osten aufgeht und im Westen unter, das zum Beispiel ist das Weltbild der Bibel. Daß die Erde Grenzen habe – es heißt in der Bibel „bis an die Grenzen der Erde" –, das ist das Weltbild der

Apostel und das der Antike. Heute wissen wir, daß die Erde in Wirklichkeit eine kugelähnliche Gestalt und keine „Grenzen" hat. Grenzen haben nur die Länder dieser Erde. Die Bibel schreibt auch von den „vier Winden der Erde" und daß die Sonne am Mittag im Süden steht. **Schon auf der Südhälfte unserer Erde steht die Sonne am Mittag im Norden!**

Kurz, Sie sehen an den wenigen Beispielen, die beliebig erweitert werden können, daß die Bibel, also die Berichterstatter der damaligen Zeit, einfach ein anderes Weltbild hatten als unsere Zeit. Von ungefähr 2000 v. Chr. bis etwa 1500 n. Chr. stimmte das biblische Weltbild mit dem Wissen und den Erkenntnissen des Menschen überein. Auch die Apostel hatten kein anderes Wissen. Inzwischen aber hat Gott den Menschen ein anderes Weltbild eröffnet. Diese Tatsache muß beachtet werden.

S.: Aha, Sie meinen also demnach, die Bibel gehe von einem falschen Weltbild aus.

H.: **Nein, ihr Weltbild ist nicht falsch, sondern einfach ein anderes! Wir wissen heute auch lediglich, daß es jetzt ein anderes Weltbild gibt, nämlich das unsere; aber wir wissen nicht, ob in fernen Zeiten die Bewohner dieser Erde unser Weltbild nicht als „geistig arm" bezeichnen werden. Vermutlich wird es so sein.**

S.: Das ist sehr interessant; aber kommen wir damit nicht vom eigentlichen Thema ab, von „tot" und „Tod"?

H.: Mitnichten, Herr Solomon! Gerade der Tod ist für jedes Weltbild eine andere Sache. Es liegt ja eine Tragik gerade darin, daß die jeweils Lebenden sich nur schwer in das Weltbild vergangener Zeiten einfühlen können. Die Menschen vor acht- bis zehntausend Jahren hatten vom Tode eine andere Vorstellung wie die Menschen zu Jesu Zeit, und wir haben wiederum eine andere Vorstellung vom Tode wie die Menschen zu Jesu Zeit. Für uns ist der „TOD" ein medizinischer Faktor geworden.

S.: Wie war es damals zu Jesu Zeiten mit dem Tod?

H.: Das wollte ich eigentlich später ausführen, aber gut, packen wir es gleich an! **Sehen Sie, in der antiken Welt umfaßte der Begriff „Das Pneuma" alles, was das Leben des Körpers ausmacht.** Kein Mensch kannte ja die Zusammenhänge im menschlichen Körper, Blutkreislauf mit seiner Funktion usw. waren absolut unbekannte Dinge. So war auch nicht die Herztätigkeit als der entscheidende Lebensfaktor erkannt, sondern die Atmung bedeutete das „Leben".

Für die antike Welt war der Tod existent, wenn der Körper ohne „Pneuma" war. Stand der Atem still, so hatte das „Pneuma" den Körper verlassen und der Mensch war tot. Die Konsequenz dieser allgemein gültigen Ansicht ging so weit, daß Erhängen, Erdrosseln oder Ertränken als die schandhaftesten Todesarten galten, weil dabei angeblich das „Pneuma" gezwungen wurde, im Körper des Menschen zugrunde zu gehen, und es somit nicht in die andere Welt eingehen konnte. Ja selbst auf die Tierwelt wurde dieser Standpunkt übertragen. Es wurde verboten, Fleisch von ‚erstickten' Tieren zu essen. Noch heute kann man in der Bibel nachlesen, wie auf dem ersten Apostelkonzil im Jahre 48 von den Aposteln das Essen von ersticktem Fleisch verboten wurde. Soviel ich weiß, steht es in der Apostelgeschichte (Stimmt, im 15. Kapitel der Apostelgeschichte, der Verf.).

So war, wie gesagt, die damalige Auffassung. Irgendeine Wiederbelebung im heutigen Sinne des Wortes gab es damals nicht; erstmals im 2. Jahrhundert kam der römische Arzt Galen auf die Idee, es könnte mit dem „Pneuma-Aufgeben" eventuell doch nicht alles zu Ende sein!

S.: „Pneuma" war demnach also auch Seele?

H.: Ja, „Pneuma" war für die antike Welt der einfach alles umfassende Begriff. Es ist Unsinn, anzunehmen, irgendein Soldat der Antike hätte im Kampf oder bei einer Hinrichtung unbedingt auf das H e r z gezielt. Die g a n z e Brust galt als das Todeszentrum, weil man wußte, daß ein Stich in die Brust das „Pneuma" zum Verlassen des Körpers brachte, daß damit also der Tod der Antike eintrat. Heute nennt die Medizin einen solchen Vorgang „Pneumothorax", einen Vorgang, der die Lunge zum Stillstand bringt, weil Luft in den Brustraum eindringt. Dieser Zustand ist lebensgefährlich, bringt aber nicht in jedem Fall den Tod mit sich. Im Falle Jesu hatte vermutlich die Lunge ihre Tätigkeit zudem schon vor dem Lanzenstich in die Brust eingestellt. Ein solcher Stich in die Brust verursacht den Stillstand des Atems bzw. die „Aufgabe des Pneuma". Dieses wurde in der Antike sachlich als „der Tod" bezeichnet. Für das damalige Weltbild war der Mensch dann tot.

S.: **Das also wäre des Rätsels Lösung: Die Apostel waren mit vollem Recht der Meinung, Christus habe das Pneuma aufgegeben und sei somit tot. Und der Hauptmann hat sachlich einwandfrei dem Pilatus berichtet, der**

Hingerichtete sei tot, da das Pneuma aufgegeben war. Der Lanzenstich kam als Sicherheitsmaßnahme hinzu.

H.: **Ja, Herr Solomon, es mag banal klingen, aber so war es. Für die damalige Welt war Jesus tot – – – nicht aber tot in unserem heutigen medizinischen Sinne. Unser klinischer Tod ist ein anderer Tod, der Tod eines anderen Weltbildes.**

Erinnern wir uns doch in diesem Zusammenhang an den Jakobus-Brief des Apostels Jakobus Justus, des Herrenbruders, wie er dort die damalige Geisteshaltung so wunderbar hervorhebt:

> **„Gleichwie der Leib ohne Geist tot ist, so ist auch der Glaube ohne Werke tot!"**

Wir sehen hier wieder das damalige Weltbild. Damals war tot, wer den Geist aufgegeben hatte, und genau so wird über Jesus berichtet.

Heute jedoch ist nicht die Geistaufgabe ein Tot-Sein, sondern der Stillstand des Herzens. Die Herztätigkeit und der Blutkreislauf ist das Maß dieser Dinge geworden. Deshalb war Jesus – medizinisch gesehen – nicht verstorben, denn die Herztätigkeit war auch nach der Hinrichtung weiterhin vorhanden.

S.: Daraus, Herr Professor, ergibt sich zwangsläufig die Frage: War es dann noch eine Auferstehung?

H.: Aber natürlich! Daß das Pneuma aufgegeben war, das war ein Tot-Sein! **Es war kein Leben im klassischen Sinne mehr im Körper, weil einfach zum Leben der „Atem" gehört, auch heute!! Aber für die Auferstehung, wie sie Gott gewollt hat, weil sie sein Plan war, war die Existenz und der Verbleib einer Herztätigkeit im Körper einfach eine sachliche Notwendigkeit; denn Gott wollte eine Auferstehung desselben Körpers, desselben Fleisches, das Christus vor der Hinrichtung hatte.** Und diese Tatsache der vollkommenen Weiterexistenz nach der Hinrichtung, diese Tatsache hat die Theologie in den letzten zweitausend Jahren verbogen. Sie konnte sich selbst keine „echte" und wirklich materielle Auferstehung vorstellen, deshalb sprach sie von einem „verwandelten Körper". Es war ganz genau der gleiche Körper vor und nach der Auferstehung. Solches kann ohne weiteres aus den Berichten von damals bewiesen werden.

S.: Sie sind also der Ansicht, daß die Auferstehung ein natürlicher Vorgang war und durch einen natürlichen Faktor zustande kam.

H.: Ein natürlicher Faktor im Plane Gottes. Denn das ist ohne Zweifel klar, daß der gesamte Vorgang in Gottes Plan stand. Vollkommen eindeutig nimmt Jahrhunderte vorher die wesentliche Prophetie diese Ereignisse vorweg. Jesus hat alle diese Prophezeiungen auf sich bezogen, er hat vorausgesagt, daß er den Henkern ausgeliefert, daß er gekreuzigt wird und daß er auferstehen werde.

S.: **Am dritten Tage!**

H.: **Herr Solomon, man kann nicht daran zweifeln, daß Christus seine Hinrichtung und seine anschließende Wiederexistenz, die wir heute Auferstehung nennen, vorausgesagt und sich diesbezüglich öffentlich festgelegt hat. Denn er kannte die Prophezeiungen des Alten Testaments besser als mancher Schriftgelehrte.**

S.: Sie wollen also sagen, Jesus habe sich ganz konsequent an das gehalten, was nach seiner eigenen Aussage über ihn im Alten Testament gesagt ist.

H.: **Genau das hat er getan!**

S.: **Soll damit nun gesagt werden, daß Jesus als Mensch ganz genau den Ablauf der kommenden Ereignisse wußte? Also gewissermaßen auch, wie in den letzten Feinheiten seine Auferstehung würde zustande kommen?**

H.: Nein, das durfte er nach dem Plane Gottes nicht wissen, und er wußte es auch nicht, sonst hätte er am Kreuze nicht gerufen: „Mein Gott, mein Gott, warum hast Du mich verlassen!" Er durfte die letzten Feinheiten im Plane Gottes nicht wissen, sonst hätte das Menschliche in ihm nicht mehr so unbefangen gehalten werden können. Jede Befangenheit hätte ein eventuelles anderes Verhalten gefördert – schließlich war Jesus auch ganz Mensch – und damit den Plan Gottes gefährden können. Es ist absolut sicher: Gott wollte jene Pharisäer, Sadduzäer, Schriftgelehrten und die Römer mit Blindheit schlagen und so seinen Plan gelingen lassen.

S.: Interessant, interessant. – Auch ein Weltbild, Herr Professor!

H.: Nein, Herr Solomon, kein Weltbild. Aber diese Erkenntnis stimmt mit unserem modernen Weltbild überein und läuft ihm nicht davon, was bestimmt nicht Gottes Wille sein kann. Oder wissen Sie nicht, daß Wissenschaft eine Gabe des Heiligen Geistes ist?

S.: **Aber nein, diese Auffassung ist mir fremd. Immer hieß es, Wissenschaft und Religion würden sich gegenseitig ausschließen.**

H.: Keinesfalls. Fragen Sie doch die Tausende von Bischöfen der Kirche, welche sieben Gaben des Heiligen Geistes sie beim Sakrament der Firmung den Christen geben: „Weisheit und Verstand, Rat und Stärke, Wissenschaft und Frömmigkeit sowie die Gabe der Furcht des Herrn".

S.: Sie wollen also sagen, Herr Professor, alles, was Menschen als echtes Wissen erwerben und entdecken, ist von Gott gewünscht?

H.: **Es war nie anders!**

S.: Herr Professor, ich möchte mich nicht nur bei Ihnen für dieses Gespräch bedanken, sondern mich auch beglückwünschen. Bestimmt komme ich gelegentlich zu einer Fortsetzung wieder.

H.: **Bitte, Herr Solomon, Sie sind mir immer willkommen!**

Jesus Nicht am Kreuz gestorben

So urteilt die Presse

„Dieser Dokumentarbericht ... berichtet u. a. von außergewöhnlichen und überraschenden Entdeckungen über Jesus Christus, die in den letzten Jahren gemacht wurden. Es gibt keine christliche Religionsgemeinschaft — ganz gleich welcher Art sie auch sei —, die von diesen Entdeckungen über Jesus Christus nicht direkt betroffen wird. Entdeckungen die jeden Menschen angehen. Für jeden Menschen ist es am besten, sich mit diesen neuen Dingen um Jesus Christus so früh wie möglich zu beschäftigen; denn früher oder später wird sich jeder damit befassen müssen!"

Das schreibt die Fuldaer Volkszeitung.
zu den neuen Entdeckungen um Jesus Christus.

*

Unter der Überschrift

Evangelischer Standpunkt

urteilt die **RHEIN NECKAR ZEITUNG,** Heidelberg: „Evangelische Christen stehen abseits von der Reliquien-Verehrung. Durch die Reformation und ihre Abwehr des damals übertriebenen Devotionalien-

Kults um eine Flut von unechten Reliquien haben sie jedes Organ für eine Verehrung dieser Art verloren. Im Falle des Turiner Linnens werden jedoch auch die evangelischen Gläubigen vor eine Entscheidung gestellt, der sie nicht ausweichen können. Die Frage der Echtheit des Linnens tritt in den Hintergrund. Sie kann sogar angenommen werden. In jedem Falle kann aber kein Christ, ob katholisch oder evangelisch, gleichgültig zusehen, wenn die These aufgestellt wird, daß Christus nicht am Kreuz gestorben sei, weil sein Herz noch schlug und wenn dazu noch weiter behauptet wird: ‚Sicher ist die Atmung im Grab relativ bald wieder eingetreten'."

*

Die Berliner Morgenpost
urteilt über die bedeutenden Entdeckungen:

„. . . wenn wir das wichtigste Ergebnis der Linnen-Forschung skizzieren, es lautet: Der Körper, der in dem Linnen lag, war kein Leichnam. Aus den vorhandenen Abdrücken wurde festgestellt, daß aus den Wunden noch frisches Blut floß.
Nach den Gesetzen des Blutkreislaufes gibt ein Leichnam auch aus offenen Wunden kein frisches Blut von sich. Aus dieser und zahlreichen anderen Beobachtungen folgert die Wissenschaft, daß der Gekreuzigte, der im Turiner Linnen lag, zwar keine Atmungstätigkeit mehr hatte, dafür aber eindeutig noch Herztätigkeit.
Nun, die Wissenschaft hat gesprochen", schreibt die BERLINER MORGENPOST weiter. „Jetzt haben die Theologen das Wort. Wir sind sicher, daß es darüber noch zu hitzigen Diskussionen kommen wird."

*

Eine weitere Zeitung urteilt unter der Überschrift:

Ein Buch von weltweiter Bedeutung

wie folgt: „Das
Buch, für das Kurt Berna als Verfasser zeichnet, berichtet in allgemeinverständlicher Weise von den Ergebnissen neuer Forschungen um das seit 1572 in der Turiner Kathedrale aufbewahrte Grabtuch Jesu, das sogenannte ‚Turiner Linnen'. Für die Echtheit dieser wertvollen Reliquie, deren Existenz diese aufsehenerregende Publikation bis in die frühesten Jahrhunderte der Christenheit verfolgt, führt der Autor eine Reihe von historischen Zeugnissen und Beweisen an.
Diese Entdeckungen weltbewegender Art sollen die Fragen beantworten, ob der Körper Christi nach der Kreuzabnahme weiterhin eine Herztätigkeit aufwies . . .
Eine ausführliche Denkschrift . . ., eine medizinisch kritische Stellungnahme zu dem aufgeworfenen Problem, dessen Tragweite für die gesamte christliche wie jüdische Welt offenkundig ist. Bilddokumente von überzeugender Eindringlichkeit unterstützen die hochinteressanten Darlegungen, deren Inhalt jeden ansprechen muß, der eine ernsthafte Berührung mit diesem Thema sucht."
So unter anderem die **Ludwigsburger Zeitung.**

*

Der **Duisburger Generalanzeiger** ließ die Entdeckungen von Fachleuten überprüfen und schreibt dann unter anderem dazu wörtlich:

„. . . Besagte Wissenschaft . . . tritt nun den Beweis an, daß der Körper, der im Linnen lag, noch lebte, daß Christus also nicht am Kreuz gestorben ist. Dieser Beweis ist medizinisch haltbar, er ist wissenschaftlich exakt durchgeführt und läßt den eindeutigen Schluß zu, daß der Körper nach der Kreuzabnahme eine Herztätigkeit aufwies!"

In der Zeitschrift „Kommende Bücher" kommentiert Professor Friedrich Ginzel, Wien:

„Das Buch bringt echte und objektive Tatsachen für eine Christus-Botschaft im 20. Jahrhundert (das bekannte Grablinnen Christi in Turin), und zwar als Beweis für den medizinischen Faktor, für die juristische Tatsache wie für die geschichtliche Aussage der Kreuzigung. Es gibt keine christliche Religionsgemeinschaft, die von den Entdeckungen, die an diesem Linnen gemacht wurden, nicht direkt betroffen wird!"

(Dieser Bericht ist außerhalb der Verantwortung des bearbeitenden Buchautors: Kurt Berna)

Professor Dr. Theodor Hirt:

EINE ECHTE BOTSCHAFT JESU – HEUTE

Mehrfach wurde ich in letzter Zeit gedrängt, darüber zu schreiben. Die Weltsituation sei doch so — so argumentierte man —, daß es einfach meine Pflicht sei, zur Feder zu greifen. Warum gerade ich? Weil ich es war, der ich mich in den letzten Jahren in Freundeskreisen des öfteren mit dieser Sache befaßt hätte. Stimmt, ich bin eigentlich jener, der sich schon vor einer guten Anzahl Jahren zu der Prophezeiung hinreißen ließ, daß die Welt nur noch drei Wege habe:

Erstens, im Laufe der Jahrzehnte der atheistischen Weltmacht gänzlich zu verfallen. Ich muß sagen, das ist seither mit Riesenschritten vorangekommen.

Zweitens, um dieser Situation zu entgehen, einen atomaren Weltbrand hervorzurufen, der alles in die Tiefe reißt.

Drittens — und das ist die neue Situation —, die konsequente Durchführung des Willens Jesu Christi, den er für die Welt in der Botschaft Jesu von 1947 eröffnet hat.

Es sind drei Wege. Ich bin sicher, nur einer wird übrig bleiben. Und ich stimme da mit den Worten von Expräsident Eisenhower, der acht Jahre lang die Situation in allen Details kennenlernte, voll überein: „Ohne eine geistige Wiedergeburt kann der Menschheit das Golgatha eines dritten Weltkrieges nicht erspart werden!“
Auch zu den Worten von Königin Wilhelmina von Holland möchte ich mich bekennen, die erklärte: „Ich fühle, wie eine fortgeschrittene Welt, die ja diesen Namen verdient, gerade jetzt für immer verloren gehen wird, wenn sie Christus ablehnt und sich von diesem einzigen Retter und Erlöser abwendet!“

Keinen Zweifel, der einzige Retter ist Jesus Christus. Und auch ohne Zweifel, der einzige Weg dazu ist die konsequente Beachtung seiner Botschaft aus dem Jahre 1947. Man wird sehen, daß ich recht habe. Jeder andere kann das auch erkennen.
1947? kann gefragt werden; über 1900 Jahre nach seiner Himmelfahrt eine Botschaft Jesu? Warum nicht? „Ich bin bei euch alle Tage bis an der Welt Ende!“ So lautet die Verheißung Jesu, als er noch auf Erden lebte. Da Jesus kein stummer Hund ist, darf mit Sicherheit gesagt werden, daß er seither, in den vergangenen rund 700 000 (siebenhunderttausend) Tagen, mehr als einmal zu seinen Christen geredet hat. Er hat bestimmt die Mittel und Wege, solches zu tun.

Allerdings der Heiligen Schrift nach hat er seit damals anscheinend nichts mehr gesagt; anders als zur Zeit des Alten Testamentes, da Gott immer wieder zu seinem Volke sprach. Nun dies ist auch seither nicht anders gewesen. Diesbezüglich hatte ich sogar vor einigen Jahren in Rom eine interessante Unterredung mit einer Stelle, die es ganz genau wissen muß. Die Kirche ist seit Christi Himmelfahrt immer in den Besitz vieler Botschaften Jesu gekommen. Sie hat inzwischen viele tausende im Besitz. Wenn sie davon keinen öffentlichen Gebrauch macht, so hat das einen bedeutungsvollen Grund. Es gibt größte Schwierigkeiten, echt von unecht zu unterscheiden. Denn seit der Zeit Christi bis zum heutigen Tage werden Jesu-Botschaften geradezu am laufenden Bande fabriziert, Die Kirche weiß das, und Jesus weiß es auch. Hier jeweils herauszufinden, was nun tatsächlich von Jesus stammt und was nicht, ist keine einfache Angelegenheit.

Wie gesagt, ich verfolge die Angelegenheit der Botschaft Jesu von 1947 nun seit Jahren. Ich darf für mich in Anspruch nehmen, Wichtiges zur Klärung dieser Angelegenheit beigetragen zu haben, weil ich Anfang 1956 der Grablinnenforschung neue Impulse gegeben habe. Jeder kann heute den Angelpunkt sehen. Er lautet: Nicht am Kreuz gestorben.
Diese Botschaft Jesu, die ich zugegebenermaßen seit Jahren fördere, hat mir anfangs sehr zu schaffen gemacht, und ich bin überzeugt, daß sie noch vielen nicht weniger zu schaffen machen wird. Aber ich bin — nicht zuletzt durch die Entdeckungen am Grablinnen Jesu — zu der vollen Überzeugung gekommen, daß sie einwandfrei echt ist.

Durch die Grablinnen-Forschung ist bestimmt eines erwiesen: Gott wollte nicht, daß diese Botschaft Jesu beim großen Haufen solcher Botschaften lande oder dort bleibe. Er hat ihr eine eindeutige Bevorzugung zukommen lassen, indem er die Entdeckungen am Grablinnen Christi der Welt eröffnete. Auch diese Entdeckungen wären ohne eine gewisse Führung höherer Mächte kaum möglich gewesen. Jesus hat seine Botschaft von 1947 aus dem großen Haufen solcher Botschaften, die in Rom lagern, hervorgezogen und der Welt erneut vorgelegt.

Sie wurde inzwischen auch mit kirchlicher Genehmigung (Imprimatur Nr. 146/60 von Generalvikar Dr. Weins, Trier) durch Pfarrer Stephan Berghoff veröffentlicht. Das ist eigentlich der Hauptgrund, warum ich nun zur Feder griff, denn die Kirche hat sie zuerst veröffentlicht, wenn auch durch eine untergeordnete Stelle und nicht vollständig.
Man hat den sogenannten weltlichen oder politischen Teil der Botschaft Jesu weggelassen. Auch hat Pfarrer Berghoff ein nicht unwesentliches Wort geändert, oder es wurde bei der Übertragung verändert. Deshalb habe ich eine Ausfertigung beschafft, die bereits 1948 erstmals gedruckt wurde, und werde veranlassen, daß sie hier photographisch übertragen wird, so daß es mit Sicherheit keine Übertragungsfehler gibt.

Wenn ich mich nun öffentlich mit dieser Sache befasse, so soll alles korrekt sein, denn durch das kirchliche Imprimatur ist die Botschaft Jesu von 1947 ja automatisch zur Diskussion freigegeben. Da ich jedoch jeden materiellen Vorteil aus dieser Sache ablehne, habe ich für meinen Bericht „Eine echte Botschaft Jesu — heute“ jedes Honorar abgelehnt und zusätzlich verlangt, daß mein Bericht mit dem gesamten Inhalt von den gesetzlichen Kopierechten ausgenommen wird. Ich will damit erreichen, daß mein Bericht ohne Hindernisse jedermann zugänglich werden kann, wer immer ihn lesen, nachdrucken oder anderweitig verbreiten will.

Aber nun zur Botschaft Jesu selbst. Fangen wir bei dem jungen Mann an, der sie 1947 empfangen hat. Mir liegt das volle Schreiben vor, das dieser Mann im Jahre 1954 an Papst Pius XII. richtete. Viel ist diesem Schreiben zu entnehmen, das schon manche Klärung bringt. Ich übernehme daraus das Wesentlichste und lasse ihn nun selbst sprechen. Der Empfänger der Botschaft Jesu ist Ende November 1921 geboren und er berichtet dann in dem genannten Schreiben wie folgt:

„Meine Eltern, beide katholisch, heirateten im Jahre 1910. Vor mir wurden zwei Töchter geboren. Mein Vater wurde im Jahre 1882 in Friedenfels (Bayern) als Müllerssohn geboren und war in seinem Leben hauptsächlich als kaufmännischer Angestellter tätig. Er starb 1951.
Meine Mutter wurde im Jahre 1888 in Altenstadt bei Weissenburg im Elsaß geboren. Sie lebt heute im Sommer 1954 noch.
Vom Frühjahr 1928 bis zum Frühjahr 1936 war ich 8 Jahre in der Volksschule. In diesen Jahren erhielt ich die erste heilige Kommunion und am 10. Mai 1934 die Firmung als bisher letztes Sakrament, außer den folgenden Kommunionen. Im Jahre 1936 kam ich in ein Hotel zur Lehre um das Hotelfach in seinen gesamten Einrichtungen zu erlernen. Zu diesem Zwecke wurde es mir auch im Frühjahr 1939 ermöglicht im internationalen Austausch für 1 Jahr nach London in ein bekanntes Hotel zu kommen und dort angestellt zu werden. Der Kriegsausbruch im September 1939 zerschlug alle weiteren Pläne und Berufsmöglichkeiten und ich mußte vorzeitig nach Deutschland zurück, wo ich dann im Frühjahr 1941 zur deutschen Wehrmacht eingezogen wurde.
Bei der Wehrmacht war ich zuerst bei der Kraftfahrtruppe und später bei der Infanterie. Die letzten 2 Jahre war ich Leiter der Abteilung Ia in der Kompanie. 8 Tage vor Kriegsende wurde nach einer Zersprengung meine Kompanie in den Alpen aufgelöst und wir aus der Wehrmacht entlassen. Nach anschließendem Umsteigen in Zivil wurde ich dadurch von der Gefangenschaft bewahrt und kehrte im Juni 1945 zurück.

Ab dieser Zeit widmete ich mich eingehend der allgemeinen Nachkriegsbeschäftigung, dem Schwarzhandel mit Fotoapparaten, Kaffee, Zigaretten und Schnaps, um nur die wesentlichsten Objekte meiner Tätigkeit zu nennen. Bis - - - nun bis zu jenem 16. Februar 1947 und den folgenden 7 Tagen, die mich in eine Lebenswende stellten, deren Ausmaß mir bis heute, mehr wie sieben Jahre später noch nicht ganz bewußt geworden ist.

Mit diesen Erlebnissen wurde mir klar, wie schmutzig meine bisherige Tätigkeit war und ich habe sofort jede weitere Handlungsweise in dieser Richtung eingestellt. Es trat nun die paradoxe Situation auf, daß ich genug Geld hatte, aber wenig zu essen, denn von den damaligen Rationen in Deutschland, im Frühjahr 1947, konnte eine Ernährung ohne Beschaffung von weiteren Eßwaren nicht stattfinden. Es waren Hungerrationen. Natürlich wurde ich von meiner Umgebung nun ausgelacht, daß ich es ablehnte, weiterhin dem alten Gewerbe nachzugehen und es auch sonst ablehnte, ähnliche Dinge zu tun. Ich scheue mich hier nicht, zu sagen: ‚Ich hatte Jesus Christus erlebt und damit war all dieses vorbei!'

Absolut unerwartet und ohne für mich erkennbaren Einfluß begannen in den frühen Morgenstunden des 16. Februar 1947 vor meinen Augen die Ereignisse aus damaliger Zeit abzurollen. Wie in einem Film sah ich die Ereignisse auf Golgatha an und in meinen Augen vorüberziehen. Nicht nur die auf Golgatha, sondern ebenso die Grabruhe, die Auferstehung und später die Himmelfahrt. Vieles sah ich ganz nahe, wie wenn ich davor stünde, und vieles weit weg. In manchen Fällen konnte ich — so unglaublich es klingt — sogar durch die Erde sehen.
Ich sah wie die Lanze von rechts nach links oben durch die Brust stach. Diese Tatsache sah ich sozusagen in Großaufnahme, das heißt, ich war so nahe an der Brust, daß ich nur die Lanzenklinge und einen Teil vom Lanzenschaft in die Brust eindringen sah und oben, etwa 8—9 Zentimeter über der linken Brustwarze, schräg gegen die Brustmitte, wieder die Lanzenspitze heraustreten sah. Wer diese Lanze führte und von wo aus sie geführt wurde, war nicht in meinem Blickfeld. Alle diese Umstände dauerten bis zum 23. Februar 1947 also rund sieben Tage. Alles war in ganz wachem Zustand und jeder Schlaf während dieser Zeit einfach nicht möglich.

Innerhalb diesen Ereignissen war natürlich für mich das bedeutendste Ereignis, daß der Herr Jesus Christus persönlich vor mir stand und mit mir gesprochen hat. Auch ich habe mit ihm von Angesicht zu Angesicht gesprochen. Allerdings war es mehr ein Antwort geben von mir, als er mich unterrichtete. Es ist an sich bedeutungslos, ob diese meine Aussage hier geglaubt wird, denn diese Unterredung hat zu 90 Prozent mich betroffen. Die einzelnen Dinge, die ich weiterzugeben hatte habe ich weitergegeben.
Sicher wird gesagt werden, war dies auch Jesus Christus? Auch ich hatte — trotz meiner persönlichen Sicherheit an sich — noch manchmal Zweifel nachher. Aber als ich dann im Jahre 1948, also 1½ Jahre später die Bilder des Gesichtes auf seinem Grabtuch sah und zwar das im 20. Jahrhundert entdeckte, da wußte ich mit der absoluten Sicherheit, daß es Jesus Christus war. Ich wußte aber auch sofort genau, daß dieses Grabtuch absolut echt ist, denn die Gesichtszüge stimmten genau überein. Es sei betont, daß ich damals noch keinerlei Echtheitsbeweise kannte, denn ich sah am 24. 11. 1948 — unter einem Zeugen — zum ersten mal dieses ganze Bild und einige Wochen vorher ein Kopfbild.
In einem Schreiben an die röm.Kath.Kirche über Bischof Dr. Sproll in Rotten-

burg, war jene Offenbarung enthalten, die ich am 23. Februar 1947 in den frühen Morgenstunden empfangen habe. Außer diesem Schreiben habe ich ein gleiches noch an die Evangelische Kirche, Bischof Wurm und an die Orthodoxe Kirche über Probst Sawizki gerichtet.
Mit diesem Schreiben vom 1. April 1948 hatte ich jede Verantwortung in die Hände der Kirche gelegt, denn es war mir damals nicht möglich irgend etwas anderes zu unternehmen.

Der Ordnung halber gebe ich diese Offenbarung in diesem Schreiben wieder. Ebenso die wesentlichsten Umstände über das Empfangen. Es wurde in all den Jahren nicht ein Wort geändert. Sie ist noch genau so wie in den Morgenstunden des 23. Februar 1947. Besonders möchte ich betonen, daß das persönliche Sprechen mit Jesus Christus vor dem 23. Februar war und mit dieser Offenbarung nur indirekt zu tun hat, denn diese war eine reine diktierte Geistesoffenbarung.
Nun noch einige Einzelheiten über meine damalige Situation beim Empfang dieser Offenbarung. Sie wurde am 23. Februar 1947 in den Morgenstunden (Zeit ist mir nicht genau bekannt) ganz überraschend nach sieben vollkommen schlaflosen Nächten und Tagen, in wachem Zustand, nach tagelangen Versuchungen durch alle möglichen Mächte, nach tagelangem beten und bitten um Erlösung aus diesem Zustand der Schlaflosigkeit, dadurch körperlich restlos fertigen, an der Grenze des Irreseins liegenden Vorgänge und Zustände — ganz langsam mit steigendem und sinkendem Tonfall in meinem Gehirn gesprochen und gleichzeitig so auf meinen Körper übertragen, daß ich zu einem Stück Papier greifen und mitschreiben mußte. Mußte nun nicht in diesem Sinne, daß in einem Normalfall keine andere Möglichkeit mehr vorhanden gewesen wäre, sondern ich war total willenlos und zu einem normalen Denk- und Kontrollvermögen durch alle Vorgänge und meinen körperlichen Zustand überhaupt nicht mehr fähig.

Es kann kein Zweifel darüber bestehen, und es ist mir auch nach langen Jahren ganz klar geworden, daß diese tagelange, bei mir erzwungene, Schlaflosigkeit mich sozusagen mürbe und willenlos machen sollte, damit ich zu einem körperlichen Empfänger und Vermittler werden konnte. Es ist für mich damals und bis heute nie ein Zweifel gewesen, daß ich mich im normalen und geistig freien Zustand ganz bestimmt geweigert hätte, etwas derartiges niederzuschreiben.

Ich betone nochmals, daß dies weder eine Vision oder Schauung war, sondern eine reine diktierte Geistesoffenbarung. Sie stammt direkt von Jesus Christus. Mein Trost bei der ganzen Sache ist der, daß ja nicht einmal Jesus Christus beweisen konnte, daß er Gott bzw. Gottes Sohn ist. Besser gesagt, bewiesen hat er es schon, aber nur die, die gegen sich selbst ehrlich waren, haben erkannt und geglaubt, daß er es ist. Die anderen haben ihn ja bekanntlich als Gotteslästerer hinrichten lassen.
Was nun diesen „Engel" betrifft, der in dieser Offenbarung genannt ist, so darf ich ruhig sagen, daß ich damit nicht gemeint bin. Es ist damit eine andere Person gemeint. Eine Person, die mir — und das sei betont — persönlich nicht bekannt ist.

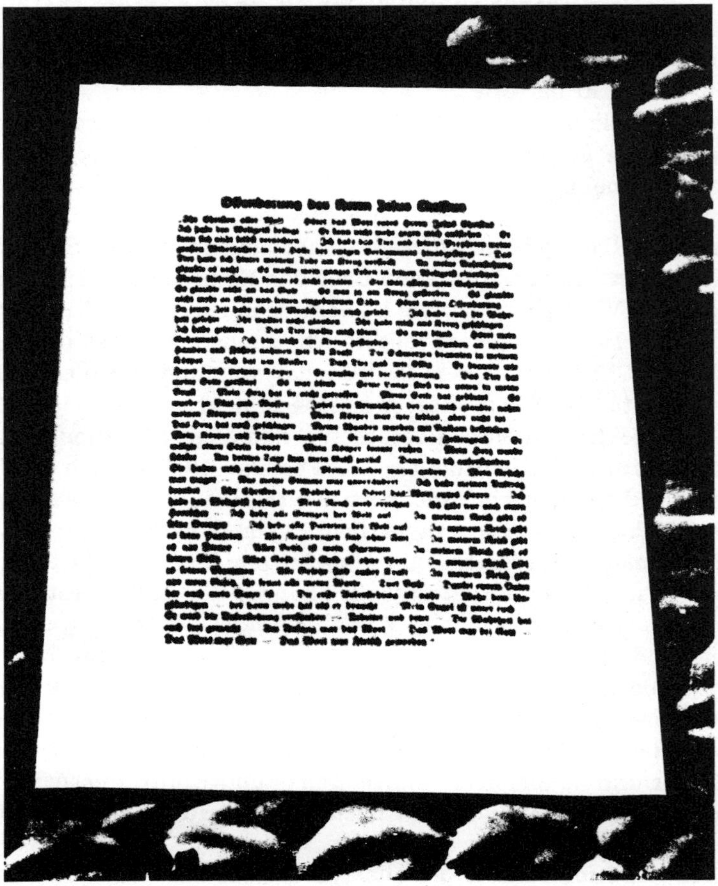

Botschaft Jesu vom 23. Februar 1947

Erstmals – ohne Textveröffentlichung – öffentlich genannt in der „NEUEN ZEITUNG", München, Zeitung der amerikanischen Besatzungsmacht in Deutschland, Ausgabe vom 9. Mai 1947. Chefredakteur war Herr Hans Wallenberg, Redakteur, Herr Leopold Goldschmidt.

Die erste Druckausfertigung der Jesu-Botschaft im Jahre 1948, zeigt obiges Bild. Die nächste Seite zeigt eine Original-Photocopie dieses authentischen Textes.

Die von Pfarrer Stephan Berghoff – mit Genehmigung der Kirche – veröffentlichte Fassung ist an einer Stelle geändert oder falsch übertragen. Dazu nicht vollständig veröffentlicht.

DOKUMENTATION

Vollständiger, unveränderter Text der Jesu-Botschaft von 1947:

„Ihr Christen aller Welt — Höret das Wort eures Herrn Jesus Christus — Ich habe den Weltgeist besiegt — Er kann nicht mehr gegen mich aufstehen — Er kann sich nicht selbst vernichten — Ich habe das Tier und seinen Propheten meine großen Widersacher in die Hölle der ewigen Verdammnis hinabgestürzt — Das Tier hatte sich hinter meinem Tode am Kreuz versteckt — An meine Auferstehung glaubte es nicht — Es wollte mein ganzes Leben in seinen Weltgeist einordnen — Meine Auferstehung konnte es nicht erraten — Sie war allein mein Geheimnis — Es glaubte nicht an das Gute — Es war ja am Kreuz gestorben — Es glaubte nicht mehr an Gott und seinen eingeborenen Sohn — Höret meine Offenbarung — In jener Zeit habe ich als Mensch unter euch gelebt — Ich habe euch die Wahrheit gelehrt — Ihr wolltet nicht glauben — Ihr habt mich ans Kreuz geschlagen — Ich habe gelitten — Das Tier wollte mich töten — Es war blind — Höret mein Geheimnis — Ich bin nicht am Kreuz gestorben — Die Wunden an meinen Händen und Füßen nahmen mir die Kraft — Die Schmerzen brannten in meinem Körper — Ich bat um Wasser — Das Tier gab mir Essig — Er brannte wie Feuer durch meinen Körper — Er raubte mir die Besinnung — Das Tier hat meine Seite geöffnet — Es war blind — Seine Lanze stieß von unten in meine Brust — Mein Herz hat sie nicht getroffen — Meine Seite hat geblutet — Es wurde zu Blut und Wasser — Josef von Arimathäa, der an mich glaubte, nahm meinen Körper vom Kreuz — Mein Körper war wie leblos, aber nicht tot — Das Herz hat noch geschlagen — Meine Wunden wurden mit Balsam bestrichen — Mein Körper mit Tüchern umhüllt — Er legte mich in ein Felsengrab — Er wälzte einen Stein davor — Mein Körper konnte ruhen — Mein Herz wurde stärker — Am dritten Tage kam mein Geist zurück — Dann bin ich auferstanden — Sie haben mich nicht erkannt — Meine Kleider waren andere — Mein Gesicht war mager — Nur meine Stimme war unverändert — Ich habe meinen Auftrag beendet — Ihr Christen der Wahrheit — Höret das Wort eures Herrn — Ich habe den Weltgeist besiegt — Mein Reich wird errichtet — Es gibt nur noch einen Herrscher — Ich hebe alle Grenzen der Welt auf — In meinem Reich gibt es keine Grenzen — Ich hebe alle Parteien der Welt auf — In meinem Reich gibt es keine Parteien — Alle Regierungen sind ohne Amt — In meinem Reich gibt es nur Diener — Aller Besitz ist mein Eigentum — In meinem Reich gibt es keinen Besitz — Alles Gold und Geld ist ohne Wert — In meinem Reich gibt es keinen Mammon — Alle Gesetze sind außer Kraft — In meinem Reich gilt nur mein Gesetz, ihr kennt alle meine Worte — Tuet Buße — Danket eurem Vater der auch mein Vater ist — Die erste Auferstehung ist nahe — Wehe dem Ungläubigen — der dann mehr hat als er braucht — Mein Engel ist unter euch — Er wird die Auferstehung verkünden — Arbeitet und betet — Die Wahrheit hat euch frei gemacht — Am Anfang war das Wort — Das Wort war bei Gott — Das Wort war Gott — Das Wort war Fleisch geworden."

Ich glaube, es wird nun an der Kirche liegen, alle diese Vorgänge zu prüfen. Ihre Heiligkeit Papst Pius XII. von Herzen grüßend, verbleibt:

(gez.) Unterschrift."

Soweit der Eigenbericht des Mannes, der diese Botschaft Jesu empfangen hat und den Text der Botschaft dazu. Wir dürfen ganz sicher sein, daß diese Botschaft Jesu endgültig beim großen Haufen solcher Botschaften gelandet und liegen geblieben wäre, hätte es nicht das in Turin aufbewahrte Grablinnen Jesu gegeben.
Ich habe diesen Mann erst nach 1954 kennen gelernt, also nachdem er diesen Brief an Papst Pius XII. geschrieben hatte. Seither habe ich mich oft mit ihm darüber unterhalten. Auch hatte er mir frühzeitig den Text seines Briefes gegeben, und es ist einfach, daraus gute Schlüsse zu ziehen.

Zunächst sagt sein Lebenslauf nichts Besonderes. Die Volksschule hat bei ihm bestimmt keine theologischen Ambitionen geweckt. Dann erlernte er das Hotelfach, hat also wieder mit religiösen Dingen nichts zu tun. Die Deutsche Wehrmacht vermittelte ihm bestimmt keinen Weg zur Religion, und in der turbulenten Nachkriegszeit folgt er den verschlungenen Pfaden der Nachkriegswirtschaft. „Schwarzhandel" mit Photoapparaten, Kaffee, Zigaretten und Spirituosen. Er hieß „Schwarz"-handel, weil — was viele der jüngeren Leser nicht mehr wissen — es all dies damals nur unter der Hand zu kaufen oder zu tauschen gab. Heute ist der Handel mit Photoapparaten, Kaffee, Zigaretten und Spirituosen eine durchaus ehrenwerte Tätigkeit.

Für uns ist es wichtig zu wissen, was dieser Mann damals tat, wir können nämlich nirgends auf seinem Lebensweg eine Verbindung zur Theologie oder zu christlichen Problemen feststellen. Er hatte dafür kein Interesse. Und zuletzt, kurz vor diesem 16. bis 23. Februar 1947 am wenigsten, denn seine damalige Tätigkeit beweist es. Schon vor Jahren habe ich mich in seiner Nachbarschaft nach ihm erkundigt, ohne daß er davon wußte. Die Nachbarschaft konnte nur sagen, daß dies keiner war, der irgend einen christlichen Ehrgeiz hatte, damals ganz bestimmt nicht, eher das Gegenteil.

Genau auf diesen Mann dringt mit einer Plötzlichkeit eine — ohne Zweifel — außerirdische Macht ein, zwingt ihn in einer siebentägigen geistigen und körperlichen Tortur, nur so können wir das Erlebte bezeichnen, auf die Knie, zerstört seinen Willen, um ihm, nun willenlos gemacht, Dinge zu diktieren, die entgegen allen 1947 herrschenden Meinungen stehen. Und das einem Menschen, den bis zu diesen Tagen solche Dinge so wenig interessiert hatten wie Millionen anderer Menschen.
Hier liegt der Schlüssel dazu, daß wir es mit einer außerweltlichen Sache zu tun haben. Alles weitere vor und nach diesen Tagen des Jahres 1947 liegt wieder auf anderen Gebieten. Wir haben den Text von diesem 23. Februar 1947, und nun ist eigentlich die Person unwichtig geworden. Denn wenn außerirdische

Mächte eingreifen, so muß es ja einer sein, welcher die Dinge erträgt. Am Text werden sich die Geister scheiden, nicht an diesem Mann.
Bevor wir den Text nun näher betrachten, ist noch zu fragen: Wäre es besser gewesen, wenn Jesus den Papst oder irgend einen Bischof der Katholischen, der Evangelischen oder der Orthodoxen Kirche herausgegriffen hätte, um ihm diesen Text geradezu aufzuzwingen? Wohl kaum, denn diese Sache wäre kirchenintern erledigt worden, der Text in den Papierkorb gewandert, weil er doch damals, 1947, so offensichtlich gegen jede Tradition stand.

Jesus ging einen anderen Weg. Er nahm einen Unbekannten, Ungebildeten und vor allem einen Unvoreingenommenen. Deshalb unvoreingenommen, weil er sich überhaupt nicht um solche Dinge gekümmert hatte. Und da die Chance dieser Jesu-Botschaft im Jahre 1947 gleich null war, wäre es auch gleich mit ihr zu Ende gegangen. Wenn, ja wenn es nicht dieses seltsame Beweisstück, das Grablinnen Jesu in Turin, gegeben hätte. Trotzdem wäre dies im Jahre 1947 für diesen Mann ganz wertlos gewesen, denn wann immer und wo immer man bis zum Jahre 1950 irgendwo auf der Welt etwas darüber las, so war zu lesen, daß in diesem Linnen der Leichnam Jesu gelegen hätte. Bis zum Jahre 1950 gab es keine Literatur, keine einzige Zeile und keinen einzigen Menschen auf dieser Erde, der etwas anderes über dieses Grablinnen Jesu ausgesagt oder geschrieben hätte als, es habe der Leichnam Jesu darin gelegen. Somit ist auch dieser Punkt geklärt, daß jener Mann 1947 nicht wissen konnte, was in den Jahren 1952 bis 1961 über dieses Grablinnen alles entdeckt werde: nämlich eben den Zentralbeweis für diese Botschaft Jesu: Nicht am Kreuz gestorben.
Zunächst ist das doch in dieser Botschaft die Hauptsache. Sicher ist vieles für unsere Denkweise noch unklar. Bestimmt war es 1947 für diesen Mann noch unklarer.

Zum Beispiel die Stelle:
„Ich (Jesus) habe den Weltgeist besiegt — Er kann nicht mehr gegen mich aufstehen — Er kann sich nicht selbst vernichten —"

1947 bestimmt ganz unverständlich. Heute, Anfang 1962, da ich diese Zeilen schreibe, steht es gewissermaßen täglich in der Zeitung: Der Weltgeist, der so gerne Kriege führt, um Menschen zu vernichten, ist irgendwie gebunden. Es geht einfach nicht, einen Großkrieg zu machen, weil alles dabei zugrunde geht. Es stecken in dieser Situation theologische Geistesspannungen, die erstmalig sind seit Bestehen der Erde. „Er (der Weltgeist) kann nicht mehr gegen mich (Jesus) aufstehen", wer sollte das 1947 schon wissen, als die Sowjetunion noch nicht eine einzige Atomwaffe hatte, also eine Paralysierung des Weltgeistes nicht bestand. Jedoch bestand sie bereits im Plane und im Willen Jesu, er hat es 1947 in seiner Botschaft gesagt. Erlebt hat es die Welt jedoch erst etwa ab 1953, als das Gleichgewicht des Schreckens den Weltgeist zu bannen begann.

Dann etwas später im Text:
„Das Tier hat sich hinter meinem Tod am Kreuz versteckt" — Noch heute etwas

unverständlich. Warum soll es diesem Mann 1947 verständlich gewesen sein? Jesus spricht von seinem Tod am Kreuz und meint damit ohne Zweifel ein geistiges Totsein, denn wenig später folgen ja die ausführlichen Stellen, daß es kein Sterben in unserem heutigen Sinne war. Wie sollte ein in solchen Dingen ungebildeter Mensch so etwas niederschreiben, für den der Tod das Sterben ist, wie er es als ehemaliger Soldat nie anders wußte?

Für Jesus ist offensichtlich tot sein eine geistige und keine körperliche Frage. Damals nicht und heute nicht. Und wenn Jesus — wie berichtet — seinen Geist aufgab, so bestätigt dies einen Tod am Kreuz, von dem er in seiner Botschaft von 1947 ausdrücklich spricht. Zugleich stellt er jedoch fest, daß es keine körperliche Vernichtung war. Viel habe ich darüber, jahrelang, mit vielen Bekannten diskutiert. Warum diese Dualität in seiner Botschaft?

Ganz sicher ist, daß Jesus dem Körper nach nicht am Kreuz gestorben ist. Er sagt das ganz klar und ausführlich in seiner Botschaft. Welch seltsamer Weg über mehr als 1900 Jahre! Jetzt bezeugt es sein eigenes Grablinnen, um gleichzeitig seine Botschaft, die er über 1900 Jahre später gibt, als echt zu bestätigen. Früher, noch vor einhundert Jahren wäre eine solche Botschaft zwecklos gewesen, weil die Wissenschaft noch nicht so weit war, die Bestätigung zu entdecken. Ja, Gottes Wege sind seltsam!

Da tritt nun natürlich auch eine politische Seite dieser Botschaft Jesu mit in den Vordergrund. Aber gerade da möchte ich mich nicht einmischen, denn das sind Dinge, für die ich bei bestem Willen nicht zuständig bin. Deshalb erfolgte mein Bericht nicht. Doch möchte ich zum Schluß sagen:

Wer will dieser Botschaft Jesu widerstehen, ob Atheist ob Christ, ob arm oder reich, wenn sie nun als echt erwiesen ist. Denn niemals wird es ein anderes Reich Jesu Christi auf Erden geben, als dies, das diese Botschaft Jesu zur Grundlage hat!

Dieser Bericht war außer Verantwortung des bearbeitenden Buchautors: Kurt Berna.

Geschichts-Beweise:

Aus dem Geheimarchiv des VATIKANS

Von den – seltener werdenden – Gegnern des „Turiner Grablinnens Christi" wird sehr oft behauptet: Außer den recht spärlichen Berichten in den Evangelien wisse die christliche Tradition nichts über die Existenz von Grablinnen im Ur- und Frühchristentum. Eine Tradition bestehe erst seit dem 13. und 14. Jahrhundert. Derartiges äußern selbst Professoren. Wie sehr sich solche Leute auf dem Holzwege befinden, beweist die nachstehende Dokumentation von

PIETRO SAVIO
vom Vatikanischen Geheimarchiv.

Alle von Pietro Savio genannten Dokumente sind im Geheimarchiv des Vatikans aufbewahrt. Die Dokumentation ist in jeder Hinsicht interessant und bedeutungsvoll. Er überschreibt sie mit dem Begriff:

„Sindonologische Tabelle".

Sie hat folgenden Wortlaut: (Bei dem nachstehend genannten Begriff „hl. Leichentuch" ist immer das heutige „Turiner Grablinnen" gemeint.) **Um den Gelehrten ihre Arbeit zu erleichtern, folgt hier die sindonologische Tabelle aus meinen „Untersuchungen über das hl. Leichentuch". Ich habe neues Material beigefügt, um einige Punkte besser zu definieren und um bestimmte Teile der Lehre vom hl. Leichentuch Christi zu fixieren.**
Es ist klar, daß, da es sich um eine Tabelle handelt, ich die Zitate ausgelassen habe, die der Leser in später folgenden Artikeln finden wird.

2. Jahrhundert:
Der das hl. Leichentuch betreffende Text aus dem Brief an die Hebräer. Darin wird berichtet, daß der Herr nach der Auferstehung das Leichentuch dem Diener des Priesters gab.
Wenn man bedenkt, welches Ansehen der Hebräerbrief genoß, muß man zugeben, daß es unter den Christen der ersten Jahrhunderte allgemeine Überzeugung war, daß das Leichentuch erhalten sei.
2. Jahrhundert:
Der das hl. Leichentuch betreffende Text aus den Evangelien zu den 12 Apo-

steln. In diesem Text, welcher von der gerichtlichen Untersuchung der Auferstehung des Herrn berichtet, sagen die Juden dem Pilatus, daß die Grabtücher nicht die von Christus seien, wohingegen die Jünger behaupten, sie seien die von Jesu.

2. Jahrhundert:

Der das hl. Leichentuch betreffende Text aus den „Mysterien der Heilandsgeschichte". Darin läßt der Herr, um sich zu erkennen zu geben, den Josef v. Arimathäa das Leichentuch und das Schweißtuch sehen.

2. Jahrhundert:

Der das hl. Leichentuch betreffende Text aus dem Evangelium nach Petrus. Der Text berichtet vom Begräbnis Jesu, daß die Juden den Körper des Herrn dem Josef gaben, damit er ihn begrabe. Und nachdem Josef den „Herrn" genommen hatte, wickelte er ihn in Leinentücher und legte ihn in sein eigenes Grab.

3. und 4. Jahrhundert:

Die das hl. Leichentuch betreffenden Texte der ägyptischen Kirche. Die Texte beschreiben die Art und Weise, wie jene Christen bei der Bestattung ihrer Toten verfuhren. Die Leichen wurden mit Spezereien in Leichentücher gewickelt, so wie Josef von Arimathäa und Nikodemus es taten, als sie den Herrn zu Grabe brachten, wie es auch das hl. Leichentuch zeigt.

3. Jahrhundert:

Die das hl. Leichentuch betreffenden Texte des Origenes. Nachdem der Exeget in der 35. Homilie über das Evangelium des hl. Matthäus gesagt hat, daß Josef von Arimathäa den Körper Christi in ein reines Leichentuch einwickelte und ihn in ein neues Grab legte, wodurch er ihn, was wichtig ist, für die Auferstehung konservierte.

Ein anderer Text des Bibelkenners bezieht sich auf den Unterschied zwischen Myrrhe und Weihrauchöl, einen Unterschied, der im damaligen Orient bekannt war und der von Origenes gemäß der Medizin (Myrrhe ist ein medizinischer Grundstoff) und der antiken Salbenkunde festgestellt wird.

4. Jahrhundert:

Das hl. Leichentuch betreffender Text des Juvenkos. Der Text interessiert betreffs des Materials der Gewebe, die den Körper des Herrn im Grabe bedeckten. Gemeint ist „gewebtes Leinen".

4. Jahrhundert:

Das hl. Leichentuch betreffender Text des hl. Joachim, Bischofs von Nisibi. In diesem Text behandelt der Nisibener den Aufenthalt Christi im Grabe.

4. Jahrhundert:

Das hl. Leichentuch betreffende Texte von Eusebius von Cäsarea. Nach Eusebius sind die Grabtücher (also mußten sie damals vorhanden sein) der Beweis, daß der Körper des Herrn nicht gestohlen wurde. Diese Tücher deuten gleicherweise an, daß der Leib auferstanden war.

4. Jahrhundert:

Das hl. Leichentuch betreffende Texte des hl. Efraim.

Nach St. Efraim wurde Christus seiner Kleider beraubt, bevor er gekreuzigt wurde. Er bringt eine höchst interessante Erklärung, warum damals die Erde mit Finsternis bedeckt wurde. Es heißt wörtlich: „Nachdem er entblößt war, wurden Sonne und Mond von Scham ergriffen. Kaum war Christus nackt, so wurden die Geschöpfe mit Finsternis bedeckt; die Sonne verbarg ihren Schein. Himmel und Erde verdunkelten sich. Da er entblößt worden war, verdunkelte sich gleicherweise das Licht der Gestirne."

4. Jahrhundert:

Das hl. Leichentuch betreffende Texte des hl. Athanasius, Patriarchen von Alexandria.

Gemäß diesem Doktor unterlag der Leib des Herrn im Grabe nicht der Verwesung.

4. Jahrhundert:

Das hl. Leichentuch betreffende Texte des hl. Kyrill von Jerusalem.

In der 2. Mysterien-Katechese stellt der hl. Kyrill das hl. Leichentuch als Beweis für Christi Begräbnis dar: „... er wurde wahrhaftig begraben, da sein Leib in reine Tücher gewickelt wurde."

Der Verfasser der „Katechese" hält die existierenden Grabtücher des Herrn mit für Beweise der Auferstehung Christi.

4. Jahrhundert:

Das hl. Leichentuch betreffende Texte des hl. Ambrosius.

Ein Text betrifft die Bestattung Christi durch Josef von Arimathäa und Nikodemus und nicht durch die Apostel: „Was bedeutet die Tatsache (so schreibt Ambrosius), daß nicht die Apostel, sondern Josef und Nikodemus Christus begruben? Auf diese Weise ist die Bestattung Christi wahrhaftig so erfolgt, daß jede unkorrekte Handlung ausgeschlossen erscheint. So ist jeder Weg des Zweifels versperrt, und die Juden werden durch die Bekundung eines der Ihren (Josef von Arimathäa) rettungslos überzeugt. Denn wenn die Apostel die Bestattung vollzogen hätten, hätten sie zweifellos behauptet, jener sei gar nicht begraben worden. Sagten sie doch auch (als das Grab nachher leer war) von dem Begrabenen, er sei gestohlen worden."

Ein anderer Text des Berichtes bezieht sich auf die Narben der Wunden, die am Leib des auferstandenen Herrn geblieben sind.

4. Jahrhundert:

Das hl. Leichentuch betreffende Texte des Ammonius aus Alexandria.

Ein Text bezieht sich auf die Stunde der Auferstehung des Herrn. In einem anderen Texte schreibt der Exeget, daß die existierenden Grabtücher Indizien für die Auferstehung Christi wären.

5. Jahrhundert:

Das hl. Leichentuch betreffende Texte, die dem hl. Epiphanius, Erzbischof vom (salaminischen) Konstanza auf der Insel Zypern zugeschrieben werden.

Gemäß der Homilie „zum Ostersamstag" wird der Leib des Herrn nackt vom Kreuze genommen und begraben ... „Da nun Josef auf die Stätte Golgatha gekommen war, nahm er Gottes Leib vom Kreuzesholze ab und legte ihn in die Erde: der nackte Leib Gottes!" **(Das Turiner Linnen zeigt den Körper nackt.)**

Im koptischen Text, den die Homilie Markus, dem Erzbischof von **Alexandria, zuschreibt, steht: „Josef und Nikodemus gingen zur Stätte Golgatha, wo sie den nackten Leib des Herrn vom Kreuze abnahmen."**

Ein anderer Text derselben Homilie interessiert betreffs der Lage des Leibes des Herrn im Grabe. Der Prediger fragt Josef, ob er den Leib gegen Osten gerichtet begraben habe, da dort „der Aufgang des Lichtes sei" (im kopt. Text: „der wahre Sonnenaufgang"). Das ist auch die Lage, die von den alten Kirchenschriftstellern überliefert wird.

Die Homilie „zum Tag der Auferstehung Christi", die gleicherweise dem hl. Epiphanius zugeschrieben wird, stellt eine eigentümliche Version der Auferstehung des Herrn dar, unter Bezug auf den Walfisch, der den Jonas verschlang.

„Es ist ein Bild der Auferstehung Christi, der Walfisch des Jonas, aus dem er am dritten Tag hervorging."

5. Jahrhundert:

Das hl. Leichentuch betreffende Texte des hl. Johannes Chrysostomos.

Der Prediger sieht den Herrn nackt am Kreuze, so wie er in das hl. Leichentuch gelegt wurde.

In einem anderen Text schreibt Johannes Chr., daß Christus die Nagelmale zeigt, um erkennen zu lassen, daß er der sei, der gekreuzigt wurde und auferstanden sei.

5. Jahrhundert:

Das hl. Leichentuch betreffender Text des Erzbischofs Theophil von Alexandria. In der Predigt stellt Theophil seinen Gläubigen den Herrn nackt am Kreuze dar. „... Und Gott hatte einen mächtigen Engel geschickt, der zerriß den Vorhang des Tempels von oben bis unten entzwei, die Erde bebte, die Steine barsten, die Sonne, der große Lichtspender, verdunkelte sich. Dunkelheit bedeckte die Erde, um seinen hl. Körper am Kreuze zu bedecken, da er seiner Kleider beraubt worden war, die sie untereinander teilten. Staunet also, meine Teuren, und sehet das Erbarmen Gottes mit der Welt. Derjenige, der alle Geschöpfe bekleidet, wurde seiner Kleider beraubt, wurde nackt am Kreuzesholz gelassen. **Aber die Sonne, der weise Diener, bedeckte seinen Herrn mit Finsternis.**"

5. Jahrhundert:

Das hl. Leichentuch betreffender Text des hl. Proclus, Patriarchen von Konstantinopel.

Nach dem hl. Proclus unterlag der Leib des Herrn nicht der Verwesung im Grabe. In der Osterpredigt sagte der Patriarch seinen Gläubigen: „Nie war die Welt mit einem solchen Grab geschmückt, **das das Leben enthielt;** denn es war kein Grab, sondern eine Hochzeitskammer. Der Begrabene verweste wahrhaftig nicht, sondern nachdem er ins Grab gelegt worden war, feierte er dort seine Hochzeit!"

5. Jahrhundert:

Das hl. Leichentuch betreffender Text des hl. Isidorus von Pelusia.

Ein Text des Kirchenvaters von Pelusia behandelt die Umwicklung des Leibes Christi mit dem hl. Leichentuch.

5. Jahrhundert:

Das hl. Leichentuch betreffender Text des hl. Leo des Großen.

In diesem Text werden unter den Beweisen für die Auferstehung Christi auch die existierenden Grabtücher aufgezählt.

5. Jahrhundert:

Das hl. Leichentuch betreffende Texte des Celius Sedulius.

Die Grabtücher sind der Beweis, daß der Leib Christi nicht von den Jüngern fortgetragen wurde.

Der Text behandelt ferner die Benennung der Grabtücher Jesu.

6. Jahrhundert:

Das hl. Leichentuch betreffende Texte des Erzbischofs Severus von Antiochia. In einem Text sagt Severus, daß die Grabtücher des Heilandes aus Leinen waren.

In einem anderen Text schreibt er, daß die existierenden Grabtücher Christi ein offenkundiger Beweis für die Auferstehung des Herrn seien. In anderen Texten handelt der Antiochier von der Unverweslichkeit des Leibes des Herrn im Grabe:

„Es ist nötig, daß wir, durch die Hl. Schrift belehrt, bekennen, daß Gott ohne Scheinbarkeit und ohne Wesensänderung für uns Fleisch geworden ist, freiwillig an seinem (der Natur nach) vergänglichen Körper alle natürlichen Leiden empfing, am Kreuze die Durchbohrung mit Nägeln und die Verwundung durch die Lanze, daß er aber nicht die Auflösung im Grabe erlitt!"

(Hier ein Hinweis: Bemerkt der Leser, daß dieses uralte Dokument in bezug auf Passion und Auferstehung jegliche Nennung von Sterben und Tod vermeidet? So wie es das damals allein gültige Glaubensbekenntnis von Niccäa vorschrieb. Das sogenannte Apostolische Glaubensbekenntnis mit „gekreuzigt – gestorben – begraben" gab es damals im 6. Jahrhundert nicht, in seiner heutigen Form und Aussage entstammt es dem 7. bzw. 8. Jahrhundert. – Der Buchautor.)

6. Jahrhundert:

Ein das hl. Leichentuch betreffender Text in bezug auf die Kreuzmessung des Justinian.

Der Text behandelt die Statur Christi gem. dem hl. Leichentuch Christi und frägt, ob jenes von den Experten in Jerusalem festgestellte Kreuz den Dimensionen entspreche.

6. Jahrhundert:

Das hl. Leichentuch betreffender Text des hl. Romanus. Der Text behandelt die Benennung der Grabtücher.

6. Jahrhundert:

Das hl. Leichentuch betreffender Text, der dem Bischof Germanus von Paris zugeschrieben ist. Der Text stammt aus der „kurzen Darstellung der alten Liturgie Galliens".

Das Corporale, worauf die „Oblation" gelegt wird, ist deshalb aus reinem Linnen, weil der Leib des Herrn im Grabe in Leinentücher gewickelt wurde.

6. Jahrhundert:

Das hl. Leichentuch betreffender Text des Patriarchen Johannes von Konstantinopel.

> In diesem Text schreibt der „Faster", **daß das Tuch, das auf dem Altartisch ausgebreitet wird, Symbol des hl. Leichentuches ist.**

Das ist die den Liturgikern des Ostens wie des Westens gemeinsame Deutung.

6. und 7. Jahrhundert:

Das hl. Leichentuch betreffende Texte aus dem „Mozarabischen Buch der Sakramente".

Diese Texte befassen sich mit den „Spuren des Lammes" und mit den „Spuren des Auferstandenen, die die Grabtücher des Herrn darstellen".

Aus den Jahren 649/50:

Das hl. Leichentuch betreffende Texte des hl. Braulius, Bischofs von Saragossa. Ein Text bezieht sich auf das Blut Christi, das der Auferstandene wieder annahm. Ein zweiter Text bezieht sich auf die Erhaltung der Grabtücher des Herrn als Reliquien für spätere Generationen seitens der Apostel.

7. Jahrhundert:

Das hl. Leichentuch betreffende Texte aus dem Bericht des Adamnanus über „Heilige Stätten". In einem Text erzählt der Abt des Klosters Hiense vom Leichentuch des Herrn, das Arculf in Jerusalem gesehen habe. Der Bericht stimmt mit der Tradition des Orients über die Reliquie überein.

Die Länge des von Arculf in Jerusalem gesehenen Schweißtuches stimmt mit der Länge des heutigen hl. Leichentuches überein.

7. Jahrhundert:

Das hl. Leichentuch betreffende Texte des hl. Sofronius, Erzbischofs von Jerusalem.

In einem Text schreibt der Patriarch, daß das Leichentuch, das den Leib des Herrn aufnehmen sollte, von Josef v. Arimathäa und von Nikodemus ausgebreitet wurde.

In einem zweiten Text erinnert der Liturgiker an den Propheten Jonas als Symbol des Aufenthaltes Christi im Grabe.

8. Jahrhundert:
Das hl. Leichentuch betreffende Texte des hl. Germanus, Patriarch von Konstantinopel.
In der „Mysteriengeschichte" schreibt der hl. Germanus, daß das „eiliton" das hl. Leichentuch bedeute, worin der Leib Christi gewickelt wurde. Eine weitere Stelle behandelt die Unverweslichkeit des Herrn im Grabe.
8. Jahrhundert:
Das hl. Leichentuch betreffende Texte des hl. Beda.
B. schreibt über das Schweißtuch im Sinne des Adamnanus, wobei er das Wesentlichste der orientalischen Tradition betreffs der Reliquie beibehält.
Ein weiterer Text des Exegeten behandelt das Corporale, das aus reinem Leinen sein muß ... „Es ist Brauch der Kirche, daß das Meßopfer nicht auf Seide dargebracht werde noch auf buntem Stoff, sondern auf Leinengewebe, so wie der Leib des Herrn in einem reinen Leinentuch bestattet wurde."
8. Jahrhundert:
Das hl. Leichentuch betreffender Text des hl. Johannes von Damaskus.
In einem Text behandelt der Theologe die vorhandenen Reliquien aus der Passion, worunter er auch das hl. Leichentuch aufzählt.

9. Jahrhundert:
Das hl. Leichentuch betreffender Text des hl. Theodorus.
Der Kirchenmann bedient sich des hl. Leichentuches als Argument gegen die Bilderstürmer, **was voraussetzt, daß auf dem Linnen ein bilderähnlicher Abdruck war.**
9. Jahrhundert:
Das hl. Leichentuch betreffender Text des Erzbischofs von Mainz, Hrabanus Maurus. Der Liturgiker schreibt in diesem Text:
„Auf den Altar wird das Corporale, d. h. ein Altartuch, gelegt, welches jenes Leintuch bedeutet, worin der Leib des Heilandes gewickelt wurde; es muß aus reinem Leinen gewebt sein, weder aus Seide noch Purpur noch buntem Stoff."
9. Jahrhundert:
Das hl. Leichentuch betreffender Text des Metropoliten Georg von Nikomedia.

Dieser Text hat besondere Bedeutung wegen des Unterschiedes, den der Metropolit betreffs der Grabtücher des Herrn macht: „Ich küsse deine Grabtücher ... ich küsse das verehrungswürdige hl. Leichentuch."

9. Jahrhundert:

Das hl. Leichentuch betreffende Texte des Mönchs Markus aus dem Kloster St. Mocio, Konstantinopel, seit 1870 (als Markus Idrutinus) Bischof v. Otranto. Der Schriftsteller stellt auch seinerseits das hl. Leichentuch in den großen Rahmen des Erlösungswerkes, was er nur auf Grund der Existenz des hl. Leichentuches tun konnte.

9. Jahrhundert:

Das hl. Leichentuch betreffende Texte des Patriarchen von Konstantinopel, Fotius.

Einige Texte betreffen die Myrrhe und die Grablegung Jesu. Ein Text betrifft die Bezeichnung der Grabtücher des Herrn.

10. Jahrhundert:

Das hl. Leichentuch betreffender Text des hl. Remigius v. Auxerre.

Hier schreibt der Liturgiker, daß das Corporale, worauf der Leib des Herrn (die Hostie) gelegt wird (also das Altartuch), aus keinem anderen Material als aus Leinen sein darf, weil auch Josef ein reines Leinentuch kaufte, worin er den Leib des Herrn hüllte.

10. Jahrhundert:

Das hl. Leichentuch betreffende Texte des Geometers Johannes.

Mehrere Berichte des Schriftstellers über das hl. Leichentuch.

11. Jahrhundert:

Das hl. Leichentuch betreffende Texte des Epiphanias, Mönch aus Agiopolis. Der Text behandelt insbesondere die Chronologie dessen, was mit den Grabtüchern des Herrn geschah.

12. Jahrhundert:

Das hl. Leichentuch betreffende Texte des Eutimius Zigabenus.

Ein Text betrifft die Bezeichnung der Grabtücher Christi.

12. Jahrhundert:

Das hl. Leichentuch betreffende Texte des Theophilattus, Erzbischof von Bulgarien.

Nach Th. war Christus am Kreuze nackt. In einem anderen Text schreibt der

Exeget, die vom Herrn im Grabe zurückgelassenen Tücher seien ein sicheres Zeichen, daß die Auferstehung stattgefunden habe.

In einem dritten Text weist der Erzbischof auf die „bildliche" Nutzanwendung des hl. Leichentuches hin.

12. Jahrhundert:

Das hl. Leichentuch betreffende Texte des hl. Anselm.

Der Mystiker stellt Betrachtungen über den nackten Christus am Kreuze an. Eine andere Stelle betrifft die Narben der Wunden Christi.

Aus dem Jahre 1147:

Das hl. Leichentuch betreffender Text des Johannes Cinnamo.

Er handelt von den chronologischen Ereignissen, die die Grabtücher des Herrn betreffen.

Etwa aus dem Jahre 1151:

Das hl. Leichentuch betreffende Texte des Nikolaus Saemundarson.

Dieser Abt des Benediktinerklosters Thingeyrar, der das hl. Leichentuch gesehen hat, sagt aus, daß es aus Leinwand sei, und zwar aus Fäden, die aus Flachswerg gezogen waren, also aus grobem Leinen.

Aus dem Jahre 1201:

Verzeichnis der Reliquien der kaiserlichen Kapelle zur hl. Maria in Konstantinopel, von Nikolaus Mesarites.

In diesem Verzeichnis schreibt Nikolaus Mesarites, daß die „Grabtücher Christi" aus billigem Material seien, das man leicht zur Hand haben könne, gebräuchliches, gewöhnliches Material, wie man es am hl. Leichentuch sehe.

Aus dem Jahre 1204:

Das hl. Leichentuch betreffender Text des Robert v. Clary.

Der Ritter sieht das hl. Leichentuch zu St. Maria von Blacherne ...

> „Und u. a. gab es da noch etwas zu zeigen in einer Kapelle, die ‚Unsere Frau d. hl. Maria von Blacherne' heißt, wo die Grabtücher, worin Unser Herr eingehüllt wurde, sich befinden. Jedes der Glieder war ganz gerade ausgerichtet, so daß man die Figur unseres Herrn gut sehen konnte. Man weiß aber nicht, was mit diesen Grabtüchern geschah, als die Stadt eingenommen wurde."

Aus dem Jahre 1207:

Von Nikolaus Idruntino (= von Tarent) verfaßtes Verzeichnis der in dem „großen Palast" befindlichen Reliquien.

Dieses Verzeichnis hat vor allem chronologischen Wert, weil es Zeugnis ablegt, daß das hl. Leichentuch in diesem Jahre noch in Konstantinopel war.

Aus dem Jahre 1207:

Das hl. Leichentuch betreffende Texte des Nikolaus Mesarites.

Im Text wird bestätigt, daß die Grabtücher und das Schweißtuch zu dieser Zeit in Konstantinopel waren. Der Wert dieses Textes betrifft also vor allem die Chronologie, wie auch der vorhergehende. Die beiden Texte stützen sich gegenseitig.

Zwischen 1248 und 1262:

Das hl. Leichentuch kommt aus dem Orient in das Abendland (und bringt 700 Jahre später ungewöhnliche Entdeckungen durch die Kenntnisse und Fähigkeiten des Abendlandes. Der Buchautor.)

14. Jahrhundert:

Das hl. Leichentuch betreffender Text des Nikeforus Calixtus.

Hier überliefert uns dieser Historiker die Tradition des Orients über die Gestalt Christi auf Grund des hl. Leichentuches.

Aus dem Jahre 1455:

Jean Germain, Bischof von Chalon-sur-Saône, zählt unter den bedeutenden Reliquien der Welt das hl. Leichentuch auf: „Es existiert in Chambéry im Lande Savoyen das hl. Leichentuch aus dem Grabe Christi, worauf das Bild Christi abgedrückt ist."

15. Jahrhundert:

Text des Francesco della Rovere über das hl. Leichentuch:

„Ähnliches könnte man über das hl. Leichentuch argumentieren, worin Christus eingehüllt wurde, als sein Leib vom Kreuze abgenommen wurde. Dieses Linnen befindet sich beim Herzog von Savoyen und wird mit großer Verehrung behütet und aufbewahrt. **Es ist rötlich von Blut!"**

24. Februar 1466:

Auf die Bitten des Herzogs Amedeus und der Herzogin Jolanda von Savoyen gewährt Paul II. den ersten Ablaß den das hl. Leichentuch verehrenden Gläubigen!

(In der Urschrift, der italienischen Sprache, wurden die vorstehenden Geschichtsbeweise in der Zeitschrift „SINDON" Nr. 3/1960 veröffentlicht. SINDON ist die offizielle Zeitschrift des „Centro Internazionale Di Sindonologia" in Turin.
Die Übersetzung in die deutsche Sprache erfolgte in Deutschland.)

Die weitere Geschichte des hl. Leichentuches – nunmehr in Turin – ist bekannt. Nach Öffnung der Geheimarchive des Vatikans dürfte es vorbei sein mit der Behauptung, die Christenheit habe in ihrer Frühzeit keine Tradition zum Grablinnen Christi gehabt. Es hat gerade in bezug auf die Auferstehung offensichtlich die größte Rolle gespielt!

VI. Teil

Kritik und Gegenrede

Was es nicht alles gibt:
Bekanntlich wurden wichtige Teile der Forschungsergebnisse im deutschsprachigen Raum – der Bundesrepublik Deutschland, Schweiz und Österreich – durch Massenzeitschriften verbreitet. Direkt oder indirekt kamen viele hundert Fachärzte der verschiedensten Richtungen mit dem Thema in Berührung.

Eine große Zahl von Zuschriften medizinischer Fachleute zu der Beweisführung „Nicht am Kreuz gestorben" liegt vor. Alle erklären die Beweisführung in kurzen oder längeren Ausführungen als korrekt und beweiskräftig.
Es kann hier ehrenwörtlich versichert werden, daß nicht eine einzige Zuschrift aus medizinischen Kreisen eingegangen ist, die direkt oder indirekt besagt hätte, daß die Ergebnisse der Forschung am Grablinnen hinsichtlich der Blutungen und der damit erwiesenen Herztätigkeit nicht in Ordnung wären!

Das will nun schon etwas bedeuten; denn bekanntlich sind Mediziner kritisch. Dabei beweist schon allein die Vielzahl von Buchbestellungen durch Ärzte fast aller Länder Europas, daß diese Forschungsergebnisse dort überall gelesen und geprüft werden.
Alle diese Fachleute müssen auch etwas davon gespürt haben, daß die Beweise, ehe sie veröffentlicht wurden, von nicht weniger als vier deutschen Universitäten vertraulich überprüft worden sind. Die einfache, auch für den Laien verständliche Darstellung der medizinischen Fakten hat der Beweiskraft nicht geschadet, sondern sie erhöht und die Breitenwirkung erleichtert.
Zunächst sei der Ordnung halber hier auf die einzige bekannt gewordene medizinische Kritik in Zeitschriften eingegangen. Es äußerten sich Dr. med. Mödder, Köln, im April 1960 in der dortigen Kirchenzeitung und Reg.-Med.-Rat Dr. O. P. Michaelis in der „Deutschen Tagespost" vom 6. Juli 1960.
Beide Herren verwenden etwa 90 Prozent ihrer Kritik an den Lanzenstich, ohne sich klar zu machen, daß sie damit ins Leere stoßen, weil dem Lanzenstich keine entscheidende Bedeutung mehr zukommt. Selbstverständlich ist es schwierig, einen solchen Stich nach ca. 1900 Jahren exakt zu rekonstruieren. Um so einfacher und einwandfreier aber ist die Beweisführung der „aktiven",

also durch Herztätigkeit erfolgten Blutungen, vor allem der Hinterhauptblutung, die einen absoluten, einen unwiderlegbaren Beweis darstellt. Genau hier aber haben sich sowohl Dr. med. Mödder als auch Reg.-Med.-Rat Dr. O. P. Michaelis um eine Stellungnahme gedrückt. Nicht mit einem einzigen Wort haben sie die Hinterhauptblutung, also den Zentralbeweis, erwähnt.

Beide Herren haben praktisch nur die Lanzenstich-Rekonstruktion angegriffen, **weil an den Blutungsbeweisen nichts, aber auch gar nichts widerlegt werden kann.**

Es wurde ausdrücklich darauf hingewiesen, daß die Rekonstruktion des Lanzenstiches **eine Wahrscheinlichkeit, dagegen die Blutungsbeweise volle Sicherheit, ja sogar Unwiderlegbarkeit für sich beanspruchen können.**

Trotzdem hat sich Reg.-Med.-Rat Dr. O. P. Michaelis auch bei seiner Kritik am Lanzenstich noch getäuscht: weil er vergessen oder nicht gelesen hat, daß bewiesen wurde, wie bei Kreuzigungen durch die hängende Haltung (bei seitwärts gestreckten Armen) automatisch eine Herzsenkung eintritt. Das Herz lag also bei Jesus am Kreuz wesentlich tiefer als in Normallage! Da der Stich außerdem in die rechte Brustseite erfolgte, wenig unter der rechten Achselhöhle (wie international anerkannt), schließt sich die Möglichkeit eines Herzstiches ganz von selbst aus.

Genau das bestätigen auch die zeitlich nachfolgenden Blutungen: Wenn zu dem Zeitpunkt, da Pilatus den Körper freigab, bis zur Grablegung mehrfach eine Herztätigkeit beweisbar ist, dann ist der Lanzenstich in jedem Fall ohne Herzverletzung verlaufen. Das erübrigt zukünftig jede Rekonstruktion des Lanzenstiches.

Auch der Faktor „Pneumothorax" ist von der Forschung beachtet worden. Pneumothorax ist ohne Zweifel eine nicht ungefährliche Situation. (Gemeint ist, daß durch Lanzenstich der Brustkorb ein Loch bekommt, durch das nun Luft in den Brustkorb eindringen kann, wodurch sich die Lunge zusammenzieht und die Atmung behindert oder zum Stillstand bringt.) Aber eine solche Situation muß nicht unbedingt zum klinischen Tod führen. Pneumothorax kann zum einen von selbst „verschmieren", der Brustkorb also wieder dicht werden; zum andern wurden bei Jesus laut Bibelbericht die Wunden wenig später „nach jüdischem Brauch" mit Myrrhe (einer Harzart), Aloe und Salben bestrichen, dazu „nach jüdischem Brauch" in Tücher gehüllt. Somit geschah, natürlich unbewußt, genau das, was heute der moderne Mediziner bei Pneumothorax tut: luftdicht abschließen so gut wie möglich!

Zu diesem Problem nimmt außerdem ein Fachmann noch ausdrücklich wie folgt Stellung: „Wenn diese Seitenwunden sowohl hinsichtlich Einstich und Ausstich stimmen, so ging die Lanze in Wirklichkeit so knapp hinter dem Brustbein vorbei, daß nicht von einer ernsthaften Lungenverletzung gesprochen werden kann." Auch diese Aussage kann nicht widerlegt werden!
Es erübrigt sich offensichtlich, sich weiterhin mit dem Lanzenstich zu befassen. Die Angelegenheit wird dadurch nur zerredet, und nicht einmal die Berichte aus damaliger Zeit bestehen auf einem Herzstich.

Auf die zahlreichen Beweise der Herztätigkeit n a c h diesem Zeitpunkt muß jetzt und in Zukunft die ganze Aufmerksamkeit gerichtet werden; denn es ist ohne weiteres möglich, diese Herztätigkeit zu einer echten Glaubenswahrheit werden zu lassen. Wir sind auf dem besten Wege dazu.

Aber eine gewisse Verwirrung muß doch ausgebrochen sein, sonst hätte man nicht den Theologen Professor Pater Brinkmann aus Frankfurt am Main in medizinischen Fragen auf den Plan geschickt. Übrigens, wie inzwischen festgestellt werden konnte: nicht im offiziellen Auftrag der Kirche!
Zahlreiche Zeitungen und Zeitschriften der Kirchenpresse, auch „Mann in der Zeit" und „Neue Bildpost", haben sich als Presse wirklich sehr in die Irre führen lassen und sind einer ausgesprochenen „Medizin-Ente" eines Theologen aufgesessen. Es ist möglich, sogar wahrscheinlich, daß sich die Redakteure hinterher darüber ärgerten, aber dem Millionenpublikum, dem sie vorher dies vorgetragen hatten, brachten sie bisher keine Berichtigung. Ist es so schwer – wenn man korrekter Pressemann ist –, das übers Herz zu bringen? Oder ist es so – wem zuliebe dann eigentlich –, daß man diesen einwandfreien, im Kern der Sache eindeutigen Entdeckungen, möglichst lange aus dem Wege geht?

Nun drucken wir zunächst die diesbezüglichen Aussagen des Jesuiten-Professors im Originaltext hier ab:

Von Professor P. Bernhard Brinkmann SJ.

Den durchschlagenden Beweis, daß das Herz bei der Kreuzabnahme und der Einhüllung des Körpers Jesu in das Linnen noch tätig war, sieht der Verfasser in den Blutspuren am Hinterkopf, auf der Stirne und in der Nagelwunde in der Handwurzel, deren Richtung zeige, daß sie nicht schon am Kreuze entstanden sein können. Andererseits stehe es fest, daß ein Leichnam nicht mehr blute und das vorher ausgetretene Blut in kurzer Zeit verkruste und die Wunden verschließe. Daran ist richtig, daß bei einer Leiche das Blut nicht mehr stoßweise heraustritt, auch wenn eine Pulsader verletzt ist, aber nicht, daß überhaupt kein Blut mehr aus den Wunden sickert, solange sie nicht verkrustet sind. Davon konnte aber bei der Grablegung nicht schlechthin die Rede sein. Der Verfasser nimmt ja selbst an, daß die Dornenkrone jetzt erst abgenommen worden ist. Die Nagelwunde in der Handwurzel war so groß, daß sie auch nicht so leicht ganz verkrustete, ganz abgesehen davon, daß der Leichnam vor der Grablegung wohl gewaschen worden ist, wodurch die Blutkrusten an den Wunden wenigstens teilweise entfernt wurden, so daß wieder Blut aussickern konnte. Übrigens weist Dr. med. Hermann Mödder (Köln) darauf hin, daß auch das verkrustete Blut durch die aromatischen Essenzen, mit denen nach Joh. 19, 40 das Linnen beim Begräbnis Jesu getränkt wurde, aufgelöst worden sein kann. Daß das Blut in den Adern eines Verstorbenen nicht so bald gerinnt, gibt der Verfasser ja selbst zu, wenn er sagt, im zweiten Welt-krieg habe man im Notfall für Bluttransfusionen Blut aus Leichen entnommen, die schon bis zu zwei Stunden verstorben waren. Ob das der Fall gewesen ist, mag hier dahingestellt bleiben.

Jeder Soldat, der im Kriege gefallene Kameraden zu bergen hatte, weiß, daß bei einer Leiche die Blutung der Wunden nicht gleich mit dem Tode aufhört. Dasselbe bezeugen auch die Blutlachen bei tödlichen Verkehrsunfällen. Man kann höchstens sagen, daß bei einer Leiche aus den Wunden an den höhergelegenen Körperteilen kein Blut mehr aussickert. Das würde in unserem Falle von den Stirnwunden und der Nagelwunde der Hände gelten, wenn diese wirklich höher gelegen hätten als der übrige Körper. Das ist aber bei der Nagelwunde an den Händen nicht einmal auf der schematischen Zeichnung des Verfassers der Fall, und bei den Stirnwunden käme es nur in Frage, wenn der Kopf durch Unterlagen künstlich höher gelegt worden wäre.

Antwort:

Theologie-Professor Pater Brinkmann SJ. hat keine Ahnung von dem wirklichen Verhalten des Blutkreislaufes bei lebenden Menschen und bei Leichen:

1. Er weiß nicht, daß eine Leiche auch aus o f f e n e n Wunden nicht mehr blutet. Das gesamte Adern- und Kapillarsystem ist grundsätzlich ein Röhren-

system, das ohne Druck oder Pumptätigkeit kein Blut abgibt, keines abgeben kann! Eine Wunde an einem Leichnam braucht nicht verkrustet zu sein, damit sie nicht mehr blutet. (Mit der gegenteiligen Behauptung beweist Professor Pater Brinkmann seine Unkenntnis in solchen Dingen.) Aus einer offenen Wunde tritt Blut bei einer Leiche nicht nur nicht stoßweise, sondern von selbst überhaupt nicht mehr aus.

2. An einem Leichnam kann eine Wunde ruhig n a c h u n t e n vollständig offen sein (wie dies gerade bei der Hinterhauptwunde der liegenden Gestalt des Turiner Linnens der Fall ist), es tritt trotzdem kein Blut mehr aus. Pater Brinkmann, ebenso Dr. Mödder, den er erwähnt, sollten das Bild Nr. 10, das ist die Hinterhauptblutung, noch einige Tage oder Wochen vor sich an die Wand hängen, bis sie begriffen haben, was eigentlich darauf sichtbar ist.

3. Pater Brinkmann SJ. hat den genau verkehrten Schluß gezogen: Daß Blut in den Adern bis zu etwa sechs Stunden nach Herzstillstand normal und lebensfähig bleibt, ist der s i c h e r e Beweis dafür, daß das „Blut und Wasser", von dem der Apostel Johannes bei der Schilderung des Lanzenstiches berichtet, zu keinem Zeitpunkt in der Geschichte ein Zeugnis für den Tod sein konnte. Fast 1900 Jahre lang hat man dieses „Blut und Wasser" als ein solches Zeugnis betrachtet. Übrigens verwenden die Russen – laut „DER SPIEGEL" Nr. 18/1960, Seite 92, „Blut aus Leichen" – auch in der Jetztzeit l a u f e n d Leichenblut für Bluttransfusionen. Dem Konvent war bisher nur bekannt, daß es im Kriege geschah. Man kann über den „SPIEGEL" denken, wie man will – der Tatsachengehalt seiner Nachrichten ist unbestritten und in diesem Fall nachprüfbar korrekt. Hierzu den Bericht „Blut aus Leichen".

4. Jeder Soldat, der einmal gefallene Kameraden zu bergen hatte, konnte feststellen, daß bei Herztreffern praktisch keinerlei Blutungen entstanden, weil die Pumptätigkeit des Herzens sofort aufhörte. Aber bei anderen tödlichen Treffern noch starke Blutungen auftraten, weil das Herz des gefallenen und praktisch schon tödlich verletzten Kameraden unabhängig von Atmung und Gehirnzerstörung (bei Kopfschüssen) noch eine Weile „pumpte" und dadurch Blut aus den Wunden trieb. Sobald es stillstand, hörte jegliche Blutung sofort auf. Es ist ein allgemein verbreiteter Irrtum, daß bei tödlichen Kopfschüssen das Herz sofort stillstehe.

5. Verunglückt ein Verkehrsteilnehmer und zieht sich dabei offene Wunden zu, so kann man Folgendes beobachten: Kommt der Arzt oder Sanitäter und sieht, daß sich die Blutlache vergrößert, dann braucht er den Verletzten nicht sofort zu untersuchen (und tut es meistens auch nicht). Er läßt ihn so rasch wie möglich in den Krankenwagen bringen, denn die größer werdende Blutlache beweist den Herzschlag, auch wenn der Verunglückte bewußtlos ist. Wird aber die Blutlache nicht mehr größer oder haben sichtbare offene Wunden zu bluten aufgehört, dann beginnt der Arzt eingehend zu untersuchen, sucht den Pulsschlag, horcht ab usw., denn kein Krankenwagen will „Leichen aufladen". Nicht mehr blutende offene Wunden sind meistens ein Anzeichen dafür, daß es sich bereits um eine Leiche handelt; blutende Wunden aber bezeugen immer eine Herztätigkeit.

6. Ein Chirurg, der operiert, kann während der Operation ohne jede andere Kontrolle feststellen, daß das Herz schlägt, wenn beim Schneiden die Wunde sofort Blut abgibt. Kommt ein Herz während der Operation zum Stillstand, so versiegt sofort jede Blutung, auch wenn die Wunde noch so groß und offen ist!

Es gibt keine Leiche und hat nie eine gegeben, die in der Art blutete, wie der Körper, der nach der Kreuzabnahme im Turiner Linnen lag. Seine in Wort und Bild genau beweisbaren Blutungen bezeugen einwandfrei, daß dieser Körper Herztätigkeit aufwies.

Die meisten Laien haben diese Beweisführung richtig begriffen, das zeigen die recht zahlreichen Zuschriften. Nicht begriffen haben oder nicht begreifen wollten einige Jesuiten-Patres. Deshalb sei die höfliche Bitte an den Jesuiten-General gerichtet: Senden Sie bitte besser informierte Patres auf den Plan! Nichts und niemand richtet sich gegen die Person Jesu Christi! Dies gilt auch für den erwähnten Jesuitenpater Werner Bulst, der 1955 gewissermaßen die jetzt veröffentlichten Entdeckungen verpaßt hat und nun aus persönlichem Ärger heraus in Zeitschriften aller Art Unwahrheiten verbreitet.
Sprechen wir nochmals vom Zentralbeweis, dem zeitlich letzten Beweis für eine Herztätigkeit des Körpers im Linnen; **denn durch ihn läßt sich mit Sicherheit feststellen, daß die Herztätigkeit bis zur Grablegung und, wenn dieses Linnen mit im Grabe war, auch dort intakt war. Es handelt sich um den**

Beweis der Hinterhauptblutung, für die der internationale Anspruch der Unwiderlegbarkeit besteht!

Was ist bei dieser Hinterhauptblutung zu erkennen?

Zunächst muß man sich klarmachen, daß es sich um in das Linnen getropftes Blut handelt, das, der Linnenlage entsprechend, dann die heute sichtbaren Blutbahnen bildete. Es gibt bei o f f e n e n Wunden an einem Hinterhaupt (Wunden, die in diesem Falle nach der Kreuzabnahme und Abnahme der Dornenkrone auftraten) keinerlei Möglichkeit, sie durch irgendeine Einwirkung wie „Druck von außen" zum Bluten zu bringen. An dieser Stelle ist nur ein aktiver Blutfluß möglich, der eine Herztätigkeit voraussetzt. Der geäußerten Ansicht der Herren Professor Brinkmann, Dr. Mödder und einiger anderer, die Abdrücke am Grablinnen seien vermutlich durch die am Körper haftenden Blutkrusten entstanden, muß entgegengehalten werden, daß durch die Lage am Kreuz, während über drei Stunden, aus dem Hinterhaupt überhaupt kein Blut in die Haare gelangen konnte, **da sich das Haupt wegen der Kreuzigungshaltung und der hindernden Dornenkrone n i e m a l s nach r ü c k w ä r t s neigen konnte, sondern nur nach vorwärts.**

Mögen diese Herren doch die abgebildeten Hinterhauptblutungen so viele Tage oder Wochen zu Hause an die Wand hängen und sie – wenn möglich – täglich betrachten, bis ihnen ein Licht aufgeht, bis sie erkennen, daß es in dieses Linnen hier „tropf", „tropf" gemacht hat. Und zwar „tropf", „tropf" mit frischem Blut, aus den neugeöffneten Hinterhauptwunden, nachdem die Dornenkrone abgenommen war. Blut, das aus den Wunden der Kopfhaut in das Haar sickerte und dann von dort in das Linnen tropfte. Flüssiges, lebendes Blut! Denn es hat nach dem Einsaugen im Tuch die B l u t - S e r u m - H ö f e hinterlassen, wie Professor Giovanni Judica Cordiglia – Präsident des „Centro Internazionale di Sindonologia", zu deutsch dem „Internationalen Zentrum der Lehre über das hl. Leichentuch Christi" – so schön im Deutschen Fernsehen festgestellt hatte. Nur flüssiges Blut kann Serum-Höfe hinterlassen, eingetrocknetes Blut niemals.

Wenn dann einmal alle Zweifler und die, die es nicht wahrhaben wollen, begriffen haben, daß in dieses Linnen aus den offenen Wunden des Hinterhauptes immer wieder Blut getropft ist, und zwar der noch heute sichtbaren Menge nach recht lange Zeit hindurch, dann wird es auch der Letzte merken, daß es kein Leichnam war, der im Linnen ruhte!

Blut aus Leichen!

Blut und Wasser – wie Johannes berichtet – floß beim Lanzenstich aus dem Körper. Es ist absolut gesichert, daß dies kein Todeszeugnis war.

Es wurde berichtet, daß im zweiten Weltkrieg 1939 bis 1945 auf verschiedenen Kriegsschauplätzen bzw. den dortigen Sanitätsstationen immer wieder einmal das Blut von Leichen mit einer speziellen Methode abgezapft wurde, um anschließend für Bluttransfusionen verwendet zu werden. Dies geschah mit vollem Erfolg, weil sich das Blut in den ersten Stunden nach dem klinischen Tode nicht zersetzt bzw. nicht nennenswert verändert. Es wird also nicht zu „Blut und Wasser", jedenfalls viele Stunden lang nicht.

Diese Vorgänge in den Kriegslazaretten würden beweisen (so wurde geschrieben), daß das in der Bibel von Johannes berichtete „Blut und Wasser", das nach dem Lanzenstich sofort aus der Wunde floß, in jedem Fall kein Zeugnis für den klinischen Tod gewesen ist!

Diese Beweisführung ist an sich einfach: Wenn das Blut in einer Leiche sich erst nach vielen Stunden zu zersetzen beginnt, so war offensichtlich das damals ausgeflossene Wasser eine Ödemflüssigkeit aus einem Gewebeteil der Brust und damit keinerlei Todeszeugnis!

Dabei ist übrigens zu erwähnen, daß das ausgeflossene Blut ein Zeugnis **für** eine Herztätigkeit war, nicht dagegen. Es ging tatsächlich nur noch um das „Wasser", jenes Wasser, das fast 1900 Jahre für ein Todeszeugnis gehalten wurde: „Das Blut hatte sich schon zersetzt, was nur bei einem Toten geschehen kann!" wurde gesagt.

Die gesamte Angelegenheit hat inzwischen eine weitere – diesmal endgültige – Klärung bekommen. Hierzu einige kurze, sachliche Auszüge aus dem SPIEGEL-Bericht in Nr. 18/1960, der den Titel: „Blut aus Leichen" trug:

„... Wir haben bisher mehr als 27 000 (siebenundzwanzigtausend) Transfusionen mit Leichenblut vorgenommen und dabei 25 Tonnen Blut übertragen", berichtete der sowjetische Arzt Petrow vom Sklifossowski-Institut, als er westliche Kollegen jetzt in einem eigens für die amerikanische Fachzeitschrift ‚Surgery' verfaßten Artikel über die Praxis der Leichenblut-Übertragungen informierte ...

‚Wenngleich fraglich ist (berichtete der SPIEGEL weiter), ob sich die Mediziner westlicher Länder auf ähnliche unbekümmerte Weise über ethische und ästhetische Bedenken hinwegzusetzen vermögen und ihre Blutbanken ebenfalls mit Leichenblut auffüllen werden, so sprechen doch keinerlei medizinische Argumente gegen die Gepflogenheit der Russen. Die Forschungen sowjetischer Ärzte haben vielmehr eindeutig ergeben, daß Leichenblut nicht nur ungefährlich ist, sofern es innerhalb weniger Stunden nach dem Tode konserviert wird, sondern sich in verschiedener Hinsicht besser für Transfusionen eignet als normales Spenderblut.

... Bei ihren Recherchen stellten die sowjetischen Ärzte fest, daß Leichenblut in den ersten Stunden nach dem Tode nur geringfügige chemische Änderungen durchmacht ...

... Um einer bakteriellen Verunreinigung des Blutes vorzubeugen, beschränken die sowjetischen Ärzte die Blutentnahme auf Leichen, die nicht älter als s e c h s Stunden sind. ..." – Soweit der SPIEGEL-Bericht in Auszügen.

Damit ist ein bleibender und gültiger Beweis erbracht, daß das von Johannes berichtete „Blut und Wasser" kein Zeugnis für den Eintritt des klinischen Todes war. Blut zersetzt sich keinesfalls eher als sechs Stunden nach Herzstillstand. Der Lanzenstich geschah aber ca. 30 bis 45 Minuten nach dem Zeitpunkt, von dem es in der Bibel heißt: „Darauf neigte er sein Haupt und gab den Geist auf!"

Vom Zweier- zum Dreiergespräch

Nach Veröffentlichung der meisten Forschungsergebnisse in der ILLUSTRIERTEN SONDERAUSGABE im Jahre 1960 – die ja in ganz Europa, hauptsächlich im deutschsprachigen Raum (Deutschland, Schweiz, Österreich) bekannt wurde – gab es viele Diskussionen. Es mußte ja so sein; denn man stelle sich einen Pfarrer vor, der auf der Kanzel steht und in seine Predigt ein Wort vom „Sterben Jesu am Kreuz" einfließen läßt. Sogleich muß er doch denken, daß jetzt dort unten zahlreiche Menschen sitzen, die im selben Moment sich im Stillen sagen: „So sicher ist das gar nicht, daß Jesus am Kreuz gestorben ist!" Schon aus einer Art Achtungshaltung heraus müssen sich also die Prediger um diese Frage kümmern – es sei denn, sie glauben, daß ihre Zuhörer gar nichts denken; dann könnten sie aber jedes Predigen überhaupt bleiben lassen. Kein Zweifel, es handelt sich bei dieser Sache um eine Zentralangelegenheit des Christentums, und niemand darf sich wundern, wenn alle möglichen Argumente zusammengetragen werden, um Pro und Kontra herauszustellen.
Genau das ist es, was der „Deutschland-Konvent für Das Linnen" bezweckte, nachdem lange Zeit hindurch die sogenannte offizielle Forschung diese Entdeckungen ganz einfach nicht zur Kenntnis nehmen wollte. Inzwischen ist dieser Zustand überwunden. Die Entdeckungen haben sich zu einer geistigen Macht entwickelt, sich nach mehrhundertfacher Überprüfung formiert und beschäftigen bereits weite Kreise im Christentum und im Judentum.

Von allen Kritikern hatte nun Pfarrer Stephan Berghoff die beste Idee. Er stellte einige Fragen zusammen, die er Dr. Hermann Mödder, Köln, vorlegte. Daraus wurde eine Art Zweier-Gespräch, das dann veröffentlicht wurde. Uns im Deutschland-Konvent kam nun der Gedanke, daraus ein Dreier-Gespräch zu machen; denn es ist doch überall Brauch geworden – denken wir nur an Rundfunk und Fernsehen –, beide Seiten direkt zu Wort kommen zu lassen, damit Fragen und Antworten nicht auseinanderfallen.

Hier wird das nun in Form des direkten Zitats wiedergegeben. Die Fragen von Pfarrer Berghoff und die Antworten von Dr. Mödder sind in vollem Wortlaut zitiert, damit niemand sagen kann, man habe Teile aus dem Zusammenhang gerissen. Zunächst aber einige Notizen zu den Gesprächsteilnehmern:

1. Pfarrer Stephan Berghoff von der katholischen Kirche, und zwar mit Genehmigung der Kirche (Imprimatur Nr. 146/60 von Generalvikar Dr. Weins, Trier), offiziell in diese Themen einzutreten.
2. Dr. Hermann Mödder, Chefarzt der Röntgenologie in Köln a. Rhein. Dr. Mödder hat sich bereits seit 1948 öffentlich darauf festgelegt, daß der Kreuzestod allgemein – und so auch bei Jesus – ein Kreislauftod war. Er ist also – wohlgemerkt – in diesen Fragen Partei und will die These „Sterben am Kreuz" retten.
3. Kurt Berna, seit 1950 Schriftsteller, aus Stuttgart. Angehöriger der röm. kath. Kirche und Sekretär des „Deutschland-Konvents für Das Linnen", der seit 1957 zunächst in kleinem, dann in immer größerem Maße diese Entdeckungen publiziert hat.

Die Fragen von Pfarrer Berghoff und die Antworten von Dr. Mödder sind in der Broschüre „Christus – nicht am Kreuze gestorben?", Johannes-Verlag, Leutesdorf a. Rh., veröffentlicht. Aus wissenschaftlichen Gründen werden die wichtigsten und wesentlichsten Fragen und Antworten in diesem Dreier-Gespräch in vollem Wortlaut zitiert:

Pfarrer Stephan Berghoff: Woran ist Christus am Kreuze gestorben?

Dr. Hermann Mödder:
In den letzten drei Jahrzehnten sind – angeregt durch die Forschungen am Turiner Tuch – zahlreiche Zeitschriftenartikel erschienen, die sich mit der Todesursache am Kreuze beschäftigen. Es wurden die verschiedensten Möglichkeiten erörtert und Vermutungen aufgestellt. Ich selbst habe mit Medizinstudenten 1948/49 viele Hängeversuche ausgeführt und konnte mit exakten Meßergebnissen zeigen, daß der Tod eintritt durch mangelhafte Durchblutung des Gehirns und des Herzens, nachdem zuviel Blut in die unteren Körperpartien abgesackt ist. (Siehe „Stimmen der Zeit", April 1949.) Dieser „Kreislauftod" durch Versagen des Kreislaufs (orthostatischer Kollaps) wird heute von den meisten Medizinern als der wahrscheinlichste angesehen.

Kurt Berna: Herr Dr. Mödder, niemand, am allerwenigsten ich, bezweifelt Ihre Forschungsergebnisse, die besagen, daß der Kreuzestod im Allgemeinen durch Versagen des Kreislaufes eintrat, demnach also ein Herztod war. Das dürfte

in der Vielzahl der Fälle zutreffen. Wir wissen jedoch, daß der Kreuzestod ein ungewöhnlich langsames, oft über mehrere Tage dauerndes Sterben war. Sollte es abgekürzt werden, so wurden bekanntlich dem Hingerichteten die Arme und Beine mit Keulen zu Brei zerschlagen, wodurch er dann schnell den Tod fand. Oder es wurde auch das ganze Kreuz angezündet, wodurch der Körper dann verbrannte und verkohlte. Gerade in diesem Zusammenhang die Frage: Angenommen, dies wäre bei Jesus geschehen, wäre er dann auch in Fleisch und Bein auferstanden, wenn der ganze Körper vorher verbrannt und dadurch verkohlt wäre?
Wir kennen doch die Antike, sie legte entweder Wert auf ein langsames Verrecken – man entschuldige bitte den Ausdruck – des Hingerichteten, denn das diente dem Genuß der damaligen Machthaber. Oder der Körper wurde total zerstört, indem das ganze Kreuz verbrannt wurde, wobei der Hingerichtete hängenblieb; oder die Gebeine wurden zerschlagen. Gerade im Falle Jesus lesen wir aber: „Ihr sollt kein Bein an ihm zerbrechen". So lautete die Prophezeiung. Dies doch wohl, damit alle Voraussetzungen für eine volle körperliche Auferstehung in Fleisch und Bein vorhanden blieben.

Die Berichte aus der Antike besagen, daß im Laufe von etwa neun Jahrhunderten, und zwar von etwa 500 v. Chr. bis etwa 400 n. Chr. (um 400 n. Chr. wurde die Hinrichtung durch Kreuzigung verboten) mehrere Millionen Menschen g e k r e u z i g t worden sind. Jesus war nur ein einziger von ihnen. Am Kreuz zu sterben war das Alltäglichste. (Nicht am Kreuz zu sterben, wenn man schon gekreuzigt ist, das ist allerdings die große Ausnahme!) Daher war es Allgemeinwissen, daß diese Todesart eine sehr langsame war, eben letzten Endes ein Versagen des Kreislaufes, wie Sie, Herr Dr. Mödder, ganz richtig festgestellt haben.

Nur vergessen Sie im Falle Jesus von Nazareth den Pilatus, einen erfahrenen Fachmann in Hinrichtungsangelegenheiten. Dieser wunderte sich bekanntlich, daß Jesus schon nach drei Stunden gestorben gewesen sein soll. Allein diese Tatsache sollte Sie als Wissenschaftler hellhörig machen und auf die Idee bringen, daß hier etwas anderes vorlag als der übliche, viel länger dauernde Kreislauftod.

Pfarrer Stephan Berghoff: Wie steht es mit dem Erstickungstod?

Dr. Hermann Mödder:
Die Erstickungsagonie übernimmt Berna von dem verstorbenen Dr. Hynek, der sich auf völlig unzulängliche Versuche von Babor und Hons beruft, die vor dreißig Jahren ausgeführt wurden. Die Versuchspersonen standen dabei auf den Zehenspitzen und mußten ihre Arme aktiv selbst hochhalten. Dabei traten natürlich sehr bald Muskelkrämpfe auf, und Dr. Hynek nahm an, daß diese die Atmung so behindern könnten, daß ein „Erstickungstod in Muskelkrämpfen" eintreten würde. Diese Annahme wird in Fachkreisen abgelehnt. Daß Schlürfen von Essig im Verein mit Muskelkrämpfen Erstickung verursacht hat, ist eine persönliche Meinung Bernas.

Kurt Berna: Sie, Herr Dr. Mödder, lehnen die These von der Erstickungsagonie ab, die Dr. Hynek in langen Jahren erforschte. Das ist klar, denn Sie sind für die Diagnose: Herztod. Nun, Dr. Hynek ist seit einiger Zeit verstorben und kann sich nicht mehr wehren. Aber Sie dürfen nicht sagen, daß die Fachkreise seine Forschungsaussagen ablehnen, keinesfalls, denn diese sind wohlfundiert. **Nehmen Sie zum Beispiel die offizielle Zeitschrift für die Grablinnen-Forschung „SINDON" Nr. 6 vom September 1961! In dieser schreibt kein Geringerer als der Direktor des „Zentrums für die Lehre über das hl. Grablinnen" in Turin, Professor Dr. Judica Cordiglia über Dr. Hynek. Er spricht dort über „den Glauben, den Eifer und das W i s s e n" von Dr. Hynek und nennt ihn wörtlich einen „Apostel des hl. Grablinnens"!**
Spricht man so in Fachkreisen über einen Mann, der nichts zur Forschung beigetragen hätte? Dabei ist doch die Entdeckung über die Erstickungsagonie tatsächlich das ureigenste Forschungsergebnis Dr. Hyneks; alles andere hatte er ja aus zweiter oder dritter Hand. Die Erstickungsagonie ist im Falle Jesus von Nazareth ganz bestimmt sicherer als ein Herztod, den es nach drei Stunden am Kreuz nicht gibt! Was den Essig betrifft, so wissen Sie, daß diese Aussage nicht von mir stammt. Doch sehen wir in den Evangelien nach, dort ist zu lesen: Sobald Jesus den Essig eingenommen hatte, ging es mit ihm zu Ende, da kam die Geistaufgabe. Der Mediziner, der ja bekanntlich auch ein wenig Kriminalist sein muß, wenn er gute Diagnosen stellen will, kann nicht darüber hinweggehen, daß dieser Essig irgendeine Wirkung vollbracht hat: Es ist nichts Neues, daß Essig in den Luft- und Atmungswegen Erstickungskrämpfe verursacht. Die These von der Erstickungsagonie ist hier also voll bestätigt. Die Forschung von Dr. Hynek wurde sozusagen ergänzt.

Pfarrer Stephan Berghoff: Beweist die einwandfrei festgestellte Leichenstarre des Gekreuzigten im Turiner Grabtuch seinen Tod? Ist die Charakteristik eines Menschen gegeben, der an den Armen hängend gestorben ist?

Dr. Hermann Mödder:

Auf beide Fragen muß ich mit Ja antworten. Bei dem Toten des Turiner Tuches finden wir alle Einzelheiten der Passion und der Todesart wieder, die uns die Evangelisten schildern. Naturwissenschaftler halten darum das Grabtuch von Turin für „echt" in dem Sinne, daß darin ein Toter gelegen hat, der in allen Einzelheiten wie Christus gelitten hat und gestorben ist. Ob es das echte Grabtuch Christi ist, das heißt, ob Christus der Tote gewesen ist, der in dem Turiner Tuch gelegen hat, dafür gibt es nur einen Indizienbeweis.

Kurt Berna: Herr Pfarrer Berghoff, Ihre Fragestellung ist in diesem Falle nicht korrekt! Sie sprechen von einer „einwandfrei festgestellten Leichenstarre". Niemand hat diese bisher einwandfrei festgestellt. Sie bekommen nachher noch die Fachausdrücke mitgeteilt, die mich zu dieser Aussage berechtigen. Zunächst ist zu sagen, daß kein moderner Arzt Erfahrungen mit Gekreuzigten hat, weil seit rund fünfzehnhundert Jahren keine Hinrichtungen durch Kreuzigungen mehr stattfinden. Aber angenommen, Ihr nackter Arm würde auch nur eine einzige Stunde so fest fixiert, daß Sie weder Gelenke noch Muskeln bewegen könnten, so wäre er danach ganz einfach s t e i f geworden. Sie selbst würden sogar sagen: „Ich habe einen ganz steifen Arm." Angenommen, er würde in diesem Zustand fotografiert – und das Turiner Linnen wirkte doch wie eine fotografische Trockenplatte –, so würde nachher auf dem Bild Ihr ganzer Arm mit Muskulatur, Armhaltung usw. wie starr und steif wirken. Das ist die natürlichste Folge der Welt, weil die menschlichen Gelenke, Muskeln usw. eben so reagieren.

Der Körper Jesu, der stundenlang in allen Teilen, mit allen Gelenken und Muskeln, durch die Annagelung fest und fast unbeweglich blieb, konnte nach der Kreuzabnahme unmöglich einen beweglichen und lockeren Eindruck machen. Er war steif und starr. Fachmännisch ausgedrückt lag hier vor:

> „Cerebrale, die Muskulatur betreffende, motorische Lähmung, die, nach dem Gesamtbefund der in diesem Fall bekannten Tatsachen, spastisch ischaemischer Natur war. Bei allen spastischen Lähmungen befinden sich die Muskeln in einem Dauerzustand der Zusammenziehung. Die Muskeln fühlen sich hart an. Hat mit Leichenstarre nichts zu tun!"

Pfarrer Stephan Berghoff: Handelt es sich bei den Blutspuren im Turiner Tuch notwendigerweise um frisches, ins Linnen geflossenes Blut? Hört die Blutung der Wunden unter allen Umständen gleich nach dem Tode auf?

Dr. Hermann Mödder:
Herr Berna führt den Gerichtsmediziner Professor Judica Cordiglia als Kronzeugen an, daß Blut aus dem „Toten" geflossen sei. Mit Recht hat Professor Judica behauptet, daß „am Grablinnen Blut sichtbar ist, denn wir sehen rings um die dunklen Blutflecken jeweils eine Art Hof, der vom Blutserum herrührt, wie es nur beim lebenden Blut auftritt". Aber Herr Berna hat Professor Judica hier irreführend zitiert, denn Judica hat nie in seinem Leben die These vertreten, daß der Kreislauf im Grab noch im Gang gewesen sei, sondern er unterscheidet Blut, das noch zu Lebzeiten (am Kreuz) ausgetreten ist (zum Beispiel an Stirn und Hand, Hinterhaupt, Fußwunde oben), vom Blut im Tuch, das aus Wunden nach dem Tode ausgeblutet ist (zum Beispiel Seitenwunde, Blut im Rücken und auf der Unterseite des Fußes). Im Gegensatz zu Bernas Behauptung kann wohl aus einer frischen Wunde eines Toten Blut nachsickern, da es noch lange flüssig bleibt. Ja, es findet sogar eine Blutbewegung innerhalb der Leiche statt und außerhalb der Gefäße, wie das Auftreten der bekannten Totenflecken an der Unterseite der Leiche im Rücken beweist. Diese Totenflecken verschwinden bei Umlagerung der Leiche wieder bis zu zwölf Stunden nach dem Tode und treten dann auf der Brustseite auf.

Kurt Berna: Wir kommen jetzt zu Themen, die nur ausführlich behandelt werden können. Verzeihen Sie also bitte, wenn der dritte Gesprächsteilnehmer lange Erklärungen geben muß. Bekanntlich benötigt man oft viele Worte und Sätze, um nur einen einzigen Satz zu widerlegen, der einfach so dahingesagt wurde.
Zunächst zu Professor Judica, der ja jetzt Direktor des Turiner Konvents ist. Professor Judica hat öffentlich – im Deutschen Fernsehen und auch schriftlich – bestätigt, daß die Blutungen aus Stirn, Hand, Hinterhaupt und sogar Fußwunde z u L e b z e i t e n des Gekreuzigten entstanden sind. Nichts anderes wurde über Professor Judica jemals behauptet, als daß er unsere diesbezügliche Aussage mit seiner wissenschaftlichen Forschung bestätigt habe. Er sieht den Beweis in der Art der Blutung und in den entstandenen Serumhöfen.
Der einzige Unterschied zwischen den Forschungsergebnissen von Professor

Judica und denen des Deutschland-Konvents besteht darin, daß Professor Judica – getreu der christlichen Überlieferung – bisher glaubte, diese Wunden hätten noch am Kreuz so geblutet. Wir aber weisen mit Hilfe der technischen Rekonstruktionen einwandfrei nach, daß sie in der Hauptsache während der Kreuzabnahme und im Grablinnen selbst so stark geblutet haben müssen. Wir dürfen das Naturgesetz nicht außer Acht lassen, das bewirkt, daß menschliches Blut an der Luft auf der menschlichen Haut bereits nach ca. zehn bis zwanzig Minuten zu harten Blutkrusten abtrocknet, die kein Linnen mehr einsaugen kann. Hätten die starken Blutungen noch am Kreuz stattgefunden, so wären sie niemals mehr vom Grablinnen aufgesaugt worden. Auch ein erneutes Flüssigwerden kommt nicht in Frage, denn die Blutserumhöfe, die Professor Judica ja nachweist, können nur bei frischem Blut entstehen; bei einmal eingetrocknetem Blut ist das Blutplasma chemisch zerstört, und dann kann sich kein entsprechendes Blutserum mehr bilden.

Wir haben bei Professor Dr. Judica das typische Beispiel eines Arztes, der auf Grund seines Fachwissens die Dinge genau zu erkennen imstande ist, der aber im selben Moment mit anderen Kombinationen beginnt, weil ihn der Glaube, sein bisheriger Glaube, dazu zwingt. Es muß ein Sterben am Kreuz herauskommen, obwohl ein solches Geschehen aus dem Linnen nicht zu entnehmen ist. Die Differenz der Blutforschungsergebnisse entsteht daraus, daß Professor Judica bisher nicht bedachte, daß Blut an der Haut sehr rasch trocknet, sich also hätte nicht mehr im Linnen abdrücken können, ferner daß die meisten Blutungen nicht mehr in der klassischen Kreuzigungshaltung entstanden sind und somit eine Herztätigkeit n a c h der Kreuzigung erwiesen ist.

Bezüglich des Ausflusses aus der Seitenwunde – nun in liegender Stellung – kann es gar kein Mißverständnis geben; denn das gleiche Blut und Wasser, das in der vertikalen Haltung herausfloß, hat sich noch an einzelnen Stellen in der Seitenwunde gesammelt und ist dann in der horizontalen Lage vollständig ausgelaufen. Wir wissen inzwischen längst, daß dieses „Blut und Wasser" kein Todeszeugnis ist, weil sich das Blut in einer Leiche nicht vor ca. sechs Stunden zu zersetzen beginnt. Das alles ist schon so oft behandelt worden und kein Streitfall mehr. Es sei dazu hier auf das in diesem Buch ausführlich behandelte Naturgesetz hingewiesen, daß eine frische Leiche aus offenen Wunden nicht blutet.

Wenden wir uns jedoch zu den „Blutbewegungen" in einem Leichnam, wenn Totenflecken entstehen:

Totenflecken zeigen sich im allgemeinen ab zehn bis vierzehn Stunden nach Herzstillstand, weil sich dann das Blut zu zersetzen beginnt. Die festen Bestandteile, auch der Blutfarbstoff – das Hämoglobin – beginnen, sich vom Blutserum, dieser gelblich-weißen Flüssigkeit, zu trennen. Damit tritt eigentlich eine Blutsenkung ein, verwandt denen, wie sie bei Blutuntersuchungen gemacht werden. Dabei wird Blut der Schlagader entnommen, mit einer chemischen Flüssigkeit gerinnungsfrei gemacht und dann in eine Glasröhre getan. Dort beginnen sich die festen Bestandteile vom Blutserum zu trennen, sich zu „senken". Die Zeit und die Senkungsgeschwindigkeit werden gemessen, und daraus läßt sich dann auf Krankheitsfaktoren schließen.

Betrachten wir eine solche Glasröhre nach einer längeren Zeitspanne, so ist die Gesamtflüssigkeit darin noch genau so hoch wie zuvor, allerdings ist sie nun oben weiß – eben das Blutserum – und unten ganz dunkelrot, denn der Blutfarbstoff hat sich vom Blut gelöst und ist, seinem Eigengewicht entsprechend, konzentriert und selbständig geworden.

G a n z g e n a u d e r s e l b e V o r g a n g spielt sich bei einer Leiche ab: Die Gesamt-Blutflüssigkeit bleibt in den Adern ruhig stehen. Aber mit Beginn der Blutzersetzung trennt sich der Blutfarbstoff vom Blut und dringt – seiner Schwere wegen – in die Hautgewebe ein. Dort erzeugt er diese dunklen Flekken, die Totenflecken genannt werden. Wird nun eine solche Leiche umgedreht, so verschwinden die Totenflecken, weil sich der Farbstoff wieder aus der Haut zurückzieht – und der gleiche Vorgang wiederholt sich auf der jetzt „unteren" Seite der Leiche. Tatsächlich ist das keine Bewegung einer Blutflüssigkeit, sondern die Senkung des Blutfarbstoffes. Die Flüssigkeit selbst (eigentlich nun kein Blut mehr) im Körper bewegt sich bei diesen Vorgängen nicht nennenswert. Sagen wir es also noch einmal: Totenflecken entstehen nicht durch Blut, sondern durch Blutfarbstoff, der sich vom Blut gelöst hat.

Nun darf ich aber die Gegenfrage stellen: Nach Ansicht der Forschung in Turin war das Linnen i m G r a b , der Körper Jesu lag darin, das Linnen hat die Konturen, selbst die Gesichtszüge wie eine Art fotografischer Trockenplatte festgehalten, auch die Merkmale der Geißelwunden usw. Warum sind nun am gesamten Körper k e i n e r l e i Totenflecken entstanden? Sie wären von dem Linnen genauso aufgezeichnet worden. – Die Beantwortung dieser

Frage ist höchst einfach: Weil der Körper zu keinem Zeitpunkt eine Leiche war, sondern der Blutkreislauf das Blut immer in Bewegung erhielt, so daß das Blut sich nicht zersetzte und somit auch keine Totenflecken entstehen konnten.

Pfarrer Stephan Berghoff: Kann sich eingetrocknetes Blut auf Linnen übertragen? Wie könnte sich verkrustetes Blut auflösen?

Dr. Hermann Mödder:
Schon 1903 hat der Physiologe Professor Vignon aus Paris im Experiment zeigen können, unter welchen Bedingungen eine solche Übertragung möglich ist. Aus dem Harnstoff des auf der Haut eingetrockneten Schweißes entwickelt sich unter anderem Ammoniak, das zu einer teilweisen Verflüssigung des Blutes führt. Weitere experimentelle und sehr exakte Untersuchungen wurden von vielen anderen Forschern mit gutem Erfolg angestellt. Die besten Ergebnisse haben italienische Professoren erzielt. Die einfachste Lösung der Schwierigkeit ist die: Durch Tränken des Tuches mit aromatischen Essenzen, von deren Anwendung der heilige Johannes in seinem Evangelium berichtet (19, 40: cum aromatibus), ist das harte Blut auf seiner Oberfläche verflüssigt worden und hat sich dem Linnen eingeprägt.

Kurnt Berna: Herr Dr. Mödder, haben Sie nicht bemerkt, daß Sie diese Frage in Ihrer letzten Stellungnahme schon selbst beantwortet haben? Sie haben die Feststellung Professor Judicas anerkannt, die besagt, daß die Serumhöfe der Blutabdrücke im Linnen von flüssigem Blut stammen, das sich noch zu Lebzeiten abgedrückt hat. Wir alle sehen – selbst ein Laie kann es feststellen –, daß hier wahre Blutbäche in das Linnen geflossen sind und dann aufgesaugt wurden.
Blut aber, dessen Blutserum einmal vertrocknet war, hinterläßt keine Blutserumhöfe mehr, auch wenn die Kruste wieder aufgelöst würde, und zwar, wie schon gesagt, deshalb nicht, weil das Blutplasma, ein Bestandteil des Blutes, chemisch zerstört wird, sobald das Blut eintrocknet. Darum gibt es bei den Blutbanken auch keine „Trockenblut-Konserven". Es ist nicht möglich, eingetrocknetes Blut durch Wasser oder andere Flüssigkeit wieder zu echtem Blut zu machen. Wenn das ginge, gäbe es längst in den Krankenhäusern Blut in Pulverform, das man etwa wie Trockenmilch wieder anrühren könnte! Nein!

Mit der Eintrocknung werden die Stoffe zerstört, die die Merkmale des Blutserums hinterlassen, sofern Blut von Leinen oder Linnen aufgesaugt wird.
Alles in allem ist es relativ leicht, Ihre Argumente zu widerlegen; denn es blieb uns fast ein Jahr lang Zeit dazu, und sie wurden alle von mehreren Fachwissenschaftlern bearbeitet. Als Schriftsteller bringe ich deren Resultate lediglich in gekürzter Form zu Papier.

Pfarrer Stephan Berghoff: Zeigt die Richtung verschiedener Blutgerinnsel, besonders am Hinterkopf, auf der Stirn, an der Nagelwunde der Handwurzel, daß im Körper nach der Kreuzabnahme doch noch Herztätigkeit vorhanden war?

Dr. Hermann Mödder:
Über die eigenartige Blutung an der Stirn (unter anderem eine seitenverkehrte Drei) existieren verschiedene Deutungen. Berna übernimmt die älteste von Dr. Hynek, behauptet aber im Gegensatz zu Dr. Hynek, daß sie nach dem Tode entstanden sei. Wie eine solch eigenartige Figur einer Sickerblutung (Dornenkrone) zustande kommt, hat Professor Rodinò in Experimenten untersucht. Keineswegs handelt es sich nach ihm um eine Blutung, die im Grabe entstanden ist.
Die von Berna an der Nagelwunde der Hand phantasiereich konstruierte Blutbahn Nummer drei soll ebenfalls eine Blutung im Grabe beweisen. Aber auch hier irrt Berna. Seine diesbezüglichen Bilder kamen mir verändert vor. Um dem Leser selbst eine Vergleichsmöglichkeit zu geben, bringe ich eine Originalaufnahme des einzigen maßgeblichen Fotografen des Turiner Tuches, des Herrn Professors Enrie aus Turin.
Nach dem Vergleich der beiden Bilder schließe ich mich dem an, was Herr Professor Bulst dazu schrieb: „Mit besonderem Nachdruck argumentiert Berna aus einer Abbildung der linken Handwunde. Ein Vergleich mit einer großen Originalaufnahme zeigt jedoch, daß die Reproduktion bei Berna – im Sinne seiner ‚Beweisführung' – retuschiert worden ist. Auf dem Tuch sind an dieser Stelle nur zwei klar gerichtete Blutgerinnsel (nicht drei, wie Berna sagt) zu sehen, die in einem kleinen Winkel zueinander stehen.

Kurt Berna: Herr Dr. Mödder, haben Sie nicht bemerkt, daß Sie diese Frage Berghoffs gar nicht ganz beantworteten: „Zeigt die Richtung verschiedener

Blutgerinnsel, besonders am Hinterkopf, auf der Stirn, an der Nagelwunde der Handwurzel, daß im Körper nach der Kreuzabnahme doch noch Herztätigkeit vorhanden war?" Haben Sie bemerkt, daß Sie die wichtige Blutung aus dem Hinterhaupt in Ihrer Antwort ganz ausgelassen haben? Auch ich will nicht sofort darauf eingehen, sondern zunächst das Andere beantworten:

Die Stirn zeigt die Blutung in Form einer „3". Dazu sagen Sie: „Berna ... behauptet ..., daß sie nach dem Tode entstanden sei."
Wie können Sie so etwas überhaupt sagen?! Immer wurde doch deutlich erklärt, daß diese „3"-Blutung durch eine Herztätigkeit entstanden ist. Sogar Professor Judica berichtete dies. Zu entscheiden war lediglich noch der Zeitpunkt dieser Herztätigkeit; und da sagen wir, er lag nach der Kreuzabnahme, weil diese „3" sonst längst abgetrocknet und somit nicht vom Linnen aufgesaugt gewesen wäre, also heute nicht mehr sichtbar sein könnte. Wir streiten uns doch nicht mehr über die Beschaffenheit des Blutes! Beide Seiten sagen ja, es war Blut, das zu Lebzeiten geflossen ist. Wir haben lediglich festgestellt, daß diese „Lebzeit" eindeutig nach der Kreuzabnahme gewesen sein muß. Wir sind lediglich konsequent und lassen Wissenschaft zunächst Wissenschaft sein, und Glaube soll Glaube sein. Wenn es sich aber mit so übermächtigen Beweisen herausstellt, daß der Glaube unrichtig ist, so sind wir nicht deshalb zu wissenschaftlichen Kurzschlüssen bereit, weil der Glaube in Schwierigkeiten kommt. Und das ist es, was Ihnen und Ihren Freunden in dieser Sache vorzuwerfen ist: Sie lassen sich des Glaubens wegen zu wissenschaftlichen Kurzschlüssen verleiten, mit Wissen und Willen! Wir betrachten dies als eine Sünde wider den Geist.
Nehmen wir doch als Beispiel die Handblutungen an der Nagelwunde: Sie, Herr Doktor, schließen sich Herrn Jesuitenpater Werner Bulst an, der einfach nur zwei Blutbahnen sehen will, weil er – würde er die Existenz der dritten anerkennen – endgültig kapitulieren müßte. Der Vorgang wurde damals in der zweiten Nummer der ILLUSTRIERTEN SONDER-AUSGABE ausführlich behandelt und in diesem Buch nochmals aufgegriffen. Auch das Originalbild vom „einzigen maßgeblichen Fotografen des Turiner Tuches, Herrn Professor Enrie" zeigt diese dritte Blutbahn ganz eindeutig. Schließlich stammen ja alle Bilder von diesen Originalaufnahmen ab.
Nur eines haben Sie und Herr Bulst und einige Andere noch nicht gemerkt, daß

wir nämlich das Blut am Körper rekonstruieren und nicht immer unbedingt das im Linnen. Wenn wir den Zustand des Körpers nach der Hinrichtung rekonstruieren, dann ist uns das Linnen nur authentisches Hilfsmittel hierzu. Und da muß beachtet werden, daß die Blutmenge oder die Blutdichte an den fraglichen Körperstellen, wie gerade an Hand und Unterarm, viel stärker und voller war als der daraus entstandene Abdruck am Grablinnen, einer relativ rauhen Oberfläche.

Verstehen Sie nun, warum unsere Bilder – aus dem Original gezogen – in einzelnen Fällen dunkler sind? Weil wir den Körperzustand direkt rekonstruiert haben und nicht in jedem Fall das Grablinnen meinen. Deshalb sind auch die wichtigsten Rekonstruktionen gegenüber dem Grablinnen seitenverkehrt, weil der Körper dann **naturgetreu** wiedergegeben ist. Das gilt auch für die Blutungen! Der Blutabdruck im Grablinnen ist zwangsläufig geringer als die Blutmenge, die am Körper, an der Haut vorhanden war. Haben Sie nun den Unterschied in den Bildern begriffen?

Am Ende zählt der Erfolg. Unsere Methode hat den Beweis erbracht: Nicht am Kreuz gestorben! So erbracht, daß er nicht mehr widerlegt werden kann. Die alte Methode hatte gar nichts erbracht, weder Fisch noch Fleisch; denn es existierte tatsächlich nie ein Beweis dafür, daß in diesem Linnen ein Leichnam gelegen hat. Es wurde lediglich der bisherige Glaube pietätvoll in das Grablinnen hinein projiziert.

Nun zur Hinterhauptblutung. Herr Dr. Mödder, Sie haben die Beantwortung der Frage von Pfarrer Berghoff stillschweigend unterschlagen, und Sie wissen, warum. Sie haben nämlich – wie alle Anderen – nur zwei Möglichkeiten, solange Sie sich nicht entschließen, uns recht zu geben: diese Frage zu übergehen oder sie falsch zu beantworten und sich dabei als Akademiker mit Doktortitel vor Ihren Kollegen zu blamieren. Sie wissen genau, was vorliegt, deshalb brauchen wir hier auch keine weiteren Ausführungen mehr. Sollten Sie aber noch nicht im Klaren sein über die Zusammenhänge bei der Hinterhauptblutung, so lesen Sie es in diesem Buch nach! Es besteht ja die Möglichkeit, daß Ihnen als Röntgenologe das Fachwissen eines Anatomen fehlt.

Wenn wir dann auch noch die Nagelwunden der Füße betrachten, so erkennen wir, daß diese ebenfalls durch Herzstöße weitergeblutet haben. Darauf sind wir überhaupt nicht mehr eingegangen, weil die Vielzahl der Blutungen an Stirn, Hinterhaupt, Nagelwunden der Hand, den Unterarmen rechts und links zur exakten Beweisführung vollständig ausreichten.

Pfarrer Stephan Berghoff: Hat der Lanzenstich das Herz durchbohrt?

Dr. Hermann Mödder:
Durchweg nehmen die Mediziner, die sich mit diesem Thema beschäftigt haben, an, daß die Lanze des römischen Soldaten das Herz durchbohrt habe. Ich selbst habe über dieses Thema eine Arbeit veröffentlicht in der „Freiburger Zeitschrift für Philosophie und Theologie" (Band 4, Heft 1, 1957), in der neben den bisherigen Lösungen eine weitere, eigene erörtert wird. In einem Artikel für die Katholische Nachrichtenagentur (KNA) schrieb ich im April 1960 unter anderem folgendes: „Recht hat er (Berna), wenn er schreibt: ‚Es steht übrigens in der Bibel kein Wort von einem Lanzenstich ins Herz'. Die Evangelisten waren keine Anatomen und konnten auch nicht berichten, was im Innern des Brustkorbes geschah. Und doch haben wir auch aus der Bibel einen Hinweis dafür, daß das Herz getroffen wurde." Bei Johannes (7, 38), wo sich Christus mit dem Felsen in der Wüste vergleicht, sagt er, er werde aus seinem „Innern lebendiges Wasser in Fülle spenden". Im griechischen Urtext steht dort „koilia", wörtlich „Leibesinnere". Dies ist aber Gleichwort für Herz.
Wenn Herr Berna meint, die Bibel spreche nur vom Stich in die „Seite", so stimmt das für viele Übersetzungen. Geht man aber auf den Urtext zurück – und den muß man fragen –, so steht dort das Wort „koilia", das, wie gesagt, gewöhnlich mit „Seite" übersetzt wird, aber „Herz" bedeutet.

Kurt Berna: Herr Dr. Mödder, glauben Sie mir bitte, ich habe wirklich nichts gegen Sie persönlich! Wir wissen beide, wie sehr es gegenseitigen Ärger geben kann, wenn man über wissenschaftliche Dinge streiten muß. Streiten, weil es um die Sache und nicht um einzelne Personen geht. Aber wenn Sie nun beginnen, auf eine Herzverletzung zu schließen, nur weil Jesus einmal sagte, er werde aus seinem „Innern lebendiges Wasser in Fülle spenden", und nun daraus auf Umwegen eine Herzverletzung bauen wollen, dann macht da wohl kein Mediziner mehr mit!

Ich mache aber noch mit und sage nach genauer Umfrage: Das Wort „koilia" heißt wörtlich „Leibesinnere" oder „Das Innere des Leibes", wie es von einem anderen Fachmann übersetzt wurde. Sie selbst, Herr Dr. Mödder, sagen in Ihrer Antwort, daß es „Leibesinnere" heißt und sagen dazu: „Dies ist aber Gleichniswort für Herz". Sie möchten lediglich, daß es „Herz" bedeuten soll.

Ganz haarscharf wäre also zu übersetzen: „... einer von den Soldaten durchstach mit einer Lanze sein Leibesinneres!"

Dann kommen wir aber – und das wollten Sie sicher nicht – sogar mit der Bibel auf die **Ausstichwunde;** denn das Durchstechen des Leibesinneren ergibt zwangsläufig eine Ausstichwunde. Deshalb schreibt auch der Berichterstatter (es war der Apostel Johannes) wenig später: „Sie werden schauen auf den, den sie d u r c h s t o c h e n haben!" Er wollte damit den Hinweis geben, daß so die Prophezeiung erfüllt sei. Die Sache bekommt immer mehr ein anderes **Gesicht.**

Zum Thema Herz also nochmals:

> **Nirgendwo in der Bibel wird eine Herzverletzung verlangt, und wenn eine Herztätigkeit nach der Kreuzabnahme beweisbar ist, so war das Herz auch nicht verletzt. Der Lanzenstich ist ausführlich genug behandelt worden. Es war keine Herzverletzung!**

Ich bin Ihnen sogar noch dankbar, daß Sie als Röntgenologe die eine Röntgenaufnahme kritisiert haben, die daraufhin sofort zurückgezogen und durch eine bessere ersetzt worden ist, durch eine Aufnahme, die sogar mit Bleiplatten gekennzeichnet ist, also den höchsten Ansprüchen gerecht wird. Immerhin war auch die zurückgezogene Aufnahme von einem Fachmann begutachtet worden – Sie sehen, Menschen sind nicht fehlerfrei; aber das gilt doch für beide Seiten! Deshalb haben wir ja die öffentlichen Diskussionen. Am Ende, wenn alles durchgestanden ist, wird als Botschaft dieses Grablinnens stehen:

„Jesus – Nicht am Kreuz gestorben!"

DOKUMENTATION

Unter DOKUMENTATION wird die Petition veröffentlicht, die der deutsche Forschungskonvent Anfang 1959 an Seine Heiligkeit Papst Johannes XXIII. gerichtet hatte.

Es sind die Photokopien des Textes in lateinischer und deutscher Sprache. In diesen beiden Sprachen erfolgte die Petition. Auch ist die Antwort des Staatssekretariats Seiner Heiligkeit abgedruckt, die über die Apostolische Nuntiatur in Deutschland, Bad Godesberg, erfolgt ist.

Es steht fest: Die Verantwortlichen in T u r i n (nicht in Rom) sperren die moderne Untersuchung des Grablinnens Jesu! Hat dort jemand die Tatsachen zu fürchten?

Doch gab es schon mehrere Zeugen, die das Blut am Grablinnen gesehen haben, so daß die Forschung des Deutschland-Konvents sicher steht. Die Photographie beweist auch ohne direkte Untersuchungen dieses Blut am und im Linnen: Weil die Blutbahnen im Photonegativ und Photopositiv in den Konturen unverändert bleiben. Daraus ist zu erkennen, daß es keine Verfärbungen der Aloe sind, sondern abgedrucktes und eingesaugtes B l u t ist.

GERMANIAE CONVENTUS DE LINTEO (x)

DEUTSCHLAND-KONVENT FÜR DAS LINNEN

POSTANSCHRIFT: STUTTGART 1 · SCHLIESSFACH 183

Geschäftsführender Sekretär
Schriftsteller Kurt Berna, Stuttgart

Postscheckkonto des Konvents: Stuttgart
„Sonderkonto DAS LINNEN" Nr. 81802

Der DEUTSCHLAND-KONVENT FÜR DAS LINNEN ist eine seit 1956 bestehende freie Versammlung von Forschern und Fachleuten, die dem katholischen, dem evangelischen und dem jüdischen Glauben angehören. Der Konvent hat sich zur Aufgabe gemacht, das in Turin aufbewahrte und als e c h t erkannte Grablinnen Christi mit allen modernen wissenschaftlichen Methoden zu erforschen und die Ergebnisse der Öffentlichkeit bekannt zu machen.

Sanctissimo Patri ac Universali
Pontifici Johanno XXIII,
Vaticanus, Urbs Vaticana

XXVI, Februarius MCMLIX

PETITIO GERMANIAE CONVENTUS DE LINTEO SEPULCRALI CHRISTI

Sanctissimus Pater!

Ante duo annos, Mart. MCMLVII, Sancto Officio Romae et Publico scientiae pervestigationis eventus de Linteo sepulcrali Christi, conservatum Augusta Taurinorum, quaesiti per plures annos, a Germaniae conventu allati sunt. (xx)

Per proximos XXIV menses, plures peritissimi disciplinae sedium Germaniae litterarum operam ponebant hos scientiae pervestigationis eventus, has incredibiles patefactas novas res refutare.

Sed contra evenit. Nam his iudicibus criticis eminentibus doctrinis, ad eos tacite recessis, gaudiis exsultantibus nostras patefactas exstinguere, firmissima et extrema gravitas Christianorumque Iudaeorum adprobanda et confirmanda vera esse. Non necessarium, huic epistulae non accomodatum, numerum ingentem aptorum commentariorum diurnorum patriorum et alienorum hoc loco referre.

Pro rei statu, nunc, inrevocabilis scientiae pervestigationis eventus ratus est, id est postulatio publica conventus:

I. Linteum, Augusta Taurinorum conservatum, in honore apud Christianos, a multis pontificibus Linteum sepulcrale Christi declaratum, s i n c e r u m e s t. (xxx)

II. Argumentorum monumenta sunt: Jesus Christus, morte multata, detecta corona spinea, in hoc linteum, nunc Augusta Taurinorum conservatum, positus est.

III. Ex argumentis, quae exstant, constat, corpus cruci affixum, tempore sepulturae in linteum et aliquamdiu postero tempore, non e vita discessisse in verbis medicis, nam sine contradictione actio cordis in corpore hoc tempore reperiri potest. Positio, species, vestigia cruoris in linteo per se, imperfectum illo tempore supplicium sumptum ex iuris formula demonstrant. (xxxx) Praeceptum Christianorum et hodie et prius in hac sententia non verum est et erat:

Sanctissimus Pater! Ita est positio scientiae hodie. Dictum est, has tres sententias, supra commemoratas, per vim cuilibet Christiano efficientes, irrevocabiles esse. Unam et ultimam exceptionem haec irrevocatio tenet: Omnes argumentationes antea commemoratae, per superiores decem annos auxileo certarum imaginum lintei, camera obscura productae auctoritate Pontificis Pii XI anno MCMXXXI, statutae sunt.

Una et sola via est, attamen omnes has argumentationes refutare: Imagines egregia copia scientiae pervestigationis erant, quae consilium illarum imaginum erant, at desunt:

a) Et quaesitiones recentes chemicae vestigiorum cruoris in linteo et quaesitiones microscopiae et ceterae.

b) Quaesitiones lintei occultis electricis refractionibus radiorum et violaceis et purpureis quae modernae rationes sunt.

c) Praepositio diei ope fissionis atomici, ratio carboneum XIV vocatur. Rem quasi in sua membra accurate discerpere, namque XII unciae lintei indigentur, quae copia immemorabile detrimentum est, id est unus digitus duarum partium lintei II passuum IV pedium et dimidii. Itapue lintei longitudo esset III pedium et dimidii pro pedibus et III quartis cum longitudo II passuum IV pedium et dimidii immutata esset ab illa. Partes lintei dilectae non omnino violarentur.

Solus Sanctissimus Pater, Pontifex ecclesiae at nemo Christianus orbis terrarum reliquias hac ratione tractare, potest praecipere.

Tum denique haec argumentationes refutari atque confirmari ultimo si quaesitiones supra commemoratae perfici possunt. Num hae condiciones causa impeditionis linteum cognoscere iam dudum? Num atque ecclesia veritatem timere sausam habet, qualiscumque sit? Non dubitationem habet.

Atque Germaniae scientiae pervestigationis Conventus, ne argumentationes refutarentur, non timet, nam verae quaesitiones, perfectae sunt opibus et rationibus, quae exstabant. Sed n u n c nemo et nihil orbis terrarum has argumentationes refutare possunt. Quae est postulatio publica Conventus. Solam materiam examinare argumentationes refutare possit.

Sanctissimus Pater, de causis gravissimis, quae supra commemoratae, ex animo oratur atque rogatur necessariis et paucis verbis ecclesiam ad perfectionem adducere. Multi viri ingeniosi et ecclesiae et variarum societatum parati sunt si ecclesia vocabit.

Et jussu Germaniae Conventus Lintei, et multorum investigatorum lintei extra conventum interest, et cognatus Ecclesiae Romanae Catholocae Sanctissimum Patrem orant necessaria praescribere.

Sanctissimo Patri oboediens sum

Kurt Berna

....

Catholicus scriptor
Procurator et Scriba
Germaniae Conventus

(x) Pluribus annis grave onus Germaniae Conventus suscepit, linteum Christi, Augusta Taurinorum conservatum, modernis opibus examinare et eventus publicare.

(xx) Liber, qui inscribitur "Linteum - Responsum de causis et patefactis rebus XX Saeculi, Editus in redemptione Hans Naber, Stuttgartiae MCMLVII.

(xxx) Vera argumentorum monumenta breviter scripta hoc loco:

I. Testimonium fide evangeliorum: Cruciatus domini in omnibus singulis in linteo est.

II. Consuetudo saeculi: Cruci affixus Palaestinus Judaeus erat, quod et umeris cappilum, et barbam portare, sicut teste, nummis et ceteris, illo tempore, est Nazarenorum mos, demonstrant Romani et Graeci imberbes erant. Ab anno CXXXV p. Chr. n. Palaestini Judaei vix erant.

III. Testimonium fide historiae: Una historica persona, Jesus Christus, coronata erat. Vestigia spineae plena et manifesta sunt. In hoc supplicio crucis spinea semel a consuetudine vulgari discedebat.

IV. Testimonium technicum et naturale: Nullis temporibus nec quibusquam, nullis rebusque linteum neque factiticium neque subditum factum est quod et imaginibus camerae obscurae, et supplicio crucis, et physica plane demonstratum est.

(xxxx) Lancea Romani supplicium perfecisset, non cor sauciaverat, ut nunc demonstratum est.

Deutscher Urtext der

PETITION DES DEUTSCHEN FORSCHUNGS-KONVENTS FÜR DAS GRABLINNEN CHRISTI

DEUTSCHLAND-KONVENT FÜR DAS LINNEN (x)

26. Februar 1959

Seiner Heiligkeit Papst Johannes XXIII,
Vatican, Vatican City

Euere Heiligkeit!

Der deutsche Forschungs-Konvent für das in Turin aufbewahrte Grablinnen Christi hat genau vor zwei Jahren, im März 1957, seine in mehreren Jahren erarbeiteten Forschungsergebnisse dem Heiligen Offizium in Rom und der allgemeinen Öffentlichkeit übergeben. (xx)

In den vergangenen 24 Monaten haben mehrere Spezialisten deutscher Universitäten sich bemüht diese Forschungsergebnisse, diese so ungewöhnlichen Entdeckungen zu widerlegen.

Aber es kam anders. Diese Kritiker, die mit ihren wissenschaftlichen Voraussetzungen mit Hochgenuß unsere Entdeckungen zunichte gemacht hätten, mußten - sofern sie sich nicht in aller Stille zurückgezogen hatten - die volle Stichhaltigkeit und die weltweite Bedeutung für das Christentum und Judentum anerkennen und bestätigen. Es wäre müßig und diesem Schreiben nicht entsprechend, hierzu auch die übergroße Anzahl entsprechender Pressekommentare des In- und Auslandes anzuführen.

Nach Lage der Dinge hat nunmehr als unwiderlegbare Forschungsaussage - das ist der öffentliche Anspruch des Konvents - zu gelten:

1.) Das in Turin aufbewahrte, von der Christenheit verehrte, von vielen Päpsten als Grablinnen Christi bezeichnete Turiner Linnen, hat als echt zu gelten. (xxx)

2.) Es sind entscheidende Beweise vorhanden, daß Jesus Christus nach der Hinrichtung, nach Entfernung der Dornenkrone, in dieses heute in Turin aufbewahrte Linnen gelegt wurde.

3.) Laut dem vorhandenen Beweismaterial ist es nun eine wissenschaftliche Tatsache, daß der Körper des Gekreuzigten zu diesem Zeitpunkt, als er in das Linnen

gelegt wurde und einige Zeit darin lag, im medizinischen Sinne nicht verstorben war, denn zu diesem Zeitpunkt ist eine Herztätigkeit im Körper einwandfrei nachweisbar. Die vorhandenen Blutabdrücke, ihre Lage und Gestalt, das Vorhandensein an und für sich im Linnen, bringen den klaren wissenschaftlichen Beweis, daß die damalige Hinrichtung im juristischen Sinne nicht vollendet wurde. (xxxx)
Die heutige Lehre für die Christenheit, ebenso die in der Vergangenheit, ist und war in diesem Punkt nicht richtig.

Euere Heiligkeit! Das ist die wissenschaftliche Lage heute. Vor der Aufstellung dieser drei Punkte, die für jeden Christen zwangsläufig bedeutend sind, wurde gesagt, daß es sich um unwiderlegbare Forschungsaussagen handle. Diese Unwiderlegbarkeit hat eine einzige und entscheidende Einschränkung: Alle genannten Entdeckungen wurden im Laufe der letzten zehn Jahre an Hand der von Papst Pius XI. im Jahre 1931 veranlaßten, authentischen photographischen Abbildungen des Grablinnens gemacht.

Es gibt noch einen Weg - einen einzigen Weg - alle diese Entdeckungen doch zu widerlegen: Die Photographien stellten zwar ein sehr gutes Forschungsmaterial dar, was Sinn und Zweck der damaligen Aufnahmen war, aber sie können nicht ersetzen:

a) Eine moderne chemische Untersuchung der im Linnen vorhandenen Blutabdrücke, ferner mikroskopische Untersuchungen und dergleichen.

b) Eine Prüfung des Linnens mit Röntgen-, infraroten und ultravioletten Strahlen, um nur einige der modernen Möglichkeiten zu nennen.

c) Die Datierung mit Hilfe der Atomuhr, dem sogenannten "Kohlenstoff 14" Verfahren. Für eine exakte Analyse werden dazu vom Grablinnen ca. 300 Gramm benötigt. Diese Menge bedeutet keine nennenswerte Beschädigung des Linnens, denn man benötigt nur je zwei Zentimeter breite Streifen von den beiden 4,36 Meter langen Seitenteilen des Linnens. Es wäre dann statt wie heute 1,10 Meter, 1,06 Meter breit, während die Länge von 4,36 Meter unverändert bliebe. Die wichtigen Teile des Linnens würden dabei nicht im geringsten beschädigt.

Kein Christ dieser Erde, nur Euere Heiligkeit als Papst der Kirche, kann diese Behandlung der Reliquie anordnen.

Diese Entdeckungen zu widerlegen ~~sind~~ ist nur dann möglich, wenn die oben genannten Untersuchungen durchgeführt werden können. Ebenso können sie ihre endgültige Bestätigung finden. Vielleicht ist auch diese Möglichkeit einer der Gründe, warum solche Untersuchungen am Linnen seit längerer Zeit verhindert werden? Aber hat die Kirche irgend eine Wahrheit zu fürchten, wie immer sie aussehen mag? Doch ohne Zweifel nein!

Ebenso wenig hat der deutsche Forschungs-Konvent eine Widerlegung seiner Entdeckungen zu fürchten, denn er hat mit den vorhandenen Mitteln und Unterlagen eine ehrliche Forschung durchgeführt. Aber niemand und nichts auf dieser Welt kann j e t z t diese Entdeckungen widerlegen. Das ist ein öffentlicher Anspruch des Konvents! Nur eine Untersuchung am Objekt direkt könnte noch eine Widerlegung bringen.

Aus allen den genannten überaus ernsten Gründen, wird Euere Heiligkeit von Herzen gebeten, die wenigen notwendigen Worte zu sprechen, damit die Kirche das übrige veranlassen kann. Zahlreiche, der Kirche und anderen Gemeinschaften angehörenden Kapazitäten werden zur Verfügung stehen, wenn die Kirche ruft.

Im Auftrag des "Deutschland-Konvent für Das Linnen", im Interesse zahlreicher Grablinnen-Forscher außerhalb des Konvents, aber auch als Angehöriger der Römisch-Katholischen Kirche bitte ich Euere Heiligkeit entsprechende Anordnungen zu geben.

Euere Heiligkeit untertänigst grüßend

Kurt Berna

....

Katholischer Schriftsteller
Geschäftsführender Sekretär
des Deutschland-Konvent

APOSTOLISCHE NUNTIATUR
IN DEUTSCHLAND

Nr.12866

Bad Godesberg, 13. Juli 1959

Herrn
Kurt Berna
S t u t t g a r t 1
Postschließfach 183

Auf Ihre Anfrage bezüglich des Turiner Linnentuches habe ich im Auftrag des Staatssekretariates S.H. mitzuteilen, daß Seine Eminenz Kardinal Maurilio Fossati, Erzbischof von Turin, nicht geneigt ist, dem Ersuchen zu entsprechen.

Hochachtungsvoll

Guido Del Mestri

(Nuntiaturrat Msgr.Guido Del Mestri)
Geschäftsträger a.i.

VII. Teil

Das Rätsel zweier Jahrtausende ist gelöst

Er gab den Geist auf

Bei der Auswertung der medizin-wissenschaftlichen Forschungen am Grablinnen Christi in Turin legt der Deutschland-Konvent großen Wert darauf, der Heiligen Schrift möglichst nicht zu widersprechen.
Ausführliche und tiefgreifende Forschungen haben ergeben, daß die medizinischen Entdeckungen am Grablinnen Christi keinesfalls der Heiligen Schrift in ihrer U r f a s s u n g widersprechen.
Hier die Beweise: Ein bedeutendes Schlüsselwort ist das Wort „sterben" mit allen seinen Ableitungen wie „starb", „gestorben" usw. Die weit ins Einzelne gehenden Nachforschungen des Konvents haben ergeben, daß dieses Wort „sterben" mit allen seinen Abwandlungen aus dem „Westgermanischen" stammt, d. h. es entstand erst nach der „ersten germanischen Lautverschiebung", die nach Angabe der Historiker in die Jahre von ca. 400 bis 700 n. Chr., mit jeglicher Sicherheit jedoch nicht vorher, zu datieren ist. Damit ist ein absoluter, ein unwiderlegbarer Beweis erbracht, daß alle Übersetzungen der Bibel – ganz gleich, von wem sie stammen –, in denen die Worte „sterben", „starb", „gestorben" enthalten sind, nicht der Urschrift entsprechen können, weil diese Worte zum Zeitpunkt der Niederschrift der Bibel in keiner der in Frage kommenden Sprachen existierten. Millionen in alle Welt verbreitete Ausgaben der Heiligen Schrift werden von dieser Tatsache betroffen.
Hierzu noch den doppelten Beweis:
Das Wort „sterben" mit allen seinen Abwandlungen bedeutete in damaliger Zeit nicht etwa den Tod – dafür besaß die germanische Sprache einen anderen Ausdruck –, sondern das Wort „sterben" hatte die Urbedeutung „erstarren". Den Begriff „erstarren" jedoch hat die Urschrift der Heiligen Schrift ganz bestimmt nicht an den Stellen verwendet, die über das Leiden Christi berichten.

Seitenlange Wortklaubereien sind hier völlig überflüssig. Die Ergebnisse dieser Sprachforschung beweisen uns mit wissenschaftlicher Logik ganz eindeutig, daß die Urschriften der Bibel jedenfalls anders gelautet haben als die meisten, der heutigen Christenheit zur Verfügung stehenden Übersetzungen. Was auch immer zu diesem Problem noch gesagt oder unternommen werden mag, fest steht in jedem Falle: Jesus ist N I C H T G E S T O R B E N.

Er „verschied" auch nicht. Das Wort „verscheiden" stammt mit allen seinen Abwandlungen aus dem Mittelhochdeutschen, ist also erst um das 12. Jahrhundert n. Chr. entstanden. Vor diesem Zeitpunkt gab es das Wort „verscheiden" in keiner Sprache; es kann somit logischerweise auch nicht in einer Urschrift der Bibel gestanden haben. Millionen Bücher der Heiligen Schrift sind auch diesbezüglich fehlerhaft übersetzt. **Denn es ist ja durchaus nicht so, daß man nicht in all den Jahrhunderten genau wie heute die Bibel hätte wörtlich übersetzen können, so genau wie sie von den Urhebern, geleitet vom Heiligen Geist, niedergeschrieben wurde. Tut man dies, so heißt es in allen Sprachen an der entsprechenden Stelle bei allen vier Evangelisten:**

„ER GAB SEINEN GEIST AUF!"

Bei den Evangelien von Matthäus, Markus und Lukas stehen die Worte „emisit spiritum". Bei dem Apostel Johannes steht „tradidit spiritum". Das heißt in beiden Fällen, also in allen Evangelien der Urschrift: „Er gab seinen Geist auf"!

Nichts anderes steht in der Heiligen Schrift. Was ist darunter zu verstehen, was will uns die Heilige Schrift mit diesen Worten sagen? – Es liegt dem Konvent fern, hier eine Entscheidung zu treffen. Aber eines ist ganz sicher: Kein Christ, ob Papst oder Laie, ob evangelisch oder orthodox, ist berechtigt zu sagen, die medizin-wissenschaftlichen Entdeckungen am Grablinnen Christi, die da lauten: „Der Körper Christi hatte während und nach der Kreuzabnahme eine Herztätigkeit", würden den Berichten der Evangelisten widersprechen. Die oben angeführten lateinischen Worte wurden aus der „Vulgata" zitiert. Die Vulgata ist die einzige heute bestehende amtliche Urschrift der Bibel. Sie wurde in den Jahren 390 bis 405 vom heiligen Hieronymos im Auftrage der Kirche fertiggestellt, und sie ist bis zum heutigen Tage eine unveränderte Urschrift geblieben.

Auch Martin Luther hat aus dieser Vulgata übersetzt. Er hätte also ohne weiteres die dort stehenden Worte „Er gab seinen Geist auf" in die deutsche Sprache übernehmen können; dann würden sie heute auch in allen evangelischen Bibeln an den entsprechenden Stellen stehen.

Vielfach wird außer Acht gelassen, daß dem Hieronymos damals zahlreiches (inzwischen verloren gegangenes) Material in aramäischer Sprache – also der Sprache Jesu – vorgelegen hatte und er somit direkt aus diesen eigentlichen

AETHERNA IPSE SVAE·MENTIS SIMVLACHRA LVTHERVS
EXPRIMIT·AT VVLTVS CERA LVCAE OCCIDVOS
M·D·X·X·

Urschriften übersetzen konnte. Die katholische Kirche ist deshalb auch nie von der Vulgata abgegangen, da diese indirekt weiter zurückgreift als die heute vorliegende griechische Schrift. Es steht einwandfrei fest, daß die wirklich ersten Fassungen, die absoluten Urschriften in aramäischer Sprache geschrieben waren.

Sehen wir aber trotzdem einmal in den heute vorhandenen griechischen Urschriften nach! Wir finden an den diesbezüglichen Stellen folgende Worte:

1. Apheken to pneuma – das heißt: Er gab seinen Geist auf.
2. Exepneusen – also: Er hauchte den Geist aus.
3. Paredoken to pneuma – wieder: Er gab hin den Geist.

Auch dem Leser, der die griechische Bibelsprache nicht beherrscht, fällt das in allen drei Fassungen wiederkehrende oder enthaltene Wort „pneuma" auf, und er findet in jedem beliebigen Lexikon unschwer die Deutungen: „(griechisch) Hauch, Luft, Atem; göttlicher Geist".

Das beweist uns aufs neue, daß an keiner dieser Stellen in der Bibel Worte verwendet wurden, die eine totale körperliche Vernichtung bedeuten. Sowohl die griechische wie bezüglich der Vulgata auch die lateinische Sprache hatten dafür andere Ausdrücke zur Verfügung. Aber in keinem Falle entspricht unser Wort „gestorben" in seinem heutigen medizinischen Sinne einem dieser Worte der Urschrift.

Bild links: Martin Luther als Mönch im Jahre 1520, drei Jahre nach seiner Reformation
Eine entscheidende Persönlichkeit im 16. Jahrhundert. Bei seinen Übersetzungen der Bibel verwendete er an wichtigen Stellen die deutschen Worte „gestorben" und „verschied", obwohl diese Worte erst im 7. bzw. 12. Jahrhundert entstanden sind und somit unmöglich in der Urschrift der Bibel stehen konnten. Viele Millionen Bücher der Heiligen Schrift wurden seitdem und werden noch heute falsch gedruckt. Wir nehmen hier und in der Grablinnen-Sache Martin Luther bei seinem Wort, das er vor dem Reichstag zu Worms sprach: „Es sei denn, daß wir mit Zeugnissen der Heiligen Schrift oder mit offenen, klaren und hellen Gründen und Ursachen überwunden werden!"

Daß solche sinnentfremdenden Umwandlungen in der Bibel immer wieder vorkamen, zeigt uns ein geradezu treffendes Beispiel aus neuester Zeit, das sich in England ereignete. Dort wurde das bisher von der Anglikanischen Kirche verwendete Wort Gottes in neuer Übersetzung herausgegeben. Wer sich diese Übersetzung gründlich ansieht, wundert sich nicht mehr, daß die katholische Kirche weiterhin an der Vulgata als der amtlichen Ausgabe festhält; denn würde man den Wortlaut der Bibel alle zwei bis drei Jahrhunderte den jeweils gängigen und sinnfälligen Wortprägungen der Volks- und Massensprache anpassen, dann wäre – könnte man nicht auf die Urschrift zurückgreifen – so manches in der Bibel inzwischen auf den Kopf gestellt!

Greifen wir zunächst einmal zur jetzt noch amtlichen Übersetzung der King-James-Ausgabe, wie sie die Anglikanische Kirche in England seit Jahrhunderten verwendet hat, um zu sehen, wie dort die die „Geist-Aufgabe" betreffenden Stellen formuliert sind.
Es muß hier zur Erklärung eingefügt werden, daß die King-James-Ausgabe eine zunächst im 17. Jahrhundert und dann erneut im Jahre 1881 von der Universität Cambridge herausgegebene Übersetzung aus der griechischen und lateinischen Urschrift darstellt. Da zu jener Zeit bei der Universität von Cambridge ganz gewiß die Entdeckungen am Grablinnen, die ja erst in den fünfziger Jahren unseres Jahrhunderts gemacht wurden, unbekannt und ohne Einfluß gewesen sein mußten, deshalb auch bestimmt kein Grund bestand, etwas anderes zu übersetzen als was in der griechischen und lateinischen Urschrift stand, können wir hier unserem Leser nochmals eine absolut objektive Bestätigung unserer bisherigen Darlegungen bieten.

In der amtlichen King-James-Ausgabe der Anglikanischen Kirche steht:
1. Matthäus (27, 50): „Jesus, when he had cried again with a loud voice, yielded up the ghost"
– ins Deutsche übersetzt: „Jesus rief nochmals mit lauter Stimme und gab den Geist auf."
Selbst ohne englische Sprachkenntnisse, mit Hilfe eines Wörterbuches schon, hat hier der Leser die Möglichkeit, auf dem objektiven, sozusagen neutralen Umweg von den griechisch-lateinischen Urschriften über die englische Universitäts-Fassung in die deutsche Sprache einen Wortlaut zu finden, den keine Diskussion über die Entdeckungen am Grablinnen beeinflußt haben kann.

Weiter finden wir in der King-James-Ausgabe:
2. Markus (15, 37): „And Jesus cried with a loud voice, and gave up the ghost."
– zu Deutsch: „Und Jesus stieß einen lauten Ruf aus und gab den Geist auf."
3. Lukas (23, 46): „... he said, Father, into thy hands I commend my spirit; and having said thus, he gave up the ghost."
– zu Deutsch: „... er sagte, Vater, in Deine Hände befehle ich meinen Geist, und gab den Geist auf."
4. Johannes (19, 30): „... and he bowed his head, and gave up the ghost."
– zu Deutsch: „... und er neigte sein Haupt und gab den Geist auf."
Aus allen vier Evangelien erhalten wir also dieselbe Formulierung: „Er gab den Geist auf."

In England ist inzwischen allerdings eine neue Situation entstanden. Eventuell beeinflußt durch die Entdeckungen am Grablinnen, die in den fünfziger Jahren gemacht und bald in Fachkreisen des In- und Auslands bekannt wurden, verstärkten sich die schon bestehenden Interessen, eine neue englische Volksausgabe der Bibel herauszubringen, die dem Volk die amtliche Version besser verständlich machen sollte. So kam unter der Direktion folgender englischer Kirchen:

> The Church of England, the Church of Scotland, the Methodist Church, the Congregational Union, the Baptist Union, the Presbyterian Church of England, the Society of Friends, the Churches in Wales and the Churches in Ireland, together with the British and Foreign Bible Society and the National Bible Society of Scotland (Originalauszug)

eine neue englische Bibel heraus: „THE NEW ENGLISH BIBLE".

Diese neue Bibelausgabe ringt nun um die amtliche Anerkennung neben der alten, jetzt noch amtlichen King-James-Ausgabe. Sie ist inzwischen in Millionen Exemplaren verteilt worden und bietet den gläubigen Lesern wiederum ein „neues Wort Gottes" an. – Denn so ist es doch: Jede Bibelübersetzung wird vom Volke, weil es sich um die Bibel handelt, einfach als „Das Wort Gottes" angesehen, und niemand denkt daran, daß jede Übersetzung zugleich Interpretation ist und daß nicht jede Interpretation notwendig Gottes eigenem Wort entspricht.
Uns liefert dieser Vorgang erneut den besten Beweis dafür, wie weit man sich

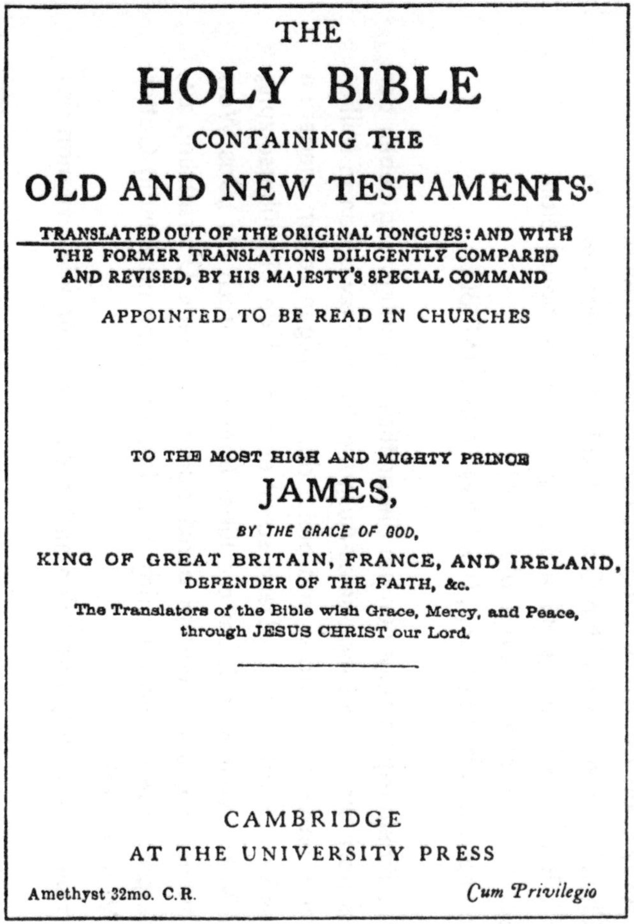
THE

HOLY BIBLE

CONTAINING THE

OLD AND NEW TESTAMENTS·

TRANSLATED OUT OF THE ORIGINAL TONGUES: AND WITH THE FORMER TRANSLATIONS DILIGENTLY COMPARED AND REVISED, BY HIS MAJESTY'S SPECIAL COMMAND

APPOINTED TO BE READ IN CHURCHES

TO THE MOST HIGH AND MIGHTY PRINCE

JAMES,

BY THE GRACE OF GOD,

KING OF GREAT BRITAIN, FRANCE, AND IRELAND, DEFENDER OF THE FAITH, &c.

The Translators of the Bible wish Grace, Mercy, and Peace, through JESUS CHRIST our Lord.

CAMBRIDGE

AT THE UNIVERSITY PRESS

Amethyst 32mo. C.R. *Cum Privilegio*

Ein „Fall Luther 1961" in England

In der – jetzt noch – amtlichen King-James-Ausgabe der englischen Bibel (links stehend), gab Jesus am Kreuz den Geist auf. Rechts stehend THE NEW ENGLISH BIBLE, darin ist Jesus am Kreuz gestorben.

bei einer Übersetzung, die volkstümlich begreifbar sein will, von den Urschriften entfernen kann, und wir haben da eigentlich einen „Fall Luther 1961". Auch Luther hat in dem, im Prinzip, richtigen Bestreben, daß die Bibel für Jeden gut verständlich sein müsse, sich nicht immer an eine wörtliche Übersetzung der Urschriften gehalten. Wir halten es aber für unberechtigt, heute eine Übersetzung als Gottes Wort zu deklarieren, deren Wortlaut und Sinn tatsächlich nicht dem in den Urschriften enthaltenen Text entspricht.

So lesen wir in der neuen englischen Version:
1. Matthäus (27, 50): „Jesus again gave a loud cry, and breathed his last."
– zu Deutsch: „Jesus gab wieder einen lauten Ruf und atmete zum letzten Mal."
2. Markus (15, 37): „Then Jesus gave a loud cry and died."
– zu Deutsch: „Dann gab Jesus einen lauten Ruf und starb."
3. Lukas (23, 46): „. . . and said, Father, into thy hands I commit my spirit; and with these words he died."
– zu Deutsch: „. . . und sagte, Vater, in Deine Hände befehle ich meinen Geist; und mit diesen Worten starb er."
4. Johannes (19, 30): „He bowed his head and gave up his spirit."
(Hierzu Fußnote: Or: breathed out his life)
– zu Deutsch: „Er neigte sein Haupt und gab den Geist auf."

> **Wir sehen, wie hier die neue Fassung ganz offenbar vom alten Wortlaut abweicht; nur bei Johannes läßt man noch den Urtext in die Übersetzung einfließen, schwächt aber mit der Fußnote „etwa: Er beendete sein Leben" die Wirkung nach Möglichkeit wieder ab. Bei Markus und Lukas wurde aus der Geistaufgabe durch die Verwendung des Wortes „gestorben" die körperliche Vernichtung gemacht, und bei Matthäus wurde der Urtext in anderer Weise verstümmelt.**

Es ist ganz sicher ungeheuer wichtig, den Menschen wirklich klar zu machen, was in der Bibel steht. Aber wer bestimmt eindeutig, was eigentlich die Worte „Er gab den Geist auf" vom göttlichen Sinne her sagen wollen? Das ist doch keinesfalls klar entschieden! **Was auch immer „Er gab seinen Geist auf" bedeutet, es gibt keinen zwingenden Grund zu der Annahme, daß es einen**

Herztod, einen Herzstillstand bedeutete. Im Worte Gottes, in der Urschrift der Heiligen Schrift sind echte Widersprüche zu den Entdeckungen am Grablinnen Christi keinesfalls vorhanden. Ungenaue oder falsche Übersetzungen kann man nicht zu Lasten der Existenz des echten Grablinnens Christi und seiner modernen Forschungsergebnisse aufrechterhalten.

Ein weiteres Beispiel „guter" Übersetzungen:

Jesus sprach zu dem einen Schächer, der mit ihm gekreuzigt war, angeblich:

> „Wahrlich ich sage dir, heute wirst du mit mir im Paradiese sein!" (Lukas 23, 43)

In der Urschrift steht aber:

> **„Wahrlich ich sage Dir heute, Du wirst mit mir im Paradiese sein!"**

Es muß ja in der zuletzt genannten Fassung richtig sein, denn Jesus ging bekanntlich erst bei der Himmelfahrt ins Paradies.

DEUTSCHLAND-KONVENT FÜR DAS LINNEN

Die Erstickungsagonie

Eine Denkschrift:

Wie kam es zur Geistaufgabe bei Jesus Christus?

Dies ist die Frage, seit Pilatus sich wunderte, daß alles so schnell vorbeiging. Es dürfte kein Zweifel darüber bestehen, daß bis in die 30er Jahre des 20. Jahrhunderts, das heißt bis zum Bekanntwerden der Bilder vom Turiner Linnen, kein Mensch eine klare Aussage über die eigentliche Ursache der Atmungsbeendigung bei der damaligen Kreuzigung machen konnte.

Das bewiesen vor Jahren Umfragen, die dieses von jeher ungelöste Rätsel zum Thema hatten. Bei einer Befragung von gläubigen Christen, Priestern und Laien, und auch bei Ungläubigen war auf die Frage: „Was war die Todesursache bei Jesus Christus?" keine einheitliche, klare Antwort zu erhalten. In der Tat wurden nahezu so viele verschiedene Aussagen gemacht, wie bald Todesursachen zur Verfügung sind. Ein wesentlicher Teil der Befragten konnte überhaupt keine Antwort geben, da hierüber eine totale Lücke in den Belehrungen für die Christenheit besteht, zwangsläufig bestehen muß, weil keinerlei Berichte überliefert sind, die einen Hinweis geben. Andere, und das waren oft die theologisch Geschulten, übergingen den sachlichen Kern, indem sie erklärten, das sei überhaupt nicht wichtig. Das Unwissen trat jedoch auch hier klar zutage.

Die Grundfragen in dem vorliegenden Fall sind heute soweit geklärt, indem feststeht: Es ist ein Ausnahmefall! Worin besteht er nun?

Für die notwendige Klarstellung der Einzelheiten der Hinrichtung brachte das Linnen endlich den Wendepunkt. Das Turiner Linnen bringt ein neues Licht in die damaligen Vorgänge. Ein Licht, das wie nichts anderes zuvor diese Ereignisse klar und hell beleuchtet.

Bisher keine präzise Erklärung

Die Forschung der Jahrhunderte fand für den Tod Christi am Kreuz keine präzise Erklärung, die einer genauen, kritischen Prüfung standgehalten hätte. Die gesamte medizinische Kritik fordert die volle Beantwortung von drei Hauptproblemen. Alle drei Hauptpunkte, nicht nur einer oder zwei, müssen mit der jeweiligen Erklärung übereinstimmen.

Kurz zusammengefaßt lauten die drei Punkte wie folgt:

1. Es fehlt jede tödliche Verletzung im Laufe der Passion.
2. Der bestehende große Widerspruch in der Haltung Jesu, der in den Evangelien als bei vollem Bewußtsein bis zum Ende geschildert wird — und der Haltung eines schwerverletzten Sterbenden an und für sich.
3. Die Plötzlichkeit des Endes, das praktisch ohne jedes vorhergehende Anzeichen eintritt.

Nach eingehender Überlegung und dem Vergleich dieser drei Punkte mit möglichen Todesursachen bleibt nur ein Herzschlag übrig. Herzschlag ist eine Sammelbezeichnung für verschiedene Todesursachen, bei denen eine schlagartige Beendigung der Herztätigkeit stattfindet. Trotzdem muß hier ein Herzschlag aus zwei Gründen ausscheiden: Zum einen stirbt ein Mensch im Alter von 33 Jahren im allgemeinen nicht an Herzschlag. Zum anderen ist uns ein untrügliches Anzeichen berichtet, das einen Herzschlag als unmöglich erscheinen läßt. Ein Herzschlag ermöglicht nicht mehr ein lautes Sprechen oder Rufen: „Es ist vollbracht!" Dieser Ruf setzt eine Erkenntnis voraus, daß jetzt das Ende da ist. Nur wenige Sekunden sind für eine derartige Erkenntnis und den anfolgenden Ruf notwendig. (Ein anderer Evangelist berichtet noch von einem letzten Schrei, der nicht verstanden wurde.) Ein Herzschlag aber läßt keinem Menschen auch nur eine Sekunde Zeit. Es muß demnach ein Vorgang gewesen sein, der von der Schrecksekunde der Erkenntnis bis zum Neigen des Hauptes etwa 15 bis 45 Sekunden gedauert hat.

Höchste Verdienste

Der tschechische Arzt Dr. R. W. Hynek hat sich in der Interpretation des Turiner Linnens höchste Verdienste um diese spezielle Forschung erworben. Er wird diesen drei Punkten nahezu gerecht und hat in der Gesamtaussage wirklich die Ursache gefunden. Nur in einem Punkt, allerdings einem wesentlichen Umstand, ist er zu ergänzen. Diese wichtige Ergänzung soll hier ausführlich erfolgen, natürlich nicht ohne die vorherige Darstellung der Forschungsergebnisse dieses Wissenschaftlers. Dazu ist es unumgänglich notwendig, aus seinen Darlegungen einen Teilabschnitt in diesen Bericht aufzunehmen. Um dem Verdacht aus dem Wege zu gehen, durch Weglassen von Sätzen oder Umschreiben seinen Ausführungen einen anderen Sinn gegeben zu haben, wurden die wesentlichsten Abschnitte Wort für Wort unverändert übernommen. Die Ausführungen von Dr. Hynek sind im Aufbau wie in der Sache gleichermaßen interessant. Die Ubernahme dient keinem anderen Zweck als dem, klare wissenschaftliche Grundlagen für die im Anschluß folgenden Ergänzungen zu geben.

Zu einem Tode am Kreuz gibt Dr. Hynek folgenden Darlegungen Raum, die er mit der Uberschrift beginnt: „Der Versuch einer richtigen Erklärung!" Im Anschluß schreibt er Folgendes:

„Es war dies nicht eine direkte Tötung eines Menschen, sondern der Tod des Kreuzes war ein langsames Foltern, da man den Verurteilten dort nur weiterleben ließ, damit er sich in ungeheuren Schmerzen zu Tode quält. Deshalb bedeutet das Wort kreuzigen auch foltern, quälen. (So der heilige Augustinus.)

Es sind bloß jene unscheinbaren vier Wunden auf den Gliedmaßen gegeben und — der Tod. Was dazwischen ist, erfordert ein eingehendes Studium, Analyse und Scharfsinn. Daß es sich nicht um ein geborstenes Herz handeln kann, ist angesichts der Zehntausende von Gekreuzigten der Antike wohl ganz klar.

Einige Jahre vor Bekanntwerden des heiligen Turiner Grablinnens wurde ich zufällig auf die Spur der richtigen Erklärung gebracht. Es dürfte im Jahre 1928 gewesen sein, ungefähr ein Jahr nachdem ich begonnen hatte, mit aller Entschiedenheit als Arzt das mystische Geschehen in Konnersreuth zu verteidigen. Feinde der Kirche und der Religion verpönten das Geheimnis in völlig unsachlicher Form. Ein sehr heftiger Streit wütete damals bei uns um diese Dinge. Der betrügerische Fall des polnischen Bergmannes Diebl mit seinen künstlichen Bluttränen lief durch die Presse. Plötzlich auch eine sensationelle Nachricht, daß ‚sich der tschechische Fakir Zenkl auf 80 Stunden auf das Kreuz annageln läßt'. Bevor ich ergründen konnte, was sich hinter dieser Betriebsamkeit wohl verbarg, erschien ganz unerwartet der Fakir Zenkl in meiner Sprechstunde zu Besuch mit der Absicht, mein Interesse für seine Produktion zu gewinnen.

Zenkl zeigte mir gleich seine langen dünnen Nägel, die mir jedoch gar nicht imponierten, da unsere ärztlichen Aspirationsnadeln meist noch größer sind und ebenfalls ohne Narkose tief in das Menschengewebe eindringen. Als er erklärte, sein Gehilfe werde ihn unter Durchbohrung der Handteller mit diesen Nägeln liegend oder stehend an das Kreuz nageln, wurde mir klar, daß dies alles, ärztlich genommen, eigentlich nur eine Immobilisation des Körpers bedeutet, d. h. eine Behinderung an jeder körperlichen Bewegung. Dies wird übrigens häufig in der Medizin als Heilmittel gebraucht (z. B. bei Rupturen von Schenkelknochen und dergleichen), und zwar nicht nur für 80 Stunden, sondern für 1000 und noch mehr Stunden. Damit konnte der Mann also auf einen Arzt keinen Eindruck machen.

Plötzlich verfiel ich auf die Idee, welche den Nagel auf den Kopf traf: ‚Wissen Sie, was mir als Arzt bei Ihren Versuchen imponieren würde? Wenn Sie sich bloß für zehn Minuten mit Ihren Händen h ä n g e n d an das Kreuz annageln ließen! Das bedeutet, daß Sie mit Ihrem ganzen Körpergewicht an den Händen hängen werden. Auch der stärkste Mensch hält seine Arme nur wenige Minuten ausgestreckt. Ich würde wirklich gerne wissen, wie Sie sich nach diesen nur 10 Minuten in einer Position fühlen werden, welche, wie mir scheint, die tödliche Wirkung einer Hinrichtung am Kreuz enthält.'

Diese plötzliche Wendung traf gerade den wunden Punkt. Herr Zenkl empfahl sich schnell, und soweit mir bekannt ist, kam es überhaupt nicht zu seiner Produktion, welche sicher auch die religiösen Empfindungen vieler Menschen verletzt hätte.

Erstickungsagonie

Den einmal gefaßten Gedanken habe ich weiter verfolgt. Ich begann zu begreifen, warum Therese Neumann, wenn sie in der mystischen Ekstase an der Peinigung des Herrn teilnimmt und unbewußt diese auch an sich selbst wahrnehmbar macht, hie und da Anfälle bekommt, bei denen sie dem E r s t i c k e n nahe ist. In das geläufige Vorstellungsbild vom Leiden des Gekreuzigten war die Erscheinung nicht einzuordnen. Als ich jedoch die erste Photographie des Turiner Grablinnens in Händen hielt und die versteinerte Brustmuskulatur des Erlösers darauf erblickte, wurde mir klar, daß es sich hier sogar um einen wesentlichen Teil des Leidens am Kreuz handeln mußte.

Die exzessive Starre der Muskeln auf der Photographie Enries brachte mich auf die richtige Spur: Infolge einer unvorstellbar großen Muskelspannung mußte die Starre nach dem letzten Atemzug eingetreten sein. Die schon erwähnten Erfahrungen mit gehetztem Wild fielen mir ein. Ich erinnerte mich weiter an eine seinerzeit in der österreich-ungarischen Armee eingeführte Strafe, das sogenannte ‚Aufbinden'. Der Schuldige wurde an den hinter dem Körper gekreuzten Armen so aufgebunden, daß er bloß mit den Fußspitzen den Boden berührte. Dies verursachte ihm nach einer Weile grausame Schmerzen und erschöpfte ihn derart, daß er nach längstens zehn Minuten losgebunden werden mußte, wenn nicht seine Gesundheit einen ernsten Nachteil erleiden sollte.

Arzt und Kreuzigung

Was kann der Arzt über die körperlichen Vorgänge bei jeder Kreuzigung mit Sicherheit aussagen?

Eine Kreuzigung ist vor allem eine gewaltsame, unabänderliche Position des Körpers unter äußerst unangenehmen, die Muskel- und Nervenkraft des Verurteilten erschöpfenden Umständen: Wir werden sehen, daß Versuchspersonen das Hängen in der Kreuzigungslage auch bei nicht durchschlagenen Händen und unzertrennten Nerven nur schwer und nur ganz kurze Zeit ertragen konnten. Für den Hingerichteten aber gab es bei der Kreuzigung keine Erleichterung, keine noch so kurze Rast. Ihn konnte allein der Tod von seinen stets wachsenden Qualen befreien. — Das Hängen an den Muskeln der beiden seitwärts ausgestreckten Arme, auf denen am Kreuz das ganze Körpergewicht des Gekreuzigten ruhte, war das eigentliche Teuflische an dieser Hinrichtungsmethode. Die ursprünglich rechtwinklige Streckung sank, wie wir sehen, durch das Dehnen der Muskeln und der Gelenke auf einen Winkel von 65 Grad ab. (Hier muß vom Autor dieser Arbeit der Einwand gemacht werden, daß in dem Fall, der am Turiner Linnen zu sehen ist, vom Beginn der Kreuzigung bis zur Geistaufgabe ein Winkel von 76 Grad vorhanden war. Erst nach der Geistaufgabe sank der Körper auf einen Winkel von ca. 65 bis 66 Grad ab.)

Während bei einem Aufhängen des Körpers an senkrecht gestreckten Armen jeder von ihnen nur das halbe Gewicht zu tragen hat, war bei diesem Winkel nach der früher angeführten Formel jeder Arm mit einem größeren Gewicht beschwert, als das gesamte Körpergewicht ausmacht.

Die viel stärkeren Muskeln der unteren Gliedmaßen sind darauf eingestellt, das Körpergewicht in einer normalen Lage eine Zeitlang zu tragen. Gerade sie wurden jedoch bei einer Kreuzigung durch die Biegung der Knie aus dieser Funktion praktisch ausgeschaltet oder waren durch das Annageln beider Fußsohlen in ihrer Funktion wesentlich behindert.

Deshalb wurden die Muskeln der oberen Gliedmaßen durch dieses Hängen äußerst in Anspruch genommen, überlastet, erschöpft. Sie erreichten in Kürze die obere Grenze ihrer Leistungsfähigkeit, den Zustand einer krampfhaften Erstarrung. Solche schmerzhaften Krämpfe treten bei Menschen mit Krampfadern (als Folge eines anormal schlechten Blutkreislaufes und dadurch gedrosselter Sauerstoffzufuhr) in den Waden auf.

Muskelkrämpfe

Umgekehrt behinderte bei der Kreuzigung die übermäßige Zusammenziehung der Muskeln den normalen Blutkreislauf, wodurch sich die Krämpfe steigerten. Die Muskeln gerieten in den Zustand ihrer höchsten Gereiztheit und Leistungsfähigkeit, Tetanisierung genannt. Durch das Zusammendrücken der unter den einzelnen Muskelfasern befindlichen empfindsamen Nervenenden entsteht jener heftige Schmerz, der bei Wadenkrämpfen so gefürchtet ist. Der Arzt kennt solche Gipfelerscheinungen der Gereiztheit und Leistungsfähigkeit der Muskulatur aus dem Verlauf einer tödlichen Erkrankung: beim sogenannten traumatischen (aus einer Verletzung entstandenen) Tetanus. Der Bazillus dieser furchtbaren Erkrankung bindet in einer besonderen Art seine Gifte an das zentrale Nervensystem, welches die Muskeln zu dauernden krampfartigen Zusammenziehungen reizt. Dies steigert sich in Anfällen bis ins Unvorstellbare. Der Kranke ist bei vollem Bewußtsein. Seine Qualen bringen ihn an die Grenze des Wahnsinns. Die Muskulatur des Rumpfes und der Gliedmaßen spannt den Körper bogenartig, so daß zuweilen das ganze Körpergewicht nur auf den Fersen und dem Kopfhinterteil ruhen kann. Ähnlich grauenhafte Krampfanfälle kommen auch bei einer Strychninvergiftung vor. Wiederholen sie sich einige Male, so führen sie sicher zum Tode.

> Etwas Ähnliches geschah mit dem Gekreuzigten. Erschöpfende, in Krämpfe übergehende Zusammenziehungen der Muskeln der Unterarme gingen auf die Oberarme, Schulter-, Brust-, Rücken- und Hüftmuskeln und schließlich auf die Gesamtmuskulatur über. Dadurch kam der Blutkreislauf ins Stocken. Durch eine ungenügende Sauerstoffzuführung der Muskelgewebe wurde die Entstehung weiterer und verstärkter Krämpfe verursacht. Diese steigerten sich mehr und mehr. Die übermäßige Muskelarbeit steigerte dann die Körpertemperatur und verursachte heftiges Schwitzen. Da solche Krämpfe erfahrungsgemäß selbst Unterhautblutungen herbeiführen können, wie der Autor selbst beobachten konnte, erklärt sich auch die deutliche Spurenbildung der furchtbaren Geißelung in den Abdrücken unseres Grablinnens für den Arzt auf natürliche Weise.

Atmungsbehinderung

Durch die Fixierung der beiden ausgestreckten oberen Gliedmaßen geriet die Brust auf die Dauer in die Stellung größter Ausdehnung und stärkster Einatmung (Inspiration). Die Einatmung wird durch die Zusammenziehung der Brustmuskeln bewirkt, wobei sich der Brustkasten ausweitet und das Zwerchfell herabsinkt. Die eingeatmete Luft verliert langsam in der Lunge den Sauerstoff und muß dann gewechselt, d. h. durch Ausatmen aus der Lunge getrieben werden. Dies geschieht selbsttätig, auch bei verlorenem Bewußtsein, mit Hilfe der zwischen den Rippen befindlichen Muskeln und durch die Muskulatur des Zwerchfells.

Wenn dieser Luftwechsel in der Lunge und dadurch auch die Sauerstoffzufuhr des Blutes stockt, tritt ein langsames, jedoch sicheres Ersticken ein. Und so entsteht ein neuer Anlaß zu Krämpfen. Dozent Ledenzyi aus Bratislava machte in seiner Arbeit ‚Vom Innerbauchdruck' darauf aufmerksam, daß bei einer länger dauernden Ausstreckung der Arme das Zwerchfell sinkt, das Atmen und der Blutkreislauf erschwert werden. Mit anderen Worten: Diese Position bedeutet ein langsames, aber sicheres, sich steigerndes Ersticken oder eine neue Quelle von Krämpfen. Es ist ein schicksalhafter Kreis von Ursachen und Folgen, die sich gegenseitig steigern und einer Katastrophe entgegentreiben. Durch die gewaltsame Position der maximalen Einatmungsstellung entsteht eine weitere erhebliche Störung des Blutkreislaufes. Vor vielen Jahren bewies der Wiener Anatom Professor Hyrtl, daß bei ähnlichen Zuständen auch die am Zwerchfell mit starken Bindemuskeln befestigte Leber — eines der mächtigsten Blutreservoire — sein Sinken mitmacht und so den freien Blutkreislauf, insbesondere bei der großen unteren Hohlader, behindert. Es kommt zu einer Störung des Blutkreislaufes, besonders in den Venen der Eingeweide und in den unteren

Gliedmaßen. Und aus diesem Grunde bekommt dann das Muskelgewebe weniger Blut, als es benötigt.

Auch hierdurch leiden wiederum die Sauerstoffzufuhr und der Stoffwechsel, wodurch ein geeigneter Boden für die Entstehung von Krämpfen aus Gründen der sogenannten inneren Asphyxie gewonnen wird. (Krämpfe ähnlichen Ursprungs kommen insbesondere beim Ertrinken vor.) Mit anderen Worten: Der Kreislauf von Krampfursachen und Krampfwirkungen erweitert, verstärkt und beschleunigt sich auch von den inneren Organen her bis zur Katastrophe in einem Erstickungstod.

Kreuzigungstod war oft Erstickungstod

Es erscheint mir deshalb, von der ärztlichen Wissenschaft her gesehen, voll gerechtfertigt, zusammenfassend festzustellen: Das allmähliche Ersticken, begleitet von sehr schmerzhaften, sich steigernden Schmerzen, ist in der Tat jener furchtbare Tod, bei welchem nach den Worten Senecas die Opfer ‚das Leben tropfenweise verloren'. Der Gekreuzigte starb bei vollem Bewußtsein, unter grauenhaften Qualen am Kreuzesholz.

Durch die furchtbaren Krämpfe, die sich steigernden schon beschriebenen Schmerzen der Nagelwunde und die Anfälle der Brustmuskulatur wurde gleich zu Beginn das Ansaugen der frischen, an Sauerstoff reichen Luft in die Lunge gestört. Die schwächeren Brustzusammenzieher konnten nicht die viel stärkeren verkrampften Brustausdehner überwinden. Die Bewegungen des Zwerchfells, die ohnehin schon durch die erzwungene Brustausdehnung beschränkt waren, konnten zunächst noch einen beschränkten Wechsel der Atemluft aufrechterhalten. Sobald jedoch auch die Muskulatur des Zwerchfells von den Krämpfen immer mehr erfaßt wurde, konnte der so Betroffene zuletzt weder aus- noch einatmen. Die Einstellung der Atmung bewirkt schließlich (im Laufe der Zeit [Der Verfasser]) auch die Einstellung der Arbeit des Herzens, und der Gekreuzigte starb zuletzt auch an diesem Lungenödem. In seinem vergeblichen Ringen nach Luft wurde er blaß, blau, aschfahl. ‚Durch seine Blässe wurden wir erkauft' (1. Ps. 2, 24).

Untrügliche Beweise und Spuren dieses furchtbaren Ringens eines Gekreuzigten um die Atemluft sieht man an den Abdrücken des Turiner Grablinnens. Es ist dies vor allem der ungeheuer ausgedehnte Brustkasten, der gleich beim ersten Blick auffällt, insbesondere durch seine wie versteinerten großen Brustmuskeln.

Ein untrüglicher Beweis des Zwerchfellkrampfes ist der eingefallene Oberbauch und der hervortretende Unterbauch an diesen Abdrücken. Die beiden Schulterblätter sind ganz eng an den Körper angezogen und die Schultern stark gebogen. Beides entspricht mächtigen Krampf-Zusammenziehungen. Dasselbe beweist auch die saitenartig gespannte Muskulatur der beiden unteren Gliedmaßen.

Das Kreuz, ein Galgen der Antike

Dies alles brachte mich zu der Überzeugung, daß der physiologische Verlauf des Sterbens am Kreuz, mag es einen auch anfänglich überraschen, übereinstimmt mit dem Erhängen, unserer verächtlichsten Hinrichtungsart, die wiederum der Antike unbekannt war. Am Strang wie am Kreuz stirbt der Verurteilte durch Ersticken, durch Verhinderung des Atemluftzutritts. (Hier ein Einwand des Verfassers des vorliegenden Berichtes: Die genannten Feststellungen gelten für einen wesentlichen Teil der damaligen Kreuzigungen, jedoch sind viele Deliquenten auch durch den orthostatischen Kollaps verstorben, der nach dem Zerschlagen der Gebeine eintritt. Ferner sind viele Hingerichtete, die eine günstigere Lage am Kreuz hatten als Jesus Christus, oft erst nach zwei bis drei Tagen an einem allgemeinen Erschöpfungszustand verstorben.)

Ersticken kann der Mensch auf einige Arten. Die Luftzufuhr in die Lunge kann unterbunden werden durch das Zusammendrücken der Gurgel, durch das Drosseln mit einem Strang, durch die Schließung des Mundes und der Nase mit einer Hand, mit Erde oder mit einem beliebigen Mittel. In unseren Zeiten werden Strang und Galgen als Hinrichtungsmittel benützt.

Andere Formen der Erstickung sind z. B. das Ersticken durch Rauch, das Ersticken in fließendem Sand, im Getreide, im Schlamm und dergleichen. In eine dritte Kategorie gehört das Ersticken bei offenen Atmungswegen bei gleichzeitiger Verhinderung der notwendigen Atmungsbewegungen. Die Hinrichtung am Kreuz, wo die Bewegungen durch Krämpfe der Atmungsmuskeln verhindert werden, gehört zu dieser Kategorie."

(Zu der durch die Kreuzigungshaltung bedingten erschwerten Atmung und Herzaktion macht Dr. Hynek folgende weitere sehr wichtige Ausführungen:)

„Professor Babor von der internen Klinik in Bratislava erwies mir die Gefälligkeit, den Beweis einer erschwerten Atmung und Herzaktion bei ähnlichen Versuchen auch röntgenologisch festzuhalten. Gleich zu Beginn des Versuches zeigte das Skiagramm die normale Lage und Ausdehnung aller Brust- und oberen Bauchorgane eines gesunden Menschen. In den ersten fünf Minuten schien der Versuch keine Beschwerden zu machen. Nach dieser Zeit fing jedoch der Untersuchte an, sich über erhebliche Muskelschmerzen und Herzschwierigkeiten zu beschweren. Diese nahmen so schnell zu, daß es auf keinen Fall möglich war, den Versuch über zehn Minuten hinaus zu verlängern. Auch diese Zeit konnte nur mit größter Selbstverleugnung ausgehalten werden. In der sechsten Minute wurde die zweite Aufnahme gemacht.

Was wurden aber hier schon für bedeutende Veränderungen der Organe vorgefunden! Vor allem war das Zwerchfell um etwa drei Zentimeter gesunken. Sein Anteil an der Atmungsbewegung hatte sich bedeutend verschlechtert. Auch der das gesunkene Zwerchfell begleitende Herzschatten stellte sich aus einer fast waagrechten Lage schon schiefer. Auf der rechten Herzseite konnte schon eine beginnende Ausweitung als Zeichen eines sehr erschwerten Blutkreislaufes wahrgenommen werden. Bei anderen, bloß auf dem Röntgenschirm beobachteten Versuchen wurde das Zwerchfell von Professor Babor schon um sieben Zentimeter tiefer gesunken befunden, ein Zustand, der unter bestimmten Umständen schon eine Gefährdung der Gesundheit der Versuchsperson bedeuten könnte. Dies alles nach weniger als zehn Minuten.

Wieviel mal zehn Minuten mußten jedoch die am Kreuze Angenagelten ihre für uns einfach unvorstellbaren Qualen ertragen, von denen es keine Befreiung gab, außer dem Tod!" — —

Soweit die wichtigen und ausführlichen, vor allem wirklich klärenden Ausführungen von Dr. Hynek.

Die Erstickung ist international anerkannt

In jedem Fall wurden ausführliche Informationen über die Ergebnisse der Forschung am Turiner Linnen gegeben. Deutlich ist zu erkennen, wie kleinste Einzelheiten zusammengetragen wurden, um der Forschungsarbeit von Dr. Hynek ein Gewicht zu geben. Alle seine Feststellungen haben ein echtes Gewicht in sich und sind schwerwiegend in ihrer Beweiskraft. Sie haben auch internationale Anerkennung in kirchlichen Kreisen erhalten. So schreibt zum Beispiel die „Kirchenzeitung für das Erzbistum Köln" am 8. April 1956 wörtlich: „Über die Todesart Christi haben indessen zahlreiche Fachgelehrte eingehend geschrieben, nachdem gewissenhafte Versuche vorausgingen. Man ist sich heute allgemein darüber klar, daß Christus den ‚Erstickungstod' erlitten hat, hervorgerufen durch die besondere Lage eines Gekreuzigten!"

Wichtige Phase nicht beachtet

Allerdings wurde in dem Fall Jesus von Nazareth — König der Juden, bisher eine kleine Phase im Ablauf der Geschehnisse übersehen bzw. nicht beachtet!

Kein Zweifel, es ist in diesem Fall wirklich die festgestellte Erstickung, bei der das Leben tropfenweise verlorenging. Aber in diesem postulierten „tropfenweise bis zum Ende" fehlt ein Glied in der Kette der Beweise, ein kleines Glied zwar, aber von größter Bedeutung. Erstickung, ja! Das geben die Bilder vom Turiner Linnen für den Fachmann deutlich wieder. Aber dieses langsame Ersticken fand einen spontanen Abschluß!

Ausgezeichnet wurde von Dr. Hynek diese Erstickungsagonie beschrieben, wie die durch Zwang weitausgedehnte Brust in eine dauernde Einatmungsstellung gezwungen war. Immer mehr, von Minute zu Minute, von Stunde zu Stunde, mußte der Gekreuzigte nach Luft ringen, ein Bedürfnis, das er in dieser Lage nie ganz durch einen tiefen Atemzug befriedigen konnte. Wichtige, sehr wichtige Einzelheiten wurden von Dr. Hynek erforscht, und dennoch wurde der Übergang vom Leben zum Tod nicht richtig erfaßt. Dadurch war dem Leser leider kein genaues Schlußbild möglich. Auch in seinen anderen Ausführungen werden diese typischen Vorkommnisse (wie sie Punkt 2 und 3 verlangen) nicht bis zum letzten Zug erfaßt. Den Leser, der den Kern der Sache sucht, läßt dies unbefriedigt. Denn das Ende in der von Dr. Hynek dargestellten Art kann nach außen nur noch ein kurzes Röcheln sein, das dann ganz erlischt, wenn die Atmung aufhört. In jedem Fall ist aber zu einem solchen Zeitpunkt ein deutliches und klares Sprechen nicht mehr möglich! Dieses deutliche und klare Sprechen kurz vor der Geistaufgabe ist uns jedoch überliefert. Bevor in einem Fall der von Dr. Hynek dargestellten Art die Lunge den Dienst versagt, sind alle Atmungswege schon im Krampfzustand, so daß ein Sprechen, vor allem ein deutliches Sprechen, unmöglich geworden ist. Auch eine etwaige letzte Anstrengung ist dabei unmöglich, denn die im Krampfzustand befindlichen Luftwege sind vom Willen des Betroffenen unabhängig, was übrigens das Wesen aller Krämpfe überhaupt ist. Nur mit wenigen Mitteln können derartige Fälle beeinflußt werden, niemals aber nur mit dem Willen, wenn alle anderen Bewegungen — am Kreuz — unmöglich gemacht sind.

Mehr Durst als Luftmangel

Ein am Kreuz Hängender verlangt nicht eine Minute vor der Geistaufgabe mit deutlicher Stimme, die von allen Umstehenden gehört wurde, etwas zu trinken, sofern hier die Lebensminute seine letzte gewesen wäre. Angenommen, zu diesem Zeitpunkt (etwa 3 Uhr nachmittags) wäre die beschriebene Erstickungsagonie schon so weit vorangeschritten gewesen, dann würden die Worte „Mich dürstet!" nicht mehr gesprochen worden sein. Da sie aber in den Berichten deutlich überliefert sind, wurden sie ohne Zweifel auch ausgesprochen. Die von Dr. Hynek an und für sich richtig dargestellte Erstickungsagonie war nur noch nicht bis zum Endstadium gelangt. Sie dürfte bestimmt in ihrem letzten Drittel gewesen sein, aber für die Erklärung der nun etwa zwei Minuten später dennoch eingetretenen Geistaufgabe ist sie nicht ausreichend.

Sehen wir uns doch einmal die verschiedenen Berichte aus der damaligen Zeit zu dieser Stelle der Ereignisse an! (Dies möge der Leser bei Gelegenheit für sich tun.)

Nachdem mit der Feststellung des Erstickungstodes die Forschung am Turiner Linnen so weit fortgeschritten ist, fällt es wie Schuppen von den Augen, und der ganze Ablauf des Todeskampfes Jesu Christi wird offenbar. — Sachlich sei alles noch einmal kurz zusammengefaßt:

1. Eine Erstickung, erkennbar aus der körperlichen Beschaffenheit, die uns die Abdrücke des Turiner Linnens vor Augen führen.
2. Eine medizinische Verfolgung dieser Todesart ist vom Beginn der Kreuzigung bis zu dem Zeitpunkt „Mich dürstet!" deutlich möglich. Wiederum deutlich erkennbar ist dann der Zeitpunkt der Geistaufgabe etwa zwei Minuten später.
3. Im normalen Fall wäre bei einem Erstickungstod der beschriebenen Art eine bis zwei Minuten vor Eintritt der Geistaufgabe ein derart deutliches Sprechen nicht mehr möglich.

Folglich liegt hier ein anormaler Fall vor.

Auch die Psychologie spricht eindeutig dagegen. Ein Mensch in solchem Zustand, der dennoch etwas sprechen könnte, würde nicht Wasser oder etwas Ähnliches zum Trinken verlangen, sondern ohne jeden Zweifel Luft! Luft deshalb, weil er mit jedem Gedanken erkennen kann: „Wenn nicht schnell mehr Luft kommt, dann ersticke ich!" Atemnot war auch zu diesem früheren Zeitpunkt ohne Zweifel vorhanden, aber doch nicht so sehr, daß sie das ebenfalls vorhandene Durstgefühl übertroffen hätte.

Des Rätsels Lösung

Gerade das Verlangen nach etwas Trinkbarem gibt die tatsächlichen Verhältnisse zu diesem Zeitpunkt wieder. Auch zum Trinken ist ein ordentlicher Zustand der Luftwege nötig. Daß diese Luft- und Atmungsorgane nicht mehr im Normalzustand waren, sondern sich in Krampfzuständen befanden, ist der Grund für Erstickung, aber nicht alleinige Ursache.

Genau zu diesem Zeitpunkt, sozusagen mit Zeitlupe betrachtet, muß ein Glied in der Kette fehlen bzw. nun eingefügt werden. Jenes Glied, das den nun tatsächlich unerwartet spontanen Schluß bewirkte, der für alle überraschend eintrat.

Alleinige Schlußursache zu diesem Zeitpunkt war:

Der Essig!

Schon bei einem Körper im normalen Zustand führt das Eindringen von Essig in eine Luftbahn zu den gefährlichsten Erstickungserscheinungen. Wieviel mehr bei einem Körper, der, gelinde gesagt, müde und ermattet ist und bei dem zudem sämtliche Organe, die direkt oder indirekt mit der Atmung zu tun haben, Krampfzustände durchmachen. Dies bei einem Menschen, der nach einem langsamen Erstickungsprozeß schon in der Todeskrise steht, die im weiteren Verlauf später wahrscheinlich auch zu einem Erstickungstod geführt hätte.

War es der Wunsch dieses Gekreuzigten, auf seinen Ruf „Mich dürstet!" Essig zu erhalten? Bestimmt nicht! Er hat allenfalls jenes Essigwasser erwartet, das damals Marschgetränk der römischen Soldaten war. Hierbei wurde das Wasser, das in Quellen zu finden war oder in Schläuchen mitgeführt wurde, mit einem Schuß Essig durchsetzt. Daß dem Gekreuzigten reiner Essig gereicht wurde — wahrscheinlich aus dem Behälter, der für die Zubereitung des Marschgetränks die Essenz enthielt (ein derartiger Essigbehälter wurde im allgemeinen bei den Abteilungen mitgeführt) — war also offensichtlich eine Gemeinheit der Henkersknechte. Die Antike kannte, wie wir wissen, grundsätzlich kein Erbarmen bei Hinrichtungen. Das heute bei Hinrichtungen bisweilen vorhandene Mitleidsgefühl der ausführenden Organe ist in die Welt ja erst durch diesen damals unschuldig Hingerichteten eingezogen.

Kein Essigwasser, sondern Essig

Es ist ein grundsätzlicher Irrtum aller Forschungen, diese deutlich berichtete Essiggabe als eine harmlose Verabreichung von Essigwasser darstellen zu wollen, vielleicht sogar als einen Akt des Mitleids dieser Henker. Jesus wurde als Verbrecher gekreuzigt, und das Zweifeln und Wanken Einiger nach der Geistaufgabe ist auf die dabei erfolgten Naturerscheinungen zurückzuführen. Vielleicht ist es bezeichnend, daß gerade bei solchen materiellen Ereignissen ein Glaube gefördert wird. Im übrigen aber geschah das spätere Umschwenken einiger Soldaten erst nach der Auferstehung, und es waren sämtlich Soldaten höheren Ranges, nicht die Schergen, die Handlanger und eigentlichen Ausführenden der Hinrichtung. Diese Handlanger erhielten für ihre Arbeit ja auch die Kleider und sonstigen Besitztümer eines Hingerichteten. Alle Zweifel über die Tatsachen beseitigt der genaue Bericht eines Augenzeugen der damaligen Vorgänge. Und ferner ein für allemal der Psalm 69, 22, der die Bosheit der Henker schon mit den Worten beklagt: „Und sie gaben mir Galle zu essen und Essig zu trinken in meinem großen Durst"!

Es ist also unberechtigt, bei so deutlichen Berichten von anderen Getränken zu sprechen. Damit verliert jede andere Aussage ihre Berechtigung und Grundlage. Rätselhaft bleibt, wie überhaupt derartige Umstände bei den Forschungen bisher unbeachtet bleiben konnten.

Es muß doch auffallen, wenn drei Evangelisten übereinstimmend von der unmittelbar nach der Essiggabe erfolgten Geistaufgabe des Gekreuzigten berichten — der eine von einem lauten Ruf, der nicht verstanden wurde, der andere von Worten der Erkenntnis, daß es jetzt vollbracht sei.

Drei übereinstimmende Berichte liegen vor! Medizinisch gesehen bedeutet die Geistaufgabe ja gleichzeitig die Beendigung der Atmung. Sachlich folgert daraus, daß drei Berichterstatter bezeugen, wie sofort nach Einflößen des Essigs die Atmung endete.

Dieser Fall läßt sich klar und eindeutig bestimmen. Jedes andere vernünftige Getränk hätte das Leben des Hingerichteten verlängert — gleichgültig für welchen Zeitraum noch. Als Jesus zu trinken verlangte, tat er dies bei klarem Bewußtsein und hatte nicht das Empfinden, die letzte Minute erreicht zu haben. Er war durstig im Verlauf des langsamen Todeskampfes, der normalerweise momentan noch nicht zu Ende gewesen wäre.

Nun reichte man ihm den Essig, der sofort beim Eindringen in die Luftwege — was durch das Schlürfen von einem Schwamm noch gefördert wurde — die Luft von und zur Lunge abschnürte und die schon in Krampfzuständen befindlichen Teile der Luftwege spontan außer Funktion setzte. Es blieb gerade noch die Zeit zu erkennen: es ist aus! und die Zeit für die aus dieser Erkenntnis geborenen Worte bzw. für einen letzten Schrei, der von den Umstehenden gehört wurde.

Die vorhandene Luft in den Lungen hat gerade noch für diese Arbeitsleistung ausgereicht, denn einige — etwa zehn bis dreißig — Sekunden kann der Mensch auch ohne Luftzufuhr sprechen, auch in diesem Zustand; dann aber war das Leiden Christi zu Ende, überraschend schnell für die Umstehenden. „Darauf neigte er sein Haupt und gab den Geist auf."

Die medizinische Wissenschaft hat zu den Schlußumständen dieser Kreuzigung Folgendes zu sagen: Bei einem Tode durch Ersticken — gleich welcher Art — besteht für das Herz keinerlei Nötigung, mit der Atmung — also zum Zeitpunkt der genannten Geistaufgabe — stillzustehen. Wohl hört dann die Anreicherung des Blutes mit Sauerstoff auf, was auch dem Herzen schlecht bekommt. Aber das Herz kann seine Tätigkeit — wie oft beobachtet — enorm reduzieren. Tatsache ist, daß es in der Medizin oft Fälle gab, da in ähnlichen sehr schweren Erstickungs-Fällen nach Beendigung der Atmung weiterhin eine Herztätigkeit vorhanden blieb. — Deshalb auch bei den alltäglich in der Welt vorkommenden Erstickungen die Wiederbelebungsversuche, die ja bei beendeter Atmung nur einen Sinn haben und von Erfolg sind, wenn das Herz noch tätig ist!

Als ganz klares Forschungsergebnis ist zu diesen Ereignissen festzustellen:

> Jesus Christus ist bei Eintritt der Geistesaufgabe **nicht** verstorben. Das Herz schlug weiter! Ein Vorgang, der dieses schlagende Herz hätte zum Stillstand gebracht, hat nicht stattgefunden, wie anhand des Grablinnens Jesu eindeutig nachgewiesen ist. Das Linnen Christi bezeugt außerdem, daß Jesu Herz nach der Kreuzabnahme ebenfalls in Tätigkeit war!

Doch war Jesus im **theologischen** Sinne „tot", das ist „ohne Leben", denn er konnte wegen der erfolgten Geistaufgabe nicht in dieser Welt wirken. Dieser Vorgang war einmalig, seit die Welt besteht. Nur seine Seele, die in der jenseitigen Welt weilte, konnte wirken; man hat dies auch seine „Höllenfahrt" genannt. „Bei den Toten" also, im Jenseits weilte seine Seele, und von den Toten kehrte sie wieder in den Körper ins Grab zurück. All dies hat die Geistaufgabe durchaus ermöglicht, und keinesfalls hat die vorhandene Herztätigkeit im Körper Derartiges verhindert!

> **Im medizinischen Sinne aber war Jesus Christus nicht gestorben!**
>
> Im geschichtlichen Sinne hat das jüdische Volk aus diesen Gründen keine Mordschuld an Jesus Christus!
>
> Im juristischen Sinne war die Hinrichtung nicht vollendet. Hinrichten heißt: den Körper zum Sterben bringen. Das ist bei Jesus Christus nicht geschehen!

ENDE

Zweites Fact Buch

Inhaltsverzeichnis

Seite

I. Teil . . . 7

Jesus in der Inquisition der damaligen Gesetze . . . 9
Die Gottesprobe . . . 20
Die andere Seite der Todesangst . . . 24
Das ALTE TESTAMENT bezeugt: Jesus sollte nicht am Kreuz sterben . . . 28

II. Teil

Nicht am Kreuz gestorben . . . 33
Vorwort . . . 35
Das Zeugnis des echten Grablinnens Christi . . . 37
In Turin . . . 41
Können Textilien so alt werden? . . . 49

So echt wie die Bibel . . . 51
Aussagen von Papst Pius XI. und Papst Pius XII. . . . 51
Der Gekreuzigte, den das Turiner Grablinnen zeigt, war ein Nazarener . . . 52
Echte Bilddokumente . . . 64

Aussage des Historikers . . . 65
Aussage des Exegeten . . . 65
Aussage Seiner Eminenz Kardinal Maurilio Fossati . . . 66

Fälschung war unmöglich . . . 81
Kein Leichnam nach der Hinrichtung . . . 87
Recherchen . . . 94
Blut eines Gekreuzigten, der lebte . . . 99

III. Teil

Auf jeden Fall: Nicht gestorben! . . . 100

Rekonstruktion der Kreuzigung . . . 104
Herztätigkeit bei der Kreuzabnahme . . . 115
Herztätigkeit nach der Kreuzabnahme . . . 116
Herztätigkeit im Grablinnen . . . 125

Blut und Wasser waren niemals Todeszeugnis . . . 132
Des Römers Lanze traf nicht ins Herz . . . 139
Der Röntgenbeweis . . . 141
Begutachtung . . . 146

Solomon anerkennt Jesus Christus . . . 152

IV. Teil

Auch Herztätigkeit im Grab . . . 155

Das Zeichen Jesu . . . 156
Uralte Christenweisheit in neuer Aktualität . . . 156

Auferstanden . . . 163

Seite

Der Gärtner Jesus . . . 164
Bei den Aposteln . . . 168
Zeugnis des Apostels Johannes . . . 173
Zeugnis des Evangelisten Lukas . . . 173
Zeugnis des Apostels Thomas . . . 174
Hunger am See Tiberias . . . 176
Zeugnis des Apostels Petrus . . . 178

Aufgefahren in den Himmel . . . 181

Zeugnis der Apostelgeschichte . . . 182
Zeugnis des Apostels Paulus . . . 187

V. Teil

Vollkommene Erlösung durch das Blut Jesu Christi . . . 194

Solomon diskutiert mit Professor Dr. Hirt . . . 201

EINE ECHTE BOTSCHAFT JESU – HEUTE . . . 211

Geschichtsbeweise: Aus dem Geheimarchiv des Vatikans . . . 222

VI. Teil

Kritik und Gegenrede . . . 234

Was es nicht alles gibt . . . 234
Blut aus Leichen . . . 241
Vom Zweier- zum Dreiergespräch . . . 243

Dokumentation . . . 257
Petition an Papst Johannes XXIII. . . . 258
Antwort des Staatssekretariats Seiner Heiligkeit . . . 264

VII. Teil

Das Rätsel zweier Jahrtausende ist gelöst . . . 265

Er gab den Geist auf . . . 266
Die Erstickungsagonie . . . 275

Bilderverzeichnis und Sachregister . . . 286

Anmerkung:
Professor Dr. Ethelbert Stauffer, Universität Erlangen, hat in den letzten Jahren mehrere tausend Seiten Forschungsmaterial veröffentlicht.
Einige Seiten davon wurden in diesem Buch zitiert, weil sie direkt oder indirekt mit der Grablinnen-Forschung bzw. deren Ergebnisse einen Zusammenhang hatten. Ansonsten hat Prof. Dr. Stauffer weder mit dem Deutschland-Konvent für das Linnen noch mit dem bearbeitenden Autor dieses Buches eine Verbindung. Es wurde lediglich sein umfangreiches Material gesichtet und dann gemäß den Literatur-Gesetzen ausführlich zitiert.

Zweites Fact Buch

Bilderverzeichnis für 88 Abbildungen

Zugleich Sachregister: Die Forschungsergebnisse befinden sich jeweils in der Nähe der Bildwiedergaben.

I. Teil

	Seite
Der offizielle Einzug Jesu in die Hauptstadt Jerusalem	8
Vollstreckung des Haftbefehls	11
Jesus vor Hannas	13
Jesus vor Kaiphas	17
Jesus vor Pilatus	19
Todesangst Jesu	25
Der Schmerzensmann	27
Der Prophet Jesaja	31

II. Teil

Jesus auf dem Weg zur Hinrichtung	33
Dornenkrönung	34
Rom – Vatikan	36
Turin	40
Hohe katholische Würdenträger bei öffentlicher Demonstration mit dem Grablinnen Jesu	41
Aufbewahrungsort des Grablinnens Jesu = „Cappella della Santa Sindone" in der Kathedrale von Turin	41, 42, 43
Pompeji – Ausgrabungsstätten	47
Jahrtausende alte Textilien im Ägyptischen Museum in Turin	48, 49
Papst Pius XI.	50
Papst Pius XII.	51
Jesus und Maria als Indianer	52
Jesus, Maria und Josef als Chinesen	53
Jesus und Maria auf Bali	54
Jesus als Ostafrikaner	54
Jesus als Römer (Statuette)	55
Moses als Römer (Katakombenbildnis)	55
Jesus als Römer (Katakombenbildnis)	57
Jesus als Nazarener (Hagia Sophia)	58
Jesus als Nazarener (Bildnis aus dem Grablinnen Jesu in Turin)	60
Giuseppe Enrie, Berufsphotograph in Turin, wurde weltbekannt, weil er von der Kirche den Auftrag erhalten hatte, das Grablinnen Jesu zu photographieren	64
Seine Eminenz Kardinal Maurilio Fossati	66
Köln am Rhein	67

Seite

Das Grablinnen Jesu = Totalansicht (Bild Nr. 1) 71
Grablinnen = Gewebestruktur (Bild Nr. 2) 73
Grablinnen = Art der Anwendung (Bild Nr. 3) 73

Orthodoxer Kirchturm mit Kreuz (Bild Nr. 4) 75
Orthodoxer Priester mit Kreuz (Bild Nr. 5) 76
Orthodoxes Relief-Kreuz (Bild Nr. 6) 77
Körperrückseite der Figur im Grablinnen (Bild Nr. 7) 79
Gesichtsabdruck im Grablinnen, Originalabdruck (Bild Nr. 8) 83
Gesichtszüge im gleichen Bild beim Photonegativ (Bild Nr. 9) 85

Blutungen aus dem Hinterhaupt, Zeugnis für Herztätigkeit (Bild Nr. 10) 88

ILLUSTRIERTE SONDERAUSGABE zum Weltkongreß der Kath. Kirche in Deutschland – 1960, mit Dokumentarbericht: Nicht am Kreuz gestorben 95
Hinterhauptblutungen = Kontrollbild 97
Professor Judica-Cordiglia, weltbekannt als Direktor des „INTERNATIONALEN ZENTRUMS DER LEHRE UEBER DAS HL. LEICHENTUCH CHRISTI" TORINO (ITALIA) – VIA S. DOMENICO 28 99

III. Teil

Grablinnen Jesu = Ganze Figur, Vorderseite, Bildnegativ (Bild Nr. 11) . . . 101
Neue Darstellungsart = wie Bild Nr. 11, Figur seitenrichtig mit richtigen Farbverhältnissen (Bild Nr. 12) 103

Überkreuzlage der Hände mit Nagelwunde und Blutbahnen (Bild Nr. 13) . . . 105
Kontrollbild = Überkreuzlage der Hände mit Blutbahnen (Bild Nr. 13a) . . . 106
Abbildung einer linken Hand mit Bezeichnung der Nagelwunde (Bild Nr. 14) . . 107
Anatomische Darstellung der Hand (Bild Nr. 15) 109

Nagelwunde mit den drei Blutbahnen, Zeugnisse für Herztätigkeit (Bild Nr. 16) . . 111

Nagelwunde mit den Blutbahnen, genaue Gradabstände (Bild Nr. 17) 111

Rekonstruktion = Armhaltung vor Atmungsbeendigung (Bild Nr. 18) 112
Rekonstruktion = Armhaltung bei der Kreuzabnahme mit Zeugnis für Herztätigkeit zu diesem Zeitpunkt (Bild Nr. 19) 115
Rekonstruktion = Blutungen an beiden Armen bei der Kreuzabnahme, Doppelzeugnis für Herztätigkeit zu diesem Zeitpunkt (Bild Nr. 20) 116

Rembrandt-Bild über Kreuzabnahme (Bild Nr. 20a) mit Bild Nr. 20b als Ergänzung zu Bild Nr. 20 . . . . 120, 121

Herztätigkeit im Grablinnen (Bild Nr. 21) 125
Skizze = Rekonstruktion der Körperlage im Grablinnen (Bild Nr. 22) . . . 127
Stirnblutung in Form der „3" = Zeugnis für Herztätigkeit im Grablinnen (Bild Nr. 23) 127

Wiederholung: Bild Nr. 21 und Urbild der Nagelwunde mit den drei Blutbahnen, wie sie von Enrie, Bulst und Dr. Mödder veröffentlicht wurden 131

Der Lanzenstich

Seite

Seitenwunde = Lanzeneinstich (Bild Nr. 24) 136
Römische Lanzenklingen (Bild Nr. 25) 137
Rekonstruktion = Brustdurchstich mit Vergrößerung der
Lanzen-Ausstichwunde (Bild Nr. 26) 139
Brustkorb offen mit Herzlage usw. = anatomische Darstellung (Bild Nr. 27) . . . 140

Rekonstruktion des Lanzenstiches = Röntgenbild, keine Herzverletzung (Bild Nr. 28) 143
Röntgenbildkontrolle = Lanzenstich, keine Herzverletzung (Bild Nr. 29) 144
Weiteres Kontrollbild = Lanzenstich, Röntgenkontrolle (Bild Nr. 30) 145

Begutachtung = Lanzenstich, dabei Röntgenkontrollbild mit Bleiplatten.
Keine Herzverletzung (Bild Nr. 31) 147

IV. Teil

Der Prophet Jonas 155
Der Prophet Jonas, Bildnis in der Sixtinischen Kapelle in Rom 161

Auferstehung Jesu in Fleisch und Bein mit irdischem Blut 163
Der Gärtner Jesus und Maria Magdalena 167
Jesus in Emmaus 169
Augenzeuge: Apostel Johannes 173
Evangelist Lukas 173
Apostel Thomas greift in die Seitenwunde 175
Hunger am See Tiberias 176
Apostel Petrus, Kronzeuge für die Auferstehung Jesu in
Fleisch und Bein mit irdischem Blut 179

Himmelfahrt laut Apostelgeschichte 183
Apostel Matthäus, Augenzeuge der Himmelfahrt Jesu 185
Apostel Johannes, Augenzeuge der Himmelfahrt Jesu 186
Apostel Paulus, Kronzeuge für die erfolgte Himmelfahrt Jesu 191

V. und VI. Teil: Keine Abbildungen

Sachregister siehe bei Inhaltsverzeichnis

VII. Teil

Martin Luther 268
Englische Bibel: King-James-Ausgabe 272
Englische Bibel: THE NEW ENGLISH BIBLE 272